全国石油石化企业管理现代化创新优秀著作一等奖
中国石油和化学工业优秀出版物奖(图书奖)二等奖

管道完整性管理技术与实践

(第二版)

董绍华　编著

中国石化出版社

内 容 提 要

本书基于 ASME B31.8S 和 API 1160 国际标准，从世界管道事故统计分析出发，提出了当前管道安全面临的难题，总结了国内外管道完整性管理的最新进展，建立了系统的完整性管理体系和实施指南，阐述了管道完整性管理的原理、技术、方法，紧紧围绕完整性管理的核心要素，研究了管道失效机理、数据采集与管理、高后果区识别、风险评价、完整性监测、检测与评估、修复与风险减缓、管道企业完整性信息平台、完整性效能评价与审核等技术，介绍了站场完整性管理、管道建设期完整性管理、智慧管网建设等重点内容，以陕京天然气管道等国内外先进管道企业为例，给出了完整性管理的最佳实践以及管道完整性管理的发展展望。本书适用于长输油气管道、油气田集输管网、城镇燃气管网以及各类工业管道。

本书可作为各级管道管理与技术人员研究与学习用书，也可作为油气管道管理、运行、维护管理人员的培训教材，还可作为高等院校油气储运等专业本科生、研究生教学用书和广大石油科技工作者的参考书。

图书在版编目(CIP)数据

管道完整性管理技术与实践／董绍华编著.—2 版.
—北京：中国石化出版社，2020.8
ISBN 978-7-5114-5895-7

Ⅰ.①管… Ⅱ.①董… Ⅲ.①管道工程-完整性-安全管理 Ⅳ.①U172

中国版本图书馆 CIP 数据核字(2020)第 130615 号

中国石化出版社出版发行

地址:北京市东城区安定门外大街 58 号
邮编:100011 电话:(010)57512500
发行部电话:(010)57512575
http://www.sinopec-press.com
E-mail:press@sinopec.com
北京科信印刷有限公司印刷
全国各地新华书店经销

*

787×1092 毫米 16 开本 37.5 印张 949 千字
2020 年 8 月第 2 版　2020 年 8 月第 1 次印刷
定价:218.00 元

前 言

油气具有易燃、易爆的特性，随着管线埋地时间的增长，由于管道材质问题或施工期间造成的损伤，以及管道运行期间第三方破坏、腐蚀损伤或穿孔、自然灾害、误操作等因素造成的管道泄漏、穿孔、爆炸等事故时有发生，直接威胁人身安全，破坏生态环境，并给管道工业造成巨大的经济损失。对于管道管理者而言，最困难的问题不在于事故后如何采取补救措施，而是不知道下一次事故发生的时间、地点以及严重程度，这就要求管道管理者提前掌控可能存在的风险点，并对未来发展趋势作出研判，依据风险大小提前预控，将事故隐患消除在萌芽状态。

管道安全已经成为社会公共安全问题，特别是发生在海峡两岸的管道安全事故，为管道安全敲响了警钟。2013 年 11 月 22 日，位于山东省青岛经济技术开发区的东黄输油管道泄漏，原油进入市政排水暗渠，在形成密闭空间的暗渠内油气积聚遇火花发生爆炸，造成 62 人死亡、136 人受伤，其直接原因是未大修管道腐蚀减薄破裂，原油泄漏流入排水暗渠，液压破碎锤产生火花引发油气爆炸。2014 年 7 月 31 日，台湾高雄市前镇区多条街道陆续发生可燃气体外泄，并引发多次大爆炸，高雄环保部门确定为丙烯泄漏导致，爆炸产生的气浪呈放射状扩散，泄漏的丙烯聚集在地下管道中，并沿着管道扩散，气体爆炸共造成 32 人死亡、321 人受伤，城市公共设施、财产损失难以估计。

管道的安全管理问题，这个话题由来已久，从管道管理的发展来看，经历了四个阶段，第一阶段是基于管道事件的管理模式，如管道的事故、发生后的抢修、处理等应急模式；第二阶段是随着管理的深入，逐渐过渡到基于时间的管理模式，即预防性的维护管理模式，如 SCADA 系统实时对设备的运行参数监控；第三阶段是基于可预测的管理模式，即对系统的历史数据进行分析、预测未来的变化；第四阶段是随着 IT 信息技术的发展，逐渐统一到基于可靠性为中心的完整性管理模式，这是目前集管道数据集成技术、检测技术、评价技术、信息技术、维护维修技术为一体的预防性管理模式。

多年来国内外管道管理的实践表明，管道完整性管理已经成为预防管道事故发生、实现事前预控的重要手段。管道完整性管理也是当前世界各大管道公司采取的一项重要管理内容，它是一个以管道安全为目标并持续改进的系统管理体系，其内容涉及管道设计、施工、运行、监控、维修、更换、质量控制和通信系统等全过程，并贯穿管道整个运行期。

本书基于国内外管道失效原因和频率统计分析，找出了管道管理中存在的主要矛盾和发展对策，介绍了完整性管理的最新进展情况，阐述了管道完整性管理的理念、管道完整性失效理论、管道数据采集与管理技术、管道风险评价技术、管道完整性检测及监测技术、完整性评价技术、维护维修技术、场站完整性管理技术以及建设期管道完整性管理等，全面阐述了油气管道完整性管理体系建设内容，为管道企业提供了实施指南，包括实施程序、方法、步骤、文件、持续改进和审核等。本书还总结了当前完整性管理存在的关键性问题，提出的发展目标是建立基于全生命周期的智慧管网的风险管控机制，全面实现系统智能化数据采集、风险因素精准识别、系统自适应反馈与控制、高精度的完整性检测评价等，最大限度降低失效概率，减少次生灾害发生。另外，本书还介绍了管道完整性管理在国外著名管道公司 Enbridge 公司、TransCanada 公司、Williams Gas 公司的最佳实践做法，同时也介绍了国内陕京管道的完整性实施做法，分析了各自在完整性技术管理领域的特点，有助于深刻理解国内外企业之间的差距，吸收和借鉴国外管道完整性管理的先进技术和方法，进一步推进国内完整性管理的全面实施。本书涉及的标准法规较多，读者在使用过程中应采用最新的版本。

本书第一版自 2015 年出版发行以来，深受广大读者好评，对普及先进管理理念，促进我国管道完整性技术进步，提高我国管道运营水平起到了积极的推动作用。随着我国管道行业的迅速发展，基于我国管道安全的所面临的新问题，以及智能化、网络化、集成化管道系统建设的背景下，特别是针对近年来完整性管理方面的国际标准、国家标准的颁布，在国家油气领域改革的大背景下，本书第一版的部分内容已显陈旧，为此我们对本书的结构和内容进行了修订和完善，旨在更好地满足广大读者的使用需求，为推动油气管道技术进步和行业发展作出更大的贡献。

本书的大部分内容是作者多年来致力于管道完整性管理研究的最新成果，同时本书集成了国内外已有的先进管道完整性管理技术、方法和管理体系，并结合我国油气管道的特点，建立了系统的油气管道完整性管理技术方法，并在陕京管道得到成功应用和实施。本书可作为各级管道管理与技术人员研究与学习用书，也可作为油气管道管理、运行、维护人员的培训教材，还可作为高等院校油气储运等专业本科生、研究生教学用书和广大石油科技工作者的参考书。

由于作者水平有限，再版修订过程中错误和不足之处在所难免，恳请广大读者批评指正。

目　　录

第1章 概　　述

21世纪初至今全世界的石油工业取得了引人瞩目的进展，石油工业的发展给管道工业注入了活力，管道运输成为包括铁路、公路、水运、航空运输在内的五大运输体系之一。使用管道不仅可以完成石油、天然气、成品油、化工产品和水等液态物质的运输，还可以运送煤浆、面粉、水泥等固体物质。

根据美国中央情报局截至2019年底的数据统计，全球129个国家和地区运行的油气管道总长有598.97563万公里，排名前十位的国家的管道分布里程情况如表1-1所示。其中美国的管线密度最高，为448.7093万公里，占世界管线总长度的74.91%；全世界管线中天然气输送管线占世界管线总量的84.73%，为507.49877万公里，而输油管线只占13.23%，为79.25516万公里。

表1-1　管道里程总长排名前十的国家管道分布情况　　km

国家	管道里程分布				管道总里程	数据更新时间
	天然气	液化石油气	原油/石油	成品油		
美国	4136771		350322		4487093	2019年
俄罗斯	177700		54800	19300	251800	2016年
中国	78200		43900	27700	149800	2018年
加拿大					110000	2017年
匈牙利	89606		850	1200	91656	2016年
乌克兰	36720		4514	4363	45597	2013年
阿根廷	29930	41	6248	3631	39850	2013年
英国	28603	59	5256	4919	38837	2013年
伊朗	20974	570	8625	7937	38106	2013年
斯洛伐克	35571			510	36081	2016年

注：美国中央情报局关于美国管道数量的统计数据更新到2013年，本表中关于美国管道的数据来源于美国管道和危险材料安全管理局(Pipeline & Hazardous Materials Safety Administration，PHMSA)。

通过统计，美国拥有的天然气、原油管线最多，分别为413.6771万公里和35.0322万公里，占世界天然气管线、原油管线总量的81.51%和54.41%；液化石油气管线最长的国家是阿尔及利亚，为3447公里，占世界液化石油气管线总量的28.21%；中国的成品油管线最长，为27700公里，占世界成品油管线总量的18.62%。

根据中国国家统计局数据、PHMSA数据和欧洲天然气管道事故数据组织(European Gas Pipeline Incident Data Group，EGIG)数据分别得到中国、美国和欧洲管道年度里程情况，如图1-1所示。

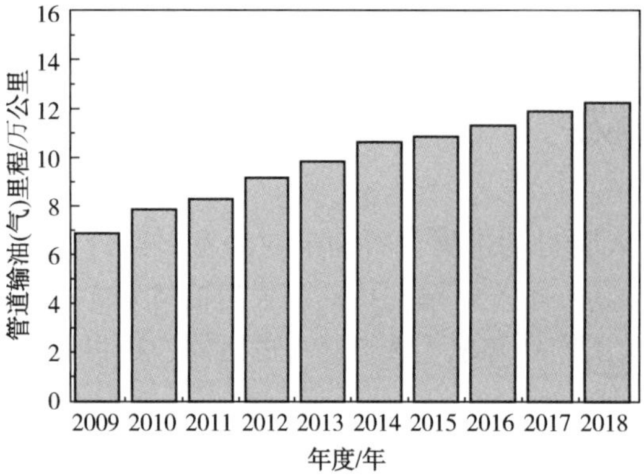

(a)中国2009~2018年管道里程

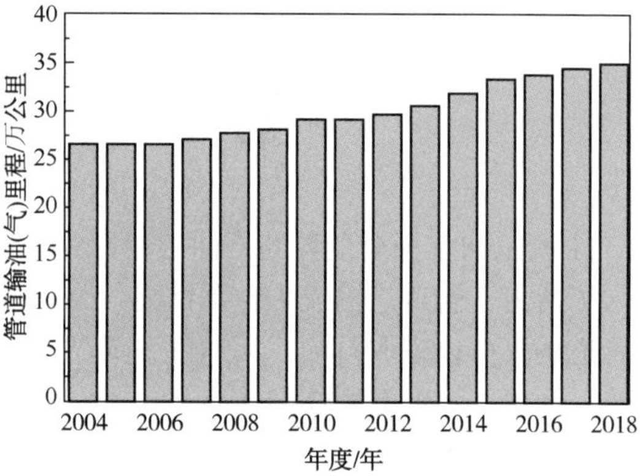

(b)美国2004~2018年管道里程

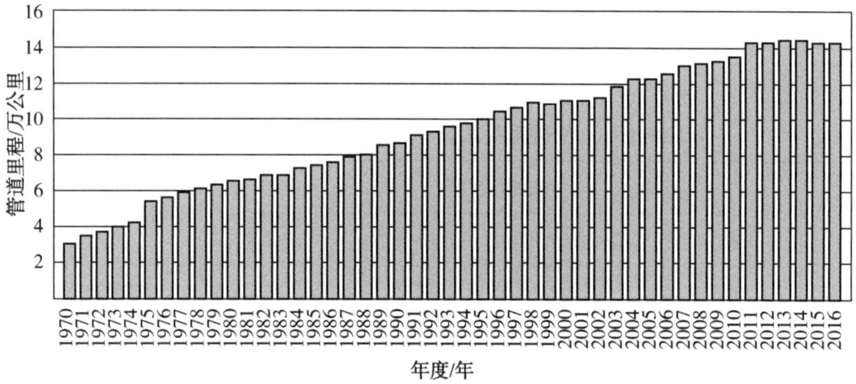

(c)欧洲1970~2016年管道里程

图 1-1　中国、美国、欧洲年度里程情况

由图 1-1 可知，当前全世界在用管道里程迅速增长，如何评价这些管道的状况，保证管道既安全又经济地运行，是管道完整性管理评价解决的主要问题。

对美国、加拿大、欧洲的年度事故数量进行统计，如图 1-2 所示。由图 1-2 可知，美国的事故总数远多于加拿大和欧洲，这与其拥有世界范围内最长管道里程的情况有关，而且美国的事故数量总体持平，相对于每年增长的管道建设数量来说，代表其事故发生率降低；加拿大的年度事故数量变化趋势为波动上升，但是上升速度较缓；欧洲总体事故数量呈下降趋势，相较于管道建设里程的增长数量来说，代表其事故发生率大大降低。整体来看，美国、加拿大、欧洲的管道事故发生率都在下降。

进一步对美国、加拿大和欧洲的管道失效情况进行统计分析。美国 PHMSA 将管道事故按失效原因划分为八类，分别是腐蚀、挖掘损伤、误操作、材料/焊接失效、装备失效、自然力破坏、其他外力破坏、其他原因，其近十年的管道事故统计情况如图 1-3(a)所示；加拿大能源局(National Energy Board of Canada，NEB)将管道事故类型划分为泄漏、火灾、爆炸、人员受伤、人员死亡、过操作、影响环境等七类，其 2008 年至今的管道事故统计情况如图 1-3(b)所示；EGIG 在事故统计报告中将欧洲管道事故划分为外部干扰、腐蚀、制造缺陷/材料失效、误操作、土层移动、其他或未知因素等六类，其 2007~2016 年的管道事故统计情况如图 1-3(c)所示。

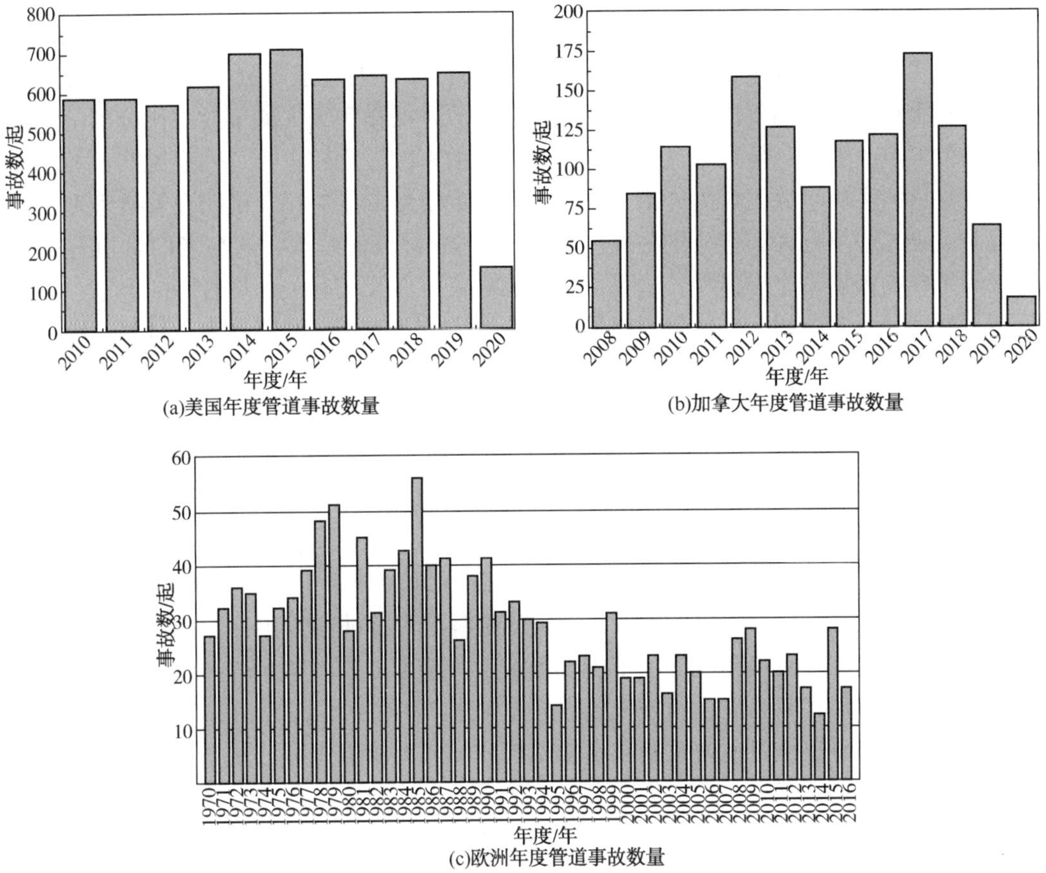

图 1-2　美国、加拿大、欧洲年度事故数

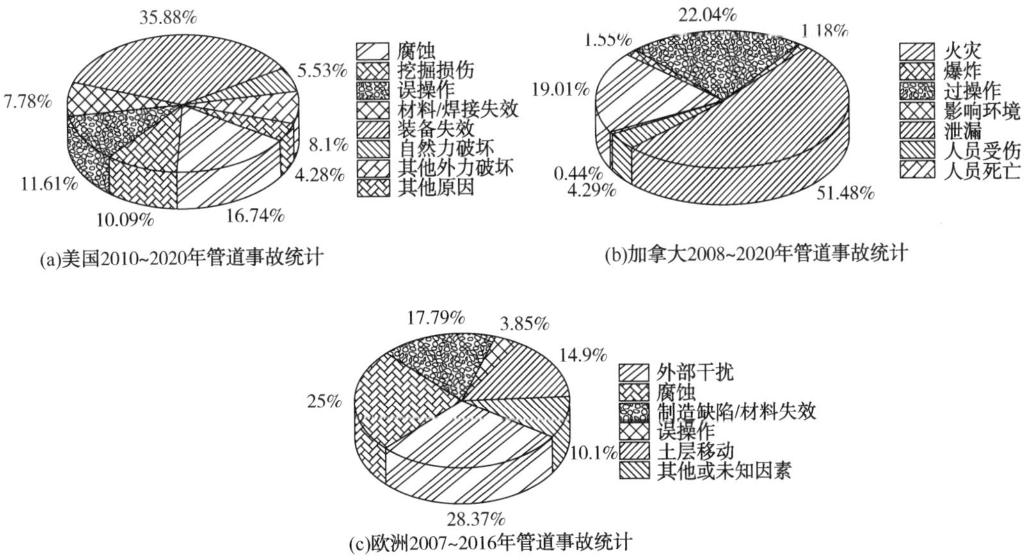

图 1-3　美国、加拿大、欧洲管道事故统计情况

由图 1-3 可知，美国管道的主要事故失效因素为设备失效和腐蚀，这与美国最先开始铺设管道有关，部分管道已进入老龄化，而其他外力破坏占比较小，这与美国实施 One Call 系统有直接关系，规范开挖，有效防止第三方损伤；加拿大管道事故主要以后果为划分标准，可以看出绝大部分的事故后果与泄漏有关，导致过操作和火灾的事故占比分别位居第二位和第三位，产生爆炸、导致人员伤亡和环境危害的事故占比较少，总体来说严重的事故较少；欧洲管道的主要事故因素为外部干扰，与美国的情形形成对比，说明在管道管理方面仍需要提升，第二、第三大因素分别为腐蚀和制造缺陷/材料失效等，这与老旧管道有很大关系，较为特殊的因素是土层移动，这可能与欧洲的灾害性天气有关。尽管不同国家、地区对管道事故的划分不完全相同，但是当前世界在用管道中普遍存在的问题为：材料问题导致的事故，特别是老旧管道材料一般强度低、韧性差、缺陷多；管道质量波动较大，有些缺陷会导致腐蚀，防腐涂层因为时间长而老化也会导致腐蚀数量的增长。

查阅文献可知，截至 2015 年 6 月底，中国石油天然气与管道分公司 5 家地区公司油气长输管道总里程为 5.3 万公里，其 2006~2015 年管道里程与年失效次数统计如图 1-4 所示。对管道失效原因进行统计分析如图 1-5 所示。由图 1-5 可知，打孔盗油是最主要的失效因素，制造缺陷次之，施工质量居第 3 位。打孔盗油在地域分布上，华北地区的管道发生最多，东北地区次之；制造缺陷以东部管网老龄管道螺旋焊缝缺陷为主；管道施工质量主要包括环焊缝缺陷、划伤及回填凹坑等，由于现场施工质量难以控制和新材料工艺等问题，施工缺陷引发的失效事件日渐凸显；腐蚀失效以外腐蚀失效为主，但是，近几年发生了数起管道针孔型内腐蚀泄漏事故，目前内检测技术较难检测出此类缺陷；第三方施工引发的失效，主要是由于第三方逃避运营企业监管、擅自施工造成的，该类事故通常对管道损伤较大，又多发生在经济活跃区域，因此管道事故后果相对较严重。

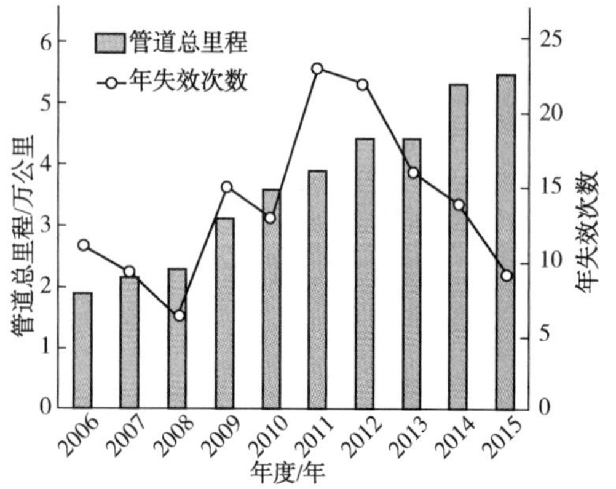

图 1-4　管道里程与年失效次数

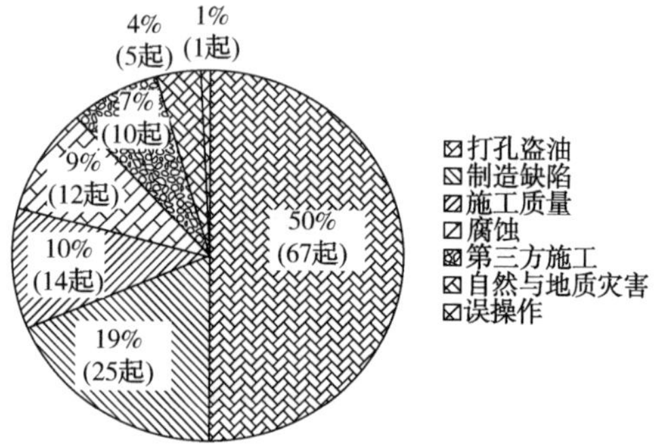

图 1-5　管道失效原因

我国管道用钢已经从原来的 X52 一直发展到 X60、X70、X80、X90，技术不断进步，管道建设水平和技术已处于世界前列。特别是四大能源通道的建设，引进俄罗斯远东石油管道-漠河-大庆管道、中亚哈萨克斯坦-阿拉山口到独山子原油管道两条跨国大口径管道，中亚天然气土库曼斯坦、哈萨克斯坦 A/B/C 线输气管道、中缅油气管道、海上 LNG 通道等四大国家能源安全工程。国内建设完成了西气东输塔里木-上海一线、二线，正在建设西三线；完成了陕京一线、二线、三线，正在建设陕四线；完成了陕京系统与西气东输系统的联络线三条，完成了兰成渝、西部管道新疆-兰州双线输油管道，完成了北京-沈阳-大连的管道、泰青威管道、兰成原油管道、中贵天然气管道等多条油气支干线管道；“十三五”期间中国油气企业拟新建管道 10 万公里，包括中俄天然气管道国内段，西气东输四线等多条管道，中石化建设新疆-广东-浙江煤制气管道，同时中海油、中石化还要建成大量的海底管线、LNG 接收站和油气管线，管道的数量在不断地增加，其管理的难度也在不断地增加。

从中国管道的结构来看，东北管网、川渝管网已运行四十年左右，事故频率大幅增加，管道沿线工业发达、人口密集，管理难度增加。近年来，全国新建管道比例也逐年增加，按照浴盆曲线，在建设投产期和设计寿命期均是事故高发阶段，需要运用非常手段、非常措施进行管理。2013 年 11 月 22 日东黄输油管道发生泄漏爆炸事故，由于管道位于暗渠下面，长期缺乏有效的管道完整性管理的措施和方法，致使泄漏油气伴随潮汐作用扩散到附近排水暗渠，挖掘机施工引爆一定量浓度的混合油气，造成 62 人死亡、136 人受伤，事故教训深刻，后果严重。2014 年 6 月 30 日大连市的新大线输油管道发生了由于第三方定向钻施工引起的管道泄漏事故，暴露了管道安全管理中的薄弱环节。2014 年 7 月 31 日发生在台湾高雄的气爆事故，也是在特定的人口稠密区，管道管理不善，泄漏穿孔导致丙烯气体扩散积聚，在密闭空间发生爆炸，引起 32 人死亡。2017 年 7 月 2 日中缅管道贵州晴隆段直径 1016mm 的 X80 管线钢爆炸起火，致 8 人死亡、35 人受伤，主要原因是地质灾害缓慢位移引起管道焊缝断裂。2018 年 6 月 10 日，中缅管道贵州晴隆段沙子镇再次发生爆炸事故，事故地点距上一次事故 500m 左右，造成 1 人死亡、23 人受伤，主要是由焊缝延性脆性特征断裂导致管内天然气大量泄漏爆炸引起。发生事故的原因有多种，施工、材料、腐蚀等因素时刻威胁着管道的安全，完整性管理风险控制手段和方法引起了国家对管道安全的高度重视。

我国的海底管线现有 5000 多公里，油气介质通过海底管道输送，很多是未经处理的湿气，腐蚀性较强，油气水多相流并存，其安全可靠性非常重要，直接威胁海洋生态安全，如平湖管线投产后已因材质问题发生了泄漏事故，因此需要采取科学有效的技术方法进行管控。

就目前来看，油气管道承担的各项任务是艰巨的，其重要性在于：其一，油气管道需要安全高效地为京津地区、长江三角洲、珠江三角洲等全国大中城市能源供应服务，提供优质的清洁能源社会责任十分突出，须最大限度地保障上述地区的经济和社会稳定；其二，用户的用气量以及其他清洁能源的使用量大幅增加，管道及设施满负荷运行，增加了技术与管理的难度；其三，全球技术竞争日益激烈，必须不断创新，以保持我国管道先进的管理水平。

油气管道在国民经济中占有十分重要的地位，在役管线的安全管理与经济发展的矛盾十分突出，随着科技的不断发展，管道完整性管理已经成为全球管道技术发展的重要内容，我国在这方面起步较晚，与西方国家的差距还很大，如何建立自身的管道完整性管理体系，确保管道运营安全是面临的一项艰巨任务。

在当前经济高速发展、前期管道路由规划不尽合理、工程建设缺乏统一管控的前提下，社会上普遍存在对地下基础设施重视度不够，存在各种地下设施与管道交叉并行间距不够及占压严重等问题，这给管道管理带来了新的课题，管道安全问题也已成为社会公共安全问题，特别是目前大口径、高压、高钢级管线钢的应用，如果管道一旦发生爆炸事故，将给人民的生命和财产安全造成严重后果，我们必须寻求于国际管道管理的先进经验，结合中国的国情，消化吸收国外先进的技术与管理手段。本书的目的在于阐述管道完整性管理技术理论和方法，重点在于如何应用技术，同时介绍国外先进管道企业最佳实践，以及陕京管道实施完整性管理的经验，为中国管道管理水平的提升起到抛砖引玉的作用。

第2章 管道完整性管理的基本理论

2.1 管道完整性管理的概念

管道完整性(Pipeline Integrity)是指:

(1) 管道始终处于安全可靠的工作状态;

(2) 管道在结构上和功能上是完整的;

(3) 管道处于受控状态。

管道完整性与管道的设计、施工、运行、维护、检修和管理的各个过程是密切相关的,管道运营商应不断采取行动防止管道事故的发生。

管道的完整性管理(Pipeline Integrity Management, PIM)定义为:管道企业根据不断变化的管道因素,对管道运营中面临的风险因素进行识别和技术评价,制定相应的风险控制对策,不断改善识别到的不利影响因素,从而将管道运营的风险水平控制在合理的、可接受的范围内。

管道完整性管理应建立完整性管理体系,具体通过监测、检测、检验等各种方式,获取与专业管理相结合的管道完整性的信息,对可能使管道失效的主要威胁因素进行检测、检验,据此对管道的适应性进行评估,最终达到持续改进、减少和预防管道事故发生、经济合理地保证管道安全运行的目的。

管道完整性管理,也是对所有影响管道完整性的因素进行综合的、一体化的管理,包括:

(1) 拟定工作计划、工作流程和工作程序文件;

(2) 进行风险分析和安全评价,了解事故发生的可能性和将导致的后果,指定预防和应急措施;

(3) 定期进行管道完整性检测与评价,了解管道可能发生事故的原因和部位;

(4) 采取修复或减轻失效威胁的措施;

(5) 培训人员,不断提高人员素质。

管道完整性管理的过程是持续不断的改进过程,如图2-1所示。

管道完整性管理的原则为:

(1) 在设计、建设和运行新管道系统时,应融入管道完整性管理的理念和做法;

(2) 结合管道的特点,进行动态的完整性管理;

(3) 要建立负责进行管道完整性管理的机构、管理流程并配备必要的手段;

(4) 要对所有与管道完整性管理相关的信息进行分析、整合;

(5) 必须持续不断地对管道进行完整性管理;

(6) 应当不断在管道完整性管理过程中采用各种新技术。

管道完整性管理是一个与时俱进的连续过程,管道的失效模式是一种依赖环境、材质、

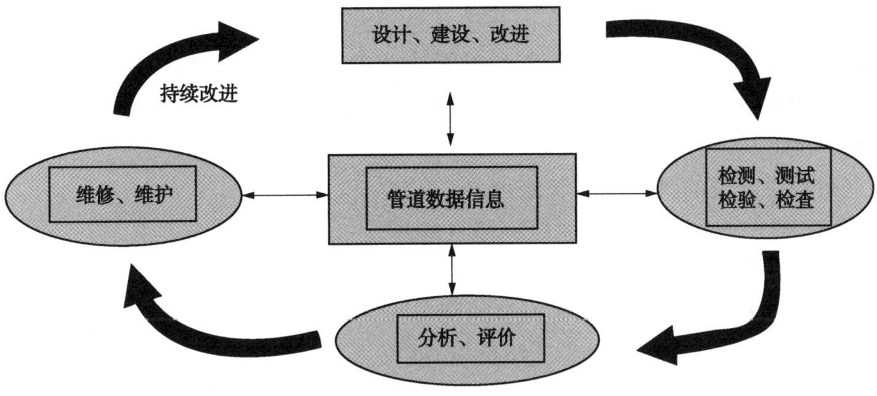

图 2-1　管道完整性管理要素循环

应力、外力等多因素的复杂模式。腐蚀、老化、疲劳、自然灾害、机械损伤等能够引起管道失效的多种过程，必须持续不断地随管道进行风险分析、检测、完整性评价、维修、人员培训等完整性管理。

完整性管理是一个持续改进的过程，完整性管理是以管道安全为目标的系统管理体系，内容涉及管道设计、施工、运行、监控、维修、更换、质量控制和通信系统等全过程，并贯穿管道整个运行期。其基本思路是调动全部因素来改进管道安全性，并通过信息反馈，不断完善。

完整性管理包括过程完整性、信息完整性和时间完整性等，是当前管道安全管理的重要模式。管道可靠性、风险性评价成为其基本组成，而完整性检测、评价、运行状态指标、再评价周期等则是完整性管理的新内容，反映出管道安全管理从单一安全目标发展到优化、增效、提高综合经济效益的多目标趋向。管道完整性管理计划不存在“最优”或“唯一”方案，需要结合实际不断完善。

2.2　完整性管理的依据和标准

在完整性管理的国家法律、法规方面及标准依据方面，美国首先以立法的形式提出，美国政府基于国内拥有约 198×10^4km 输气管道，24.0×10^4km 液体燃料管道，且相当一部分使用年限很长，为了增进管道的安全性，美国国会于 2002 年 11 月通过了专门的 H. R. 3609 号法案，该法案于 2002 年 12 月 27 日经布什总统签署后生效。

H. R. 3609 The Pipeline Safety Improvement Act of 2002(PSIA)——关于增进管道安全性的法案，法案的第 14 章中要求管道运营商在后果严重地区(高后果地区)实施管道完整性管理计划，PSIA 也写入了 ANSI(美国标准学会)相关标准部分内容。基于 PSIA 法律，美国政府运输部 DOT 发布了输气管道和液体危险品管道安全性管理的建议规则，即《关于在天然气管道高后果地区的完整性管理建议规则》(49 CFR 192)和《关于在危险液体管道高后果地区的完整性管理建议规则》(49 CFR 195)，推进并加速管道 HCA 区域的完整性评价，促进管道公司建立和完善完整性管理系统，促进政府发挥审核管道完整性管理计划方面的作用，增强公众对管道安全的信心。

完整性管理实施方面有许多标准，其中包括 ASME B31. 8S(输气管道完整性管理的标准)、ASME B31Q(输气管道管道操作人员的资质标准)、NACE RP0102(管道内检测推荐做法)、NACE RP0502(管道外检测评价标准)等标准规范，对完整性管理作出了具体的规定和建议，具体分类如下(包括但不局限于)。

1. 管道完整性管理的管理标准和法规

(1) ASME B31. 8S　输气管道系统完整性管理

(2) 关于增进管道安全性的法案(美国 H. R. 3609)

(3) ASME B31Q　输气管道操作人员的资质

(4) API 1160　危险液体输送的完整性管理

(5) 49 CFR 192　关于在天然气管道高后果地区的完整性管理建议规则

(6) 49 CFR 195　关于在危险液体管道高后果地区的完整性管理建议规则

(7) API 1120　液体管道维护人员资质

2. 管道本体的完整性管理标准

(8) ASME B31G　确定腐蚀管线剩余强度手册

(9) SHELL V3. 2　管道智能内检测器技术要求与规范

(10) DNV RP-F101　腐蚀管道缺陷评价标准

(11) API 579-1/ASME FFS-1　适用性评价

(12) NACE RP0102　管道内检测操作推荐标准

(13) API 1163　管道内检测系统

(14) API 1104　管道焊接与装备

(15) BS 7910　金属结构缺陷可接受性评价指南

3. 地质灾害及周边环境完整性管理标准

(16) DNV RP-F105　自由管道悬跨推荐标准

(17) API 1162　管道公众警示程序

4. 防腐有效性完整性管理标准

(18) NACE RP0502　管道外腐蚀检测与直接评价标准

(19) NACE RP0204　管道应力腐蚀直接评估技术标准

(20) NACE SP0206　输送干天然气管道内腐蚀直接评估标准

(21) NACE RP0169　地下或水下金属管线系统外腐蚀控制的推荐做法

(22) NACE RP0285　地下储罐系统采用阴极保护腐蚀控制的推荐做法

5. 站场及设施专业完整性管理

(23) ASME B31. 8　输气和配气管道系统

(24) CSA Z662　加拿大管道系统

(25) API RP-11PGT　撬装式燃气轮机的推荐做法

(26) API 570　管道检验规范　在用管道系统检验、修理、改造和再定级

(27) 管道临时性/永久性维修手册(AEA)

(28) PR-218-9307(AGA L51716)　PRCI 管道维修手册

(29) ASME B31. 4　液烃和其他液体用管道输送系统

(30) ASME B31. 3　工艺管道

2.3 完整性管理程序

2.3.1 完整性管理危险分类

完整性管理的第一步，是识别影响完整性的潜在危险。所有危害管道完整性的危险都应考虑。国际管道研究委员会(PRCI)对输气管道事故数据进行了分析并划分成22个根本原因。22个原因中每一个都代表影响完整性的一种危险，应对其进行管理。对其余21种，已按其性质和发展特点，划分为9种相关事故类型，并进一步划分为与时间有关的3种缺陷类型。这9种类型对判定可能出现的危险很有用。应根据危害的时间因素和事故模式分组，正确进行风险评估、完整性评价和减缓活动。

1. 与时间有关的危害

(1) 外腐蚀；

(2) 内腐蚀/磨蚀；

(3) 应力腐蚀开裂/氢致开裂。

2. 稳定因素

1) 与制管有关的缺陷

(1) 管体焊缝缺陷；

(2) 管体缺陷。

2) 与焊接/制造有关的缺陷

(1) 管体环焊缝缺陷；

(2) 制造焊缝缺陷；

(3) 折皱弯头或壳曲；

(4) 螺纹磨损/管子破损/管接头损坏。

3) 设备因素

(1) O形垫片损坏；

(2) 控制/泄压设备故障；

(3) 密封/泵填料失效；

(4) 其他。

3. 与时间无关的危害

1) 第三方/机械损坏

(1) 甲方、乙方或第三方造成的损坏(瞬间/立即损坏)；

(2) 以前损伤的管子(滞后性失效)；

(3) 故意破坏。

2) 误操作

操作程序不正确。

3) 与天气有关的因素和外力因素

(1) 天气过冷；

(2) 雷击；

(3) 暴雨或洪水；

（4）土体移动。

必须考虑多种危险(即在一个管段上同时发生的一个以上的危险)的相互作用，例如出现腐蚀的部位又受到第三方损坏，根据历史经验，金属疲劳已经不成为输气管道的一个重要问题。但是，如果管道的运行方式改变，运行压力出现明显波动，管道公司就应将疲劳作为一个附加因素来考虑。

基于风险的完整性管理流程如图 2-2 所示。

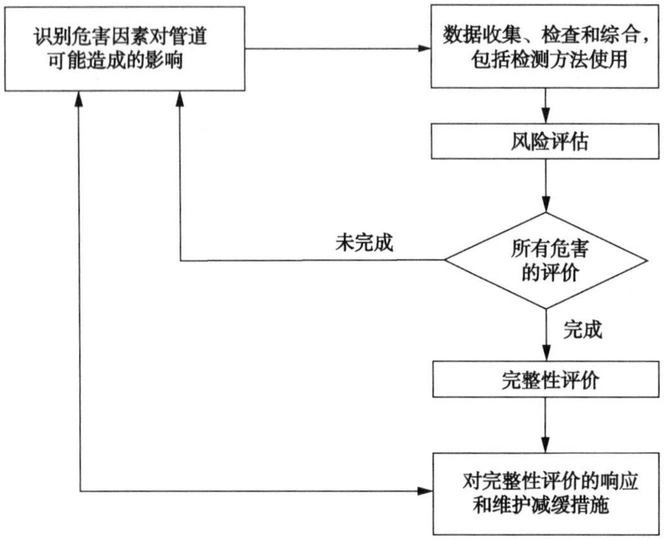

图 2-2　完整性管理流程图

2.3.2　识别危害因素对管道的潜在影响

完整性管理程序首先要识别管道、特别是关注区域的管道可能存在的危险因素。对每个管段，都应单独或按 9 种类型考虑可能存在的危险因素，然后对潜在的危险性进行分析，为下一步数据收集、综合提供基本因素条件。

2.3.3　数据收集、检查和综合

评价一个管道系统或管段可能存在危险的第一步，是要确定和收集能反映该管段状况和可能存在危险的必要数据和信息。在这一步，管道公司首先要收集、检查和综合相关的数据和信息，这对了解管子状况，识别具体位置上影响管道完整性的危险，并了解事故对公众、环境和操作造成的后果是必要的。支持风险评估的数据类型，因所分析危险的不同而异，需要收集与操作、维护、巡线、设计、运行历史有关的信息以及每个系统和管段特有的具体事故和问题的相关信息。相关数据和信息还应包括致使缺陷扩展(如阴极保护中的缺陷)、降低管子性能(如现场焊接)或可能造成新缺陷(如靠近管道的开挖作业)的情况或行为。

其次，需要收集管道完整性管理信息(数据)，其来源有管道装置图、附件图、管道走向图、航拍(或遥感)图、原始施工图和监测记录、管材合格证书、制造设备技术数据、管道设计与工程报告、管道调查和试验报告、管道监测计划、运行和管理计划、应急处理计划、事故报告、技术评价报告、操作规范和相应的工业标准等。除以上信息外，还包括依靠专家或公众社会对某事件达成的共识所量化的经验值。

数据的收集、检查与整合是数据管理的重要环节，也是数据采用数据库管理的前提，下一步数据的管理还要依靠数据库设计、数据升级等一系列环节，这是完整性风险评价、完整性评价结果的准确、可靠的重要基础。选择一种能够满足完整性管理需要的数据库模型来存储、组织管道数据成为开展油气管道完整性管理的重要保证。

过去 10 年中为了满足传输管道系统的独特要求，人们使用过多种数据模型。最常使用的三种模型是 ISAT(集成空间分析技术)、PODS(管线开放数据标准)和 ISPDM(工业标准的管线数据管理)。

这三种模型是为满足工业标准的关系型数据库管理系统而设计的，而 APDM 模型是为充分利用 ESRI 空间数据库技术而设计的。APDM 模型中的要素类来自 ISPDM、ISAT 和 PODS 模型中所包含的表，而 APDM 模型要素类中可找到的主要属性均可在 PODS、ISAT 和 ISPDM 模型的属性表中找到。

空间数据库与 APDM 模型是通过 ArcSDE 进行管理的，定制和访问存储于 APDM 中数据的基本方法则通过 ESRI 的 ArcGIS 技术及其基础组件模型 ArcObjects。

虽然 PODS、ISAT 和 ISPDM 模型的内容和基础技术与 APDM 模型相似，可是用于操作这些模型的结构和内容的访问方法却有很大差异。

APDM 即 ArcGIS 管线数据模型，它用于存储、收集、组织和长输管道有关的数据信息。APDM 是通过 ESRI 公司的 ArcGIS 和 ArcSDE 软件，在 ESRI 空间数据库(GeoDatabase)中实现的。它充分利用了空间数据库来存储、管理的管道要素之间的关系。

另外 APDM 模型不是一种数据库标准，而是一种数据库模板。它提供一系列的核心对象，通过这些核心对象可以确定用户管线的最基本架构。这样就保证了最终用户在确定核心要素的基础上可以根据各管线公司商业需求开发自己的数据模型。这可以通过使用 ESRI 技术来完成，任一管道公司可以向模型中添加要素，修改模型中的已有要素，或者从模型中删除因商业需求所需的要素。

2.3.4 风险评估

在风险评估这一步，可用前一步收集的数据进行管道系统或管段的风险评估。通过对前一步收集的信息和数据的综合评价，风险评估过程能识别可能诱发管道事故的具体事件的位置和/或状况，了解事件发生的可能性和后果，风险评估结果应包括管道可能发生的最大风险的性质和位置。

在该完整性管理过程中，需要将所获得的数据与规范、标准进行比较，进行风险评估，以便对管段的风险评价结果进行排序。根据所获得的数据和危险性质的不同，有多种方法可用于风险评估，运营公司应采用合适的方法，满足管道系统的要求。为了将人力、物力资源用到所确认的最重要的地方，初期筛选式风险评价是必要的。根据这一步所得出的结果，使运营公司能对需维护的管段进行优先级排序，以采取完整性管理的预定维护措施。

高后果区的管理是管道完整性管理的重要一环，高后果区要全面开展风险识别和风险控制，特别是针对管道地区等级升级地区，建设初期为一、二类地区，随着社会经济环境发展，逐渐变成三、四类地区，地区等级已不满足设计时的要求，则必须采取合理措施，加以控制人口环境变化带来的风险。应针对高后果区制定应急预案，否则一旦发生事故，必将引起事故的后果扩大，高后果的识别、评价需要制订详细的措施来保证安全。

2.3.5 完整性评价

完整性评价是指采用适用的检测技术，获取管道本体的状况信息，通过材料、结构可靠性分析，对管道安全状态进行全面评价，从而确定管道适用性的过程。常用的方法有内检测、直接评估、压力实验等一切均经过证实的方法。在上一步进行的风险评估的基础上，可选择和使用相应的完整性评价方法。

内检测包括漏磁腐蚀检测、超声裂纹(腐蚀)检测、几何检测、XYZ 检测等，对应的检测器包括环向(横向)MFL 检测器、Ultrasonic 检测器、EMAT 检测器、变形检测器。直接评估包括外腐蚀直接评估、内腐蚀直接评估、应力腐蚀直接评估三种评估方法。压力试验是通过注入一定压力的气液介质计划使管道达到预定的压力的做法，是用来评估管道安全性的直接方法。

完整性评价包含的内容较多，这是一项综合评价过程，应根据已识别出的危险因素，选择完整性评价的方法。如果需要确定某一管段的所有危险因素，可能需要采取多种评价方法。

针对某种具体危险因素进行完整性评价应考虑其他的数据和信息，例如用漏磁检测器进行腐蚀检测时，可能会发现凹坑，应将这些数据与其他危险的分析数据(如第三方损坏或施工造成的损坏)相结合。

对在检测中发现的迹象应进行检查和评价，以确认缺陷是实际存在的，还是虚假的。对这样的迹象，可采用适当的检测和评价方法进行检测和评价。对局部的内、外壁金属损失，可采用 ASME B31G 或类似分析方法，如 DNV RP-F101、RSTRENG、API 579 等进行评价，见表 2-1。

表 2-1 内压载荷下推荐的缺陷评价方法

<table>
<tr><th>缺陷</th><th>推荐标准</th><th>缺陷</th><th>推荐标准</th></tr>
<tr><td rowspan="2">腐蚀</td><td rowspan="2">SY/T 6151
SY/T 6477
SY/T 10048
ASME B31G
Modified ASME B31G
RSTRENG
DNV RP-F101
BS 7910
API 579</td><td>环焊缝缺陷</td><td>BS 7910
API 579
API 1104</td></tr>
<tr><td>直焊缝缺陷</td><td>BS 7910
API RP 579
API 1104</td></tr>
<tr><td>划伤</td><td>BS 7910
API 579</td><td>裂纹型缺陷</td><td>BS 7910
API 579</td></tr>
<tr><td rowspan="2">凹坑</td><td rowspan="2">ASME B31.8
CSA Z662
API 579</td><td>环境开裂</td><td>BS 7910
API 579</td></tr>
<tr><td>装配缺陷</td><td>BS 7910
API 579</td></tr>
<tr><td>管体制造缺陷</td><td>BS 7910
API 579</td><td>缺陷交互作用</td><td>BS 7910
API 579</td></tr>
</table>

2.3.6 对完整性评价的响应，减缓(维修和预防)措施和检测时间间隔的确定

在这一阶段，要根据检查结果制订响应计划。应对检测中发现的管道缺陷确定维修措施，并着手实施。应按照合格的行业标准和做法进行维修作业。

这一阶段也可进行预防性维护，对于第三方损坏的预防和低应力管道，与检测相比，减缓可能是一个更合适的选择方案。例如，对于某一具体系统或管段，如果确认开挖是造成损坏的主要风险，运营公司可结合检查活动选择这样一些预防措施，加强与公众的联系，建立更有效的开挖通知制度，或提高开挖作业人员在检测过程中的管道保护意识。

以风险分析为基础的完整性管理，在减缓措施的选择和实施的时间安排上，可能与预定的完整性管理程序的要求不同。在这种情况下，应将风险分析得出的这些结论形成文件，使其成为完整性管理程序的一部分。

本工作是对检测评价的响应，通过管道维修、运行工况调整和预防措施来消除或减缓检测中发现的安全隐患，提高管道安全性。根据检测结果的严重程度，维修计划一般分为立即维修或更换、安排维修计划和加强监控措施 3 个等级。需要建立维修标准来确定必须维修的缺陷尺寸。再评价周期主要根据维修标准、维修数量和预防措施有效性来确定，其基本原则是，经过本次维修后的残余缺陷到下个周期的完整性检测中不会发展成危险性缺陷。

2.3.7 持续改进，数据的更新、整合和检查

在进行了初步的完整性评价之后，运营公司获得的有关管道系统或管段状况的信息得到了改善和更新。应将这些信息保存下来，并补充到数据库中，以供以后风险评估和完整性评价所用。此外，在管道系统继续运行过程中，应收集新的操作、维护和其他信息，扩充和完善操作工况的历史数据库。

2.3.8 风险再评价

应在规定的时间间隔内定期进行完整性评价，当管道发生显著变化时，也应进行风险评估。运营公司应考虑当前的操作数据，考虑管道系统设计和操作的变化，分析上次完整性评价之后可能发生的外界变化对管道的影响，并应采纳其他的风险评估数据。还应将完整性评价的结果(如内检测评价数据)，作为以后风险评估的因素予以考虑，以确保分析过程能反映管道的最新状况。

2.3.9 完整性管理方案

完整性管理方案制定基于两种方法，即基于预定程序化的完整性管理方法和基于以风险分析为基础的完整性管理方法。图 2-2 是基于以风险分析为基础的完整性管理方法，完整性管理方案是执行每一步骤和进行支持性分析的文件。方案应包括预防、检测、评价和减缓措施，还应制定一个措施实施的时间表。首先应对风险最大的管道系统或管段进行评价。该方案还应考虑可能确定多种危险的那些活动，例如静水试压既可以根据时效性危险(如管道内、外腐蚀)确定管道的完整性，又可以根据稳态危险(如焊缝缺陷和有缺陷的焊缝)确定管道的完整性。

基于以风险分析为基础的完整性管理方案，要求的信息详细，并要求对管道在充分了解的基础上进行更详细的分析。一般不要求具体的风险分析模式，只要求所采用风险分析模式和方法的有效性。详细的完整性评价分析能使管道运营公司对完整性有更深入的了解，使其在实施以风险分析为基础的完整性管理方案时，在时间安排上和方法的使用上有更大的灵活性。

基于预定程序化的完整性管理方法，要求的数据资料和分析最少。这种预定程序化的方法，根据找出的管道最薄弱位置(区域)的发展情况，确定完整性评价的时间间隔，这种做法要求的数据内容较少，分析的范围缩小，有利于实施，如图 2-3 所示。

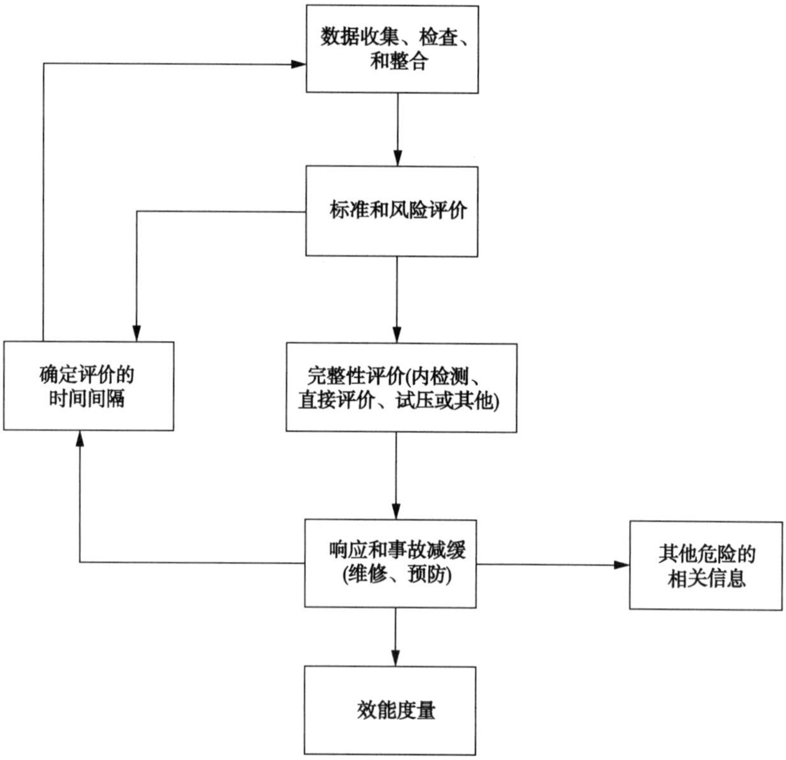

图 2-3　针对特定危害的预定程序化的完整性管理方案

对于预定程序化的完整性管理方法，任何情况下，管道建成与要求的第一次完整性再评价之间的时间间隔都不能超过以下标准：

(1) 对于在 60%*SMYS* 以上运行的管道，不得超过 10 年；

(2) 对于在 50%*SMYS* 以上和在 60%*SMYS* 以下(含 60%*SMYS*)运行的管道，不得超过 13 年；

(3) 对于在 30%*SMYS* 以上(含 30%*SMYS*)和在 50%*SMYS* 以下(含 50%*SMYS*)运行的管道，不得超过 15 年；

(4) 对于在 30%*SMYS* 以下运行的管道，不得超过 20 年。

采用预定程序化的风险分析方法对管道完整性评价进行重点排序，管段的完整性一经确定，需要按照表 2-2 来确定完整性评价的时间间隔。预定的完整性管理程序使用的风险分析方法使用的基本数据最少，分析结论不能用于加大再检测的时间间隔。

表 2-2 完整性评价时间间隔——与时间有关危害（内腐蚀和外腐蚀）的预定程序化的完整性管理方案

检测技术	时间间隔/年①	标准		
		操作压力≥50%规定的最低屈服强度	30%≤操作压力<50%规定的最低屈服强度	操作压力<30%规定的最低屈服强度
水压试验	5	*TP*~1.25倍最大允许操作压力②	*TP*~1.39倍最大允许操作压力②	*TP*~1.65倍最大允许操作压力②
	10	*TP*~1.39倍最大允许操作压力②	*TP*~1.65倍最大允许操作压力②	*TP*~2.20倍最大允许操作压力②
	15	不允许	*TP*~2.00倍最大允许操作压力②	*TP*~2.75倍最大允许操作压力②
	20	不允许	不允许	*TP*~3.33倍最大允许操作压力②
管道内检测	5	*PF*>1.25倍最大允许操作压力③	*PF*>1.39倍最大允许操作压力③	*PF*>1.65倍最大允许操作压力③
	10	*PF*>1.39倍最大允许操作压力③	*PF*>1.65倍最大允许操作压力③	*PF*>2.20倍最大允许操作压力③
	15	不允许	*PF*>2.00倍最大允许操作压力③	*PF*>2.75倍最大允许操作压力③
	20	不允许	不允许	*PF*>3.33倍最大允许操作压力③
直接评估	5	检测所有迹象④	检测所有迹象	检测所有迹象
	10	检测所有迹象	检测所有迹象④	检测所有迹象④
	15	不允许	检测所有迹象	检测所有迹象
	20	不允许	不允许	检测所有迹象

①时间间隔为最大值，根据采取的维修和预防工作情况可以缩短。另外，某些危害可能极具破坏，因此可能需要大大缩短检测的间隔时间。如发生与时间有关的失效时，要立即重新确定检测间隔。

②*TP* 表示试验压力。

③*PF* 表示预测失效压力，按 ASME B31G 或类似标准确定。

④对于直接评价过程，检测指标的分类以及优先顺序见 NACE SP0502《管道外腐蚀直接评价方法》、NACE SP0206《干气管道内腐蚀直接评价方法》或 NACE SP0204《应力腐蚀开裂的直接评价方法》。各指标是变化的，并可能彼此不同。例如，外腐蚀的直接评价可能不同于内腐蚀的直接评价。

易受应力腐蚀开裂影响的管段，在进行与完整性评价相关的开挖期间，如果是涂层剥离或裸露的管道，应采用磁粉检测（MPI）或其他等效的无损探伤评价方法进行评价。管子埋地或不外露（如占压、焊接附属物和其他管线交汇处，管道企业只需清除管子顶部覆土）的开挖，不受上述 MPI 要求的影响（当管段出现过应力腐蚀开裂的情况除外）。应对涂层状况进行应力腐蚀直接评估（SCCDA）并形成文件。所有应力腐蚀开裂检查活动都应按照形成文件的程序进行。任何应力腐蚀开裂的迹象都应按照表 2-3 和表 2-4 进行处理。

表 2-3 应力腐蚀开裂(SCC)裂纹严重程度的标准

类 别	裂纹严重程度	剩余寿命
0	深度<10%*WT* 的任何长度裂纹，或最长 51mm（2in）且深度小于 30% *WT* 的裂纹	超过 15 年
1	预测失效压力>110%*SMYS*	超过 10 年
2	110%*SMYS*≥预测失效压力>125%*MAOP*	超过 5 年
3	125%*MAOP*≥预测失效压力>110%*MAOP*	超过 2 年
4	预测失效压力≤110%*MAOP*	少于 2 年

表 2-4 开挖期间发现应力腐蚀开裂迹象后响应

裂纹严重程度	响应要求
无 SCC 或 0 类	适当时安排 SCCDA，对于 SCC，只需开挖即可
1 类	至少 2 次开挖 如果最大的裂纹属 1 类，3 年内进行下一次评价 如果最大的裂纹属 2、3 或 4 类，遵循适合于该类的响应要求
2 类	考虑临时降低压力，直到水压试验、ILI 或 MPI 完成 2 年内采用水压试验、ILI 或 100%MPI 检查法或等效方法评价管段。以后评价的类型和时间取决于水压试验、ILI 或者 MPI 的结果
3 类	立即降压，采用以下一种方法评价管段： （1）水压试验 （2）ILI （3）100%MPI，或等效方法
4 类	立即降压，采用以下一种方法评价管段： （1）水压试验 （2）ILI （3）100%MPI，或等效方法

完整性管理方案应定期更新，以反映新的信息和对当前完整性危害的影响程度和认识。当识别到新的风险或已知的风险出现新情况时，应根据情况，实施更加有效的减缓措施。此外，需要更新风险评估结果，有助于未来完整性评价方案的制定。

2.3.10 制定完整性管理效能评价方案

管道企业应收集管理方案实施后的信息，并定期评价完整性评价方法、管道维修活动以及风险控制活动的有效性。管道企业还应对其管理体制和方法在完整性管理正确决策方面的有效性进行评价，主要在于确定是否取得了较好的经济效益，是否需要进一步实施下去。另外，还需进一步评价新技术在完整性管理程序中的使用情况。

2.3.11 变更管理方案

管道系统及其所处的环境不是静止不变的。在完整性管理方案实施前，应采用一种系统方法，确保对管道系统的设计、操作或维护发生变更所带来的潜在风险进行评估，并确保对管道运行所处环境的变化进行评价。在变更发生之后，适当时应将其纳入以后的风险评估中，以保证风险评估方法针对的是当前配置、操作和维护的管道系统。完整性管理方案减缓措施的结果，应作为对系统和设施设计和操作的反馈。

2.3.12 完整性管理质量控制

以质量控制为目的的完整性管理程序的评价和完整性管理程序所需的文件，包括对完整性管理程序的审核，以及对完整性管理过程、检测、减缓措施和预防措施的审核。要求严格控制管道完整性管理的检测、评价、维护维修等过程的质量，制定相应的质量保证体系，使完整性管理每一个步骤行之有效。

2.3.13 应急救援联络

为了使公众了解在完整性管理方面所做的工作，管道企业应制定并实施与员工、公众、应急人员、当地公务人员及管理部门进行有效联络的应急救援方案。该方案应向管理层通报有关完整性管理方案的有关信息。

2.4 完整性管理与传统安全管理

管道完整性管理在引入国内初期，其与 HSE 管理体系的关系曾使人混乱。但现在已经逐渐明晰。在石油企业实施的 HSE 管理是现代管理的成熟体系，而完整性管理从技术层面上讲是 HSE 体系安全方面的支持体系。此外，管道完整性管理的体系文件要统一到 HSE 文件体系中，需要通过 HSE 体系贯彻实施，所以完整性管理体系是 HSE 体系的专门的管道管理子部分。

同时，完整性管理又有别于传统的管道安全管理。早期的安全管理常常是以事故管理为核心，虽有预见机制，但不系统、不全面，需要为保证事故发生后最大限度地减少损失而配备体系庞大的维修队伍和设备。现代安全管理目前转变为以风险管理为基础的安全管理模式，侧重于安全、健康、环境等各个方面风险，而完整性管理主要是侧重于资产设备设施的危害因素识别、风险评价、高后果区管理、完整性评价、修复和减缓、效能评估等，更加注重细节和适用于管道技术的应用。管道完整性管理的本质是在事故发生前，就对管道进行检测和评价，预先制订修复维护计划，是有计划的修复，是主动的系统的预防机制，而且这个过程是周期循环和持续改进的，从而保证管道一直处于无事故状态。

第3章　国内外管道完整性管理进展

3.1　国外管道完整性管理法规和标准情况进展

管道完整性管理逐渐成为世界各大管道公司采取的一项重要管理内容。管道完整性管理是指管道公司通过对天然气管道运营中面临的安全因素的识别和评价，制定相应的风险控制对策，不断改善识别到的不利影响因素，从而将管道运营的风险水平控制在合理的、可接受的范围内，达到减少管道事故发生、经济合理地保证管道安全运行的目的。完整性管理的实质是，评价不断变化的管道系统的安全风险因素，并对相应的安全维护活动作出调整。世界各大管道公司采取的技术管理内容包括：管道风险管理，灾害与风险评估技术管理，QHSE系统管理，管道安全运行的状态监测管理(腐蚀探头监测、管道气体泄漏监测、超声探伤监测、气体成分监测、壁厚测量监测、粉尘组分监测、腐蚀性监测等)，管道状况检测管理(智能内检测、防腐层检测，土壤腐蚀性检测等)，结构损伤评估管理，土工与结构评估技术管理，腐蚀缺陷分析和评定技术管理，先进的管道维护技术管理等。

管道完整性管理技术起源于20世纪70年代，初始一般称为管道风险评估，当时欧美等工业发达国家在二战以后兴建的大量油气长输管道已进入老龄期，各种事故频繁发生，造成了巨大的经济损失和人员伤亡，大大降低了各管道公司的盈利水平，同时也严重影响和制约了上游油(气)田的正常生产。为此，美国首先开始借鉴经济学和其他工业领域中的风险分析技术来评价油气管道的风险性，以期最大限度地减少油气管道的事故发生率和尽可能地延长重要干线管道的使用寿命，合理地分配有限的管道维护费用。经过几十年的发展和应用，目前许多国家已经逐步建立起完整性管理体系和各种有效的评价方法。

至90年代初期，美国的许多油气管道都已应用了完整性管理技术来指导管道的维护工作。随后加拿大、墨西哥等国家也先后于90年代加入了管道风险管理技术的开发和应用行列，至今均取得了丰硕的成果。

为了增进管道的安全性，美国国会于2002年11月通过了专门的H. R. 3609号《管道安全促进法》，2002年12月27日布什总统签署生效，H. R. 3609号法案第14章中要求管道运营公司在高后果区(HCA)实施管道完整性管理，制定并发布了气体管道和液体管道完整性管理规程(49 CFR 192和49 CFR 195)。推进并加速管道高后果区的完整性评价，促进管道运营公司建立和完善完整性管理体系，促进政府发挥审核管道完整性管理计划方面的作用，增强公众对管道安全的信心。

美国运输部管道安全办公室(OPS)于2002年初确定了管道运营公司的完整性管理的职责，明确提出管道完整性管理运营商的责任在于对管道和设备进行完整性评价，避免或减轻周围环境对管道的威胁，对管道外部和内部进行检测，提出准确的检测报告，采取更快、更好的修复方法及时进行泄漏监测。OPS对运营商的完整性管理计划进行检查，检查影响管道高风险地区的管段是否都已确定和落实，检查管段的基准数据检测计划及完整性管理的综合计划，检查计划的执行情况等。

美国的管道运营公司大多在2000年后根据政府部门的要求成立了完整性管理部门，其完整性管理模式各不相同，但总体都有明确的管理目标，同时有一名副总裁专项负责完整性管理业务，并有专门的完整性管理机构和充足的、高层次的人力资源保障；完整性管理在全公司的业务管理中发挥着重要的作用，在日常工作和政府沟通中扮演着重要角色，对公司管道维修计划的制订、内检测、风险评估等业务实施管理职能，同时为管道应急等提供基础信息和决策咨询。随着完整性管理所发挥作用的日益显现，各管道公司已经从被动成立完整性管理部门以满足法规的要求，转变为主动发展完整性管理业务的行为，完整性管理部门的人力资源得到不断补充和发展，成为各管道公司的重要部门。

美国的管道完整性管理实施比较成熟，建立了比较完善的文件支持体系，涉及标准、法规、规则以及各种管道手册，其中较有影响的文件如下：

1. 完整性管理法规

（1）美国联邦法典第49部第192部分(49 CFR 192)——天然气和其他气体管道输送的联邦最低标准

（2）美国联邦法典第49部第195部分(49 CFR 195)——危害液体的管道运输

（3）关于增进管道安全性的法规(美国 H. R. 3609)

2. 完整性管理标准

（1）ASME B31. 8S　输气管道完整性管理

（2）API 1160　有害液体管道完整性管理

（3）NACE RP0102　管道内检测的推荐实践标准

（4）NACE RP0502　外腐蚀直接评估(ECDA)

（5）NACE RP0204　应力腐蚀开裂直接评估(SCCDA)

（6）NACE SP0206　干气管道内腐蚀直接评估(DG-ICDA)

（7）NACE SP0208　液体石油产品管道内腐蚀直接评估(LP-ICDA)

（8）NACE SP0110　湿气管道内腐蚀直接评估(WG-ICDA)

（9）API 1163　管道内检测系统标准

（10）ASME B31G　腐蚀管道剩余强度手册

（11）API 579　合乎使用性评价

（12）API 581　基于风险的检测

加拿大主要由国家能源局(NEB)制定了加拿大各省的陆上管道规程，规程中明确要求“每个公司应制定管道完整性管理程序”。另外，加拿大最主要的能源地区——艾伯塔省，其能源公用事业委员会(AEUB)也制定了该省的管道规程，此规程规定“具有许可证的法人应该制定和拥有一个或多个管道操作、腐蚀控制、维护、修复及完整性管理程序的指导手册，且在要求的情况下还应向委员会提交副本；具有许可证的法人应在管道完整性管理程序中考虑外部涂层脱落的管道的应力腐蚀开裂”。加拿大标准协会(CSA)制定发布了管道标准Z662—2003《石油天然气管道系统的设计、建造、操作及维护》，标准中明确规定(条款10. 11. 1)：运营公司应该制定及执行一个管道完整性管理程序，包括用于管理管道完整性的有效的规程(参见条款10. 2)，以使它们可适用于持续性的使用，规程应包括监控可能导致失效状态的规程、消除或减轻此类情况的规程以及管理完整性数据的规程。根据国家能源局(NEB)公布的管道绩效分析报告，2000~2004年期间，加拿大气体管道的泄漏失效频率为 0.03/(10^3km · a)，液体管道的泄漏失效频率为 0.05/(10^3km · a)。

在欧洲，管道工业发达国家和管道公司从 20 世纪 80 年代开始制定和完善了管道风险评价的标准，建立了油气管道风险评价的信息数据库，深入研究各种故障因素的全概率模型，研制开发实用的评价软件程序，使管道的风险评价技术向着定量化、精确化和智能化的方向发展。英国天然气管网公司 90 年代初就对天然气管道进行了完整性管理，建立了一整套的管理办法和工程框架文件，使管道维护人员了解风险的属性，及时处理突发事件。

英国也在积极推广完整性管理工作，于 2008 年发布了公众可获取规范文件“PAS 55-资产管理”，强调通过系统的和协调性的活动和方法，以最优的方式来管理其资产和资产生命周期内的资产相关的性能、风险和支出，以实现其组织战略计划。2009 年，英国标准协会(BSI)发布了标准 BSI PD8010-3《Code of practice for pipelines. Steel pipelines on land》BSI PD8010-3《陆上钢制管道实施标准》，该标准补充 BSPD 8010-1：2004 标准，给出了高压天然气管道风险评价的流程和方法，并明确给出了员工个人风险、公众个人风险和社会风险的可接受范围(ALARP)。目前，英国标准协会正在制定其完整性管理标准：BSI PD 8010-4《Pipeline systems Part 4：Steel pipelines on land and subsea pipelines-Code of practice for integrity management》/ BSI PD 8010-4《管道系统第四部分：陆上海底钢制管道完整性管理实施标准》。根据英国 UKOPA（United Kingdom Onshore Pipeline Operators’ Association）2009 年公布的第六版管道失效研究报告，从 1962 年到 2008 年，英国 UKOPA 组织所运营管道的失效频率为 0.242/(10^3km · a)，而 2004~2008 年管道平均失效频率为 0.064/(10^3km · a)。

3.2 国外管道企业完整性管理实施情况

加拿大 NOVA(努发)天然气输送有限公司(NGTL)拥有管道 15600km，多数已运营近 40 年。该公司非常重视管道风险评价技术的研究，已开发出第一代管道风险评价软件。该公司将所属管道分成 800 段，根据各段的尺寸、管材、设计施工资料、油(气)的物理化学特性、运行历史记录以及沿线的地形、地貌、环境等参数进行评估，对超出公司规定的风险允许值的管道加以整治，最终使之进入允许的风险值范围内，保证了管道系统的安全、经济运行。20 世纪 90 年代中期，该公司对其油气管道干线进行扩建，需要穿越埃得森地区 5 条大型河流，在选择最佳施工技术时遇到了困难。由于环境管理比过去更严格，传统的选用最低费用的方法已经不再适用，需要一个权衡费用、风险和环境影响的决策方法，在收集了线路、环境、施工单位等的最新资料和对不同河流穿越方法的局限性进行鉴别后，结合每一个穿越方案的不确定性和风险进行了决策和风险分析，最终对各穿越方案中的对 35 年净现值有影响的所有因素以及极端状态进行了量化评估后，作出了正确的选择。

美国天然气研究所(GRI)将重点放在管道检测的进一步研究和开发上。利用高分辨率的先进检测装置及先进的断裂力学和概率计算方法，获得更精确的管道剩余强度和剩余使用寿命的预测和评估结果。

美国 Amoco 管道公司(APL)从 1987 年开始采用专家评分法风险评价技术管理所属的油气管道和储罐，至 1994 年，已使年泄漏量由原来工业平均数的 2.5 倍降到 1.5 倍，同时使公司每次发生泄漏的支出降低了 50%。

美国科洛尼尔(Colonial)管道公司把管理的重点放在管道的安全和可靠性上，管理计划包括管道内部的检测，油罐内部的检测、修理和罐底的更换，阴极保护的加强，线路修复等内容。利用在线检测装置和弹性波检测器，实施以风险为基础的管理方法，并每年进行一次阴极保护系统的调查和利用飞机实施沿线巡逻。该管道公司采用风险指标评价模型(即专家打分法)对其所运营管理的成品油管道系统进行风险分析，有效地提高了系统的完整性。该公司开发的风险评价模型 RAM 将评价指标分为腐蚀、第三方破坏、操作不当和设计因素等四个方面，该模型可以帮助操作人员确认管道的高风险区和管道事故对环境及公众安全造成的风险，明确降低风险的工作重点，根据降低风险的程度与成本效益对比，制定经济有效的管道系统维护方案，使系统的安全性不断得到改善。

以 Shell 为代表的国外大型石油公司，对于石油企业的完整性管理通称为资产完整性管理(Asset Integrity Management)，其中又分为管道完整性管理、设施完整性管理、结构完整性管理和井场完整性管理四个部分。

比利时管道公司开展完整性管理的目标：一是保障基础设施的完整性，二是证明管道是安全可靠的，三是提高管理效率，四是合理分配有限资源，五是有效地管理老旧管道。

比利时天然气管网有 4100km 管道，5 个压气站，183 个分输减压站，管理的管径为 4~48in，最低压力为 1.5MPa，最高压力为 8MPa，管理难度很大，境内人口分布众多。开展管道内检测是比利时管道公司主要完整性管理方法，其目的是保障管网的完整性，增加安全性，延长管道寿命。据比利时管道公司统计，总的目标是优先检测老旧管道，建设的管道具有可检测性，开展组合检测和再检测，已开展一次检测的管道长度为 1100km，进行再检测的管道有 1400km，低压管道为 540km，经过研究不能内检测的管道为 120km，长度段小于 3km 的管道有 120km，2013~2015 年计划检测 470km，2015 年后检测 360km，第一次内检测的周期大于 20 年，第二次内检测，如果没有发生腐蚀，则周期定为 15 年，如果发生腐蚀，则定义内检测周期为 7~10 年，但一般由于再检测采取的承包商可能有所不同，另外再检测针对新腐蚀的发现与第一次检测结果对比的不确定性，则再检测周期定为 7 年，第三次检测周期，通过运行 Runcom 软件来确定管道的检测周期，一般为 7~15 年。

建立完整性系统，通过完整性管理的风险评估，对总体风险和单项风险进行分类，开展风险的有序分析，采用 ISAT 风险评估模型，通过软件进行动态完整性管理，需要的输入要素数据达到 127 个，采用 PII 公司的半定量的风险评价软件(打分法)适用于 Fluxys 管道公司，采用英国燃气研究院 Advantica 公司的 PIPESAFE 软件适用于进行风险后果评估。根据风险后果和风险打分结果，公司内部针对风险进行分级，将确定中高风险段的前 10%作为主要风险削减段，下一年度重点开展完整性管理。

比利时管道公司不开展管道 ECDA 评估，不通过 ECDA 评估来解决管道的完整性问题，只是检测涂层的受损情况。内检测通过开挖，缺陷经过 3D 扫描，确定管道缺陷形貌，进行评估，四种缺陷需要修复：即管道壁厚损失大于 70%，$ERF>1.0$，偏心套管接触、不明金属物接触管道，凹坑。由于第三方损伤是比利时管道的主要风险，凹坑底部平滑，大于 $7\%D$ 的直接修复；缺陷小于 $2\%D$ 的不修，凹坑底部有尖锐的缺陷需要修复；凹坑在焊缝上介于 $(2\%\sim4\%)D$ 的，需要探伤检测后确定是否进行修复；凹坑在焊缝上，同时底部有裂纹存在，则需要修复，一般进行切管修复，永久消除风险；凹坑在顶部要进行 Person 涂层检测，确定是否涂层损伤。

Fluxys 管道每年修复 200 处，采用 CLOCK-SPRING、套筒等方法，但有 10%的管段需要切管修复，每年切管的数量达到 15~20 处，针对焊缝异常缺陷的修复，选择性地进行开挖检测，大于 3mm 深的裂纹需要修复。

比利时管道公司的定性风险评估在建设期开始，分为：全面的风险评估，只做一次，在新项目建设过程中保持数据准确；特殊段风险评估，在每个新项目上针对不同的高风险段均需要开展，是对管道通过带内 250m 范围内进行的风险评估，主要是降低泄漏的概率，降低泄漏的影响。这对于比利时管道公司路由的选择发挥着重要作用。

澳大利亚 Gasnet 公司实施完整性管理重点在第三方破坏方面，外界干扰和第三方破坏对管道来说是最大的威胁。由于电站设施的增加，定向钻的大量使用，通讯光缆的铺设，以及承包商建设公路、铁路的增加，都使得威胁增大。使用的工具设施包括挖掘机、钻机、钻孔器和定向钻，威胁同时也来自其他主体授权资产机构的建设和维护以及本公司管线维护工作中发生的问题。主要采取应用 AS 2885.1 减轻风险标准，每年都要对每一条管线进行风险评估。当自然保护措施难以适应现存管线时，GasNet 要求管道最小埋深为 1200mm，对临时管道埋深要求最小为 900mm。管道与道路交叉口要浇灌混凝土，增加壁厚以及在道路最低处埋深 1.2m，此外还要挖建排水沟槽。

澳大利亚 Gasnet 公司非常重视管道巡检，巡检的目的是要发现不明身份的或者已经存在的外界干扰操作，如泄漏、违章建筑、标记缺乏、建筑物上的植被、腐蚀、塌方、下沉以及地面管线的安全问题和周围环境问题。巡检要求空中巡检和地面人工巡检结合使用。周末在大城市区域要实行地面巡检。在乡村区域要每周或每两周或每月进行空中巡检，同时以地面巡检进行补充。每年空中巡检要对所有管线进行录像，对地面管线，尤其是容易产生腐蚀和塌方地区要进行拍照。

密切联系土地所有者能够有效阻止第三方破坏，对土地所有者每年都要进行探访并且要经常与他们进行联系。在联系过程中讨论如下问题：

（1）土地所有者的区域位置；

（2）办好在土地上进行正当施工的手续；

（3）任何存在土地所有者及其相邻区域的变化的可能；

（4）对管线安全潜在的威胁；

（5）管线突发事件反应程序；

（6）24h 都能联系的方式。

Enbridge 公司完整性管理，提出的目标是确保管道安全和增强安全意识，使用最先进的管理和支持技术努力达到零事故。在实施完整性管理过程中，建立了技术体系，主要包括：开展完整性管理的条件；完整性管理支持技术；完整性管理实施方式。同时，在开展完整性管理中，公司还建立了管道数据库，配备了管理及检测设备，明确了管理职责与分工，完善了管理文件体系和标准法规。

Enbridge 公司管道数据库管理着管道核心数据，提供了企业决策支持系统或业务管理系统所需要的信息，把企业日常营运中分散不一致的数据经归纳整理之后转换为集中统一的、可随时取用的深层信息。Oracle 管道数据库储存了管道完整性管理所需要的全部数据和文件，数据库中的数据通过 APDM 模型规范存储，根据 ARCGIS 地理信息平台建立地理信息系统可视化地图界面，在此界面上，开发和应用管道完整性的评估、决策、维抢修等应用软件，从而实现完整性管理的可视化、智能化及数据共享；完整性管理的设备主要包含现场测量设备、检测设备、监测设备等。

印度尼西亚 VICO 东卡曼里丹管道公司实施管道完整性管理，制定管道完整性管理纲要，将维护和检测作为管道完整性管理的重要内容，开发并建立管道完整性管理系统，目标是使有效资产和净利润最大化，使健康、安全和环境风险最小化，确保在管线运行期间资产的完整性。

东卡里曼丹管线同时制定网络应急计划，根据每个参股公司的告知/通信以及活动支持来提供标准的应急反应，内容包括通信录、电话号簿、管线地图、报告及表格抢修程序、管道缺陷类型及其所在位置、管道修理及修理顺序以及抢修材料等，如图 3-1 所示。

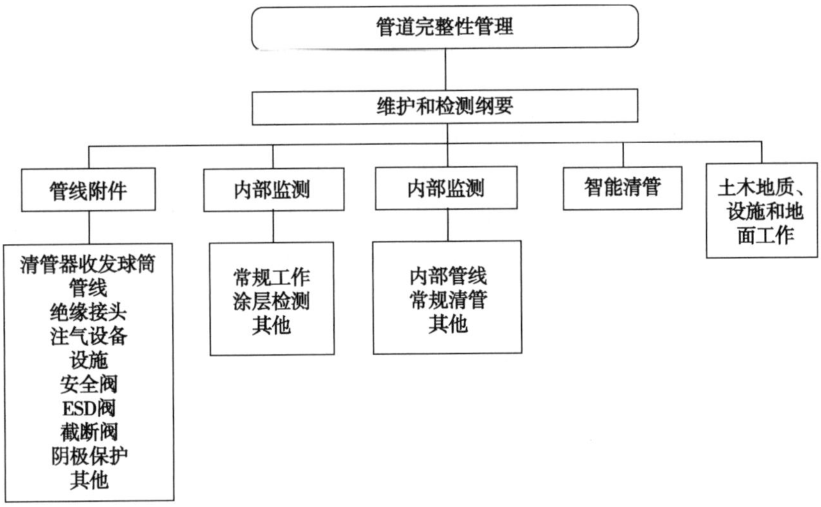

图 3-1　VICO 东卡曼里丹公司管道完整性管理框图

意大利 SNAM 公司经营 29000km 的天然气管网系统，其中包括输气干线与支线，有的已运行超过了 50 年，80%管网受到杂散电流的强烈影响，大部分运行压力高于 2.4MPa。SNAM 公司实施了完整性管理策略，使系统保持高度安全及低成本，节约了 1/3 的维修费用。

3.3　国外管道完整性管理机构设置情况

3.3.1　加拿大 TransCanada 公司

TransCanada 是北美地区一家拥有 50 年历史的能源公司和天然气输送公司，从最初的天然气输送市场，到最近的能源和天然气销售市场，TransCanada 一直扮演着创新者和专家的角色。TransCanada 在加拿大和美国的管线市场中具有稳固而领先的地位。

TransCanada 的业务主要分为 3 个部分：天然气输送、能源和天然气销售。天然气输送一直是该公司的核心业务。TransCanada 拥有长达 38000km 的管线，可以将加拿大西部与主要的加拿大和美国市场连接在一起。TransCanada 将加拿大大约 70%的天然气输送到市场，其中约有 60%供给美国市场。该公司每天向加拿大和美国北部地区销售大约 66 亿 ft^3 的天然气。在完整性管理方面，TransCanada 的完整性管理目标为：①相信所有的事故都是可以预防的；②减少员工、公众和环境风险；③利用关键技术和最佳实践；④形成规范的业务标准。

管道线路完整性部门共有 146 人，设施完整性部门共有 120 人，数据完整性管理部门共有 40 人。线路完整性部门包括合规管理、危险识别、风险管理程序、完整性支持和内检测专业的管理。

TransCanada 每年开展超过 8000km 的内检测，开挖腐蚀点超过 300 处；每年开展约 500km 的打压评价，主要是因为内检测器无法检测出应力腐蚀裂纹缺陷。对已内检测管道在检测周期内进行开挖验证，以确认再次检测时间。公司根据下一年的内检测计划来安排运行输量以满足内检测的需求。

TransCanada 每年进行一次风险评价，使用自行开发的风险评价软件，多个部门参与分析，每次评价后给出未来 7 年的风险。对不同的人口等级要进行不同的评价，对 3 级以上地区进行定量风险评价(QRA)。根据本年度的风险评价报告完成了下一年的风险投资控制计划，风险评价报告反馈给风险识别人员，以帮助评价人员关注识别出的风险。

管道完整性管理部门根据完整性管理方案，提出管道维修计划。计划投资部门按照完整性的要求安排计划，如果变化较大则需要由总裁亲自确认。强化对高后果区的认识程度，加强高后果区识别的量化和可操作性。

3.3.2 加拿大 Enbridge 公司

Enbridge 公司完整性管理目标为：管道设计、施工、检测、维修、操作和安全的做法等都符合政府规章，努力实现零伤害、零损失、零泄漏。

其管道完整性管理组织机构图如图 3-2 所示。2011 年又设置了设施完整性管理部门，主要负责罐、站区管道的安全管理。

管道完整性管理部门的工作内容是：①负责完整性管理程序执行：内检测、开挖修复和内腐蚀控制；②负责材料技术：焊接和修复程序、裂纹管理程序、凹坑管理程序；③负责完整性分析：腐蚀增长评估、内检测间隔和内腐蚀控制程序。目前每年运行 120 个站间距的内检测，约 14000km，开展约 1000 次清管，开挖约 2000 次。

管道完整性管理部门现有 60 人，管理 2.2×10^4km 管线，部门人数规划为百人，完整性管理部门员工的资格要求是注册工程师或专业人员，重点开展本体的管理工作，管道判寿工作由工程部实施，完整性部门负责管道的失效分析，地质灾害风险由机械部门管理负责。各地方分公司只有很少量的完整性工作。路由管理由路权部门管理负责，GIS 软件由工程部门负责管理，完整性数据收集由完整性管理部门负责管理。

完整性管理部门提出管道的管理和维修计划，如果管理层没有此费用，则需要在领导层讨论，最终在批复的费用中调整计划。

3.3.3 美国 Williams Gas 公司

Williams Gas 公司的管理理念，第一要保证安全，安全包括两个方面，一是人员的安全，二是管道的安全，公司是主要使用内检测等科学的方法确保管道安全。该公司的企业文化是安全与持续改进，管道管理者热爱事业。公司的目标是：5~10 年实现管道零事故。

Williams Gas 公司完整性管理部门有 120 人，西部管道分公司有 27 人(分内外检测、防腐)，东部管道分公司有 7 个，不包括现场人员。完整性管理部门负责管道本体的完整性，完整性管理工作主要是腐蚀管理，大约有 60 多个程序执行，完整性管理程序中明确资质、标准要求和如何做，所有的雇员都需要学习。该公司早在 1955 年就已全面开展腐蚀防护工

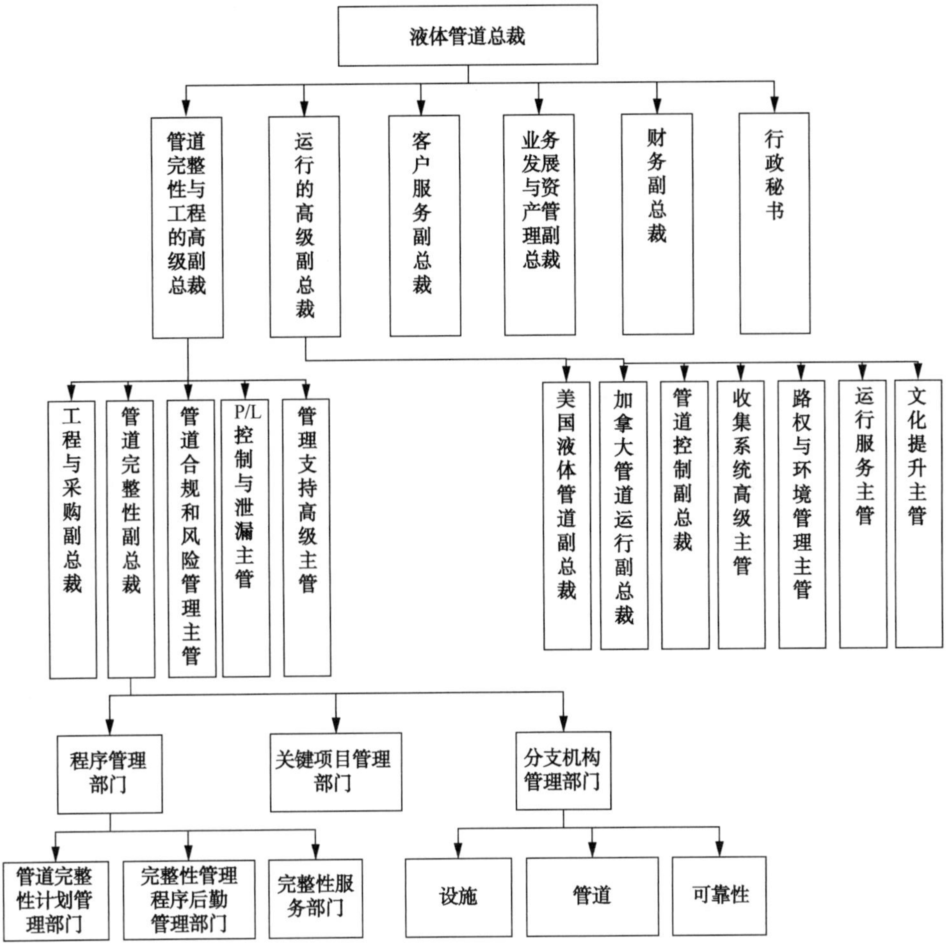

图 3-2 Enbridge 公司管道完整性管理组织机构图

作，早于政府 1970 年提出要求。该公司的经验认为，不严格控制腐蚀，管道将无法控制使用寿命。提高阴极保护效果，避免缺陷的产生，是公司提出的一个减少修复的理念，公司通过评估才进行修复。

公司管理风险和潜在的危险，比如焊缝、第三方损伤等，需要进行目视检查、开挖等，只有测量和确认每一处危险并评估后，才确定该如何做。公司要求跟踪每次没有预先打电话告知的开挖活动，分析原因并进行改进。公司 2009 年、2010 年有管道事故，2010 年的事故率低于 2009 年。

管道完整性管理部门配备一个风险评估小组，每年对全公司的管道进行一次风险评价，根据风险评价结果提出管道维修计划。地质灾害的风险管理在运行部门，运行部门做好评估后，转交给管道完整性管理部门的风险分析人员进行统一整合。公司每年组织一次对全公司风险报告的综合审核。Williams Gas 在一个列表中，对每一段管道都列出各种风险因素，给出各种风险因素的控制方式。比如，某段的风险是内腐蚀，则给出内腐蚀的控制方法和时间。

该公司大约有 10%的高后果区管段，对 HCA 都定义是否是高风险段 HCA，将比平均水平风险线高两倍误差的风险段定为高风险段。虽然政府只要求在高后果区开展完整性管理，但是，考虑将来政府肯定会扩大 HCA 的范围和增加对 HCA 外的要求，该公司现在开展内检测等工作时是不区分是否是 HCA 的。政府只是关心高后果区，而公司关心的是防止全线管道事故的发生。

近几年各管道公司都成立了完整性管理部门，作用和地位都在提高，主要是因为事故和政府的要求使管理者充分认识到了完整性管理的重要性。

在数据管理方面，过去 50 年来该公司管理的数据资料信息非常庞大，近年来，内检测能给出更精确可靠的数据，基于数据就能计算风险，明确根据风险进行风险预控，公司建立了完整性管理的基础数据库，包括内检测、阴极保护及测量信息等，与 GIS 系统整合，进行管道的应急管理、管道数据查询管理。

3.3.4 美国 Enbridge Gas 公司

Enbridge Gas 公司是 Enbridge 集团下的独立天然气管道公司，全公司约有 4000 名员工，在休斯顿总部约有 500 名工作人员，运行的管道有陆上气管道、海底管道和处理厂管道。

管道完整性管理副总裁有下属 13 人，分为管道完整性管理和设施完整性管理 2 个部门。运行高级副总裁有下属约 600 人，分陆上管道运行和海底管道运行。

目前该公司所开展的检测与评价等具体工作都由承包商来完成，现有的人员主要从事管理工作，公司计划逐步培养自己的专业技术人员。该公司在 2012 年前完成了基线评价，对没有数据的管道采用打压评估、对具备内检测条件的管道进行内检测评估，为了保证内检测，对部分管道投巨资进行改造。公司认为直接评估技术尚存在问题，故不采取该方法对所辖管道进行完整性评价。

该公司在 2010 年 12 月成立设施完整性管理部门，现有 2 名员工，工作尚处于起步阶段，思路与线路管道完整性管理的工作思路基本相同，当前主要的工作是对站内管道和设备进行腐蚀管理。该部门对气体处理厂采取按照人口等级进行风险等级划分的方法进行管理。

3.3.5 美国 Panhandal 公司

Panhandal 公司是美国最早的管道公司，1952 年加入 PRCI 管道协会开展研究项目，是最早开展完整性管理相关研究的公司，目前公司正在开展站场完整性管理的研究。

该公司的目标是零事故，不断提高完整性管理，持续改进。该公司努力消除可能导致管道事故的潜在原因，通过风险评价和完整性管理行为创造价值，增加安全性。在程序、运行和维护行为方面优化资本支出，颁布了实现完整性管理方案的内检测和风险减缓程序。

1999 年前，公司在 30 天曾经发生 3 起事故。为了避免事故的发生，公司于 1999 年成立完整性管理部门(公司认为，完整性管理是一个专职工作，不是兼职，并且是一个统一的体系，技术要求高，原有的其他部门是做不了的)，现有 30 人，其中 15 个工程师，15 个现场工程师。2004 年设立副总裁主管完整性管理，该副总裁共管理 114 人，除了完整性部门外，还包括自控、GIS 和环保管理等部门人员。

该公司的完整性管理已经发展得比较完善，钢质管道完整性管理在未来 10 年内不会有更大的变化。未来的 10 年内将是管道公司普遍提高、推广普及完整性管理的过程。

该公司最早的管道是 1929 年建设的，现在还在使用。虽然国家规定仅开展高后果区的完整性管理，但是，公司是对全管道开展完整性管理。该公司不选择管道外腐蚀直接评估作为完整性评价的手段，管道如果不能进行内检测就进行打压评估。老管道中只有 20%具备内检测条件，为此公司投入大量费用进行改造，使其具备内检测条件，目前该公司仍有

20%的不可内检测管道采取打压进行评估。

该公司1985年开始开发数据管理系统，公司所有数据都在此数据系统中，具备数据查询、变更管理和影像查询等功能。公司有5个专业的GIS管理人员，为运行和完整性部门服务。

该公司所有的压力容器都在完整性管理部门管理，旋转设备在另外一个部门管理，设备完整性管理没有列入法规要求，是基于可靠性的管理，评价完整性管理实施效果主要是依据消除的缺陷、隐患与风险点(源)数量。

3.4 国外管道完整性管理(PIM)与健康安全环境(HSE)管理的关系

在Enbridge公司的组织结构中，健康安全环境(HSE)管理和完整性管理(PIM)分别由两个相互独立的部门经理负责，HSE管理和管道完整性管理已经成为欧美管道企业日常管理的重要内容。两者把员工和公众、环境以及管道设施的保护作为研究对象，均采用风险分析评价方法，以期在日常的生产作业中把对三者的影响和损害降到最低，只是侧重点不同，HSE管理侧重于人员的安全管理、监护管理、作业之中的操作管理，而管道完整性管理侧重于设备技术管理、预防性维护，通过保障设备的安全可靠性来保障健康、安全、环境和质量要求，二者之间互相补充。

就国内的管道企业而言，HSE的管理理念和管理方法引入已有几十年的历史，并在管道企业(或石油石化行业)得到了广泛的推行，国内的法规和标准也相对完善。而管道完整性管理理念和方法的引入时间不长，在国内管道企业间开展得还不够均衡。在完整性管理方面，政府的监管法规是个空白，政府对管道企业的完整性管理没有强制性要求，完整性的行业标准也还没有建立，可以说正处在企业自发地推行阶段。不过完整性管理方法的科学性在管道专业技术人员中已经被广泛接受，并引起了各级管理层的高度重视，对于如何推广实施，将是下一步的关键环节。HSE和管道完整性在国内外推行的差异性比较见表3-1。

表3-1　HSE和管道完整性管理在国内外推行的差异性比较

	职业健康、安全与环境管理(HSE)	管道完整性管理(IMP)
理念	“一切事故都是可以避免的”“员工的健康和安全高于一切”“安全是每一名员工的责任”“环境保护和持续发展是一切企业活动的基石”	“缺陷是无处不在的，只有不断识别，跟踪缺陷的发展，并不断消除缺陷才能本质安全”
政府监管和执行标准	执行标准： ISO/CD 14690 SY/T 6276 ISO 9000(质量体系标准) ISO 14000(环境体系标准) 管理层的承诺是核心和动力 国内法规： 《石油天然气管道保护法》(2010年) 《石油天然气管道安全监督与管理暂行规定》(2000年)	加拿大：NEB OPR-99第40、41部分 CSA Z662 美国：交通部(DOT)的管道安全办公室(OPS)负责监管，执行联邦法规(CFR)第49卷第186-1999部分，要求所有液体管道和气体管道都必须编制完整性管理程序 国外标准：API RP 1129、API RP 1160、ASME 31.8S、CEGB/R/H/R6(英) 国内标准：GB 32167、SY/T 6975、SY/T 6648、SY/T 6621

续表

	职业健康、安全与环境管理(HSE)	管道完整性管理(IMP)
主要危险因素	以人的风险为基础，包括：火灾、高空作业、挖掘作业、噪声、电、车辆、坠物、冷热温度、抛射物、喷射、辐射、高空电缆、受限区域、易燃物、可燃物、腐蚀物、吸入危险物、有毒物、泄漏、单人作业等	以设备设施的风险为基础，包括：内外腐蚀、应力腐蚀、制造缺陷、施工缺陷、设备失效、第三方损害、误操作、天气与外力因素(过冷、雷击、大雨或洪水、地壳运动)等9类22种风险
主要预防措施	风险矩阵分析；安全工作许可制度；持证上岗培训；个人防护用具(PPE)；应急反应计划	数据资料的收集和整合；定性或定量风险评价，识别风险并排序(尤其确定高后果区域HCA)；对重大风险进行完整性评价(检测、试压或直接评价)；制定事故减缓措施
潜在风险受体	员工、附近社区公众、环境(江河湖海、大气、土壤、野生动植物等)	管道及管道设施(含站内设施)

总之，HSE管理和完整性管理都是以风险评价为基础的科学的管理方法，尤其注重数据的收集和整理，这也正是国内部分管道企业所忽视的和有待加强的。相信随着HSE和管道完整性管理理念的推行，国内管道企业在政府监管力度缺失的情况下，也会自发地达到提升管道全过程安全管理的目标。

3.5 国内管道完整性管理进展

3.5.1 我国管道完整性管理技术发展概述

1. 完整性管理成果丰硕

油气管道是国家能源的“命脉”，我国油气管道干线总里程已达到13.6万公里。随着管线运行时间的增加，由于管道材质老化、制造缺陷、第三方破坏、自然灾害、误操作等因素引起的管道泄漏和燃烧爆炸等事故偶有发生，这类事故会破坏生态环境，导致人员伤亡，并造成巨大的经济损失。为避免管道事故发生，2001年美国国会批准了关于增进管道安全性的法案，核心内容是在高后果区实施完整性管理，管道完整性管理逐渐成为全球管道行业预防事故发生、实现事前预控的重要手段，是以管道安全为目标并持续改进的系统管理体系，其内容涉及管道设计、施工、运行、监控、维修、更换、质量控制和通信系统等管理全过程，并贯穿管道整个全生命周期。

我国油气管道完整性管理的发展历经20余年，自1995年起我国开展管道风险评价和管道安全评价研究，2001年中石油率先引进管道完整性管理并实施，取得了丰硕成果，形成了“三个一”的完整性技术群，即一套技术体系、一套标准体系、一个系统平台，覆盖管道储运设施的线路、场站、储气库和系统平台等多个领域。线路完整性管理方面形成了本体安全保障、风险评估与控制、输送介质安全保障、抢维修及应急保障等技术群；场站完整性管理方面形成站场工艺设施检测与评估、压缩机组诊断评估、定量风险评估、安全等级评估、设施完整性评价等技术群；储气库完整性管理方面形成了地下储气库风险控制、储气库建库及运行安全技术群；管道完整性系统平台方面形成了基于业务多源数据的管道应急决策GIS系统，智能管网初步在中俄东线建成。

2. 我国管道完整性管理发展历程回顾

自21世纪以来，管道管理模式发生了重大变化，管道完整性管理已经成为预防管道事故发生、实现事前预控的重要手段，也是当前世界各大管道公司采取的一项重要管理内容，这是一个以管道安全为目标并持续改进的系统管理体系，其内容涉及管道设计、施工、运行、监控、维修、更换、质量控制等全过程，并贯穿管道整个运行期。

我国管道的完整性管理经历了引进、吸收、再创新的过程，20余年取得了重要进展，中石油北京天然气管道公司2001年制定了完整性体系文件，将陕京管道完整性管理程序文件、作业文件纳入HSE体系中；2002~2003年联合英国Advantica公司改造了中油管道检测技术有限公司(原中油管道技术公司)液体管道检测器适用于天然气管道，首次在国内完成了陕京一线912.5km的高压大口径天然气管道的内检测；2004年3月在我国石油管道管理与技术交流会上，北京天然气管道公司发表了“以管道安全为中心，完整性管理为手段，开创管道管理的新局面”的技术交流论文并演讲，完整性管理引起高度重视；2004年7月陕京天然气管线结合自身特点建立了管道完整性管理模式，完成了从管理理念向实施方面的转变，“陕京管道完整性管理模式与应用研究”项目取得重要进展，建立了适用的陕京管道完整性管理文件体系，同时在技术研发方面取得了重要成果，全面系统地研究陕京管道完整性关键技术，针对国产化X60管线钢开展研究，在管道漏磁内检测、缺陷评价、复合材料补强修复方面，取得了多项成果，初步建立了较为适用的陕京管道完整性技术体系；2005年中石油引进了国外PII公司的高清晰度内检测技术，在大港储气库配套管线港清(复)线711mm上首次应用获得成功；2005年中石油引进了英国导波公司的超声导波检测技术和方法，并在全国推广应用；2006年9月，在加拿大IPC管道国际会议上，北京管道公司发表了“陕京管道完整性管理最佳实践”的大会主题报告；2007年中石油引进TNO-RISCURVE、ANSYS、ABQUS等管道力学分析方法，上述技术方法至今仍在线路场站风险管理中发挥重要作用，继续完善了完整性管理体系，形成包含线路、站场、储气库、系统平台的完整性控制与安全保障体系，建立了管道安全与材料测试实验室；2008年以来发布了行业标准管道公众警示程序，规范管道第三方日常管理活动；2009年中石油管道材料测试与安全实验室获得国家认证认可委员会CNAS证书，构建了完整性管理标准规范体系，共牵头制定企业和行业79部完整性管理标准，2007~2009年我国石油管道公司牵头开展管道完整性管理体系研究，针对所辖各类型管道开展技术与管理体系研究，初步建立了管道完整性GIS系统；2009年中石油制定了一套中国石油集团公司的企业标准SY/T 1080.1~8—2009；2011年中石油管道完整性管理系统(PIS)上线运行，中石油所属管道企业全面应用；2011年中石油管道公司针对在役管道螺旋焊缝检测、评价、修复关键技术取得重要进展，与PII共同研发螺旋焊缝三轴高清检测技术，解决了东北管网螺旋焊缝检测的难题；2012年螺旋焊缝检测与评价技术在卡尔加里国际管道大会上宣读成果，并被授予全球管道奖；2014年北京管道公司发布了油气管道行业标准SY/T 7974—2014《油气管道完整性管理实施指南》，2014年牵头制定应力腐蚀SCCDA评估技术标准，该公司经过七年研发，建设完成了基于完整性管理的GIS决策支持系统，并投入到日常管道应急管理决策支持、应急演练中；自2015年以来，我国完整性管理快速高质量发展，相继发布了GB 30167—2015《油气管道系统输送完整性管理规范》，ISO 19345-1、ISO 19345-2陆上和海上管道完整性ISO国标标准相继发布，同时，三轴超高清数字化亚毫米级复合检测技术国产化，中石化智慧管道系统在中石化所属管道企业全面推广，基于数据孪生的智慧管网建设在中俄东线成功完成并应用，站库区完整性管理技术日趋成熟和应用，这些均标志着我国在油气管道系统完整性关键技术与工业化应用方面取得重要进展。

3. 完整性管理体系研究进展

1）完整性管理体系建设

管道完整性管理体系是管道完整性管理的重要内容，我国完整性管理体系建立均参考了两个国际标准，一个是 API 1160《液体危险管道完整性管理》，另一个是 ASME B31. 8S《输气管道系统完整性管理》，逐步形成了符合我国国情特色的管道完整性管理体系。

我国已建立了完善的管道完整性管理的标准体系、管理体系和技术体系，提出了管道完整性管理的六步循环，整体包括数据采集、高后果区识别、风险评价、完整性评价、减缓与维修、效能评价，提出了管道完整性数据和检测、评估等技术的关键环节，地理信息系统和企业资产管理系统与构架，给出了管道完整性管理体系的实施流程，并形成了国家及行业标准 SY/T 6975—2014《管道系统完整性管理实施指南》、GB 32167—2015《油气输送管道完整性管理规范》，将管道完整性管理按照资产管理结构划分为管道本体、管道防腐、管道地质灾害和周边环境、站场及设施、地下储气库等五大类。

我国学者相继提出了完整性管理需覆盖管道站场、海底管道、燃气管网、集输管网、LNG 接收站、储气库设施；完整性专项技术包括定量风险评价技术、地质灾害风险控制技术、管道内检测技术、有限元仿真模拟技术及泵机组、压缩机组在线检测与故障诊断技术、失效分析技术等，需要深入研究，大量的实践证明管道安全预测、检测、预防、分析、诊断等方法和技术，对降低事故发生频率起了很大的作用，我国管道平均事故率统计数据由 0. 4 次/每千公里年降低为 0. 25 次/每千公里年，西气东输、陕京系统的事故率均低于 0. 1 次/每千公里年，达到安全管理的国际一流水平。

2）建设期管道完整性管理体系

我国完整性管理模式向建设期关口前移，2009 年以来发布了多项企业标准，如建设期管道完整性管理、管道完整性风险控制导则等，标志着我国完整性管理领域向全生命周期覆盖。董绍华等针对目前我国管道完整性管理建设期实施的困境，分析了完整性管理理论与实践结合脱节、难以推进的问题，提出了管道设计阶段完整性管理失效控制上存在的问题，给出了管道设计、建设阶段资产完整性保障技术措施和技术要求，提高了管道抗风险的能力和水平。

3）管道完整性管理知识体系

我国管道完整性知识体系已经建立，2019 年中国石化出版社出版的《管道完整性管理技术丛书》，主要面向油气管道完整性，以油气管道危害因素识别、数据管理、高后果区识别、风险识别、完整性评价、高精度检测、地质灾害防控、腐蚀与控制等技术为主要研究对象，综合运用完整性技术和管理科学等知识，辨识和预测存在的风险因素，降低油气管道事故发生率或最大限度地减少事故损失。该套丛书共计 10 个分册，即《管道完整性管理体系建设》《管道建设期完整性管理》《管道风险评价技术》《管道地质灾害风险管理技术》《管道检测与监测诊断技术》《管道完整性与适用性评价技术》《管道修复技术》《管道完整性管理系统平台技术》《管道完整性效能评价技术》《管道完整性安全保障技术与应用》，全面覆盖了整个全生命周期管道完整性领域的数据、风险、检测、评价、审核等各个环节。

我国学者相继出版了《管道完整性评估理论与应用》《管线力学》《油气管道完整性评价》《完整性管理培训教材》《油气管道管材及焊接技术》《油气管道事故启示录》《管道完整性管理》等五十多部著作，推进了我国管道完整性管理的技术进步。

4）完整性管理标准体系

我国已建立完善的管道完整性管理标准体系，包括以 GB 32167—2015 为引领的完整性管理领域国家标准 1 项，其他配套国家标准 10 项，包括 GB/T 37369—2019《埋地钢质管道穿跨越段检验与评价》、GB/T 37368—2019《埋地钢质管道检验导则》、GB/T 27512—2011《埋地钢质管道风险评估方法》、GB/T 36701—2018《埋地钢质管道管体缺陷修复指南》、GB/T 36676—2018《埋地钢质管道应力腐蚀开裂(SCC)外检测方法》、GB/T 21246—2007《埋地钢质管道阴极保护参数测量方法》、GB/T 19285—2014《埋地钢质管道腐蚀防护工程检验》、GB/T 21448—2017《埋地钢质管道阴极保护技术规范》、GB/T 37327—2019《常压储罐完整性管理》、GB/T 25529—2010《地理信息分类与编码规则》。

完整性管理行业标准覆盖整个领域，完整性综合类标准包括以 SY/T 6975—2014《管道系统完整性管理实施指南》为主导等 21 项标准，数据采集与平台方面包括以 SY/T 6183—2012《石油行业数据字典管道分册》为主导等 13 项，高后果区管理方面包括以 SY/T 7380—2017《输气管道高后果区完整性管理规范》为主导等 6 项标准；风险评价方面包括以 SY/T 6891. 1—2012《油气管道风险评价方法》为主导等 13 项标准，检测评价方面包括以 SY/T 6597—2018《钢质管道内检测技术规范》为主导等标准 22 项，风险削减或修复方面包括以 SY/T 6713—2008《管道公共警示程序》为主导等 26 项，效能评价专项行业标准还没有制定，中石油企业标准 Q/SY 1180—2009《管道完整性管理规范审核与效能评价导则》已制定。

3. 5. 2　管道完整性管理关键技术进展

1. 管道现代信息技术进展

我国管道企业已建立物联网数据采集系统，通过管道物联网组建，将传感器连接于管道与附属设施上，实现管道完整性管理在数据采集、远程监测以及物资管理等领域的应用，地质灾害监测预警等领域也已采用物联网组网模式，实践表明：采用物联网技术不仅可实现管道完整性管理的可视化、数字化的目标，而且能最大限度地降低时间和空间危险因素，确保管道安全和平稳运行。完整性安全控制系统理论研究方面取得进展，基于管道完整性“三维空间”的实践受到了局限性约束，提出了管道四维管理理论，将管道按照“四度空间”来管理，即在目前的空间架构上在普通三维空间的长、宽、高三条轴外增加时间轴，针对四维理论的管理要素、管理领域、管理空间、管理时间进行了结构层次分析，提出了管道四维管理原则和管理的流程，通过空间地理位置与时间相结合，实现全过程、全方位、实时的控制管理。黄维和院士提出了大型天然气管网系统可靠性概念，总结了大型天然气管网系统可靠性面临的挑战，量化大系统可靠性、评价分系统(单元)可靠性、建立大系统与分系统之间的关联；提出了大型天然气管网系统可靠性框架初步设计方案，阐述了我国大型天然气管网可靠性增强方案。另外，我国在大数据领域进展迅速，建立了适合于我国未来发展的管道系统大数据管理架构模型，提出了基于大数据的管道算法模型，进一步完善了内检测数据管理、管道泄漏和预警、管道地质灾害、管道腐蚀管理、管道内检测数据分析深度学习和多源数据分析，获得了能耗控制、灾害管理、风险控制等综合性、全局性措施。实现了管道系统信息集成、管理程序、检维修记录等通过物联网、云计算进行数据的深度融合，数据分析方向逐渐由因果关系向关联关系转变。

经过 20 余年的发展，我国油气管道完整性管理技术日臻成熟，从油气长输管道的完整性管理逐步向油气设施装备、城市燃气管道、油气田集输管网的完整性方向扩展，并取得多项技术创新成果，通过建立管道完整性管理安全管控模式，消除了大量安全隐患，通过各个方法的技术创新建立了管理中新的决策模式，大大提高了决策的智能性，实现了油气设施检测维修的有效性。其中管道信息化在推进完整性管理的智能化和标准化建设等方面发挥了主要作用，通过在技术标准建立、数据存储管理、系统架构和决策支持等方面开展工作，提升了数据的整体价值以及数据应用水平。管道完整性管理通过对管道历史数据资料，例如建设期数据、内外检测数据、日常运行数据、外部环境数据等，经校准、对齐、整合，以构建统一的管道大数据库，从而形成管道多源大数据，通过搭建大数据分析平台的形式，实现可视化决策支持。

目前，基于管道大数据的智慧管道建设开始发展，冯庆善第一次定义了“管道大数据”这个概念，他指出当数据量达到了“样本=总体”的水平，那么在工程应用的角度上将不再需要进行风险评估，而管道大数据的诞生则意味着具备了这样的条件，因此在此基础上，可以将风险分析从“由外而内”转变为“由内而外”，即从依据外在现象类比推测原因的分析方式转变为从内因统计分析判断风险发生概率，从专家评估风险转变为数据驱动的形式。周利剑等提出通过从管道大数据中获取有用的知识为管道生产决策提供支持是未来管道完整性的重要发展方向。王维斌等建立了管道大数据的管理架构，包括数据基准线、统一的数据存储形式以及关联数据库、全面的数据采集、通用数据管理平台、数据分析决策功能模块等五个方面。税碧垣等从感知、分析、决策、处置四个方面定义了智慧管道，并且提出智慧管网的五大特征，基于此，提出了智慧管网的建设思路。聂中文等基于中国石油天然气集团在智慧管网方面的现有设计方案，阐述科技、信息、物联网等方面对智慧管网建设的促进作用，并以中俄东线和中缅油气管道的最新成果为例，总结了智慧管网建设中仍然需要解决的问题。

董绍华等通过对大数据分析模型进行研究，建立了适合于业务发展的管道系统大数据管理架构模型，提出了基于大数据的管道数据算法模型，开发了各类大数据算法模型、管道泄漏预警的支持向量机模型、管道腐蚀风险分析的聚类模型、用于地质灾害分析的逻辑回归模型等，获得了能耗控制、灾害管理、风险控制等综合性、全局性的分析结论。

2. 管道线路完整性技术进展

1）管道内检测技术进展

中国石油研发了基于电磁超声的管道裂纹检测器，布置了16个电磁超声传感器，传感器由数据采集及时续控制系统控制，产生特定的(频率和数量)激励高压脉冲，接收传感器通过调整适当的增益接收返回的声波信号。DTC与数据记录系统通过SPI总线通讯将检测的数据存储到数据记录系统。在检测过程中通过地面的标记盒确定缺陷的相对位置。完成检测后下载检测数据，通过数据分析回放软件进行分析，从而发现相应的SCC缺陷，如图3-3所示。

图3-3　EMAT裂纹检测器

我国第五代超高清数字化管道漏磁内检测技术，在中石化华南成品油管道上实现了工业化应用，如图 3-4 所示，解决了漏磁检测的焊缝描述不准确、精度低、针眼缺陷不能检测的难题。该技术的创新点如下：一是突破了超高清数字化亚毫米级探头间距难题，将探头通道数量增加了近 10 倍，做到了缺陷的精细化描述，解决了油品管道针眼小面积腐蚀深度检测的难题；二是形成了管道超高清漏磁、变形检测、IMU 位置检测三位一体的复合检测技术，并在同一时间轴上进行分析，定位更加准确，可以检测几何变形、金属损失的复合缺陷；三是突破了管道大壁厚、小口径管体磁化的检测难题，将磁场强度提高到了原来的 2~3 倍，实现了管道缺陷的精准检测；四是突破了基于海量数据的综合分析技术，超高清焊缝数据采集大大增强了焊缝的可识别性，焊缝缺陷精准评价问题有望突破。新旧技术对比如表 3-2 所示。

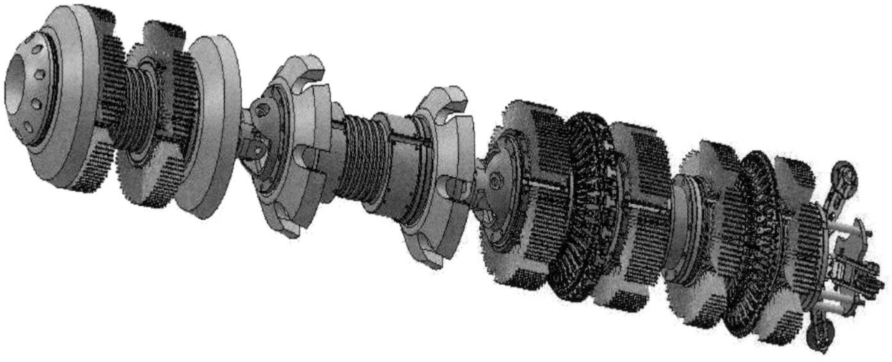

图 3-4　超高清亚毫米级数字化漏磁检测器

表 3-2　新旧技术对比表

性能 \ 类型	原有技术		超高清三轴内检测技术
	标准清晰度检测技术	高清晰度检测技术	
最低轴向采样间距	模拟记录	≥2mm	1.0mm
最低环向通道探测间距	40~150mm	8~17mm	0.6~1.0mm
可探测最小缺陷深度	20%*wt*	10%*wt*	5%*wt*
深度尺寸测定精度	±15%*wt*	±10%*wt*	±5%*wt*~10%*wt*
可信度水平	80%	80%	85%
检测结果确认度 POI	85%	85%	90%

注：*wt* 为管道壁厚。

沈阳工业大学与中石油共同研制的环向漏磁检测器，可有效检测轴向缺陷，并与轴向传统励磁装置共同组合，形成了全向励磁检测技术，已在中国石油西部管道公司 0.8 系数管段运行，取得了较好效果。

中石油自行研制的内检测器搭载的速度控制系统由速度控制单元和备用安全装置组成，对于大排量、高流速的输气管线，速度控制单元通过调整泄流通道，在不影响管道正常输量的条件下，将设备运行速度控制在预定范围内，保证了管道检测的安全性和有效性，如图 3-5所示。

(a)

(b)

图 3-5　内检测器泄流装置

2）管道完整性评估理论体系

我国已建立管道完整性评估理论体系，针对管道氢致开裂，研究获得了氢分子或氢离子进入管线钢内部的扩散方程，提出了氢增塑性、氢降低表面能、氢降低分子键合力等理论；针对环焊缝、螺旋焊缝、平面型缺陷、体积型缺陷的评估理论方法等也相继被建立，已用于管线钢存在的各类固有缺陷、腐蚀缺陷、几何变形等的完整性评估，研究获得了应力腐蚀发生的机理，以及管线钢在近中性土壤、高 pH 值土壤发生应力腐蚀沿晶断裂、穿晶断裂的模式，满足了工业化安全评价的需求；建立了基于螺旋焊缝、环焊缝内检测信号的高钢级管线钢完整性评估模型，解决了老旧管线螺旋焊缝量化评价的难题；相关人员研究了多种在线、离线管道评估技术，提出了氢致开裂断裂判据，建立了含 H_2S 管道安全评价模型和失效评定图，解决了管道完整性评估理论与生产实践脱节的问题，并首次建立了基于应力和应变双重判据的管道失效评估方法，发现并揭示了管材氢致开裂韧脆硬化分形扩展机理，重构了失效模型和评定图；基于应力-强度干涉理论，建立了不确定性条件下管道的失效概率模型。新理论和新方法的评估准确性提高了 10%，新旧技术对比如表 3-3 所示。

表 3-3　新旧技术对比表

对比项目	原有技术	新技术
失效判定	应力判定准则	应力、应变双判定准则
管材断裂判据	疲劳断裂模型	疲劳+环境断裂分形断裂模型
失效概率模型	确定性概率分布	基于不确定性概率的断裂分布
判定的准确度	80%	90%

开发了油气管道完整性超级评价系统 V4.0（Oil & Gas Pipeline Integrity Super Assessment System V4.0）软件包，适用于油气管道结构的适用性评估，具有较好的界面和良好的计算精度。该软件包包括 6 个模块，即 API 579 软件模块、BS 7910 模块、管道氢致开裂与寿命预测模块、焊缝评价模块、ASME/RESTRENG/DNV 腐蚀评价模块、内检测数据对齐与评价模块，如图 3-6 所示。

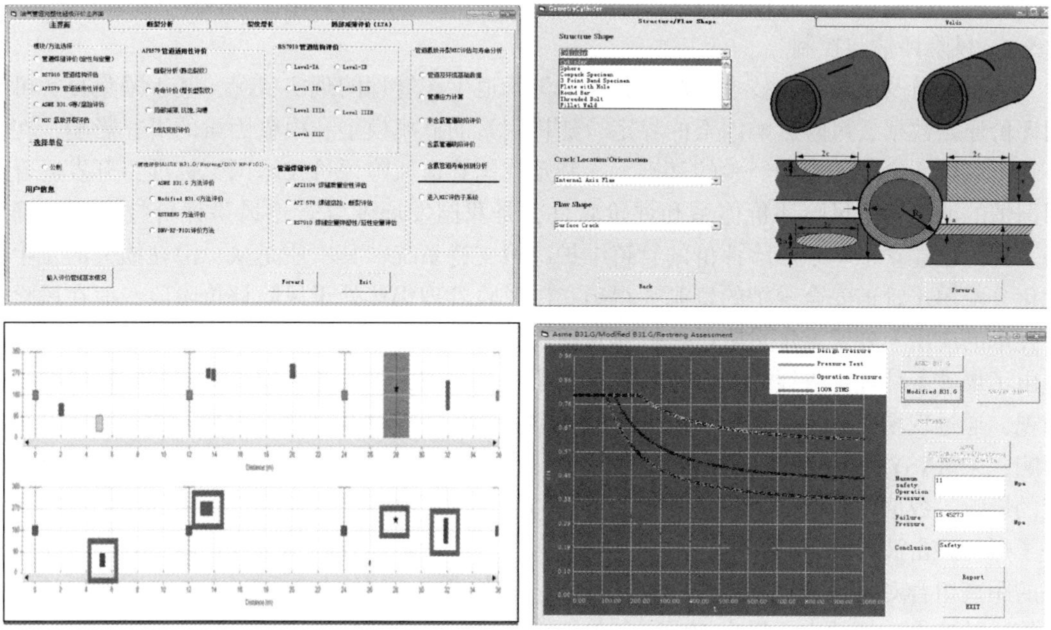

图 3-6　完整性超级评价系统

3）管道管材失效控制

我国建设了高钢级大口径全尺寸管道气体爆破试验场，基于高强度钢管材在管道建设中大规模应用，针对材料的不确定性缺乏实际的气体爆破试验数据，建设了高钢级大口径高压气体管道爆破试验场的各项功能，布设了各类试验所需要的测试参数，为高钢级高压力大口径 X80 级及以上级别管线钢运行保驾护航，着力于管线钢的失效控制，提高管道本质安全。

失效理论方面取得了进展，建立了油气管道失效信息数据库，确定了油气管道主要失效模式，提出了各主要失效模式的发生原因、机理、影响因素，进而研究并提出失效控制措施和方法。基于随机有限元可靠性，提出了管道的穿透性裂纹与非穿透性裂纹启裂准则，推出了韧性金属硬化材料裂纹扩展的分形运动学公式，得出了动、静态裂能量释放率与分形裂纹扩展速度、HRR 场角分布函数、微结构特征量 δ_c，以及分形维数的关系，从而得出了材料断口裂纹分形扩展速度的计算表达式；基于感应加热控轧钢推制弯管的残余应力较直管明显增加，经回火热处理后，虽然残余应力状态得到明显改善，但强度指标进一步降低，采用失效评定图技术和 PREFIS 软件分析了弯管热处理前后的使用安全性，指出残余应力对弯管的脆断倾向有较大的影响；建立了管道氢致开裂、焊缝、平面型缺陷、体积型缺陷、管道不同损伤状况的评估理论方法，以及多种在线、离线管道检测技术和方法；复杂地区地段完整性评估取得了进展，如并行管道完整性评估与应用、应力腐蚀评估、地区等级升级安全性评估、高钢级大口径全尺寸管道气体爆破试验完整性评估等技术的进展。

基于多源数据的管道失效评估取得了进展，其中我国学者修正了腐蚀缺陷 B31G 公式，将缺陷简化成矩形或抛物线，表征其缺陷形貌的分形特征；针对复杂管道外力载荷评估，建立了管土接触作用、沉陷作用下管土相互作用模型，给出了管道沉陷区长度、壁厚、内压、管径、管土摩擦因数、管道埋深等复杂因素作用下的管道应力；针对碾压管道的安全性测试，通过对重车碾压的土层进行压力试验，得出车辆载荷引起土层应力的分布规律；针对开挖验证结果验证内检测的可靠性，提出确定度置信区间的评价方法，分析其内外腐蚀因素，得出针对腐蚀缺陷引起腐蚀的原因。

4）风险评估与控制

针对管道及站场风险技术，结合我国油气管道生产管理的现实状况，基于采集真实可靠的评价原始数据、风险影响因素的界定、随机因素的概率模型和模糊因素的潜在影响，在国外管道风险评价技术成功经验的基础上，制定我国管道风险评价技术国家标准，开发适合我国国情的油气管道风险评价体系和评价软件，是我国发展油气管道风险评价技术的正确思路。我国已建立了基于风险评价的管道维护决策支持系统，其本质是减少潜在损失的发生和优化分配用于管道安全维护的资源，得出我国风险管理仍然处于风险评价阶段，而在风险评价技术的应用上处于半定量阶段；针对管道周边爆破风险，研究了爆破波的传递特性方程，给出了爆破条件埋地管线的安全性影响，桥梁桩基爆破施工对邻近埋地管道的振动影响不容忽视，通过现场试验较系统地研究了爆破振动波的传播规律及对邻近埋地天然气管线安全的影响；采 ANSYS/LS-DYNA 分析方法，分析了炸药设置产生的爆炸冲击波对跨越段架空管道的影响，数值模拟了炸药用量和炸药位置与管道的距离等因素对架空管道的应力分布，解决了爆炸冲击波作用下架空管道的动力响应问题，给出不同炸药用量和不同的炸药位置与管道的距离组合对管道造成实质性的损伤程度，以及不同并行间距下埋地天然气介质爆炸对并行管道的冲击破坏效应，提出 1016mm 并行管道的安全间距为 6~8m 范围。

基于风险可靠性研究方面，董绍华等提出基于动力分析的摄动有限元法的管线可靠度分析模型，通过建立动态随机有限元方程，对管线质量以及几何特征的随机性进行分析，计算在 El-Centro 地震波的激励下，具有非穿透性裂纹的管线结构的动力响应以及抗震可靠度；针对在役管道内涂层腐蚀风险，马卫峰等提出一种基于模糊理论的在役管道内涂层寿命评价和风险控制模型；针对地质灾害风险，形成油气管道地质灾害监测、评估、治理技术体系，解决地质灾害滑坡、泥石流模拟仿真、数据分析的难题。

针对油气介质泄漏风险，谷志宇等提出了高压天然气管道泄漏危害和潜在影响区域取决于泄漏模式、气体释放、扩散条件和点燃方式，针对城镇管道泄漏燃烧和扩散两种情况对天然气管道泄漏的后果影响进行分析，给出了扩散范围，据此可以划定警戒区域，制定应急预案。关于第三方风险评价，中石油已建立西气东输管道第三方破坏风险评估模型，依据此模型评估得出其第三方破坏风险等级，给出了第三方破坏防控措施与建议。针对原油凝管风险，用瞬态法测定了使用不同年限的泡沫保温材料下整管的导热系数，提出土壤当量导热系数的取值对管道的传热计算影响不大；

针对地震灾害风险，建立了天然气管道地震风险综合评估的基本思路和整体框架，提出了地震危险性分析和管道工程易损性（脆弱性）分析模型。针对黄土塬地质灾害风险，根据不同地区黄土的特性，结合地形地貌、土体条件，防治坡面径流下泄、侵蚀引起沟头前进、沟道下切和沟岸扩张是重要控制措施，敷设于黄土嵝岘地区的油气管道易遭受由洪水引发的滑坡、坍塌等水毁地质灾害，提出了素土、水泥土及灰土用于嵝岘边坡治理时的适用范围。针对洪水灾害，葛艾天等结合汛期降雨实测数据、数值天气预报数据和管道穿河点历史水毁数据等综合分析结果，以陕京三线穿跨越地区的临界降雨量作为洪水风险发生概率的指标，提出了管道洪水风险预报模型。

针对管道地区等级升级的风险评价与控制，提出了所有地区等级管道的目标失效概率，按照低、中、高人口密度优化修正；基于应力-强度干涉理论，建立了管道应力与强度的概率分布规律模型，形成了地区等级升级管道失效概率的半定量风险评价模型和软件，提出了相应指标体系和控制措施。新旧技术对比如表 3-4 所示。

表 3-4 新旧技术对比表

对比项目	国内外原有技术	当前技术
目标失效概率	未按地区等级划分提出	按照地区等级划分，提出量化指标
地区等级变化的风险评价模型	未有研究	提出地区等级风险评价半定量模型
指标体系的建立	未有研究	研究给出地区等级升级风险评价指标体系

基于我国城镇地区人口分布统计数据，提出了国内输气管道地区等级划分的可接受风险概率值，见表 3-5。基于应力-强度干涉理论，提出了地区升级管道的失效概率的定量分析方法，量化了不确定性对管道失效概率的影响，实现了管道地区升级的量化评估，提出其风险控制措施，开发了评估软件。

表 3-5 地区等级与人口密度失效概率研究结果

地区等级	失效概率值	地区等级	失效概率值
1	10^{-3}	3	10^{-5}
2	10^{-4}	4	10^{-6}

5）输送介质损伤风险

我国学者认为，油气管道损伤问题是由材料、应力场和氢浓度三者的共同作用引起，氢的存在致使管道钢的断裂韧性及材料的物理、化学和机械性能下降，从而影响输气管道的使用寿命，考虑基于氢浓度和应力共同作用的环境影响，建立了含氢致裂纹管道的完整性评定方法，建立了氢致开裂断裂判据，给出了氢致开裂管道的失效评定关系和失效评定图，给出了在一定输送压力和 H_2S 含量下，含裂纹缺陷管道的安全度和安全范围。针对高钢级管材的氢扩散风险，建立了管道裂纹尖端过程区氢浓度与裂尖应力、应变场、氢扩散及管道内压力的关系模型，确定了氢致裂纹过程区的长度，提出了微裂纹成核的开裂机理，建立了氢致开裂断裂判据的位错模型，计算了含裂纹管道极限承压能力和临界 J 积分 J_{ISCC}。针对氢致裂纹扩展的氢增塑性理论，材料的断口显示分形特征，可从理论和实验两个方面，得出分形维数 D 与材料特性、物理量的关系，表明分形断裂力学引入可为环境断裂研究提供新思路，提出一种氢致裂纹扩展的分形模型，建立了管线焊缝在氢环境下广义有效表面能 $\Gamma(H)$ 与分形维数 D 以及表面能与氢致裂纹扩展应力强度因子 K_{IH} 的关系，从而得到分形维数 D 与 K_{IH} 的关系。

基于介质腐蚀的风险，针对天然气管道内产生液态烃类污物而影响管道安全运行的问题，建立了蒸馏切割、模拟蒸馏、金属元素测定、色谱分析以及烃露点分析等技术分析方法，给出液态污物析出的防治解决方案，对管道安全运行具有重要的现实意义。

6）维修技术进展

近年来，管道维修技术发展迅速，针对燃气聚乙烯(PE)管道修复难题，提出了修复钢制管道中穿插内衬管方案，确定了承压能力以及套管流量参数，研制具有较高承压能力的 PE 复合结构材料，使 PE 管道替代钢制管道。庞平等开发了液态环氧填充剂，全面测试了其指标性能，包括环氧收缩率、黏接强度、抗压强度、压缩变形率、抗 2.5°弯曲性能等，设计了焊接和螺栓夹具，形成了环氧套筒注入修复配套技术。路民旭等开发了碳纤维修复技术，对管道维修补强方法进行优化总结，对比抢维修日常使用的维抢修技术，包括堆焊、打补丁、打套袖、夹具、夹具注环氧、玻璃纤维复合材料和碳纤维复合材料修复技术等，分析表明，复合材料修复补强技术综合性能最优，是目前最有应用前景的维修补强技术之一。

7）管道应急技术进展

调研国内外管道应急体系过程中发现，相对而言，发达国家在应急管理体系方面的建设更为完善，主要表现为：各级政府职能部门与运营企业、其他相关组织的协调管理更为便捷；事故应急及抢险救援方面的标准、法规较为完备，针对不同原因、规模、地理位置、复杂程度的事故建立有针对性的处理方法，并配置不同的人员数量和设备规模。而在我国，与事故应急相关的法律法规虽然共计 60 余部，但在职责划分、责任分工等问题上不够清晰，容易产生责任纠纷，会导致处置效率降低；同时鉴于管道行业的特殊性，导致部分信息无法共享，在应急抢险时存在滞后性，在安全管理上也埋下隐患。管道行业的专家学者通过数值模拟的方法研究油气输送介质在泄漏后的扩散速度和范围，以辅助应急抢险抢维修设备研发以及各层级不同险种的应急抢险机制的完善，有效地提高了对管道突发事故的处置能力。截至目前，相对完善的管道泄漏维抢修技术包括：开孔封堵、管内智能封堵、外卡夹具，以及可用于尚未发生泄漏的含缺陷管道的复合材料修复技术。此外，厌氧型密封胶密封连接、针孔泄漏修复夹具等新型修复技术也为管道维抢修提供了更多的选择。

3. 站场完整性技术进展

1）站场工艺设施检测与评估

在站场设施安全与泄漏监测预警方面，我国已建立了基于支持向量机（SVM）模型、声发射理论以及现代传感及信号处理技术；开发了双通道天然气管道球阀内漏检测装置及方法，最小可检测内漏流量达到 0.04m^3/h · in；提出了压缩机组组合式神经网络自适应故障诊断方法和混合故障预警模型，提高压缩机组故障诊断发现率 15%以上；形成了压缩机振动监测与诊断管理平台，实时监测压缩机组运行；创建了天然气站场超声导波检测数据库，优化了管道单环、双环和双台联测等检测技术方法，对埋地管线、穿墙管段、跨越管段等情况进行研究，解决了高水位、高黏土、沥青防腐层管线的检测等应用难题。

新旧技术对比如表 3-6 所示。

表 3-6　新旧技术对比表

对比项目	国外原有技术	高精度监测技术
球阀内漏检测精度	不能定量和定位	能够定量定位，±10°、0.04m^3/h · in
球阀内漏数据提取模式	音频	音频、小波变换、支持向量机 SVM
压缩机故障诊断预警	加速度信号阈值预警	神经网络自适应识别、耦合混合故障预警
压缩机故障发现率	70%	85%

李振林等针对阀门内漏难题，研制出适合天然气管道的声信号采集和处理系统，开发相应的信号分析、处理软件，开发出天然气管道球阀内漏检测系统，综合了现代传感技术、信号处理分析技术，解决了球阀内漏的检测问题，装备的单阀门检测时间<10min，最小可检测内漏流量为：0.04m^3/h · in（或 0.66L/min · in）；最小检测流量满足石油行业 API-6D 标准。

针对输气管道大功率变频调速驱动系统（PDS），分析了负载换相电流源型变频器（LCI）的作用，分析了 PDS 在运行过程中发生的异常工况，采取有效改进措施保障 PDS 冷却系统运行，PDS 滤波装置设计仍需持续改进。针对 HAZOP 分析方法与过程，提出在管道建设前期和运行过程中持续使用 HAZOP 分析来规避或消除各类风险因素。针对站场设备状态，提出了便携式超声检测方法，可快速检测和查找出设备运行隐患和缺陷，提出了超声导波检测方法，研究了导波检测系统沿管道传播规律及导波反射回波显示管道的腐蚀特征。场站土体沉陷会导致管道的局部产生损伤，并产生附加应力，通过对站场实测和数据收集，采集管道沉降量数据、管道设计参数及管道运行参数，建立有限元大变形非线性 ANSYS 模拟计算。

针对信号的非线性、非平稳硅和奇异性，提出一种联合独立分量分析和小波变化模极大值对强噪声下的振动信号进行降噪的方法，使用独立分量分析强噪声的振动信号，实施信噪分离技术，对分离后的信号采用小波模极大值分解，能够准确地检测出信号的奇异位置。么子云等提取不同压缩机不同振动指标的标准值及超限值，从而形成针对不同压缩机的个性化诊断标准库。诊断过程中以此库为标准，判断压缩机运行状态。董绍华对压缩机进出口管道进行了安全评价，给出了进出口管道的安全系数何安全裕度，预测了管道内部含硫化氢管道的腐蚀和疲劳寿命。

针对站场量化风险与运行可靠性设计，姚伟等提出了站场自动化控制设计，SIL 分级设计，罐区大罐 UPS 冗余设计以及防火堤设计需求，考虑输气管道的运行复杂性，对压气站的运行方式、储气库的运行方式及用户供气方式进行了优化分析，提出了场站风险评价量化模型与方法，形成量化风险评价程序、风险度量标准以及最终计算报告。

针对阀门冲蚀磨损研究，张海峰等测试阀门不同部位侵蚀的数据，并在维修期间，建立阀门维护数据库，提出了阀门磨损的抑制措施，应用声发射检测系统进行阀门内漏过程的检测实验研究，提取阀门不同内漏率下声发射信号波形频谱特征和时域、频率参数特征；应用最小二乘法拟合函数曲线，获得声发射信号特征参数与内漏率对应关系。压气站站场余热利用方案，如燃气轮机余热锅炉回收、燃气轮机回热循环、蒸汽郎肯循环、有机郎肯循环、燃气轮机进气制冷等，技术较成熟，应用前景较好。

董绍华等提出了站场完整性管理框架和流程，优化了场站风险管理技术(RBI、RCM、SIL)的应用范围，开发了多项场站完整性管理关键技术，包括场站数据库管理技术、后果评估技术、站场内外腐蚀控制技术、站场压缩机故障诊断评估技术、站场管线超声导波检测技术和储气库井的完整性评价方法等，开发了场站风险评估软件。

研发了阀门气体内漏检测装置，建立了阀门内漏过程中气体体积泄漏率与声发射信号特征参数均方根(AE_{RES})的函数关系，利用小波包变换方法分别对球阀和截止阀内漏过程产生的声发射信号进行频谱特性分析，经过 3 层小波包分解后的信号能量主要集中在 12.5~75.00kHz 之间，声发射信号特征参数均方根(AE_{RES})能有效反映气体体积泄漏率。我国设计了一套以 CNG 压缩机为核心的站场放空天然气回收工艺系统，可对站场因设备维修、排污等产生的放空天然气进行回收并重新注入上游管道、下游管道或分输管道。基于小波变换的降噪方法对电动机故障信号进行特征提取，克服了传统滤波方法的缺陷。压缩机工序优化问题，主要是采用模糊数学二元对比排序法量化计算具体风险因素的隶属度，评价对工期的影响程度，并进行五级风险等级划分。

针对输气站场的风险评价方法，谷志宇等提出适用于输气站场定量风险评价的新方法，得到了定量和更加客观的风险排序，以陕京输气管道榆林压气站为例，对站内设施开展了风险评价，站内设备和管线的失效后果失效概率得到了定量风险值，分析了风险值产生差异的原因。

2）动力压缩机组诊断评估

段礼祥、张来斌等提出了针对大型离心压缩机组的动力诊断，提出了一种融合抑制边界振荡、消除频率混叠和信号降噪的隐含特征提取技术，即大型动力组早期微弱故障检测诊断技术，实现了微弱特征的提取和早期故障的诊断，如图3-7所示。

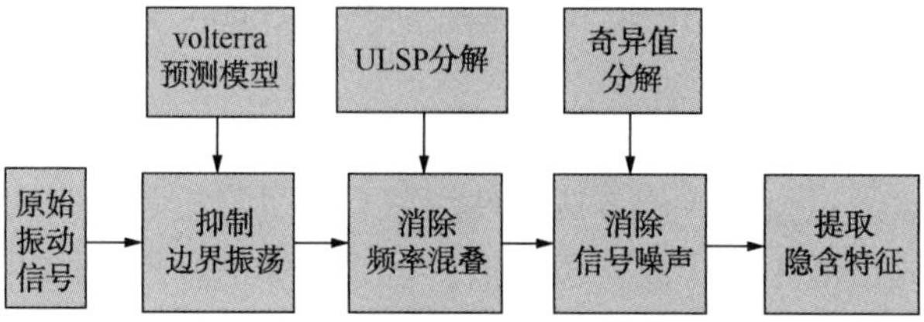

图3-7　大型动力组早期微弱故障检测诊断技术原理图

针对往复压缩机气阀故障诊断，魏中青等提出了基于小波包变换与能量算子相结合的包络解调技术对其振动信号进行包络分析，解决了对信号包络解调前需要人为确定载波带对信号进行带通滤波的问题。赵赏鑫等提出了大型压缩机组的安装、调试和投产技术，并以某压气站两台29MW R-R燃气轮机驱动离心压缩机为例，建立了机组各系统的安装工序、工作时间和工序间逻辑关系，针对压气站多气源进站工艺，研究了压气站设置集中空冷方案，提出了压缩机能兼顾输送低压气（3.8~4.0MPa）和中压气（5.0~6.5MPa）两种工况下防喘振控制系统设计方案。卢文青等针对往复压缩机容易发生故障导致停机的问题，提出FMEA-FEM方法，分析了压缩机关键部位潜在的失效模式及其原因，制定维护方案，提高压缩机运行可靠性，通过对压缩机管路裂纹案例分析，找到了裂纹产生的原因，提出了改进管路可靠性的方法；刘允刚等研究了管道振动原因及其消除措施，分析了引发压缩机管线振动3个主要原因以及相对应的消振措施，同时给出了管线的压力不均匀度、气柱固有频率、共振管长、管线固有频率的计算公式；闫贺等提出利用往复压缩机在线监测系统采集的加速度振动信号，使用软件方法计算振动冲击次数，通过经验模式分解方法（EMD）将加速度信号进行分解，对其各个IMF分量进行分析，研究其特征信息，给出振动冲击监测气阀故障的应用实例。

4. 地下储气库完整性技术进展

1）地下储气库风险控制

在储气库安全保障技术方面，我国已建立了储气库完整性管理技术体系，形成了盐穴型、枯竭油气藏型地下储气库风险评估的技术体系，提出了储气库风险评估及注采井管柱、套管、水泥环的完整性评估技术方法，建立了井筒完整性监测，井口和井下设备、采气树、套管等的风险识别、完整性检测和评价配套技术方法，开发了储气库风险评估软件，制定了储气库风险评估、储气库井安全评价标准，如图3-8所示。

针对储气库井的油套环空异常带压风险，建立注入氮气柱的密闭环空数学模型，综合分析了在压力、温度影响下密闭环空的压力变化，得出了环空氮气柱长度、注采过程中油管温度和压力等因素对油套环空压力的影响规律。结果表明：环空注入一定长度的氮气可有效缓解储气库井环空带压问题。针对我国华北永22储气库各类井中硫化氢、二氧化碳及氯离子的相对含量高的风险，建立了对储气库天然气净化前、净化后的设备和压力管道腐蚀情况进行实时监测、数据采集和差异性对比分析模型，实时得到设备设施内腐蚀状况，配合激光泄漏检测法以及红外热像检测法的定期外部环境检测，避免泄漏发生。地下储气库天然气损耗风险，主要来自垫底气损耗，所占比例为总损耗气量的96.88%，研究大港地下储气库6个注采周期天然气损耗数据，得出总损耗气量和累积注气量的关系符合指数关系，回归预测了未来10年某地下储气库天然气损耗量。

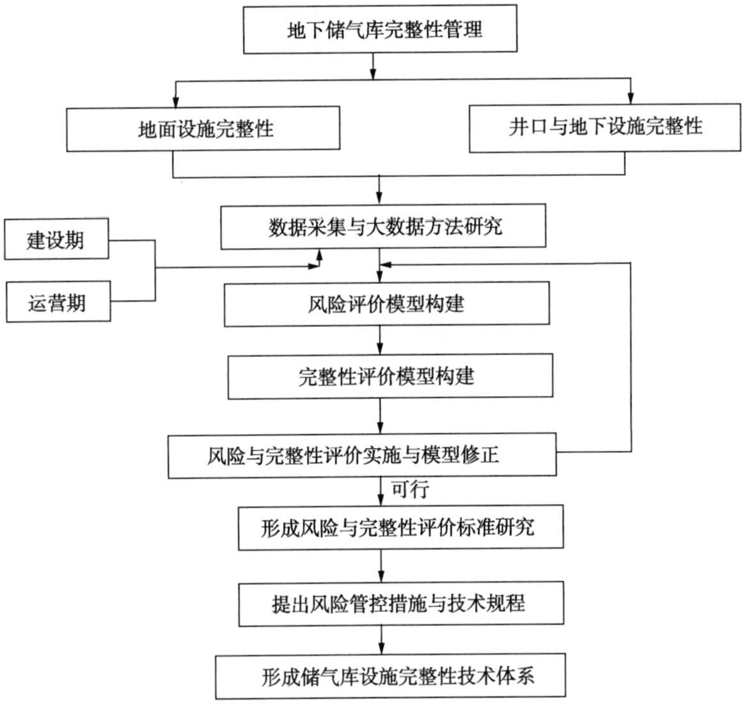

图3-8　地下储气库完整性管理体系架构

在井控风险分析与识别方面，将HAZOP应用于井下作业井控分析，从井控操作和影响工艺参数产生的偏差来识别危险，预测可能产生的后果，综合考虑压力、温度的相互影响及动能变化的影响，将流体偏差系数表达为关于压力和温度的函数，建立了新的地下储气库注采井井筒压力分布计算模型，可用于储气库系统优化、指标预测、配注方案编制和运行参数优选。针对储气库注采井起出的气密封油管进行再利用风险可靠性方面，徐俊杰等开展了安全性分析评价，对旧油管检测及应用提出建议。

2）储气库建库及运行安全风险

建库及运行安全风险控制方面取得了重要进展，断层封闭完整程度直接影响地下储气库运行的可靠性和经济性，阳小平等制定了储气库渗透率与泥质含量关系图版和储气库断层封闭完整性评价分级表，可以为其他储气库断层封闭性评价提供评价标准，建立了地下储气库多周期运行注采气能力预测数学模型及预测方法，实例验证结果与地下储气库实际运行结果接近，因此提出的测模型具有较好的适用性和较高的精度高。针对库区选址地层地质风险，提出了多因素耦合分析模型，采集库址类型、构造圈闭、封闭性、储层物性、流体物性、储层埋深、老井情况、地理条件等多源数据，为气藏、油藏和水藏等孔隙型储层构造改建为储气库库址提供了优选指标；提出了我国独特的地质背景下发展地下储气库所需条件。调峰采用了管道末段调峰和储气库调峰相结合的方式。针对特大型城市冬季调峰，在管道管容调峰能力受限的条件下，优化储气库调峰模式，陶卫方等提出库容压力边水入侵的系统模拟方法，有效解决了京津冀冬季用气调峰问题。

5. 管道完整性管理系统平台技术进展

我国管道企业已建立了面向管道完整性管理的智慧管道管理平台，包括管道线路巡检管理系统、基于完整性管理的应急决策支持系统、管道地理信息 GIS 系统等若干子系统，这些系统采用分布式架构，充分利用保密处理技术、专网分离技术，在管道数据安全受控的基础上搭建基础地理信息、应急管理信息、管道隐患管控、水工保护管理、在线数据维护等功能，通过应急管理智能化、风险管控动态化提升系统功能，以及应急决策支持水平。

基于传统的巡检方式具有人为因素多、信息反映不及时、管理效率低、无法可视化存在的缺点，开发了基于 3S 的管道巡检系统，集全球定位系统、GPRS 通讯和地理信息等先进技术于一体，实现了从巡检计划制订，到分解为巡检任务，再到巡检记录生成和汇总，形成一个完整的巡检循环，达到数据的统一与共享。管道地理信息系统是基于地理信息系统嵌入工作流的管道业务管理系统集成，实现管道本体管理、地质灾害及第三方管理、防腐及有效性管理等管道业务的管控，研发了基于完整性管理的应急决策支持系统，搭建了管道地理信息基础数据库、管道运维动态数据库，为高效开展完整性管理、应急管理、管道管理提供业务支持。

在针对重要设施压缩机组的监测与故障诊断信息化平台开发与应用方面，我国学者开发了有效的诊断系统，冯涛等开发了压缩机组上的齿轮箱震动监测系统，苏炤兴等针对当前故障诊断系统大多依赖人工操作、自动化水平低的问题，设计开发了一套离心压缩机在线自动故障诊断系统，通过计时器定时运行故障诊断模块进行诊断，实现了在无人值守情况下的在线自动诊断。

第 4 章　管道失效机理分析

4.1　管道应力腐蚀

4.1.1　国外管道 SCC 失效问题频发

1965~2010 年，美国累计有 460 多条管线发生了起源于外表面的应力腐蚀开裂，其中有少部分是氢致开裂(HIC)的案例。1995 年俄罗斯中部、北部和西伯利亚地区相继发生管道应力腐蚀开裂失效事故，且裂纹多数位于防腐层缺陷处的金属表面。2007~2009 年，有关资料显示加拿大发生了 32 起近中性 pH 值的应力腐蚀开裂事故，管线的破裂和爆炸引起的严重后果迫使加拿大国家能源局组织多家研究机构进行管道外部应力腐蚀开裂的调查和研究。

1995 年，英国燃气公司最早在对管线的应力腐蚀开裂的调研报告中，指出了发生应力腐蚀开裂的现场条件，并从防腐层和阴极保护、管道钢强度等级和质量、管道的应力水平和循环应力三个方面，指出了欧洲管线发生土壤应力腐蚀开裂的潜在风险。一些研究者还设计了土壤风险评估模式，这些模式划分特定泥土条件下的应力腐蚀风险评分，其数据处于不断更新之中。加拿大的研究机构用全尺寸管段进行了长达 1 年的模拟实验，以探讨应力波动对管道的影响。美国气体研究院联合美国和加拿大的多家管道公司和研究机构，在 1995 年开始了探讨土壤应力腐蚀机理的研究，其目的是防止和最大限度地减少埋地管线应力腐蚀开裂，并企图开发能抵抗应力腐蚀开裂的管道用钢材。

从国外情况看，输气管道的外部应力腐蚀是当今石油天然气工业面临的严重问题之一。从 20 世纪 60 年代后期在美国的输气管线中发现首例管道外部应力腐蚀以来，已经在美国、加拿大、苏联、欧洲、澳大利亚、伊朗和巴基斯坦等几乎所有国家中发现了土壤环境造成的应力腐蚀。所以对于埋地输气管线而言，潜在的管道外部应力腐蚀具有普遍性。根据应力腐蚀开裂的不同机理，存在两种形式的应力腐蚀开裂，即高 pH 值和近中性 pH 值的应力腐蚀开裂。两者的主要差别是裂纹的形貌不同，高 pH 值的应力腐蚀开裂是晶间型裂纹，而近中性 pH 值的应力腐蚀开裂是穿晶型裂纹，并具有明显的二次腐蚀特征。

4.1.2　典型失效案例

1. Enbridge 管道公司原油管道泄漏

2013 年 2 月 8 日，Enbridge 管道公司用于运输从 Norman Wells 西北地区到 Zama Alberta 的 21 号低硫原油管道泄漏。泄漏发生位置的管道钢级为 359，公称壁厚为 6.9mm。该管段由 IPSCO 有限公司制造，采用的是高频电阻焊直焊缝管，外敷聚乙烯，也就是“黄夹克”，在 1984 年 3 月进行打压试验，试验压力为最大运行压力 9896kPa。裂纹形貌为晶间开裂，贯穿 89%的管道壁厚，与内部应力腐蚀开裂一致。焊接残余应力是最可能引起开裂行为的拉伸应力。运输安全局在 2014 年 2 月 14 日向国家能源局发布了安全报告，通知其 Enbridge

试验和分析测量过程的初步结果，其中包括甲醇对管线钢晶间应力腐蚀开裂(SCC)的萌生影响。作为应对措施，国家能源局指出，甲醇作为干燥介质已经成功用于管道投产期间，需要进行进一步的分析确定引起开裂的其他因素。同样 Enbridge 也指出，结果显示当某位置承受足够高的应力时，使用甲醇可能引起应力腐蚀开裂，而水的 pH 值低于抑制应力腐蚀开裂的数值。

2. TransCanada 管道公司天然气管线破裂

2009 年 9 月 26 日，TransCanada 管道公司在安大略省 Marten 河附近的 100-1 天然气管线发生破裂。随后由于管道压力低，112 号压缩机站上游的干线 112-1 号阀门自动关闭，接着其在卡尔加里办公室的天然气控制室知道发生了此次事件。事件发生时，TransCanada 管道公司正在输送低硫天然气，泄漏的气体没有点燃。管线 100-1 外径为 762mm，最大允许运行压力为 6892kPa，对于 1 级位置，基于普通管材等级 X52 管壁厚度为 9. 53mm。管线 100-1 于 1958 年在威斯康星州密尔沃基工厂由 A. O. Smith 制造，随后施工安装。通过调研发现其中一个碎片表面上的硬点被确定为破裂开始位置。制造时由于钢板局部淬火，然后立即在钢表面进行最终热轧而形成硬点。夏比冲击试验是确定破裂过程中材料吸能量的标准方法，同时根据管钢夏比冲击试验可以确定材料韧性。通过该试验确定了破裂点附近的管道韧性相对较差，导致破裂涉及的整个管道接头中发现大量脆性断裂。管道中硬点、内部天然气压力造成的鼓胀应力和破裂位置上可能存在原子氢，是 TransCanada 管道公司(TCPL)管线 100-1 破裂的原因，并与以前破裂事件的结果一致。

3. TransCanada 管道公司管道爆炸和火灾

2011 年 2 月 19 日，TransCanada 公司的天然气管道从开裂处溢出天然气经引燃后发生爆炸和火灾，此时管道内正输送低硫天然气。在事发地点附近，有三条管道并行铺设，相互间距约为 10m，编号分别为 100-1、100-2 和 100-3，发生开裂的是 100-2 号管道。按照 CSA Z662 标准，100-2 管道在该处被定义为一类管道，壁厚为 9. 13mm，外径为 914. 4mm。现场初步检查完成后，对管道表面做磁粉检测，在管道开裂处以及上下游的管道接口处发现大量的应力腐蚀裂纹簇。这些裂纹簇大都相对较小，没有明显的集中在单条裂纹附近。通过分析研究发现的裂纹簇得知：管道轴向出现的近中性 pH 值 SCC 导致失效，本质上是穿晶型裂纹。SCC 大约位于管道 7∶30 点钟(向下游看)位置，距上游环焊缝约 2m，管道开裂从失效点向上下游分别扩展了 1. 8m 和 2m 并在焊趾处沿环焊缝周向扩展，随后继续向上游扩展了 4. 1m。对开裂点上下游管道接口整体检查后也发现 SCC，说明外层防腐层出现了异常，导致管道开裂点的裂纹从起始点开始扩展。上下游接口处管材经检测发现符合当时制管时标准中的最低力学性能，同时也符合当今的制管标准。

SCC 降低了管体钢材的抗压能力，在正常操作压力下产生了永久性的局部屈服。管体上相对一致的 SCC 增长表明裂纹在管体上扩展较早。100-2 管线外表面使用沥青釉层加玻璃纤维，后来又使用强制电流阴极保护(以下称 CP)系统来进一步保护管道免受腐蚀。随着时间推移，在外力作用下，外部沥青釉层可能退化并与管道脱连。发生防腐层脱连时，只要 CP 系统电流能到达管道表面就能保护管道不发生腐蚀。然而特定环境下，脱连防腐层和土壤的绝缘性使得管道表面直接接触到腐蚀性的外部环境，同时屏蔽 CP 系统，让 SCC 进一步扩展。还有一些特殊情况，如增加管道上的 CP 电流值可保证其腐蚀防护的有效性，一旦 CP 电流超过特定值就会出现过保护的情况，并在管体表面产生氢气。氢气可以加速防腐层脱离管道，反过来进一步屏蔽 CP 系统对管道的保护作用。CP 系统受到屏蔽，加上地下水、分解出的气体和细菌进入防腐层与管道之间的空隙，产生了一个适合 SCC 生成的碱性环境。

SCC 一旦生成，就会在管道正常使用的内压下随着时间的推移逐渐扩展。管体上的应力腐蚀裂纹降低了管道的承压能力，在正常操作压力下产生了局部的永久性屈服，最终导致管道开裂、爆炸和火灾。

4.1.3 腐蚀评估模型[应力腐蚀(SCC)]

SCC 的敏感性与渗透到钢材内的氢的量有关，氢渗透量主要与水的 pH 值、H_2S 含量这两个环境参数有关，分析硫化物应力腐蚀所需的基本数据见表 4-1。典型情况下，已发现钢中的氢通量在 pH 值接近中性的溶液中最低，而在 pH 值较低和较高的溶液中都增加。较低 pH 值的腐蚀由 H_2S 引起，而高 pH 值的腐蚀则由高浓度的二硫化物离子引起。高 pH 值溶液中存在氰化物可加剧氢渗透到钢材中，钢材对 SCC 的敏感性随 H_2S 含量增加而增大，已发现水中 H_2S 浓度低至 1ppm($1ppm=10^{-6}$)就足以引起 SCC。

表 4-1 分析硫化物应力腐蚀所需的基本数据

基本数据	说明
是否存在水(是或否)	确定设备和管道中是否有自由水。需考虑正常运行条件、启动、停机及工艺扰动等
水中的 H_2S 含量	确定水相的 H_2S 含量。如果不易取得分析结果，可以用 Petrie & Moore 方法来估算
水的 pH 值	确定水的 pH 值。如果不易取得分析结果，则由经验丰富的工艺工程师来估计
是否存在氰化物(是或否)	通过取样/现场分析确定是否存在氰化物。主要考虑正常运行和干扰运行条件，也要考虑启动、停机条件
最大布氏硬度	确定钢制设备和管道的焊接上实测的最大布氏硬度。报告实测的布氏硬度读数，而不是从更精细的方法(如维氏、努氏等)转换的读数。当不能获得实际读数时，则使用制造规范允许的最大允许硬度
焊接是否经过 PWHT(是或否)	确定设备和管道的所有焊件在焊接后是否经过了正确的焊后热处理

SCC 的敏感性主要与硬度、应力水平有关，硫化物应力腐蚀的敏感性评估见表 4-2。随着硬度的增加钢对 SCC 的敏感性也增加，通常不用考虑在湿硫化氢环境下普遍用于炼油厂具有较低硬度的压力容器和管道的碳钢基体金属会出现 SCC。但是焊接熔敷金属和热影响区会含有高硬度区和高焊接残余应力，与焊缝相关的高残余拉伸应力增加了钢对 SSC 的敏感性。焊后热处理减少了残余应力，并对焊缝熔敷金属和热影响区进行软化。

表 4-2 硫化物应力腐蚀的敏感性评估

(4-2a)环境严重度

水的 pH 值	水的 H_2S 含量			
	<50ppm	50~1000ppm	1000~10000ppm	>10000ppm
<5	低	中	高	高
5.5~7.5	低	低	低	中
7.6~8.3	低	中	中	中
8.4~8.9	低	中	中	高
>9.0	低	中	高	高

(4-2b) SSC 敏感性

环境严重度	焊接态最大布氏硬度			PWHT 最大布氏硬度		
	<200	200~237	>237	<200	200~237	>237
高	低	中	高	无	低	中
中	低	中	高	无	无	低
低	低	低	中	无	无	无

对于气管道高 pH 值的 SCC 风险评估的初始管段选择应考虑管道工作压力、工作温度、与压气站的距离、管龄以及防腐层类型等，这些因素能够识别出大部分 SCC 的敏感位置，但并不包括全部。符合下列全部要素的管段则被认为是易出现高 pH 值应力腐蚀开裂的管段：

（1）工作压力超过额定最小屈服强度的 60%；

（2）工作温度超过 38℃；

（3）该管段在压气站下游 32km 以内；

（4）管龄超过 10 年；

（5）不同于熔结环氧粉末类型的防腐层。

对于液体石油管道的高 pH 值 SCC 可应用同样的影响因素和方法，但要考虑管段在泵站下游的合适距离作为选择敏感管段的要素之一。对于近中性 pH 值 SCC，除了温度判据以外，可应用同样的因素和判据来选择进行近中性 pH 值 SCC 风险评估。

4.1.4 未来中国管道失效预防的重点

通过案例分析，国外目前 SCC 失效已经占很大比重，同时失效前的运维过程不易被发现，主要通过超声波检测和打压试验评估的手段。甲醇对于管道应力腐蚀有一定的危害，在冬季运行期间，减少甲醇使用量，并对其 SCC 危害的机理进行分析研究，科学评估其适用性。如果防腐层破损，则可能 CP 电流加大，一旦 CP 电流超过的特定值，就会出现过保护的情况，并在管体表面产生氢气。氢气可以加速防腐层脱离管道，反过来进一步屏蔽 CP 系统对管道的保护作用。CP 系统受到屏蔽，加上地下水、分解出的气体和细菌进入防腐层与管道之间的空隙，产生了一个适合 SCC 生成的碱性环境。

随着油气管道事业飞速发展，老旧管道的铺设未考虑应力腐蚀开裂与氢致开裂，运行条件比以往更复杂，同时新管道的建设面临着如何预防应力腐蚀开裂与氢致开裂等管道腐蚀的影响。为了应对老旧管道与新建管道因腐蚀引起的管道失效的管理，需在现有管道腐蚀预防与管理技术的基础上，加强应力腐蚀开裂与氢致开裂的预控技术。当前 SCC 现象的研究极为迫切，虽然国内案例较少，但其形成的可能性和形成的机制亟待研究，并针对预防措施要提前实施，需要尽快制定符合国内埋地钢质管道应力腐蚀开裂的评价标准。HIC 问题逐渐扩大化，主要是含氢管道的出现和煤制气管道的建设和发展，应进行系统研究。

4.2 管道氢致开裂(HIC)

4.2.1 管道氢致开裂的表现形式

1. 管道材料中氢的来源

在冶炼过程中进入炉内的水分会分解形成氢而进到液态金属中，炉中水分主要源于空气中的水蒸气和原料中所含的水分，炼钢时所加的铁锈是氢的重要来源，此外燃烧的碳氢化合物也可能代入氢，一般在液态金属中氢溶解度较大，而凝固后溶解度较低，氢的固溶度 C_H 与压力有关，其关系表达式为：

$$C_H = A \cdot P^{1/2}\exp(-\Delta E/RT) \quad (4-1)$$

即 Arrhenius 公式，式中 A 为常数，P 为氢压，ΔE 为氢由气态到固溶态的能量变化，其中在 α-Fe 中 $A=41.8$，$\Delta E/R=3280$。

在工业生产中，许多构件是在含氢与 H_2S 的环境中工作的，如石油和化学工业的反应塔、水煤气发生塔、输油输气管道等。氢分子和 H_2S 分子通过吸附可分解出原子氢，其进入金属的过程为：

$$H_2(\text{气体})+M(\text{金属})\Leftrightarrow H_2 \cdot M \Leftrightarrow 2H \cdot M \quad (4-2)$$

$$H_2S(\text{气体})+M(\text{金属})\Leftrightarrow H_2S \cdot M \Leftrightarrow H \cdot M+HS \cdot M \quad (4-3)$$

根据 Lofa. Z. A 提出的 H_2S 加速 Fe 的阳极溶解原理和机理，提出了在 H_2S 存在条件下溶解过程的机理。

2. 氢致不可逆损伤

钢中的白点缺陷又称发裂，是钢中氢引起的一种内部缺陷，可能引起重大的断裂事故，许多钢种在以较快速度冷却到室温后，表面产生约 1μm 的细长裂纹。

钢中氢诱发裂纹是指试样在酸或 H_2S 水溶液中浸泡或严重电解充氢时所产生的裂纹，其出现与是否存在外加应力无关，其扩展方向和外应力无关，一般认为裂纹是由内部氢压引起的，对超高强度钢 30CrMnSiNi2A 在含 CS_2的 0.5mol/L H_2SO_4溶液中进行电解充氢实验表明，在试样表面上就出现了氢诱发裂纹，继续充氢裂纹不断长大，一旦停止充氢，裂纹停止长大，不再出现新的裂纹。分析了重轨钢氢脆的表现形式及规律，利用充氢实验(在扫描电镜下观察)测得了重轨钢不可逆氢损伤的临界氢浓度的平均值为 $C_0(P)=(2.07\pm0.49)\times10^{-4}\%$，产生不可逆氢损伤的临界总浓度等于 $C_0(P)=(3.13\pm0.59)\times10^{-4}\%$，并得出不可逆氢脆不能使动态充氢的塑性有一个明显的下降。

3. 可逆氢损伤

管道材料断裂时的延伸率(δ，%)和面缩率(ψ，%)是衡量材料韧性的重要指标，很多材料中含有氢或在氢环境中拉伸时，δ 和 ψ 都有所下降，其中面缩率 ψ 变化更显著，因而常用其变化率来表征材料的氢脆敏感性。氢引起的塑性损失大小与很多因素有关。

当光滑试件所受外应力小于材料拉伸强度或含裂纹试样的应力强度因子 $K_I < K_{IC}$ 时，试样不会发生断裂，但是当试样中含有氢或环境中含有氢后，经过一段时间后，就可能发生断裂，这种在氢的这种作用下与时间有关的断裂成为氢致滞后断裂，滞后断裂的时间与应力的大小有关，应力越低时间越长，将发生氢致开裂的最低的应力和应力强度因子称为门槛应力 σ_{TH} 和 K_{TH}。氢致滞后开裂的扩展速度与应力强度因子有关，其扩展速度的变化可分为三个阶段，当 K_I 较低时扩展速度 da/dt 随 K_I 的增大而迅速增大，然后在一定范围内与裂纹扩展速度无关，当 K_I 接近材料断裂韧性 K_{IC}时，裂纹扩展速度又迅速增加。第二阶段的裂纹扩展速度 da/dt 和氢致开裂的门槛值是评价材料氢致开裂的敏感性系数。关于氢致滞后开裂的扩展速度及其影响因素问题还没有得出一致的结论。

对于金属材料，当裂纹前端区域应力达到一定的值时，材料就要发生屈服，因而要考虑塑性区的影响。吴世丁等用离子探针测定了充氢样品加载裂纹前端区域的氢浓度分配，结果表明，在裂纹前端有两个氢富集峰，离裂纹顶端近的氢浓度峰值对应着位错密度最大位置，是由于位错的陷阱作用而引起的氢富集，这是裂纹前端塑性变形的结果；另一峰值接近塑性区边缘，对应三向应力最大位置，是应力诱导扩散导致的氢富集。随着 K_I 的增加，裂纹顶端的峰值逐渐降低，远离顶端的峰值逐渐上升。

4.2.2 管道氢致开裂的机理

1. 氢压作用机理

如果材料中含有过饱和的固溶氢，氢原子在缺陷位置富集、析出、结合成氢分子，在恒温下产生很大的内压，可表示为：

$$C_H = S\sqrt{P} \tag{4-4}$$

即 Sivert 定律，式中 C_H 为固溶氢浓度，P 为平衡氢压，S 为常数。在外应力作用下微裂纹能引起应力集中，而裂纹中的氢压又能协助外应力作用，使得材料在较低的外应力下发生断裂。对固溶氢导致氢损伤的现象，多半是因为金属中位错增殖，并促使位错的运动，氢和位错的交互作用使裂纹前沿塑性区及三向应力集中区发生氢富集，富集的氢引起原子键合力下降，在一定的应力状态下，因氢浓度达到临界值而致裂纹扩展。

氢压理论用来解释钢中白点(即发裂)、焊接冷裂纹、酸洗、H_2S 中浸泡或电解充氢时产生的氢损伤(如微裂纹、氢鼓泡)是很成功的，但它无法解释与应力及时间有关的氢致滞后开裂问题。

2. 氢降低表面能机理

材料在发生断裂时，将形成两个新的表面，对于完全脆性材料，断裂时所需的外力做功应等于形成新表面所需的表面能，根据此关系，Griffth-Owen 推导了含裂纹试样的断裂判据：

$$\sigma_C = \sqrt{\frac{E(2\gamma+\gamma_P)}{\pi a}} \tag{4-5}$$

式中 γ_P 为每个裂纹尖端扩展单位长度时的塑性能，对于平面应变问题则 E 用 $\frac{E}{1-\nu^2}$ 来代替，Orowen 估计金属 γ_P 大约比 γ 高出三个数量级，因此影响断裂的主要是塑性变形功，这给氢降低表面能理论提出了一个难题，因为氢在金属表面吸附时与金属表面原子虽然可能形成一定的化学键，从而使金属表面能有所降低，但这一降低相对塑性变形功对于临界断裂应力 σ_C 的影响是微不足道的。为了解决这一困难，C. J. McMahon 提出了塑性变形功 γ_P 与表面能 γ 有关，即表面能 γ 的降低会导致断裂时塑性变形功 γ_P 的降低，并给出关系式：

$$\frac{d\gamma_P}{\gamma_P} = n\frac{d\gamma}{\gamma} \tag{4-6}$$

式中：n 为数值系数，对于 Fe，$n = 7.5$。如果上式成立，则表面能的较小变化就能使塑性变形功大大降低，而且 $\gamma \to 0$ 时 $\gamma_P \to 0$。

3. 氢降低原子键合力机理

氢降低原子键合力理论是指氢进入材料后，使材料的原子键合力下降，因而材料在较低的应力下就能开裂。氢降低原子间键合力理论是基于氢的 1s 电子进入过度族金属的 d 电子带，增加了原子间排斥力的原因，这一观点引起了争论，首先还没有证明氢的1s电子能进入金属的d电子带，其次即使能进入d电子带也不一定降低原子键合力。通过研究氢作用下与键合力有关的物理量来解释该现象，根据弹性模量与原子间键合力近似成正比的关系，测定充氢前后弹性模量的变化，以此间接求得对原子键合力的影响，指出充氢后弹性模量的变化由两部分组成，并给出关系式：

$$\Delta E=\Delta E(H)+\Delta E(\sigma) \tag{4-7}$$

式中：$\Delta E(H)$、$\Delta E(\sigma)$为与原子键合力有关的弹性模量增量和与充氢产生的内应力有关的弹性模量增量。

氢降低原子间键合力理论是一个很简单而直观的理论，因而得到很多应用，特别是从应力的角度考虑常用此理论作定性的分析，但还没有公认的证据解释氢确实能降低原子间的键合力。

4. 氢促进塑性变形机理

金属材料受到一定的应力作用后一般都要发生塑性变形，只有在塑性变形到一定程度以后才发生断裂。氢损伤开裂的过程也是如此，断裂过程不可能由于很少量氢的进入就完全地改变。氢促进塑性变形理论导致断裂理论就是基于这种考虑，即认为氢致开裂与一般断裂过程的本质一样，都是以局部塑性变形为先导，当它发展到临界条件时就导致了开裂，而氢的过程只是促进了这一过程。这种观点提出的基础是陈奇志观察到不同条件下的氢致断口都存在大量韧窝和塑性变形，并发现充氢可以显著降低钢的扭转流变应力，因而认为氢损伤开裂是通过微塑性变形进行的，氢扩散到裂纹前端以后能促进塑性变形从而促进断裂过程。

针对这一机理，中外学者提出了氢促进位错发射和运动导致裂纹形核的理论。利用横位移加载台，在TEM中原位研究了油管钢在充氢和水介质中应力腐蚀前后裂尖位错组态的变化，结果表明，氢能促进位错发射、增殖和运动，并使无位错区扩大；用激光云纹干涉法原位测量了充氢前后加载缺口前端位移场的变化，结果表明，氢能使缺口前端塑性区及变形量增大；并给出了Ⅲ型裂纹裂尖开始发射位错的临界应力强度因子和切变模量μ的关系。

还有的学者提出了氢通过应力诱导扩散富集在晶界降低沿晶裂纹形核表面能；与此同时通过氢促进局部塑性变形使应变局部化，从而降低塑性变形功，并给出氢损伤沿晶断裂的门槛值。

4.2.3 HIC敏感性分析

氢致开裂(HIC)定义为将金属中不同平面上的邻近氢鼓包连接或连接到金属表面的阶梯形内部裂纹。一般地，已经发现钢中氢通量在pH值接近中性的溶液中最低，而在pH值较低和较高的溶液中都将增加。在较低pH值下的腐蚀由H_2S引起，而在高pH值下的腐蚀则由高浓度的二硫化物离子造成。高pH值下出现的氢化物可进一步加剧氢渗透到钢材中。氢渗透随H_2S含量的增加而增大，水中含量低至50ppm的H_2S就足以引起HIC。

HIC的形成不需要外部施加的应力，开裂的驱动力是氢鼓泡中内压力的形成造成的氢鼓包周边的高应力。这些高应力场的相互作用容易导致连接钢中不同平面上的鼓泡的裂纹形成。氢鼓泡内压力的形成与钢材中氢的渗透通量有关，钢中的氢是钢与湿硫化氢间的腐蚀反应产生的，而腐蚀反应的发生需要水的存在，最后的氢通量主要与环境参数pH值和水中的H_2S含量有关，分析HIC所需的基本数据见表4-3，HIC敏感性评估见表4-4。

表 4-3　分析 HIC 所需的基本数据

基本数据	说　明
是否存在水(是或否)	确定设备和管道中是否有自由水。不仅要考虑正常运行条件，还要考虑启动、停机及工艺扰动等
水中是否存在 H_2S	确定水相的 H_2S 含量。如果不易取得分析结果，可以用 Petrie & Moore 方法来估算
水的 pH 值	确定水的 pH 值。如果不易取得分析结果，则由经验丰富的工艺工程师来估计
是否存在氰化物(是或否)	通过取样/现场分析确定是否存在氰化物。主要考虑正常运行和干扰运行，也要考虑启动、停机和工艺干扰等
钢板中的硫含量	确定钢制设备和管道的硫含量。该数据可从 MTR 的设备文件中得到。如果没有可咨询材料工程师，从 ASME 所列钢材的规范中估计
钢材产品形式(板材或管材)	确定使用何种产品形式的钢材来制造设备/管道。大多数设备用轧制焊接钢板，如 A285、A515、A516 等制造，但某些小直径设备则用钢管和管件制造。大多数小直径管道用钢管和管材，如 A105、A234 等制造，但大多数的大直径管道(大于 16in 的管)用轧制和焊接钢板制造
是否进行过 PWHT(是或否)	确定设备和管道的所有焊件在焊接后是否经过了正确的焊后热处理

表 4-4　HIC 敏感性评估

(4-4a)环境严重度

水的 pH 值	水的 H_2S 含量			
	<50ppm	50~1000ppm	1000~10000ppm	>10000ppm
<5	低	中	高	高
5.5~7.5	低	低	低	中
7.6~8.3	低	中	中	中
8.4~8.9	低	中	中	高
>9.0	低	中	高	高

(4-4b)HIC 敏感性

环境严重度	高硫钢(S>0.01%)		低硫钢(S=0.002%~0.01%)		超低硫钢(S<0.002%)	
	焊接态	焊后热处理	焊接态	焊后热处理	焊接态	焊后热处理
高	高	高	高	中	中	低
中	高	中	中	低	低	低
低	中	低	低	低	无	无

4.2.4　氢致开裂断裂模型

氢致裂纹扩展的位错模型见图 4-1，式(4-8)为氢致开裂(HIC)过程区断裂判据。如果管道氢致开裂存在韧性断裂，并在断裂中是主要断裂模式，过程区断裂判据作为评价判据则不合适，需要以 J_{ISCC} 作为裂纹启裂的断裂韧性评价判据，见式(4-9)，韧性断裂的扩展模式见图 4-2。当韧性硬化材料处于氢环境下，其临界积分的表达式即为 J_{ISCC} 韧性断裂判据。

$$\sigma_{th}^{*}=\sigma_{max}^{f}-\frac{\mu\alpha C_{H}^{*}}{2(1-\nu)\pi l}\left[\left(1+\frac{2l}{d^{*}}\right)^{\frac{1}{2}}-1\right] \tag{4-8}$$

式中：σ_{th}^*为临界断裂应力；σ_{max}^f为最大内聚应力；μ为力学参数；α为有量纲的常数；C_H^* 为临界氢浓度；ν为力学参数；l为裂纹的长度；d^* 为裂尖距位错距离。

$$J_{ISCC} = \frac{2A}{I_n}\tilde{\sigma}_\theta(n,\ 0)\cdot\tilde{u}_\theta(n,\ \pi)\frac{K_{ISCC}^2}{\bar{E}} \qquad (4\text{-}9)$$

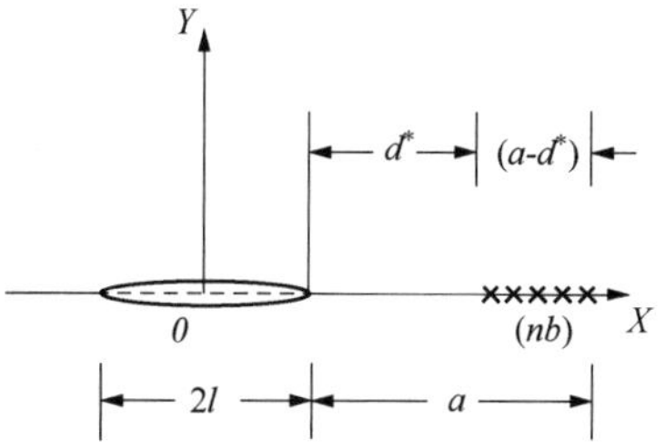

图 4-1　氢致裂纹扩展的位错模型

式中：J_{ISCC}为临界 J 积分；A 为积分常数，$A = \int_0^1 \left(\frac{1-t}{t}\right)^{\frac{1}{n+1}} dt$；$I_n$为与 n 有关的常数；$\tilde{\sigma}_\theta(n,\ 0)$ 为与 n 有关的无量纲函数；n 为硬化指数；$\tilde{u}_\theta(n,\ \pi)$ 为与 n 有关的无量纲函数；K_{ISCC}为临界断裂应力强度因子；$\bar{E}$ 为平面应力或平面应变。

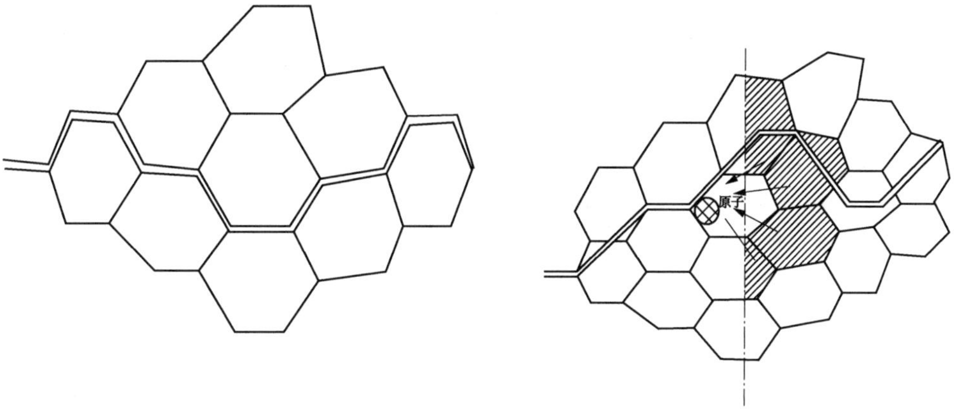

图 4-2　韧性断裂的扩展模式

4.2.5　氢致裂纹扩展的孕育期

氢致开裂通常是在稳定的载荷和一定的氢环境作用下，经过一段时间的吸氢过程，达到其临界氢浓度而发生的延迟性失效行为，这段时间定义为孕育期，孕育期对裂纹的扩展和管道寿命的计算是必需的。

1. 瞬态氢浓度的解析表达式

当未达到平衡状态时，扩散方程

$$\frac{\partial C}{\partial t}=D\frac{\partial^2 C}{\partial x^2}-D\frac{V_H}{RT}\frac{\partial C\partial\sigma}{\partial x\,\partial x} \qquad (4\text{-}10)$$

的平面问题的解为：

稳态：
$$C_{ss} = H(x,\ y) \qquad (4\text{-}11)$$

瞬态：
$$C_{ts} = -\sum_n G_n(t)\cdot F_n(x,\ y) \qquad (4\text{-}12)$$

上述的关系函数可写为：

$$H(x,\ y) = e^{b\sigma(x,\ y)}\sum A_n h_n \qquad (4\text{-}13)$$

$$G_n = e^{-a_n^2 Dt} \qquad (4\text{-}14)$$

$$F_n = e^{b\sigma}B_n f_n \qquad (4\text{-}15)$$

其中，h_n、f_n 是下列方程的解：

$$\nabla^2 h_n - \{b^2 \cdot (\nabla\sigma)^2\} h_n = 0 \tag{4-16}$$

$$\nabla^2 f_n + \{\alpha_n^2 - b^2 (\nabla\sigma)^2\} f_n = 0 \tag{4-17}$$

式中：$b = V_H/2RT$，R 为气体常数，T 为绝对温度；D 为扩散系数；α_n 由关系式 $\alpha_n R_I = \lambda_n$ 确定，R_I 是平面应变条件下弹塑性区长度，$R_I = \dfrac{K^2}{3\pi\sigma_y^2}$，$\lambda_n$ 是由零阶 Bessel 函数对 λ 求导的根，即 $d[J_0(\lambda)]/d\lambda = 0$ 的根。

在平面应变下，含中心裂纹材料为 16Mn，受拉伸应力作用，其应力强度因子 $K = 100\text{MPa}\sqrt{\text{mm}}$，$\nu = 0.3$，16Mn 屈服应力 $\sigma_0 = 352\text{MPa}$，取 $n = 0 \sim 20$ 时，则 λ_n、α_n 的计算值如表 4-5 中所示。

表 4-5　λ_n 和 α_n 的值（$n = 0 \sim 20$）

n	λ_n	α_n	n	λ_n	α_n
0	0. 00000	0. 0000000	11	35. 33431	8325. 450292
1	3. 83170	902. 823001	12	38. 47477	9065. 403791
2	7. 01155	1652. 057476	13	41. 61709	9805. 795389
3	10. 17347	2397. 067292	14	44. 75932	10546. 165859
4	13. 32169	3138. 849122	15	47. 90146	11286. 515123
5	16. 47063	3830. 800597	16	51. 04354	12026. 850248
6	19. 61586	4621. 877924	17	54. 18555	12767. 168887
7	22. 76008	5362. 717276	18	57. 32755	13507. 485158
8	25. 90367	6103. 408188	19	60. 46946	14247. 780229
9	29. 04683	6843. 997783	20	63. 61136	14988. 072944
10	32. 18968	7584. 514336			

式(4-10)中扩散系数 D 如图 4-3 所示，从图 4-3 中得出，当环境温度为 20℃时，16Mn 材料的屈服应力 $\sigma_0 = 352\text{MPa}$，在氢环境中扩散系数 $D = 6.818\times10^{-10}\text{m}^2/\text{s}$，20 号钢屈服应力 $\sigma_0 = 481.8\text{MPa}$，在氢环境中扩散系数 $D = 9.329\times10^{-10}\text{m}^2/\text{s}$。由文献扩散系数与温度的关系式可得出 16Mn 在 20℃时，$D = 6.0\times10^{-10}\text{m}^2/\text{s}$，进一步验证图 4-30 中氢的扩散系数 D 曲线的正确性。

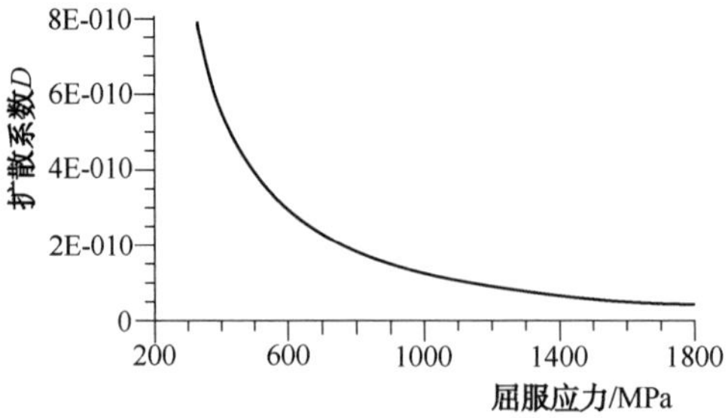

图 4-3　扩散系数与材料屈服应力实验关系值

式(4-16)、式(4-17)中应力梯度可由三项渐进多项式弹塑性应力场推出，则弹塑性裂尖静水压力可写为：

$$\sigma = \frac{1}{3}[\sigma_{\theta\theta} + \sigma_{rr} + \nu(\sigma_{\theta\theta} + \sigma_{rr})] = \frac{(1+\nu)}{3}(\sigma_{\theta\theta} + \sigma_{rr})$$

$$= B_1\{B_2 r^{-\frac{1}{1+n}}[\tilde{\sigma}_{\theta\theta}(n, \theta) + \tilde{\sigma}_{rr}(n, \theta)] + Q\} \tag{4-18}$$

式中：$B_1=\dfrac{(1+\nu)}{3}\sigma_y$；$B_2=\dfrac{J}{\alpha\varepsilon_y\sigma_y I_n}^{\frac{1}{1+n}}$；$Q$ 为 n 、θ 的函数。

弹塑性三项渐进应力场：

$$\nabla\sigma=B_1\left\{B_2\left(-\frac{1}{n+1}\right)r^{-\frac{n+2}{n+1}}[\tilde{\sigma}_{\theta\theta}(n,\ \theta)+\tilde{\sigma}_{rr}(n,\ \theta)]+\frac{\partial Q}{\partial r}\right\}\cdot\vec{i}+$$
$$\frac{1}{r}B_1\left\{B_2 r^{-\frac{1}{1+n}}\frac{\partial[\tilde{\sigma}_{\theta\theta}(n,\ \theta)+\tilde{\sigma}_{rr}(n,\ \theta)]}{\partial\theta}+\frac{\partial Q}{\partial\theta}\right\}\cdot\vec{j} \tag{4-19}$$

$$(\nabla\sigma)^2=B_1^2\left\{B_2\left(-\frac{1}{n+1}\right)r^{-\frac{n+2}{n+1}}[\tilde{\sigma}_{\theta\theta}(n,\ \theta)+\tilde{\sigma}_{rr}(n,\ \theta)]+\frac{\partial Q}{\partial r}\right\}^2+$$
$$\frac{1}{r^2}B^2\left\{B_2 r^{-\frac{1}{1+n}}\frac{\partial[\tilde{\sigma}_{\theta\theta}(n,\ \theta)+\tilde{\sigma}_{rr}(n,\ \theta)]}{\partial\theta}+\frac{\partial Q}{\partial\theta}\right\}^2 \tag{4-20}$$

则式(4-16)和式(4-17)变为：

$$\frac{\partial^2 h_n}{\partial r^2}+\frac{1}{r}\frac{\partial h_n}{\partial r}+\frac{1}{r^2}\frac{\partial^2 h_n}{\partial\theta^2}-(\nabla\sigma)^2 h_n=0 \tag{4-21}$$

$$\frac{\partial^2 f_n}{\partial r^2}+\frac{1}{r}\frac{\partial f_n}{\partial r}+\frac{1}{r^2}\frac{\partial^2 f_n}{\partial\theta^2}+[\alpha_n^2-(\nabla\sigma)^2]f_n=0 \tag{4-22}$$

由式(4-11)、式(4-12)，考虑边界条件 $t\to\infty$，整个方程的解可写为：

$$C=e^{b\sigma}\sum A_n h_n-e^{b\sigma}\cdot\sum e^{-\alpha_n^2 Dt}\cdot B_n f_n \tag{4-23}$$

式中：A_n 、B_n 为常数。

当 $t=0$ 时，$C=C_0$，上式可写为：

$$C_0=e^{b\sigma}\sum(A_n h_n-B_n f_n) \tag{4-24}$$

式(4-23)可写为：

$$C=C_0+e^{b\sigma}\cdot\sum(1-e^{-\alpha_n^2 Dt})B_n f_n \tag{4-25}$$

当边界条件 $t\to\infty$时，$C=C_{SS}=C_0\exp\left(\dfrac{\vec{V}\sigma_{ii}}{RT}\right)$，则有下列关系可确定 B_n ：

$$C_0\exp\left(\frac{\vec{V}\sigma_{ii}}{RT}\right)=C_0+e^{b\sigma}\cdot\sum_{n=1}^{\infty}B_n f_n \tag{4-26}$$

式(4-23)即为瞬态氢浓度的解析表达式。

2. 氢致裂纹扩展模式

氢致裂纹扩展的模式可描述为一非连续性模型，即当裂纹 a 处于初始状态时，氢浓度 $C=C_0$，经过第一段孕育期 Δt_1 后，由于氢化作用和应力的共同作用，氢浓度达到临界值 $C=C_{cr}$，应力强度因子 $K=K_{ISCC}$，此时 $a=a_0+\rho/2$，裂纹向前扩展了 Δa_1，然后裂纹 $a+\Delta a_1$ 处于初始状态，再需要等待时间间隔 Δt_2 后，裂纹又继续向前扩展 Δa_2，依次循环往复，直到断裂。整个断裂过程可分为 n 步进行。裂纹的非连续性扩展如图 4-4 所示。

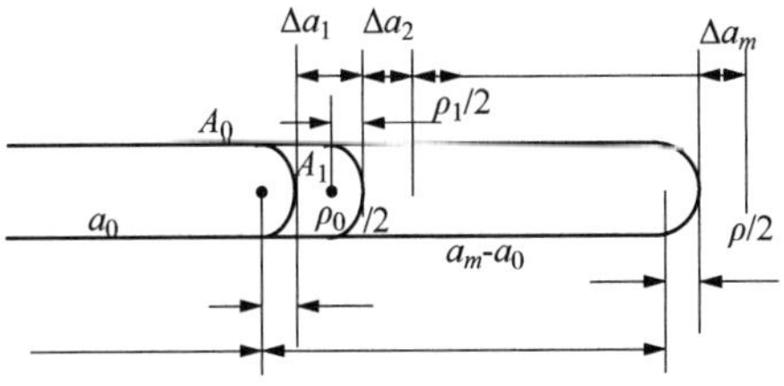

图 4-4　裂纹扩展的非连续性模型

4.3 管道黑粉成因与内外部腐蚀分析

4.3.1 概述

针对管道输气生产运行过程中发现管道内部存在许多黑色粉末(棕褐色有刺激性气味粉末)积聚的现实问题，经检测分析后发现管道黑色粉尘中含有 Fe 元素，存在内部腐蚀的因素，检测了黑粉化合物的成分和单质成分，研究天然气管道内部的腐蚀机理，针对 H_2S、CO_2以及微生物腐蚀机理给出了腐蚀模型，建立了表征内部腐蚀的特征公式，定量给出了各相关腐蚀量的梯度关系。分析了管道内部 H_2S、CO_2和细菌的腐蚀过程，以及管道外部氧浓差腐蚀过程，证明这四种腐蚀是导致输气管道失效的主要原因。

4.3.2 黑粉分析和研究

1. 无机组成分析

无机组成分析方法包括原子吸收(AAS)法、原子发射法、光电子能谱(XPS)法、X 射线衍射(XRD)法、电子探针法。

2. 有机组成分析

样品经过密封后，使用紫外线可见吸收光谱法、红外光谱法、核磁共振法、色谱-质谱法以及其他方法分析黑粉的有机组成。

3. 粉尘组成分析流程示意图

分析流程如图 4-5 所示。

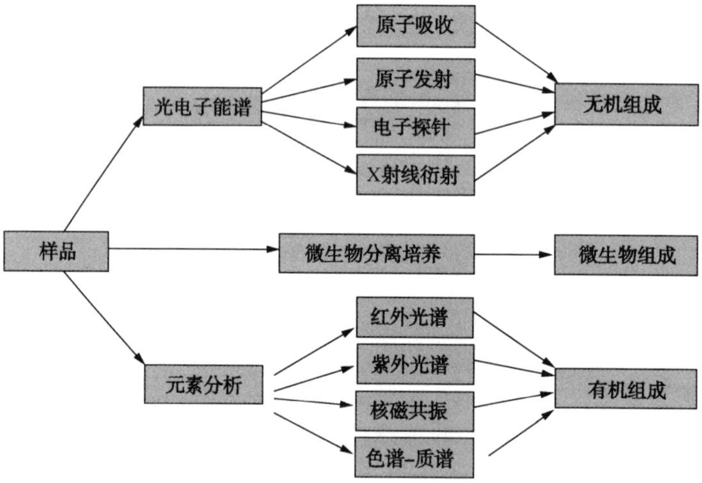

图 4-5 流程分析图

4.3.3 管道黑粉分析结果

1. 黑粉中元素的种类和数量

(1) 元素分析　粉尘由 C、O、S、N、Fe、Si、Ca、Mn 等元素组成，其中 C、O 含量较高，金属元素中铁的含量最高，为 18.54%，也恰好说明了粉尘的来源之一是管道腐蚀产物。Si 为 10.57%，Ca 为 0.72%，Mn 为 0.45%。

（2）光电子能谱分析　测试包括元素S、O、C、N、Si、Fe、Mn和Ca。通过光电子能谱分析，获得了表4-6所示的元素分析结果。

表4-6　元素含量

元素	Fe	Mn	O	N	Ca	C	S	Si
含量/%	6.015	0.258	38.749	0.465	0.397	45.999	5.594	2.523

（3）原子吸收　由原子吸收方法可得Fe、Si、Ca、Mn元素的含量分别为18.54%、10.57 %、0.72 %、0.45%。这一结果与光电子能谱分析所得结果相符。

（4）原子发射　通过原子发射分析得出样品含有的元素及其质量含量(mg/L)如图4-6所示。

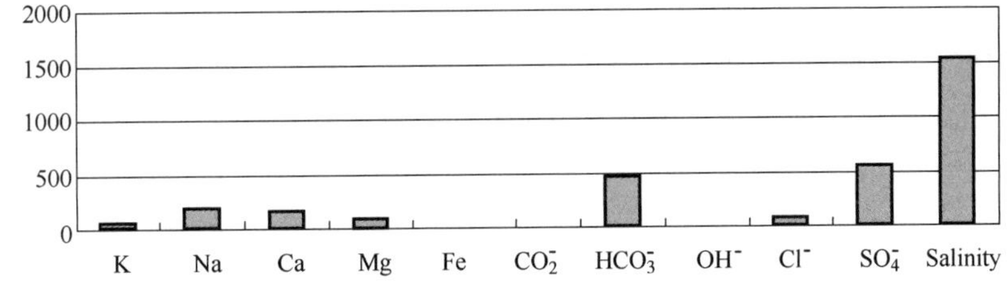

图4-6　元素含量

（5）X射线衍射　X射线衍射的结果(见图4-7)表明：粉尘主要由含铁矿物组成，这与前面分析所得在金属元素中铁含量最多的结论是一致的。

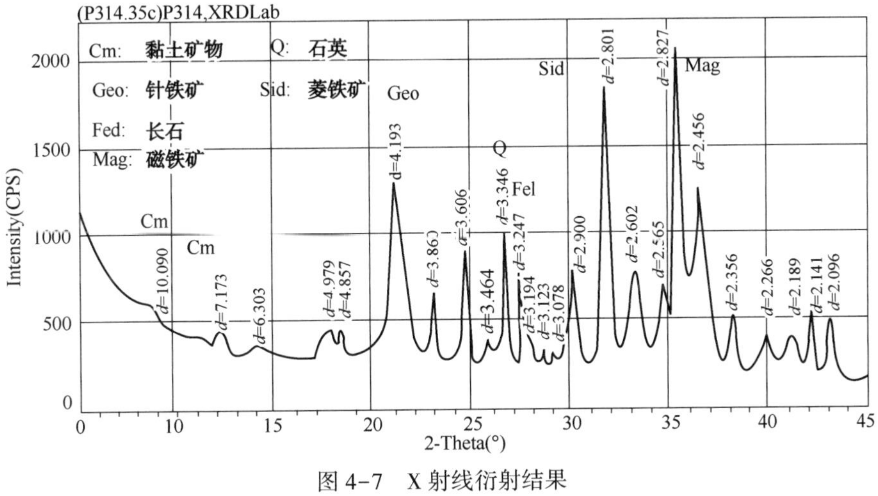

图4-7　X射线衍射结果

（6）电子探针　样品的电子探针所测结果如图4-8所示。

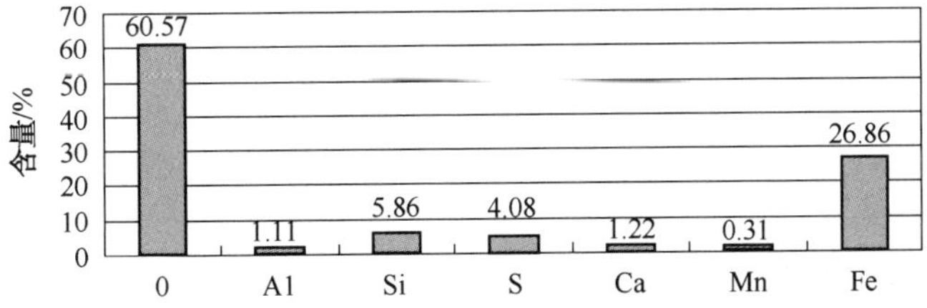

图4-8　电子探针测量结果

2. 黑粉的化学组成

（1）无机化合物　综合原子吸收光谱、光电子能谱、X 射线衍射等的分析结果，可以得出粉尘样品的无机化合物如下：S_8、$FeCO_3$、FeOOH、$CaSO_4$、MnO_2、硅酸根离子等单质及化合物。

（2）有机化合物　综合元素分析、紫外可见吸收光谱法、红外光谱法、核磁共振法、色谱-质谱法，发现黑粉的有机组成主要为长链碳氢化合物。

3. 微生物分析及结果

普通细菌分离培养中共挑出 3 株菌：1 号菌属肉色诺卡氏菌；2 号菌属枯草芽孢杆菌；3 号菌属假单孢菌属。

从史塔克培养基中分离出的细菌是氧化硫硫杆菌，从里逊培养基中分离出的细菌是氧化亚铁硫杆菌。

4. 组成与取样时间及取样地点的相关性

（1）粉尘组成随取样时间的变化　如图 4-9 所示。

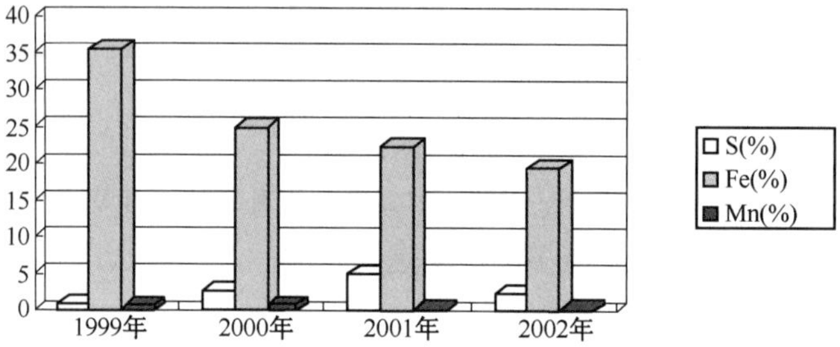

图 4-9　典型元素含量随取样时间变化数据

（2）粉尘组成随取样地点的变化　元素 S、Fe 和 Mn 在不同取样地点含量不同，如图 4-10~图 4-12 所示。

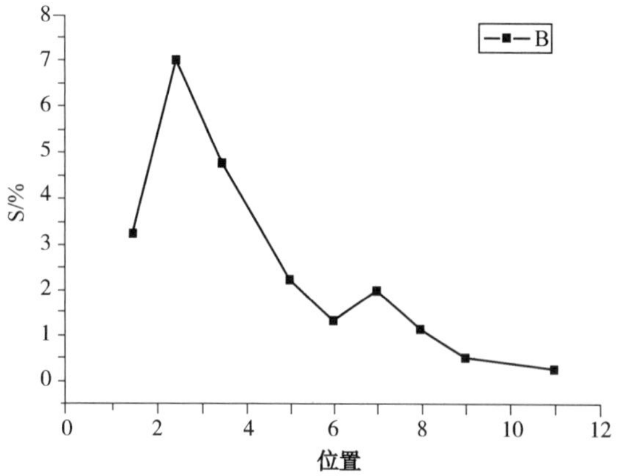

图 4-10　S 的含量与位置的关系

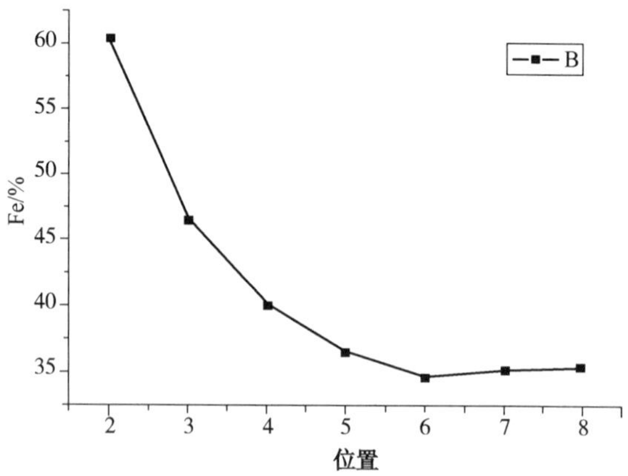

图 4-11　Fe 的含量与位置的关系

5. 无机离子与细菌的相互作用

细菌腐蚀是形成腐蚀的另外一个原因。它提供了适合硫酸盐还原菌（SRB）的厌氧条件，使得腐蚀加重。不同的元素腐蚀导致电化学腐蚀发生，产生的黏液和其他物质一起形成黏膜

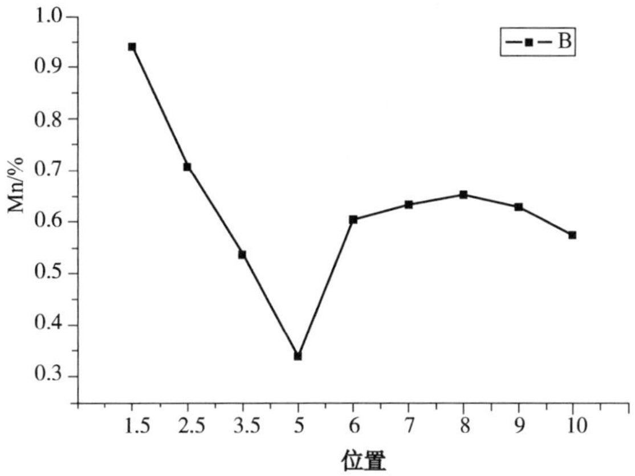

图 4-12　Mn 的含量与位置的关系

附着在管线和设备上，造成生物垢，同时也产生氧浓差电池引起管道的电化学腐蚀。相对来说，SRB 细菌的腐蚀并不普遍，但一旦出现后果惊人。

4.3.4　管道腐蚀模型

1. H_2S 应力腐蚀

腐蚀机理：直流电产生电化学腐蚀

化学反应式：$Fe+H_2S \longrightarrow FeS+2H$

2. CO_2腐蚀模型

腐蚀机理：$CO_2+H_2O+Fe \longrightarrow FeCO_3+2H$

3. 无机离子与细菌相互作用的腐蚀模型

好氧菌的腐蚀机理：①利用新陈代谢形成的酸引起腐蚀；②造成氧浓差电池引起腐蚀。

厌氧菌的腐蚀机理：参与阴极去极化过程。

4. 管道外部氧浓差腐蚀

地下管道最常见的外部腐蚀现象就是由于氧浓度不同而形成的氧气浓差电池，由于在管道的不同部位氧的含量不同，在氧浓度大的部位金属的电极电位高，是金属腐蚀的阴极；氧浓度小的部位，金属电极电位低，是腐蚀电极的阳极，遭受腐蚀。

如果同一管段表面出现不同的电极电位，氧浓度大的区域电位高，为阴极，氧浓度小的区域电位低，为阳极，由于不同部位氧的浓度不同，在贫氧部位的自然电位(非平衡电位)低，是腐蚀原电池的阳极，其阳极溶解速度明显大于其余表面的阳极溶解速度，故遭受腐蚀。

阳极：$Fe-ne \longrightarrow Fe^{n+}$

阴极：$O_2+H_2O+4e \longrightarrow 4OH^-$

氧浓差腐蚀主要有以下两种情况：

(1) 管道在土壤中埋深不同　管道上部分接近地面，回填土不如原土严实，故氧气充足，氧的浓度大，相比较而言管道下部则氧浓度小。因此，管道上、下两部位的电极电位不同，底部的电位低，是腐蚀电池的阳极区，遭受腐蚀。

(2) 管道通过不同性质的土壤　尽管管道是同一种金属，但由于沿管道土壤的种类或土壤条件的差异，土壤含氧量差别很大，形成不同的电解质，导致处于阳极区的那部分管道腐蚀，而处于阴极区的那部分管道被保护。

5. 腐蚀程度的表征

黑粉中铁元素的浓度变化与管壁腐蚀的程度和速度的关系为：

$$\frac{dF}{dt}=\frac{dC_{Fe}}{dt}-\frac{dC_{film}}{dt} \tag{4-27}$$

式中：F 为腐蚀程度；C_{Fe}为 Fe 的浓度；C_{film}为钝化膜的浓度；t 为时间。

腐蚀可以由三部分组成，即 H_2S 应力腐蚀、CO_2的酸性腐蚀及微生物腐蚀，所以$\frac{dC_{Fe}}{dt}$可表示为：

$$\frac{dC_{Fe}}{dt}=\frac{dC_{H_2S}}{dt}+\frac{dC_{CO_2}}{dt}+\frac{dC_{xijun}}{dt} \tag{4-28}$$

式中：$\frac{dC_{H_2S}}{dt}$、$\frac{dC_{CO_2}}{dt}$、$\frac{dC_{xijun}}{dt}$分别代表 H_2S 应力腐蚀、CO_2的酸性腐蚀及微生物腐蚀的腐蚀速度 。

在 H_2S 多应力腐蚀中，FeS 是腐蚀产物，可以用 FeS 的浓度变化来表征 H_2S 应力腐蚀的腐蚀速度及腐蚀程度。同理，在 CO_2的酸性腐蚀机理中，可用 $FeCO_3$的浓度变化表征 CO_2腐蚀的腐蚀速度机腐蚀程度。

微生物腐蚀主要是由铁细菌和硫酸盐还原菌的腐蚀造成，所以$\frac{dC_{xjun}}{dt}$可表示为：

$$\frac{dC_{xijun}}{dt}=\frac{dC_{xijunFe}}{dt}+\frac{dC_{SRB}}{dt} \tag{4-29}$$

式中：$\frac{dC_{xijun}}{dt}$、$\frac{dC_{SRB}}{dt}$分别代表铁细菌腐蚀和硫酸盐还原菌腐蚀的腐蚀速度。

FeOOH 表征铁细菌腐蚀的腐蚀速度和程度，可用管壁上的 FeS 表征硫酸盐还原菌腐蚀的腐蚀速度与程度，所以$\frac{dC_{xjun}}{dt}$可表示为：

$$\frac{dC_{xijun}}{dt}=\frac{dC_{FeOOH}}{dt}+\frac{dC}{dt} \tag{4-30}$$

综上所述，所研究体系腐蚀的速度及程度可表示为：

$$\frac{dF}{dt}=\frac{dC_{FeS}}{dt}+\frac{dC_{FeCO_3}}{dt}+\frac{dC_{FeOOH}}{dt}+\frac{dC_{FeS}}{dt}-\frac{dC}{dt} \tag{4-31}$$

从式（4-31）中可以看出，只要我们检测出粉尘和钝化膜中有关元素及化合物的含量随时间的变化，就可以获得腐蚀的速度及腐蚀程度。

4.3.5 H_2S、CO_2和细菌腐蚀等抑制措施

1. H_2S 应力腐蚀

减小钢中氧、硫等杂质含量，可增加抗硫化物应力腐蚀的能力。管道组织的不均匀性是产生应力的原因，可通过降低管道硬度，提高成分纯洁性、组织均匀性，减小介质浓度及增加管道的阴极保护等措施来减小应力腐蚀。

2. CO_2腐蚀

尽量除去管道中所含水分及 CO_2，HCO_3^-和 Ca^{2+}等共存时钢铁表面易形成保护性能的表面膜，可降低腐蚀速度。当 $4<pH$ 值<6 时，H_2CO_3在水溶液中主要以 HCO_3^-形式存在，所以可通过调节酸度来降低腐蚀。

3. 无机离子与细菌相互作用的腐蚀

通过研究，得出细菌腐蚀的产生原因：在管道试运前要进行水压试验，而试压用水中含有大量的各种各样的细菌，分为好氧菌和厌氧菌两种，在运行过程中，主要是厌氧菌作用，在内部没有足够清管和清洁的情况下，产生管内的细菌腐蚀；管道周围的土壤和水中都有大量细菌滋长繁衍，管道防腐覆盖层一旦破裂，就会造成细菌腐蚀。

这需要检验黑色粉尘中细菌的组分，使用适当的杀菌剂，目前常用的杀菌剂对浮游细胞有效，对固着细胞则无效，而固着细胞是造成腐蚀及形成沉淀的主凶，需要研制一种抗需氧和厌氧菌的杀菌剂。

4. 管道外部氧浓差腐蚀

阴极保护设计应充分考虑到输气站场设备管道密集、接地系统众多、可利用空间有限以及盐碱性湿地环境等综合因素，加装埋地管线腐蚀监测系统，定期测试管体腐蚀情况，使用合适涂层技术，从建设期源头开始防止防腐层破损。

第 5 章　管道完整性管理体系的建设与实施

5.1　管道完整性管理体系的发展

管道输送的基本要求是安全、高效，一旦发生事故，会带来相当大的经济损失、社会影响和环境危害。我国目前已建油气管道长逾 13.6 万公里，其中我国东部的许多管道已运行接近或超过 30 年，西南油气田管网有的已服役超过 40 年，逐步进入了后期事故多发阶段，由于受当初技术经济条件的制约，以及设计、施工水平、材料缺陷和多年运行的损伤等原因，管道安全存在隐患。

世界各大公司相继开展 HSE 管理，通过 HSE 体系的开展来削减风险，减少事故的发生。HSE 管理体系体现了以人为本、持续改进的科学管理思想。HSE 管理体系最早是由石油工业国际勘探开发组织(OGP)提出，于 1974 年组织专题开发和研究的，把健康、安全与环境管理作为一个整体系统进行管理的一种管理体系。1996 年，国际标准化组织 ISO/TC 67 分会发布了 ISO/CD 14690《石油天然气工业健康安全环境管理体系》，随即被国际石油公司广泛采用，HSE 管理体系成为国际石油界现行通用的管理惯例和共同遵守的管理规则，也成为石油公司进入国际市场的准入证。

管道管理者在使用 HSE 体系的同时，不断地深化 HSE 体系，20 世纪 90 年代末，管道完整性管理技术得到进一步发展，一些重大管道事故促使人们认识到管道完整性管理的重要性，国际上一些大的管道公司也开始将管理重点放在管道的安全可靠性上，提出了制定和实施管道完整性管理的要求，发达国家的政府和议会也积极参与管道完整性管理计划，制定和出台了一系列的标准规范以及法律法规，逐渐形成了一套较为完整的管道完整性管理体系，体系的目的是将有限的资金最有效地用于降低管道的风险，以提高管道运行的安全性。

21 世纪以来，随着我国管道建设高潮的来临，管道数量将大幅增加，新建管道的运行维护管理受到关注，受到人为因素、自然因素的影响，管理的难度将逐渐加大，管道完整性管理已成为管道管理的强有力手段。

管道完整性管理体系是一个以管道安全、设施完整性、可靠性为目标并持续改进的系统管理体系，其内容涉及管道的设计、施工、运行、监控、维护的全过程，并贯穿管道整个生命周期，通过对管道进行完整性的检测、评估与修复管理，可以充分了解管道的安全状况与关键风险源，从而采取相应的管理办法和防范措施，将事故后整治和抢修变为事故前诊断和预防，基本思路是不断改进和提高管道的完整性，达到保证管道安全、经济运行的目的。

管道完整性管理作为全球管道公司采用的一种管理手段，其有效推广问题是制约完整性管理发展的重要因素之一，自引进管道完整性管理理念以来，在我国管道企业间发展得还不够均衡，主要表现为完整性管理工作与生产相结合不紧密、不系统，缺乏统一的规划与安排，相应的技术架构、管理架构没有建立，适合于企业自身生产需要、可操作性强的完整性技术标准规范少，泛泛的标准多。要解决此类问题，需要建立适合于企业自身发展的完整性管理体系，这是解决制约管道完整性管理发展瓶颈的重要举措之一。

本章阐述了管道完整性管理的管理体系和技术体系的架构，介绍了管道风险与应急管理系统和完整性业务管理系统平台的组成，分析了场站完整性技术在消除人为误操作方面的措施，以及管道完整性管理培训的具体内容，阐述了管道完整性管理与管道设计的关系，以及设计阶段和建设阶段完整性管理保障措施与要点，论述了管道完整性管理体系的审核方法和技术要点，有利于提高管道完整性管理体系的应用水平和推广效率。

本章专门针对目前我国管道完整性管理领域面临的问题，指导我国管道企业如何建立完整性管理体系，深刻理解和应用新的技术手段，促进管道行业完整性管理水平的提高，达到与国际管道企业接轨的目的。下面从管道完整性管理体系的技术标准体系、管理体系、技术体系、质量控制、管理审核、培训体系、信息技术平台、设计、建设与施工、实施等方面详细介绍。

5.2 管道完整性管理标准体系建立

5.2.1 管道完整性管理-技术标准

1. 完整性管理数据采集、检查与综合标准

考虑不同的运行方式(含压缩机站配置、地下储气库设置)、不同的地质环境、不同的材质特性、不同输送气体的成分，进行完整性管理数据搜集和采集标准研究，建立完整性管理数据采集、检查与综合系列标准，包括：①数据采集要求；②数据来源；③数据收集、检查和分析；④数据整合和数据录入；⑤数据管理等内容。

2. 完整性管理技术标准

(1) 完整性管理风险评价技术标准　风险评价是管道完整性管理的重要内容，其风险评价的有效实施将最大限度地预防事故发生，及早识别危险源，所包含的技术标准内容包括(但不局限于)：①风险评估可指标规范；②风险评估方法；③风险分析技术；④管道 HCA 场所的风险评估规范、风险评估数据的收集规范；⑤风险评价和减缓措施规范。

(2) 风险后果评价标准　风险后果评价规范不仅包括人员和财产、房屋的安全半径，还包括财产的损失、人员的伤亡损失、社会的影响、市场的影响、政治的影响等，具体包括以下内容(但不局限于)：①风险后果的分类标准；②潜在影响区域；③需考虑的影响事故后果的因素；④危险性与可操作性分析；⑤站场 DOW 化学法财产损失计算等。

(3) 管道本体完整性技术标准　包括但不局限于：管道内检测技术标准、试压标准、含缺陷管道的安全评价技术标准、管道高后果区识别与评价技术规范等。

(4) 防腐与防护完整性技术标准　包括但不局限于：埋地管道外腐蚀直接评价规范、气管道内腐蚀直接评价规范(ICDA)、内腐蚀监测技术规范等。

(5) 管道地质灾害识别与评价技术标准　包括但不局限于：管线地质灾害风险识别规范、地质灾害一般评估规范、地质灾害危险性评估规范、地质灾害力学仿真评估规范、地质灾害防治措施规范、管道地质灾害信息技术平台管理规范等。

(6) 站场及设施检测与维护技术与应用技术标准　包括但不局限于：管道超声导波技术应用标准、阀门维护技术标准、压缩机故障诊断技术标准、管道附属设施检查规范、场站定量风险评价规范、场站泄漏监测技术规范等。

(7) 管道保卫、第三方管理的技术规范　包括但不局限于：管道干线预警、第三方风险识别与评价技术标准、泄漏监测技术规范、管道公众警示程序、管道安全技术防护规范、管道路权管理技术规范等。

(8) 其他规范。

5.2.2　管道完整性管理–管理标准

1. 含缺陷(内部缺陷、外部缺陷)管道本体的完整性管理应用标准

包括但不局限于：缺陷管理标准、管道缺陷修复管理规范、管道内外检测管理规范、管道外载荷管理规范、管道清管管理规范、含缺陷管道本体管理办法(包括壁厚监测、缺陷识别、缺陷补强、腐蚀监测)、管材失效、长输管道检验完整性管理办法等。

2. 管道地质灾害与周边环境完整性管理应用标准

包括但不局限于：管道地质灾害的预防和维护标准、第三方破坏活动维护标准、管道结构调查与评价标准、管道沉降管理规范、管道水工保护技术管理规范、线路完整性管理办法(包括水工、地质灾害、管道重载、管道挖掘)、管道高后果区管理规范等。

3. 防腐有效性完整性管理实施标准

包括但不局限于：阴极保护设施管理规范、阴极保护电位管理规范、管道区域阴极保护管理规范、管道腐蚀防护管理规范、外防腐层完整性管理办法(外防腐层缺陷、补伤等)等。

4. 站场及设施专业完整性管理应用标准

包括但不局限于：管网优化运行管理规范、设备失效、运行完好率管理标准、站场工艺管道、设备监测与评价管理标准、压缩机优化运行管理标准、站场/阀室工艺设备完整性管理办法、站场/阀室工艺管道的完整性管理办法、站场/阀室控制系统 SCADA、通讯、电气设备的完整性管理办法等。

5. 地下储气库完整性管理应用标准

包括但不局限于：井的完整性管理标准、气藏的完整性管理标准、注采工艺管道的完整性管理办法、注气压缩机设备的完整性管理办法、井口设备的完整性管理办法等。

6. 管道整体完整性评价标准

包括但不局限于：管道综合性完整性评价规范、管道年度评价管理规范、管道效能评价管理规范、管道高后果区风险削减规范。

7. 管道完整性管理数据与信息化管理平台方面标准

包括但不局限于：管道完整性管理信息平台使用规范、巡检系统管理规范、应急管理系统管理规范、管道建设期数据管理管理办法、管道设计的完整性管理办法、管道施工完整性管理办法、管道数据信息(路由、穿跨越、埋深、GPS 坐标等)采集规范等。

8. 管道完整性管理培训方面标准

包括但不局限于：完整性管理培训管理规范等。

9. 完整性管理应急救援标准

包括但不局限于：应急管理规范、应急处置方案管理与实施、平台建设规范等。

10. 管道完整性管理效能评价标准

包括但不局限于：效能审核管理规范、效能评价指标管理规范、事故案例管理规范等

11. 其他管理标准

除上述标准以外的其他管理标准。

5.3 管道完整性管理的管理体系

5.3.1 管理体系要素

按照完整性管理的功能划分，完整性管理体系主要包含以下几个要素：完整性管理实施要素、效能测试要素、联络要素、变更管理要素、质量控制要素、完整性管理信息平台要素。

5.3.2 完整性管理实施方案编制

完整性管理方案应当对每个管道系统或管段，确定合适的完整性评价方法；应根据完整性评价结果确定事故减缓措施。

5.3.3 完整性管理体系的框架

管理体系是一般是由 6 级文件组成，每一级文件的功能和着眼点不同，完整性管理框架如图 5-1 所示。

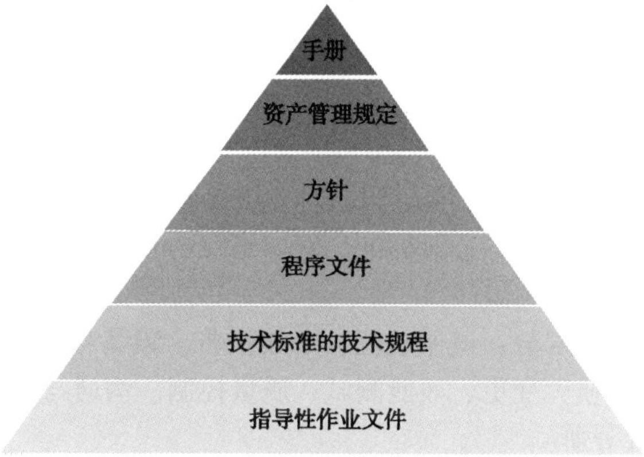

图 5-1 完整性管理体系框架

1. 框架文件的性质

在完整性管理的框架下各个部分的文件有些是强制执行文件，有些是声明性的文件，各部分文件的性质如下：

完整性管理需求(ARM)：	企业资产管理纲要文件
资产管理规划文件：	声明性文件
方针：	强制文件
程序文件：	强制文件
技术标准和技术规程：	强制文件
指导性作业文件：	强制文件
完整性管理手册：	参考文件

2. 框架文件的具体内容

(1) 一级(LEVEL-1) 资产完整性管理需求手册，包括公司资产管理结构、作用和责任、能力和培训、文件开发过程、安全控制操作、评估组和可使用的文件、应急程序的确认、管理机构、变更管理、联络、质量控制、效能评估和审核等文件。

(2) 二级(LEVEL-2)　资产完整性管理规划，包括设计规范和标准、管道系统的灾害评价、管道系统的风险评价、完整性管理规划、预防事故文件、其他文件等。

(3) 三级(LEVEL-3)　方针，包括给出一种目的性、短期、强制性文件；建立于服从于立法的方针；发布企业需求的方针。

(4) 四级(LEVEL-4)　程序文件，包括强制并提出程序是如何制定的；管道维护和检测程序，如监测条件、阴极保护、监督、远程监控等；设备维护和保养以及检测设备保养程序(如清管设备保养)；失误操作、损伤和缺陷报告以及记录步骤；缺陷评价程序；安全评价程序；更改和抢修程序；应急程序；事故调查程序。

(5) 五级(LEVEL-5)　技术标准，包括详细的强制性技术要求、管道预防性维护技术标准；管道连接件、作技术标准、编制发布的强制性指导的文件、其他标准。

(6) 六级(LEVEL-6)　指导性作业文件，对程序文件中涉及的具体操作给出操作指导文件。

(7) 七级(LEVEL-7)　完整性管理手册，对完整性管理各专业管理的详细说明和参考，可作为技术培训和新员工上岗的培训教材。

3. 完整性管理手册内容概述

完整性管理手册是专门针对管理人员、操作人员编写的，对不同层次的从事管道工作的员工也有价值。包括：总册、管道设施完整性分册、管道完整性管理数据管理分册、焊接分册、电气设备维护分册、机械设备维护分册、管道运行操作分册、安全分册、应急响应分册等。

1) 总册

总册包括所遵循的规范、事故报告、设备标识、公众意识、记录保留以及培训和人员资质等方面的程序，还包括所使用的行业标准，例如建筑物和安全条例、加拿大职业安全与健康规范和 CSA 认证标准等。

总册主要包括如下几个部分：遵循规范、事故报告、设备标识、公众意识的普及计划、记录保留、培训和人员资质、变更、效能测试、质量控制、沟通与联络方案。

2) 管道设施完整性分册

当对公司的管道或设施进行修理和维护时，可供管道维护(PLM)人员、工程师以及运行人员使用。该分册由以下项目的标准和程序组成：管道风险评价、监测、检测、计划和准备、环保、管道通过权的维护、开挖、外部穿越、管线维修和更换、试压、管道完整性、风险管理、储罐维护。

3) 管道完整性管理数据管理分册

开展完整性管理首先是数据管理，需要开展管道数据的获取、管理以及管道数据的建模和数据库建设。通过把管道的测量数据、设计资料、竣工资料、检测数据以及管道设备信息等统一用空间数据库管理，利用信息系统的分析功能实现管道的完整性管理。

该分册的目的是阐述数据采集、管道数据空间数据库的构建及数据模型的实现，主要是针对油气储运设施完整性数据采集、建库以及数据分析、信息提取、数据安全实现的整套技术进行分析，给出完整性管理-数据管理的基本思路和方法。

4) 焊接分册

管道结构焊接分册是一本参考手册，是针对在管道装置和设备从事焊接的人员而编制的。作为一本参考的指南，焊接分册常常供员工、承包商和工程师在管道公司企业内部进行野外操作切割和焊接管道装置和设备时使用。

焊接主要包括三部分：焊工资格、焊缝的维护和修补、天然气切割。

5）电气设备维护分册

电气设备维护分册是一本专为负责维护管道企业所属管道装置和设施的员工和承包商所设计的指导书。

电气维护分册主要包括两部分：电气设备维护程序、电气设备的预防性维护。

6）机械设备维护分册

机械设备维护分册是一本针对管道企业系统内的操作员工和负责管道机械设备和设施承包商的指导书。

机械设备维护分册主要包括两部分：机械设备的维护程序、机械设备的预防性维护。

7）管道运行操作分册(包括管道操作标准和规范）

管道运行操作分册是一个参照性指导书，当计划或承担与操作、维修以及管道和设备的维护有关的操作时，该分册可供管道维护人员、工程师和运行人员使用。

管道运行操作分册主要包括八个部分：概述、通讯、紧急操作、操作标准、日常操作程序、日常维护程序、异常操作程序、附录。

8）安全分册

安全分册是一本参考性手册，是专为现场操作员工和在管道设备和设施附近工作的承包商编制的。该分册主要包括安全管理系统、一般安全操作练习、全操作许可证、有限空间的进入、消防、停工、电气设备的安全、有害物质、车辆、航空器、工具和设备、废物处理、个人防护器材和安全设备。

9)应急响应分册

应急响应分册简要概括了快速有效地作出应急响应的所需的程序。这些程序能确保员工的操作是安全的，公众得到保护和对环境的影响是最小的。因为突发事件具有不可预见性，大部分程序只是作为一般的指导方针而并非硬性的规定。

应急响应分册包括应急计划预案、紧急通知和事故报告、整体安全与环境考虑以及与媒体的联系。对影响公司设备的诸如火灾、爆炸、自然灾害和炸弹袭击等特殊的突发事件也有相关的程序。两部分详细给出了泄漏响应的处理，简要概括了泄漏的封存、复原和清除的程序。同样，特殊地区的应急响应设备明细、敏感图与控制点的信息一起附加在后。

在任何突发事件(或被认为是突发事件)中，应急响应分册中概括的应急处理程序将适用于任何拥有诸如泵站、阀室和管道穿越的通过权等设施的公司。进入设施的位置和通道以及具体的管道信息也包括在应急响应计划中。

5.4 管道完整性管理的技术体系

管道完整性管理的技术体系主要由数据分析整合、风险评价、管道检测、监测、评价、修复、信息技术平台、公众警示八个技术方面构成，组成一个完整的有机整体，如图 5-2 所示。

5.4.1 数据分析整合技术

数据分析整合技术主要包含数据的构成、数据的收集、数据的整合分类，如图 5-3 所示。

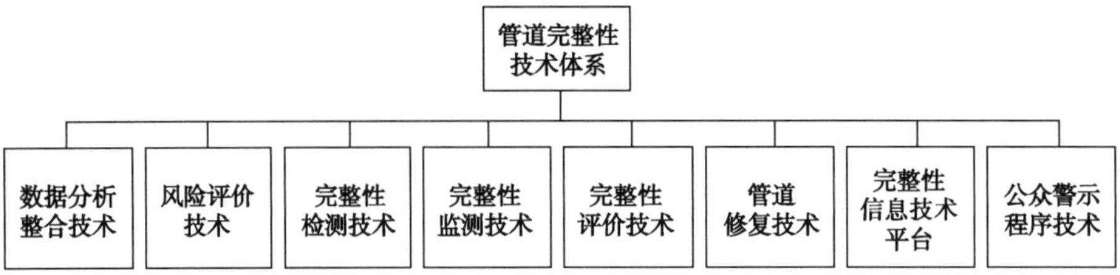

图 5-2　管道完整性管理技术体系构架

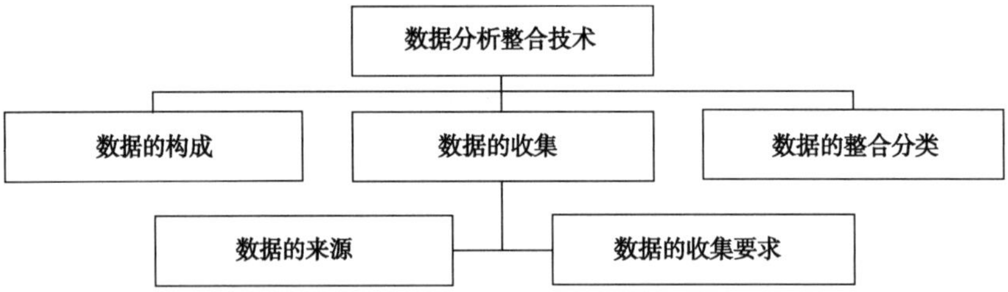

图 5-3　数据分析整合技术

1. 数据的构成

本节所述数据，是指管道完整性管理过程中所需要的数据，又称为完整性数据。收集的重点有以下几个方面：

(1) 应重点收集受关注区域的评价数据，以及其他特定高风险区域的数据。

(2) 要收集对系统进行完整性评价所需的数据，要收集对整个管道和设施进行风险评估所需的数据。

(3) 随着管道完整性管理的实施，数据的数量和类型要不断更新，收集的数据应逐渐适应管道完整性管理的需求。

(4) 数据由特征数据、施工数据、操作运行数据、检测数据、监测数据等组成。

2. 数据的收集

1) 数据来源

数据的来源是多方面的，表 5-1 列出了完整性典型数据的来源。

表 5-1　管道完整性典型数据的来源

工艺仪表图(P&ID)	行业标准/规范
管道走向图	操作和维护规程
施工检验员原始记录	应急反应方案
管道航拍图	检测记录
设施图/测绘图	试验报告/记录
竣工图	事故报告
材料证书	合格记录
测量报告/图纸	设计/工程报告
安全状况报告	技术评价报告
企业标准/规范	制造商设备数据

2) 数据收集要求

应按照完整性管理程序所需的数据要求，制定相应的数据收集制度和程序，从管道设计、施工、运行、管理和维护各个阶段进行数据收集，并从制度上保证所收集数据的完整性、准确性和一致性。

3. 数据的整合分类

1）数据的整合

(1) 应综合分析收集的单项数据　根据收集的数据相互关系进行分析，以发挥完整性管理和评估的全部作用。完整性管理程序的主要作用在于它能综合利用从多种渠道获取的多种数据，增加某一管段会不会遭受某种危险的置信度。它还能改进整个风险的分析结果。

(2) 制定一个统一的参照系　数据整合初始阶段是要制定一个统一的参照系和统一的计量单位，以便将从多种渠道获得的各种数据综合起来，并与管道位置准确关联。

(3) 通过人工方式或图解方式整合数据　人工整合就是按大小把潜在影响区域范围叠加在管道航拍照片上，以确定潜在影响的范围。图解方式的整合是把与风险有关的数据项输入管道信息系统 MIS/管道地理信息 GIS 系统中，以图形叠加方式标识出具体危险的位置。

2）数据的分类

完整性数据的收集完成后，要根据完整性数据的使用功能划分，分为风险评价数据、ECDA 评价数据、安全评价数据、ICDA 数据、GIS 数据图形特征数据五大类，按功能分类有利于完整性数据的使用和决策。

5.4.2　风险评价技术

通过管道风险评价，对管道完整性管理活动进行排序，合理制定完整性管理计划，优化维修决策，降低管道管理运行成本。

具体目标：在管道完整性评价后实施措施时按风险排序；评价减缓措施产生的效果；对识别到的危险，确定最有效的减缓措施；评价改变检测周期后的完整性效果；评价两种检测方法的使用情况或必要性；进行更有效的资源分配。

根据所采用风险评价方法的不同，其要求有所不同。①最低目标：识别可能诱发管道事故的具体事件的位置或状况，了解事件发生的可能性和后果；②对风险评估完整性管理方案活动进行优化排列，将维护和检修资源优先用到最重要的地方；③详细的风险评价方法除了达到上述要求外，还可用来确定采用何种检测、预防方法或应急措施以及何时采取这些措施。

本节从管道危险因素分类到管道严重后果，再从风险评价方法及流程的形成，来阐述管道风险评价技术的建立，如图 5-4 所示。

1. 管道危险因素分类

根据 ASME B31. 8S，把管道事故数据划分成 22 个根本原因。22 个原因中每一个都代表影响完整性的一种危险，应对其进行管理，并按其性质和发展特点，划分为 9 种相关事故类型，这 9 种类型对判定可能出现的危险很有用。应根据危害的时间因素和事故模式分组，正确进行风险评估、完整性评价和减缓活动。

2. 高后果区(HCA)内的管段

管道运行公司应采取特别措施来确保管道的完整性，避免高后果区泄漏的影响从而保护

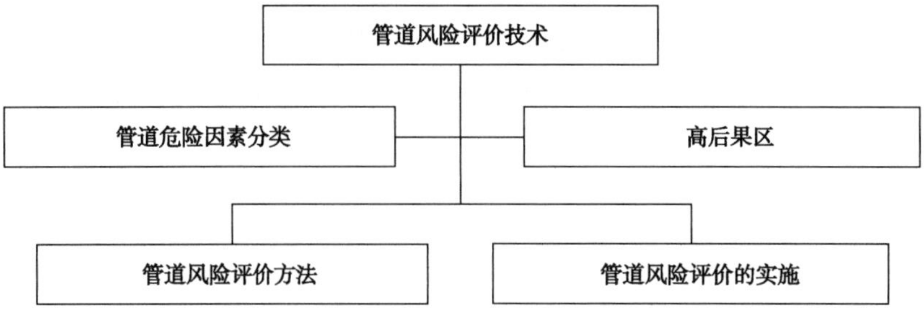

图 5-4　风险评价技术

严重后果区。高后果区管段是实施风险评价和完整性评价的重要管段。

3. 管道风险评价方法的建立

管道公司可采用一种或几种符合完整性管理程序目标的风险评估方法。这些风险评估方法是：专家评价法、相对评价法、情景评价法和概率评价法。

管道风险评价由管道风险因素识别、数据收集与综合、管道风险计算、风险排序、风险控制等组成。图 5-5 给出了风险评价的主要流程。

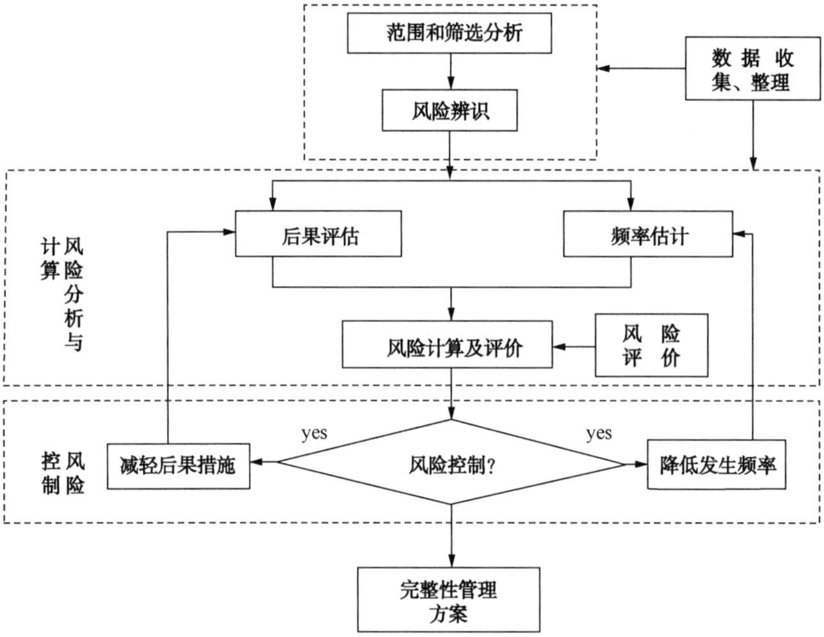

图 5-5　风险评价主要流程

流程要求：

（1）范围和筛选分析　确定将被分析的管道系统的自然界限；收集管道沿线人口情况，明确管道严重后果区；管道分段；筛选：确定严重后果区内的管段。筛选可将数据收集和管道维护、检修资源优先用到所确认的最重要的地方。

（2）管段危险因素辨识　后果严重区内管段危险因素的分析，列出各管段的危险因素；相应管段内的数据收集与整理。

（3）频率估计　根据所收集的数据对管段可能发生事故的可能性进行计算，确定其发生频率；可以将频率分为“高-中-低”或“高-中高-中-中低-低”等级；频率估计可以使用专家估计，或相对打分法，或使用历史事故数据、操作数据及行业内统计数据，也可使用逻辑推理的方法(事件树分析、故障树分析等可靠性分析方法)。

(4) 后果评估　根据所收集的数据对管段可能发生事故的后果进行计算，确定其发生后果；可以将后果分为“高-中-低”或“高-中高-中-中低-低”等级；后果评估可以使用专家估计，或相对打分法，或使用历史事故数据、操作数据及行业内统计数据，或使用逻辑推理的方法(事件树分析、故障树分析等可靠性分析方法)。

(5) 风险值计算及评估　计算特定管段上每个单个危险因素的风险值；单个危险因素的风险值等于频率与后果的乘积；特定管段的风险值等于所有单个危险因素风险值之和；管段风险排序：将管段按照风险的高低进行排序。

5.4.3　完整性检测技术

管道检测是管道完整性管理至关重要的一环，管道完整性管理检测技术主要包括管道外检测、管道内检测、全面检测和其他检测，如图 5-6 所示。

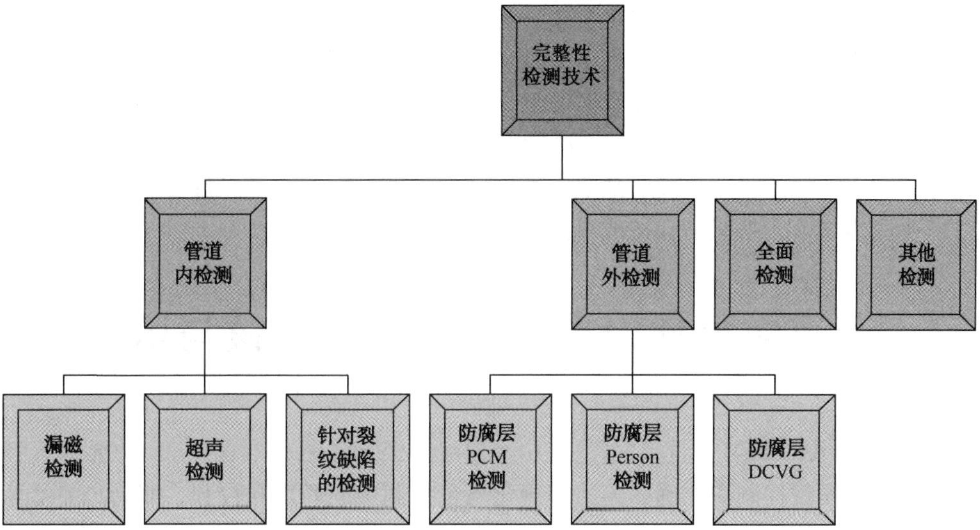

图 5-6　完整性检测技术

5.4.4　完整性监测技术

监测技术的建立，主要包括完整性监测、内腐蚀监测、内腐蚀金属挂片监测、内外壁厚和沉降变形定量监测、一般性监测与检验、线路监测、地质位移监测、运行参数监测等多个方面的内容，如图 5-7 所示。

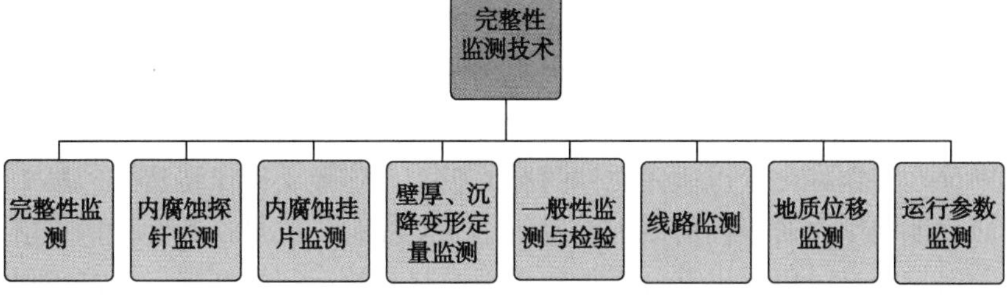

图 5-7　完整性监测技术

5.4.5 完整性评价技术

地区公司必须评估每一管段的完整性，可以采用下述一种或多种方法，这取决于管段所受的威胁因素。地区公司应选择最适合、合理的方法处理管段识别的风险和威胁。

(1) 使用腐蚀检测的内检测工具和任何管段所能承受的其他威胁检测工具，地区公司选择合适的内部检测工具执行 ASME/ANSI B31. 8S《输气管道系统完整性管理》。

(2) 进行压力测试。

(3) 采用直接评估方法处理外部腐蚀、内部腐蚀和应力腐蚀开裂等威胁。管道公司须按照 ASME/ANSI B31. 8S 进行直接评估。

(4) 经过管道公司证明的能够提供对管线情况等价了解的其他方法。

管道公司如果选择这种方法，在实施评估前 180 天必须经过专家组的审查，并上报专业管理公司。

5.4.6 管道修复技术

确定缺陷的修复响应时间，对于管道企业预防失效事故具有重要意义，管道运营企业应按照管道内外检测、试压、直接评估中发现的危险缺陷的严重程度，确定缺陷点维修的先后顺序时间表，维修计划应从发现缺陷时开始。

制定时间表时，可将维修响应分为三类：①立即响应——危险迹象表明缺陷处于失效点；②计划响应——危险迹象表明缺陷很严重，但不处于失效点；③进行监测——危险迹象表明在下次检测之前，缺陷不会造成事故。

5.5 管道完整性管理质量控制、审核与培训要求

5.5.1 质量控制

完整性管理质量控制应明确、正式地规定质量控制中的职责和权利。明确与完整性管理方案有关的人员应能胜任、了解该程序和程序中的所有活动，应经良好培训，以完成这些活动。有关这种能力、知识、资历及培训过程的文件，应成为质量控制方案的一部分。

应确定采取监控措施，以保证完整性管理程序按计划实施，并将这些步骤形成文件。应定义控制点、标准和/或效能度量。应定期内部审核完整性管理程序及其质量控制方案；让与完整性管理程序无关的第三方检查整个程序，也是有益的做法。不断改进完整性管理程序和质量控制方案的改进活动应形成文件，应监测其实施的有效性。管道运营公司在选用外部资源进行影响完整性管理程序质量的任何过程时，如清管，应保证对这些过程加以控制，并以文件形式记入质量控制方案中。

应编制形成文件的程序，对以下方面进行控制：文件发布前得到批准，以确保文件是充分与适宜的；必要时对文件进行评审与更新，并再次批准；确保文件的更改和现行修订状态得到识别；确保在使用处可获得适用文件的有关版本；确保文件保持清晰、易于识别；防止作废文件的非预期使用，若因任何原因而保留作废文件时，应对这些文件进行适当的标识。

应建立并保持记录，以提供符合要求和质量控制有效运行的证据。记录应保持清晰、易于识别和检索。应编制质量控制文件的程序，以规定记录的标识、储存、保护、检索、保存期限和处置所需的控制。

5.5.2 完整性管理审核

完整性管理审核是体系能够持续改进的重要手段，管道公司应定期进行内外部结合的审核方式，评价完整性管理程序的效果，并保证完整性管理程序按书面计划实施。内部审核频次的确定，要考虑完整性管理程序发展中的变化和修改。完整性管理审核的主要目的是审核资产完整性管理体系的适宜性、充足性和有效性，以进行持续改进。完整性管理审核至少包括以下六个方面：

(1) 资产完整性管理的目标；

(2) 资产完整性管理体系的执行情况、绩效指标达成情况和相应的记录；

(3) 事件学习结果；

(4) 资产的绩效和状态，法规的要求；

(5) 标准和法规的重大变更；

(6) 前期管理评审建议的执行情况。

5.5.3 完整性管理培训

完整性管理的培训对象为油气管道行业工程技术人员，具体包括：油气管道设计、施工、管理人员，运行管理人员，管道维护管理人员，管道安全管理人员，管道标准体系建设人员等。

完整性管理应建立系统的培训体系，根据岗位工作要求，对其进行部分或全部培训，培训体系的组成如下：

(1) 管道完整性管理理念；

(2) 管道运行与维护管理；

(3) 管道工程建设管理；

(4) 管道数据采集和管理；

(5) 风险评价与完整性评估；

(6) 检测技术的原理与应用；

(7) 管道修复和修补技术；

(8) 管道风险控制技术；

(9) 工艺设备阀门维护管理；

(10) 完整性管理信息系统；

(11) 投产与试运行技术；

(12) 管道 SCADA 技术；

(13) 国内外管道法律与法规；

(14) 其他管道技术。

5.6 管道完整性管理平台

5.6.1 管道完整性管理的 GIS 系统

1. GIS 信息平台的目标

管道地理信息共享平台的目标是为管道运输信息化建设，即“数字管道”提供基础信息设施，提高管道完整性管理的效率，加强管道运输系统信息资源的共享，提高现有信息系统的工作效率和综合应用的深度。它的工作包括以下几个方面：建立一个统一规范的管道运输系统的空间数据库；建立一个统一的管道运输系统空间数据服务平台；建立一套统一的管道运输系统空间数据组织和管理标准体系；建立完整性管理的风险评价与安全评价标准体系。

2. 平台的定位

管道的地理信息共享平台可以定位在两个方面：一是管道运输系统各业务部门的信息枢纽，通过它实现部门间的信息共享和交互；二是管道运输系统运行管理与完整性管理、智能化集成系统的管理平台，通过它形成综合空间数据库为进行智能化处理提供可能。

5.6.2 管道完整性评价系统

（1）管道本体的安全评价子系统　能够进行管道内检测内外缺陷的安全评价与寿命预测；管道的应力强度安全评价；管道外力损伤、温度、穿跨越安全评价；焊缝和关键部位无损探伤评价；管道材料理化性能测试，失效分析评价；管道内腐蚀监测系统数据分析评价。

（2）管道外防腐层的安全评价子系统　能够进行土壤腐蚀性安全评价；阴极保护状况安全评价；防腐层地面安全评价；防腐层状况安全评价；外壁腐蚀状况检测安全评价；外防腐层检测管道剩余强度评价和寿命分析。

（3）管道地质灾害的安全评价子系统　能够进行地质断层的安全评价；斜坡失稳灾害评价；地表冲蚀灾害评价；地震地质断层灾害评价；地面沉降灾害评价；黄土塬空心土、膨胀土安全评价；浅层地下水灾害影响评价；管道洪水冲击、破坏评价与预测；管道附近建筑物失稳、水库渗流失稳、煤矿采空区塌陷评价；斜坡失稳滑动、土壤地震液化、黄土湿陷下沉、沙漠移动评价。

5.6.3 管道数据管理与评价智能化系统

其长远目标建设是根据近期和中期目标实现后，在系统数据自动采集、自动分析、自动处理的基础上引入专家职能系统，实现数字化管道自动评价的目的。包括：

（1）数据自动采集录入子系统；

（2）数据自动处理转换子系统；

（3）数据自动分析智能化评价专家系统。

该系统的目的是与公司信息化技术及应用管理技术充分接口，实现多功能的数据自动采集分析和管理，并将专家系统引入 GIS 中。

5.7 管道设计阶段、建设期的完整性管理

5.7.1 设计阶段的数据管理

1. 设计阶段数据管理要求

（1）设计时将管道 GPS 数据详细记录；

（2）设计阶段沿线高后果区统计的基础数据详细记录；

（3）水文、地质、地震、采空等数据详细记录；

（4）选线数据详细记录；

（5）其他数据。

2.“从设计上抓安全”方面的要求

管道的设计、施工及采购等环节是安全生产的源头，重点考虑以下环节：

(1) 输气站场危险区域划分设计；

(2) SIL 安全分级设计和自动控制锁定、保护设计；

(3) 站场工艺系统高低压分界保护设计；

(4) 放空系统单向阀设计；

(5) 输气站场防雷系统设计；

(6) 压气站噪声控制和远程控制设计；

(7) 天然气的应急排放设计；

(8) 站场的区域阴极保护设计等。

3. 危险与可操作性分析(HAZOP)

危险与可操作性分析的主要目的是按照管道运行操作原则，全面分析识别各种工况、情况下存在的操作风险，评估具体设计是否满足要求，保证项目设计的本质安全。

建立危险与可操作性分析的方法和标准，逐步对各站场进行危险与可操作性分析，以保证运行安全。

4. 高后果区在设计时的考虑

(1) 管道设计时要考虑管道高后果区，高后果区的路由设计应绕避高后果区域。

(2) 高后果区识别在选线时非常重要，要尽量避开高后果区。

(3) 提前考虑地区级别增加的影响，把地方规划的结果考虑在内，按照高级别地区提前设计。

5. 设计阶段

在管道设计阶段，勘察、设计以及相关完整性的要求如下：

(1) 线路优化；

(2) 设计深度达到相关标准、法规等要求；

(3) 确保施工图的出图质量，特别是防止错、漏、碰、缺；

(4) 各专业交叉接口的图纸会审；

(5) 设计变更要按程序控制并准确、及时；

(6) 设计人员现场服务到位；

(7) 勘察设计监理的工作到位。

5.7.2 管道建设期的完整性管理

1. 采办阶段

(1) 供应商证照、产品质量认证等资质是否齐全。

(2) 合同签订时使用的技术标准是否准确。

(3) 严格材料、设备的驻厂监造。

(4) 板材内在缺陷、焊缝的缺陷等隐蔽缺陷在进入下道工序前得到控制。

(5) 对非标设备材料制造、使用的准确性。

(6) 制管及设备制造过程中，对发现的缺陷修补是否符合规范，是否有严格的程序，是否有翔实可追溯的质量记录。

(7) 制管质量：

① 钢管加工所用板材，必须经驻厂监造认可，并由监造组长出具认可证明；

② 不得选用经过修整进位达到标准下限的产品；

③ 焊缝部位不得存在超标缺陷，母材部位不得有分层缺陷；

④ 各道检验工序必须一次通过；

⑤ 性能指标原材料有争议不选用。

（8）弯管加工质量：

① 所用母管在煨制前应进行100%超声波探伤和测厚，有气孔、夹碴的缺欠不得用于重点部位；

② 选择母管时，应选择炉批号中理化性能较好者；

③ 生产前对母材做理化性能的复核，确认无误后方可煨制；

④ 煨制时，选择电压较为平稳的时段，保证功率稳定；

⑤ 冷却水应有较恒定的温度和压力；

⑥ 严格控制热处理的各项工艺参数，成品硬度检测必须合格；

⑦ 生产过程中监造必须在现场，对人员持证、设备、仪表进行检查，监造签字后方可煨制。

（9）管材防腐：

① 防腐原料抽查须合格，质证资料齐全；

② 原材料包装须完好，被污染的原材料不得使用；

③ 缺陷产品经修复不得用于重点部位，管口尺寸不合格的不得进行防腐；

④ 进口钢管若运输过程中被海水侵蚀，对盐分检测及清理情况要有记录；

⑤ 生产过程中，监造应经常检查，发现不正常时，应令防腐厂立即接取样管检验，检验管不合格时，前面生产的钢管应复检直至符合工程重点部位标准为止，异常阶段生产的钢管不得用于工程重点部位；

⑥ 全管不得有暗泡、麻点、裂纹和厚度修约值进位达到指标下限的；

⑦ 管端留头长度和坡口不得超差，坡口部位不得有翘边；

⑧ 防腐成品管在厂内倒运、堆放须符合要求。

（10）补口材料：

① 原材料必须经生产厂复验为合格品，供货商应提供原材料合格的质证书；

② 各项指标不得出现修约进位达到标准下限值的产品；

③ 胶黏层、环氧树脂、聚乙烯的实测厚度应为订货标准规定的公差范围中间值以上的厚度。

（11）焊材：

① 进口焊材到港后进行商检，并按标准要求到业主指定的检验机构进行复检；

② 国产焊材出厂发往业主指定的地点时，按标准要求送样到业主指定的检验机构进行复检。

2. 施工阶段

1）线路施工

（1）隧道施工阶段的防排水、地质预报、超前探水、围岩量测、出渣。

（2）隧道用钢管必须对号入座。

（3）重点关注穿越方案、地质情况与设计图纸和地质报告的符合性。

（4）钢号、管号、焊缝号等规定的标识得以准确移植，焊口编号及记录的准确件、保证焊接质量责任的可追溯性。

（5）管道开孔时应使用规范的工具，并严防杂物掉进管内。

（6）焊接材料的领用和保管要符合规范要求。

(7) 焊接时的预热和层间温度的控制要符合《焊接工艺规程》。

(8) 管道安装组对时严禁强力组装，特别针对在热煨弯头、冷弯管等碰死口处的组对应力，业主将在施工过程中和验收时用专用的检测设备巡检和抽检。

(9) 无损检测重点关注底片质量和评片的准确率，业主将随时进行核查和检查。

(10) 关注防腐补口的作业环境。

(11) 管道布管、下沟、组对时要注意防腐层的保护，特别要注意难点地段和山区地段。

(12) 管道施工间歇，管口必须有效封闭，保证管内无杂物。

(13) 任何地段的管道埋深均达到设计要求，特别是在地下水位较高地段必须保证埋深。

(14) 石方段管沟回填时的细土等松软物质的厚度达到设计要求。

(15) 关注爆破设计方案。

(16) 管沟开挖、石方爆破、管道安装作业时要注意水土保持，特别要注意黄土塬、河谷等地段的水土保持。

(17) 施工时地上、地下障碍物的保护措施。

(18) 严防机械损伤。

(19) 严禁野蛮施工。

(20) 吹扫结果的确认。

(21) 重点关注试压的水源、水质、注水量、管道内涂层保护、试压的压力、水的排放及排放点。

(22) 干燥结果的确认。

(23) 关注水工保护的设计方案。

(24) 按设计进行水工保护，不得偷工减料。

(25) 施工监理对工程质量进行全过程控制，强调对重点工序的旁站监理。

2) 站场施工

(1) 特别关注各工种、各专业之间的交接记录。

(2) 站场设备安装时各专业的接地等工程项目须统一。

(3) 站场内压力容器的安装要按规范要求施工，并到当地主管部门办理手续。

(4) 站场工艺管道与设备连接时，管道的重量和应力不应加在设备上。

(5) 不允许强力组对。

(6) 站场内连接螺栓使用时要特别注意螺栓的压力等级。

(7) 注意防止站场焊接施工中焊渣、焊头掉进管内。

(8) 注意站场设备配件的保管和保护。

(9) 站场内管沟回填土夯实须达到要求。

(10) 重点关注站场管道在地上与地下交接面处的防腐。

(11) 关注有利于节省投资、方便操作的合理化建议。

5.8 管道完整性管理体系的实施

5.8.1 体系实施流程

管道完整性管理体系包含的标准、规范、文件以及手册等需要在企业管理中发挥重要作用，必须嵌入到公司完整性管理的流程中。

企业管道完整性管理体系实施的流程主要是从完整性管理体系需求开始，经过完整性管理规划、完整性管理方案、计划和实施、总结和审核的五步循环开展工作，如图 5-8 所示。

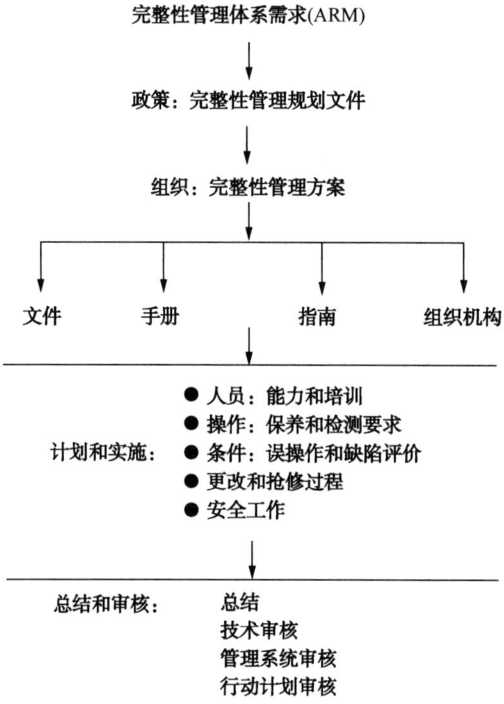

图 5-8　完整性管理实施路线图

5.8.2　中石油体系建设实施情况

中石油完整性管理体系与 HSE 体系融合一起，HSE 体系的内容包括了管道公司所有的活动和过程，完整性管理体系是 HSE 体系中的核心部分——管道的管理。完整性管理最终实施也需要得到体系文件的支持，以体系文件的形式得到应用，完整性管理的体系文件在形式上与 HSE 体系是一致的。

完整性管理体系文件也采用了 HSE 体系的金字塔结构，体系文件由管理手册、程序文件、作业文件和记录四级组成，总体结构如图 5-9 所示。

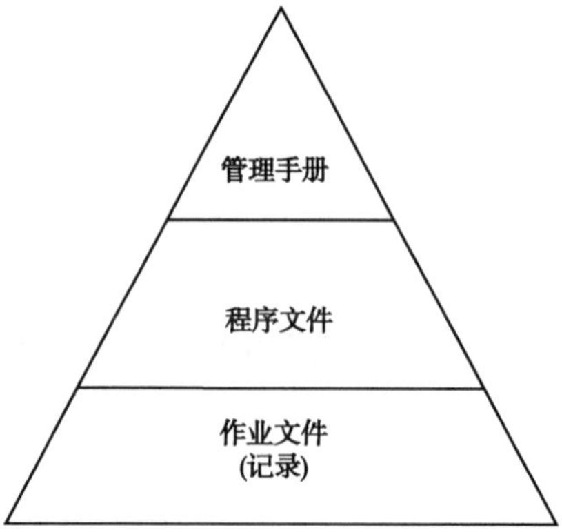

图 5-9　完整性管理体系文件的总体架构

完整性管理体系文件的清单见表 5-2。

表 5-2　完整性管理体系文件清单

<table>
<tr><td colspan="2">一、完整性管理总则</td></tr>
<tr><td colspan="2">二、线路部分</td></tr>
<tr><td>程序文件</td><td>作业文件</td></tr>
<tr><td>1. 完整性管理方案制定程序</td><td></td></tr>
<tr><td rowspan="3">2. 数据收集与整合程序</td><td>1. 管道属性采集作业规程</td></tr>
<tr><td>2. 资料数字化作业规程</td></tr>
<tr><td>3. 地图数字化作业规程</td></tr>
<tr><td>3. 管道高后果区识别程序</td><td></td></tr>
<tr><td>4. 管道风险评价程序</td><td>4. 管道风险评价评分法作业规程</td></tr>
<tr><td rowspan="9">5. 管道完整性评价程序</td><td>5. 管道内检测作业规程</td></tr>
<tr><td>6. 管道直接检测作业规程</td></tr>
<tr><td>7. 管道间接检测作业规程</td></tr>
<tr><td>8. 液体试压作业规程</td></tr>
<tr><td>9. 内腐蚀直接评估作业规程</td></tr>
<tr><td>10. 应力腐蚀开裂评价作业规程</td></tr>
<tr><td>11. 防腐层综合性能评价作业规程</td></tr>
<tr><td>12. 缺陷适用性评价作业规程</td></tr>
<tr><td>13. 超声导波检测与评价作业规程</td></tr>
<tr><td rowspan="5">6. 管道修复程序</td><td>14. 管卡维修作业规程</td></tr>
<tr><td>15. 环氧钢壳复合套管修复作业规程</td></tr>
<tr><td>16. 管道套筒修复作业规程</td></tr>
<tr><td>17. 管道焊接维修作业规程</td></tr>
<tr><td>18. 复合材料修复作业规程</td></tr>
<tr><td rowspan="6">7. 管道风险控制程序</td><td>19. 管道公众警示作业规程</td></tr>
<tr><td>20. 管道日常维护及监测作业规程</td></tr>
<tr><td>21. 管道泄漏探测作业规程</td></tr>
<tr><td>22. 管道安全预警作业规程</td></tr>
<tr><td>23. 管道运行参数控制作业规程</td></tr>
<tr><td>24. 管道占压清理与预防作业规程</td></tr>
<tr><td rowspan="2">8. 管道地质灾害识别与评估程序</td><td>25. 地质灾害评价作业规程</td></tr>
<tr><td>26. 地质灾害防治作业规程</td></tr>
<tr><td colspan="2">三、站场部分</td></tr>
<tr><td>站场资产完整性管理程序</td><td></td></tr>
<tr><td rowspan="3">站场完整性管理活动的计划和安排</td><td>27. 基于风险的检验(RBI/AST RBI)执行规程</td></tr>
<tr><td>28. 基于可靠性的维护(RCM)执行规程</td></tr>
<tr><td>29. 安全完整性等级评估(SIL)执行规程</td></tr>
</table>

续表

站场资产管理程序	30. 压力容器检验维护规程
	31. 管线检验维护规程
	32. 换热器检验维护规程
	33. 储罐的检验维护规程
	34. 泵可靠性管理规程
	35. 压缩机可靠性管理规程
	36. 电器可靠性管理规程
	37. 安全关键性设置完整性管理规程
资产的状态评估	38. 缺陷评估方法
	39. 设备返修规程
四、控制程序	
完整性管理的文档、信息和记录管理	
完整性管理体系审核和绩效评估程序	40. 管道完整性管理效能评估作业规程
完整性管理人员的资质和能力管理程序	41. 管道操作管理人员资质及培训作业规程
变更管理程序	
完整性管理沟通	
失效事件管理程序	42. 失效(事故)事件的记录、调查、分析与统计管理规程

5.8.3 各级文件的作用

1. 完整性管理手册

完整性管理总册是完整性管理文件体系的纲领性文件，全面地阐述了管道公司实施管道完整性管理的内容和要求。主要内容包括了公司的完整性机构和职责、完整性管理理念、完整性管理方案、完整性管理效能测试方案、完整性管理变更管理方案、完整性管理质量控制方案、完整性管理联络方案、完整性管理培训方案、完整性管理信息技术与软件管理系统的建立、完整性管理信息、纠正和法律要求。

2. 程序控制文件

程序文件是公司内部管理的具体运作程序，规定公司内部对完整性管理的具体管理程序和控制要求，是为进行完整性管理的某项活动或过程所规定的方法和途径，以文件的形式规定了完整性管理体系实施过程中各业务部门工作交叉关系的处理流程和各部门人员职责的规范。

3. 作业文件

作业文件是程序文件的补充和支持，是管理和操作者行为的指南，是围绕管理手册和程序文件的要求，描述具体的工作岗位和工作现场如何完成某项工作任务的具体做法，是一个详细的工作文件，主要供个人或班组使用。该文件有些是在体系运行中根据需要不断产生的，它包括各种作业指导书(操作规程)和记录文件。

(1) 作业指导书(操作规程)　是指导基层作业的工作指南性文件，规定现场作业的具体工作办法，是作业的行为指南。作业指导书通常包括以下几部分内容：谁来干、干什么、如何干。

（2）记录文件　是完整性管理体系文件最基础的部分，包括体系运行中产生的各种记录，如培训记录、审核记录、事故和事件的记录等。记录文件通常需要预先设计好记录表格，用以记录体系运行过程中的各个方面的具体情况。

4. 程序文件简介

（1）数据收集与整合程序　本程序介绍了完整性管理数据收集的重点，数据收集的一般原则，数据的收集要求，管线及周边环境数据，安全评价与风险评价所需要的数据，设备、设施及其相关的数据收集要求，数据的标准，数据的来源，数据收集过程的要求。在数据收集完成后，应综合分析所收集的单项数据，制定统一的参照系，通过人工方式或图解方式整合数据。

（2）管道风险评价程序　本程序介绍了管道风险评价的目的，管道危害因素的分类(共九类)，高后果区(HCA)定义，确定高后果区的方法，管道风险的定义。介绍了管道风险评价的方法，主要有四种风险评价方法(专家评分法、相对评价法、情景评价法、概率评价法)，介绍了四种评价方法各自的特点，管道风险评价的流程及要求，风险控制方法，风险评价判据，完整性管理方案要求。

（3）完整性检测程序　本程序介绍了各种方法特性及各自可检测的缺陷类型，内检测方法及检测器的选择，内检测器的技术指标，管道调查表和管道内检测可靠性评价，检测标准的制定，检测方案的制定，检测前的准备。还介绍了内检测验收选点原则，定位与查找，初步验证结果的比较，外检测的标准、检测方法、检测工具的选择、特征缺陷的分类与比较，全面检测的目的与要求，其他方面的检测如土壤、防腐层、外部管体、管材性能、站内管道、大罐等的检测方法与要求。

（4）完整性监测程序　本程序介绍了完整性监测的作用，监测的方法，监测的目的、功能要求、基础条件、安装要求、系统组成、监测位置选择、数据管理、监测分析报告，金属挂片监测的时间、挂片尺寸、材质、挂片处理、组装、试验后处理、腐蚀速率计算，监测人员职责、要求，地质位移监测方法、原则、数据传输、报警，运行参数监测目的、监控范围、技术支持，天然气气质监测、泄漏监测，以及站场设施的监测。

（5）完整性评价程序　本程序介绍了基线评价的时间要求，基线评价方法，管段的优先排序，对特殊因素的评价，预评价，基线评价的注意事项，基线评价的程序和方案；试压评价的适用范围与要求，试压操作过程，气体试压设备与程序、安全措施；含缺陷管道适用性评价方法(ASME B31G、RSTRENG 程序、DNV RP-F101 方法、API 579 评价方法、BS 7910 标准)，各种评价方法的选择原则。

（6）管道修复程序　本程序介绍了缺陷修复响应的时间要求，对检测出裂纹的响应，对检测出机械损伤缺陷的响应，对试压结果的响应；各种不同的修复方法及应用范围，维修方案，缺陷修复的管理程序和方案。

（7）管道地质灾害识别与评价程序　本程序介绍了地质灾害完整性管理的内容、目标，地质灾害识别方法(包括断层、地裂缝、滑坡、黄土湿陷、冲沟、泥石流、冲蚀、地震、采空区)、识别要求，地质灾害的识别管理，地质灾害完整性管理技术的目的与任务、工作特点、调查内容、方法与程序、存在的问题。

（8）第三方破坏及失效统计分析程序　本程序介绍了防止第三方破坏的管理规定，管道第三方破坏的预防措施(加设混凝土防护板、钢板，加套管，加高强度抗拉伸弹性网，增加管道壁厚，设立标志桩、标记带，辅助包覆层，直升机巡线，徒步巡线，卫星监测，电磁探测等)、目的、类型，有关法律要求，第三方事故数据统计分析的目的、损害分类，管道事故统计分析，以及第三方破坏的模型。

(9) 管道公众警示程序　本程序介绍了管道公众警示的对象、警示的内容、警示的方式、警示的实施、警示的效果评价与改进等内容。

(10) 管道效能评价程序　本程序介绍了管道效能评价的评分原则与标准、效能评分假设、效能评价周期、效能评价实施、效能改进措施及效果验证。

完整性管理是一个动态的过程，各个环节与活动相互联系，是一个有机的统一整体，为了表述和管理的需要，往往将其人为地分开进行论述，写成多级文件和多个文件，但体系文件中的各级文件以及同一级文件的各文件之间都有联系，在完整性管理具体实施过程中，应当将其作为一个完整的有机过程进行全面地理解和实施。

5.8.4　完整性管理体系建设应注意的问题

考虑管道运输行业高风险的特点，特别是随着国内目前高压、大口径管道的投产运行，其数量大幅增加，城市燃气管网的输送压力也不断增加，国内油气输送企业、城市燃气等企业有必要建立管道完整性管理体系，通过完整性技术与管理手段的实施，全面系统地指导油气管道企业资产的运行维护管理，提高企业整体技术与管理水平。但在完整性管理体系的建设过程中还应注意盲动性，与现有体系的结合是关键，还需重点考虑以下问题：

(1) 管道完整性管理体系建设要有侧重点。要针对管道企业自身管理体制的需求，同时要结合国内的国情、企业生产运行与设施实际情况，重点考虑高风险区域的分布等情况，切忌全面铺开，可以采取总体规划、分步实施的模式，有针对性地开展完整性管理。

(2) 管道完整性管理体系的建设，要考虑和现在实施的管理体系的融合，避免冲突，考虑与 HSE 体系的融合。HSE 体系中的管理思想和完整性管理是一致的，完整性管理重在资产的本质安全管理，强调技术方法和手段的具体应用，HSE 管理强调安全、环境、健康全面可持续发展，完整性管理体系是 HSE 体系中的重要组成部分，完整性管理细化了 HSE 体系中资产管理的若干要素，使 HSE 体系更具有操作性。

(3) 坚持管道完整性管理体系的国际化。要不断学习国际管道管理的先进经验，结合中国的国情，消化吸收国外先进的技术与管理手段，特别是风险识别和完整性评价新技术的使用，提高对隐性风险的准确判断。

(4) 始终跟踪管道完整性管理发展的新趋势。随着未来管道管理发展，必然向管道四维(4D)管理的方向发展，就是在管道完整性管理实施的一定阶段，在成熟应用的基础上，将思想、组织、管理者、技术、方法固化在一个系统平台上，将 IT/3S 技术与管道完整性管理、设备管理、安全管理、生产管理、应急管理、技术管理、培训管理、质量管理等有序集成，形成多个系统共享一个数据仓库，并将完整性评价和决策支持作为智能化管理的手段。

5.9　管道完整性管理审核技术

完整性管理审核评估是体系持续改进的重要手段，管道企业应定期进行内外部结合的审核评估，评价完整性管理程序的效果，并保证完整性管理程序按书面计划实施。内部审核评估频次要考虑完整性管理程序中的变化和修改，可由内部员工进行审核评估，最好是未直接参与完整性管理的人员或其他人员。

目前，国内管道完整性管理审核评估还没有全面开展，本节借鉴国外的完整性管理审核评估案例，提出审核评估办法。

5.9.1 完整性管理审核评估

在美国境内的完整性管理审核评估均由DOT(美国安全运输部)的OPS(美国管道安全办公室)强制执行，只涉及高后果区削减和完整性评估的完成情况，内部审核评估只是在个别大公司内部执行，小管道公司内部不审核评估。加拿大管道没有外部强制审核评估，采取自身审核评估的方法，但大管道公司实力强的自己采取内部审核评估，而小公司则自愿由管道完整性的中介公司实施。欧洲管道对完整性管理审核评估没有硬性要求，但均是采用与HSE审核评估相结合的方式，审核评估其若干要素，中介公司如DNV等均以HSE审核评估为主，完整性管理的审核评估也处于研究阶段，PII公司开展过100条管道的对比评审，确定了不同要素的权重，已经开展了多年，具有较丰富的经验。

美国Kern river公司完整性管理外部审核评估由DOT进行，DOT组织专家进行审核评估。完整性内部审核评估由该公司聘请第三方对公司进行审核评估，由于其公司内部不能组成审核评估组，没有固定的完整性管理审核评估机构和组织。

英国TRANSCO管道公司将生产运行与管道维护管理分开，生产运行完全由TRANSCO国家调控中心指挥，包括所有站场流量控制、压力控制。完整性管理审核评估人员由HSE委员会聘请或抽调公司内部各部门人员组成审核评估组，监督完整性实施情况，专家人员由从事完整性管理工作的技术人员组成。HSE的外部审核评估由第三方机构开展。

加拿大Enbridge公司认为绩效管理是一个持续的过程，它能够把员工的工作业绩与公司的愿景、长远任务和目标联系起来，是由管理者和员工共同确定有助于实现公司目标的绩效目标，并监测和评价目标的实现情况。其绩效管理的主要内容包括：设定清晰的与公司目标相关的绩效期望、识别持续发展的竞争力(技能、知识等)、对绩效和竞争力发展进行监测并对绩效和竞争力发展进行评测。

美国Colonial公司已形成管道地理信息系统或者数据管理：项目的基础数据运用到此项目上。数据经组织运用于多个环节(部门、项目组或者地区等)。将特殊的个体数据储存并处理不一致的数据。Colonial公司运用GEO数据库基础及APDM模版作为其企业资产管理系统的基础。

通过调研可以看出，国外管道开展完整性管理审核评估没有建立统一的审核评估标准，虽然在2001年ASME B31.8S—2001标准中提出审核评估要素，但有的国家结合HSE审核评估，大多数国家没有强制执行，主要取决于公司内部的管理理念来确定是否需要审核评估，审核评估的要点也是根据完整性管理发展的情况逐步实施，并且最重要的是与ASME B31.8S和API 1160保持一致，并都在探索中，需要经过长期的实践才能给出审核评估的准确性，国外的方法均不能直接为我所用。

5.9.2 一般审核评估流程

审核评估方法是基于外部或第三方的管理系统，其中一个特点就是对管道企业进行系统的、不受约束的审核评估，得出审核评估结果，需要用客观的评估方法来确定审核评估的适用范围。图5-10说明了一般性审核评估过程和与其相关的活动、意图、方法和流程。

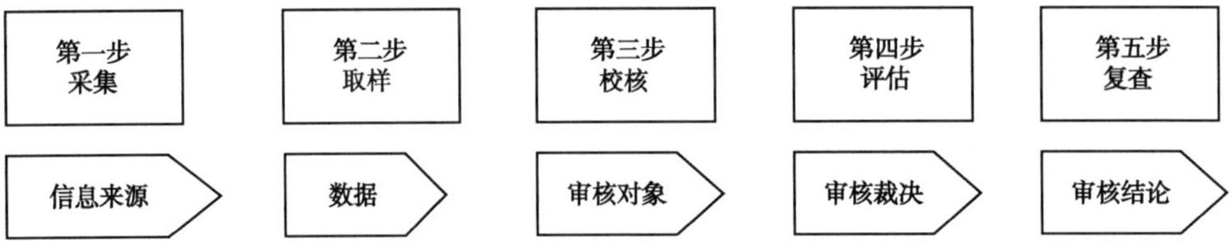

图 5-10　一般性审核评估流程

图 5-10 中的各步骤说明如下：

采集：本步骤包括识别与审核评估主体有关的信息来源，并收集相关信息，例如管辖范围、程序、标准。

取样：选择确定时间内有关投资情况，由于不可能分析所有的能找到的信息，因此应用统计学的技巧取样(如随机取、分层取、连续取等)是必须的和重要的步骤，这样才能得到比较真实的和经得起考验的结论。

校核：校核是通过文件资源或其他的直接观察方法来完成，其中的数据和信息被验证或被确认有效。这些数据和信息称作审核评估的依据。

评估：这个步骤中，审核任何与预期结果相背离的部分，将数据和信息代入合适的框架，或推断已知。这个阶段可应用图解、数字和相对分析法。比较法包括对标和最佳实践。

复查：审核评估结果、结论和任何建议会有正式的书面报告，这个报告提交给决策者，以便他们能够获得潜在发现和可行性建议。

在审核过程中包括不同的内部程序：账目审核、步骤审核、审核调整和其他的系统管理审核评估，例如环境、健康、安全审核。这些不仅在目的上不同，在研究的深度上也是各有不同。

典型的审核包括诊断性的审核、全面的审核和聚焦性的。诊断性的审核完全是针对一个短时间，目的是针对具体事件，诊断性审核能够指导全面的审核和聚焦性的审核。全面的审核针对大量的过程、系统或运行。聚焦性的审核更多地是针对具体事件或过程。全面的审核和聚焦性的审核需要更多的数据和花费更多的时间，可以得出细节性的可操作建议。

审核评估过程需要进一步细化，审核者要全权负责，下面给出了一些内部的或第三方的审核者的职责：

(1) 独立、公正的审核评估；

(2) 诚实、准确的报告；

(3) 客观、公平和完整的结论和建议。

审核者的一些能力和技能包括：

(1) 获得任何个人和组织的信任；

(2) 得出正确抉择的经验和教育背景；

(3) 分析性和批判性的思维方法；

(4) 审核评估证明的选择和保留，包括使用统计学和非统计学归纳；

(5) 理解过程和系统运行的能力；

(6) 应用合理的方法找到可靠的和可复制的结论；

(7) 了解个体和系统的风险所带来的损失；

(8) 审核评估过程中要十分认真。

为了给机构和投资者带来更大的收益，应意识到在完成目标过程中扩大审核评估范围的重要性，并需要保障这种审核评估行为。对此，一些公司增加内审的人员，还有一些用第三方人员来补充他们的内审工作，还有的委托外部单位进行审核评估。外部单位能够确保审核评估的独立性和客观性。

5.9.3 管道完整性管理的审核

依据第三方审核管理系统是基础，管道完整性管理程序只是其中的一个分支，所有的管道完整性管理程序必须是可执行的。

管道完整管理的内涵就是需要不断更新，需要付出更多努力来获得技术与管理的进步。管道完整性管理的审核目标包括：

(1) 针对不同需求及时进行变更；

(2) 确认数据和信息所支持的过程和活动；

(3) 用一连串的方法评估(如政策、程序、实践等)；

(4) 满足项目实施目标有效性；

(5) 改进潜在的风险区域。

审核要边进行边改进，对于具体的需求要直截了当提出。当然，为了持续改进，需要审查完整性管理系统的各个过程，如数据分析、校正工作、预防性工作、风险减缓性工作、质量保证和信息确认等过程。不论程序如何细致，只有改进系统流程才能够得到想要的结果。

管道完整性管理审核评估技术存在 ACDP 模型。它是 PDCA 模型在质量管理(Total Quality Management)方面的另一种表现方式。图 5-11 描述了 ACDP 模型。第一步是分析问题的过程数据；第二步是说明程序变更后，如何使这种变更生效；第三步是程序有利于后续工作。其目标是改进，而不只是完完全全地履行(A→C→D→P)。

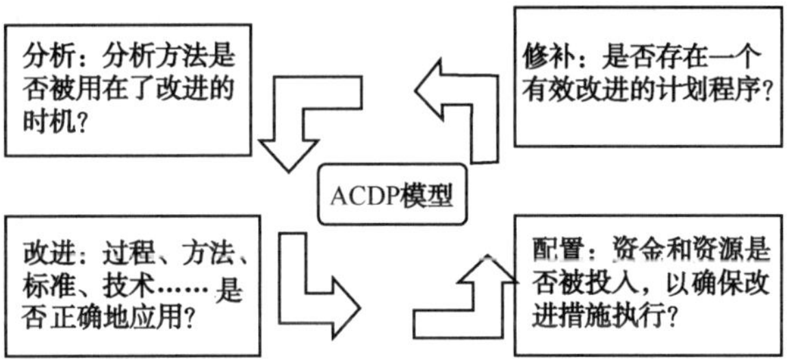

图 5-11　ACDP 模型

另外三种有用的工具常常和 ACDP 一起使用，即 Ishikawa 鱼骨图(见图 5-12)、削减分析(Pareto Principle)和对标(Benchmarking)。

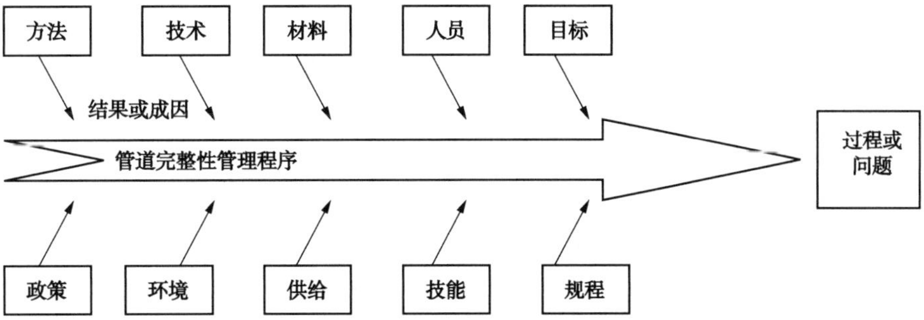

图 5-12　Ishikawa 鱼骨图

Ishikawa 鱼骨图在审核评估结果中很重要，这些图表常常被用于系统地识别问题或事件不同的成因，将有助于找到根本成因。Ishikawa 鱼骨图可以用作分析事故成因或结果(不管是正面结果还是反面结果)。

削减分析(Pareto Principle)原则可能用来识别结果或是原因，并能够诱导过程的改进，这个工具还可以评估问题后面的因素。

对标管理(Benchmarking)是另外一种更新程序的依据。对标也是持续更新审核评估程序的一个组成部分，也是管道完整性管理的一个组成部分。

改进和对标需要大量的过程管理工作，因此连续改变审核评估过程必须评估管理的范围，可行的工作方式是有组织性地调查。这种调查可以针对企业文化的审核、人员的能力、领导能力、股东的资源分配、预防性的实践和持续改进。

最后要说明的是，审核不是为了改变而改变，而是应用这种变更来改进程序，使之更加有组织性和有效。但不是所有的变更都能达到预期的效果，但持续改进可以影响到管道完整性管理的程序。

由于管道完整性管理审核是一个系统的和有序的过程，为了获得审核评估结果，得到应该履行的程序标准，不论是个人、内部还是第三方代表都应该是独立和客观的，并且在完整性管理、审核技能和实践应用中具有很扎实的知识和经验。

持续的审核评估不仅仅是简单地对照规律，这一切都是为了系统地更新和改变，没有改变就没有进步。审核评估对于管道完整性管理程序来说，是一个很重要的试金石。

5.9.4 国外典型公司完整性管理审核评估事例(秘鲁的 Camisea 工程)

下面用国外管道工程的实例具体说明审核评估对于整个完整性管理的重要性。

在秘鲁的 Camisea 工程中，管道的完整性管理审核评估发挥了重要作用。我们先来了解一下这个 Camisea 工程。

Camisea 项目由位于秘鲁东部 Ucayali 盆地的几个天然气田组成，主要是 Camisea 河沿岸的区块-88。美国 Hunt Oil 公司牵头的一个财团已开发了 Camisea 项目的上游部分，并于 2004 年 8 月开始生产，其初始天然气产能为 4.50 亿立方英尺/日和 3.4 万桶/日液态天然气；法国 Techint 牵头的一个财团 Transportadora de Gas del Peru (TGP)已建造并运营并行天然气和液态天然气两条管线，后者将 Camisea 项目的天然气和液态天然气运到首都利马和 Paracas 的一个石化原油加工厂。Camisea 工程包含气相分离器，它由 Pluspetrol 所拥有和操作，一个气体输送系统由 Transportadora de Gas del Peru S. A. (TGP)所有，配送部分归属 Cálidda。2003 年，美洲发展银行(IDB)出资 7500 万美元支持这个输送项目。在 2002 年，银行为秘鲁出资 500 万美元规划这个项目。项目也包含一些地方投资者。

2006 年 3 月，Camisea 管线发生自 2004 年 8 月开工以来的第五次破裂，这次破裂发生在 E-Tech International 发布该管线破裂警告一周之后，破裂原因是该管线建造质量存在问题。一个秘鲁管理委员会已就该管线前 4 次破裂罚款 TGP 91.5 万美元。

工程的下游部分(输送系统)完整性分析包括两条埋地管线：液化天然气和天然气。分析的目的是分析两条管线的危险区域，并确认在 2004 年 12 月到 2006 年 3 月之间五次泄漏的原因。审核评估者是一家主攻失效分析的工程咨询机构。

完整性分析评估等级包括可能失效和严重的潜在失效。审核评估者划分了四个初步的影响完整性的风险类型：地质学方面的技术，是最重要的风险因素；河水的冲击；地震事件；建造问题。这些风险因素与陡峭地形、恶劣土壤条件和河水丰裕相结合会直接导致后果的发生。

审核评估者后来确认五个因素：地质学因素 3 个，焊缝的氢致开裂因素 1 个，跨越处的河水冲击因素 1 个。

（1）地质学技术和地貌相关的风险　其对液化天然气管线做负载能力分析时表明管线很容易受到土壤运动引起的外压影响。审核评估表明 TGP 采取了多种减少风险的方法。TGP 在 2006 年采取了地质技术的修补方法，评估并减少了沿途的 100 多处风险点。

分析结果表明方法是可以信赖的，且被有效地应用，能充分减少与外部地质外力所引起的风险。TGP 实施的检测工作进一步减少了风险，分析发现地貌相关风险减少了 90%。同时，TGP 采纳了分析人员的建议，准备 2007 年继续采取方法减少地貌因素带来的风险，并与美洲发展银行(IDB)建立了一致的行动计划。

（2）冲击引起的风险　在工作设计期间就做过针对冲击的分析，为了使风险降到最低，工作人员假设存在某种不确定性，TGP 正在对潜在冲击进行额外的研究。

（3）地震相关的风险　尽管制造者已经进行了多种针对地震的风险研究，但审核评估者还是认为潜在的地面移动应该被评估，地震风险管理应该考虑到地面的最新运动。TGP 也正在进行地震风险复查以确定是否需要一个潜在缓解性方法的评估。

（4）建造相关的风险　针对 Camisea 工程系统，管线按照 API 5L 标准并有合适的防腐层保护免受外部腐蚀。根据审核评估者的报告，施工技术与一般的管线施工实践一致。焊缝的完整性风险首先使用 X 射线和压力实验所检验，这使得审核者得出结论：管线建设的风险很小并与管线工程实践相一致，特别是当涉及焊缝和管材的时候。

（5）设计相关风险　Camisea 输送系统设计是参照了美国工程师学会的条款。根据分析，管壁厚度足够保证整个沿线的内压。

此外，管道的完整性管理方面，2006 年，TGP 应用漏磁（MFL）工具实行了液化天然气 LNG 管道的内检测，漏磁方法能够发现金属损失和其他的潜在不规则特征。检测发现，除了少数几处外，腐蚀金属损失不是大危险因素。漏磁检测工具在内检测和外腐蚀损伤方面非常有效，但是检测小的圆孔(小于 0.1mm)就不是很有效了。为了改进程序，2007 年 TGP 应用了另外的技术改善其功能检测小的圆形孔。

综上，审核评估者认为 TGP 工作有效地减少了管线的风险。2006 年，TGP 投资了大概 5000 万美元来降低管线风险，这主要集中在地质灾害的技术问题上，并与 IDB 合作，这种工作能够进一步改进管线的完整性管理。基于审核评估者的检查，TGP 履行了保障管道完整性的工作。为了进一步监控管道完整性，IDB 聘请审核评估者提供持续的技术协助，包括建议推荐工作的复查。

5.9.5　简易使用的完整性审核评估方法

为了将完整性的审核评估具体化，将上述步骤、方法和程序现实化，形成了简易的陆上完整性管理系统的审核评估询问表，这个表(表 5-3)会让管理者知道如何进行最简单的审核评估，得到最直接的改进。

表 5-3　完整性管理系统的审核评估询问表

被审核人员：　　　　　　　　　　　　　　审核日期：

审核线路或站场：

序号	问　　题	检查步骤	级别
1	设施完整性的评估程序		○ ● ● ●
1.1	策略 对于设施完整性管理有针对性的目标文件吗？	• 目标文件要清晰、具体、能够被工人所应用。 • 应该包含目标、策略、计划、实施标准、持续改进策略。 • 程序中监控的系统、资产和设备都要被明确识别，包括实时监测。 • 检查的过程应该明晰。	
1.2	通信和交流 完整性管理的设施全部包含在操作者的安全管理系统中吗？怎样与工作人员建立联系呢？	• 设施的完整性应该成为操作者管理系统的一部分。 • 最高管理者应汇总设施的安全性和监控的有效性。 • 任何级别的工作人员都应该能够接触到相应的完整性管理信息。	
2	计划、职责和权利		
2.1	设计和程序 设计和程序能够达到保障设备完整性的目标吗？	• 清晰识别出危险行为和威胁完整的活动。 • 完整性管理手册。 • 检测、审核评估的计划和程序。 • 必要方法，例如 RBI、RCM 和 QRA。 • 每一个设备或系统程序要有明确的流程，例如管道工程系统、压力系统和结构系统。	
2.2	职责 完整性管理的职责和权限是否清楚的表述了？	• 设备完整性管理人应该清楚地了解工作的权限。 • 操作者、保养者和技术组人员的角色和职责要分清。 • 其他的支持人员、合同工的职责也不能含糊。	
2.3	执行程序 完整性评估程序和大纲全部就位吗？	• 管道完整性管理系统。 • 完整性管理机构系统。 • 完整性管理技术系统。 • 完整性系统维护手册。 • 腐蚀检测工程手册。 • 孔泄漏管道完整性手册。 • 安全临界手册和测试管理系统。 • 资产信息系统。	
3	培训和资质		
3.1	培训所需要的 对关键人员实施了完整性相关培训了吗？拿到资质了吗？	谁是设备完整性管理的关键人员？ • 对人员的培训有培训程序吗？ • 特殊区域的完整性管理人员都有相关资质吗？例如，腐蚀系统、压力系统、管道系统等。 • 人员的操作要被监控。 • 对于特种设备工作人员的需要，需要什么样的资质。 • 培训记录应该被保留，并与培训时间表相对照。	

续表

序号	问　　题	检查步骤	级别
3.2	能力 怎样确定人员具备能力？	这种能力包括：知识、技术、经验、人品和培训后增加的能力。 很多公司都有相应的级别晋升体系，依据在岗状态、离岗状态和内在评估标准。 • 有评估人员能力的程序吗？ • 人员的培训根据因果关系吗？	
4	背离、监控和记录		
4.1	背离 背离情况能及时与权威取得联系吗？	有一个全面的补救措施吗？怎样落实到员工？ • 再出现技术背离的时候，哪一个才是权威？ • 谁来监管条款的实施，他们在常规复查和管理中能被反馈吗？	
4.2	陆上和海上角色和职责 陆上和和海上的角色分配清楚了吗？	• 对陆上和海上的不同管理方式有清晰的认识吗？ • 设备完整性监控要有不同等级的监控。 • 设备操作者根据关键点和程序来采取适当的措施。	
4.3	记录 保留记录，结果要被复查。	• 完整性管理记录保留了吗？系统和设备的标准达到了吗？ • 背离的、不顺利的和纠正的工作保养记录被保留了吗？ • 这些记录以什么样的状态保留，保留多长时间？	
5	审核评估和复查		
5.1	确保完整性 完整性管理如何实施的？	主要的执行者每天每月要有操作报告。 • 每月设备完整性报告。 • 每月技术型设备更新报告。 • 方案的确认。 • 常规的内部和外部审核评估复查。	
5.2	审核评估 如何实施审核评估？	设备完整性审核评估的目标是确保过程、人员和设备的就位，保证设备完整性，确定管理系统的有效性。 • 有设施完整性审核评估的程序吗？ • 这些审核评估计划是基于活动的重要性不同而制订的吗？ • 人员怎样执行每条审核评估。 • 有独立的行为人(ICP)被使用吗？	
5.3	审核评估的复查 审核评估的结果如何复查的？	• 确定完整性审核评估的结果包含在了复查过程中了。 • 复查的结果也要对补救措施的实施负责，且要在完成期限内。 • 有连续的改进措施吗？	
5.4	符合性复查 是在目前的原则下实施复查了吗？	经常性依据现有法规、标准复查设备(比如每五年一次)，并得到可行性的改进。	

备注：●完全遵守　●部分遵守(系统不完善)
●没有遵守(主要失效或关键因素缺失)　○没有测试或没有记录

审核人：
姓名：　　　　　　　　　　签名：

5.10 管道完整性管理效能评价技术

5.10.1 效能评价概念

管道完整性管理效能是管道完整性管理系统满足一组特定任务的程度的度量，是系统的综合性能的反映，是系统的整体属性，体现了系统本身的完备性和应用性。

管道完整性管理效能评价是指对完整性管理系统进行综合分析，把系统的各项性能与任务要求综合比较，最终得到表示系统优劣程度的结果。

效能评价的目的是通过分析管道完整性管理现状，发现管道完整性管理过程中的不足，明确改进方向，不断提高管道完整性系统的有效性和时效性。

效能评价有助于管道管理者回答以下两个问题：

（1）完整性管理程序的所有目标是否达到？

（2）通过完整性管理计划，管道的完整性和安全性是否有效地得到了提高？

在实施效能评价时，应遵循以下原则：

(1)完整性效能评价应科学、公正地开展，效能评价对象是完整性管理体系以及完整性管理体系中的各个环节，评价标准应具有一致性，评价过程应具有可重复性；

(2)效能评价可以是某一单项的评价，也可以是系统的评价，系统的效能不是系统各个部分效能的简单总和而是有机综合；

(3)完整性管理系统是一个复杂的系统，严格意义上的系统最优概念是不存在的，只能获得满意度、可行度和可靠度，完整性管理系统的优劣是相对于目标和准则而言的；

(4)应根据管道完整性管理系统现状开展效能评价，并且根据评估结果制定系统的效能改进计划、持续效能评价内容和效能评价周期。

管道完整性管理效能评价是一个循环和渐进的过程，是一个完善和改进管道完整性管理，保证管道安全运行的循环。效能评价的工作程序如图 5-13 所示。

5.10.2 效能评价实施

1. 过程或措施测试

测试各种预防、减缓、维护、维修活动，评价其实施的好坏程度和质量水平。这种方法是对完整性活动中间过程的测试，考量完整性活动是否按计划在执行，是否达到了计划中的各项要求。

2. 操作测试

测试管道系统对完整性管理程序作出响应的好坏程度，即完整性管理活动对保证管道系统的完整性是否很有效。例如，在实施了水工保护后，管道是很好地免遭了冲刷或露管，还是根本无效，采取植被措施是否更有效等。

3. 失效测试

包括管道泄漏、破裂和人员伤亡测试，直接考虑所辖管道失效事件的数量和影响大小。可以将实施完整性管理前后的测试结果进行对比，以考察完整性管理的有效性。

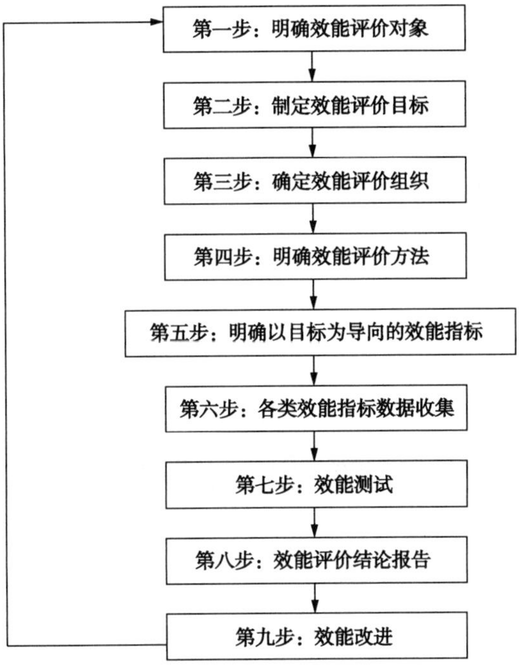

图 5-13　效能评价程序

4. 通过内部比较评价效能

通过比较一条管道中的几段，或在各类危害因素之间(如腐蚀、第三方破坏、自然与地质灾害等)进行对比，来评价完整性管理系统的效能。可在各分公司内部进行。

各管道企业如果已经实施了基于风险的检验，可以参考表 5-4 制定自身的指标体系。

各管道企业如果还没有实施基于风险的检验，可以参考表 5-5 制定自己的指标体系。

5. 通过外部比较评价效能

各分公司通过与其他分公司对比，来评价完整性管理系统的效能，如对标(Benchmarking)。

表 5-4　参考指标体系(已实施基于风险的检验)

已检测的里程与完整性管理计划要求检测的里程之比
政府管理部门要求变更完整性管理计划的次数
单位时间内政府管理部门要求报告的事故数与安全相关事件之比
完整性管理计划完成的工作量
完整性管理系统的组成部分
已经完成的影响安全的活动次数
已经发现需要修补或消除的缺陷数量
修补的泄漏点数量
水压试验破裂的数量和试验压力
第三方破坏事件、未遂事件及检测到的缺陷的数量
通过实施完整性管理计划减少的风险
未经许可的穿跨越次数
检测出的事故前兆数量

续表

侵入用地带的次数
因未按要求告知第三方入侵的次数
空中或地面巡线检查发现侵入的次数
收到开挖通知的次数及其处理情况
发布公告的次数和方式
联络的有效性
公众对完整性管理计划的信心
反馈过程的有效性
完整性管理计划的费用
新技术的使用对管道完整性的提升
非计划停输及对用户的影响

表 5-5　参考指标体系(未实施基于风险的检验)

危　害	效能指标
外腐蚀	外腐蚀造成水压试验破裂的次数
	根据管道内检测结果进行维修的次数
	根据直接评估结果进行维修的次数
	外腐蚀泄漏次数
内腐蚀	内腐蚀造成水压试验破裂的次数
	根据管道内检测结果进行维修的次数
	根据直接评估结果进行维修的次数
	内腐蚀泄漏次数
应力腐蚀开裂	应力腐蚀开裂造成泄漏或破裂的次数
	应力腐蚀开裂造成修补或更换的次数
	应力腐蚀开裂造成水压试验破裂的次数
制造	制造缺陷造成水压试验破裂的次数
	制造缺陷造成泄漏的次数
施工	施工缺陷造成泄漏或破裂的次数
	环向焊缝/接头补强或去除的次数
	拆除折皱弯管的次数
	检测皱纹弯管的次数
	焊缝修补或去除的次数
设备	调节阀失效的次数
	泄压阀失效的次数
	垫片或 O 形圈失效的次数
	设备故障造成泄漏的次数
第三方破坏	第三方破坏造成泄漏或破裂的次数
	受损管道造成泄漏或破裂的次数
	故意破坏造成泄漏或破裂的次数
	泄漏/破裂前因第三方损坏进行修补的次数

续表

危　害	效能指标
误操作	误操作造成泄漏或破裂的次数
	检查次数
	每次发现的误操作次数(按严重程度分类)
	检查后对操作程序进行修改的次数
天气及外力	天气或外力造成泄漏的次数
	天气或外力造成修补、更换或改线的次数

6. 审核

各分公司应不断对完整性管理的内容进行审核评估，来确定其有效性以确保完整性管理是按照计划执行的并符合所有法规要求。审核可以由内部人员(自我评价)、外部咨询公司组织执行。完整性管理程序审核应包括以下几个问题：

(1) 在程序文件中是否概述了实施行为；

(2) 对每一个课题范围是否都有指派的人负责；

(3) 是否有合适的参考资料可以使用；

(4) 各个主题范围的工作人员是否进行了培训；

(5) 是否使用了法规要求的合格人员；

(6) 是否按照相关标准中的完整性管理框架来正确地实施完整性管理；

(7) 是否以文件记录所要求的完整性管理活动；

(8) 是否对相关活动进行了跟踪；

(9) 制定风险标准的依据是否进行了正式的讨论；

(10) 是否建立了大修、重新分级、替换或替换损坏管段的标准，是否建立了上述终端、泵站以及管道和减压系统的标准；

(11) 是否有书面的完整性管理制度；

(12) 是否有完整性管理程序相关的书面程序。

7. 效能改进

效能评价最后应提交分析报告，报告中应基于效能度量的结果，提出完整性管理系统的改进建议。各分公司应根据效能评价报告，实施对完整性管理系统的改进，并将所做的修改形成文件。

效能评价不是一次性的工作，应该定期或不定期地进行，不断收集信息并存档。内部审核和外部审核资料应作为理解管道完整性效能的附加信息，效能测试和审核结果将作为以后风险评价的基础资料。

5.10.3 对标方法

目前效能评价国际上没有统一的方法，而对标(Benchmarking)方法常被用来评价完整性管理系统，是目前比较常用的效能评价方法。对标方法通过将本管道公司完整性管理系统与国际上其他管道公司的完整性管理系统进行对比，来发现当前完整性管理系统的状况，找出差距和不足，提出改进建议。所选管道公司通常是管理水平比较高、完整性管理比较成功的管道公司，最高水平常被称为行业最佳实践，但行业最佳实践不是专指某一管道公司的完整性管理系统，而可能是多家公司最佳部分的组合，是一种最理想的状况。

第6章　管道完整性数据采集与管理

6.1　完整性数据管理的目的

在管道完整性管理的各项业务中，数据管理无疑是重要环节之一，在各个技术环节上需要利用相关基础数据，同时也不断产生新数据。为有效地采集、整理、管理管道完整性数据，需要明确管道完整性数据管理及数据库维护规定，管道建设、运营阶段的管道完整性数据和数据库维护管理。

6.2　完整性数据管理的参照标准

完整性数据管理的参照标准主要有：

（1）Open GIS Consortium（OGC）　美国开放地理信息系统协会的有关标准

（2）ISO/TC 211　国际标准化组织地理信息标准技术委员会的有关标准

（3）ISO　国际标准化组织有关数据传输标准

（4）CSBTS/TC 230　全国地理信息标准化技术委员会的有关标准

（5）ISA RP55.1　数字计算机硬件测试

（6）CCITT　国际电报电话咨询委员会有关数据交换标准

（7）IEEE　电气和电子工程师协会中有关软件工程标准

（8）GB/T 11457　信息技术　软件工程术语

（9）GB 1526　信息处理

（10）GB/T 14394　计算机软件可靠性和可维护性管理

（11）GB/T 8566　信息技术　软件生存周期过程

（12）GB 4943　数字处理设备的安全

（13）GJB 1775　装备质量与可靠性信息分类和编码的通用要求

（14）ASME B31.8S　输气管道系统完整性管理

（15）GB/T 20172　石油天然气工业　设备可靠性和维修数据的采集和交换

（16）Q/SY 77　信息系统基础建设技术规范

（17）Q/SY 75　信息系统分类与编码

（18）Q/SY 38.1　石油天然气勘探信息管理规程　第1部分：管理规则

（19）Q/SY 38.2　石油天然气勘探信息管理规程　第2部分：静态数据表结构

（20）Q/SY 38.3　石油天然气勘探信息管理规程　第3部分：规范值

6.3 管道完整性数据管理流程

6.3.1 业务流程

管道企业典型的完整性数据管理流程如图 6-1 所示。

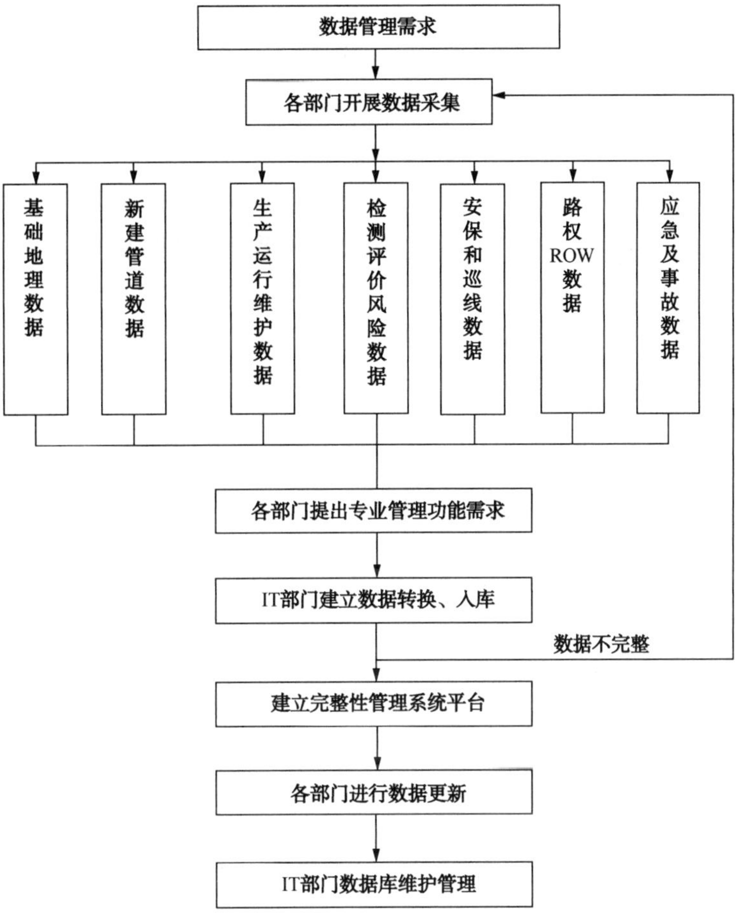

图 6-1 完整性数据管理流程图

6.3.2 技术流程

(1) 管道完整性数据管理包括数据采集、数据建模、数据入库，数据管理是构建管道完整性管理信息系统的基础工作。

(2) 管道完整性数据包括管道的地理几何数据、属性数据以及管理数据等。

(3) 根据不同类型的数据采集步骤和技术手段不同，规定了数据采集准备工作、管道中心线的测量方法、管道沿线属性数据采集、管道沿线遥感影像购置和数据处理以及管道完整性资料的数字化等内容。

管道完整性数据采集与入库流程如图 6-2 所示。

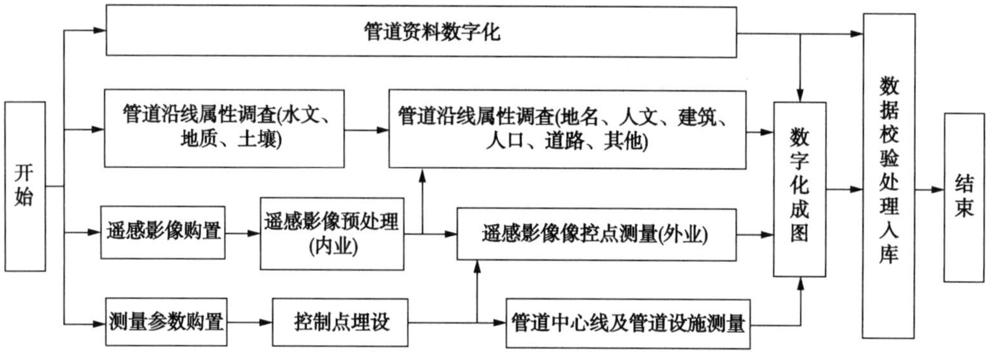

图 6-2　完整性管理数据采集与入库流程图

6.4　管道完整性数据管理

6.4.1　完整性数据采集

1. 数据采集的重点

(1) 应重点收集受关注区域的评价数据，以及其他特定高风险区域所需的数据。

(2) 公司要收集对系统进行完整性评价所需的数据，要收集对整个管道和设施进行风险评估所需的数据。

(3) 随着管道完整性管理的实施，数据的数量和类型要不断更新，逐渐适应管道完整性管理的需求。

2. 数据采集的要求

(1) 应按照完整性管理程序所需的数据要求，从公司内部和外部(如行业管理数据)获取。

(2) 应检查设计和施工文件中以及近期操作、维护记录中，包含所需数据项的内容。

(3) 应调查所有管道记录的可能出处，记录获得的数据内容和形式(包括单位或参照系统等)，并确定数据量是否充足，如果发现数据不足，可根据数据的重要性，制定收集数据的方案，必要时要进行相关的监测、检测和现场数据的收集工作。

(4) 应管理好企业信息管理系统(MIS)数据库或管道地理信息系统(GIS)数据库中所涉及的全部数据，以及历史的评估结果，这些都是有用的数据源。

(5) 应重点、全面收集历史事故的分析报告，并形成事故数据库，在未来应用于人员培训或资格认证中。

(6) 外部信息的获得可通过与线路沿途相关的气象、地质、水文负责部门建立起固定的联系，借鉴专业信息源的土壤资料、人口统计、水文资料分管单位的报告或数据库。

(7) 应借鉴不同管道公司之间的历史数据库和事故数据库。

(8) 实施完整性评价管理过程中获得的检测数据、试验数据、评价数据以及效能测试方面的研究数据应重点收集和整理。

3. 基建、生产类数据采集要求

(1) 所要收集的数据必须包括管线、站场等基础设施施工建设期间数据。例如预可研和可研报告、各级设计方案及文件、招投标文件、质量控制文件、管道沿线的各种CAD图文件、施工文件和验收文件以及其他施工阶段相关文件信息。

（2）所要收集的数据必须包括业主管道维护、维修、设备管理、应急预案以及具体的维护、维修、应急操作案例方面的数据信息。例如设备的使用寿命、报废年限、操作手册、维护维修保养指南、实际故障处理案例、其他实际维护操作记录以及其他方面的数据信息。

4. 管线及周边数据采集要求

（1）所要收集的数据必须包括业主管道任何一段管段的本体属性数据、管道施工期间对管道施工的详细记录数据、运营维护期间的管道操作记录及其他涉及到的管道相关数据。例如管材、管段编号、管径对口情况、三通、弯头、焊口、压力、管道全方位图片、防腐材料、补口材料、缺陷记录、埋深和管道的其他所需要的数据信息。

（2）所要收集的数据必须包括业主所有站场、站场设备检测、故障维修、设备更新及相关数据。例如工艺设备、自控、通信、电气、阴保、线路、压缩机等专业资产设备的详细资料，包括设备的编号、设备的责任人、设备类型、设备名称及型号、备件计划、维修计划、操作记录、设备的应急预案以及其他所需要的数据。

（3）所要收集的数据必须包括所有抢修队伍、抢修物资的详细信息。例如抢修队伍的具体位置、物质、装备、抢修范围、技术力量、相应的大修理计划和事件库以及其他所需的信息。

（4）所要收集的数据必须包括管道两边各至少1000m的各种对象详细信息。例如行政区划、地理位置、水工保护、附近人口密度、建筑、三桩、海拔高度、交通便道、环保绿化、水工保护、穿跨越、管道支撑、道路交叉、人口密度、经纬度和水文地质以及其他所需要的数据信息。

（5）所要收集的数据必须包括管道周边的社会依托信息。例如政府机构、公安、消防、医院、电力供应、汽车修理厂和机具租赁以及其他所需的数据信息。

5. 安全评价和风险评估所涉及的数据采集要求

所要收集的数据必须包括管道的完整性管理、安全评价和风险评估所涉及的数据。例如以下几个方面的数据，但不仅限于此：

1）管道本体类数据

（1）管道检测内外缺陷的安全评价与寿命预测相关数据；

（2）管道的应力强度安全评价相关数据；

（3）管道外力损伤、温度、穿跨越安全评价相关数据；

（4）焊缝和关键部位无损探伤记录数据；

（5）管道材料理化性能测试和失效分析评价相关数据；

（6）管道内腐蚀监测系统数据分析评价相关数据；

（7）所涉及的其他数据。

2）管道外防腐层的完整性相关数据

（1）土壤腐蚀性数据；

（2）阴极保护相关数据；

（3）防腐层地面相关数据；

（4）防腐层状况相关数据；

（5）外壁腐蚀状况检测数据；

(6) 外防腐层检测管道剩余强度相关数据;

(7) 所涉及的其他数据。

3) 管道地质灾害相关资料

(1) 地质断层数据资料;

(2) 斜坡失稳的稳定性记录数据;

(3) 水工保护有效性记录数据;

(4) 地表冲蚀安全数据资料;

(5) 地面沉降灾害相关数据;

(6) 黄土塬稳定性相关数据;

(7) 浅层地下水灾害影响相关数据资料;

(8) 管道洪水冲击、破坏评价与预测相关数据资料;

(9) 管道附近建筑物失稳、水库渗流失稳、煤矿采空区塌陷的预防与评价相关数据资料;

(10) 斜坡失稳滑动、土壤地震液化、黄土湿陷下沉、沙漠移动预测与评价数据资料;

(11) 所涉及的其他相关数据。

6. 设备、设施及其相关数据采集要求

所要收集的数据必须包括所有设备的生产厂商的基本信息和该设备运行维护中的负责人信息，以及该设备的动态运行状况数据信息。例如以下几个方面的数据，但不仅限于此：

(1) 生产厂商资料：厂商的名称、电话、联系人和地址等;

(2) 供货厂商资料：供货单位名称、电话、联系人、地址和主要服务内容等;

(3) 运行单位及人员资料：具体的单位名称、专业、设备负责人和相关人员资料等;

(4) 所涉及的其他相关资料。

6.4.2 数据来源

1. 数据采集标准

数据的采集标准分为基础建设类、生产运行维护类和完整性评价类三大类数据标准，在收集这些数据以前，要建立完整性数据收集的标准，使管道数据收集和整合规范化、科学化、程序化。三大类数据标准详细要求如下：

1) 基建类数据标准

(1) 该类数据标准必须分类详细说明管线施工建设期间的勘察、设计、施工数据以及管线属性数据的具体收集内容，并针对此类数据的收集提出有效的收集方法。

(2) 该类数据标准必须分类详细说明沿途各类站场施工建设期间的勘察、设计、施工数据以及站场设备属性数据的具体收集内容，并针对此类数据的收集提出有效的收集方法。

2) 生产运行维护类数据标准

(1) 该类数据收集标准必须分类详细说明在生产运行维护期间管线检测、维护及维修操作数据的具体收集内容，并针对此类数据收集提出有效的收集方法。

(2) 该类数据收集标准必须分类详细说明在生产运行维护期间站场、站场设备检测、故障维修、设备更新及相关数据的具体收集内容，并针对此类数据收集提出有效的数据收集方法。

(3) 该类数据收集标准必须分类详细说明管线沿途地理环境状况及社会公共信息数据的具体收集内容、收集范围及其更新的最佳时间段，针对此类数据收集提出有效的数据收集方法，并说明设定此收集范围和更新最佳时间段的依据。

(4) 该类数据收集标准必须分类详细说明抢修队伍、抢修物资和社会依托力量信息数据的具体收集内容和收集范围，并针对此类数据收集提出有效的数据收集方法。

3) 完整性管理、安全评价和风险评估所涉及的数据收集标准

该类数据收集标准必须分类详细标注说明管道的完整性管理、安全评价和风险评估所涉及数据的具体收集内容，并说明所要收集的每一项数据的具体作用，以及针对此类数据收集提出有效的数据收集方法。

2. 完整性数据的来源

数据的来源是多方面的，表 6-1 列出了完整性典型数据的来源(包括但不局限于)。

表 6-1　管道完整性典型数据的来源

工艺仪表图(P&ID)	行业标准/规范
管道走向图	操作和维护规程
施工检验员原始记录	应急反应方案
管道航拍图	检测记录
设施图/测绘图	试验报告/记录
竣工图	事故报告
材料证书	合格记录
测量报告/图纸	设计/工程报告
安全状况报告	技术评价报告
企业标准/规范	制造商设备数据

3. 数据采集注意事项

(1) 为确保数据质量和数据的实用性，应制定数据收集、检查和分析方案，该方案应明确数据收集的总体思路和目的。

(2) 在整个过程中应保存数据使用记录。通过这些数据，可以确定在完整性评估过程中，是如何利用和在哪方面已经利用了未经更新的数据，从而可真实评估整个完整性管理过程对评估结果的准确性及潜在影响。

(3) 应确定数据的分辨率和单位。整合数据时，保持单位一致很重要。应尽量利用管道和设施的各种实际数据。应避免使用假设值代替具体的数据。

(4) 收集的数据在时间上要与目的性相适应，明确提出收集的数据和所要分析的风险是否在时间上是一致。例如与时效性危险因素(如腐蚀或应力腐蚀开裂)相关的数据，如果是在完整性管理程序制定前数年收集的，则可能不适用。对于稳定的和与时间无关的危险因素，由于不存在时间上的相关性，所以较早的数据仍然适用。

(5) 根据所需数据的重要性，进行附加的检测或现场数据收集工作。

6.4.3 数据整合

1. 应综合分析收集单项数据。

根据收集的数据相互关系进行分析，以发挥完整性管理和评估的全部作用。完整性管理程序的主要作用在于它的这种能力，能综合、利用从多种渠道获取的多种数据，增加某一管段会不会遭受某种危险的置信度。它还能改进整个风险的分析结果。

2. 制定一个统一的参照系

数据整合初始阶段需要制定一个统一的参照系和统一的计量单位，以便将从多种渠道获得的各种数据综合起来，并与管道位置准确关联。例如，管道内检测(ILI)的缺陷数据可参照里程轮在管道内的行进距离、结合阴极保护测试桩焊点的位置联合定位，综合确定腐蚀点和第三方破坏点的位置。

数据中所列的可按结构方式进行评价的数据项，可用于确定某种具体危险是否适用于关注区域或管段。最初，进行这种确定不用检测数据，只用管子“特征和施工”数据项就可完成。当有了其他信息如检测数据时，就可以执行另外的整合步骤，以验证上一步推断的假定危险存在的确定性。这样的数据整合，对于评价减缓措施的必要性、采用何种减缓措施都是非常有效的。

3. 通过人工方式或图解方式整合数据

人工方式的整合就是按大小把潜在影响区域范围叠加在管道航拍照片上，以确定潜在影响的范围；图解方式的整合是把与风险有关的数据项输入管道信息系统 MIS/管道地理信息 GIS 系统中，以图形叠加方式标识出具体危险的位置。根据采用的数据分辨率，将图形用于局部或较大管段。在数据综合分析过程中，还可使用特定的数据综合分析软件。

6.5 管道完整性数据内容

6.5.1 线路数据内容

管道完整性管理是一种基于风险的、主动预防的管理方式。这要求在做数据采集时必须全面地对数据进行收集、整理，以保证 HCA 分析、风险评价、完整性评价结果的准确性，从而制订出正确的维修计划。从完整性管理角度来看数据采集包含以下内容：

(1) 管道中心线及管道设施数据　管道中心线及管道设施数据是指包括管道中心线在内的从设计、施工到运行的干线、支线上所有管道设施数据，比如钢管信息、防腐层、弯头、阀等。管道中心线及管道设施的地理位置需要专业的测绘部门来进行测量，而其他管道设施相关属性数据需要从各种相关施工资料、竣工资料提取。

(2) 管道检测数据　管道检测数据是指包括金属损失、裂纹、管体变形、焊缝缺陷、防腐层缺陷等各种管道的缺陷数据，这部分的数据是完整性评价的重要参考数据，主要来自管道的内、外检测报告，这些报告按照管道完整性管理需求通过资料数字化的方式导入到数据库中存储。

(3) 管道失效数据　管道失效数据是指由于自然原因和人为原因造成的各种事故数据，包括地质灾害、第三方破坏、误操作引发的事故。这部分数据主要来自各种管道抢险、大修记录，这些修复记录按照管道完整性管理需求通过资料数字化的方式导入到数据库中。

(4) 管道运行数据　管道运行数据是指管道在运行期间产生的各种数据，包括温度、压力、保护电位、自然电位等。

(5) 管道沿线环境数据　管道沿线环境数据是指管道周边包括断层、地震带、建筑物、公路、铁路、河流、三穿、水工、建筑物等在内的环境数据，这部分数据是 HCA 分析和风险评价的重要参考数据，地理位置信息通过高精度遥感影像数据矢量化提取，属性数据需要专业测量公司和管道运营公司共同完成。

(6) 站场数据　站场数据采集内容不同于干线数据采集，站场完整性是指站场区域和设备在物理上是没有缺陷的，通过物理上的完整来实现功能的完整。但现实情况是站场中设备众多，特性各异，完全套用管道本体的完整性管理体系是不现实的，但这并不说明站场的完整性是无章可循的。目前关于站场完整性的研究主要分两个方面：站场区域完整性管理(QRA)和站场设备完整性管理(AIM)。主要采用的方法是基于风险的检验(RBI)、以可靠性为中心的维护(RCM)、安全完整性等级(SIL)等。

(7) 基础专题数据　基础专题数据主要包括各种比例尺的专题数据，见表 6-2。

表 6-2　基础专题数据

序　号	数据内容	范　围
1	1∶400 万基础数据	全国范围
2	1∶25 万基础数据	全国范围
3	1∶5 万基础数据	覆盖管道两侧 15~25km、DEM
4	1∶5000 基础数据	覆盖管道两侧 2.5km

(8) 遥感影像数据　遥感影像数据是指管道两侧各 2.5km 范围内高精度光栅格式的影像，这部分数据是提取管道周边基础地形、地貌、主要公共设施、建筑物、公路、铁路、河流等数据空间位置信息的重要数据来源。影像数据主要包括卫星影像和航空影像，见表6-3。

表 6-3　遥感影像数据

序　号	数据内容	精度范围	费　用
1	卫星影像	0.61~2.5m	高
2	航空影像	0.3~0.5m	很高

6.5.2　站场数据内容

站场信息管理是管道完整性管理的一个重要组成部分。

站场数据采集多数是基于管道站场的竣工资料的数字化整理(设备数据、管线数据及其他专业数据)。根据站场竣工测量的有关规范，站场空间数据主要是测量站场建筑物及站场内外露天装置的地理位置。而站场属性数据需要更加详细的属性采集。

竣工资料的录入内容如下：

(1) 设备设计信息　包括设备位号、设备型号、材质、压力等级、设计压力、设计温度等。

(2) 设备及管线安装信息　包括设备位号、设备编号、材质、生产日期、生产厂商、设备型号、尺寸、重量、设备说明书、合格证编号、防腐类型、防腐材料、防腐等级、WPS 编号(焊接工艺编号)、试压日期、试验压力、施工日期、中心坐标 X、中心坐标 Y、中心坐标 Z、施工单位、变更信息等。

6.5.3　数据采集时间

管道数据采集一直贯穿管道从设计、建设、投产到运行的整个过程，不同时期针对不同的数据，采集侧重点也不同，具体见表 6-4。

表 6-4　数据采集时间

数据采集内容	设计期	建设期	投产期	运行维护期
管道中心线(桩、阀室、站场边界)		●	▲	▲
干线设施(钢管信息、弯头、三通、阀)	●	★	★	★
阴极保护(保护电位、自然电位)				●
占压(违章建筑、外部管道)		●	★	★
内检测				●
外检测			●	★
修复		★	★	★
三穿	●	★	▲	▲
水工保护	●	★	▲	▲
沿线环境(公路、铁路、河流、气候、土壤)	●	★	▲	▲
运行数据(温度、压力)			●	★
事故、失效数据		★	★	★

注：●最佳采集时期；▲可以采集，但麻烦；★需要数据更新采集。

6.6　管道完整性数据采集技术要求

数据采集是实施管道完整性管理循环的第一个步骤，也是最为关键的一个步骤，其数据的完整性制约着管道完整性管理过程中后续的 HCA 分析、完整性分析、评价工作结果的准确性。

6.6.1　管道建设期数据采集

管道建设期数据采集是指在管道规划、设计、施工、竣工阶段，为满足管道运营期完整性管理需要应收集的数据内容及格式。需要设计方、施工方和监理方共同完成。

1. 建设期数据采集要求

1）基础地理数据要求

（1）数据格式及坐标系统要求

① 要求数字地图文件为 GeoDatabase 格式；

② 要求遥感影像为 GeoTiff 格式。

（2）数字地图要求

① 应提供覆盖管线(含支线)两侧按照相应比例尺进行设定；

② 地图应至少包含行政区划、公路、铁路、水系、居民地、等高线、数字高程模型(DEM-Digital Elevation Model)等基础地理图层；

③ 数字地图标准依据国家同比例尺地图的分层、属性、编码标准；

④ 所需比例尺的数字地图；

⑤ 应覆盖管线两侧距离按照相应比例尺进行设定；

⑥ 地图应至少包含行政区划、公路、铁路、水系、居民地、建筑物、土地及植被、地

震带、等高线、DEM 数字高程等基础地理图层；

⑦ 数字地图标准依据国家同比例尺地图的分层、属性、编码标准。所需比例尺或更高比例尺地区要求，覆盖范围相应缩小，主要包含建筑、道路、水系、应急等数据层；所有要求制定好数据字典以备查找。

2）影像数据

可应用的遥感影像类型包括卫星遥感影像和航空摄影影像。影像精度要求针对不同人口密度的地区，影像分辨率要求不同，对于 3、4 级地区，影像应能够清晰地识别出建筑物轮廓及道路河流等要素，对于大型河流等环境敏感区应按其所在地区等级的高一级地区等级要求执行。具体要求见表 6–5。

表 6–5　对影像精度及宽度的要求

地区等级	分辨率	覆盖宽度	现势性
4 级地区	≤1m	两侧各 3km	≤2 年
3 级地区	≤1m	两侧各 2km	≤2 年
2 级地区	≤2.5m	两侧各 2km	≤2 年
1 级地区	≤5m	两侧各 2km	≤2 年

注：地区等级的划分方法按照 GB 50251 执行。

（1）卫星遥感影像技术要求

在订购卫星遥感影像时，应符合以下技术参数要求：

① 云量：<20%；

② 拍摄角度（垂向夹角）：<30°；

③ 地图投影：UTM 投影；

④ 椭球体：WGS84；

⑤ 数据格式：GeoTiff。

（2）航空摄影影像技术要求

航空摄影影像技术要求按 GB/T 19294 执行。

（3）影像纠正

① 影像纠正应利用数字高程模型（DEM）进行正射校正及通过野外高精度控制点进行平多边形校正的方法，将原始影像纠正为具有地理坐标的正射影像；

② 影像观测刺点应在满足影像控制要求的前提下，优先选择距离管道两侧 200m 的范围内布设点位，以保证管道中心线附近的校正精度；

③ 刺点精度、地面观测误差、影像纠正误差遵照 GB/T 6962 和 GB 15968 执行；

④ 影像数字化；

⑤ 依据影像，对管道中心线两侧各 200m（如果管道是直径大于 711mm，并且最大操作压力大于 6.4MPa 的输气管道，则为管道中心线两侧各 300m）范围内的建筑物、道路（含管道伴行路）、水系等全部详细要素分层完成数字化；

⑥ 对影像全图的应急设施（包括等级医院、消防队、公安局等）、多边形状居民地（包括村庄、居民区等）、乡级以上公路、铁路、重要河流、水源及其他重大风险源（如油库、化工厂）等要素分层完成数字化；

⑦ 公路、水系等地理数据应分别建立拓扑关系，以满足道路路网分析，河流流向分析的要求。

3）GPS 首级控制点的要求

（1）应沿着管道建立 GPS 首级控制点，在管道建设期间用于管道放线及管道测量期间临时首级控制点的埋设间距、埋设方法、测量方法等，执行 GB 50251；

（2）在管道线路竣工后，选择基础稳定并易于保存的地点（如站场、阀室等）建立永久 GPS 首级控制点，永久 GPS 控制点间距在 10～30km 之间，永久控制点应与附近的临时首级控制点做联测并进行误差分析；

（3）点位应便于安置接收设备和操作，视野开阔，视场内不应有高度角大于 15°的成片障碍物，否则应绘制点位环视图；

（4）点位附近不应有强烈干扰卫星信号接收的物体，理论上点位与大功率无线电发射源（如电视台、微波站等）的距离应不小于 400m，与 220kV 以上电力线路的距离应不小于 50m；

（5）埋石规格参考国家 D 级 GPS 控制点要求，埋设的控制点应注意保护，避免被意外移动；

（6）要求达到国家 D 级 GPS 控制点精度；

（7）选定的点位及控制测量所引用的国家控制网点应标注于相应比例尺的地形图上，并绘制 GPS 控制网选点图；

（8）应提交相应坐标系下的点位坐标成果（1985 黄海高程系），同时提交作业引用的国家控制网点（含 2000 国家 GPS 大地控制网）成果。

2. 管道专业数据要求

1）中线测量成果

（1）管道中心线成图比例尺一般为更大比例尺；

（2）管道中心线测量应在管道下沟后、回填前进行，采用全站仪测量或者 GPS 实时动态测量（RTK-Real Time Kinematic）、GPS 后动态测量（PPK-Post Processing Kinematic）等测量方法测量管顶经纬度及高程；

（3）测量要素主要包括管道三桩、焊口、三通、弯头、开孔、阀、管件、地下隐蔽物等，详细要求见数据表格清单；

（4）测量的其他技术要求执行 SY/T 0055 中相应的规定。

2）站场、穿（跨）越

（1）站场、大中型穿（跨）越成图比例尺一般应更大；

（2）测量技术要求执行 SY/T 0055 中相应的规定。

3. 建设期数据采集内容

建设期管道除了基础地理数据、遥感影像以外，主要由管道施工承包商和监理商共同完成管道专业数据采集工作，具体分工如下：

（1）施工承包商　根据完整性数据要求的内容进行数据采集，对所采集的真实性、准确性、完整性和及时性负责。

（2）监理商　对各施工承包商采集的数据进行抽查，抽查率不得少于 5%，监督施工承包商按照要求进行数据采集。

具体采集数据内容见表 6-6。

表 6-6　建设期完整性数据表格清单

序　号	数据表名称	中文名称	序　号	数据表名称	中文名称
1	Appurtenance	附属物	32	MetalLoss	金属损失
2	AreaClass	区域等级	33	MiscCrossing	其他穿跨越
3	Casing	套管	34	MunicipalBndry	市政边界
4	Closure	封堵物	35	PCM	埋地管道探测仪读数
5	Coating	防腐层	36	PiggingStructure	收发球筒
6	ContourLines	等高线	37	PipeJoinMethod	管道连接方式
7	ControlPoint	控制点	38	PipeInfo	钢管信息
8	Crossing	穿跨越	39	PipeRepair	管道维修
9	CPCable	阴保电缆	40	PipeSegment	管段
10	CPCoupling	阴保通电点	41	PressureTest	压力测试
11	CPGalvanicAnode	牺牲阳极	42	Product	油/气产品
12	CPGroundBed	阳极地床	43	ProvinceBndry	省界
13	CPPower	阴保电源	44	Railroad	铁路
14	Crack	裂纹	45	Reducer	异径管
15	CurrentDrain	排流装置	46	RightsOfWay	路权
16	Dent	凹坑	47	Road	公路
17	DepthOfCover	管道埋深	48	SeismicActivity	活动地震带
18	RiskSource	风险源	49	SiteBoundary	站场边界
19	Elbow	弯头	50	Slope	边坡
20	ElevationPoint	地表高程	51	Soil	土壤
21	EmergencyService	紧急服务	52	StationSeries	站列
22	FaultLines	断层线	53	StructureOutline	建筑物
23	FloodZone	洪水区域	54	SubSystem	子系统
24	ForeignPipeline	第三方管道	55	SubSystemHierarchy	子系统层次
25	HCA	高后果区	56	SubSystemRange	子系统范围
26	Hydrology	河流	57	Tap	开孔
27	Joint	补口	58	Tee	三通
28	LandUse	土地利用	59	Utility	公共设施
29	LineLoop	管网	60	Valve	阀
30	LineLoopHierarchy	管网层次	61	WaterBody	多边形状水域
31	Marker	桩	62	Weld	焊缝

6.6.2　管道运行期数据采集

管道运行期数据采集是指在管道历史数据恢复工作已完成基础上，在各种基础数据、管道专业数据完整的条件下，专门针对管道运营期间日常运行而产生的新的数据进行的数据采集。

1. 运行期数据采集内容

管道运行期间产生的数据主要包括：

(1) 日常运行数据　运行压力、运行温度；

(2) 阴极保护数据　保护电位、自然电位、阳极接地电阻、恒电位仪；

(3) 维修维护数据　维修记录、改线记录、换管记录、防腐层大修记录、防腐层、检漏记录、水工保护维修记录；

(4) 沿线属性数据　管线周边 200m 建筑物、河流、铁路、公路、第三方管道、公共设施、土地利用；

（5）管道缺陷数据　参照内检测数据。

2. 运行期数据采集频率

运行期数据采集频率主要根据具体情况而定，具体如下：

（1）每月一次　保护电位、恒电位仪；

（2）半年一次　阳极接地电阻、自然电位；

（3）每年一次　运行压力、运行温度、管线周边200m建筑物、河流、铁路、道路、第三方管道、公共设施、土地利用；

（4）按完整性计划采集　内外检测数据、管道修复数据；

（5）不定期采集　改线、换管、维抢修。

3. 管道历史数据恢复

在传统的管道建设、管理过程中，管道各种历史数据资料缺失严重、精度不高、格式不统一，尤其是没有保留管道的空间位置信息，所以在开展管道完整性管理工作之前，势必要进行一次大规模管道历史数据恢复。管道历史数据恢复工作包括：管道中心线测量、管道设施测量、管道沿线属性调查、管道资料数字化、管道影像数据处理。其工作业务流程如图6-3所示。

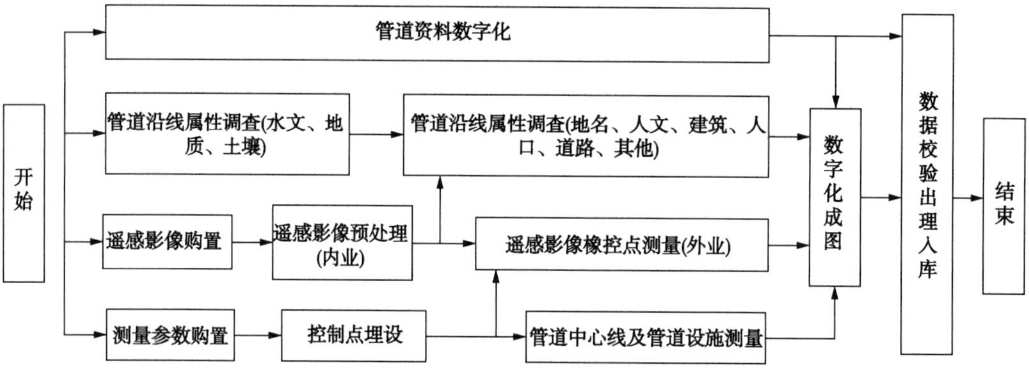

图6-3　数据恢复工作业务流程

在数据恢复过程中要明确管道运营公司人员和专业测绘公司人员的职责分工，双方要互相配合，管道运营公司人员要详细指出管道走向、管道周边基础地理信息，工作内容以资料整理和现场配合为主，包括现场配合测量公司人员进行管道中心线、桩、站场、阀室、阴保设施的测量。专业公司工作内容以专业的测量和影像内业校正处理为主。职责分工如图6-4所示。

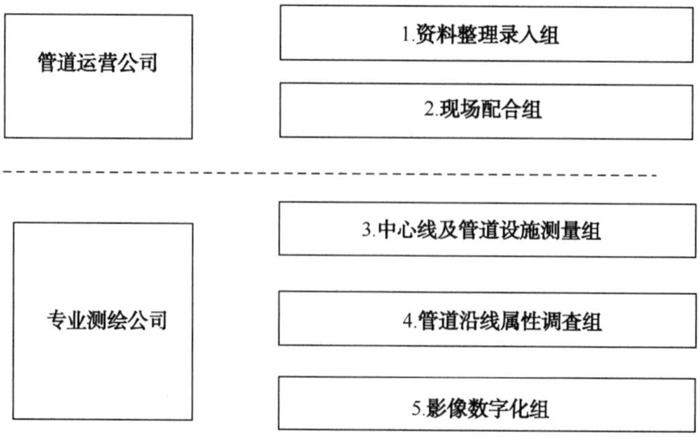

图6-4　职责分工

从项目组织协调角度考虑，实施流程如图 6-5 所示。

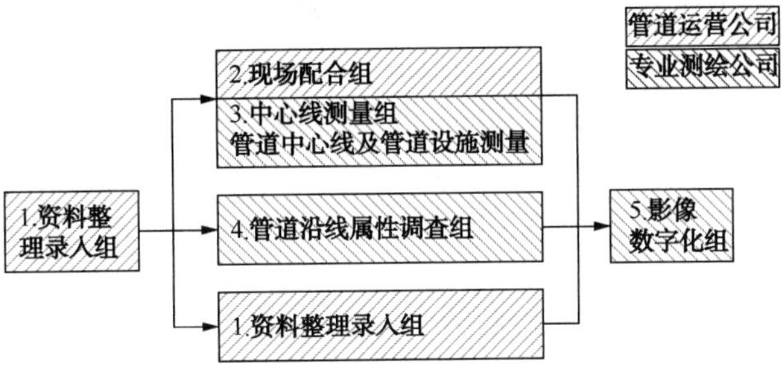

图 6-5　项目组协调施工流程

4. 管道中心线控制点埋设

管道中心线是管道所有设施空间位置定位的基础，任何管道设施都要依附于这条管道中心线的里程进行定位。管道中心线数据的准确性是保证其他管道设施数据准确的前提。

在测量管道中心线之前，首先要进行管道首级控制点的测量，包括选点、埋石、观测。为保证测绘成果的统一性，需沿线布设首级控制网。首级控制网以国家 C 级及以上控制点为起算数据，按照 D 级 GPS 网的要求布设。

1）选点

选择的点沿管道应该每 20km 左右一个，尽可能选择在管道阀室、管道站场等建筑屋顶部，阀室、站场间隔距离大于 30km 的时候，可以在管道里程桩附近选择不易被破坏的地点进行埋石。

2）埋石

（1）建筑物顶部标志桩规格图及说明(见图 6-6)

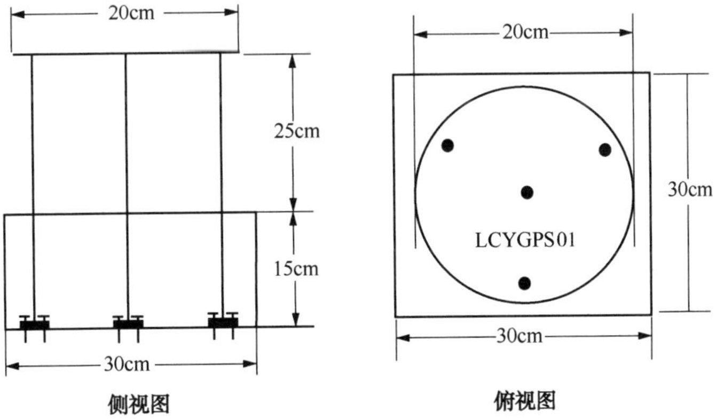

图 6-6　埋石顶部标志物规格

建筑物顶部 GPS 点的标石(天线墩)规格如下：

① 建筑物上的控制点标志桩全部埋设在管道建筑物顶部，选在便于联测的楼顶承重墙上方；

② 标志桩分为三部分：顶部为钢制圆盘，中部为钢制支架，底部为混凝土底座；

③ 顶部的钢制圆盘直径 20cm，厚度 3~6mm，中心开直径 18mm 的圆孔；

④ 标志圆盘表面刻标石编号，编号规则为“管线拼音缩写+GPS+编号”，如兰成渝 1 号 GPS 标志编码为“LCYGPS01”，字符高度 12mm，刻字线宽 1~2mm，刻线深度 0.8~1mm；

⑤ 钢制圆盘底焊接 3 根直径 15~20mm 粗螺纹钢，呈正三角形分布，螺纹钢支架长度 40cm，螺纹钢支架底端焊接螺母，用钢钉穿过螺母将支架固定在建筑物顶部；

⑥ 标石应现场浇灌，浇灌前应将屋顶面磨出新层、打毛，套模浇灌，将螺纹钢支架下部牢固的浇筑在水泥底座内，螺纹钢埋深 15cm；

⑦ 顶部钢制圆盘应保证水平，金属构件在施工后应做防锈处理；

⑧ 埋石结束后应填写 GPS 点记录；

⑨ 待现场浇灌的标石凝固后 2~3 天方可观测。

（2）一般普通标石规格图及说明(见图 6-7)

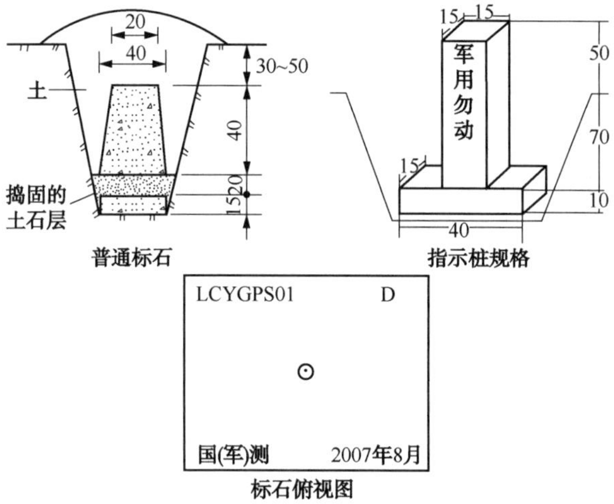

图 6-7　普通标石规格

一般普通标石规格如下：

建筑物顶部不适合架设标志桩时，应在站场等管道设施院内或其附近埋设一般普通标石。一般普通标石分为二部分，上标石和下标石，为了方便使用，在标石正北方约 2m 附近埋设指示桩。上下标石正面左上角刻标石编号，编号规则为“管线拼音缩写+GPS+编号”，比如管道线 1 号 GPS 标志编码为“GDXGPS01”；右上角刻 GPS 点等级，如“D”，表示为 D 级 GPS 点；左下角刻权属单位，如“中国××公司”；右下角刻测量年月，如“2007 年 8 月”；字符大小应以字迹清晰、整体不拥挤为宜，刻深不小于 5mm；上下标石中心应严格在同一铅垂线上，偏差不大于 2mm；指示桩上部刻“勿动”或“测量标志请勿移动”字样。标石埋设点位要求执行《全球定位系统(GPS)测量规范》(GB/T 18314)中的规定。观测埋石规格参考国家 D 级 GPS 控制点要求，埋设的控制点要注意保护，避免被意外移动。GPS 网应与国家三角点或 GPS 点联测。联测点数执行《长距离输油输气管道测量规范》(SY/T 0055)中的规定，联测点宜在网中均匀分布；精度按《长距离输油输气管道测量规范》(SY/T 0055)中规定的 D 级 GPS 控制点要求执行；可使用高程拟合的方法求得 GPS 网中未知点的高程。GPS 网点除利用国家已知水准点外，应适当联测高程点。联测高程可用等级水准或与其精度相当的其他方法测定。选定的点位及控制测量所引用的国家控制网点应标注于相应的地形图上，并绘制 GPS 控制网图作为提交成果。提交所需各坐标系下的点位坐标成果及误差分析报表，同时提交作业引用的国家控制网点坐标成果。

(3) 控制点的保护

控制点是管道数据成果的基准，在管道运营维护和大修中将长期利用，应加强保护。首级控制点作为管道重要基础设施应每年进行维护，如检查、油漆等。加密控制点由于设在野外，易受破坏，破坏后应尽快恢复并与首级控制点联测，重新记录其坐标。

5. 管道中心线测量

1) 测量方法

地下管线探测方法包括明显管线点实地调查、隐藏管线点物理探测和开挖调查。在实际工作中采用这三种方法相结合进行。

(1) 明显管线点实地调查　对有出露点的明显管线点，逐一实地调查，清楚管线的走向及其属性信息(如材质、管径、阀、三通、埋深等)，量测管线平面位置和高程，填写管线调查表。

(2) 隐蔽管线点的物理探查　对那些地表没有标志的地下管线，采用物理的方法确定其平面位置和埋深，主要使用管线探测仪和探地雷达等仪器进行探测。地下管线探测应采用管线探测仪进行作业。使用专用管线仪探测平面位置的激发方式主要采用直接法、夹钳法、感应法，定位一般采用极大化法，探测埋深的方法采用直读法、70%衰减法。各类仪器和方法其功能各有所长，功能互补，均应通过方法试验，确定有效性、精度及深度修正系数。探测确定的直埋管线点，应采用相应的方法做好地面标志，以便进行坐标测定。

(3) 开挖调查　对采用上述方法不能确定位置的管线，应采用走访调查、资料分析并结合开挖验证的方法加以确定。

采用 GPS-RTK 、GPS 连续运行参考站(CORS)技术或其他能够满足要求的方法进行管线点的坐标与高程测定；以调查、探测时设置的管线点标志为准测定管线点坐标；高程为地面高程。

2) 测量内容

(1) 采集属性信息，包括坐标、高程、埋深、管线名称、桩号、与桩的距离、备注等；

(2) 管道里程桩、转角桩对应的管道位置需测量；

(3) 管道入地点、出地点及管道穿越、跨越的起始点、结束点需测量；

(4) 弯管段应加密测量；

(5) 坐标及高程：测量位置为管道顶部上方地面，高程为地面高程；

(6) 埋深：测量管道顶部与地面的垂直距离；

(7) 桩号：标注该测点位置临近的管道桩号；

(8) 与桩的距离：标注该测点与临近的管道桩的距离(沿管道流向±m)；

(9) 备注：标注测点属性(入地点、出地点、某穿越起点……)。

需要说明的是：管道中心线测量应按照里程顺序与管道上的设施同步测量，测量应从站场内开始，两个站场间测量要素按顺序一般为：管道发球筒、阀、弯头、三通、弯头、法兰(出站绝缘法兰)、站外管道、阀门(阀室)、站外管道、法兰(进站绝缘法兰)、弯头、三通、弯头、阀门、收球筒。在内业成图时，以上测点(含管道上的阀、三通等设备位置)将成为管线控制点(ControlPoint，说明见数据字典)，ControlPoint 的连线即为管道站列(Station-Serise)，站列的里程为管道三维方向的实长(通过 ControlPoint 的 x、y 坐标以及高程计算获得)。

6. 管道设施测量

管道设施测量包括：管道的各种桩、干线设施、阴极保护设施、第三方管道、水工保护、穿跨越等的测量。

(1) 管道桩采集属性包括：坐标、高程、管线名称、桩号、桩类型、备注等。测量位置为桩的顶部几何中心，高程为桩顶部高程。

(2) 管道设施测量内容为：收发球筒、水工保护设施、阴极保护设施(阴保地床、阴保电缆、阴保电源、牺牲阳极、阴保通电点)、穿跨越、站场边界、阀室边界等。对于由于建筑阻挡等原因难以测量的设施，应结合设计资料，使用测距仪、皮尺等设备进行测量成图。对于定向钻、隧道等无法测量部分，应对设施起点、终点进行测量，同时结合原始设计图纸(由管道运营公司提供)在内业完成无法测量部分管道中心线成图。

(3) 第三方管道及公共设施包括：地下电力电缆、污水管道、自来水管道、地下电话电缆、光纤、电视电缆、高架电力线路、高架电话线、光纤、外部输油管道、外部输气管道、索道、实体墙、栅栏等线状要素，点状要素包括油井(抽油机)、气井、电力变压器等。

(4) 水工保护设施窄边宽度≥1m 的应采集为面状要素，否则采集为线状要素。

(5) 测量对象的其他属性，如阀门类型、水工保护类型等属性由管道运营公司向属性调绘公司提供资料。

7. 管道沿线属性调查

管道沿线属性调查是在管道各种测量成果基础上，对管道沿线和与管道相关的包括阴极保护、环境信息、地理信息、自然状况等做属性调研，以为 HCA 分析、风险评价提供相应的数据支持，为了管道事故后果分析、维抢修以及日常维护等工作需要收集管道周围详细的地理信息，这些信息变更频繁，需要经常更新。

1) 采集范围

采集范围以管道中心线为核心，针对采集的对象信息不同，设定了不同的管道两侧采集范围。具体范围如图 6-8 所示。

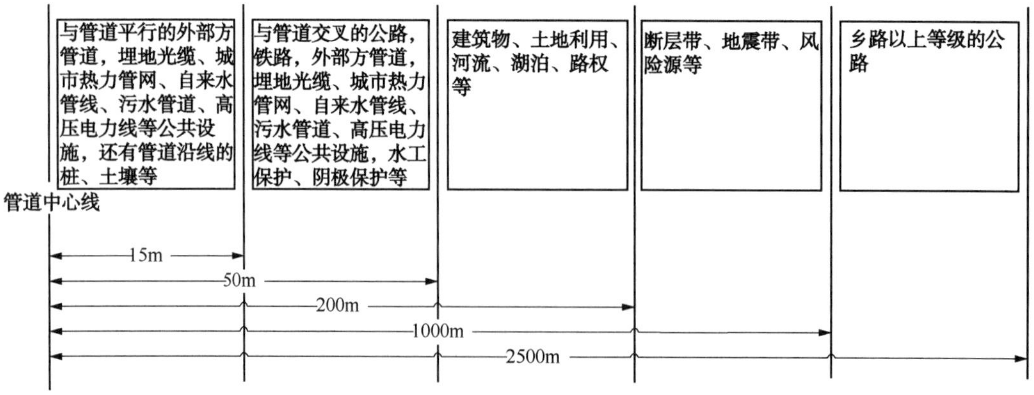

图 6-8　管道沿线属性数据采集范围

2) 采集内容

采集的具体属性信息见表 6-7。

表 6-7　沿线属性调查采集内容

序号	数据表名称	中文名称	要素类型	备　注	采集范围(管道两侧各 m)
1	MeasureControlPoint	测量控制点	点	国家及管道运营公司建立的永久基准点	阀室、站场内
2	Crossing	穿跨越	线	指管道的三穿，需要采集为何种具体穿跨越，以及穿跨越长度、方式等信息	按实际情况
3	CPCablc	阴保电缆	线	需采集阴极保护相关属性，包括：地床、阴保电缆、牺牲阳极的位置、材料、恒电位仪的给定电位、排流类型等属性信息	按实际情况
4	CPCoupling	阴保通电点	点		按实际情况
5	CPGalvanicAnode	牺牲阳极	点		按实际情况
6	CPGroundBed	阳极地床	线		按实际情况
7	CPPower	阴保电源	点		按实际情况
8	CurrentDrain	排流装置	点		按实际情况
9	EmergencyService	紧急服务	点	需要采集紧急服务的类型和位置信息	按管道实际需要
10	FaultLines	断层	线	需要采集断层方向、类型、频度、等级等信息	1000m
11	SeismicActivity	地震带	线	需要采集发生频度、走向等信息	1000m
12	FloodZone	洪水区域	多边形	需要采集洪水的频率、等级、高风险月份	1000m
13	FloodProtection	线状水工保护	线	小的挡水墙按线记录，大的护坡、过水路多边形按多边形记录，需采集构筑物尺寸、水工保护材料、类型等信息	按实际情况
14	FloodProtection	多边形状水工保护	多边形		按实际情况
15	ForeignPipeline	外部管道	线	本公司以外的其他公司管道，需采集管道的直径、类型、介质、是否相交、联系人、联系方式等信息	15m 平行 50m 相交
16	RiskSource	风险源	多边形	管道周边潜在的自然灾害，需要采集风险类型等信息	1000m
17	Hydrology	河流	线	需采集河流类型、流向、年平均流速、冲刷深度等信息	200m
18	LandUse	土地利用	多边形	需采集管道沿线土地利用类型，以及管道对周边环境是否敏感	200m
19	MunicipalBndry	行政边界	多边形	如果从专题图中无法获取乡、村的边界，需要在管道当地范围内标明边界范围	按实际情况
20	ElevationPoint	地表高程	点	采集地势起伏变化明显的管道周边地表高程信息	200m 山区 15m 平原
21	Marker	桩	点	主要采集桩的类型和桩号信息	按实际情况

续表

序号	数据表名称	中文名称	要素类型	备　注	采集范围(管道两侧各 m)
22	Railroad	铁路	线	主要采集是否是电气化铁路	200m
23	RightsOfWay	路权	线	主要采集是临时征地还是永久征地	按实际情况
24	Road	公路	线	主要采集公路等级、是否限速、是否是单行路	200m 乡路以下 2500m 乡路以上
25	Climate	管道沿线气候	线		按实际情况
26	SiteBoundary	站场边界	多边形	采集站场围墙边界及站场类型	按实际情况
27	Slope	边坡	多边形	采集坡角、坡向等信息	1000m
28	SoilZone	管道沿线土壤	多边形	采集土壤类型、pH 值等信息	15m
29	StructureOutline	建筑物	多边形	建筑物层数、单元数、是否有人居住、人口数量、是否易于疏散等信息	200m
30	UtilityPoint	点状公共设施	点	采集公共设施类型，主要是位置信息，例如油井、变压器、高压线等	15m 平行 50m 交叉
31	UtilityPolyline	线状公共设施	线		
32	Valve	阀	点	如果施工资料中无法查阅到相关信息，可以在测量时采集相关属性信息	按实际情况
33	Tee	三通	点		
34	Elbow	弯头	点		
35	PiggingStructure	收发球筒	线		
36	WaterBody	多边形状水域	多边形	采集相关双线河、池塘、水库等相关信息	200m

3）采集方法

在做管道沿线属性调查过程中，专业测绘公司需要采集具体空间位置信息，道路、铁路、河流、建筑物等空间位置信息可以根据 1：5000 遥感影像提取，根据采集对象的图形形状不同，按照点、线、多边形分别存储。管道运营公司负责配合管道属性信息的采集工作。其他专业性较强的数据如土壤 pH 值、断层带、地震带等数据，空间信息可以根据 1：5000 专题图提取空间位置信息，属性信息从相关地质、水文、气象部门获取。具体要求如下：

（1）道路

① 调查范围　乡道以上等级道路调查范围为管道左右距离 2500m，乡道以下等级道路调查范围为管道左右距离 200m，按属性分成线段调注，标明分界点。补绘有效范围内的新增道路。

② 名称　调注国家政府部门的正式命名或普遍称呼的名称，没有名称的道路可根据其起始点自行命名，例如兰州到临洮的公路可命名为兰临公路，其他道路相同。

③ 类别　分为主要街道、次要街道、高速公路、国道、收费国道、省道、收费省道、普通公路、收费的普通公路、简易路、大车路、乡村路、小路、时令路、伴行路、过境公路、隧道、桥梁、渡口、其他能够通行的设施。

④ 是否为单行线　非单行线/单行线。

⑤ 通过速度　根据路多边形的宽度和车辆通行情况分段估算车辆的通过速度，并标注在调查点上。

⑥ 状态　使用中、建设中、废弃、其他。

⑦ 转弯点　是指限制左右转弯的道路交叉点，包括立交桥、限制左转的路口等。调注限制转弯的方向并测注坐标。

（2）铁路

① 调查范围　为管道左右距离200m，按属性分成线段调注，标明分界点。补绘有效范围内的新增铁路。

② 铁路用地所有人及联系方式　调注铁路用地的所有单位或所有人，以及所有单位的负责人和所有人的电话，并标出有效范围内的界线，此项只在适用时调查。

③ 铁路运营商及联系方式　调注有效范围内的铁路的管理单位及单位负责人的电话（车站名称及负责人的电话，或值勤点的名称及负责人的电话）。

④ 铁路类型　单线铁路、复线铁路、是否电气化铁路。

⑤ 状态　使用中、建设中、废弃、其他

⑥ 是否为客运铁路　非客运铁路/客运铁路。

（3）公共设施线路与第三方管道

① 公共设施线路与第三方管道是指地下电力电缆、污水管道、自来水管道、地下电话电缆/光纤、有线电视电缆、高压电线、高架电话线/光线、索道、实体墙、栅栏、城市热力管网、土坝、其他。点状公用设施指油井、气井、电力变压器。

② 与管道平行的公用设施线路与第三方管道的调查范围为15m，与管道相交的公用设施线路与第三方管道的调查范围为50m，点状公用设施的调查范围为50m。

③ 外业要调绘线路或管道的地址、所有者、主要联系人和联系方式、公称直径。

（4）水文

① 调查范围　为管道左右200m的区域。调查要重点依靠相关部门提供数据。

② 水系的主要类别　双线河、单线河、双线渠、单线渠、排洪沟、运河、湖泊、池塘、水库、双线时令河、单线时令河、双线干河床、单线干河床、地下暗河、其他。

③ 调查的主要内容　名称、年平均流速、最大流速、最小流速、流向、是否是季节性河流、是否饮用是饮用水源、长度、最大流量、管道埋深、建造方法。

（5）建筑物

① 调查范围　为管道左右200m的区域，在原图上标明每一类型建筑物范围。

② 类型　省政府/直辖市驻地街区、市（地级市）政府驻地街区、县（县级市）政府驻地街区、乡政府驻地街区、公安局/派出所、消防队、军队驻地、油（气）库（罐）、加油站、村庄、学校（分500人以上和500人以下）、医院、幼儿园、工矿企业、维抢修中心、仓库/仓储建筑物、科研院所/事业单位/办公楼、小型商店/杂货店/小卖部、温室大棚、大型商店/商业广场、农贸市场/集市、餐馆/酒吧、监狱、旅馆、公寓楼（居民楼）、多家庭住宅/居民（平房）、单一家庭住宅/居民（平房）、无人居住设施（车库/工棚/谷仓）、公园、户外运动场（足球场/棒球场/篮球场等）、电影院/音乐厅、名胜古迹、寺庙/教堂、疗养院、停车场、体育馆、厂房、其他。

③ 省政府/直辖市驻地街区、市（地级市）政府驻地街区、县级政府驻地街区、乡级政府驻地街区为管道通过位置　调查省、市、县、乡政府的名称、上一级政府、主要联系人、办公场所地址、联系电话。

④ 村庄　为管道通过位置所属的或有效范围内的村、小区。调查内容：村名/小区名

称、上一级行政区、有效范围内的村界/小区的范围、人口数量、联系人、联系电话。

⑤ 固定电话　有效范围内村/小区内的固定电话的所有人、电话号码、类型(公用或私人)、电话所在位置的坐标。

⑥ 村庄名自然名与行政名并存时　需同时调注。自然村的人口数量和行政村的人口数要分别调注。村界只调绘行政村之间的分界线，以及特别有效范围内居民地的分界。

⑦ 学校/幼儿园　按学生人数大于500人与学生人数小于500人分别命名。调查内容：学校/幼儿园的名称、联系人姓名、联系电话、学生人数、教师人数。

⑧ 公寓楼　调查内容：所属单位、所在地址、住户数、负责人姓名、联系电话。

⑨ 多家庭住宅/单一家庭住宅　指有效范围内的独立院落。调查内容：户主姓名、住户人数、联系电话。

⑩ 医院　管道所经过的乡镇以上的医院全部调查。调查内容：名称、值班室电话、床位数、日均病人数、医护人员数。

⑪ 工矿企业　调查内容：名称、负责人姓名及联系电话、值班室电话、职工人数、产品名称。

⑫ 仓库/仓储建筑物　调查内容：名称、负责人姓名及联系电话、值班室电话、职工人数、存储货物类型。

⑬ 科研院所/事业单位/办公楼　调查内容：名称、负责人姓名及联系电话、值班室电话、职工人数。

⑭ 大型商店/商业广场　调查内容：名称、负责人姓名及联系电话、值班室电话、职工人数。

⑮ 农贸市场/集市　调查内容：所在位置、负责人姓名及联系电话、值班电话、开市时间、摊位数。

⑯ 餐馆/酒吧　调查内容：所在位置、名称。

⑰ 监狱　调查内容：所在位置、名称、负责人姓名及联系电话、值班电话。

⑱ 旅馆　调查内容：所在位置、名称、负责人姓名及联系电话、值班电话、床位数。

⑲ 无人居住设施　包括车库、工棚等。调查内容：所在位置、名称、负责人姓名及联系电话、值班电话。

⑳ 公共设施　公园：应在底图上调绘出边界，调查内容包括所在位置、名称、负责人姓名及联系电话、值班电话；户外运动场：调查内容包括所在位置、名称、负责人姓名及联系电话、值班电话、用途(篮球场、足球场等)；电影院/音乐厅/体育馆：调查内容包括所在位置、名称、负责人姓名及联系电话、值班电话、最大容纳人数；名胜古迹/寺庙/教堂：调查内容包括所在位置、名称、负责人姓名及联系电话、值班电话、平均客流量、聚集时间。

（6）水工保护

① 调查范围　为管道左右50m的区域，主要调注水工保护名称、标段名称、所属管理处、长度、构筑物尺寸、施工单位。

② 类型　主要为围堰、堤坝、挡墙、排洪沟、护坡、过水涵洞、截水沟、河流配重、过水路多边形、沟渠硬化、其他。

③ 材料　块石、沙袋、混凝土、砖砌块、黏土、沙砾石、草袋、毛石砂浆、灰土、浆砌毛石、浆砌片石、浆砌石、制构件、其他。

④ 状态　在用的、已废弃、计划的、建设中、修复中、损坏、其他。

8. 管道影像数据处理

1）高分辨率数据概况

管道周边地形地物空间信息是管道完整性管理过程中的重要数据，这些数据可以通过对高分辨率遥感影像进行数字化处理提取到相关的信息，在管道完整性管理的实际应用中主要包括卫星影像和航空影像。

2）卫星影像特征与参数

与传统的低空间分辨率的卫星影像相比，高分辨率卫星影像具有以下特点：

（1）单幅影像的数据量显著增加；

（2）成像光谱波段变窄；

（3）地物的几何结构和纹理信息更加明显；

（4）从二维信息到三维信息；

（5）高时间分辨率。

以下面几种典型卫星进行说明：

（1）IKONOS 卫星及其影像数据　IKONOS 卫星于 1999 年 9 月 24 日发射成功，是第一颗提供高分辨率卫星影像的商业遥感卫星。IKONOS 可采集 1m 分辨率全色和 4m 分辨率多光谱卫星影像，同时可将全色和多光谱影像可融合成 1m 分辨率的彩色影像。至今 IKONOS 已采集超过 2. 5 亿 km^2 涉及每个大洲的影像。从 681km 高度的轨道上，IKONOS 的重访周期为 3 天，并且可从卫星直接向全球 12 个地面站传输数据。IKONOS 影像产品具有以下优势：①大范围高效采集；②提供同轨立体影像；③大量合格存档数据。

（2）QuickBird 卫星及其影像特征　美国 DigitalGlobe 公司于 2001 年 10 月发射，QuickBird 卫星系统每年能采集 7500 万 km^2 的卫星影像数据。该卫星在中国境内每天至少有 2~3 个过境轨道，有存档数据约 500 万 km^2。DigitalGlobe 公司是全球商业化卫星遥感领域的引导者，0. 5m 分辨率的商用卫星 WorldView 影像数据已在 2009 年下半年投入市场使用。

（3）GeoEye-1 卫星及影像特征　美国 GeoEye 公司于 2008 年 9 月 6 日发射了 GeoEye-1。该卫星具有分辨率高、测图能力极强、重访周期极短的特点。GeoEye-1 卫星是真正的半米卫星：全色影像分辨率为 0. 41m，多光谱影像分辨率为 1. 65m，定位精度达到 3m。大规模测图能力：每天采集近 70 万 km^2 的全色影像数据或近 35 万 km^2 的全色融合影像。数据重访周期短：3 天（或更短）时间内重访地球任一点进行观测。

3）航空影像特征与参数

除了卫星遥感高分辨影像数据外，航空影像数据具有直观、信息量丰富、可读性强等诸多优点，因此它既是基础地理数据产品的重要组成部分，又是生产或合成其他基础地理数据产品的信息来源与基础。利用航空影像数据，通过全数字摄影测量系统的处理，可以生产数字线划图（DLG）、数字高程模型（DEM）、数字正射影像图（DOM）、数字栅格地图（DRG）等 4D 产品并建立相应的数据库，通过这些基础数据产品，还可以制作生产一个地区的等高线图、三维景观图等其他附加产品。但是相比卫星影像而言其费用更高。

航空影像数据的获取是通过在飞机上加载摄影平台（航摄仪）、按一定的要求拍摄地面来获取影像数据的。随着仪器的不断发展和技术手段的不断更新，航空影像数据获取变得更加快捷、高效率、高质量。下面简单介绍数据的获取方式：

（1）普通航摄仪　如 RC 系列、LMK 系列等，采用航摄胶片来记录拍摄的地面影像数据，数字影像数据要经过专用的航片扫描仪处理来获得。

（2）数字航摄仪(DMC)　如德国 Carl Zeiss(卡尔·蔡司)公司和美国 Intergraph 公司合作生产的用于地图量测的数字航空摄影仪，数字航摄仪主要由陀螺平台、相机镜头单元、相机中心电子单元、数据存储系统、航飞管理控制系统、飞行软件系统和航空摄影数据后处理系统 7 大部分组成，可同时得到黑白、彩红外和真彩色的数字影像。相对于普通航摄仪，数字航摄仪既节约了成本，又提高了工作效率，并在产品种类、质量和成果可靠性上都有较大的提高。

（3）LIDAR +CCD 相机　如加拿大 OPTECH 公司生产的 ALTM 3100 和德国 IGI 公司生产的 LiteMapper 5600。LIDAR 也叫机载激光雷达，是一种安装在飞机上的机载激光探测和测距系统，是 GPS(全球卫星定位系统)、INS(惯性导航系统)和激光测距三大技术的集成应用系统。ALTM 3100 和 LiteMapper 5600 机载激光扫描遥感系统同时还集成了 CCD 相机，它与激光探测与测距系统协同作业，同步记录探测点位的影像信息，因此它可直接获取一个地区高精度的数字高程模型(DEM)、数字地表模型(DTM)、数字正射影像图(DOM)，由于这种方法可以直接获取高精度的正射影像数据，免去了影像处理的环节，它的成果可以广泛应用于城市测绘、规划、林业、交通、电力、防灾等部门。

4）管道沿线高分辨率遥感影像处理

购买到管道沿线的原始遥感影像后，首先需要进行一些处理措施，才能应用到测量过程和属性调查。处理步骤如下：

（1）原始数据建库

原始遥感影像存在如下情况：影像文件多；影像的数据量大；影像的数据量差异大；影像存储在多个介质(光盘)中；影像的获取时间不同；影像的覆盖范围不同；影像的轨道参数不同。因此，必须对原始遥感影像整理，建立原始遥感影像档案，统一存储，这对下一步的工作以及对今后的分析利用很有必要。主要做如下工作：

① 影像统一存储；

② 建立原始影像档案数据库；

③ 档案数据库包括如下内容：影像文件名、数据类型、存放位置、获取时间、覆盖范围(坐标信息)、轨道参数文件索引、文件大小；

④ 建立原始影像图索引，便于直观显示各个影像图的相对位置，查询影像图的基本信息以及影像图和管道中心线的关系(例如覆盖管线中心线的范围、覆盖桩号、距离管道中心线的最远距离和最近距离)。

（2）遥感影像预处理

原始遥感影像除上述存在的情况外，还可能存在以下情况：影像的覆盖范围与有效覆盖范围差异大；影像可能存在重叠；影像的显示效果差。因此，我们需要对原始遥感影像进行初步的数据处理：

① 尽可能截取影像的有效覆盖范围，去除无辐射信息区域，减少数据量和节省存储空间；

② 对影像重叠部分，保留质量好的影像，裁剪质量差的影像，减少数据量；

③ 对影像进行辐射增强和空间增强处理，增强显示效果；

④ 将影像按照所需比例尺地图标准分幅。

(3) 遥感影像初步配准

通过原始遥感影像参数文件，在所要求比例尺大小的 DEM 上同时利用此比例尺大小地形图上的控制点，对遥感影像做正射校正和初步配准。

(4) 影像融合

在初步配准基础上，需要进行遥感影像全色波段和多光谱波段的融合，以综合两者的优点。遥感影像融合方法很多，较成熟的有主成分分析法(PCA)和 HIS 变换法，另外还有 Brovey 变换法、高通滤波融合法、合成变量比值变换(SVR)、小波变换、基于小波变换的 HIS 变换和缨帽变换等方法。影像融合的步骤如图 6-9 所示。

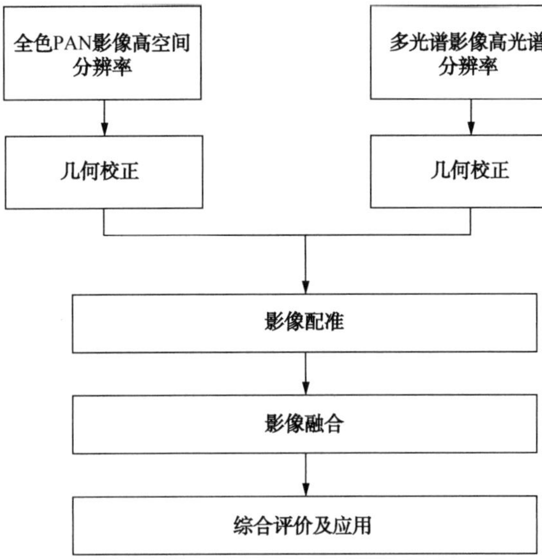

图 6-9　影像融合步骤示意图

(5) 遥感影像绘图

配准后的影像叠加管道中心线，利用高分辨率绘图仪按照所需比例尺绘图，并以便于外业像控点刺点。

(6) 制定外业控制测量作业方案

包括外业测量的技术方法、人员分组、观测路线、时间计划等。

(7) 观测刺点

选择实地和遥感影像都有明确标志的点位观测，在满足影像控制要求的前提下，点位应优先选择在距离管道两侧 200m 的范围内，以保证管道中心线附近的校正精度。遥感影像的刺点精度为 0.1mm，地面观测误差需小于 0.3m。提交成果包括常用各坐标系数据及其误差分析。

(8) 影像纠正

利用外业像控点对影像进行纠正，纠正误差要求参考《遥感影像平面图制图规范》(GB 15968—2008)。

(9) 数字化成图

对纠正后的遥感图，进行数字化即编绘数字线划图(DLG)，成图比例尺即为要求比例尺，精度达到相应比例尺要求。提取距离管道中心线两侧各 200m 范围内道路、水系、建筑物、土地使用/植被、铁路、区划、应急、公用设施线路与外部管道(包括地下电力电缆、污水管道、自来水管道、地下电话电缆、光纤、电视电缆、高架电力线路、高架电话线、光纤、外部输油管道、外部输气管道、索道、实体墙、其他)要素。

提取距离管道中心线200m以外的主要道路、水系、面状居民地、风险建筑[医院、学校、加油(气)站、油库、化工厂等]、铁路、区划、应急设施(公安局、消防队、医院、政府部门等)等要素，其他要素可全部从小比例尺地图提取并按所需地图要求进行编码转换。

现场属性调查成果及甲方提供的属性信息成果要录入到矢量成果中。

管道控制点、管道桩、中心线测量、管道设施成果等要按格式要求整理后生成专题图层放入矢量成果库。要求成果格式为GeoDatabase格式。

(10) 遥感影像投影变换

① 正射影像(DOM)数据转换　利用收集到的各种坐标系转换参数，将遥感影像由初始坐标系转换为所需要的坐标系。

② 矢量数据投影变换　利用收集到的各种坐标系转换参数，将各比例尺矢量数据由初始坐标系转换为所需要的坐标系。

(11) 精度要求

平面精度执行《数字地形图产品基本要求》(GB/T 17278—2009)中对各比例尺地形图平面位置精度规定，像控点高程精度在平原和山区按照规定执行。

9. 管道资料数字化

管道在长期的施工、运营、维护及管理过程中形成了大量的数据资料，包括竣工资料、运行记录、检测记录、维修抢修记录、验收记录等。这些资料由于形成的年代不同，因此在形式、格式、内容及要求等方面存在一定差异且为非数字化资料。为达到统一入库、方便管理使用的目的，必须对这些历史资料进行统一整理及数字化处理。

1) 资料数字化工作流程(见图6-10)

基于管道完整性资料数字化的内容和一般工作形式，其基本流程如下：

(1) 资料收集　将存档的各种资料进行收集，保证资料齐全完整。

(2) 资料整理　对收集到的资料按照规定的分类要求进行归类，并登记造册。

(3) 数字化处理　根据信息管理系统对资料的相应要求，对各类资料进行数字化处理，包括图形资料数字化和文字档案资料数字化，保证经过数字化处理的各种资料能够顺利录入系统数据库。

2) 管道完整性资料数字化方法

根据管道完整性管理系统的要求和数据特点，围绕数据的收集整理、录入、检查，必须按照适合实际情况且方便高效的作业流程进行数据录入。

首先录入人员需要分析需要录入的数据表，理解表中每个字段的具体含义，明确每个字段需要录入的内容。查阅资料，将资料分门别类存放，对于个别属于几个表共用的资料建立公共文件夹，对于个别使用频率较高的表可以整理成最方便的使用格式存放。

在录入数据表时，录入人员必须查看管道完整性管理数据库结构报告，其中列出了所有需要填写的字段、数据类型和主域，录入按照报告里的数据格式录入。详细流程如下：

(1) 将数据报告中需要填写的表头(字段名称)填写到Excel中的Sheet1表中第一行，这将作为以后录入数据的列名称。

(2) 表头必须和完整性数据库格式一致，必须由英文字符构成，表头字母中间不允许出现空格或其他字符，并且每一个电子表格只允许出现一个表头。

(3) 查找、翻阅资料填写到相应的Excel表中，这个阶段主要是填写资料表格，将相应

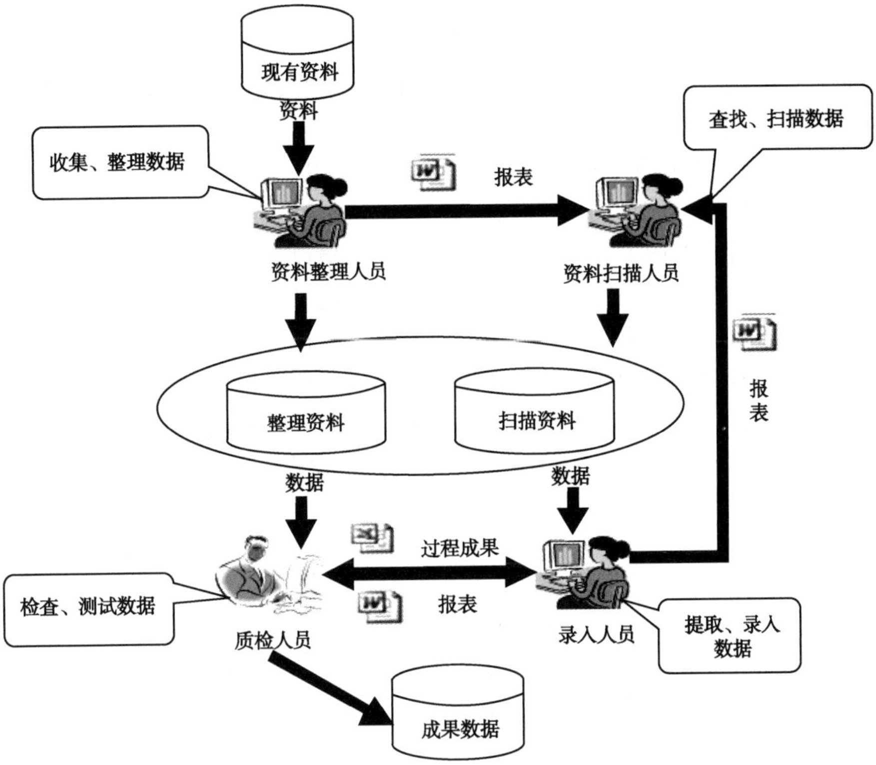

图 6-10　管道完整性资料数字化作业流程图

的数据填写到 Excel 中，主要依靠对长输管道的了解和对数据库结构的了解来从资料描述中提取有关信息。

（4）所有里程的字段必须是双精度型，以米作为单位，并保留两位小数。

（5）判断每一个字段是需要填写主域代码还是直接填写属性值，可根据每个字段类型进行判别，字段类型是整型的，一般需要填写主域代码；也可以查询完整性数据字典，里面记录了每个字段是否存在主域。

（6）所有的主域必须得到检查，并保证其值在主域范围内。如在 Excel 表中找不到需要添加的主域，则需要对数据库的主域进行添加，录入人需要上报新的主域名称，由专人进行新主域代码的添加(新主域代码添加，只需要将新的主域加入数据库，同时主域代码号+1)。

（7）填写的数据，必须使用对应的数据类型。

6.6.3　数据质量控制

1. 质量指标

管道完整性数据采集的内业、外业工作结束后，应对所形成的数据资料进行必要的校验。进行数据质量检查，主要集中对以下几个方面的指标进行审核：

（1）首级控制网点位设置及观测计算方法和精度；

（2）各坐标系卫星影像的配准精度；

（3）矢量地理数据内容及正确性；

（4）外业测量成果精度、刺点情况；

（5）标志桩埋设情况；

（6）属性调查的完整性及正确性；

（7）所需比例尺影像图、线划图整饰及精度；

（8）对地形图、影像图数据格式的校验，包括数据格式、拓扑关系、图层划分、地类代码等；

（9）对管线调查数据及其属性的校验，包括属性信息、连线关系等；

（10）对沿线属性调查信息的校验，包括属性的连续性、一致性和完整性等；

（11）对数字化管道专职人员、组织机构、数据采集设备进行检查；

（12）对已审核后的数字化管道数据现场纸质填写记录进行检查；

（13）对已填报数字化管道设施坐标数据进行复核并检查数据采集、填报的及时性；

（14）对数字化管道采集的照片、属性信息数据进行复核检查；

（15）对数字化管道穿(跨)越地下设施障碍物处数据重点进行复核检查；

（16）对“三桩”“三穿工程”记录数据重点进行复核检查；

（17）对站场、阀室、通信光缆等记录数据进行复核。

2. 质量检查

主要包括两个部分：

1）监理单位进行监理和质量监督检查

制定监理规划和监理细则，是监理单位对施工承包商的管道完整性数据采集和资料数字化工作进行监理的基本依据，其监理工作的内容和范围应随着管道完整性数据采集和资料数字化建设的逐步完善而有所拓展。

监理单位应具有专职数字化人员，持证上岗。

在测量开始前和施工过程中，区段监理应对施工单位相关仪器的校核情况进行检查，保证相关仪器能达到数字化要求。

施工承包商有关管道完整性数据采集和资料数字化、填写和汇总过程应纳入区段专业监理工程师或监理员的工作范围，对每日施工承包商上传的数据进行审核，根据数据正确性通过或者打回。

在测量开始前和施工过程中，区段监理应根据需要，监理部按一定比例进行数据抽查，并保存抽查记录。发现问题时，要责令相关单位及时整改。发现不据实填报数据时，监理部应责令整改并对事故单位进行通报。如事后发现已经上传的数据出错，专业监理工程师应找出数据错误码原因，责令施工承包商改正错误；错误改正后，承包商重新上报，由监理进行确认。

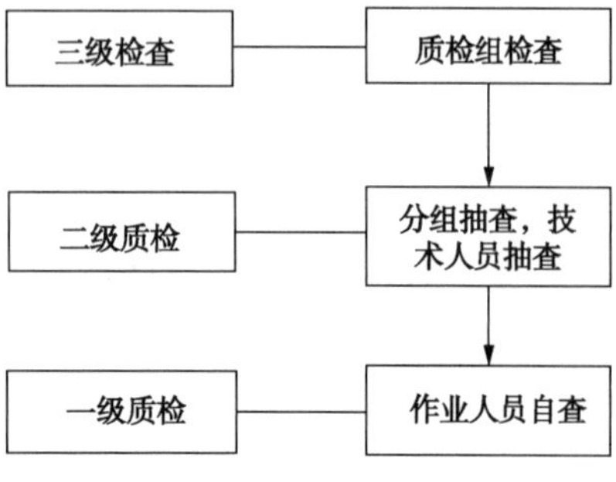

图 6-11　三级质量检查制度

2）项目组建立的检查和验收制度

一般而言，应该建立质量三级检查(见图 6-11)和一级验收制度，在质检时从录入扫描数据的正确性、完整性、录入各要求间的拓扑关系等方面进行检查。正确性：图形各要素的表示方法是否合理，是否满足规范要求，录入的属性数据是否正确无误；完整性：属性数据的关联关系是否正确性，信息是否完整录入；拓扑性：经拓扑处理后的数据是否满足 GIS 的数据标准。

一级质检：作业员按照项目要求对自己所做的成果、半成果进行自查。

二级质检：项目进行过程中分组的项目组长或者技术人员不定时对各个属性表进行

抽查。

三级检查：所有数据完成在提交甲方前，组织项目骨干成立数据检查校验组，对完成的数据进行整体全面检查。

3. 数据校验

数据通过质量控制后，还需要通过检验方可输入到数据库中。

（1）管线自相交校验　管线相交检查主要用来检查管道中心线的正确性，在绘制管道时，管道的中心线由控制点按里程排列后生成，检测管道的控制点的准确性来防止管道自相交。

（2）在线线校验　通过在线线是·种首尾相连的有向线段，每一条线段的起点都应大于或等于前一条线段的终点，每一条线段的终点应该大于起点，没有起点或是终点的线段是错误的。同时，起点里程和终点里程都必须在站列长度范围内。

（3）域值匹配校验　管道属性表中的各种属性信息录入时，需要根据数据模型中已经定义好的主域来进行录入，数据表中每一个可选的属性值必须存在一个与之相对应的代码，为防止管道属性表与主域不对应，必须将录入的每一字段内的数据与域值进行比较。

（4）在线点校验　在线点是一种有顺序点，每一个点在中心线上都有一个对应的位置，这个位置使用里程来确定，没有里程的点是无意义的。同时，中心线以及站列是有长度范围的，任何大于中心线长度和对应站列长度的点数据库都认为是错误的。

（5）设备位置校验　为防止数据在类型和逻辑上正确而在现实中是错误的现象，需要进行在线设备的位置校验，这主要是现实中管道的同一位置中只能存在一个类型、型号、规格相同的设备。

数据校验完整后，才可以将数据生成图形并导入到数据库中。

6.7　管道完整性数据维护规定

6.7.1　新建管道数据采集规定

（1）新建管道运行筹备组得到新建管道项目通知后，技术服务部开始负责编写数据采集方案，数据采集方案应包含新建管道项目的名称、施工单位、项目起始/结束时间、职责分配、数据采集内容、数据成果提交精度、格式等要求、参照标准等。待数据采集方案制定好以后，通知技术服务部和项目部准备方案审查。

（2）新建项目部负责对数据采集方案内容审查。

（3）数据采集方案通过后，新建管道运行筹备组开始招标选商工作，负责对测绘公司、数据监理公司、数据处理公司、卫星公司的招标选商，并负责与测绘公司、数据监理公司、数据处理公司、卫星公司签订保密协议。技术服务部负责招标选商的技术支持工作。

（4）在数据采集过程中，项目部有义务对测绘公司现场数据采集工作进行现场配合，并将测量成果交付给数据处理公司。

（5）在招标选商工作完成之后，新建管道运行筹备组负责遥感影像的购置。购买之后负责要求数据处理公司进行影像后处理。

（6）在现场数据采集完成之后，项目部负责要求第三方数据监理公司对采集的数据进行初次检验，若管道测量数据不合格则交付给测量公司返工，影像数据不合格则交付给数据处理公司返工。

（7）在管道竣工验收前，新建管道运行筹备组负责收集全部数据采集成果，并同管道竣工一起验收。如果验收通过，负责交付给 IT 部，如果验收不通过，新建管道运行筹备组负责要求测绘公司、数据处理公司对数据重新进行完善、整理，直到达到验收要求。

6.7.2 管道历史数据恢复采集规定

（1）管道历史数据恢复项目开始后，技术服务部负责编写数据采集方案，数据采集方案应包含项目名称、施工单位、项目起始/结束时间、职责分配、数据采集内容、数据成果提交精度、格式等要求、参照标准。待数据采集方案制定好以后，并通知运营部准备方案审查。

（2）技术服务部和运营部建设项目部负责对数据采集方案内容审查。

（3）数据采集方案通过后运营部开始招标选商工作，负责对测绘公司、数据监理公司、数据处理公司、卫星公司的招标选商，并负责与测绘公司、数据监理公司、数据处理公司、卫星公司签订保密协议。技术服务部负责招标选商的技术支持工作。

（4）在数据采集过程中，运营部有义务对测绘公司现场数据采集工作进行现场配合，并将测量成果交付给数据处理公司。

（5）在招标选商工作完成之后，运营部负责遥感影像的购置。购买之后负责要求数据处理公司进行影像后处理。

（6）在现场数据采集完成之后，运营部负责要求第三方数据监理公司对采集的数据进行初次检验，若管道测量数据不合格则交付给测量公司返工，影像数据不合格则交付给数据处理公司返工。

（7）技术服务部负责组织管道历史数据恢复项目验收，如果验收通过，运营部负责将数据成果交付给 IT 部，如果验收不通过，运营部负责要求测绘公司、数据处理公司对数据重新进行完善、整理，直到达到验收要求。

6.7.3 管道数据变更采集规定

（1）涉及管道数据变更的工程项目开始后，技术服务部负责编写数据采集方案，数据采集方案应包含工程名称、施工单位、项目起始/结束时间、职责分配、数据采集内容、数据成果提交精度、格式等要求、参照标准。待数据采集方案制定好以后，通知运营部和相关处室(IT 部)准备方案审查。

（2）技术服务部和运营部、IT 部、项目部负责对数据采集方案内容审查。

（3）当工程量较小，采用 GPS 手持机测量时，由运营部进行现场测量。技术服务部负责现场测量的技术支持工作。由技术服务部对数据成果进行检查，如果合格则由运营部交付给 IT 部，不合格则返工重新测量。

（4）当工程量较大时，数据采集方案通过后运营部开始招标选商工作，负责对测绘公司、数据监理公司、数据处理公司、卫星公司的招标选商，并负责与测绘公司、数据监理公司、数据处理公司、卫星公司签订保密协议。技术服务部负者招标选商的技术支持工作。

（5）在数据采集过程中，运营部有义务对测绘公司现场数据采集工作进行现场配合，并将测量成果交付给数据处理公司。

（6）在招标选商工作完成之后，运营部负责遥感影像的购置。购买之后负责要求数据处理公司进行影像后处理。

(7) 在现场数据采集完成之后，运营部负责要求第三方数据监理公司对采集的数据进行初次检验，若管道测量数据不合格则交付给测量公司返工，影像数据不合格则交付给数据处理公司返工。

(8) 在工程竣工验收前运营部负责收集全部变更数据采集成果，并同工程竣工一起验收。如果验收通过，负责交付给 IT 部，如果验收不通过，新建管道运行筹备组负责要求测绘公司、数据处理公司对数据重新进行完善、整理，直到达到验收要求。

6.8 管道完整性数据库设计

管道完整性数据库是建立在海量的管道数据和管道沿线地理信息数据之上的，数据的合理组织和数据库结构的合理设计是确保管道完整性管理系统开发成功的关键步骤。

管道完整性数据库是由一组数据库组成的，用于组织和存储管道完整性管理的相关信息，例如安全检测、风险评价、风险缓解、剩余强度分析、剩余寿命分析等。它是由基础信息、完整性信息和地理信息三类数据构成的综合性数据库。一般来说，都应该结合管道数据库，以求管道完整性管理系统有更充足的数据源和更为详细合理的数据分析和处理，以达到完整性管理的整体目标。

6.8.1 设计要求

系统设计的数据库应该满足以下基本要求：

(1) 能够为管道完整性信息的存储和管理提供系统的依托；

(2) 能够为管道完整性管理和其他相关系列软件的开发提供良好的数据支持。

此外，在数据库管理的层面上应该满足以下要求：

1. 成熟度要求

(1) 支持当前最流行的数据库技术标准，如 ANSI/ISO SQL99、ANSI/ISO SQL89、ANSI/ISO SQL92E、ODBC3.0、X/Open、CLI、JDBC 等。

(2) 完全支持中文国家标准第二级 (GB 2312—80) 的中文字符的存储处理，支持 UNICODE 通用编码格式。

(3) 支持对象数据库或多媒体的存储管理。

(4) 支持数据仓库的建立和管理，对数据仓库和 OLAP 应用有完善的支持。

2. 可靠性要求

(1) 支持数据的在线备份与恢复，具有多种数据复制方式。

(2) 提供软件容错机制，包括数据库、日志镜像、自动恢复。

3. 安全性要求

(1) 支持行/页/表等不同级别的锁机制，有良好的死锁处理机制，以及阶段提交机制，以保证数据的完整性和一致性。

(2) 支持数据库存储加密、数据传输通道加密等保密机制。

(3) 支持身份识别、角色划分、追踪审计等安全机制。

4. 开放性要求

(1) 支持主流厂商主推的硬件和操作系统平台，应包括 Windows、Vista、IBM RS6000/AIX、HP 9000/HP-UX、SUN/Solaris 等。

（2）支持主流的网络通信协议，应包括 TCP/IP 等。

（3）支持异种平台上异种数据库的良好互联，可实现对文件数据和桌面数据库数据的访问，可实现对大型异种数据库的访问，可将原有异种数据库向本数据库无损失移植。

（4）支持易用并具有广泛适应性的开发语言和工具，如 VC、VB、PB、JAVA、XML、G3、G4、CASE、WEB 应用工具等。

5. 可扩展性要求

（1）支持从单 CPU 系统到 SMP 多 CPU 系统或 SMP 多 CPU 系统到双机甚至多机集群系统的扩展及应用系统与业务系统的无损失移植。

（2）支持建立用户自定义数据类型和用户自定义函数。

6.8.2 管道数据模型

1. 基础模型

一款内容、结构合理的管道数据模型，对开展管道完整性管理至关重要。它确定了底层的数据结构、物理存储结构、要素间的逻辑关系，是管道完整性数据采集及各种应用软件开发的基础。

目前在管道行业使用最广泛的是 APDM 模型。APDM 模型最早由 M. J. Harden 于 2002 年 3 月设计完成，并于次年在圣迭戈举行的 ESRI 用户大会上发布。目前 APDM 的最新版本为 4.0，包括 21 个核心要素类、2 个元数据表、23 个抽象类、102 张数据表。它具有以下特点：

（1）它是一个内容广泛的数据模板，由 APDM 的技术委员会管理；

（2）以管道中心线管理为核心，所包含的其他内容包括管道设施、基础地理等为用户自行选择；

（3）专门为油气管道设计；

（4）具有强大的 GIS 功能，是依附于 ESRI 的油气管道数据模型。

因此通常选择 APDM 模型作为基础定制管道模型。

2. 模型内容

在管道数据建模时，需要在保留了一些 APDM 3.0/4.0 模型中管道共性要素的同时，增加了符合开展管道完整性管理的内容，包括管道侵占、水工保护、风险源、工程图等，最终形成专门针对管道完整性管理的数据模型。

它共包含十二部分内容：

（1）抽象和概念类　定义了整个模型的逻辑关系、结构关系、位置规则、继承规则，将所有的数据库表分为纯属性表和要素类，并规定了最高级抽象类，以及在线点、在线线、离线点、离线线与管道中心线的关系，是整个模型的基础；

（2）管道中心线　定义了管道中心线是由控制点和站列组成，以及管网和子系统与管道中心线的逻辑关系，设计中线也定义在这部分；

（3）设施　主要是管道的干线设施，包括阀、防腐层、套管、异径管等要素；

（4）检测　主要包括管道常规的内/外检测结果，以及检测缺陷的分类；

（5）侵占　主要包括管道占压建筑、路权、地下管网等要素；

（6）运行　主要包括管道日常平均运行压力、运行温度、高后果区等要素；

（7）阴极保护　定义了管道常规的阴极保护系统，包括阳极地床、牺牲阳极、恒电位仪等要素；

（8）管道风险　定义了风险评价的相关内容，包括风险源、管段风险、失效可能性、各种成本以及社会风险、个人风险等内容；

(9) 事件支持　定义了一些闲散的属性表，包括公司、地址、联系人以及活动等相关信息；

(10) 历史纪录　主要是用于保留由新建管道过渡到正式运行阶段一些废弃设施的历史纪录；

(11) 基础地理　定义了管道周边的基础地理环境，包括公路、铁路、河流、断层等基础地理信息；

(12) 工程图　主要用于在完整性工程图系统中，生成工程图时所用到的工程图边界、地图边界要素。

6.8.3 数据库存储

数据库是应用程序的核心和基础，如何将不同时相、不同比例尺、不同数据类型的遥感影像、专题数据、管道数据在数据库中高效、合理地组织、存储，使上层的应用程序准确获得查询、检索信息是数据库存储的关键。

1. 数据库选型

目前数据库软件产品众多，但能够处理空间数据的数据库软件主要有 Oracle、SQL Server、DB2。基于系统可靠性、安全性和伸缩性考虑，数据库服务器可选用 UNIX 操作系统，由于 SQL Server 不具备在 UNIX 平台上运行的能力，故不予选用。

2. 空间数据库选型

空间数据库是指含有地理空间坐标信息的地图图形数据库，其内容是以矢量格式存储的以各种编码将地图信息分类及分级的地理坐标数据。管道完整性管理中管道数据的空间信息是最为重要的信息，包括管道的里程、空间坐标、拓扑关系等。

目前，GIS 软件与大型商用 RDBMS 的集成，系采用空间数据引擎来实现的。目前代表性的空间数据引擎产品有 ESRI 的 SDE(Spatial Database Engine)。SDE 是一种空间数据库管理系统的实现方法，即在常规数据库管理系统之上添加一层空间数据库引擎，以获得常规数据库管理系统功能之外的空间数据存储和管理的能力。SDE 在用户和异种空间数据库的数据之间提供了一个开放的接口，它是一种处于应用程序和数据库管理系统之间的中间件技术。使用不同厂商 GIS 的客户可以通过空间数据引擎将自身的数据提交给大型 RDBMS，由 RDBMS 统一管理；同样，客户也可以通过空间数据引擎从 RDBMS 中获取其他类型 GIS 的数据，并转化成客户可以使用的方式。

管道完整性的空间数据库采用 RDBMS(Oracle)+ SDE 的方式存储组织数据，Oracle 数据库是由一个实例(Instance)和存储在硬盘上的文件组成的。Oracle 实例是由进程和内存结构组成的。服务器进程从 SGA 与 Oracle 客户端交互，比如 SDE。服务器进程负责处理用户提交的 SQL 语句以及读写用户数据。后台进程代表服务器进程与组成数据库的物理文件交互。构成 Oracle 这样大容量数据库的是一系列数据文件，其中存储了如表和索引等这样的对象。在 Oracle 中，SDE 就像管理地理数据的“大门”，使得 Oracle 中的数据可以快速向基于 ArcEngine 开发的应用程序及其他互联网络客户端传输。SDE 和 Oracle 的组合使用，有利于将基于传统文件的矢量、栅格数据都移植到一个空间数据及属性数据集成的数据库中。这样，所有的空间数据及属性数据都被管理在数据库内，有利于数据的一体化。管道完整性数据库架构如图 6-12 所示。

3. 空间数据库存储设计

合理的组织、存储数据对于数据库的管理、性能、制定备份策略都起到了至关重要的作用。由于当前数据库服务器大都采用 RAID 技术，将多个磁盘通过 RAID 方式结合成虚拟单

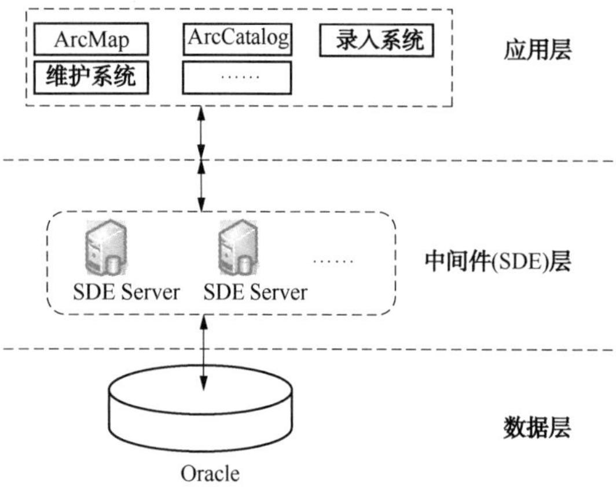

图 6-12　管道完整性数据库架构

个大容量的硬盘使用，从而保证了读取速度加快及提供容错能力，解决了磁盘 I/O 争用的问题，所以控制 SDE 表和索引在 Oracle 数据库中的存储配置也就保证了空间数据库的性能。我们可以通过 DBTUNE 中定义的存储参数来实现。

SDE 默认安装过程很方便，但一定不会达到预期的良好性能。没有经过配置和调整的 SDE 也同样不会获得满意的效率。存储在数据库中的每张表和索引都有一个存储配置。存储表和索引的方式会影响到数据库的性能。SDE 从 DBTUNE 表读取存参数来定义 SDE 表和索引的物理存储参数。存储参数都是按照配置关键字分组的。表和索引的布局受 DBTUNE 中的存储参数 DATA_DICTIONARY 控制。当建立 SDE 表和索引的时候就将这些关键字指派给数据。通过编辑 DBTUNE 文件，可以将表和索引组织起来，为表和索引建立不同的表空间，从而为管道数据设计存储方式，在存储数据时应参照以下准则：

(1) 创建表和索引时指定不同的表空间；

(2) 对不同的数据内容创建不同的表空间，因为数据使用频率不同，备份策略也不尽相同；

(3) 创建回滚段专用的表空间，防止空间竞争影响事务的完成；

(4) 创建临时表空间用于排序操作，尽可能地防止数据库碎片存在于多个表空间中。

管道完整性管理的数据分为四类：SDE 以及其他应用程序系统表；各种不同比例尺的水文、气候、地形的专题数据；管道沿线的高分辨率的遥感影像数据；各种管道本体的设施、缺陷、运行的 PIDM 模型中的数据。表 6-8 描述了这些数据的存储方式。

表 6-8　数据库存储内容及方式

数据内容	数据类型	具 体 内 容	比例尺/精度	存 储 方 式
系统数据	属性数据	SDE 系统表，其他应用程序系统表		当数据库处于多版本状态下会使 SDE 系统表增加上万条记录，必须放在独立的表空间存储，并且和其他应用程序系统表分离存储
专题数据	矢量	水文、地震带、道路、气温……	1∶400 万～1∶5000	数据库中要有独立的表空间存储表和索引
遥感影像	栅格	全国范围的背景影像图	15m/像素	栅格数据集/栅格目录组织数据，数据库中要有独立的表空间存储表和索引
		管道沿线影像	0.61～1m/像素	
APDM 数据	矢量	管道、防腐层、阀、阴极保护……	1∶5000	使用频率最高，根据 APDM 内容以数据集方式组织数据，数据库中要有独立的表空间存储表和索引
		专门用于完整性分析的道路、河流、铁路……	1∶5000	

6.9 管道完整性数据安全

6.9.1 管道数据安全概述

测绘数据一直是国家严格要求保密的重要数据资料，《中华人民共和国测绘法》《测绘管理工作国家秘密范围的规定》《国家基础地理信息数据保密办法》，对涉密地图数据都提出了保密要求。

管道数据带有空间信息，其空间坐标数据标明了国家领域范围内地理要素的详细坐标，尤其是管道中心线的坐标精度达到了亚米以上级别，属于国家绝密数据，一旦泄露将给国家能源安全造成极大的威胁。国家在计算机信息安全、测绘信息安全中，都有详细的规定，要求必须做到数据安全保密。

无论从保守国家机密的角度，还是从保护企业秘密的角度，都十分必要进行管道数据的保密工作，严格控制管道数据的使用。

6.9.2 管道数据安全要求

1. 管道数据保密要求

管道数据事关国家安全，按照相关的规定必须保密，同时，管道数据又在国家建设、国防建设上发挥着重要的作用，因此，为了保证国家安全、石油安全，需要进行管道数据安全保密工作，防止管道信息财产被故意地或偶然地非授权泄露、更改、破坏或信息被非法地辨识、控制，以确保信息的完整性、保密性和可用性。

近几年来，国家对计算机信息系统安全管理非常关注，多次指示相关部门制定有效措施，切实加强管理，提高我国计算机信息系统安全保护水平，以确保社会政治稳定和经济建设的顺利进行。据此出台了多项规章制度，如《涉及国家通信、办公自动化和计算机系统的审批及保密管理规定》中规定“涉密系统不得直接或间接国际联网，必须实行物理隔离。”

与一般的数据相比，管道数据具有空间信息，在进行数据安全工作的时候，不仅需要参照《保密法》等法律、法规进行安全保密工作，同时还需要参考测绘行业、石油行业的相关规定，进一步做好保密工作。如《中华人民共和国测绘法》规定“测绘成果保管单位应当采取措施保障测绘成果的完整和安全，并按照国家有关规定向社会公开和提供利用。测绘成果属于国家秘密的，适用国家保密法律、行政法规的规定；需要对外提供的，按照国务院和中央军事委员会规定的审批程序执行。”

因此，管道测绘成果资料属于国家秘密的范畴，必须按照国家相关法律要求，对管道数据进行保密。

同时，从管道数据的作用上看，管道测绘成果资料不仅在数字化管道建设中有重要作用，而且在国防建设也发挥着至关重要的作用，所以必须对管道数据进行保密。

在国民经济高速发展的新形势下，为保证国家安全，防治涉密管道数据泄露，可以从以下三方面对管道测绘成果资料进行保密管理：

(1) 加强制度管理，保证管道数据安全，严格遵守《保密法》《中华人民共和国测绘法》《中华人民共和国测绘成果管理条例》等相关法律法规；

(2) 利用技术加强数据安全，要坚决确保含有管道测绘成果资料的计算机与 Internet 物理断开；

（3）加强宣传，提高工作人员管道数据保密意识，防止管道数据泄密。

2. 管道管道数据发布要求

当前，随着管道企业信息化程度不断提升，出现了多种管道信息化系统，如管道设计系统、完整性管理系统、风险评价系统等，它们面向管道管理各环节，从基层站场到科室、公司，涉及许多用户。虽然大部分管道数据属于涉密数据，受国家安全保密政策限制，需采取各种措施对管道数据进行保护，防止涉密数据外泄。但随着管道管理现代化和信息化的发展，使得对管道数据的公开使用的需求不断增强，如利用管道地图辅助巡线、检测以及基于管道的各种评价计算，导致数据保密与公开的矛盾十分突出。

为了使涉密测绘数据能够公开使用，国家也出台了相关的规章制度。如《公开地图内容表示若干规定》及《公开地图内容表示补充规定》明确对不能公开的地图内容以及公开数据的精度要求进行了界定，如“公开地图位置精度不得高于50m，等高距不得小于50m，数字高程模型格网不得小于100m”，并要求涉密数据必须经过一定的处理才能公开使用。

因此，为了满足管道日常管理的数据需要，在符合国家相关规章制度的前提下，可以将经过处理的管道数据进行公开，供各级管道用户使用。

3. 管道数据安全规范

1）目标与原则

管道数据安全工作的目的就是为了在安全法律、法规、政策的支持与指导下，通过采用合适的安全技术与安全管理措施，保障计算机及其相关配套的设备、设施（含网络）的安全，运行环境的安全，信息的安全及计算机功能的正常发挥，以维护计算机信息系统的安全运行。

管道数据安全涉及内容主要包括管理安全、物理安全、运行安全和信息安全四个方面。

（1）管理安全　包括管理机构、管理制度、管理技术、人员管理；

（2）物理安全　环境安全、设备安全、介质安全；

（3）运行安全　备份与恢复、计算机病毒防治；

（4）信息安全　身份鉴别、访问控制、信息加密、安全审计、抗抵赖、入侵检测、网络安全保密、操作系统安全、数据库安全。

管道数据的安全不是独立的，而是基于已有的安全系统之上的，如机房供电安全、消防安全、网络安全、入侵检测、防火墙、防病毒、数据备份及异地冗灾等内容。

在这类安全系统基础上，管道数据安全设计的主要目标包括：

（1）涉密网络与外部网络的物理隔离；

（2）涉密数据的传输控制；

（3）涉密数据的加密使用；

（4）原有系统的升级和维护。

2）安全体系架构

参照国家保密系统设计要求，针对目前管道数据安全现状，管道数据安全主要采取涉密管道数据库物理隔绝与管道数据处理交换使用两种方法，以达到管道数据保密管理和共享使用的目的。系统网络拓扑结构如图6-13所示。

（1）涉密网络层

涉密网络，即物理隔离专用网络，其中包含了涉密的管道数据，包括管道完整性数据、

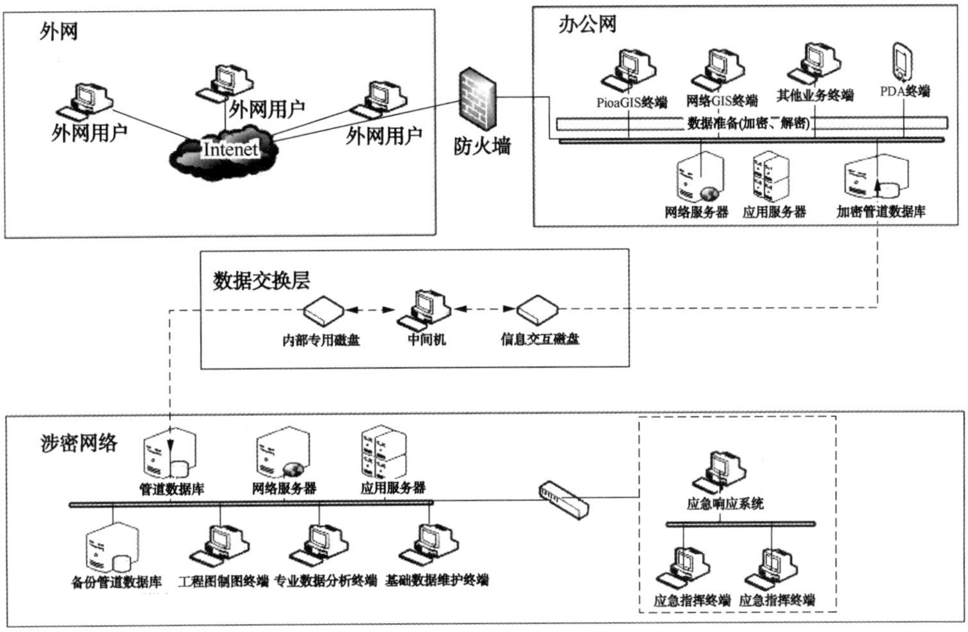

图 6-13　系统网络结构图

基础地理数据、专题数据、影像数据等。

涉密网络中管道数据可以用于各类专业分析操作，由于这些数据没有经过加密处理，因而各种计算分析的结果是准确的。可执行的操作包括：基础数据的录入维护、风险分析、统计分析(如管道线路的河流、铁路、公路的穿跨越统计)、工程图制图输出等。

为了适应应急响应系统的需求，建立与应急响应系统的连接，当出现事故时，利用应急系统，结合管道数据库中的原始数据辅助抢险救助工作。需要指出的是，应急响应系统也处于涉密网中，与外网也实行物理隔离。

在涉密网中需要通过设置用户的权限和级别，实现对管道数据库的访问控制，并记录用户的操作，对历史操作进行审计，确保各种操作的安全可靠。同时，还需要按时按需对数据文件进行备份。

此外，还需要对涉密网中的各种移动存储介质进行管理，防止管道数据经过非法的移动介质传到网外。如对网中的终端外设连接端口进行限制，只允许某台或某几台机器接入特定注册的存储设备、打印设备，其他机器只能通过网连的方式获取管道数据，还需要对已产生的各种带有坐标信息的工程图纸、文件等纸质介质进行安全管理。

(2) 管道数据交换层

管道数据从涉密网络传输到办公网时，需要使用外部磁盘等设备进行拷贝传输。在拷贝过程中，至少需要注意以下几项内容：

① 拷贝前　身份认证和访问控制，确保当前人员有权拷贝和传输管道数据；

② 拷贝时　安全检查，检查数据完整性、病毒、恶意攻击代码等，防止因外部磁盘中的数据安全问题，感染涉密网或者办公网中的终端；

③ 拷贝后　安全审计，对各种管道数据传输的日志进行审查。

在管道数据交换的过程中，需要使用到涉密网专用磁盘、中间机和信息交换磁盘，以保证数据在拷贝前、中、后的安全，这个层与任何网络都不连接。

涉密网专用磁盘，可以是经过一定的保密处理的设备，如特定磁盘文件格式，提高管道数据的保密性，形成涉密网中的专用文件格式，仅限于涉密网中使用；中间机，即经过特殊处理的计算机，需安装特定的软件读取内部磁盘的文件格式，同时还需要配备杀毒软件、审计软件、坐标加密软件，保证管道数据的安全、可靠；信息交换磁盘，将加密的数据传输到办公网的数据服务器中，这时的管道数据是经过坐标加密的数据。

如果需要，还需要对磁盘进行注册，使其绑定在特定的机器中，其他非法机器无法读取磁盘信息。涉密网专用磁盘在使用的时候，需要注册到涉密网络中的特定机器和中间机，每次拷贝管道数据的时候，只能从这个终端访问数据库，将数据按照特定的文件格式下载到内网磁盘中，同时，在传输管道数据的过程中，记录使用者、下载时间、下载的内容等信息，以备后期的审计工作。在使用信息交换磁盘的过程中，交互磁盘也需要在中间机器上进行注册，并记录磁盘数据交换操作的信息。

(3) 办公网层

管道数据经过加密后，通过交换磁盘传输到办公网中的数据服务器中。办公网中的各种管道数据使用终端及业务系统，主要包括两种架构，即客户端/服务器(C/S)架构和浏览器/服务器(B/S)架构。例如，一些风险评价软件、高后果区识别软件都属于 C/S 系统，而管道数据发布系统、管道网络 GIS 平台等网络工作平台都属于 B/S 系统。这两种架构的系统，所使用的大部分管道数据都是经过加密处理的，管道数据经过解密后才能正常运行，故需要对现有的系统进行升级和维护工作。

对于一些针对管道的业务操作分析，如风险分析、效能评价、维修维护等，使用的主要是事件表数据，由于该种类型的数据采用线性参考和动态分段技术，不带有具体的空间坐标，使得这类管道数据没有进行加密，所以在使用的过程中，可以直接使用。

对于高后果区识别、管道沿线空间信息内容和范围的查看等操作，由于需要使用各种经加密处理的矢量、栅格数据，所以在使用的过程中，需要先进行解密处理，才可以使用。

对于加密管道数据库，还需要进行访问控制、权限控制、监控和审计，保证数据库的安全。

此外，办公网中的管道数据安全保护，还有赖于办公网自身已经采取的各种安全防护的措施，如 VPN 网关、防火墙、杀毒软件等。

(4) 外网层

在 Internet 网络与办公网之间通过防火墙、VPN 网关等防护产品进行连接。办公网中的管道数据，均采用坐标加密的方式进行加密，所以办公网中的数据安全是有保障的。Internet 网络与涉密网并没有直接连接，外界无法直接访问，所以原始的管道数据的安全是有保障的。

3) 关键技术

(1) 涉密数据库物理隔绝

针对管道数据，建立两套管道数据库：一套是含有管道测绘成果资料，与 Internet 物理断开的真实管道数据库，在涉密网络内运行，供管道数据维护系统、专业分析等系统使用；一套是连接到办公网络的加密管道数据库，供各种业务系统使用。

为保证两套管道数据库的安全和正常使用，需要设立专用的管道数据库服务器，并采用具有冗余校验功能的磁盘阵列存储数据库中的数据。

① 定期备份　建立备份机制，定期对管道数据库中的数据进行备份，备份介质可采用光盘或磁带，对备份的这些介质应妥善保管，必要时可实现异地存储。管道完整性数据库需要具有全备份支持，应该能够每周 7 天，一天 24 小时运行，并应该设计日常的备份计划，实现合适的维护或灾难恢复功能。同时，保证将停机时间和数据损失降至最小。当发生灾难时，可以立即采用经过试验证明的并且可靠的技术方法，帮助管道完整性数据库免于丢失关键的业务数据。

② 数据库的存取控制　管道业务存在着多个子系统，每个子系统都需要使用管道完整性数据库中的数据，这些子系统通过数据库进行数据交换与存储，每个子系统都从数据库中获取数据，因此，系统设计时首先按了系统进行管道数据存取权限的划分，将子系统作为用户级对待，为每个子系统设定数据访问权限，通过定义不同的用户连接使每个子系统在连接到管道数据库时就划分了对数据库表的访问权限。在此基础上各应用子系统内部再根据访问要求划分多个用户级别，通过建立用户权限表限制各级用户对数据的增、删、浏览等操作权限。

③ 安全审计　审计是对选定的用户动作的监控和记录，主要用于审查可疑的活动和管道数据库连接，包括：对管道数据被非授权用户所删除进行审计；对数据库的所有表的成功的或不成功的删除进行审计；监视和收集关于指定数据库活动的数据。

（2）数据处理交换

两套管道数据库之间利用数据处理交互方法进行数据传输共享使用。对管道所有空间数据的维护，都是在物理隔离的管道完整性数据库中进行的，以该库的管道空间数据为基础，将管道数据经处理后，更新和替换到公开的管道完整性数据库中。对管道进行管理的业务数据，都是在公开的管道完整性数据库中进行，以该库的管道管理数据为基础，将重要的业务管理数据更新和替换到物理隔离的管道完整性数据库，如图 6-14 所示。

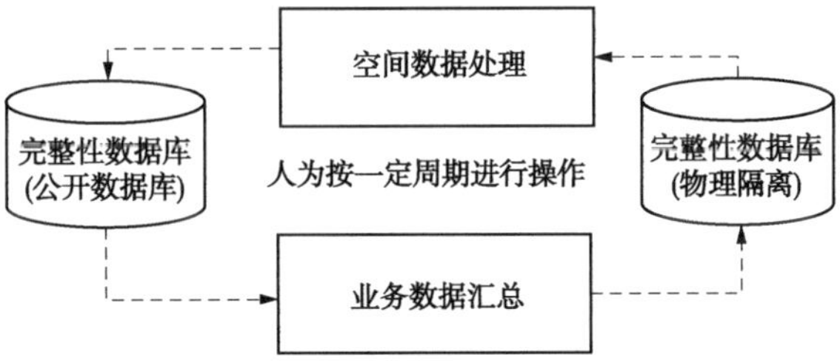

图 6-14　管道完整性数据库数据处理交换示意图

（3）其他技术

为保证管道数据安全，除采用上述两种技术外，还可从以下几个方面着手进行相应的工作。

① 数据安全管理制度

a. 对涉密信息进行分类，确定密级，对不同密级的管道数据采取不同级别的保护手段，保证涉密信息的科学化管理；

b. 对信息的使用者进行分类，实现分级管理，非涉密人员不得使用涉密计算机和涉密信息，不得拷贝涉密信息，涉密人员需按照安全保密规定，签署相关的保密协议，明确要求与责任，并保证数据信息的安全使用，涉密人员离岗时，应及时收回涉密计算机及移动存储设备。

② 监督审计

a. 对各种涉密计算机及移动存储介质实行全过程统一监管；

b. 对计算机、移动存储设备及各种资料，按照涉密和非涉密实行分类管理、分开控制使用，禁止涉密设备连接到公共网络中，禁止使用非涉密计算机存储、采集和传输涉密信息，禁止将非涉密移动存储介质在涉密计算机中使用；

c. 禁止通过公共网络，以邮件及其他网络通信技术的方式进行涉密信息的传播；

d. 禁止涉密计算机连接到外部打印设备上；

e. 加强对出差中使用的移动设备的审批检查工作。

③ 安全技术

a. 对涉密信息进行及时备份；

b. 加强工作环境的安全，如按时升级防火墙、杀毒软件、入侵检测系统、操作系统，并定期更换操作系统、管道数据库中的密码；

c. 定期对移动设备进行安全检查。

④ 宣传培训

开展经常性、有针对性的计算机及移动存储介质保密知识教育和防范技能培训，提高涉密人员的保密意识和防范能力。

第 7 章　管道风险评价技术

7.1　管道风险评价现状

管道风险评价，国外已进行了近 30 年的研究，并取得一定成绩，在管道管理中得到应用。1985 年美国 Battelle Columbus 研究发表了《风险调查指南》，在管道风险评价方面运用了评分法；1992 年，W. KENT. Muhlbauer 撰写的《管道风险管理手册》，详细叙述了管道风险评价模型和各种评价方法，它是美国在前 20 年开展油气管道风险评价技术研究工作的成果总结，为世界各国普通接受且作为开发风险评价软件的重要依据。该书在 1996 年再版时作者增加了约 1/3 篇幅介绍不同条件下的管道风险评价修正模型，并在风险管理部分补充了成本与风险关系的内容，使该书更具有实际指导意义。2004 年该书出至第 3 版。目前，它已成为世界各国开展油气管道风险评价研究工作的指导性文献。

加拿大从 20 世纪 90 年代初期开始了油气管道风险评价和风险管理技术方面的研究工作。在 1993 年召开的管道寿命专题研讨会上就“开发管道风险评价准则”“开发管道数据库”“建立可接受的风险水平”“开发评价工具包”和“开展风险评价教育”等课题展开了讨论，并达成共识。并在 1994 年召开的管道完整性专题研讨会上，成立了以加拿大能源管理协会、国家能源委员会等 7 个团体组成的管道风险评价指导委员会，并明确该委员会的工作目标是促进风险评价和风险管理技术在加拿大管道运输工业中更好地应用，负责本国管道风险管理技术开发的实施方案。该国的 NeoCorr 工程有限公司自 1994 年起开展油气管道的腐蚀和风险咨询业务，成功地开发了 CMI 腐蚀管理软件，为全球十几家油气公司实施了详细的风险评价，受到了大家的一致好评。另外，加拿大 C-FER 公司基于管道完整性管理优化工程项目，研制开发出量化风险评价软件包(Piramid)，用于分析管道的失效概率、失效后果和总风险计算。

英国健康与安全委员会在管道风险管理项目研究中，研制出 MISHAP 软件包，用于计算管道的失效风险，并取得了实际应用。另外，英国燃气公司为其管道系统风险评价开发了 TRANSPIPE 软件包，在输入数据后，评价出该地区的个人风险和社会风险等，并以 FN 曲线输出。1984 年该公司将运用此软件包作出的评价报告提交给国家“健康与安全部”，有效地解决了英国工程学会制定的 TD/1 标准与“健康与安全部”所定标准之间的条款冲突。该软件包代表了风险评价当时的水平，目前已在更新数据模式和扩大计算范围方面得到完善。

国外在将风险评价应用到管道维修和管理过程中已取得了巨大的经济效益和社会效益。如美国 Amoco 管道公司从 1987 年采用风险评价技术管理所属的油气输送管道和储罐以来，已使年泄漏率由 1987 年工业平均数的 2.5 倍下降到 1994 年的 1.5 倍，从而使公司在 1994 年取得了接近创纪录的利润水平。该公司的应用实践表明，完善的风险管理手段可降低泄漏修理和环保措施的费用。对腐蚀管道采用最低合理可行原则可明显降低维修费用。

我国有关油气输送管道风险评价的研究工作起步较晚，1992 年西南石油大学姚安林教授最早开展管道风险评价研究，建立了风险评价系统，将风险管理概念引进到国内。1995 年著名油气储运专家潘家华教授在《油气储运》杂志上将管道风险评价介绍给技术人员，近年来已逐渐引起科研人员和管道管理者的注意。由于我国油气管道现状和条件与国外有较大差异，国外油气管道风险管理的成果不完全适用于我国管道现状，因此应该根据我国管道的实际情况，有针对性地进行相关修正。现今中石油正推广和实施完整性管理，风险评价作为完整性管理的核心环节，已在不少管道做了有益的尝试，如兰成渝成品油管道、大庆原油管道、陕京输气管道等。

7.2 管道危害因素识别

管道危害识别是风险评价之前的准备工作，风险评价一般要基于危害识别的结果进行。

管道危害识别是为了找出对管道会造成不利影响的所有因素，这些因素会或大或小、或缓或急地影响管道的安全，包括来自管道本体的和来自外部环境的所有因素。

管道危害识别的一般要求：

(1) 危害识别宜每年进行一次；

(2) 危害识别应尽可能地全面，找出所有不利因素；

(3) 危害识别应充分借鉴已有经验和失效历史，使其具有前瞻性和预测性。

按照对管道的威胁方式，可将所有危害分为如下几类：

(1) 内腐蚀　是指管道输送的油气引起管道内壁的腐蚀减薄，典型的有油气含水、含 H_2S 等。

(2) 外腐蚀　阴保和防腐层都失效时，管道外部环境中的土壤、杂散电流引起管道外壁的腐蚀减薄，典型的有阴保电位不足或过高、杂散电流、防腐层破损和剥离、套管处阴保不足、加剧外腐蚀等。

(3) 管体制造与施工缺陷　是指钢管制造过程或现场施工敷设过程中造成的管道本体和焊缝的缺陷，典型的有管道划伤、凹坑、焊缝缺陷、管道外壁直接与坚硬的岩石接触等。

(4) 第三方破坏　是指第三方对管道造成的损伤和破坏，典型的有打孔盗油点、管道上方违章占压、管道周围挖掘施工、农耕破坏(尤其是深层耕作)、埋深过浅(发达地区至少 0.8m)、管道标识不足、穿越处的管道承受载荷过重等。

(5) 自然与地质灾害　包括地质灾害和环境灾害，典型的有滑坡、崩塌、泥石流、黄土湿陷、地裂缝、洪水冲蚀、采空区、地震、管道悬空、冻胀、易遭雷击点等。

(6) 其他　不属于上述 5 类的其他危害，如管理原因和误操作等。

管道危害识别可用的方法有：

(1) 现场调查　沿管道巡线、管道开挖等。

(2) 资料查阅　查阅各种运行报表、失效历史记录、各种检测分析报告等。

(3) 人员访谈　与巡线人员、对管道熟悉的操作工、管道周围居民访谈等。

(4) 检测与监测　对管道实施内检测、外检测、应力应变监测等方法是识别管道本体缺陷最好的方法，但一般需要投入较多的财力和物力。

7.3 管道高后果区识别

7.3.1 定义

高后果区(High Consequence Areas，HCAs)是指管道如果发生泄漏会严重危及公众安全和(或)造成环境较大破坏的区域。典型的高后果区为人口密集区和环境敏感区，输气管道对于河流、湖泊、自然保护区等敏感区危害相对较小，因此环境敏感类高后果区主要是针对输油管道。2016 年 3 月，正式颁布实施的 GB 32167—2015《油气输送管道完整性管理规范》中强制条款 4.4 明确要求“管道运营期周期性地开展高后果区识别”。

高后果区是管道管理的重点区域，开展高后果区识别是国内外各管道运营企业的共识，管道泄漏事故发生在高后果区和非高后果区影响程度差异很大。发生在高后果区的管道泄漏事故可能会对管道沿线周边的人员安全、环境安全造成较大危害，进而产生较大社会影响，在非高后果区内的管道泄漏事故影响主要是针对管道企业内部，高后果区与非高后果区内发生事故对比如图 7-1 所示。通过高后果区识别可进一步明确管道管理的重点，合理地配置管道保护资源。将管道保卫、管道保护、腐蚀防护、检测监测、应急资源等优先配置在高后果区，避免在高后果区内发生管道泄漏，或者因管道泄漏导致的次生灾害，避免对管道沿线人员和环境产生危害。同时也是满足国家法规标准的要求，在运行期开展高后果区识别可以明确管理重点，同时控制在高后果区管道的运行风险。高后果区内的管段是实施风险评价和完整性评价的重点管段，管道公司必须在高后果区管段上实施完整性管理计划，以保护公众生命财产和环境的安全。

值得注意的是，高后果区并不是一成不变的，它随着时间和环境的变化而变化着，因此，管道运营商对高后果区也需定期重新分析，及时掌握需要采取完整性管理计划的重点区段，保障管道的安全运营。

(a)高后果区内事故

(b)非高后果区内事故

图 7-1　高后果区与非高后果区内事故对比

7.3.2 国内外做法及要求

欧美国家对于管道 HCAs 识别技术研究较早，现已明确出台了相关法律法规对 HCAs 管段进行管理，其中美国对管道 HCAs 研究较为成熟。

2001 年，美国出台了《危险液体的管道完整性管理》，即 API 1160－2001《Managing System Integrity for Hazardous Liquid Pipeline》，系统地阐述了管道 HCAs 的识别规程与评分方法，为美国油气管道的 HCAs 识别提供了依据。

2002 年 11 月，美国国会通过了 H. R. 3609 号法案，增加管道安全性法案（The Pipeline Safety Improvement Act of 2002，PSIA），在 PSIA 第 14 章中，明确规定管道运营商要在 HCAs 管段实施完整性管理。这是美国法律对开展完整性管理的强制要求。

2003 年，美国交通运输部发布了输气管道和液体危险品管道安全管理规程，在第 49 CFR 192 部分《天然气输送管道严重后果区域—最终规则》明确了输气管道 HCAs 的定义、HCAs 的界定、HCAs 的识别方法、计算方法以及 HCAs 的完整性管理内容，在第 49 CRF 195 部分《危险液体管道严重后果区域—最终规则》中明确了液体管道 HCAs 相关要求。

2014 年，美国运输部的管道安全管理办公室开发了全美管道绘图系统，以运营商提供的管道信息以及管道周边环境、人文信息绘制了地区饮用水分布图、生态分布图、商业航道图、人口密集分布图，最后整合所有信息绘制出全美地区管道 HCAs 域图。运营商通过管道测绘系统可清晰地查询管道高后果地区的数据，由于管道周边生态、社会、人文环境资料提供齐全，结合全美管道绘图系统提供的 HCAs 域图，并遵循 DOT 49 CFR 法案，运营商对管道 HCAs 进行完整性评价，极大地减少了管道 HCAs 事故发生。

国内对高后果区的研究起步较晚，但 2004 年以后国内完整性管理也快速发展，2009 年形成了国内首套关于管道完整性管理的企业标准 Q/SY 1180《管道完整性管理规范》，其中第 2 部分为管道高后果区识别，明确了高后果区的定义、识别准则及管理要求，2010 年在中石油企业内部全面推广，目前中石油各管道企业主要干支线管道的高后果区识别覆盖率为 100%。

2015 年国家强制性标准 GB 32167—2015《油气输送管道完整性管理规范》发布，该标准对高后果区识别准则、识别要求、管理以及识别报告等进行了详细的规定。该标准共有 6 条强制条款，其中 3 条与高后果区相关，分别为：第 4. 4 条"在建设期开展高后果区识别，优化路由选择。无法避绕高后果区时应采取安全防护措施"；第 4. 5 条"管道运营期周期性地进行高后果区识别，识别时间间隔最长不超过 18 个月，当管道及周边环境发生变化，及时进行高后果区更新"；第 4. 6 条"对高后果区管道进行风险评价"。

为了贯彻落实国务院安全会工作要求，2016 年国家发改委、国家能源局、国务院国资委、国家质监总局、国家安监总局五部委联合发布了《全面推行油气输送管道完整性管理的通知》〔发改能源（2016）2197 号〕，通知提出，按照《国务院安全生产委员会关于印发 2016 年油气输送管道安全隐患整治攻坚战工作要点的通知》（安委〔2016〕6 号）要求，依据《中华人民共和国石油天然气管道保护法》和《油气输送管道完整性管理规范》（GB 32167—2015）等相关标准规范，为持续做好油气输送管道安全管理，有效防范管道事故发生，全面推行油气输送管道全生命周期完整性管理，并提出了具体要求。管道高后果区识别工作作为开展完整性管理的一项基础工作，日益受到管道企业重视。

7. 3. 3　相关技术标准

高后果区的识别应严格按标准要求开展，确定高后果区的类型、识别距离与高后果区等级。涉及高后果区识别的相关技术标准有：

（1）GB 32167—2015　油气输送管道完整性管理规范

（2）TSG D7003—2010　压力管道定期检验规则　长输油气管道

（3）Q/SY 1180.2—2014　管道完整性管理规范　第2部分：管道高后果区识别

（4）SY/T 6975—2014　管道系统完整性管理实施指南

其中前三个为强制性标准（企标针对企业内部为强制），后一个为推荐性标准。Q/SY 1180.2是国内高后果区识别最早的技术标准，无高后果区分级，再识别周期为12个月；GB 32167为目前国内高后果区识别主要依据，其设置了高后果区分级，再识别周期为18个月；TSG D7003为特种设备安全技术规范，其中有事故后果严重区概念与高后果区概念类似，可参照执行。在实际的高后果区识别工作中，一般依据国家标准GB 32167—2015《油气输送管道完整性管理规范》开展。

7.3.4　高后果区事故案例

2010年9月9日，美国太平洋燃气电力公司所辖1956年建设的132号管线[管径762mm，运行压力2.66MPa小于*MAOP*值（2.76MPa），材质X42，壁厚9.5mm]因焊接不合规范产生的施工缺陷导致承压能力下降，在加利福尼亚州圣布鲁诺的一处居民区发生破裂爆炸事故。爆炸发生在伯爵大街和格伦维尤快车道交叉口，属于人口密集区类型的管道高后果区。

泄漏的天然气遇明火被点燃，发生爆炸，随后引发了严重火灾，事故共造成8名居民死亡，6人重伤，52人轻伤。事故形成了一个长约22m、宽约8m的爆炸坑，一段长约8.5m、重约1.36t的破裂管道，被弹射至爆炸坑南边约30m处。火灾影响区域以管道爆炸点为中心半径达182m，火灾影响到了108所房屋，其中38座被摧毁，17座严重损坏，53座轻微损坏。此外，74辆汽车被损坏或烧毁，被烧毁的区域里还包括一个公园林地和一个游乐场。根据PG&E报告，管道修理费用约为1350万美元，泄漏天然气价值约26.3万美元。

7.3.5　高后果区划分准则

1. 地区等级划分

输气管线通过的地区，应按沿线居民户数和（或）建筑物的密集程度，划分为四个地区等级，并应依据地区等级做出相应的管道设计。地区等级划分应符合下列规定：

（1）沿管线中心线两侧各200m范围内，任意划分成长度为2km并能包括最大聚居户数的若干地段，按划定地段内的户数划分为四个等级。在乡村人口聚集的村庄、大院及住宅楼，应以每一独立户作为一个供人居住的建筑物计算。地区等级应按下列原则划分：

一级一类地区：不经常有人活动及无永久性人员居住的区段；

一级二类地区：户数在15户或以下的区段；

二级地区：户数在15户以上100户以下的区段；

三级地区：户数在100户或以上的区段，包括市郊居住区、商业区、工业区、规划发展区以及不够四级地区条件的人口稠密区；

四级地区：四层及四层以上楼房（不计地下室层数）普遍集中、交通频繁、地下设施多的区段。

（2）当划分地区等级边界线时，边界线距最近一幢建筑物外边缘不应小于200m。

（3）在一级、二级地区内的学校、医院以及其他公共场所等人群聚集的地方，应按三级地区选取设计系数。

（4）当一个地区的发展规划足以改变该地区的现有等级时，应按发展规划划分地区等级。

2. 输油管道高后果区

输油管道经过区域符合表7-1识别项中任何一条的为高后果区，识别高后果区时，高后果区边界设定为距离最近一幢建筑物外边缘200m，输油高后果区分为三级，Ⅰ级代表最小的严重程度，Ⅲ级代表最大的严重程度。

表7-1 输油管道高后果区管段识别分级表

输油管道	(1)管道中心线两侧各200m范围内，任意划分成长度为2km并能包括最大聚居户数的若干地段，四层及四层以上楼房(不计地下室层数)普遍集中、交通频繁、地下设施多的区段	Ⅲ级
	(2)管道中心线两侧200m范围内，任意划分2km长度并能包括最大聚居户数的若干地段，户数在100户或以上的区段，包括市郊居住区、商业区、工业区、发展区以及不够四级地区条件的人口稠密区	Ⅱ级
	(3)管道两侧各200m内有聚居户数在50户或以上的村庄、乡镇等	Ⅱ级
	(4)管道两侧各50m内有高速公路、国道、省道、铁路及易燃易爆场所等	Ⅰ级
	(5)管道两侧各200m内有湿地、森林、河口等国家自然保护地区	Ⅱ级
	(6)管道两侧各200m内有水源、河流、大中型水库	Ⅲ级

3. 输气管道高后果区

输气管道经过区域符合表7-2识别项中任何一条的为高后果区，识别高后果区时，高后果区边界设定为距离最近一幢建筑物外边缘200m，输气高后果区分为三级，Ⅰ级表示最小的严重程度，Ⅲ级表示最大的严重程度。

表7-2 输气管道高后果区管段识别分级表

管道类型	识别项	分级
输气管道	(1)管道经过的四级地区，地区等级按照GB 50251中相关规定执行	Ⅲ级
	(2)管道经过的三级地区	Ⅱ级
	(3)如管径大于762mm，并且最大允许操作压力大于6.9MPa，其天然气管道潜在影响区域内有特定场所的区域，潜在影响半径按照公式(7-1)计算	Ⅱ级
	(4)如管径小于273mm，并且最大允许操作压力小于1.6MPa，其天然气管道潜在影响区域内有特定场所的区域，潜在影响半径按照公式(7-1)计算	Ⅰ级
	(5)其他管道两侧各200m内有特定场所的区域	Ⅰ级
	(6)除三级、四级地区外，管道两侧各200m内有加油站、油库等易燃易爆场所	Ⅱ级

输气管道的潜在影响区域是依据潜在影响半径计算的可能影响区域，输气管道潜在影响半径r可按公式(7-1)计算，如图7-2所示：

$$r=0.099\sqrt{d^2p} \tag{7-1}$$

式中 r——受影响区域的半径，m；

d——管道外径，mm；

p——管段最大允许操作压力($MAOP$)，MPa。

注：系数0.099适用于天然气管道，对于其他气体或富气管道，应采用不同的系数。

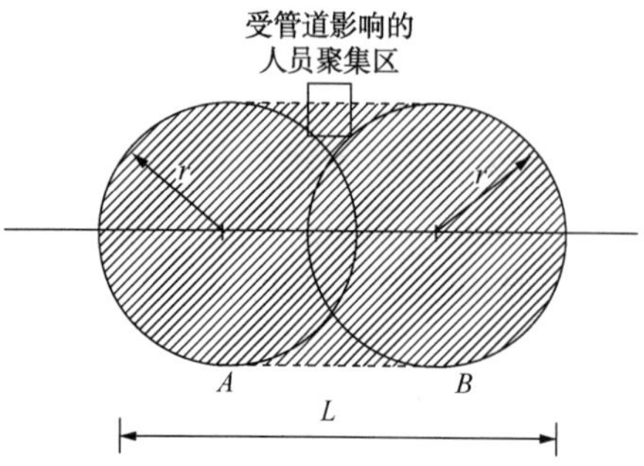

图7-2 高后果区长度计算示意图

高后果区长度L的计算如图7-2所示，以长方形表示受管道影响的人员聚集区域。以潜在影响半

径 r 为半径，分别在受影响区域左右两侧最靠近管道的点作圆，与管道交于 A、B 两点，再以 A、B 两点为圆心，r 为半径画两个圆，两个圆与管道相交的两个距离最远的交点之间的距离即为管道沿线高后果区的长度。

7.3.6 高后果区的管理

高后果区的管理是管道完整性管理的重要内容，分为建设期的管理和运行期的管理，建设期识别出的高后果区应作为重点关注区域。试压及投产阶段应对处于高后果区管段重点检查，制定针对性预案，做好沿线宣传并采取安全保护措施，运营阶段应将高后果区管道作为重点管理段。应定期审核管道完整性管理方案以确保高后果区管段完整性管理的有效性。必要时应修改完整性管理方案以反映完整性评价等工作中发现的新的运行要求和经验。地区发展规划足以改变该地区现有等级时，管道设计应根据地区发展规划划分地区等级。对处于因人口密度增加或地区发展导致地区等级变化的输气管段，应评价该管段并采取相应措施，满足变化后的更高等级区域管理要求。当评价表明该变化区域内的管道能够满足地区等级的变化时，最大操作压力不需要变化；当评价表明该变化区域内的管道不能满足地区等级的变化时，应立即换管或调整该管段最大操作压力。高后果区管理包括以下几个步骤：

(1) 了解管道现状、健全基础档案资料；

(2) 高后果区边界确定；

(3) 区段合并拆分；

(4) 高后果区信息填报；

(5) 高后果区评分、整理；

(6) 对高后果区分级；

(7) 形成报告。

管道高后果区管理流程如图 7-3 所示。

7.3.7 高后果区识别报告

管道高后果区识别可采用地理信息系统识别或现场调查。在高后果区识别报告中应明确所采用的方法。高后果区识别报告包括以下内容：

(1) 概述　概述应包括以下内容：

① 本次高后果区识别工作情况概述，包括识别单位、识别方法、识别日期等；

② 管道参数以及信息的获取方式；

③ 管道周边人口和自然环境情况。

(2) 识别结果　识别结果的内容应至少包括以下内容：

① 高后果区管段识别统计表；

② 高后果区管段长度比例图；

③ 减缓措施；

④ 再识别日期。

7.3.8 高后果区识别和管理中存在的主要问题

2017 年 12 月，国家安监总局等 8 部门(2017)138 号通知要求，突出加强油气输送管道途经人员密集场所高后果区安全管理工作，建立健全油气输送管道安全风险管控和隐患排查治理工作机制，有效防范油气输送管道重特大生产安全事故。目前全国范围内存在 12000 多

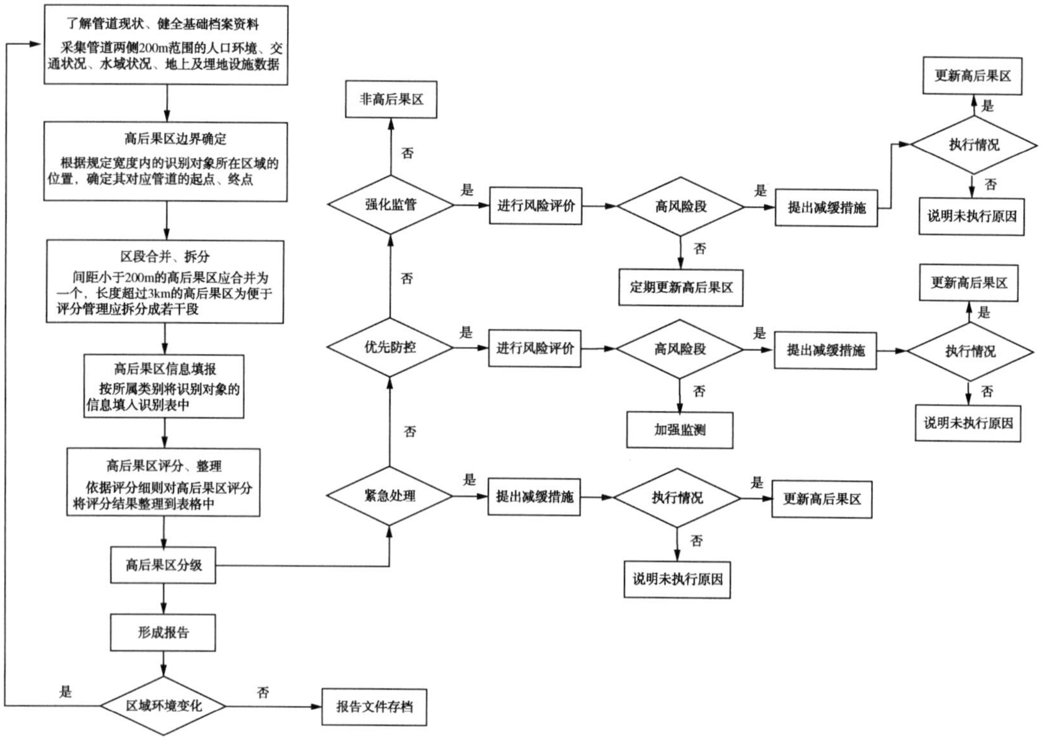

图 7-3　管道高后果区管理流程

处高后果区，人员密集型高后果区不但是管道企业管理的重点，也是政府监管的重点，存在的风险主要为覆盖面不够、认识不深刻等，政府和企业对高后果区的管理需要在以下方面进行改进。

1. 高后果区覆盖存在的盲区和死角

目前高后果区存在的最大安全隐患在于管理的盲区和死角。当前管道完整性管理的理念基本普及，管道检测评价及风险减缓措施得到企业的高度重视，80%~90%的管道风险得到控制，但还有10%~20%处于不能实施内检测、其他检测方法又有局限性的管道特殊地段，如阴极保护屏蔽段、套管段、穿跨越段、老旧管道、未设置收发球筒段、站(库)间连接短距离管道以及多年没有通球的海底管道等，回顾重大发生事故，均是由于没有得到足够的重视，最终才酿成大祸；另外，目前建设期遗留下来的问题也比较突出，主要是高钢级管道施工遗留的焊接缺陷风险较高，焊口开裂往往没有任何征兆，目前内检测技术又存在较大的局限性。

政府应创造良好的条件，和企业一起研究目前高后果区存在的风险，共同制定机制提出可行的“一区一案”，针对特殊地段帮助企业解决困难，尽量满足企业内检测具备的条件，如果在设备改造更新过程或改线等风险削减活动中存在征地和地方关系协调问题，政府应加大力度解决。企业应加大完整性管理的覆盖力度，在高后果区焊缝排查、特殊地段整治方面下功夫，当然第三方管理、地质灾害管理更需要强化。

2. 高后果区识别与管理存在的问题

全面开展高后果区风险识别，并采取风险削减的管理措施，是加强高后果区管理工作的一项重要内容，高后果区是管道企业管理的重点，企业在高后区管理过程中仍然存在一些问题，这些问题具有一定的普遍性，主要是高后果识别过程中标准尺度不同，存在高后果区扩大识别范围的趋势，一定程度上加大了企业的负担，同时在日常管理过程中，没有认真执行高后果区“一区一案”的规定要求。以下是目前存在的主要问题：

(1) 高后果区识别存在问题　主要是企业按照设计文件识别的模式，设计文件中当一段管道均是三级或四级地区，主要是考虑城市的扩展未来规划问题，即可能存在将来是三或四级地区，GB 50251 和 GB 50253 中均规定了考虑未来发展趋势或规划，但高后果区识别不是将整段均作为高后果区，需要按照目前的居民户数考虑，以当前等级确定是否是高后果区。

(2) 高后果区“一区一案”管理问题　某些企业存在一条管线的各个高后果区段的风险评价结果完全一样、风险控制措施也完全一样、风险因素识别一致的三个一样的额情况，没有遵循高后果区“一区一案”进行差别化管理。

(3) 高后果区管段修复问题　美国运输部管道安全办公室规定：管道高后果区二级升到三级地区，一年内修复缺陷的最小深度限定在 50%t(t 为管道壁厚)。而一级升至三级地区，一年内修复缺陷的最小深度限定在 40%t，地区等级无变化的一般限定在 60%t。国内对高后果区缺陷修复没有任何规定，与其他段修复条件是一致的，需要对高后果区修复作出规定，缺陷的修复等级从严掌握。

(4) 高后果区地区等级变化变更问题　企业不仅应及时将高后果区数据更新做变更管理，按照国标 GB 32167 规定，确定管道等级变化后，还要进行管道工程安全评价，在当前等级下，可以升级的继续运行，不可以升级的要采取措施。

3. 高后果区应急缓冲带设置问题

近年来企业在高后果区管理过程中，确实有一些不同的呼声，呼声主要是在管道沿线设置高后果区缓冲带，对于缓冲带的设置各专家意见不同；此外，有关专家也提出了应设置管道外部应急响应距离，设立保护带和安全咨询区等问题，这些确实很值得商榷。设置对保护带、响应距离、缓冲带等的真正作用是什么，存在的必要性是什么，真正能否对管道管理起到重要作用，会不会影响沿线居民的生产、生活，这些问题均是十分现实的问题，所以很多专家的意见仅处于讨论阶段，没有认真去做论证，是否可行也不确定，定位十分不明确。

编者认为，在高后果区设置应急缓冲带的做法值得推广，应急缓冲带是为应急时刻专门设置，可作为管道完整性高后果区管理的重要手段，主要目的是确保在沿线两侧一定范围内危害管道安全的行为得到控制和扼制，以两侧 50m 的缓冲带为宜，主要功能是在应急时刻，停靠抢险的大型机具，确保进场施工顺利，在非常时期必要时可以占用和征用，另外可有效扼制该范围内的非法挖掘、钻探、打桩、爆破等不受控制的行为，进一步明确高后果区缓冲带的作用和功能，但不能盲目扩大高后果区的缓冲带范围。

7.4　管道风险评价方法及流程

按照评价结果的量化程度，可以将管道风险评价的方法分为：

(1) 定性风险评价方法　即专家打分方法、安全检查表和故障树等。定性风险评价方法可以对管道系统各部分进行快速风险排序，虽然比较粗略，但可以为基于风险检验提供基础。目前比较普遍的做法是采用风险矩阵图来表示结果，如图 7-4 所示 4×4 的风险矩阵，按高风险、中高风险、中风险和低风险来分级。

失效后果 失效概率	轻	重	很严重	灾难性
经常	中高	高	高	高
偶尔	中	中高	高	高
不太可能	低	中	中高	高
不可能	低	低	中	中高

图 7-4　风险矩阵图

（2）定量风险评价方法　即概率风险评价（PRA）方法，是将失效概率和失效后果的值代入下式中求出管道的总风险值，定量风险评价方法往往分析过程比较复杂，而且需要管道失效历史数据库支持。

$$R=P\times C$$

式中　R——管段风险；

P——管段事故/失效概率；

C——管段事故/失效后果。

定量风险评价的结果一般有个人风险（表示年死亡概率）、社会风险（表示多人年死亡概率）、绝对风险值（单位为 ¥/km · a）等。典型的个人风险图与社会风险图见图 7-5 和图 7-6。

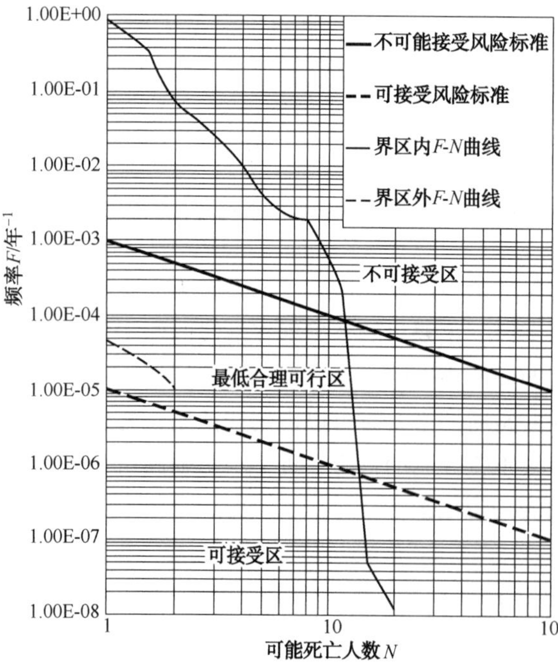

图 7-5　典型的社会风险图

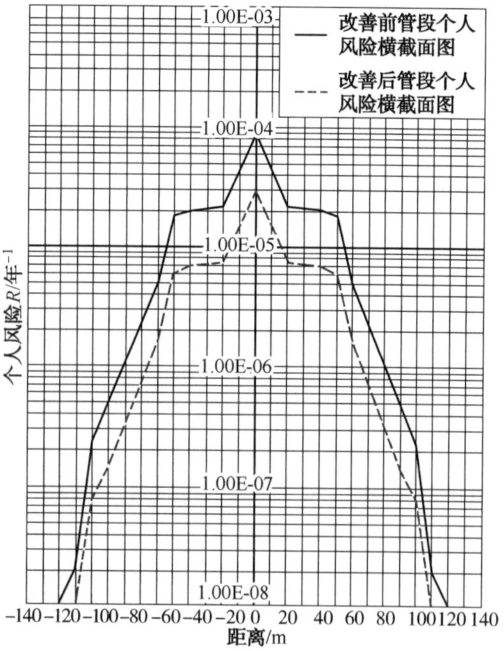

图 7-6　典型的个人风险图

（3）半定量风险评价方法　即以风险指数为基础的风险评价方法，能够克服定量风险评价在实施中缺少数据的困难，已在加拿大和美国管道风险管理中广泛使用，其中比较常用和广为接受的有 KENT 打分法。

风险评价的通用流程如图 7-7 所示。

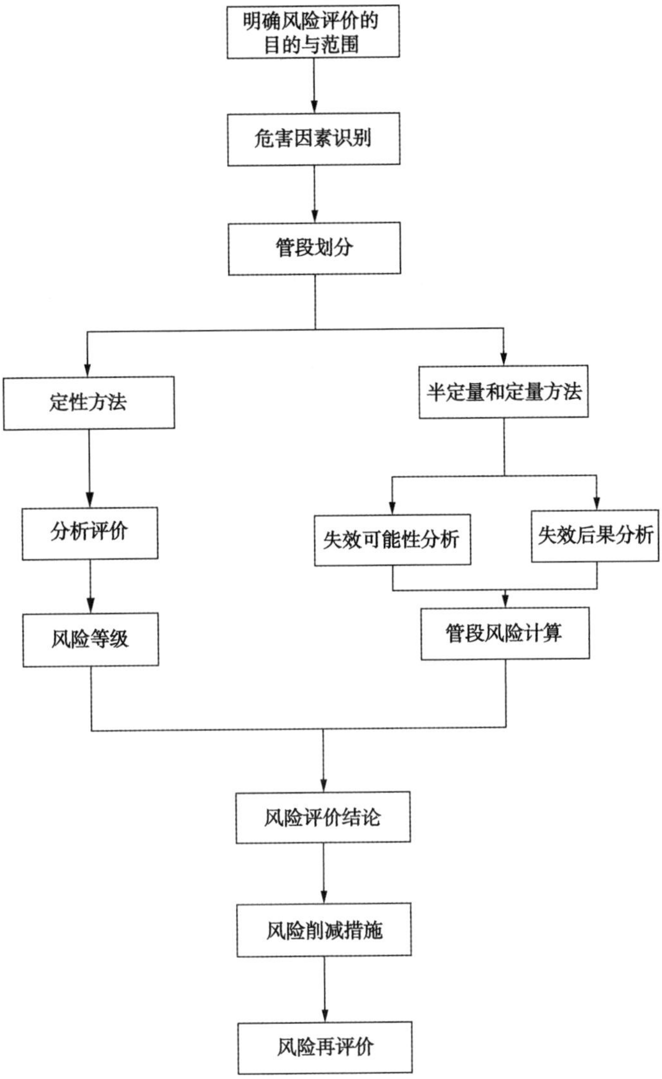

图 7-7　风险评价流程

7.5　KENT 打分法

1992 年，W. KENT. Muhlbauer 撰写了《管道风险管理手册》，2004 年已经修订为第 3 版，国内学者翻译出版了第 2 版。此书中记录的方法一般简称为 KENT 打分法。KENT 打分法由于其简单易懂，而且好操作实施，在世界范围内都广泛应用，适用于油气管道。

KENT 打分法的主要计算公式如下：

相对风险值=指数和/泄漏影响系数

=第三方破坏指数+腐蚀指数

+设计指数+误操作指数/泄漏影响系数

其风险计算模型如图 7-8 所示。

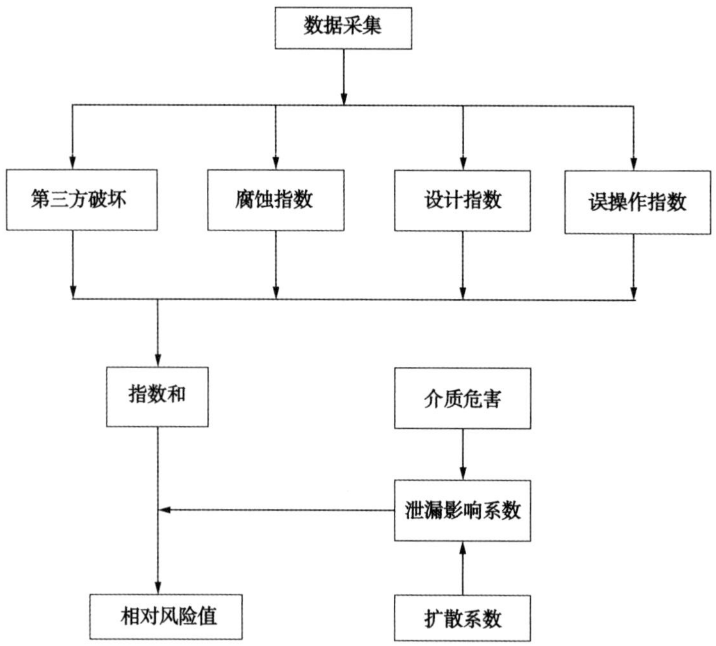

图 7-8　KENT 打分法模型

主要分值分配如下：

第三方破坏指数

二级指数	分值范围	权重
A. 最小埋深	0~20 分	20%
B. 活动程度	0~20 分	20%
C. 地面设施	0~10 分	10%
D. 直呼系统	0~15 分	15%
E. 公共教育	0~15 分	15%
F. 管道用地标志	0~5 分	5%
G. 巡线频率	0~15 分	15%
合计	100 分	100%

腐蚀指数

腐蚀指数=大气腐蚀+管道内腐蚀+埋地金属腐蚀		
二、三级指数	分值范围	权重
A. 大气腐蚀	0~20分	20%
(1) 设施	0~5分	
(2) 大气类型	0~10分	
(3) 包覆层/检测	0~5分	
B. 管道内腐蚀	0~20分	20%
(1) 产品腐蚀	0~10分	
(2) 管道内防护	0~10分	
C. 埋地金属腐蚀	0~60分	60%
(1) 阴极保护	0~8分	
(2) 包覆层状况	0~10分	
(3) 土壤腐蚀	0~4分	
(4) 系统运行年限	0~3分	
(5) 其他金属	0~4分	
(6) 交流感应电流	0~4分	
(7) 机械腐蚀	0~5分	
(8) 管-地电位测试桩	0~6分	
(9) 密间隔检测	0~8分	
(10) 管道内检测器	0~8分	
合计	100分	100%

设 计 指 数

二级指数	分值范围	权重
A. 管道安全系数	0~20分	20%
B. 系统安全系数	0~20分	20%
C. 疲劳	0~15分	15%
D. 水击潜在危害	0~10分	10%
E. 系统水压试验	0~25分	25%
F. 土壤移动	0~10分	10%
合计	100分	100%

误操作指数

二、三级指数	分值范围	权重
A. 设计	0~30分	30%
(1) 危害识别	0~4分	
(2) 达到 MAOP 的可能性	0~12分	
(3) 安全系统	0~10分	
(4) 材料选择	0~2分	
(5) 检查	0~2分	

续表

二、三级指数	分值范围	权重
B. 施工	0~20 分	20%
（1）检验	0~10 分	
（2）材料	0~2 分	
（3）连接	0~2 分	
（4）回填	0~2 分	
（5）搬运	0~2 分	
（6）包覆层	0~2 分	
C. 运行	0~35 分	35%
（1）工艺规程	0~7 分	
（2）SCADA/通信	0~5 分	
（3）毒品检查	0~2 分	
（4）安全计划	0~2 分	
（5）检查	0~2 分	
（6）培训	0~10 分	
（7）机械失误防护措施	0~7 分	
D. 维护	0~15 分	15%
（1）文件编制	0~2 分	
（2）计划	0~3 分	
（3）维护规程	0~10 分	
合计	100 分	100%

泄漏影响系数

二、三、四级指数	分值范围
A. 介质危害（急剧危害分+长期危害分）	0~22 分
（1）急剧危害	
a. N_f	0~4 分
b. N_r	0~4 分
c. N_h	0~4 分
（2）长期危害	0~10 分
B. 扩散系数=泄漏分÷人口密度分	0~6 分
（1）液体或其他泄漏	0~6 分
（2）人口密度	0~4 分
泄漏影响系数=介质危害/扩散系数	

总的风险值=指数和/扩散系数=0~2000 分

7.6 改进的输气管道风险评价法

7.6.1 概述

国内一般是采用根据管道风险评价 KENT 打分法的技术要求，结合国内实际情况改进的风险评价方法，改进的方法适用于长距离输气管道的半定量风险评价，不适用于站场内部的工艺管道、城市燃气输配管网、工业企业内部的管道以及新建管道和海上油气管道的风险评价工作。长距离输油管道可参考使用，并需要调整相关指标。本方法不适用于非金属管道。

输气管道风险分析技术的应用目的主要是为输气管道管理单位提供正确识别管道各区段风险程度的方法，以便对输气管道进行视情维护，从而达到降低管道事故发生率和节省输气管道维护管理费用的目的。

输气管道风险分析技术所考虑的影响因素必须包括管道设计水平、管道施工质量、运行管理维护状况、输送介质组分特性、沿线地理地质条件、沿线人文社会条件、沿线工农业发展状况和管道下游天然气用户对连续供气保障的依赖程度等。

输气管道风险分析技术所采集的相关信息参数和技术参数必须真实可靠，获取现场技术参数的方法必须符合国家及行业相关技术标准的要求。

7.6.2　输气管道风险评价指标体系中各类影响因素的评分应遵循的原则

(1) 第三方影响因素、腐蚀影响因素、设计影响因素和误操作影响因素四类因素中的子因素以最有利于管道安全的情况评最高分，最不利于管道安全的情况评最低分；

(2) 泄漏影响系数中的子因素以管道事故损失最大的情况评最高分，管道事故损失最小的情况评最低分。

7.6.3　管段相对风险值的计算公式

相对风险值=(第三方影响评分+腐蚀影响评分+设计影响评分+误操作影响评分)/泄漏影响系数评分

式中　泄漏影响系数分值=管输介质危害性评分/扩散系数评分

管输介质危害性分值=当时性危害评分+长期性危害评分

当时性危害分值=$N_f+N_r+N_h$

扩散系数分值=管输介质泄漏率评分/人口密度评分

泄漏影响系数分值计算得到的相对风险值越大表明所评价管段的实际风险越小，相对风险值越小表明所评价管段的实际风险越大。由于半定量风险评价技术具有一定的主观性特征，所以各种影响因素的评分权重一般应由具备丰富工程实践经验的技术专家组，或经有关部门授权的技术咨询机构根据对评价管道实际情况的全面调查后分析确定，也可采用故障树分析技术、模糊综合评判技术或层次分析技术来辅助确定。

7.6.4　评价方法概述

输气管道风险评价方法包括定性评价法、半定量评价法和定量评价法三种，本部分主要针对半定量评价法。输气管道半定量风险评价是将管道分成若干段数，采用同一评分指标体系分段进行评价，最终得出整条管道各区段的风险概貌，为后期对管道的维护管理决策提供依据。

1. 输气管道风险评价的任务

(1) 定义输气管道的事故模式，分析管输介质发生意外泄漏的原因；

(2) 结合影响输气管道安全性的各种风险因素，用半定量方法建立描述管道事故发生可能性的数学模型；

(3) 根据输气管道事故后果影响分析，用半定量方法建立表征管道事故损失(直接损失和间接损失)后果大小的计算模型。

2. 确定输气管道事故诱发因素的方法

(1) 根据全国或某一地区输气管道历史事故分析报告进行统计分析得到;

(2) 利用外国输气管道事故统计分析报告数据，经专家组成员论证分析后确定。

3. 估计输气管道事故损失后果应考虑的因素

(1) 人身伤亡损失　包括救治伤员的开支和按照国家有关工业事故致人伤亡赔偿标准支付的伤残抚恤金;

(2) 财产损失　包括损坏建筑物、车辆和其他财产的折价，中断管输给用户造成的损失，输送介质流失的损失和污染场地清理所需的费用等;

(3) 环境污染损失　包括支付政府环保罚金和恢复生态环境所需的各项费用。

4. 输气管道风险评价技术遵循的假设条件

(1) 独立性　假设各种管道危险是可叠加的，但又是相互独立的。也就是说，对所有影响因素中的每一个因素都得分别考虑它对风险场景的影响——即每个因素独立地影响风险。

(2) 最坏情况　指在对影响因素评分时以每种因素最不利的情况评分。

(3) 相对性　指某一管段的风险分值大小仅表示相对于其他被评价管段风险的相对值，不代表该管段的绝对风险值。

(4) 主观性　指部分风险因素的评分是根据评价者个人的工程实践经验或专家组的集体判断作出的。

(5) 公众　指受到威胁和危害的邻近输气管道的一般社区居民，管道运行操作人员和管道公司的员工不属于公众的范畴。

(6) 加权　指各评价项的权重，它反映该项的相对重要性，这个重要性表示该评价项在导致风险和缓解风险方面所起的作用大小。

5. 风险因素的类别

(1) 属性类因素　指因素的特征在完成风险评价后是难于或不可能改变的。

(2) 预防类因素　指因素的特征在完成风险评价后是可以人为进行合理改变的。

7.6.5　第三方影响评价指标体系

1. 说明

(1) 第三方是指非管道公司职工。第三方破坏不是指第三方对管道实施的故意破坏，而是第三方在从事其他活动过程中由于不了解管道在地下的准确位置或无视输气管道的危险性所引起的管道损坏。

(2) 管道管理者必须采取措施减少第三方破坏其管道设施的可能性。应该采取什么样的措施取决于管道系统被破坏的容易程度和破坏机会出现的频率。

(3) 输气管道遭受第三方破坏的可能性大小主要取决于管道周围可能存在的第三方因素、第三方接近管道的难易程度以及地面活动的活跃程度。

① 可能的第三方因素　包括各种挖掘设备、射击装置、机动车通道、火车、农机具、地震作用、围栏桩、电话线及电线桩、锚、河道挖泥机械等。

② 影响第三方接近管道难易程度的因素　包括覆盖层厚度、覆盖层的性质(泥土、石块、混凝土、路面等)、人为障碍(围栏、堤坝、沟渠、人防工事等)、自然障碍物(树、河流、岩石、河沟等)、有无管道标志、管道路权状况、巡线的频率、方式及质量、对报告有威胁时的响应时间等。

③ 地面活动的活跃程度　主要取决于人口密度、附近的建设活动、火车或机动车的邻

近程度和通过量、船舶锚泊区域、通讯情况、该地区的地下装置的数量等。

(4) 根据我国输气管道的实际环境状况和管理条件，将第三方破坏的影响因素分为覆土最小厚度、地面活动程度、管道地面装置、公众教育与法制观念、管道线路标志、巡线频率等六种。在半定量风险评价中规定第三方破坏影响的总评分为100分。

(5) 按照各种影响因素对引起第三方破坏的贡献率，确定输气管道的各种影响因素的评分权重分别为：覆土最小厚度占20%，地面活动程度占20%，管道地面装置占15%，公众教育与法制观念占20%，管道线路标志占15%，巡线频率占10%。

2. 覆土最小厚度评分方法

对于输气管道而言，此项评分方法和因素的权重均相同，覆土最小厚度 V_{11} 的评分按以下公式计算：

$$V_{11}=(\text{单位为厘米的覆土厚度})\div 8$$

1）埋地管道

对于有附加保护层的埋地管道按下列原则增加覆土的厚度：

6cm 水泥保护层=增加20cm的覆土厚度

12cm 水泥保护层=增加30cm的覆土厚度

管道套管=增加60cm的覆土厚度

加强水泥盖板=增加60cm的覆土厚度

2）水下穿越管道

对于水下穿越管道的覆土最小厚度按表7-3确定的几种情况进行评分。

表7-3　水下穿越管道覆土最小厚度评分分类表

水面以下深度（评分权重：7/20）	0～1.5m
	1.5～5.0m
	>5.0m
低于河床表面以下深度（评分权重：10/20）	0～0.5m
	0.5～1.0m
	1.0～1.5m
	1.5～2.0m
	2.0～5.0m
	>5.0m
穿越管道保护（评分权重：3/20）	无保护措施
	有保护措施

3. 地面活动程度评分方法

地面活动程度主要受地区等级和建设活动频繁程度两方面的影响，所以根据此项的评分权重，可分别对地区等级（建议评分0～15分）和建设活动频繁程度（建议评分0～5分）进行评分。

1）地区等级分值

根据国标GB 50251的规定，管道通过地区等级可按沿线居民户数（每2km管道两侧各200m范围内）分为四级来评分：

(1) 1级1类地区（不经常有人活动及无永久性人员居住的地区）；

(2) 1 级 2 类地区(2km×400m 范围内的住户低于 15 户);
(3) 2 级地区(2km×400m 范围内的住户为 15~100 户);
(4) 3 级地区(2km×400m 范围内的住户大于 100 户);
(5) 4 级地区(2km×400m 范围内聚集有四层及四层以上建筑物)。
2) 建设活动频繁程度分值
根据输气管道沿线地区建设活动, 可按以下几种情况来评分:
(1) 矿藏开发及重工业生产地区;
(2) 在建的经济技术开发区;
(3) 规划的经济技术开发区;
(4) 商贸繁华地区;
(5) 未考虑开发的地区。

4. 管道地面装置评分方法

根据我国对输气管道地面装置所采取保护措施的实际情况, 可分为以下几种情况来评分:
(1) 无地面装置;
(2) 地面装置与公路的距离大于 60m;
(3) 地面装置有保护围栏;
(4) 地面装置上有警示标志符号。

5. 公众教育与法制观念评分方法

公众教育与法制观念反映了管道沿线居民对输气管道的自觉保护意识, 结合我国乡村实际情况可将此项分解为村镇文明建设(建议评分 0~4 分)、村镇经济发达程度(建议评分 0~6 分)、村镇社会治安状况(建议评分 0~5 分)、管道公司的宣传教育工作(建议评分 0~5 分)和违章建筑情况(建议评分 0~5 分)五个子因素来分别评分, 然后将这五个子因素的评分之和乘以一个换算系数 N_1, 且 $N_1=20/25$。
1) 村镇文明建设分值
根据村镇文明建设情况, 可分为以下几种情况来评分:
(1) 连续 5 次以上的文明村镇;
(2) 曾获得过 1~2 次文明称号的村镇;
(3) 从未获得过文明称号的村镇。
2) 村镇经济发达程度分值
根据我国乡村经济评价标准, 可分为以下几种情况来评分:
(1) 人均 GDP>8000 元人民币;
(2) 人均 GDP=6000~8000 元人民币;
(3) 人均 GDP=4000~6000 元人民币;
(4) 人均 GDP<4000 元人民币。
3) 村镇社会治安状况分值
根据输气管道沿途村镇的社会治安状况, 可分为以下几种情况来评分:
(1) 从未发生过治安和刑事案件;
(2) 近 5 年发生过 1~2 次刑事案件;
(3) 每年仅有 1~2 次治安案件发生;

（4）每年都有刑事案件发生。

4）管道公司的宣传教育工作分值

根据管道公司可能采取的宣传教育方式，可分为以下几种情况来评分：

（1）与村镇签订有联防协议；

（2）每年到村镇走访一次以上；

（3）每年与当地干部举行一次联席会；

（4）张贴或书写宣传标语；

（5）定期给沿线村镇寄送宣传资料。

5）违章建筑情况分值

根据《石油天然气管道保护条例》规定，严禁在管道中心线两侧各5m范围内修建各种建构筑物。输气管道沿线的违章建筑情况可按以下几种情况来评分：

（1）管道附近不存在违章建筑；

（2）管道附近存在1~3处违章建筑；

（3）管道附近存在3处以上违章建筑。

6. 管道线路标志评分方法

对输气管道而言，此项因素的评分权重为15%。根据我国输气管道常以各种标志桩作为线路标志的实际，线路标志的评分将由标志桩和检测桩的完好程度来确定，具体可按以下几种情况来评分：

（1）所有标志桩和检测桩完好无损；

（2）80%以上标志桩和检测桩完好；

（3）60%以上标志桩和检测桩完好；

（4）40%以上标志桩和检测桩完好；

（5）现存标志桩和检测桩不足40%；

（6）无各种线路标志。

7. 巡线频率评分方法

对输气管道而言，巡线频率的评分权重为10%。根据输气管道的巡线实际，可按以下几种情况来评分：

（1）每日巡线；

（2）隔日巡线；

（3）每周两次巡线；

（4）每周一次巡线；

（5）每月两次巡线；

（6）每月低于一次巡线；

（7）从不巡线。

7.6.6 腐蚀影响评价指标体系

1. 说明

（1）输气管道的腐蚀影响必须考虑材料类型和环境条件两类因素。这里的环境条件包括作用在内、外管壁的所有条件。

（2）在管道的腐蚀影响因素中既要考虑到有利于促进管道内外壁腐蚀发生和发展的影响因素，又要考虑到防止管道内外壁发生腐蚀的各种防腐措施。

（3）根据输气管道所处实际环境条件，管道的腐蚀影响主要包括大气腐蚀、内腐蚀和埋地金属腐蚀三种情形。在半定量风险评价中规定腐蚀影响的总评分为 100 分。

按照各种影响因素对腐蚀影响的贡献率，确定输气管道的各种影响因素的评分权重分别为：大气腐蚀占 20%，内腐蚀占 25%，埋地金属腐蚀占 55%。

2. 大气腐蚀评分方法

在役输气管道的大气腐蚀主要受地面管道与大气的接触条件、大气状况和涂层保护措施等因素的影响。根据工程实际和大气腐蚀评分的权重，建议地面管道状况的评分为 0~3 分、大气条件的评分为 0~9 分、涂层和检查的评分为 0~8 分。

1）地面管道状况分值

根据地面输气管道与大气接触的形式，分为以下几种情况评分：

（1）空气/水界面；

（2）间歇性与水面接触；

（3）支撑或吊架；

（4）有防腐绝缘层；

（5）有套管保护。

2）大气条件分值

大气条件可进一步细分为大气环境（建议评分 0~3 分）、腐蚀性气体（建议评分 0~3 分）和气候条件（建议评分 0~3 分）三个子因素来评分。

（1）大气环境分值

根据我国环境大气的分类方法，可将大气环境分为以下几种类型评分：

① 海洋大气；

② 工业大气；

③ 城市大气；

④ 乡村大气。

（2）腐蚀性气体分值

按国标 GB/T 15957《大气环境腐蚀性分类》，将腐蚀性气体分为以下 4 类评分：

① A 类气体；

② B 类气体；

③ C 类气体；

④ D 类气体。

（3）气候条件分值

建议根据大气湿度（建议评分 0~2 分）和大气温度（建议评分 0~1 分）来评分。

① 湿度分值　建议按以下标准分等级评分：

a. 年平均空气相对湿度≤60%；

b. 60%<年平均空气相对湿度≤75%；

c. 年平均空气相对湿度>75%。

② 温度分值　建议按以下标准分等级评分：

a. 年平均气温≥15℃；

b. 年平均气温<15℃。

3）涂层和检查分值

涂层和检查可进一步细分为涂层材料(建议评分 0~5 分)、涂层质量(建议评分 0~5 分)、检查方式(建议评分 0~3 分)和缺陷修补质量(建议评分 0~3 分)四个子因素来评分，然后将这四个子因素的评分之和乘以一个换算系数 M_1，且 $M_1=8/16$。

(1) 涂层材料分值

根据我国输气管道常用涂层材料，可按以下几种涂层材料评分：

① 三层 PE 复合涂层；

② 熔结环氧粉末；

③ 煤焦油瓷漆或环氧煤沥青；

④ 沥青加玻璃布；

⑤ 防锈油漆；

⑥ 无涂层。

(2) 涂层质量分值

根据客观评价涂层质量的完好程度，可将涂层质量分为好、一般、差和无四种情况来评分。

实际操作中可参照 SY/T 5918 的规定，电法测量防腐绝缘层电阻率的等级为“一级、二级”的涂层质量为好；防腐绝缘层电阻率的等级为“三级”的涂层质量为一般；防腐绝缘层电阻率的等级为“四级、五级”的涂层质量为差。

(3) 检查方式分值

根据检查所用工具的不同，可将检查方式分为以下三种情况来评分：

① 用专门的仪器检查；

② 人工检查；

③ 未做检查。

(4) 缺陷修补质量分值

根据对缺陷的修补情况，可分为以下几种情况评分：

① 无缺陷或缺陷修补质量好；

② 缺陷修补质量一般；

③ 缺陷修补质量差；

④ 有缺陷未修补或无涂层。

3. 内腐蚀评分方法

在役输气管道的内腐蚀主要受天然气中的腐蚀介质含量、管输压力和内涂层保护措施等因素的影响。根据工程实际和内腐蚀评分的权重，建议 H_2S 含量的评分为 0~5 分、CO_2 含量的评分为 0~3 分、含水量的评分为 0~4 分、内防腐措施的评分为 0~10 分、机械腐蚀的评分为 0~3 分。

1) H_2S 含量分值

建议按以下含量标准分等级评分：

(1) $H_2S \leq 0.02g/m^3$；

(2) $0.02g/m^3 < H_2S \leq 0.10g/m^3$；

(3) $0.10g/m^3 < H_2S \leq 0.20g/m^3$；

(4) $0.20g/m^3 < H_2S \leq 0.30g/m^3$；

(5) $0.30g/m^3 < H_2S \leq 0.50g/m^3$；

（6）$H_2S>0.50g/m^3$。

2）CO_2含量分值

建议按以下含量标准分等级评分：

（1）$0.5g/m^3<CO_2\leqslant1.5g/m^3$；

（2）$1.5g/m^3<CO_2\leqslant2.5g/m^3$；

（3）$CO_2>2.5g/m^3$。

3）含水量分值

建议按以下含量标准分等级评分：

（1）$H_2O\leqslant0.5\%$；

（2）$0.5\%<H_2O\leqslant2.0\%$；

（3）$2.0\%<H_2O\leqslant3.0\%$；

（4）$3.0\%<H_2O\leqslant5.0\%$；

（5）$H_2O>5.0\%$。

4）内防腐措施分值

根据实际工程中可能采用的内防腐措施，可对以下各种防腐措施的防腐效果分别进行评分：

（1）无任何措施；

（2）内腐蚀检测；

（3）定期清管；

（4）注入缓蚀剂；

（5）内涂层；

（6）运行操作措施。

5）机械腐蚀分值

根据SSC（建议评分0~5分）和HIC（建议评分0~3分）这两种主要机械腐蚀形式的诱发因素来分别评分，然后将这两项评分之和乘以换算系数M_2，且$M_2=3/8$。

（1）SSC分值

建议按以下参数标准分等级评分：

① H_2S含量$\leqslant1.38g/m^3$且管输压力$<1.4MPa$；

② H_2S含量$\leqslant1.38g/m^3$且管输压力$<2.0MPa$；

③ H_2S含量$\leqslant1.38g/m^3$且管输压力$<2.5MPa$；

④ H_2S含量$\leqslant1.38g/m^3$且管输压力$\geqslant2.5MPa$；

⑤ H_2S含量$>1.38g/m^3$且管输压力$\geqslant1.4MPa$；

⑥ H_2S含量$>8.0g/m^3$。

（2）HIC分值

建议按以下参数标准分等级评分：

① H_2S含量$<11.5g/m^3$且pH值$\geqslant5$；

② H_2S含量$<11.5g/m^3$且$3<$pH值<5；

③ H_2S含量$<11.5g/m^3$且pH值$\leqslant3$；

④ H_2S含量$\geqslant11.5g/m^3$且pH值$\leqslant3$。

4. 埋地金属腐蚀评分方法

在役输气管道的埋地金属腐蚀主要是指埋地管道外壁受到涂层状况、深根植物分布、土壤腐蚀性、阴极保护措施、管道系统年龄和杂散电流等因素的腐蚀影响。根据工程实际和埋地金属腐蚀评分的权重，建议涂层状况的评分为 0~12 分、深根植物分布的评分为 0~3 分、土壤腐蚀性的评分为 0~10 分、阴极保护的评分为 0~12 分、管道系统年龄的评分为 0~6 分、其他埋地金属的评分为 0~5 分、干扰电流的评分为 0~4 分、定期检测的评分为 0~3 分。

1）涂层状况分值

涂层状况可按涂层材料（建议评分 0~5 分）、涂层质量（建议评分 0~5 分）、检查方式（建议评分 0~3 分）和缺陷修补质量（建议评分 0~3 分）四种影响因素来分别评分，然后将这四项的评分之和乘以一个换算系数 M_3，且 $M_3=12/16$。

（1）涂层材料分值

根据我国埋地输气管道常用涂层材料，可按以下几种涂层材料评分：

① 三层 PE 复合涂层；

② 熔结环氧粉末；

③ 煤焦油瓷漆或环氧煤沥青；

④ 沥青加玻璃布；

⑤ 沥青加牛皮纸。

（2）涂层质量分值

见 7.6.6-2-3）。

（3）检查方式分值

见 7.6.6-2-3）。

（4）缺陷修补质量分值

见 7.6.6-2-3）。

2）深根植物分布分值

以输气管道中心线左右各 5m 为界，依据在该范围内是否存在深根植物（深根植物的种类及名称见 7.6.15）来评分：

（1）管道分布带上不存在深根植物；

（2）管道分布带上存在深根植物。

3）土壤腐蚀性分值

土壤腐蚀性可按土壤电阻率（建议评分 0~8 分）、土壤含水量（建议评分 0~6 分）、土壤 Cl^- 含量（建议评分 0~8 分）、土壤 SO_4^{2-} 含量（建议评分 0~6 分）、土壤 CO_3^{2-} 含量（建议评分 0~6分）、土壤 HCO_3^- 含量（建议评分 0~3 分）来分别评分，然后将这几项评分之和乘以一个换算系数 M_4，且 $M_4=10/37$。

（1）土壤电阻率分值

建议按以下参数标准分等级评分：

① 低电阻率（高腐蚀电位），<20Ω · m；

② 中等电阻率，20~50Ω · m；

③ 次高电阻率，50~100Ω · m；

④ 高电阻率（低腐蚀电位），>100Ω · m。

(2) 土壤含水量分值

建议按以下参数标准分等级评分：

① $H_2O \leqslant 5.0\%$；

② $5.0\% < H_2O \leqslant 10.0\%$；

③ $10.0\% < H_2O \leqslant 15.0\%$；

④ $15.0\% < H_2O \leqslant 20.0\%$；

⑤ $H_2O > 20.0\%$。

(3) 土壤 Cl^- 含量分值

建议按以下参数标准分等级评分：

① $Cl < 0.05\%$；

② $0.05\% \leqslant Cl < 0.10\%$；

③ $0.10\% \leqslant Cl < 0.15\%$；

④ $0.15\% \leqslant Cl < 0.20\%$；

⑤ $0.20\% \leqslant Cl < 0.25\%$；

⑥ $Cl \geqslant 0.25\%$。

(4) 土壤 SO_4^{2-} 含量分值

建议按以下参数标准分等级评分：

① $S < 0.05$；

② $0.05\% \leqslant S < 0.10\%$；

③ $0.10\% \leqslant S < 0.15\%$；

④ $0.15\% \leqslant S < 0.20\%$；

⑤ $0.20\% \leqslant S < 0.25\%$；

⑥ $S \geqslant 0.25\%$。

(5) 土壤 CO_3^{2-} 含量分值

建议按以下参数标准分等级评分：

① $C < 0.05\%$；

② $0.05\% \leqslant C < 0.10\%$；

③ $0.10\% \leqslant C < 0.15\%$；

④ $0.15\% \leqslant C < 0.20\%$；

⑤ $0.20\% \leqslant C < 0.25\%$；

⑥ $C \geqslant 0.25\%$。

(6) 土壤 HCO_3^- 含量分值

建议按以下参数标准分等级评分：

① $H+C < 0.05\%$；

② $0.05\% \leqslant H+C < 0.10\%$；

③ $0.10\% \leqslant H+C < 0.15\%$；

④ $0.15\% \leqslant H+C < 0.20\%$；

⑤ $0.20\% \leqslant H+C < 0.25\%$；

⑥ $H+C \geqslant 0.25\%$。

4) 阴极保护分值

阴极保护可按阴极保护措施（建议评分0~4分）、阴保运行状况（建议评分0~8分）两种因素来分别评分。

(1)阴极保护措施分值

建议按以下几种情况分等级评分：

① 以强制电流阴极保护为主，牺牲阳极保护为辅；

② 采用强制电流阴极保护；

③ 采用牺牲阳极保护；

④ 无阴极保护。

(2) 阴保运行状况分值

建议根据阴保系统完好性（建议评分0~4分）、保护率和通电率（建议评分0~4分）分别评分。

① 阴保系统完好性分值　根据阴保参数达标和是否出现漏电等情况判断阴保系统是否正常工作来分等级评分：

a. 良好；

b. 一般；

c. 差。

注：阴保参数达标，检测头的漏电率低于10%的阴保系统为良好；阴保参数70%达标，检测头的漏电率低于30%的阴保系统为一般；阴保参数达标率低于70%，检测头的漏电率高于30%的阴保系统为差。

② 保护率和通电率分值　根据对管道阴极保护系统的定期检测数据按平均电位保护率和通电率来分等级评分：

a. 保护率和通电率均达到98%；

b. 保护率和通电率只有80%以上；

c. 保护率和通电率只有60%以上；

d. 保护率和通电率不到60%。

5)管道系统年龄分值

建议根据工业事故“浴盆”曲线反映的规律，按以下管道系统年龄段分等级评分：

(1) 0~5年的运行年龄；

(2) 5~15年的运行年龄；

(3) 15~20年的运行年龄；

(4) 20~25年的运行年龄；

(5) 超过25年的使用年龄。

6) 其他埋地金属分值

根据管道与其他埋地金属设备交汇的次数来评分：

(1) 无(5分)；

(2) 1~10次(3分)；

(3) 10~25次(1分)；

(4) 多于25次(0分)。

注：对于在20m范围内有一条平行钢管的情况可取该分值为1分，有同沟敷设另一钢管的情况可取该分值为0分。

7）干扰电流分值

建议按以下情况分等级评分：

（1）在距离管道 15m 内无交流电源；

（2）附近有交流电源，但采取了屏蔽保护措施；

（3）附近有交流电源，未采取保护措施。

8）定期检测分值

建议按以下参数标准分等级评分：

（1）测试头间距小于 2km，检测间隔时间小于 6 个月；

（2）测试头间距等于 2～3km，检测间隔时间大于 1 年；

（3）测试头间距大于 3km，检测间隔时间小于 1 年；

（4）测试头间距大于 3km，检测间隔时间大于 1 年。

7.6.7 设计影响评价指标体系

1. 说明

（1）输气管道的设计影响必须考虑管道结构、管道系统状况和外部环境的影响。

（2）在管道的设计影响因素中，既要考虑到对管道自身设计的影响，又要考虑到防止管道事故发生的防护措施。

（3）根据输气管道设计时的考虑因素，管道的设计影响主要包括管道设计安全系数、系统安全系数、钢管材料选择、安全防御系统、系统压力试验、滑坡处理和外防腐材料选择七种情形。在半定量风险评价中规定设计影响的总评分为 100 分。

按照各种影响因素对设计影响的贡献率，确定输气管道的各种影响因素的评分权重分别为：管道设计安全系数占 20%，系统安全系数占 15%，钢管材料选择占 15%，安全防御系统占 10%，系统压力试验占 20%，滑坡处理占 10%，外防腐材料选择占 10%。

2. 管道设计安全评分方法

可按如下的计算公式来评分：

$$V_{ds} = (G - 0.5) \times 20 \tag{7-1}$$

式中：$G=t_a/t_c$，t_a为管道实际壁厚，即用名义壁厚减去最大制造公差所得的壁厚，t_c为按设计压力确定的管道设计壁厚。

3. 系统安全系数评分方法

系统安全系数分值根据设计压力与最大允许工作压力的比值 H 来确定。

$$H = P_S/P_Y \tag{7-2}$$

式中 H——系统安全系数；

P_S——设计压力，MPa；

P_Y——最大允许工作压力，MPa。

可按如下参数标准分等级评分：

（1）H 等于或大于 2.0；

（2）H=1.75～1.99；

（3）H=1.50～1.74；

（4）H=1.25～1.49；

（5）H=1.10～1.24；

（6）H=1.00～1.09；

(7) H 小于 1.00。

4. 钢管材料选择评分方法

钢管材料选择可进一步细分为选择原则(建议评分 0~5 分)、管材技术标准(建议评分 0~7分)和制管质量(建议评分 0~3 分)三个子因素来评分。

1) 选材原则分值

根据选材原则是否符合设计标准,可按以下几种情况分等级评分:

(1)选材合理(符合设计选材原则);

(2) 选材不完全合理(个别指标不符合使用环境);

(3) 未按设计原则选材;

(4) 选用非容器钢材。

2) 管材技术标准分值

根据现行国际、国内的管材标准,可按以下几种情况分等级评分:

(1) 符合 API 标准的进口管材;

(2) 符合其他标准的进口管材;

(3) 符合 API 标准的国产管材;

(4) 符合国标的国产管材;

(5) 达不到国标要求的国产管材。

3)制管质量分值

根据实际工程中选用的钢管的生产厂家,可按以下几种情况分等级评分:

(1) 进口钢管或由国家定点钢管制造厂生产;

(2) 由企业定点钢管制造厂生产;

(3) 由一般钢管制造厂生产。

5. 安全防御系统评分办法

根据实际工程中安全防御系统的性能,可按以下几种情况分等级评分:

(1) 安全系统完善、设备选型合理;

(2) 有安全防御系统,但设备选型不合理;

(3) 未设计任何安全防御系统。

6. 系统压力试验评分办法

根据压力试验水平和前次压力试验的时间间隔两个因素来评分:

$$V_{HY} = V_P + V_T \tag{7-3}$$

式中 $V_P = (H_1 - 1) \times 30$,$H_1$ = 试验压力(P_T)/最大允许工作压力(P_W),V_P的最大分值不超过 15 分;

$V_T = 5 -$(上次试压至今的年数),V_T的最低分为 0 分。

7. 滑坡处理评分办法

根据实际工程中堡坎的状况,可按以下几种情况分等级评分:

(1) 在所有可能滑坡段均设计有堡坎;

(2) 在明显滑坡段设计堡坎;

(3) 堡坎段的设计长度不足;

(4) 在明显滑坡段未设计堡坎;

(5) 未对地质条件进行评价。

8. 外防腐材料选择评分办法

根据我国在役输气管道常用涂层材料，可按以下几种涂层材料评分：

（1）三层 PE 复合涂层；

（2）熔结环氧粉末；

（3）煤焦油瓷漆或环氧煤沥青；

（4）沥青加玻璃布；

（5）防锈油漆。

7.6.8 误操作影响评价指标体系

1. 说明

（1）输气管道的误操作影响必须对管道系统的设计、施工、运行和维护四个阶段可能存在的误操作都加以考虑。

（2）在管道的误操作影响因素中，主要考虑的是管道操作人员自身错误的潜在影响，而对公众所造成的破坏事故不予考虑。

（3）根据输气管道的工程实际，管道的误操作影响主要包括设计误操作、施工误操作、运行误操作和维护误操作四种情形。在半定量风险评价中规定误操作影响的总评分为 100 分。

按照各种影响因素对误操作影响的贡献率，确定输气管道的各种影响因素的评分权重分别为：设计误操作占 20%，施工误操作占 40%，运行误操作占 20%，维护误操作占 20%。

2. 设计误操作评分办法

容易导致设计人员出现误操作，且这些误操作又容易对在役输气管道造成危害的因素有危害识别、潜在最大允许操作压力、安全系统等。根据工程实际和设计误操作评分的权重，建议危害识别的评分为 0~5 分、潜在最大允许操作压力的评分为 0~5 分、安全系统的评分为 0~4 分、材料选择的评分为 0~4 分、设计审查的评分为 0~2 分。

1）危害识别分值

根据设计人员对设计规范的遵守程度和设计经验等情况，可按以下几种情况分等级评分：

（1）完全按设计规范制定设计方案；

（2）参照相近设计规范制定设计方案；

（3）设计单位的资质不符合要求；

（4）未经设计的建设项目。

2）潜在最大允许操作压力分值

根据管道系统采用的超压保护系统类型，可按以下几种情况分等级评分：

（1）考虑了超压自动保护系统；

（2）考虑了超压手动保护系统；

（3）考虑了超压报警装置；

（4）无任何超压检测系统。

3）安全系统分值

根据我国输气管道的实际情况，可按以下几种情况分等级评分：

（1）不需要安全保护系统；

（2）只考虑了一级安全装置；

（3）没有安全装置。

4）材料选择分值

根据我国输气管道的实际情况，可按以下几种情况分等级评分：

（1）管材及防腐材料选材合理；

（2）管材合理但防腐材料不合理；

（3）防腐材料合理但管材不合理；

（4）使用现成材料。

5）设计审查分值

根据设计资料审查的实际情况，可将设计审查分为设计方案经过专人审查和设计方案未经审查两种等级。

3. 施工误操作评分办法

在役输气管道的施工误操作主要受管道焊接、管道材质、材料使用和防腐层状况等因素的影响。根据工程实际和施工误操作评分的权重，建议检验的评分为0~10分、材料的评分为0~6分、连接的评分为0~10分、回填的评分为0~6分、管件预处理的评分为0~3分、涂层补口的评分为0~5分。

1）检验分值

根据施工检验的记录资料，可按以下几种情况分等级评分：

（1）施工全过程均有完整的检验记录；

（2）重要施工环节有检验记录；

（3）只有焊口探伤检验记录；

（4）检验记录不连续；

（5）检验报告中无修补记录；

（6）无任何检验记录。

2）材料分值

根据施工材料使用的记录资料，可按以下几种情况分等级评分：

（1）有详细的材料使用记录；

（2）材料使用记录不完整；

（3）无材料使用记录。

3）连接分值

连接可进一步细分为检测率（建议评分0~5分）和连接质量（建议评分0~5分）。

（1）检测率分值

根据施工中连接点的检测率，建议按以下参数标准分等级评分：

① 连接点的检测率达100%；

② 连接点的检测率达80%~99%；

③ 连接点的检测率达60%~79%；

④ 连接点的检测率低于60%。

（2）连接质量分值

根据施工连接检测资料，可按以下几种情况分等级评分：

① 良好；

② 合格；

③ 有一般缺陷；

④ 有严重缺陷。

4）回填分值

根据客观检查回填的状况，可按以下几种标准分等级评分：

（1）回填工艺和方法正确；

（2）回填工艺正确但方法不当；

（3）回填工艺和方法不正确；

（4）未回填。

5）管件预处理分值

根据对管件处理方法的正确性，可按以下几种情况分等级评分：

（1）处理方法正确；

（2）处理方法不当；

（3）管件存放和装卸存在严重问题。

6）涂层补口分值

根据对涂层的修补情况，可分为以下几种情况评分：

（1）涂层补口质量好；

（2）涂层补口质量一般；

（3）涂层补口质量差。

4. 运行误操作评分办法

在役输气管道的运行误操作主要受到规章制度、设备类型等因素的影响。根据工程实际和运行误操作评分的权重，建议规程的评分为 0~3 分、通信的评分为 0~2 分、安全措施的评分为 0~3 分、检测的评分为 0~3 分、职工培训的评分为 0~5 分、机械防错装置的评分为 0~4 分。

1）规程状况分值

根据操作规程完善的程度，建议按以下标准分等级评分：

（1）设备操作、保养、仪器标定严格按规程执行；

（2）各项规程未得到落实；

（3）无规程。

2）通信分值

根据工程实际中通信设备的状况，可按以下几种情况分等级评分：

（1）各站之间配有专用通信工具；

（2）通信设备未固定专用；

（3）通信设备故障未及时排除。

3）安全措施分值

根据安全责任制的建立情况，可按以下几种情况分等级评分：

（1）安全责任制健全并严格执行；

（2）有安全责任制但执行不严；

（3）无安全责任制。

4）检测分值

根据检测规程和制度完善的程度，可按以下几种情况分等级评分：

(1) 制定有检测规程和制度，且执行良好；

(2) 执行检测制度不规范；

(3) 无检测规程和制度。

5) 职工培训分值

根据职工培训的计划及落实程度，可按以下几种情况分等级评分：

(1) 有培训计划并严格执行；

(2) 有培训计划未落实；

(3) 无培训计划；

(4) 操作员工未经岗前培训。

6) 机械防错装置分值

根据工程实际中机械防错装置的类型，可按以下几种机械防错装置来评分：

(1) 装有带双仪表的三通阀门；

(2) 装有锁定装置；

(3) 计算机控制方式；

(4) 重要部件有色彩提示；

(5) 无任何防错措施。

5. 维护误操作评分办法

在役输气管道的维护误操作主要受到维护方式的正确性、维护工作的规范性等因素的影响。根据工程实际和维护误操作评分的权重，建议工作文件的评分为 0~2 分、维护方式的评分为 0~6 分、线路保护构筑物的评分为 0~6 分、维护计划的评分为 0~2 分、规程的评分为 0~4 分。

1) 工作文件分值

根据工作文件的保存情况，可分为以下两种情况：

(1) 维护工作文件保存完好；

(2) 无维护工作文件。

2) 维护方式分值

根据我国输气管道常用的维护方式，可将维护方式分为以下几种情况来评分：

(1) 更换；

(2) 修补；

(3) 保养；

(4) 不维修。

3) 线路保护构筑物状况分值

根据客观评价线路保护构筑物的状况，可按以下几种情况分等级评分：

(1) 状况良好；

(2) 有部分损坏或部分丧失保护性；

(3) 有大面积损坏或基本丧失保护性；

(4) 完全损坏或完全丧失保护性。

4) 维护计划分值

根据工程实际，可按以下几种情况分等级评分：

(1) 定期维护；

（2）不定期维护；

（3）无维护计划。

5）规程分值

根据规程的制定和执行情况，可按以下几种情况分等级评分：

（1）有维护保养规程并得到严格执行；

（2）有维护保养规程未全部执行；

（3）无规程但有维护记录；

（4）无规程也无记录。

7.6.9　天然气泄漏后果影响评价指标体系

1. 说明

（1）气体泄漏后果影响系数主要代表对输气管道发生穿孔或爆管引起天然气外泄后所造成各种损失后果的评价值。

（2）介质意外泄漏可能造成的损失后果由管输介质的危害性和泄漏点周围的环境决定。

（3）气体泄漏后果影响系数评分指标建立在管输介质危害性和扩散系数这两类风险要素之上，管输介质危害性的分值范围定为0~22分，扩散系数的分值范围定为1~6分。

2. 危害性评分办法

根据美国国家防火协会（NFPA）制定的被工业界公认的产品危险定级方法，可从对抢险人员构成威胁的天然气的燃烧性（N_f，建议评分0~4分）、活化性（N_r，建议评分0~4分）和毒性（N_h，建议评分0~4分）三方面来评价管输天然气的当时性危害，可从天然气遗留在土壤、河流和大气中对生态环境的影响程度来评价管输天然气的长期性危害（建议评分0~10分）。

1）当时性危害分值

管输介质的当时性危害可从介质本身的燃烧性、活化性和毒性三个特征来评价，降低当时性危害最有效的措施就是改变介质本身的特性。

（1）燃烧性（N_f）

根据美国防火协会对管输介质易燃程度的五级分类标准，利用介质的闪点这一表征燃烧性的重要指标来对此项评分，或者按7.6.12查取。

① 非燃烧性；

② 闪点大于93℃；

③ 38℃<闪点<93℃；

④ 闪点<38℃和沸点<38℃；

⑤ 闪点<23℃和沸点<38℃。

（2）活化性（N_r）

根据美国防火协会制定的分级标准，可分为以下几种情况来评分，或者按7.6.12查取。

① 即使在用火加热条件下，也完全处于稳定状态；

② 在带压加热条件下出现轻微反应；

③ 即使在不加热条件下，也出现剧烈反应；

④ 在密闭条件下可能出现爆炸；

⑤ 在非密闭条件下可能出现爆炸。

(3) 毒性(N_h)

根据美国防火协会制定的分级标准，可分为以下几种情况来评分，或者按 7.6.12 查取。

① 不具危害性；

② 可能存在轻微的后遗症伤害；

③ 为避免暂时性的能力丧失，须立即采取医疗措施；

④ 能导致严重的暂时性或后遗症伤害；

⑤ 短时间的暴露就会导致死亡或严重伤害。

2) 长期性危害分值

根据美国《综合环境反应、补救和义务法》的鉴别方法，可根据一个可报告的泄漏数量来判定管输介质的长期性危害，也就是说越危险的物质所具有的可报告泄漏数量规定值越小。于是，长期性危害可根据以下可报告的泄漏量来评分，或者按 7.6.12 查取。

① $1m^3$；

② $10m^3$；

③ $100m^3$；

④ $1000m^3$；

⑤ $5000m^3$；

⑥ 无长期性危害。

3. 扩散系数评分办法

根据管道风险评价通用模型的处理方法，扩散系数的分值主要由气体泄漏扩散(建议评分 1~4 分)和人口密度(建议评分 1~4 分)两种因素来确定。

1) 气体泄漏扩散分值

参照管道风险评价国际通用处理方法，对此项的评分是在考虑整管破裂的极端条件下，按 10min 内气体泄放量的计算值(气体泄放量计算公式详见 7.6.14)来确定的，具体按以下几种泄放量值范围来评分：

(1) $0\sim5000m^3$；

(2) $5000\sim50000m^3$；

(3) $50000\sim500000m^3$；

(4) $>500000m^3$。

2) 人口密度分值

根据 GB 50251 规定的地区等级划分(每 2km 管道两侧各 200m 范围内)，按以下几种情况来评分：

(1) 1 级 1 类地区(不经常有人活动及无永久性人员居住的地区)；

(2) 1 级 2 类地区(2km×400m 范围内的住户低于 15 户)；

(3) 2 级地区(2km×400m 范围内的住户为 15~100 户)；

(4) 3 级地区(2km×400m 范围内的住户大于 100 户)；

(5) 4 级地区(2km×400m 范围内聚集有四层及四层以上建筑物)。

7.6.10 输气管道风险评价步骤

1. 资料收集和现场调查

1) 管道历史资料

(1) 管道设计资料

① 建设立项论证报告、设计任务书、设计委托合同、设计说明书、选线踏勘报告、设

计方案修改文件、设计规范及标准。

② 管道线路走向平面图、穿跨越点平/立面图、站场平面布置图。

③ 管道总里程、管道规格、管材钢号、管材化学成分、管材机械性能、制管厂家名称、设计输压、设计输量，管道设计埋深、腐蚀裕量、管道外防腐等级、防腐材料技术指标、阴极保护方案、阴极保护站间距离、设计保护电位、沿线土壤理化性质。

（2）管道施工资料

① 施工委托合同、施工单位资质证明、施工组织设计、焊接试验报告、管材出厂证明、施工技术标准。

② 施工进度搭接图、穿跨越点施工平面布置图。

③ 焊口探伤比例、焊口 X 射线照相比例、焊口修补比例、焊管期间的日平均气温、强度试验压力和严密性试验压力、压力试验介质。

（3）竣工验收资料

① 施工总结报告、工程结算报告、工程质量评审报告、投产试运行报告、业主方验收证明。

② 管道标志桩编号、各标志桩对应的轴线里程。

（4）管道运行管理历史数据

① 运行条件　管道运行操作规程、操作员工岗位职责、年度输量任务书、年度任务完成总结报告，介质组分定期检测结果、历年月平均输量统计值、历年月平均输送压力(起点和终点压力)、每月输送天数、历年压力波动情况。

② 管理维护条件　输气管道维护细则、巡线员岗位职责、巡线记录表、清管操作规程、历次清管结果分析报告，巡线周期、历次巡线发现问题的个数、清管周期、历次清管清除物的种类及重量。

（5）阴极保护工作情况

① 阴极保护站技术要求、阴保站管理规程、管理员工岗位职责。

② 历年各阴保站的月通电天数、各阴保站的月均输出电位、观察头的月均电位。

③ 历年各段管道的保护电位大小及分析、历年交直流排流保护措施及运行调整情况、交直流干扰调查报告。

④ 历年电法保护运行控制资料、阴极保护系统事故资料。

⑤ 历年阴极保护设备维护情况。

2）线路标记

（1）沿线里程标志桩的位置坐标(包括恢复的和新设的)及所对应的高程、桩间里程数。

（2）管道翻山穿江的起始和终点位置。

（3）沿线进出气支线连接点的位置。

（4）沿线通过地带的小地名。

（5）历史事故修复点的准确位置。

（6）管道拐弯点的位置坐标。

3）智能清管结果处理资料

（1）智能清管检测报告

① 智能清管器的技术指标，从事清管作业公司的资质证明。

② 测径结果。

③ 测径结果曲线图。

④ 测径结果统计数据(三维数组)。

⑤ 内腐蚀检测结果:

a. 腐蚀坑漏磁波形图;

b. 内腐蚀坑的位置坐标(三维数组)、内腐蚀坑的几何尺寸(长度、宽度、深度)、内腐蚀坑个数、腐蚀坑的最大深度、最小深度、统计平均深度、内腐蚀坑的表面积统计结果;

c. 腐蚀类型(坑蚀、斑状腐蚀、沟槽腐蚀或均匀腐蚀)。

⑥ 外腐蚀检测结果:外腐蚀坑的位置坐标(三维数组)、外腐蚀坑的几何尺寸(长度、宽度、深度)、外腐蚀坑个数、腐蚀坑的最大深度、最小深度、统计平均深度、外腐蚀坑的表面积统计结果。

⑦ 管体焊缝外观缺陷尺寸。

⑧ 挖坑检测情况及偏差检验结果。

(2)对已知腐蚀部位的处理措施及完成情况报告。

4) 在线监测数据

(1) 输送介质变化情况　定时介质组分检测结果、压力变化检测结果、含水量检测结果、pH 值检测结果、H_2S 和 CO_2 含量检测结果、介质温度变化检测结果。

(2) 泄漏检测结果　泄漏点的位置坐标、泄漏速率、泄漏时间。

5) 沿线环境调查

(1) 地形地貌特征

① 管道按地貌特征划分的区段情况:地貌名称、地貌特征描述、区段长度、当地的小地名、起点高程和终点高程。

② 管道沿线地形高程走势图(山梁应注明相对于平地的高程)。

③ 河流的常水位宽度、最大水深、历史最高洪水位高程及河床断面形状。

④ 管道大起落段(相对高程差在 50m 以上)的地形走势。

⑤ 穿跨越工程的结构形式、有无套管、区段长度、保护措施等。

⑥ 护坡堡坎的长度、使用的建筑材料和护坡堡坎目前的完好程度。

(2) 建(构)筑物分布

① 管道沿线左右各 200m 范围内已有建(构)筑物的分布、沿线重要建筑物的未来扩建和发展计划、重要建(构)筑物与管道轴线的水平距离。

② 沿线违章建筑分布的准确位置、分布平面图。

③ 高压电网系统与电气化铁路。

④ 与输气管道相交或邻近的高压电网的名称、线路电压、交汇处管道的里程位置、与管道轴线的水平距离和垂直距离、电气化铁路与管道交汇的位置、与管道轴线的水平距离。

(3) 沿线地区的住户统计、人口密度及地区等级划分情况。

(4) 输气管道沿线深根植物分布情况。

(5) 进出气支线及气源与用户情况

① 进出气支线与干线管道相连的确定位置、支线的管径规格、总长度、支线与干线管道连通输气的确定时间、支线的输量、输压。

② 进气来源、气源的组分、杂质含量(H_2O、H_2S、CO_2 和粉尘等)、气源处理站的开工运转情况。

③ 天然气用户概况:用户的门站压力、年耗气量(现实用气量和未来计划用气量)、天

然气用途(燃料或原料)、高峰用气时间，用户的单位名称、生产规模(年产值)和企业性质(国企、军工、地方工厂、民用)、用户距输气干线的接点距离、用户是否建有储气设施等。

(6) 土壤性质与气候条件

① 土壤性质测试方法、测试时间、土壤性质测试点的准确位置坐标、土壤性质分界点的准确位置坐标、各测点的土壤电阻率、氧化还原电位、含盐量(Cl^-、SO_4^{2-}、CO_3^{2-}、HCO_3^{2-})、含水量、pH 值和含菌量。

② 管道沿线地区常年气候特征描述、沿线近 50 年所发生的异常气象情况报告、自管道建成以后沿线的年均降雨量、集中降雨月份、年最高气温、年最低气温、年平均气温、月平均气温等气候特征资料数据。

③ 各观测点大气的湿度、SO_2含量。

(7) 管道事故与自然灾害情况

① 事故抢险应急方案、抢险工作程序。

② 管道历次事故分析的详细报告：历次事故发生的时间、所在管道的位置、事故的类型(泄漏或爆管)、事故的详细原因、事故对管道所造成的损失后果(伤亡人数、毁坏建筑和设备的件数、漏失天然气量、导致全线停输的时间、修复方式、修复费用、环境影响范围、直接经济损失等)、管道事故现场照片、赔偿情况。

③ 危及输气管道的各类自然灾害事件(地震、洪水、山体滑坡、路基坍塌等)报告：灾害事件发生的时间、所在管道的位置和当时对管道造成的影响、直接经济损失、修复情况等。

(8) 管道防护措施

① 全线外防腐使用的材料、防腐等级、防腐层补口方式。

② 全线所设阴保站的个数、各阴保站在沿线的准确位置、阴保站采用的电源系统、站内恒电位仪的名称及规格、阴保站输出的额定电位、各阴保站的月通电率。

③ 沿途地面管道所采取的防腐绝缘措施、定期补涂防腐层的次数。

④ 管道内防腐措施。

⑤ 历年外防腐层绝缘电阻测量情况、防腐层缺陷检漏情况。

⑥ 腐蚀事故的详细报告、腐蚀程度的图片资料。

(9) 沿线社会治安情况

① 沿线社会环境状况。

② 管道通过地区被授予文明村镇的个数及分布位置、经济较发达或经济落后村镇的个数及分布位置。

③ 历史上针对输气管道的破坏案例。

④ 管道管理部门同沿途地方政府的关系。

2. 管道分段

1) 管道分段的基本原则

(1) 只要出现重要的变化，就应在那里插入分段点。

(2) 管道的状态重要性等级可按如下划分：

① 人口密度；

② 土壤状况；

③ 覆盖层状况；

④ 管道使用年龄。

2）实际管道分段方法

实际输气管道分段的方法是利用有明显区别点来划分，以一条管段的最糟情况决定该管段的特征。对输气管道的分段一般是在充分收集和分析历史资料的基础上，以人工走线的方式完成。其具体做法如下：

（1）如沿管道1km长管段的人口密度变化超过10%，则插入一个分段点。这种按人口密度变化的管道分段每公里不得超过一次，并且只要人口密度保持稳定，则不必插入分段点。出现这种情况的区别点，一般在城市、场镇处。

（2）每当土壤腐蚀状况变化达到或超过30%时，就插入一个分段点。根据输气管道经过地区的地形地貌，可按水田、旱地、山坡、公路穿越、河滩五种类型进行分类。

（3）每遇管道外防腐层状况发生严重变化，便插入一个管道分段点。根据管道的智能检测和人工走线调查的结果，在外防腐层被破坏或严重老化的地方需插入分段点。

（4）如遇到管道的管龄不同时，就要插入一个分段点。这可由管道的建设资料确定，比较管道的安装或更换日期就可分段，如在换管处就可插入分段点。

（5）当管输介质发生明显变化时，插入一个分段点。输气管道的管输介质的水含量、H_2S含量、CO_2含量在不同管段均可能有很大的差异，对管道的内腐蚀造成的影响当然也就不同，因此有必要在这种情况下插入分段点。

（6）根据管道智能检测的结果，在管道的内外腐蚀出现严重变化处插入分段点。

（7）在管道的地面装置如阀室、站场等处，插入分段点。

（8）每当管道出现进分气点时，则应插入分段点。

（9）每当出现不良地质条件，如滑坡、泥石流、不均匀沉降等区域，则应插入分段点。

3. 数据采集

（1）对管道进行分段后，分别对每段管段进行风险评价所需数据的采集。

（2）采集的数据应全面完整，严格要求填入《管道分段风险因素调查表》中，格式见7.6.13。

（3）采集的数据，按输气管道风险要素数据库软件的操作规程，录入所评价管道的输气管道风险要素数据库。且该数据库应具有随时查询、修改和扩容的功能，要求通用性良好。

4. 风险评价

根据采集的数据，按输气管道风险评价软件的操作步骤，对管道各区段进行风险评价。

（1）按输气管道风险分析软件的提示从输气管道风险要素数据库调入数据，由数据计算模块完成各种参数的计算并输出计算结果。

（2）用表格方式和柱状图方式显示各管段的风险等级，列出威胁输气管道安全的主要风险因素，提出各管段风险管理的具体建议和措施。

（3）对输气管道的风险程度进行动态管理，可根据各管段周围环境参数和管理运行参数的变化进行定期风险评价。

5. 评价报告

（1）评价单位和评价人员应保证输气管道的风险分析质量，做到客观、公正，其准确性要经得起现场实测的检验。

（2）评价单位在风险评价任务完成后，应出具评价报告书。评价单位对评价报告书中涉及的内容负责。

（3）评价报告书应提出具体的风险分析结论，以及建议下次评价的时间。

7.6.11 输气管道风险等级

风险等级的划分必须遵守风险可接受的基本原则。由于不同部门或单位对风险的可接受能力是大不相同的，所以这里所规定的风险等级既不是绝对的，也不是固定不变的。它只是在比较同一条管道不同区段的风险大小时才具有指导意义。结合我国输气管道的工程管理实际，输气管道相对风险等级的划分标准如表 7-4 所示。

表 7-4 输气管道相对风险等级划分标准

风险等级	低风险	较低风险	中等风险	较高风险	高风险
相对风险分值	121～220	91～120	51～90	21～50	0～20

各风险等级与输气管道各管段现状条件的大致对应关系定义如下：

(1) 低风险级 输气管道处于该风险等级的管段很安全，该管段一般处于 1 级地区，管段目前的各项保护条件很完善，无泄漏历史记录，应维持现有管理水平。

(2) 较低风险级 输气管道处于该风险等级的管段较安全，该管段一般处于 1 级地区，管段目前的各项保护条件较好，无泄漏历史记录，应注意监视环境条件的变化。

(3) 中等风险级 输气管道处于该风险等级的管段属于过渡性区段，该管段一般处于 1、2 级地区，管段运行正常，多数管段目前的保护条件能满足正常使用的要求，个别有泄漏历史记录，应加强日常检查维护。

(4) 较高风险级 输气管道处于该风险等级的管段属于事故正在萌生的区段，该管段一般处于 2、3、4 级地区，多数管段目前的保护条件达不到正常使用的要求，管段可靠性降低，一般有泄漏历史记录，需考虑必要的维护方案。

(5) 高风险级 输气管道处于该风险等级的管段属于即将发生事故或人口稠密的区段，该管段一般处于 4 级地区，多数管段目前的保护条件已丧失应有的保护功能，管段存在事故隐患，泄漏历史记录较高，应及时采取维护措施。

7.6.12 典型管输介质危害性评分表(见表 7-5)

表 7-5 介质危害性评分

管输介质	闪点/℃	沸点/℃	毒性 N_h	活化性 N_f	燃烧性 N_r	长期危害性分值
苯	-11	80	2	3	0	8
1，3-丁二烯	—	-4	2	4	2	10
丁烷	—	-1	1	4	0	2
一氧化碳	—	-192	2	4	0	2
氯	—	-	3	0	0	8
乙烷	—	-89	1	4	0	2
乙醇	13	78	0	3	0	4
乙苯	21	136	2	3	0	4
乙烯	—	-104	1	4	2	2
乙二醇	111	197	1	1	0	6
燃料油(1#～6#)	38～66	151～301	0	2	0	6
汽油	-43	38～204	1	3	0	6
氢	—	-252	0	4	0	0

续表

管输介质	闪点/℃	沸点/℃	毒性 N_h	活化性 N_f	燃烧性 N_r	长期危害性分值
硫化氢	—	-60	3	4	0	6
异丁烷	—	-12	1	4	0	2
异戊烷	<-51	28	1	4	0	6
航空燃料油 B	-23~-1	—	1	3	0	6
航空燃料油 A、A_1	43~66	—	0	2	0	6
煤油	38~72	151~301	0	2	0	6
甲烷	—	-162	1	4	0	2
矿物油	193	360	0	1	0	6
萘	79	218	2	2	0	6
氮	—	—	0	0	0	0
原油	-7~32	—	1	3	0	6
丙烷	—	-42	1	4	0	2
丙烯	—	-47	1	4	1	2
甲苯	4	110	2	3	0	4
氯乙烯	—	-14	2	4	1	10
水	—	100	0	0	0	0

7.6.13 管道风险要素调查表(见表 7-6)

表 7-6 管道风险要素调查表

管道名称： 分段编号：(　　)

<table>
<tr><td rowspan="2">项目
序号</td><td colspan="2">分段日期</td><td></td><td rowspan="2">起点位置</td><td>桩</td><td rowspan="2">终点位置</td><td>桩</td></tr>
<tr><td colspan="2">管段长度</td><td>m</td><td>m</td><td>m</td></tr>
<tr><td>F1</td><td colspan="2">敷管方式(　)</td><td colspan="5">①埋地管道 ②水下穿越 ③地面管道 ④跨越管桥</td></tr>
<tr><td>F2</td><td colspan="2">地貌特征(　)</td><td colspan="5">①山坡 ②旱地 ③河滩 ④公路穿越 ⑤水田</td></tr>
<tr><td rowspan="5">1</td><td rowspan="2">埋地管道</td><td colspan="6">覆土最小厚度(　)cm</td></tr>
<tr><td>附加保护层(　)</td><td colspan="5">①6cm 水泥保护层 ②12cm 水泥保护层 ③管道套管 ④加强水泥盖板 ⑤无保护层</td></tr>
<tr><td rowspan="3">水下穿越管道</td><td>水面以下深度(　)</td><td colspan="5">①0~1.5m ②1.5~5.0m ③>5.0m</td></tr>
<tr><td>低于河床表面以下深度(　)</td><td colspan="5">①0~0.5m ②0.5~1.0m ③1.0~1.5m ④1.5~2.0m ⑤2.0~5.0m ⑥>5.0m</td></tr>
<tr><td>穿越管道保护(　)</td><td colspan="5">①无保护措施 ②有保护措施</td></tr>
<tr><td rowspan="2">2</td><td rowspan="2">地面活动程度</td><td>地区类别(　)</td><td colspan="5">①1 级 1 类地区(在管道附近不可能有挖掘活动的地区)
②1 级 2 类地区(2km×400m 范围内的住户数低于 15 户)
③2 级地区(2km×400m 范围内的住户数为 15~100 户)
④3 级地区(2km×400m 范围内的住户数大于 100 户)
⑤4 级地区(2km×400m 范围内聚集有四层及四层以上建筑物)</td></tr>
<tr><td>建设活动频繁程度(　)</td><td colspan="5">①矿藏开发及重工业生产地区 ②在建的经济技术开发区 ③规划的经济技术开发区 ④商贸繁华地区 ⑤未考虑开发的地区</td></tr>
</table>

3	管道地面装置(复选项)( )			①无地面装置 ②地面装置与公路的距离大于60m ③地面装置有保护围栏 ④地面装置上有警示标志符号
4	公众教育与法制观念	村镇文明建设( )		①连续5次以上的文明村镇 ②曾获得过1~2次文明称号的村镇 ③从未获得过文明称号的村镇
		村镇经济发达程度( )		①人均GDP>8000元人民币 ②人均GDP=6000~8000元人民币 ③人均GDP=4000~6000元人民币 ④人均GDP<4000元人民币
		村镇社会治安状况( )		①从未发生过治安和刑事案件 ②近5年发生过1~2次刑事案件 ③每年仅有1~2次治安案件发生 ④每年都有刑事案件发生
		管道公司的宣传教育工作(复选项)( )		①与村镇签订有联防协议 ②每年到村镇走访一次以上 ③每年与当地干部举行一次联席会 ④张贴或书写宣传标语 ⑤定期给沿线村镇寄送宣传资料
		违章建筑情况( )		①管道附近不存在违章建筑 ②管道附近存在1~3处违章建筑 ③管道附近存在3处以上违章建筑
5	管道线路标志( )			①所有标志桩和检测桩完好无损 ②80%以上标志桩和检测桩完好 ③60%以上标志桩和检测桩完好 ④40%以上标志桩和检测桩完好 ⑤现存标志桩和检测桩不足40% ⑥无各种线路标志
6	巡线频率G( )			①每日巡线 ②隔日巡线 ③每周二次巡线 ④每周一次巡线 ⑤每月二次巡线 ⑥每月低于一次巡线 ⑦从不巡线
7	大气腐蚀	地面管道状况(复选项)( )		①空气/水界面 ②间歇性与水面接触 ③支撑或吊架 ④有防腐绝缘层 ⑤有套管保护
		大气条件PG		
		大气环境( )		①海洋大气 ②工业大气 ③城市大气 ④乡村大气
		腐蚀气体类型( )		①A类大气 ②B类大气 ③C类大气 ④D类大气
		气候条件( )	湿度	①年平均空气相对湿度≤60% ②60%<年平均空气相对湿度≤75% ③年平均空气相对湿度>75%
			温度	①年平均气温≥15℃ ②年平均气温<15℃
		涂层和检查		
		涂层材料( )		①三层PE复合涂层 ②熔结环氧粉末 ③煤焦油瓷漆或环氧煤沥青 ④沥青加玻璃布 ⑤防锈油漆 ⑥无涂层
		涂层质量( )		①好 ②一般 ③差 ④无
		检查方式( )		①用专门的仪器检查 ②人工检查 ③未做检查
		缺陷修补质量( )		①无缺陷或缺陷修补质量好 ②缺陷修补质量一般 ③缺陷修补质量差 ④有缺陷未修补或无涂层
8	内腐蚀	H_2S含量( )		①$H_2S\leq0.02g/m^3$ ②$0.02g/m^3<H_2S\leq0.10g/m^3$ ③$0.10g/m^3<H_2S\leq0.20g/m^3$ ④$0.20g/m^3<H_2S\leq0.30g/m^3$ ⑤$0.30g/m^3<H_2S\leq0.50g/m^3$ ⑥$H_2S>5.00g/m^3$
		CO_2含 量( )		①$CO_2\leq0.50g/m^3$ ②$0.50g/m^3<CO_2\leq1.5g/m^3$ ③$1.5g/m^3<CO_2\leq2.5g/m^3$ ④$CO_2>2.5g/m^3$
		含 水 量( )		①$H_2O\leq0.5\%$ ②$0.5\%<H_2O\leq2.0\%$ ③$2.0\%<H_2O\leq3.0\%$ ④$3.0\%<H_2O\leq5.0\%$ ⑤$H_2O>5.0\%$

8	内腐蚀	**内防腐措施(复选项)( )**		①无任何措施 ②内腐蚀检测 ③定期清管 ④注入缓蚀剂 ⑤内涂层 ⑥运行操作措施
		机械腐蚀	SSC 硫化物应力开裂( )	①H_2S 含量≤1.38g/m^3且管输压力<1.4MPa ②H_2S 含量≤1.38g/m^3且管输压力<2.0MPa ③H_2S 含量≤1.38g/m^3且管输压力<2.5MPa ④H_2S 含量≤1.38g/m^3且管输压力≥2.5MPa ⑤H_2S 含量>1.38g/m^3且管输压力≥1.4MPa ⑥H_2S 含量>8.0g/m^3
			HIC 氢致开裂( )	①H_2S 含量<11.5g/m^3且 pH 值≥5 ②H_2S 含量<11.5g/m^3且 3<pH 值<5 ③H_2S 含量<11.5g/m^3且 pH 值≤3 ④H_2S 含量≥11.5g/m^3且 pH 值≤3
9	**埋地金属腐蚀**	**涂层状况**	**涂层材料( )**	①三层 PE 复合涂层 ②熔结环氧粉末 ③煤焦油瓷漆或环氧煤沥青 ④沥青加玻璃布 ⑤沥青加牛皮纸
			涂层质量( )	①好 ②一般 ③差 ④无
			检查方式( )	①用专门的仪器检查 ②人工检查 ③未做检查
			缺陷修补质量( )	①无缺陷或缺陷修补质量好 ②缺陷修补质量一般 ③缺陷修补质量差 ④有缺陷未修补
		深根植物分布( )		①管道分布带上不存在深根植物 ②管道分布带上存在深根植物
		土壤腐蚀性	**土壤电阻率( )**	①低电阻率(高腐蚀电位)，<20Ω·m ②中等电阻率，20~50Ω·m ③次高电阻率，50~100Ω·m ④高电阻率(低腐蚀电位)，>100Ω·m
			含水量( )	①H_2O≤5.0% ②5.0%<H_2O≤10.0% ③10.0%<H_2O≤15.0% ④15.0%<H_2O≤20.0% ⑤H_2O>20.0%
			Cl^-含量( )	①Cl^-<0.05% ②0.05%≤Cl^-<0.10% ③0.10%≤Cl^-<0.15% ④0.15%≤Cl^-<0.20% ⑤0.20%≤Cl^-<0.25% ⑥Cl^-≥0.25%
			SO_4^{2-}含量( )	①S<0.05% ②0.05%≤S<0.10% ③0.10%≤S<0.15% ④0.15%≤S<0.20% ⑤0.20%≤S<0.25% ⑥S≥0.25%
			CO_3^{2-}含量( )	①C<0.05% ②0.05%≤C<0.10% ③0.10%≤C<0.15% ④0.15%≤C<0.20% ⑤0.20%≤C<0.25% ⑥C≥0.25%
			HCO_3^-含量( )	①HC<0.05% ②0.05%≤HC<0.10% ③0.10%≤HC<0.15% ④0.15%≤HC<0.20% ⑤0.20%≤HC<0.25% ⑥HC≥0.25%
		阴极保护G	**阴极保护措施( )**	①以强制电流阴极保护为主，牺牲阳极保护为辅 ②采用强制电流阴极保护 ③采用牺牲阳极保护 ④无阴极保护
			阴保运行状况	
			阴保系统完好性	①良好 ②一般 ③差
			保护率和通电率	①保护率和通电率均达到98% ②保护率和通电率只有80%以上 ③保护率和通电率只有60%以上 ④保护率和通电率不到60%
		管道系统年龄 PG( )		①0~5年的运行年龄 ②5~15年的运行年龄 ③15~20年的运行年龄 ④20~25年的运行年龄 ⑤超过25年的使用年龄
		其他金属( )		①无 ②1~10次 ③10~25次(或在20m范围内有另一平行钢管) ④多于25次(或有同沟的另一钢管)

续表

9	**埋地金属腐蚀**	**干扰电流( )**	①在距离管道15m内无交流电源 ②附近有交流电源，但采取了屏蔽保护措施 ③附近有交流电源，未采取保护措施
		定期检测G( )	①测试头间距小于2km，检测时间小于6个月 ②测试头间距等于2～3km，检测间隔时间大于1年 ③测试头间距大于3km，检测间隔时间小于1年 ④测试头间距大于3km，检测间隔时间大于1年
10	管道设计安全系数PG		**管道实际壁厚**( )mm
			按设计压力确定的管道壁厚( )mm
11	系统安全系数( )		①H=2.0 ②H=1.75～1.99 ③H=1.50～1.74 ④H=1.25～1.49 ⑤H=1.10～1.24 ⑥H=1.00～1.09 ⑦H<1.00
12	钢管材料选择	选材原则( )	①选材合理(符合设计选材原则) ③未按设计原则选材 ②选材不完全合理(个别指标不符合使用环境) ④选用非容器钢材
		管材技术标准( )	①符合API标准的进口管材 ②符合其他标准的进口钢材 ③符合API标准的国产管材 ④符合国标的国产管材 ⑤达不到国标要求的国产管材
		制管质量( )	①进口钢管或由国家定点钢管制造厂生产 ②由企业定点钢管制造厂生产 ③由一般钢管制造厂生产
13	安全防御系统( )		①安全系统完善、设备选型合理 ②有安全防御系统，但设备选型不合理 ③未设计任何安全防御系统
14	系统水压试验( )		试验压力P_t( )MPa
			最大允许工作压力P_w( )MPa
			上次压力试验至今的年数( )年
15	**滑坡处理( )**		①在所有可能滑坡段均设计有堡坎 ②在明显滑坡段设计堡坎 ③堡坎设计长度不足 ④在明显滑坡段未设计堡坎 ⑤未做地质条件评价
16	**外防腐材料选择G( )**		①三层PE复合涂层 ②熔结环氧粉末 ③煤焦油瓷漆或环氧煤沥青 ④沥青加玻璃布 ⑤防锈油漆
17	设计误操作	危害识别( )	①完全按设计规范制定设计方案 ②参照相近设计规范制定设计方案 ③设计单位的资质不符合要求 ④未经设计的建设项目
		潜在最大允许操作压力( )	①考虑了超压自动保护系统 ②考虑了超压手动保护系统 ③考虑了超压报警装置 ④无任何超压检测系统
		安全系统( )	①不需要安全保护系统 ②只考虑了一级安全装置 ③没有安全装置
		材料选择( )	①管材及防腐材料选材合理 ②管材合理但防腐材料不合理 ③防腐材料合理但管材不合理 ④使用现成材料
		设计审查( )	①设计方案经过专人审查 ②设计方案未经审查
18	**施工误操作**	检验( )	①施工全过程均有完整的检验记录 ②重要施工环节有检验记录 ③只有焊口探伤检验记录 ④检验记录不连续 ⑤检验报告中无修补记录 ⑥无任何检验记录
		材料( )	①有详细的材料使用记录 ②材料使用记录不完整 ③无材料使用记录
		连　接	
		检测率( )	①连接点的检测率达100% ②连接点的检测率达80%～99% ③连接点的检测率达60%～79% ④连接点的检测率低于60%

18	**施工误操作**	连接质量（ ）		①良好 ②合格 ③有一般缺陷 ④有严重缺陷
		回填（ ）		①回填工艺和方法正确 ②回填工艺正确但方法不当 ③回填工艺和方法不正确 ④未回填
		管件预处理（ ）		①处理方法正确 ②处理方法不当 ③管件存放和装卸问题严重
		涂层补口（ ）		①涂层补口质量好 ②涂层补口质量一般 ③涂层补口质量差
19	**运行误操作**	**规程（ ）**		①设备操作、保养、仪器标定严格按规程执行 ②各项规程未得到落实 ③无规程
		通信（ ）		①各站之间配有专用通信工具 ②通信设备未固定专用 ③通信设备故障未及时排除
		安全措施（ ）		①安全责任制健全并严格执行 ②有安全责任制但执行不严 ③无安全责任制
		检测（ ）		①制订有检测规程和制度且执行良好 ②执行检测制度不规范 ③无检测规程和制度
		员工培训（ ）		①有培训计划并严格执行 ②有培训计划未落实 ③无培训计划 ④操作员工未经岗前培训
		机械防错装置（复选项）（ ）		①装有带双仪表的三通阀门 ②装有锁定装置 ③计算机控制方式 ④重要部件有色彩提示 ⑤无任何防错措施
20	**维护误操作**	**工作文件（ ）**		①维护工作文件保存完好 ②无维护工作文件
		维护方式（ ）		①更换 ②修补 ③保养 ④不维修
		线路保护构筑物状况（ ）		①状况良好 ②有部分损坏或部分丧失保护性 ③有大面积损坏或基本丧失保护性 ④完全损坏或完全丧失保护性
		维护计划（ ）		①定期维护 ②不定期维护 ③无维护计划
		规程（ ）		①有维护保养规程并得到执行 ②有维护保养规程未全部执行 ③无规程但有维护记录 ④无规程也无记录
21	管输介质危害性	当时性危害	燃烧性（N_f）（ ）	①非燃烧性 ②闪点大于93℃ ③38℃<闪点<93℃ ④闪点<38℃ 和沸点<38℃ ⑤闪点<23℃ 和沸点<38℃
			活化性（N_r）（ ）	①即使在用火加热条件下，也完全处于稳定状态 ②在带压加热条件下出现轻微反应 ③即使在不加热条件下，也出现剧烈反应 ④在密闭条件下可能出现爆炸 ⑤在非密闭条件下可能出现爆炸
			毒性（N_h）（ ）	①不具有毒性 ②可能存在轻微的后遗症伤害 ③为避免暂时性的能力丧失，须立即采取医疗措施 ④导致严重的暂时性或后遗症伤害 ⑤短时间的暴露就会导致死亡或严重伤害
		长期危害性（ ）		①可报告危险性物质的泄漏量为 1.0m^3 ②可报告危险性物质的泄漏量为 10.0m^3 ③可报告危险性物质的泄漏量为 100.0m^3 ④可报告危险性物质的泄漏量为 1000.0m^3 ⑤可报告危险性物质的泄漏量为 5000.0m^3 ⑥无长期性危害

续表

22	扩散系数	气体泄漏扩散(　)	按照10分钟后管输介质的泄漏数量来评分：①0~5000m³　②5000~50000m³　③50000~500000m³　④>500000m³
		人口密度(　)	①无人区或1级地区(2km×400m范围内的住户数低于15户)　②2级地区(2km×400m范围内的住户数为15~100户)　③3级地区(2km×400m范围内的住户数大于100户)　④4级地区(2km×400m范围内聚集有多层建筑物)
23	**泄漏历史**	**泄漏次数(　)**	①未泄漏过　②有过1次泄漏　③有过2次泄漏　④有过3次以上泄漏
		泄漏原因(　)	①焊接质量　②腐蚀穿孔　③人为破坏　④操作误差　⑤不考虑
24	**输气中断影响**	**用户重要程度(　)**	①以天然气为生产原料的大型企业　②以天然气为基本能源的大型企业　③以天然气为辅助能源的工矿企业　④以天然气为民用燃料的城市　⑤无重要用户
		用户对连续供气的依赖性(　)	①绝对依赖　②有自备储气设施　③有替代能源可用　④对停气不受影响
25	变更记录		
26	备注		

注：字符底纹为黑的项为现场调查时填写，其中"G"表示共性项，"PG"表示半共性项。

调查：　　　　　　　　记录：　　　　　　　　校核：

7.6.14　天然气泄漏量计算公式

天然气泄漏量的计算公式如下：

$$
\begin{aligned}
Q &= C_D A \frac{P_1}{(RT_1)^{\frac{1}{2}}}\sqrt{\frac{2k}{k-1}\left[\left(\frac{P_0}{P_1}\right)^{\frac{2}{k}}-\left(\frac{P_0}{P_1}\right)^{\frac{k-1}{k}}\right]} \\
&= AC_D P_1 \gamma \sqrt{\frac{\rho_1}{P_1}} \\
&= AC_D P_1 \gamma \,(RT_1)^{-\frac{1}{2}}
\end{aligned}
\tag{7-4}
$$

式中　Q——体积流量，m^3/s；

A——泄漏孔面积，即泄漏面积，m^2；

C_D——流量系数，亦称泄漏系数，一般而言，流量系数的取值范围在0.6~1.0之间；按泄漏孔的形状可分：圆形孔，$C_D=1.0$；三角孔，$C_D=0.95$；矩形孔，$C_D=0.90$；孔口为内层腐蚀形成的渐缩孔(钝角入口)，$0.9<C_D<1.0$；孔口为外力机械损伤形成渐扩孔(钝角入口)，$0.6<C_D<0.9$；

P_1——气体泄漏前压力，Pa；

P_0——环境压力，Pa；

k——绝热指数，对于天然气一般取 $k=1.3$；

γ——泄漏速度系数。

气体从孔口泄漏时的速度与其流动状态有关，因此计算泄漏量时首先要判断气体流动属于音速还是亚音速流动。

当 $\frac{P_0}{P_1} > \left(\frac{2}{k+1}\right)^{\frac{k}{k-1}}$ 时，气体流动属于亚音速流动，则

$$\gamma = \sqrt{\frac{2k}{k-1}\left[\left(\frac{P_0}{P_1}\right)^{\frac{2}{k}} - \left(\frac{p_0}{p_1}\right)^{\frac{k-1}{k}}\right]} \tag{7-5}$$

当 $\frac{P_0}{P_1} \leqslant \left(\frac{2}{k+1}\right)^{\frac{k}{k-1}}$ 时，气体流动属于音速流动，则

$$\gamma = \sqrt{\frac{2k}{k+1}\left(\frac{2}{k+1}\right)^{\frac{2}{k-1}}} \tag{7-6}$$

输气管道中，由于介质压力较高，一般处于流速临界状态，气体流动属于音速流动。

7.6.15 深根植物种类及名称

深根植物是指包括乔木、灌木或其他根系深达管道埋设部位、损坏管道防腐涂层的植物。

植物影响管道保护的因素主要有两方面，一是植物的根系(主要为深度)，一是植物的外形(包括高低、面积等)。植物的根系不断深入地下会逐渐穿透管道防腐涂层，严重时可造成管道腐蚀泄漏；粗壮、高大的植物也会给管道抢维修、检测等造成影响。

对输气管道影响较大的深根植物主要有松树、笼生竹(慈竹、西凤竹、硬头黄)、洋槐、单生竹(楠竹)、刺桐、青果、香樟、梧桐、荔枝、桃树、柑橘、桤木树、枇杷、桉树、桑树、李树、黄桷树、芭茅、榆树、柳树、杨树、天竺葵、熏树(千丈)、栾树、皂夹、银杏、银桦、水杉、小叶榕等。

7.7 管道定量风险评价

定量风险评价(QRA)是一种纯定量的方法，代表了目前管道风险评价的最先进水平，其结果一般是具体的数值，且有量纲。

QRA 相比一些定性方法，有以下优点：

(1) 结果是一个有意义的值，可以与历史水平对比，也可以与其他管道对比；

(2) 可以制定风险可接受标准，可以与各行业通用的风险可接受标准进行比较，来确定管道的安全水平；

(3) 结果受评价人员的主观影响较小；

(4) 可以非常方便地进行情景假设分析，当管道的实际情况改变时，可以很方便地进行再评价；

（5）可以进行风险预测，实行真正的风险管理。

但 QRA 同时相比定性和半定量的风险评价方法，也有不少缺点，如需要收集大量的数据，对数据的准确度要求也比较高；不适合数据不全的管道；需要进行大量的分析和计算工作，耗费人力、物力和财力也比较大等等。

QRA 的一般步骤与其他风险评价方法类似，具体有：①数据收集整合及准备工作；②风险分析计算，包括失效概率和失效后果的计算；③风险可接受性分析，风险预测与场景分析；④提出风险控制对策措施，给出风险评价结论。

7.7.1 管道失效概率的计算

影响管道安全的因素大抵可以分为以下几类：

（1）腐蚀，包括内腐蚀、外腐蚀和应力腐蚀开裂(SCC)；

（2）管体缺陷，包括制管缺陷和施工期间造成的缺陷；

（3）第三方破坏；

（4）误操作；

（5）设备缺陷；

（6）地质灾害，包括滑坡、泥石流、崩塌、地表沉陷等；

（7）疲劳。

有些管道应力腐蚀开裂和疲劳等问题并不存在或不严重，可不考虑。QRA 中在计算管道失效概率时，将各类因素分别考虑，以下式来计算：

$$F_p = F_g \times F_t \times F_a \tag{7-7}$$

式中 F_p——各原因引起管道失效的概率；

F_g——通用失效概率，统计大量事故案例得到的管道平均失效概率；

F_t——每种失效模式所占的比例，各失效模式有管道小泄漏、大泄漏和破裂；

F_a——修正系数。

其中 F_g 和 F_t 是根据历史失效数据库得到的，F_a 是将管道的实际情况与历史库中管道实际情况对比得到的修正系数。

欧洲和北美很多国家的一些组织和协会早在 30 年前，就开始收集和统计工业事故失效案例，并建立大型的历史失效数据库，其中有名的管道失效数据库有 AGA、EGIG 等，一些公司也建有自己的历史失效数据库。欧洲石油公司公布了 1971～1993 年其输油管道失效频率，具体数据见表 7-7。

表 7-7 通用失效概率

管道失效原因	所占百分比/%	失效概率 F_g/(km·a)$^{-1}$
管体缺陷(制管和施工)	26	1.27×10^{-4}
误操作	7	3.43×10^{-5}
腐蚀(内外腐蚀)	30	1.47×10^{-4}
地质灾害	4	1.96×10^{-5}
第三方破坏	33	1.62×10^{-4}
总计	100	4.90×10^{-4}

由于积累了大量的管道失效案例，各个历史失效数据库的统计值相差不大，一般不会超过一个数量级。

各失效原因引起的管道失效模式所占比例 F_t 是不一样的，如腐蚀引起的绝大部分失效为小泄漏，而地质灾害则有一半为管道破裂。美国联邦应急管理中心(FEMA)1999 年公布的统计数据表明，地震引起的管道失效模式为：80%的管道破裂，20%的管道泄漏。

历史失效数据库中统计得到的各失效概率是针对代表性的管道的，如统计标明，应力腐蚀开裂引起的管道失效概率为 3×10^{-5}，其针对的代表性管道的属性如下：

管道年龄：20 年；

管径：914mm；

压力：6.895MPa；

是否易于形成局部腐蚀环境：一般；

管体对应力腐蚀开裂的敏感性：一般；

壁厚：9.14mm；

SMYS：448MPa。

如果被评价管道与上述属性有较大差异，则通过 F_a 来修正。

7.7.2 管道失效后果的计算

管道泄漏后果大小影响因素众多，有泄漏介质属性、泄漏量大小及泄漏点环境等，泄漏之后的事态发展可用事件树来进行分析，图 7-9 的事件树以输油管道为例。

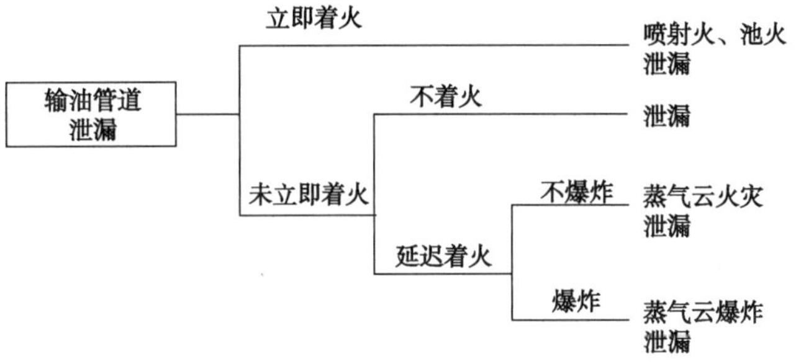

图 7-9 输油管道泄漏事件树

如图 7-9 所示，输油管道泄漏后，有 4 种后果模式。各种后果模式所导致的后果大小是不一样的，以蒸气云爆炸模式为最。各后果模式所占比例也是变化的，主要与管道失效模式及管道周围的土地用途有关，风向及风速也有一定影响。最后的比例也是可以根据历史数据统计得到的。

各后果模式最后的影响可以分为人员伤亡和经济损失，危险液体管道还需要考虑环境破坏影响，每种后果模式造成的各类影响需要分别估算，并在最后都可以折算为经济损失大小(单位￥或$)。

例如，计算人员伤亡影响，首先要考虑泄漏量。油品的泄漏量与泄漏速率、流速、截断阀位置和紧急响应时间有关。然后根据图 7-9 中 4 种后果模式分别作用于人体产生的影响，主要是火灾、爆炸、热辐射、中毒和窒息等对人体的影响，结合各影响因素作用于人体导致死亡的下限值，计算得到最后的人员伤亡情况。

由于管道各属性沿管道一直是变化的，如壁厚、压力、高程、土地用途等，所以需要将管道分为多个管段，各相邻的两个管段必有一个属性不同。根据上面的计算，可以得到每个管段的失效概率和失效后果，最后用下式进行综合，可以得到管段的风险值。

$$R_{jm}=\sum_{k=1}^{3}\left[\sum_{l=1}^{L}F_{\mathrm{jkl}}\right]\times C_{jkm} \tag{7-8}$$

式中 R——风险；

F——失效概率；

C——失效后果；

j——各管段；

k——失效模式（$k=1$ 为小泄漏，$k=2$ 为大泄漏，$k=3$ 为破裂）；

l——失效原因（内腐蚀、外腐蚀、第三方破坏等，L 为总数）；

m——后果类别（人员伤亡、经济损失、环境影响等）。

风险值的单位为￥/km·a（元每千米每年），表示管道每年每千米可能的经济损失大小。由于管道泄漏引起人员伤亡造成的影响最为恶劣，QRA 还专门提供表征人员伤亡影响大小的指标——个人风险值（Individual Risk），表示人员在管道周围某一点死亡的概率。在英国、荷兰等国家还制定了个人风险值的可接受标准，这样就可以很方便地衡量管道的安全性，管道管理者也可以确定是否需要采取措施来降低风险。

7.8 管道定量风险评价案例

某城市燃气管网公司，其修建环路管网到热电厂的输气燃料管道，管道直径为1016mm，压力分别为 3.5MPa 和 4.0MPa，事故假设为第三方破坏出现 15cm 孔洞，计算失效影响范围和扩散影响半径。

7.8.1 潜在影响区域计算

按照“ASME B31.8S—2001 标准”计算，对于天然气管道，影响半径可按下式计算：

$$r=0.099\sqrt{d^2p} \tag{7-9}$$

式中 d——管道外径，m；

p——管段最大允许操作压力（$MAOP$），Pa（表压力）；

r——受影响区域的半径，m。

对于直径 1016mm，输气压力分别为 3.5MPa 和 4.0MPa 管道的潜在影响半径分别为：

$$r=0.099\sqrt{1^2\times 3500000}=185\mathrm{m}$$

$$r=0.099\sqrt{1^2\times 4000000}=198\mathrm{m}$$

所以，两种输气压力情况下的事故潜在后果区域分别为 185m 和 198m。

7.8.2 计算热辐射的人员死亡影响

对于天然气泄漏区后果的分析，用火灾爆炸模型加以说明：

喷射火苗理想化为一系列的点源热量发射器沿着火苗的长度传播（见图 7-10），每个点源都被假设为发射同等的总热量分支，其在给定点源 i 以热流形式 I_i 发射：

$$I_i = \frac{\eta X_g Q_{eff} H_c}{4n_p \pi x_i^2} \tag{7-10}$$

式中 H_c——燃烧热，对甲烷为 50000kJ/kg；

η——燃烧效率参数，对喷射火为 0.3；

X_g——发射率参数，对喷射火为 0.2；

n_p——点源数量；

Q_{eff}——有效气体释放率。

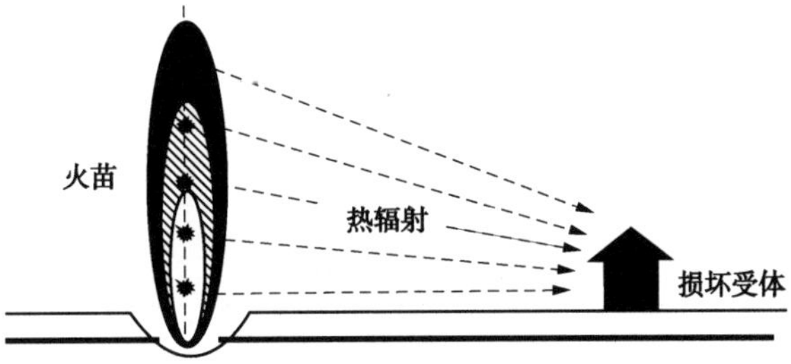

图 7-10 概念上的火灾危险模型

一个简化的设想就是通常服从一个总流量的保守估计，这是通过地面受体损坏得到的，包括将热源简化为地面上的一点(见图 7-11)。

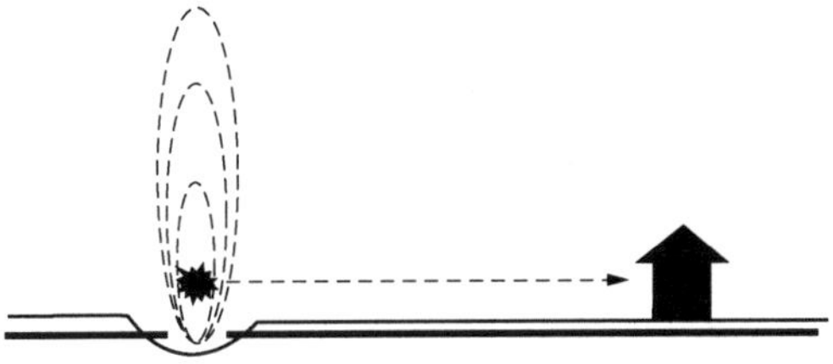

图 7-11 简化了的火灾危险模型

x_i 为从热源 i 到事故点的距离，总热流通过每个喷射点源相加，简化的基本假设为算法服从一个总流量的保守估计，通过地面辐射受体损伤得到的，包括将热源简化为地面上的一点。总热流 I 的结果方程(r 为火源的水平距离)为：

$$I = \frac{\eta X_g Q_{eff} H_c}{4\pi r^2} \tag{7-11}$$

对于有效气体释放率 Q_{eff}的计算，使用公式：

$$Q_{eff} = 2\lambda Q_{in} = 2\lambda C_d \frac{\pi d^2}{4} p \frac{\varphi}{a_0} \tag{7-12}$$

式中 λ——释放率衰减因子，这个因子与管线尺寸、失效时的线路压力、假定点火时间等因素有关，这个因子可以用图表查出，但在大多数情况下可以保守地取为 0.33；

C_d——释放因子，取 0.62；

d——有效孔径，为管线直径，m；

p——压力差，为管线压力，Pa；

φ——流动因子，取 0.76；

α_0——气体的声速，m/s。

$$\varphi=\gamma\left(\frac{2}{\gamma+1}\right)^{\frac{\gamma+1}{2(\gamma-1)}};\ \alpha_0=\sqrt{\frac{\gamma RT}{m}}$$

式中 γ——气体具体的热度比率，对于甲烷是 1.306；

R——气体常数，为 8310J/(mol·K)；

T——气体温度，K；

m——气体摩尔质量，对于甲烷为 16kg/mol。

分为两种情况考虑：①输气压力为 3.5MPa，15cm 孔洞；②输气压力为 4.0MPa，15cm 孔洞。

按喷射火后果影响区域范围计算见表 7-8。

表 7-8 计算参数

情况	管线压力/Pa	裂口面积/m^2	释放因子	释放率衰减因子	流动因子	气体的声速/(m/s)	有效气体释放率/(m^3/s)	燃烧率参数	发射率参数	燃烧热/(kJ/kg)	距离着火点距离/m	热辐射流/(kW/m^2)
1	3500000	0.018	0.62	0.33	0.76	449	43.6358	0.3	0.2	50000	X	10422.58/X^2
2	4000000	0.018	0.62	0.33	0.76	449	49.8695	0.3	0.2	50000	X	11911.51/X^2

如果不考虑释放时的衰减，热辐射流动见表 7-9～表 7-12。

表 7-9 热辐射流动参数

情况	管线压力/Pa	裂口面积/m^2	热辐射流/(kW/m^2)
1	3500000	0.018	31268/X^2
2	4000000	0.018	35735/X^2

表 7-10 热辐射对人体的影响

辐射强度或热流值/(kW/m^2)	辐射强度或热流值/(Btu/h·ft^2)	达到 1%死亡率的时间/s	达到 50%死亡率的时间/s	达到 100%死亡率的时间/s
5.05	1600	123.1	267.1	406.4
6.13	2000	91.5	198.5	302.1
9.46	3000	53.4	115.8	176.2
12.62	4000	36.4	79.0	120.2
15.77	5000	27.0	56.7	89.3
25.24	8000	14.5	31.4	47.8
31.55	10000	10.8	23.3	35.5
37.85	12000	8.4	18.3	27.9

表 7-11 不同热辐射强度人员受到伤害的暴露时间 s

辐射强度/(kW/m^2)	烧伤	起水泡(下限)	起水泡(上限)	1%死亡	50%死亡	100%死亡
5.05	30.3	24.4	81.3	123.1	267.1	406.4
6.31	23.5	18.1	60.4	91.5	198.5	302.1

续表

辐射强度/(kW/m²)	烧伤	起水泡(下限)	起水泡(上限)	1%死亡	50%死亡	100%死亡
9.46	14.7	10.6	35.2	53.4	115.8	176.2
15.77	8.2	5.4	17.9	27	58.7	89.3
25.24	4.8	2.9	9.6	14.5	31.4	47.8
37.85	3.0	1.7	5.6	8.4	18.3	27.9

表 7-12　热辐射对木质结构的作用

辐射强度或热流值/(kW/m²)	辐射强度或热流值/(Btu/h · ft²)	点燃时间/s	自燃时间/s
12.62	4000	不燃烧	不燃烧
15.77	5000	1162.3	不燃烧
25.24	8000	37.8	不燃烧
31.55	10000	18.7	65.0
37.85	12000	11.6	26.3

注：试验基于美国白木(whitewood)。

对于人，当达到1%死亡率时，热流值为15.77kW/m²，用时27s，我们将这些值称为门槛值。同样对于木质结构的影响中，门槛值为15.77kW/m²，相应的暴露时间为20min(1200s)，低于这个热流值时木质结构不会损坏。

为此，危险辐射强度取15.77kW/m²，两种情况的喷射火危险半径分别为45m和50m。

7.8.3　计算蒸气云扩散的影响范围

按照帕斯奎尔-吉福德(Pasquil-Gifford)模型，计算浓度，假设为连续泄放：

$$c(x,\ y,\ z)=\frac{q_{\mathrm{m}}}{\pi\sigma_y\sigma_z u}\exp\left(-\frac{y^2}{2\sigma_y^2}-\frac{z^2}{2\sigma_z^2}\right) \tag{7-13}$$

式中：$c(x,\ y,\ z)$为连续排放时形成稳定的流场后，给定地点$(x,\ y,\ z)$的污染物浓度，mg/m³。

属于城市A级稳定度，$\sigma_y=0.32x(1+0.0004x)^{-0.5}$，$\sigma_z=0.24x(1+0.0001x)^{0.5}$

得到公式：

$$\begin{aligned}c(x,\ y,\ z)&=\frac{q_{\mathrm{m}}}{\pi\sigma_y\sigma_z u}\exp\left(-\frac{y^2}{2\sigma_y^2}-\frac{z^2}{2\sigma_z^2}\right)\\&=\frac{q_{\mathrm{m}}}{\pi u\times0.32x(1+0.0004x)^{-0.5}\times0.24x(1+0.0001x)^{-0.5}}\exp\\&\left\{-\frac{y^2}{2[0.32x(1+0.0004x)^{-0.5}]^2}-\frac{z^2}{2[0.24x(1+0.0001x)^{-0.5}]^2}\right\}\end{aligned}$$

音速持续泄放的情况下，温度取15℃，风速取2.5m/s。同时，标准状况下的天然气密度一般为0.75kg/m³=750000mg/m³，1%(伤害下限)、5%(爆炸下限)、15%(爆炸上限)时候的浓度分别为7500mg/m³、37500mg/m³、112500mg/m。我们分别计算其所对应的距离：

(1) 按照情况①输气压力为3.5MPa、15cm孔洞考虑，计算得到结果见表7-13。

表 7-13　情况①浓度分布

	浓度 1%	浓度 5%	浓度 15%
下风向距离	155m	68m	40m
横风向距离	40m	17m	10m

应用软件作图，蓝色线和红色线之间为 5%~15%的爆炸风险区域，红色线和绿色线之间为 1%~5%的伤害风险区域，如图 7-12 所示。

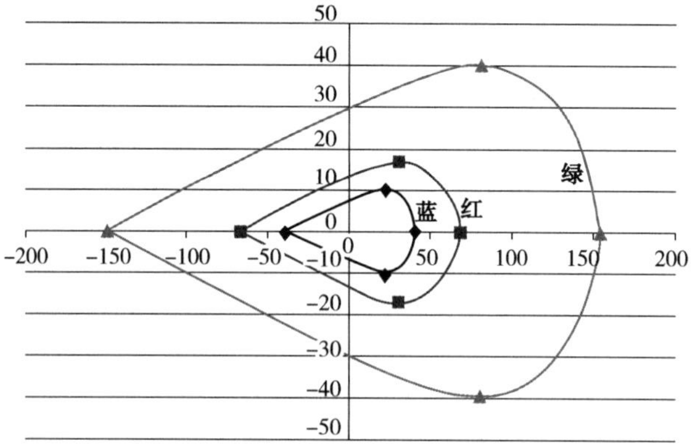

图 7-12　风险区域

（2）按照情况②输气压力为 4.0MPa、15cm 孔洞考虑，计算得到结果见表 7-14。

表 7-14　情况②浓度分布

	浓度 1%	浓度 5%	浓度 15%
下风向距离	165m	72m	42m
横风向距离	43m	19m	11m

应用软件作图，蓝色线和红色线之间为 5%~15%的爆炸风险区域，红色线和绿色线之间为 1%~5%的伤害风险区域，如图 7-13 所示。

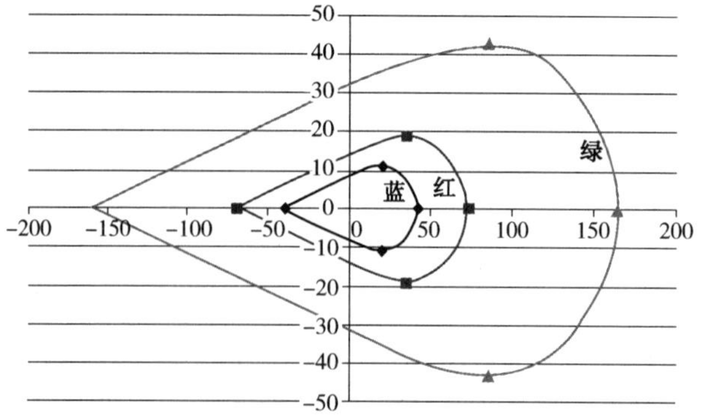

图 7-13　风险区域

综上，将计算结果汇总如表 7-15 所示。

表 7-15　情况①+②浓度分布

		浓度 1%	浓度 5%	浓度 15%
情况 1	下风向距离	155m	68m	40m
	横风向距离	40m	17m	10m
情况 2	下风向距离	165m	72m	42m
	横风向距离	43m	19m	11m

伤害区域　爆炸区域

7.9　管道地区等级升级与公共安全风险管控

7.9.1　安全管理存在新问题

2013 年 11 月 22 日 10 时 25 分，位于山东省青岛经济技术开发区的东黄输油管道泄漏原油进入市政排水暗渠，在形成密闭空间的暗渠内油气积聚遇火花发生爆炸，造成油气积聚区域暗渠周围人员的重大人员伤亡和财产损失。事故原因主要是由于与排水暗渠交叉段的输油管道所处区域土壤盐碱和地下水氯化物含量高，同时排水暗渠内随着潮汐变化海水倒灌，输油管道长期处于干湿交替的海水及盐雾腐蚀环境，加之管道受到道路承重和振动等因素影响，导致管道加速腐蚀减薄、破裂，造成原油泄漏。泄漏点位于秦皇岛路桥涵东侧墙体外 15cm，处于管道正下方位置。此次事故是中国管道储运史上死伤人数最多的事故。

这次事故带给我们四个方面的思考，一是市政规划与公共安全管理问题，主要是应统筹考虑城市及市政规划与管道的公共安全问题，保证管道运行的合理、合规；二是高后果区管理问题，主要是处理人口与管道和谐发展的问题，一旦发生事故可能会造成群死群伤；三是密闭空间的管理问题，主要是市政设施与管道交叉、并行管道泄漏油气积聚带来的安全隐患问题；四是管道完整性管理推广应用问题，目前针对管道完整性管理的推广应用极不平衡，部分石化、石油企业仍然没有推广应用，存在管理盲区。

当前，我国正处于社会、经济高速发展阶段，城乡建设发展很快，这使得许多在役管道沿线在管道建设时期属人口稀少的地区，现已发展成为人口密集地区，甚至成为人口稠密的城市中心区域，即管道沿线的地区级别发生了变化，如建于 20 世纪 70 年代的东北八三管道，在管道建设时期属人口稀少的地区，现在已变成人口稠密的市区中心地带，按照管道沿线地区分类，人口稀少的地区为一级地区，市区中心地带为四级地区，属于高风险区域。一些管道由于占压等情况也使管道地区级别发生变化，根据中国石油所属 22 个地区分公司的初步调查，截至 2004 年 4 月 30 日，油气管道共有 23045 处建筑物，其中直接在管道上方有近 1.2 万处，管道两侧 5m 以内的建筑物超过 1.1 万处。四川油气田管线，占压隐患多达 4000 多处，其中以厂房、住宅、道路占压最为突出。铁大线 252～256 号桩管道穿越盖州市区。以上情况说明，管道沿线地区等级升级的情况越来越多，对在役管道的安全管理提出了挑战，必须采取风险控制措施应对地区升级带来的一系列的问题。

这次事故虽然直接原因是由腐蚀引起的，但严重暴露了市政规划引发的管道公共安全问题，如何采取安全措施保障人口稠密区的管道安全，不危及公共安全，这个难题是国内储运行业乃至国外所面临的一个关键问题，解决起来非常棘手，它涉及历史问题和现实问题。因此，如何预防事故并采取措施保障人口稠密区的管道安全显得尤为重要。

中国油气管道数量已近 13.6 万公里，并已基本形成主干网络，管道安全问题越来越引起重视，特别是近年来经济发展、人居规划与管道安全的矛盾突出，管道建设初期大多数情况没有考虑经济发展的需求，但随着经济发展，经济开发地带区域人口稠密，原来管道通过的一级、二级地区变为三级、四级地区，普遍存在初期设计与当前状况不符的情况，如果全部采取降压、换管或改线措施，耗资巨大，同时也会带来新的风险，问题难以解决。

本节从管道风险出发，对管道地区等级升级问题进行系统研究，借鉴国外管道公司升级管理的标准和法规经验，得出我国管道升级的必要条件，提出了管道地区等级升级需要采取的措施，并且通过案例分析进一步对升级地区进行说明。

7.9.2 国内外管道地区升级管理的要求

1. CSA Z662《加拿大管道输送系统》的规定

1）地区等级变化

由于人口密度的增加或地区发展而要改变管道地区等级时，这些地区的管道应当满足更高等级要求或进行工程评价，包括以下方面：

（1）考虑工程的设计、建设和试压程序应与标准的相应要求进行比较；

（2）考虑现场检测、操作维护、检查或其他适合的技术方法检查管道状况；

（3）考虑管道地区等级变化的类型、邻近区域的发展扩大，重点考虑人口聚集，如管道附近的学校、医院、小型单位和娱乐场所。

工程评价表明，满足地区变等级化后的管道，应当要求不改变最大操作压力；不满足地区等级变化的管道，应当尽快更换管道或者根据最大运行压力对地区等级变化的要求计算修正操作压力。为了确定等级更改引起的变化，管道运营企业应当每年检查地区等级变化的管道，且应当保存这些检查和采取任何纠正措施的记录。

2）穿越区域管道

管道需穿越已有公路或铁路的地方，该区域的管道应按照升级段设计，以满足相应要求：

（1）按本标准 2.1.1 对地区等级变化的相应要求规定进行工程评价；

（2）进行详细工程分析，分析穿越施工建设和操作时管道所遇到的各种载荷，以及管道承受的二次应力。

工程评价表明管道满足条件时，应当考虑进行穿越设计校核(如套管、管道规范更改、防护层厚度或载荷分布结构变化)，设计的管道二次应力符合挠性和应力分析要求。选择适用方法进行详细的工程分析。

2. ASME B31.8《输气管道系统》的规定

该标准对地区等级升级问题进行了详细阐述，其中部分章节要求的管理规定如下所述。

1）跟踪监测措施(854.1)

如果地区等级发生变化，必须对泄漏监测和巡护方式迅速采取调整措施，根据新的地区等级降低 *MAOP* 不超过设计压力，同时满足 18 个月期限的要求，要考虑如下措施：

（1）地区等级升级地区的风险，不仅从第三方活动损伤，还要从巡线频率、阴极保护状态、人口沿线居住增加的根源方面考虑；

（2）现行设计标准和当前设计标准进行比较；

（3）当人口密度增加时，首先考虑最大允许操作压力和环向应力，压力变化应考虑管道周边建筑物的影响范围；

（4）管道操作和维护的历史资料；

（5）与政府沟通，采取有关政策、物理隔断等措施限制人口密度的进一步扩张；

（6）对于超过40%*SYMS*的管道应重点监测管道周边人口变化情况。

2）最大允许运行压力的确定或修改(ASME B31.8/854.2)

如果854.1中描述的研究表明制定的管道或总管道的最大允许运行压力与现行的2级、3级、4级地区等级要求不相符，若该段管道处于良好的物理条件下，则该管道的最大允许运行压力需在18个月内根据下列的研究进行确定或修改：

（1）如果管道以前的试压时间不少于2h，应当确定或减小最大允许运行压力使其不超过表7-16中所规定的最大允许运行压力。

（2）如果以前的测试压力不足以使管道保持与以上(1)中地区等级相应的最大允许运行压力或可接受的较低的最大允许运行压力，按照本标准的条款，如果使用不低于2h的高压力试压，管道既可保持当前的*MAOP*(最大允许运行压力)，也可以使用可接受的较低*MAOP*运行。如果地区等级变化后的18个月内没有进行新的强度测试，或18个月过期后才进行测试，则必须降低目前最大允许运行压力，按照相应地区等级的压力运行。如果在18个月内进行测试，最大允许运行压力可能增加到可以达到的允许等级。

（3）根据(1)或(2)确定或修改的最大允许运行压力不应超过本标准或以前适用的B31.8标准所作的规定。

（4）在运行工况要求维持现有的最大允许运行压力的区域，管道不按(1)、(2)或(3)的规定，应将地区等级改变区域中的管道更换，并符合相应等级地区的设计系数。

表7-16　地区等级

以前的(设计建造时)		现在的		最大允许运行压力(*MAOP*)
地区等级	建筑物数量	地区等级	建筑物数量	
1(1类)	0~10	1	11~25	以前的*MAOP*但不大于80%*SYMS*
1(2类)	0~10	1	11~25	以前的*MAOP*但不大于72%*SYMS*
1	0~10	2	26~45	0.800测试压力但不大于72%*SYMS*
1	0~10	2	46~65	0.667测试压力但不大于60%*SYMS*
1	0~10	3	66+	0.667测试压力但不大于60%*SYMS*
1	0~10	4	多层建筑	0.555测试压力但不大于50%*SYMS*
2	11~45	2	46~65	以前的*MAOP*但不大于60%*SYMS*
2	11~45	3	66+	0.667测试压力但不大于60%*SYMS*
2	11~45	4	多层建筑	0.555测试压力但不大于50%*SYMS*
3	46+	4	多层建筑	0.555测试压力但不大于50%*SYMS*

3. 美国联邦法规(49 CFR 192部分)规定

1）许可证管理制度

美国采取许可证制度，由PHMSA负责，当收到天然气管道运营商完整的申请后，PHMSA会审查该申请是否符合管道安全，若符合，则可在不满足49 CFR 192.611要求的情况下授予其可以升级使用的特别许可证。为了弥补未满足的相关要求，PHMSA指定了运营商在特别许可证有效期内必须遵守的附加要求。附加要求将根据每个申请相关的具体情况和条件来确定。

PHMSA 授出的特别许可证，从授出之日起，有效期不超过五年。如果管道企业需要对此特别许可证进行延期，必须至少在五年期限结束前的 180 天，向 PHMSA 副行政官提交续期申请，并将副本上交给 PHMSA 地区主管、PHMSA 标准与规则制定主管以及 PHMSA 工程与研究部主管。PHMSA 将考虑是否批准该特别许可证超过五年的延期申请。特别许可证的延期申请须包括所要求的总结报告，并且必须证明该特别许可仍符合管道安全的要求。PHMSA 在批准该特别许可证的延期申请前可搜索企业的其他信息。

2）法规 192.611 规定

随着地区等级的改变，最大允许运行压力需要重新确定或修改。若管道最大允许运行压力相应的环向应力与当前地区等级不相符，且该段管道处于良好的物理条件下，则该段管道最大允许运行压力须依据下列(1)、(2)、(3)规定之一进行确定或修改。

(1)若该段管道先前已试压不少于 8h，则最大允许运行压力的确定或修改为：

① 2 级地区的最大允许运行压力是试压的 0.8 倍，3 级地区的最大允许运行压力是试压的 0.667 倍，4 级地区的最大允许运行压力是试压的 0.555 倍；2 级地区最大允许运行压力相应的环向应力不应超过最小屈服强度的 72%，3 级地区最大允许运行压力相应的环向应力不应超过最小屈服强度的 60%，4 级地区最大允许运行压力相应的环向应力不应超过最小屈服强度的 50%。

② 2 级地区选择的最大允许运行压力是试压的 0.8 倍，3 级地区选择的最大允许运行压力是试压的 0.667 倍。按照 192.620 规定，对于按照最大允许运行压力运行的管道，2 级地区相应的环向应力不应超过最小屈服强度的 80%，3 级地区相应的环向应力不应超过最小屈服强度的 67%。

(2) 必要时须减小该段管道的最大允许运行压力，使相应的环向应力不超过本法规规定的对于当前地区等级下新管道的允许值。

(3) 该管道应根据 192(J)部分规定的技术要求进行试压，且须根据下列标准制定最大允许运行压力：

① 经重新试压，2 级地区的最大允许运行压力为测试压力的 0.8 倍，3 级地区的最大允许运行压力为试压压力的 0.667 倍，4 级地区的最大允许运行压力为测试压力的 0.555 倍。

② 2 级地区相应的环向应力不得超过最小屈服强度的 72%，3 级地区相应的环向应力不得超过最小屈服强度的 60%，4 级地区相应的环向应力不得超过最小屈服强度的 50%。

③ 按照 192.620 规定，对于选择最大允许运行压力运行的管道，所选择的最大允许运行压力，2 级地区为 0.8 倍的试压压力，3 级地区为 0.667 倍的试压压力；相应的环向应力，2 级地区不应超过最小屈服强度的 80%，3 级地区不应超过最小屈服强度的 67%。

④ 依照规定，确定或修改后的最大允许运行压力不应超过确定或修改前制定的最大允许运行压力。

⑤ 依照规定，管道最大允许运行压力的确定或修改不可与 192.553 和 192.555 的规定冲突。

⑥ 依照 192.609 的规定，最大允许运行压力的确定或修改必须在地区等级变化后 24 个月内完成。符合本节中规定的 24 个月内降压运行规定，并不可与美国联邦法规(49 CFR 192 部分)中规定的最大允许运行压力产生矛盾。

7.9.3 国外标准分析

以上二项标准和一项法规，均对地区等级变化后的措施进行了详细的论述，同时美国法规中给出了地区等级升级后的最大运行压力，但对哪些情况下地区等级允许升级，哪些情况下不允许升级，均没有给出明确意见。

7.9.4 地区等级升级管理研究

1. 设计情况回顾

管道地区等级划分是管道设计系数、阀室间距等关键参数设计的重要依据，管道地区等级越高，管道壁厚越厚，阀室间距越短。但是国内外管道设计标准如《输气工程设计规范》(GB 50251)、《输气管道系统》(ASME B31.8)、《石油与天然气工业管道输送系统》(ISO 13632)、《油气管道系统》(CSA Z622)等对地区等级的划分主要根据设计时期的管道通过区域的人口密度，而没有考虑到管道运行过程中人口密度的增加。

2. 管道地区等级变化各薄弱环节对管道安全运行影响的分析

在调研的基础上，对比差异，对各种因素的重要程度采用适当的数学模型，仿真分析各个薄弱环节对管道安全平稳运行的影响权重，进而指导将要采取的技术措施。

3. 管道安全运行技术措施的制定与分析

根据管道通过地区级别的变化在设计及施工方面存在的差异，对需要补强的关键环节制定详细的技术措施及工艺。

4. 管道常规维护措施升级细节的研究

管道所处地区级别升高后，因设计、管材和施工等已然固定，所以其常规维护措施不能是简单的随着地区级别的升级。需要在综合分析管道所处地区级别不同时常规运行维护的差异之外，同时考虑管道诸多不能改变的因素(如材质、壁厚、焊缝形式等)，合理制定管道常规维护手段，包括内检测和外部检测周期及检测内容等。

5. 油气管道所处地区升级管理系统

研究了专门的油气管道所处地区升级管理系统及相应的数据库，根据管道经过地区级别的变化自动升级管理信息，并将上述研究内容反映在管理数据库中。同时为了更加直观地反映出地区级别的变化细节(如人类活动、基础设施建设、自然环境因素等)，创建了相应的管道地理信息系统。

7.9.5 地区等级升级的条件

通过对国内外标准规范和失效风险的研究，地区等级升级管段中如果出现以下任意一种，该管段的地区等级不允许升级，必须采取换管或降压运行的措施：

(1) 地区等级上升为4级；

(2) 管道是裸管；

(3) 管道被发现有皱褶；

(4) 管段在3级地区，并且运行时的应力超过管材最小屈服强度的72%；

(5) 管段强度试验压力低于125%最大允许运行压力；

(6) 升级地区管段3年内未进行过内检测；

(7) 升级地区管段4年内未进行过阴极保护检测(CIS)和外防腐层检测(DCVG或ACVG)；

(8) 升级地区管段存在未按规定修复的管体缺陷或防腐层漏点与破损；

(9) 升级地区管段材质化学成分和机械性能参数的记录不全；

(10) 升级地区管段的管道环焊缝未100%探伤或探伤记录不全；

(11) 升级地区管段的水压试验记录不全；

(12) 1996 年以前建设的输气管道。

如果管道情况满足如表 7-17 所示的条件，地区等级可以升级，不要进行换管、改线或降压运行。

表 7-17 管道情况

地区等级变化	1 级到 2 级或 2 级到 3 级	
管材	管道韧性已知并满足 GB/T 9711《石油天然气工业 管线输送系统用钢管》	
设计压力	设计压力时管道应力小于等于管材最小屈服强度的 72%	
管道环形焊缝	管道环焊缝施工、检测记录齐全，无超标焊接缺陷	
管道防腐层	三层 PE	
强度实验压力	高于 90%最小屈服强度和 125%最大允许运行压力	
强度实验情况	强度实验期间无测试失效记录	
管道埋深	一级	二级、三级、四级
	0. 762m	0. 941m
地质情况	管道地区升级区段无不良地质条件	
泄漏和失效	管道运行期间从未发生过泄漏、失效	
输送气体情况	干气，且采取了措施，避免输送气体中的水、H_2S 等腐蚀性成分超出输气管道的气质标准	
压力波动	压力波动幅度不大	
阴极保护	阴极保护电位在许可范围内	
完整性管理计划	有针对高后果区的管理措施	
内检测形式	高分辨率金属损失检测和高精度的变形检测	
内检测时间	两年之内进行过内检测	
防腐层评估	防腐层绝缘等级为优良	
第三方破坏预防措施	有	

7. 9. 6 允许地区升级管段的完整性管理措施

1. 完整性管理措施

(1) 确定最大允许工作压力(*MAOP*)，允许地区等级升级的管段可按照当前运行压力或设计压力运行，不得超过现有 *MAOP*；

(2) 实施完整性管理计划，将高后果区(HCA)中的地区等级升级管段纳入完整性管理方案(PIM)中；

(3) 开展密间隔电位测量(CIPS)，在管段允许升级后的 1 年内，需要对该管段进行密间隔电位测量，管道公司可根据需要，以适当的检测周期定期对地区等级升级管段进行密间隔电位测量，该检测周期最大不超过 7 年；

(4) 开展涂层状况检测，在管段允许升级后的 1 年内，对每段特别许可管段进行直流电压梯度测试(DCVG)，以确定管道防腐层状况，并对发现的问题进行修复；

(5) 开展应力腐蚀开裂直接评估，在管段允许升级后的 1 年内，应对该管段进行应力腐蚀开裂直接评估(SCCDA)或使用适用于 SCC 的评估方法，如裂纹检测评估等；

(6) 定期开展内检测及确定检测周期，须按照管道完整性管理的要求开展在线内检测，检测周期不超过 8 年，使用具有±0.5%精度的变形检测器；

（7）编制管道及涂层修复报告，在管段允许升级后的 1 年内，须向公司提交 DCVG、CIPS、ILI 以及 SCCDA 评估结果的书面报告包括整改措施；

（8）加强第三方活动及交叉作业的管理，管理人员须至少提前 14 天上报公司作业计划，有关地区升级段现场交叉施工及开挖情况，须在发现紧急情况后的 2 个工作日内上报公司；

（9）开展高后果区评估，根据管道完整性管理的相关要求，管理人员应定期开展 HCA 评估，周期和评估内容保持不变；

（10）加强巡线管理，应将地区升级管段作为日常巡线管理的重点，增加 GPS 巡检点，密切关注该管段的有关作业活动和异常情况并及时上报。

2. 编制允许地区等级升级段的年度报告

按照完整性管理的要求，针对允许地区等级升级段，应评估地区等级升级后的各项管理措施、管理效果、技术防范措施，并形成总结报告，进一步提出该地段的运维管理和风险变化情况，以及针对风险较大地段采取的风险削减措施。

开展风险再评估，针对地区等级升级管段每 5 年开展一次全面的风险再评估，并与升级管段未采取措施之前进行比较，找出风险削减和不足之处，有针对性地加以改进。

7.9.7 案例分析

【案例】 某支线管道高后果区改线处理

该支线管道全长 23.738km，埋深 1.2m 以上，全线穿越国道 1 次、铁路 3 次、沥青路 5 条、砂石路 5 条、埋地电(光)缆 5 次、已建管道 6 次，多次从村庄旁边经过，多次与高压线交叉，管道经过区域已建成安置小区，最近处距管道仅 19m(见图 7-14)。目前正在进行大规模开发，使管道遭受人为破坏的风险变大；且开发完成后，管道经过区域人口密度增大、环境更加复杂。该管段已经由 2 级地区升级为 4 级地区，按照研究成果，管理单位和市政府合作进行了改线，改线后的管线走向如图 7-15 所示。

图 7-14 安置小区建成前的管道示意图

图 7-15 安置小区建成后的管道示意图

7.9.8 管道公共安全管理措施

管道公共安全已危及人民群众的生命财产安全，黄岛管道事故给管道储运行业的发展提出了若干重要课题，如何来解决经济发展与管道安全的关联问题，值得深思。

首先，管道设计要与市政规划紧密结合。如何使设计与市政规划无缝对接，有效提高设防标准，是当前管道公共安全管理中存在的主要问题，目前有些设计标准和管理标准需要进行修改完善，增加与市政规划结合的条款。

第二，要将信息化手段与安全管理有机结合。如何管理好公共安全，掌握高后果区的可靠数据，针对长达数万公里长的管道，数据信息如何记录、如何保存、如何应用，信息化技术手段是必备的，也是和管道的管理密不可分，目前国内在这方面还很薄弱，必须加强和重视。

第三，管道管理与公众安全保护意识结合，实施有效的管道公众警示做法，使全社会对管道安全重新认识。管道运输具有高温高压、易燃易爆、有毒有害、点多线长的特点，这就决定了安全始终是重中之重，要求油气管道行业始终保持强烈的安全意识，把安全放在第一位，并把安全落实到管理者和社会公众的各项活动之中。

第四，管道公共安全管理应更加重视应急预案和演练，推行“一风险源一预案”的制度，科学设计应急预案，高后果区做到“一区一案”。此外，还要不断优化管理，坚持长效的完整性管理机制和做法。

最后，要深化管道完整性管理的实施，既要重视升级管段的管理，又要重视管道日常内外检测、预防性维护管理，不断使用新技术手段发现管道风险，建立以预防性维护为主的完整性管理的体系，加大完整性评估的力度，全面提升管道管理水平和质量。

第 8 章　管道完整性检测与监测技术

检测与监测是完整性管理的重要环节，检测技术的水平如何，直接决定着完整性评估结果的准确度，检测技术包括内检测、外检测、管材无损检测、壁厚测量、超声导波、磁应力检测、MTM 检测等多项检测内容。管道完整性的监测有利于及时发现管道上的异常，如泄漏、滑坡、腐蚀等危险情况。本章主要对管道内检测、外检测、超声导波、管材无损检测、管道各类监测技术进行介绍，同时给出内检测实施案例。

8.1　管道内检测技术及检测器

石油、天然气管道的泄漏检测以及腐蚀程度检测对于有效评估管道寿命，抑制管道事故的发生，保证油气管道正常运行具有极其重要的意义。过去的检测技术多采用外部监测，只能对管道外腐蚀情况有一个粗略的了解，尤其对管内损伤，检测效果不明显。利用内检测检测器从石油、天然气和其他管道内部进行检测是近年来的发展的一项先进技术。管道内部检测是指检测仪器进入管道内部，从管道中穿过，沿途进行实时检测，记录测量结果，经处理后提供一整套数据用以描述管壁的状态。这种检测手段获得数据准确，观察直观，对了解管道腐蚀状况、评估管道寿命以及确定抑制腐蚀计划等都具有重要意义。

本节主要介绍利用漏磁（MFL）技术对石油、天然气管道进行内部无损检测的仪器。近年来，该类型的检测器在石油、钢铁等领域的应用越来越广泛。

8.1.1　漏磁检测基本原理

腐蚀缺陷漏磁法检测是近年来在油气管道检测中常用的一种有效方法。它通过测量被磁化的铁磁材料工件表面泄漏的磁场强度来判定工件缺陷的大小。其原理如图 8-1 所示。

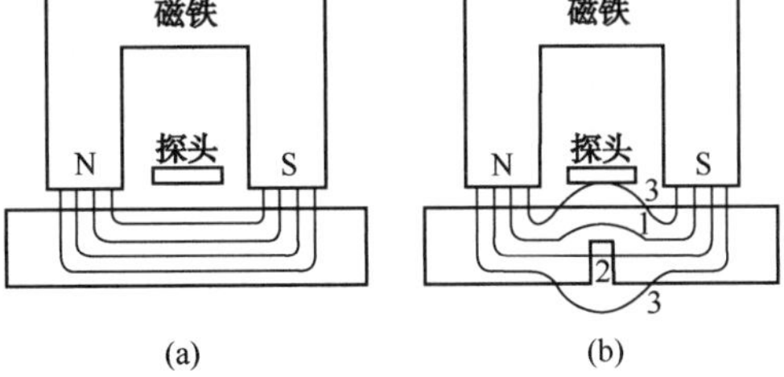

图 8-1　漏磁检测原理

若被测工件表面光滑没有缺陷且内部无夹杂物，从原理上讲磁通将全部通过被测工件［见图 8-1(a)］。若存在缺陷，会导致缺陷处及其附近的磁阻增加，从而使缺陷附近的磁场发生畸变［见图 8-1(b)］，它们可以分为三部分，即：①大部分磁通在工件内部绕过缺陷；②少部分磁通穿过缺陷；③还有部分磁通离开工件的上、下表面经空气绕过缺陷。第三部分就是所谓的漏磁通，可通过霍尔元件或移动的感应线圈测量得到，其信号强弱与管道缺陷情况有密切关系。

该方法已广泛用于油气管道、储罐罐底的腐蚀检测和钢丝绳、钢板、钢块等铁磁性材料的无损检测中。

8.1.2 管道检测装置的工作原理和基本结构

1. 工作原理

漏磁管道检测装置自带电源，随传输流体在管道中运行，在运行过程中由检测装置携带的励磁设备向管壁加载恒定磁场，而由传感器测量管壁内侧泄漏的磁通密度，测量数据经压缩后存放在检测装置的存储设备中。当检测装置经过缺陷或其他特征物(螺旋焊缝、连接焊缝、T形三通接口和阀门等)时，正如漏磁检测原理所述，会有漏磁通泄漏出管壁而被传感器测得。测试系统工作完毕，将其从地下取出，对沿途测得的数据进行处理和分析，可以判定管道内的缺陷及腐蚀情况。为便于观察，可将管道内的漏磁信号绘成色图，即用不同颜色表示不同的腐蚀深度，或用波形曲线来表示，都可以很直观地从图上查看缺陷及腐蚀程度。并能从里程的显示来判定缺陷及腐蚀所在的位置，作为检漏或评估管道寿命的依据。

2. 装置的机械结构

检测装置的机械结构设计必须以装置能否在管道中顺利穿行为前提。管道中阻碍装置行进的主要是弯头，为保证通过弯头，需把装置分成几节，节间采用软连接，以便在弯头处能够转弯通过。

管道检测装置[见图8-2(a)、(c)]根据管道和设备的尺寸，一般可分成二节或三节，即测量节、计算机节和电池节[见图8-2(b)]或测量节、能源和存储节。每节的前后都有橡皮碗支撑在管道内，节与节之间由万向节相连。整个系统靠油和气的推力向前行走。每一节均为密闭结构，可耐10~15MPa的压力。

(a) 检测器的实物图(三节)

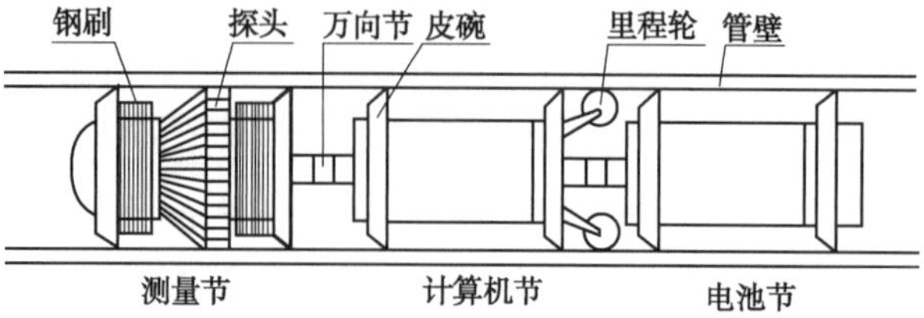

(b) 检测器的外形结构图(三节)

图8-2 管道检测器

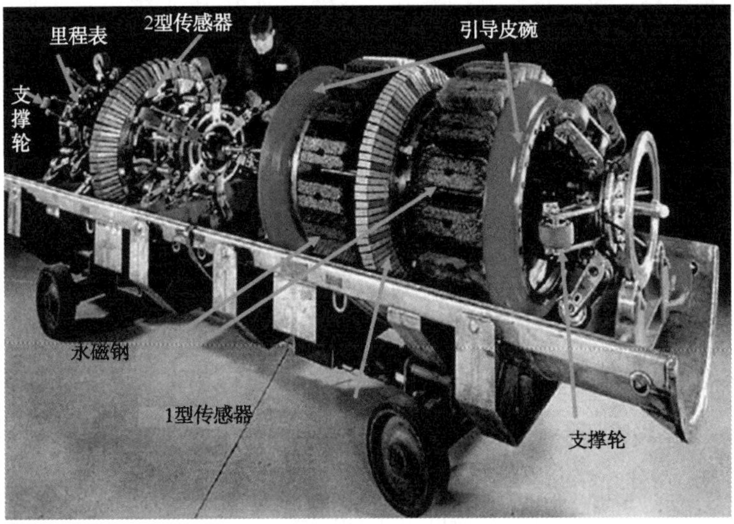

(c) 检测器的实物图(二节)

图 8-2　管道检测器(续)

1) 测量节

测量节包括磁化装置、霍尔探头和低频发射接收装置。磁化装置包括永磁铁、衬铁和钢刷，其功能主要是对被测管壁进行磁化，使管壁内产生磁通。霍尔探头内装有霍尔元件，前级放大电路由不导磁钢铸成，前部与霍尔元件及管壁相连处为高导磁耐磨材料，整个探头完全密闭。根据霍尔元件的特性，将此元件通以一定电流并在磁场的作用下，会产生霍尔电动势，即

$$UH=K\cdot H \tag{8-1}$$

式中　UH——霍尔电动势；

H——磁场强度；

K——霍尔系数。

当霍尔元件的材料和几何形状确定后，在工作电流不变的情况下，霍尔系数 K 为常数，则霍尔电动势与磁场强度成正比。利用测量霍尔电动势就可求得漏磁通。低频发射接收装置完成地面对地下仪器的跟踪以及对仪器所在位置的重新定位。测量仪器每次探测几十甚至几百公里，由行走轮定位带来的积累误差会很大，因此每隔一定距离就需要重新定位，以消除积累误差。地面装置采用全球卫星定位系统(GPS)，它有很高的定位精度和定时精度。低频发射装置利用低频信号能够穿透土层及管壁的特性，在地下发射低频交变的电磁波，地面的专用接收装置接收到信号后，送到鉴相电路，该电路能准确地检出地下发射器经过地面接收器垂直下方位置的时刻，然后向地下发另一组信号，地下的接收器接到信号后，以此位置作为重新定位的起始位置，达到重新定位的目的。另外，设备在地下行走时，由于管道内的杂物，如石蜡及石油中的沉淀等，很容易造成卡堵，低频发射接收装置可以帮助寻找探测器被卡住的位置，以便挖开管道，取出探测器。

2) 计算机节

计算机节为测量系统的核心部分，主要由一台 PC104 总线 450MHz 的 586 工控机组成，它完成对所有部件的控制和数据保存。里程轮由脉冲式码盘制成，每行走 1mm 向工控机发

出一个脉冲，系统测量一次，每次测量管道一个横截面36路霍尔探头送来的信号。系统接到测量节的36路信号后，经多路模拟选通开关分别送两路到A/D采集卡，采集卡选用C104总线结构的12位A/D卡，内有可编程增益放大器，可对信号进行再放大。信号转换成数字量后，送入工控机，进行简单的初步处理，再存入硬盘中。系统除测量漏磁信号外，还测量管线沿途的油温和压力值，也存入硬盘中。

3）电池节

由于该测量系统在管道中行走，无法用外部电源供电，且每次需要检测几十或几百公里，这就需要系统自带大容量的直流电源。整个系统大约需要1000~2000A·h的功，因此系统专门配备一节电池节，以便携带足够容量的电池，保证测量的完成。

8.1.3 检测器类型

管道内检测(ILI)技术是一种用来确定管道内危险迹象的位置、初步描述危险迹象特征的完整性评价方法。内检测的有效性取决于所检测管段的状况和内检测器与检测要求的匹配性。下面介绍针对特定危险的内检测器的分类和应用。

1. 用于内、外腐蚀危险的金属损失检测器

管道金属损失主要采用漏磁式(MFL)管道检测设备来检测。漏磁式管道检测设备的工作原理是利用自身携带的磁铁，在管壁全圆周上产生一个纵向磁回路场。如果管壁没有缺陷，则磁力线囿于管壁之内，均匀分布。如果管内壁或外壁有缺陷，则磁通路变窄，磁力线发生变形，部分磁力线还将穿出管壁之外而产生所谓漏磁。漏磁场由位于两磁极之间的、紧贴管壁的探头检测到，并产生相应的感应信号，这些信号经过滤波、放大、模数转换等处理后被记录到检测器的海量存储器中，检测完成后，在通过专用软件对数据进行回放处理、识别判断。

漏磁技术可检测出腐蚀或擦伤造成的管道金属损失缺陷，甚至能够测量到那些不足以威胁管道结构完整性的小缺陷(硬斑点、毛刺、结疤、夹杂物和各种其他异常和缺陷)，偶尔也可检测到裂纹缺陷、凹痕和起皱。漏磁技术应用相对较为简单，对检测环境的要求不高，具有很高的可信度，而且可兼用于输油和输气管道。目前，磁漏检测技术被广泛地应用在长输管道、油田集输管网、炼厂管网、城市管网和海底管线的检测上。

但对于浅、长且窄的金属损失缺陷，漏磁信号就难以检测出来。检测精度也受多种因素影响。常规漏磁检测器的磁铁方向是沿管道的主轴方向，缺陷产生的磁通扰动较小，因此在探测轴向缺陷方向的精度较差，通过把磁铁方向或磁力线方向调整为绕管道轴向，增大缺陷对磁通的切面积，可增加对轴向缺陷的检测精度。在对管道进行检测时，要求管壁达到完全磁性饱和，因此测试精度与管壁厚度有关，厚度越大，精度越低，其使用的壁厚范围通常在12mm以下。

对于这类危险可选用以下几种工具进行检测。其检测效果受到检测器本身设计技术的限制。

(1) 一般分辨率漏磁检测器　如图8-2(a)所示，电子探头和通道数较少，一般少于80个通道，缺陷尺寸的检测精度受传感器尺寸的限制，对于孔眼、裂纹等特定的金相缺陷很敏感。除金属损失外，对大多数其他类型的缺陷，检测或尺寸测定精度会降低，对轴向直线金属损失缺陷的检测或尺寸测定也不敏感。如果检测速度高，会降低尺寸测定的精度。

(2) 高分辨率漏磁检测器　如图8-2(c)所示，电子探头和通道数较多，一般不少于200个通道，对尺寸的检测精度比一般分辨率漏磁检测器高。对几何形状简单的缺陷，尺寸的检测精度更高。在有点蚀或缺陷几何形状复杂的区域，尺寸的检测精度会降低。除检测金属损失外，还可检测其他类型的缺陷，但检测能力会随缺陷几何形状和特征的变化而不同。一般对轴向排列缺陷的检测不可靠。如果检测速度高，会降低尺寸测定的精度。

(3) 超声直波检测器　通常需用一种液体耦合剂。如果反馈信号丢失，就无法检测到缺陷及其尺寸。在地形起伏较大和弯头处的缺陷以及缺陷被夹层掩盖的情况下，容易丢失反馈信息。这类检测器对管子内壁堆积物和沉积物较为敏感。如果检测速度高，会降低尺寸测定的精度。

(4) 超声横波检测器　需用一种液体耦合剂或一个轮耦合系统。对缺陷尺寸测定的精度受传感器数量和缺陷复杂程度的限制。管壁上存在的夹杂物会降低缺陷尺寸的检测精度。如果检测速度高，会降低尺寸测定的精度。

(5) 横向漏磁检测器　对轴向排列金属损失缺陷比一般和高分辨率漏磁检测器更敏感。对其他轴向排列的缺陷也比较敏感。对环向排列缺陷的敏感性比一般和高分辨率漏磁检测器要低。对大多数缺陷几何尺寸的检测精度要低于高分辨率漏磁检测器。如果检测速度高，会降低尺寸测定的精度。

2. 用于普通裂纹和应力腐蚀裂纹的裂纹检测器

管道裂纹可能由管材的缺陷、材料空隙、夹杂物或凹陷、局部脆性区域及应力、疲劳、腐蚀等造成。管道裂缝可分为四类，即应力腐蚀裂缝、氢致裂缝、硫化物应力腐蚀裂缝和疲劳裂缝，其中，检测的重点是外壁应力腐蚀裂纹，它通常发生在采用阴极保护的管道外表面，并沿轴向开裂。由于裂纹类缺陷是管道中存在的最为严重的缺陷，对管道的威胁极大，因此，可靠的检测裂纹是向管道检测行业提出的另一个挑战。

对于这种危险，可采用下列工具进行检测。其检测效果受到检测器本身设计技术的限制。

(1) 超声横波检测器　需用一种液体耦合剂或一个轮耦合系统。对缺陷尺寸的检测精度受传感器数量和裂纹簇复杂程度的限制。管壁上存在的夹杂物会降低缺陷尺寸的检测精度。如果检测速度高，会降低尺寸测定的精度和分辨率。

(2) 横向磁通检测器　能检测一些除应力腐蚀开裂外的轴向裂纹，但不能检测裂纹尺寸。如果检测速度高，会降低尺寸测定的精度。

尽管多年来国际上一直开展管道裂纹的检测工作，但技术上并不成熟。这主要有两方面的原因：①对不同裂纹类型管道的检测需要不同的检测技术；②许多检测技术存在灵敏度低和数据难以处理的问题。管道裂缝的检测方法很多，如漏磁法、压电换能器型超声波法、轮胎式换能器型超声波法、电磁声换能器型超声波法、涡流法、磁饱和涡流法和远场涡流法等。Pipetronics 推出两种采用涡流和超声波技术的裂纹检测仪器。英国天然气公司研制的轮胎式换能器型管道裂缝检测装置，又称弹性波检测装置，可用于石油天然气管道的裂缝检测。英国气体公司采用了以弹性剪切波为基础的裂纹检测仪器。

一般情况下，最适于检测裂纹的技术是超声波方法。超声波检测技术是利用超声波在匀速传播且可在金属表面发生部分反射的特性进行管道检测的。经过管壁的超声波受到来自管壁的各种不同情况的影响，从而可以测量并描绘出管道的现有状况。检测器在管内运行时由检测器探头发射的超声波分别在管道内外表面反射后被检测器探头接收。检测器的数据处理单元便可通过计算探头接收到的两组反射波的时间差乘以超声波传播的速度，得出管道的实际壁厚。超声波检测器的主要优点是能够提供对管壁的定量检测，其提供的内检测数据精度高和置信度高。缺点是由于超声波的传导必须依靠液体介质，且容易被蜡吸收，所以超声波检测器不适合在气管线和含蜡很高的油管线进行检测，具有一定的局限性。

最新的超声波检测技术即电磁声波传感检测技术(EMAT)已经研发成功，并在马来西亚管道检测中应用。该技术的最大优点就是可借助电子声波传感器，使超声波能在一种弹性导电介质中得到激励，而不需要机械接触或液体耦合。该技术利用电磁原理，以新的传感器替代了超声波检测技术中传统的压电传感器。当电磁传感器在管壁上激发出超声波时，波的传播采用以管壁内、外表面作为“波导”的方式进行，当管壁是均匀的，波沿管壁传播只会受到衰减作用，当管壁上有异常出现时，在异常边界处的声阻抗的突变产生波的反射、折射和漫反射，接收到的波形就会发生明显的改变。由于基于电磁声波传感器的超声波检测最重要的特征是不需要液体耦合剂来确保其工作性能，因此该技术可应用于输气管道，是替代漏磁通检测的有效方法。然而，这种检测技术也同样存在着不足，检测器需距被检物体表面1mm，传递超声波能力相对较低。

3. 用于第三方损坏和机械损坏引起的金属损失和变形的检测器

凹坑和金属损失只是这类危险的一种情况，对这类危险可采用内检测器进行有效的检测并确定其尺寸。

几何和变形检测器最常用于检测与管道穿越段变形有关的缺陷，包括施工损伤、管子放置在岩石上硌压造成的凹坑、第三方损坏以及由压载荷或管道不均匀沉降造成的弯曲或折皱。

管道几何形状的异常多因受到外部机械力或焊接残余应力等原因造成，通过使用适当的变形检测装置可以检测出各种原因造成的、影响管道有效内径的几何异常现象并确定其程度和位置。

变形检测器是用于检测、定位和测量管壁几何形状异常的。这类仪器有的利用机械感测装置，有的运用磁力感应原理。通常它们可以检测出凹坑、椭圆度、内径的一般变化、现场弯管上的皱褶以及其他影响有效内径的几何异常现象。常用的变形检测器使用一定排列的机械抓手或有机械抓手的辐射架。机械抓手压着管道内壁并会因横断面的任何变化引起偏移，这些偏移可能是由于一个凹陷、偏圈、皱褶或附着在管壁上的碎屑引起的。捕捉到的偏移信号被转换为电子信号存储到机载的存储器上，将一次运行后的数据取出并使用合适的软件加以分析和显示，从而确定那些可影响到管道完整性的异常点。目前市场上的变形检测器提供的被测管径范围从100mm到1500mm不等，其灵敏度通常为管段直径的0.2%~1%，精度大约为0.1%~2%。

8.1.4 管道内检测技术指标和特点

1. 内/外腐蚀的金属损失检测器

对于这类危险，可选用下列检测器进行检测，检测效果取决于所检测器所采用的技术。

(1) 标准分辨率漏磁检测器　较适合于金属损失检测，但不太适合缺陷尺寸确定。确定缺陷尺寸的精度受传感器尺寸限制。对于特定金属缺陷，如孔眼、裂缝，其检测灵敏度较高。除了金属缺损之外，对大多数其他类型的缺陷，它不是一个可靠的检测及尺寸确定方法，也不适合于检测轴向线形金属损失缺陷。高检测速度会降低对缺陷尺寸的检测精度。

(2) 高分辨率漏磁检测器　比标准分辨率漏磁检测器对尺寸确定的精度要高。它对几何形状简单的缺陷尺寸具有很高的精度。存在点蚀或缺陷几何形状复杂时，其尺寸确定精度就会下降。除检测金属缺陷外，还可检测其他类型的缺陷，但检测能力随缺陷形状及特征不同而异。它不适合检测轴向线形缺陷。高检测速度会降低缺陷尺寸确定精度。

(3) 超声激波检测器　通常要求有液体耦合剂，如果反馈信号丢失，就无法检测到缺陷及其大小。通常在地形起伏较大和弯头缺陷处以及缺陷被遮盖的情况下，容易丢失信号。这类检测器对管道内壁堆积物或沉积物较敏感。高的检测速度将会降低对轴向缺陷的分辨率。

(4) 超声横波检测器　要求有液体耦合剂或耦合系统。对缺陷尺寸的检测精度取决于传感器数目的多少和缺陷的复杂程度。管内壁有夹杂物时，缺陷大小的检测精度会降低。高检测速度将降低缺陷大小的检测精度。

(5) 横向磁通检测器　对轴向线形金属损失缺陷的检测比标准分辨率及高分辨率的漏磁检测器都更敏感。对其他类型的轴向缺陷检测也很敏感，但对环向缺陷检测的敏感性不如标准分辨率及高分辨率漏磁检测器。对大多数几何缺陷的尺寸检测精度要低于高分辨率漏磁检测器。高检测速度将会降低尺寸确定的精度。

2. 应力腐蚀开裂的裂纹检测器

对于这类危险，可选用下列检测工具进行检测，检测效果取决于检测器所采用的技术。

(1) 超声横波检测器　要求有液体耦合剂或轮耦合系统。对缺陷尺寸的检测精度取决于传感器数目的多少和裂纹簇的复杂程度。管内壁有夹杂物时，缺陷大小的检测精度会降低。高检测速度将降低缺陷大小的检测精度和分辨率。

(2) 横向磁通检测器　能够检测除 SCC 之外的轴向裂纹，但不能确定裂纹大小。高检测速度将降低缺陷大小的检测精度

3. 第三方破坏和机械损伤引起的金属缺陷和变形检测器

凹槽和金属损失是该类危险的表现方式，内检测器可有效地检测这类缺陷及大小。

几何或变形检测器最常用于检测与管道穿越段变形有关的缺陷，包括施工损伤、管道敷设于石方段硌压造成的凹坑、第三方活动损伤以及管道由于压载荷或不均匀沉降形成的皱褶或弯曲。

最低分辨率的几何检测器是测量清管器或单通道的测径器。对于识别并定位管道穿越段的严重变形，该类检测器足以满足要求。标准测径器具有较高的分辨率，记录每个测径臂传回的数据，一般沿周向分布 10~12 个测径臂。这类检测器可用于分辨变形的严重程度及总体形貌。利用标准测径器的检测结果，可识别出变形的清晰度或进行应变估算。高分辨率检测器可提供变形的最详细资料，有些也可给出变形的坡度或坡度变化，对于辨别管道弯曲或沉降很有用。对于在管道内压作用下可能会复原的第三方损伤，标准分辨率和高分辨率检测器都不太容易检测出来，漏磁检测器在识别第三方损伤方面不太成功，也不能用来确定变形大小。

表 8-1 列出了所检测的缺陷特征与其相匹配的内检测工具，可以参考这个表来选择适当的内检测工具。

表 8-1　内检测工具和检测类型

内检测目的	检测金属损失的工具			裂缝检测工具		内径工具	绘图工具
	磁漏(MFL)		超声波(纵波)	超声波(横波)	横向 MFL		
	标准分辨(SR)MFL	高分辨(HR)MFL					
金属损失(腐蚀)、外部腐蚀、内部腐蚀	检测[A] 规定尺寸[B] 无 ID/OD[C]区分	检测[A] 规定尺寸[B]	检测[A] 规定尺寸[B]	检测[A] 规定尺寸[B]	检测[A] 规定尺寸[B]	无检测	无检测

续表

内检测目的	检测金属损失的工具			裂缝检测工具		内径工具	绘图工具
	磁漏(MFL)		超声波（纵波）	超声波（横波）	横向 MFL		
	标准分辨(SR)MFL	高分辨(HR)MFL					
狭窄的、轴向的外部腐蚀	无检测[A]	无检测[A]	检测[A] 规定尺寸[B]	检测[A] 规定尺寸[B]	检测[A] 规定尺寸[B]	无检测	无检测
裂纹、裂纹性缺陷(轴向)、应力腐蚀裂纹、老化裂纹、纵向缝隙焊接缺陷、不完全溶解(缺乏溶解)、焊趾裂纹	无检测	无检测	无检测	检测[A] 规定尺寸[B]	检测[A,B] 规定尺寸[B]	无检测	无检测
圆形裂纹	无检测	检测[D] 规定尺寸[D]	无检测	检测[A] 规定尺寸[M] 如果改变[E]	无检测	无检测	无检测
凹痕、尖锐凹痕、褶皱弯管箍	检测[F]	检测[F] 规定尺寸，不可靠	检测[F] 规定尺寸，不可靠	检测[F] 规定尺寸，不可靠	检测[F] 规定尺寸，不可靠	检测[G] 规定尺寸	检测 规定尺寸，不可靠
	在检测情况下，提供圆周位置						
计量	检测[A]规定尺寸[B]						无检测
分层或包含	有限检测	有限检测	检测规定尺寸[B]	检测规定尺寸[B]	有限检测	无检测	无检测
先前维修	只是钢套管和插线板的检测，其他的有亚铁记号		只是焊接在管道的钢套管和插线板的检测	只是焊接在管道的钢套管和插线板的检测	只是钢套管和插线板的检测，其他的有亚铁记号	无检测	无检测
相关磨铣异常	有限检测	有限检测	检测	检测	有限检测	无检测	无检测
弯管	无检测	无检测	无检测	无检测	无检测	检测规定尺寸[H]	检测规定尺寸
椭圆度	无检测	无检测	无检测	无检测	无检测	检测规定尺寸[B]	检测规定尺寸[B,I]
管道协调性	无检测	无检测	无检测	无检测	无检测	无检测	检测 规定尺寸

A 受缺陷最小可检测的深度、长度及宽度限制。
B 由工具指定的规定尺寸精确性确定。
C 内径(ID)和外径(OD)。
D 紧裂纹减少的检测可能性(POD)。
E 转换器以 90°旋转。
F 依靠凹痕尺寸和形状减少可信度。
G 依靠工具配置，也靠圆周位置。
H 如果配以弯管测量。
I 如果工具配以椭圆测量。
注：阴影部分表示只可以用于液体环境的内检测技术，也就是，液体管道或带有液体耦合器的气体管道。

8.1.5 检测器技术指标

1. 几何检测器性能规格(见表 8-2 和表 8-3)

表 8-2 几何检测性能规格

特征	POD=90%时分辨率(%*OD*)	置信度=85%时精度(%*OD*)	阈值(%*OD*)
凹陷	0.6%	ID_{red}<10%，±0.5%	2%
		ID_{red}>10%，±0.7%	
椭圆度	0.6%	ID_{red}<5%，±0.5%	5%
		ID_{red}=5%~10%，±1.0%	
		ID_{red}>10%，±1.4%	

注：*ID*=内径；*OD*=外径；椭圆度=(最大 *ID*-最小 *ID*)/公称 *OD*。

表 8-3 几何检测定位精度

轴　向	距最近的参考环焊缝：±0.2m
	距最近的地面参考点(AGM)：±1%
环向	±15°

2. 弯曲应变性能规格

IMU 测量的性能规格应满足：

(1) 当两个地面 Marker 点之间间距小于 1km 时，定位精度应≤±1m；

(2) 单次检测识别的弯曲变形曲率$>\frac{1}{400D}$(*D* 为管径)；重复检测应识别出曲率变化率$>\frac{1}{2500D}$。

3. 标准漏磁检测器性能规格(见表 8-4)

表 8-4 标准分辨率 MFL

轴向采样间距	2mm 如检测器采样频率是固定的，则检测速度越高，间距越大
环向传感器间隔	8~17mm
检测局限性	-最小检测深度：10%壁厚 -深度测量精度：10%壁厚
最小速度	0.5m/s(感应线圈式)；无(霍尔传感器)
最大速度	4~5m/s
深度量化精度	均匀金属损失： 最小深度：10%壁厚 深度量化精度：±10%壁厚 长度量化精度：±20mm 点状金属损失： 最小深度：(10%~20%)壁厚 深度量化精度：±10%壁厚 长度量化精度：±10mm

深度量化精度	轴向沟槽： 最小深度：20%壁厚 深度量化精度：(-15%~+10%)壁厚 长度量化精度：±20mm 环向沟槽： 最小深度：10%壁厚 深度量化精度：(-10%~+15%)壁厚 长度量化精度：±15mm 轴向狭窄沟槽： 最小深度：可探测但无法准确报告 环向狭窄沟槽： 最小深度：10%壁厚 深度量化精度：(-15%~+20%)壁厚 长度量化精度：±15mm 与焊缝相关的腐蚀： 焊缝附近： 最小深度：10%壁厚 深度量化精度：±(10%~20%)壁厚 位于或穿过焊缝： 最小深度：(10%~20%)壁厚 深度量化精度：±(10%~20%)壁厚
长度量化精度	10mm
宽度量化精度(环向)	±(10~17)mm
定位精度	轴向(相对于最近的环焊缝)：±0.1m
	轴向(相对于最近的 AGM)：±1%
	环向：5°
置信水平	80%

4. 三轴高清漏磁检测器性能规格(见表 8-5)

三轴 MFL 检测器能区分内部、外部缺陷，能够区分制造缺陷与一般金属损失。

表 8-5 三轴(超高分辨率) MFL

	均匀金属损失(4A×4A)		点蚀(2A×2A)		轴向沟槽		环向沟槽	
	无缝管	直(螺旋)焊缝管	无缝管	直(螺旋)焊缝管	无缝管	直(螺旋)焊缝管	无缝管	直(螺旋)焊缝管
检测阈值@POD=90%	9%壁厚	5%壁厚	13%壁厚	8%壁厚	13%壁厚	8%壁厚	9%壁厚	5%壁厚
深度精度@置信水平=90%	±10%壁厚	+10%壁厚	±10%壁厚	+10%壁厚	(-15%~+10%)壁厚	(-15%~+10%)壁厚	(-10%~+15%)壁厚	(-10%~+15%)壁厚
宽度精度@置信水平=90%	±15mm	±15mm	±15mm	+15mm	±15mm	+15mm	±15mm	+15mm
长度精度@置信水平=90%	±10mm	+10mm	±10mm	+5mm	±10mm	+10mm	±10mm	+10mm

注：*A* 为壁厚和 10mm 间较大者。

5. 超声内检测器性能规格(见表 8-6)

表 8-6　超声波检测器典型性能规格

轴向采样间距	3mm
环向传感器间隔	8mm
最大速度	2m/s(当速度大于 2m/s，轴向分辨率随着速度增大将降低)
检测能力	一般深度精度：±0.5mm 平板和壁厚测量精度：±0.2mm 轴向分辨率：3mm 环向分辨率：8mm 最小可探测腐蚀深度：0.2mm 最小可探测点蚀： 仅给出腐蚀区域，不报告深度时： 直径：10mm 深度：1.5mm 给出全部测量参数时： 直径：20mm 深度：1mm
定位精度	轴向(相对于最近的环焊缝)：±0.1m
	轴向(相对于最近的 AGM)：±1%
	环向：5°
置信水平	80%

6. 液体耦合裂纹检测器性能规格(见表 8-7)

表 8-7　液体耦合裂纹检测器

轴向采样间距	3mm
环向传感器间隔	10mm
检测局限性	可检测缺陷： 最小长度：30mm 最小深度：1mm 检测错边：沿管道轴向±15° 检测位置：内部、外部、内嵌、母材、直焊缝
检测速度	最大 1.0m/s(当速度大于 1.0m/s 时，轴向分辨率降低)
尺寸精度	长度： ±10%壁厚(对于特征>100mm) ±10mm(对于特征<100mm)
	宽度(对于裂纹场)：±50mm
	深度： 分类级别： <12.5%壁厚 (12.5%~25%)壁厚 (25%~40%)壁厚 >40%壁厚
定位精度	0.1m
	轴向(相对于最近的 AGM)：±1%
	环向：±5°
置信水平	80%

7. 轮式耦合裂纹检测器性能规格(见表 8-8)

表 8-8　轮式耦合裂纹检测器

轴向采样间距	5mm
环向传感器间隔	210~290mm(取决于检测器尺寸)
检测局限性	可检测缺陷： 最小长度：50mm 最小深度：25%壁厚 检测错边：沿管道轴向±10° 检测位置： 距环焊缝大于 50mm 的管体 无法区分内外
检测速度	0.5~3m/s　液体 1~3m/s　气体
定位精度	0.1m
	轴向(相对于最近的 AGM)：±1%
	环向：±5°
置信水平	80%

8. 环向漏磁检测器性能规格(见表 8-9)

表 8-9　环向漏磁性能规格

轴向采样间距	3.3mm
环向传感器间隔	4mm
检测局限性	可检测缺陷： 最小长度：25mm 最小宽度：0.1mm 最小深度：25%壁厚 检测错边：沿管道轴向±15° 检测位置： 直焊缝侧面，长 50mm 以上 无法区分内外
检测速度	0.2~4m/s
定位精度	0.2m
	轴向(相对于最近的 AGM)：±1%
	环向：±7.5°
置信水平	80%

9. EMAT 检测器性能规格(见表 8-10)

表 8-10　EMAT 典型性能规格

轴向采样间距	3.3mm
环向传感器间隔	4mm
检测局限性	可探测缺陷： 最小长度：50mm 最小深度：2mm 检测位置： 直焊缝侧面，长 50mm 以上
检测速度	0.2~2.5m/s
定位精度	0.2m
	轴向(相对于最近的 AGM)：±1%
	环向：±5°
POD	90%
POI	>66%
置信水平	80%

8.1.6　内检测器应用时的特别注意事项

选择内检测器时应考虑下列因素：

(1) 检测灵敏度　内检测器能检测到的最小缺陷尺寸，应小于被检测缺陷的尺寸。

(2) 类别　能区分不同缺陷之间的差异。

(3) 缺陷尺寸检测精度　有助于进行优先序排列，这是完整性管理方案成功的关键。

(4) 定位精度　能通过开挖找到缺陷位置。

(5) 缺陷评价要求　内检测必须为运营公司的缺陷评价程序提供足够的数据。

一般情况下，管道运营公司在回复内检测器供货商的征求意见表时，应提供所要检测管段的所有重要参数和特性清单。应考虑的重要因素包括：

(1) 管道调查表　核对管道的特性参数，包括钢材等级、焊接类型、长度、直径、壁厚、高程剖面等。另外，还包括节流装置、弯头、已知椭圆度、阀门、打开的三通、连接器和冷却环等资料，这些可能需双方协商。

(2) 清管器收发装置　由于内检测器在总长度、复杂程度、几何形状和可操作性方面具有多样性，应复核清管器收发装置的适用性。

(3) 管子洁净度　管子洁净度对数据收集有重要影响。

(4) 流体种类　气体或液体，会影响对方法的选择。

(5) 流量、压力和温度　气体的流量会影响内检测器的检测速度。如果速度超过正常范围，分辨率就会受到不利影响。总的检测时间由检测速度决定，但也受到内检测器电池容量和数据储存能力的限制。高温会影响检测质量，因此应加以考虑。

(6) 介质的旁通泄流/补给　气流速度高的管道，可考虑降低气体流量和速度，降低检测器的运行速度。在流量过低时，应考虑增加气体量。

(7) 管道内涂层静电影响　需要采取静电泄放方法。

（8）速度过高的影响　需要设计加装速度控制单元。

运营公司应从以下方面对内检测方法总的可靠性进行评价：

（1）内检测方法的置信度水平(如对缺陷进行检测、分类和尺寸确定的可能性)。

（2）内检测方法/内检测器的历史。

（3）成功率/失败率。

（4）对管段整个长度和全周向的检测能力。

（5）对多种原因造成的缺陷的检测能力。

总之，管道运营企业应重点分析检测的目的和目标，使内检测器的检测能力与已知的管道重要参数、预计的缺陷相匹配。内检测器的选择取决于管段的具体情况和检测的目标。管道企业应在完整性管理方案中，列出选择内检测器和进行内检测的过程。

8.2　管道外防腐层质量检测技术

8.2.1　防腐层的 PCM 检测

1. 探测原理

英国雷迪公司生产的 LD-6000 系列 PCM 电流测绘系统的测试原理是：仪器的发射机给管线施加近似直流的 4Hz 电流和 128Hz/640Hz 的定位电流，便携式接受机能准确探测到经管线传送的这种特殊信号，跟踪和采集该信号，输入微机，便能测绘出管道上各处的电流强度，由于电流强度随着距离的增加而衰减，在管径、管材、土壤环境不变的情况下，管道的防腐层的绝缘性越好，施加在管道上的电流损失越少，衰减亦越小，如果管道防腐层损坏，如老化、脱落，绝缘性就差，管道上电流损失就越严重，衰减就越大，通过对管线电流损失的分析，从而实现对管线防腐层的不开挖检测评估。

具体来说，探测原理是在具有防腐层的埋地管道上施加一个交变电流信号，由于管道与地面之间存在分布电容及防腐层电阻，所施加的电流信号强度 I 沿管道随距离 X 的增长呈缓慢的指数衰减趋势。即

$$I=I_{o}e^{-\alpha X} \tag{8-2}$$

式中　I_o——信号供入点的管道电流；

α——衰减系数，它与管道的电特性参数 R、G、C、L 密切相关，α 可以用电流变化率 Y 表示，即 $Y=8.686\alpha$；

R——管道的纵向电阻，Ω · m；

G——横向电导，$I/(\Omega\cdot m)$，它的倒数是横向绝缘电阻，它是防腐层好坏的重要标志，当管道直径为 D 时，管道在 $1m^2$ 上的绝缘电阻 $R_g=\pi D/G$；

C——管道与地间的分布电容，μF/m；

L——管道的自感，mH/m；

X——测量点到原点的距离，m。

当防腐层上存在破损点时，电流通过破损点流入土壤，破坏点处管道上的电流强度骤然降低。以电流的对数值随距离变化的变化率 Y 表示纵坐标，X 表示横坐标，则

$$Y=(I_{dB1}-I_{dB2})/(X_2-X_1) \tag{8-3}$$

式中 Y——I_{dB}的电流变化率，dB/m；

X_1，X_2——测试点1、2到施加信号点的距离，m；

I_{dB1}，I_{dB2}——经对数转化后得到的分贝(dB)表示的测量点1、2的电流值，mA，$I_{dB}=20\times\lg I+K$，K为常数。

2. 探测结果

检测管线的防腐层为加强级的石油沥青，即四油四布。对于新涂敷石油沥青防腐层来说，检测的项目较多，主要有防腐层的外观、黏接力、防腐层的厚度以及防腐层的电火花检测等，而对于在役的石油沥青防腐层来说，一般的检测项目是防腐层的绝缘电阻 R_g，通过 R_g 的大小来判断防腐层的老化程度。遵循通用的做法，本次检测的主要项目也为防腐层的绝缘电阻 R_g，为了验证在建设施工时防腐层的厚度是否达标，在各个测试坑测试了防腐层的厚度。

检测时沿管线将发射机发射的检测信号供入管道，在地面上沿管道记录各个检测点的电流值及管道埋深，用专门的分析软件，经过数据处理，便可以计算出防腐层的绝缘电阻 R_g 及图形结果。计算出的绝缘电阻 R_g 通过与行业标准对比即可判断沿管线各个管段防腐层的状态级别，得到的图形结果可以直接显示破损点的位置。

防腐层的PCM检测结果显示，发现1处防腐层破损点，如图8-3、图8-4所示。剥开防腐层后，发现管体发生了均匀腐蚀，如图8-5所示。

图8-3 现场PCM检测图片

图8-4 防腐层的破损点

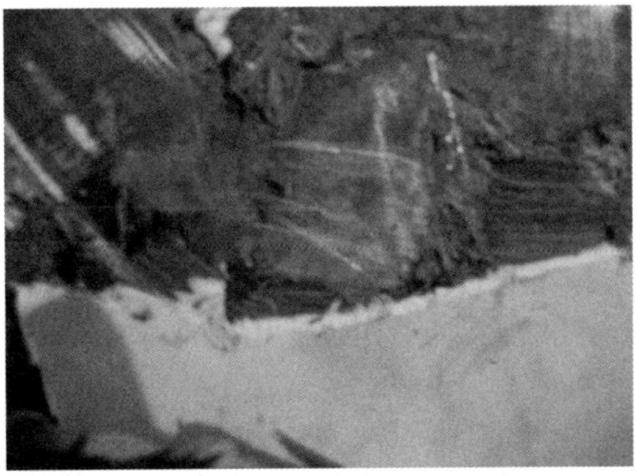

图8-5 管体的均匀腐蚀

8.2.2 防腐层的 Pearson 法检测

这是一种古典的检测方法，是由 John Pearson 博士发明的，称为 Pearson 检漏法。在国内，也有将这种方法叫人体电容法，国内基于这种方法也研制出相应的检测仪器。

1. 检测原理

电位差法：当一个交流信号加在金属管道上时，在防护层破损点便会有电流泄漏入土壤中，这样在管道破损裸露点和土壤之间就会形成电位差，且在接近破损点的部位电位差最大，用仪器在埋设管道的地面上检测到这种电位异常，即可发现管道防护层破损点。以该原理为基础的仪器目前国内外均有生产，具代表性的是江苏海安无线电仪器厂生产的 SL 系列地下管道防护层探测检漏仪，它用"人体电容法"拾取信号，是国内常用的检测仪器，是长输管道运营单位常备的仪器之一。

具体的检测方法为：操作时，先将交变信号源连接到管道上，两位检测人员带上接收信号检测设备，两人牵一测试线，相隔 6~8m，在管道上方进行检测。如图 8-6 所示，如果沿管道走向连续移动两个电极，当它们位于 x_1、x_2 时，由于所对应的曲线 1 和曲线 2 的陡度很小，所以极间电位差 ΔV_{12}很小，当它们位于 x_3、x_4 点时，且 $x_1x_2=x_3x_4$，若管道防腐层无破损，信号衰减如曲线 1 所示，其间的电位差亦很小，若防腐层在 A 点有了破损，信号衰减如曲线 2 所示，对应的电位差 ΔV_{34}则很大，即 $\Delta V_{34}>\Delta V_{12}$，如果继续移动两个电极，当电极越过破损点 A，到达另一侧时，如上述原理一样，极间的电位差则逐渐减小，当 $x_3A=Ax_4$ 时，极间的电位差接近为零，此时测试线的中点即为防腐层的漏点。实际操作时，加在管道上的为 800~1000Hz 的电流信号，功率一般为 10~20W。

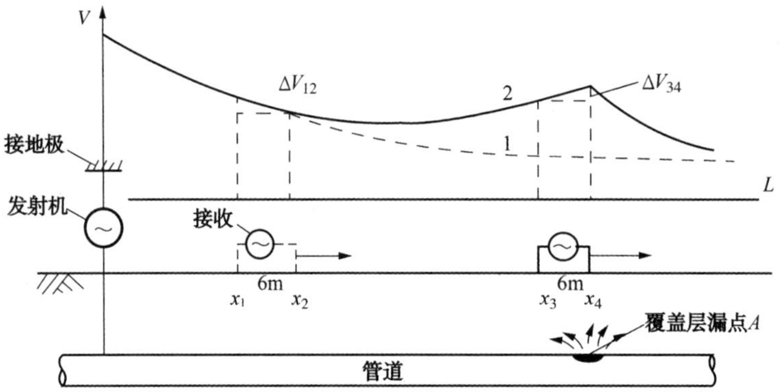

图 8-6 Person 法检测原理

1—覆盖层完好时检漏信号曲线；2—覆盖层 A 点有漏点时，检漏信号曲线

2. Pearson 方法优、缺点

1）优点

（1）很古老的防腐层漏点检测方法，准确率高；

（2）很适合油田集输管线以及城市管网防腐层漏点的检测。

2）缺点

（1）抗干扰能力性能差；

（2）需要探管机及接收机配合使用，首先必须准确确定管线的位置，然后才能通过接收机接收到管线泄漏点发出的信号；

（3）受发射功率的限制，最多可检测 5km；

（4）只能检测到管线的漏点，不能对防腐层进行评级；

（5）检测结果很难用图表形式表示，缺陷的发现需要熟练的操作技艺。

8.2.3 DCVG 检测技术

1. 概述

埋地管道防腐层缺陷电压梯度测试技术（Direct Current Voltage Gradient）简称 DCVG。该技术是目前世界上比较先进的埋地管道防腐层缺陷测试技术，在所有使用的埋地管道防腐层缺陷测试技术中，DCVG 测试技术是最准确的管道涂层缺陷定位技术之一。此技术在国外已得到广泛应用，而在我国埋地管道防腐层缺陷检测中的研究和应用还处在起步阶段。该测试技术能够检测出较小的防腐层破损点，并可以精确定位，定位误差为±15cm，同时可以判断防腐层缺陷面积的大小以及破损点的管道是否发生腐蚀，可用于埋地管道防腐层状况的评价，为管道防腐层的维修提供准确、可靠的科学依据。

2. DCVG 工作原理及测试方法

在施加了阴极保护的埋地管线上，电流经过土壤介质流入管道防腐层破损而裸露的钢管处，会在管道防腐层破损处的地面上形成一个电压梯度场。根据土壤电阻率的不同，电压梯度场的范围将在十几米到几十米的范围变化。对于较大的涂层缺陷，电流流动会产生 200~500mV 的电压梯度，缺陷较小时，也会有 50~200mV。电压梯度主要在离电场中心较近的区域（0.9~1.8m）。

直流电压梯度技术的代表仪器是 DCVG 仪器，它对有阴极保护的管道防护层破损点进行检测。施加了阴极保护的埋地管道，当防腐层破损时，阴极保护电流将从破损处土壤介质流入管道防腐层破损而裸露的钢管处。电流流过破损点的周围土壤，会在土壤电阻上产生电压降，在破损点周围形成一个电压梯度场。电压梯度场分布在破损点所在的地面上形成以破损点位置为中心的等压线（见图 8-7）。在接近破损点的部位，由于电流密度增大，因而电位梯度也增大。

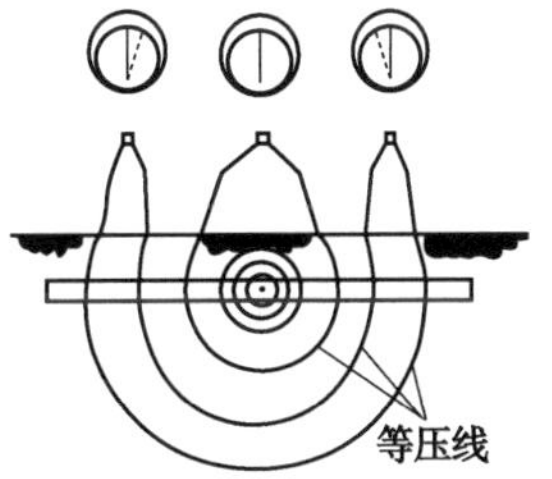

图 8-7　DCVG 测试原理图

DCVG 检测时主要通过检测地面的电压梯度从而判断管道防腐层缺陷。根据 DCVG 检测原理，一般电压梯度小于 50mV，则管道防腐层无破损等缺陷，当管道的电压梯度大于 50mV，则管道外防腐涂层可能存在缺陷。由于实测管道距离较长，实测 DCVG 数据多，采用实测数据与标准电压梯度相比较判断缺陷工作量十分大，而实际检测过程中由于检测位置的变化，检测的 DCVG 电压梯度变化较大，为方便判断，对 DCVG 数据进行转换并定义了一个标准电压 $V_{1标准}$，其定义为：

$$V_{1标准}=50\text{mV}-V \text{ 实测的绝对值}$$

当 $V_{1标准}\geqslant 0$ 时，在防腐层基本无缺陷；

当 $V_{1标准}<0$，则防腐层很可能存在缺陷。

通常，随着防腐层破损面积越大和越接近破损点，电压梯度会变得越大、越集中。为了去除其他电源的干扰，DCVG 检测技术采用不对称的直流间断电压信号加在管道上。其间断周期为 1s，这个间断的电压信号可通过通断阴极保护电源的输出实现，其中“断”阴极保护的时间为 2/3s，“通”阴极保护的时间为 1/3s。

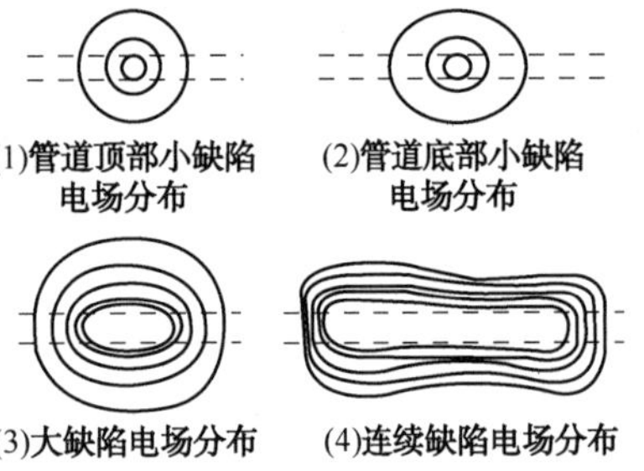

图 8-8　涂层上方典型的电场分布

埋地管道防腐层缺陷处地表电场的描述可确定缺陷的形状以及缺陷所处管体的位置，破损处地表电场轮廓线的描述可通过在其上方的地面上画等压线的方法进行判定。电场轮廓线的典型示例如图 8-8 所示。

DCVG 检测技术通过在管道地面上方的两个接地探极———$Cu/CuSO_4$电极和与探极连接的中心零位的高灵敏度毫伏表来检测因管道防腐层破损而产生的电压梯度，从而判断管道破损点的位置和大小。在进行检测时，两根探极相距 2m 左右沿管线方向进行检测，当接近防腐层破损时毫伏表的指针会指向靠近破损点的探极，走过缺陷点时指针会指向检测后方的探极，当破损点在两探极中间时，毫伏表指针指示为中心零位。将两探极间的距离逐步减少到 300mm，可进一步精确地确定埋地金属管道缺陷位置。

管道防腐层缺陷面积的大小可通过%*IR* 计算获得,%*IR* 越大，阴极保护的程度越低，因而管道防腐层破损面积越大,%*IR* 的值越大。在实际检测过程中，由于%*IR* 值还与破损点的深度和土壤电阻率等因素有关，所以只能近似地表示为管道破损面积的大小。埋地管道防腐层缺陷处地表电场的描述可确定缺陷的形状以及缺陷所处管体的位置，破损处地表电场轮廓线的描述可通过在其上方的地面上画等压线的方法进行判定。

在 DCVG 检测技术中，由于采用了不对称信号，可以判断管道是否有电流流入或流出，因而可以判断管道在防腐层破损点是否有腐蚀发生。这是其他管道缺陷检测方法所不具备的特点。在阴极保护正常工作条件下，使用 DCVG 确定破损位置后，在远离破损点的地方将 DCVG 的两根探极紧挨着插入土中，将毫伏表的指针调到中心零位，然后一根探极放在破损点所在地表中心点上，另一根探极放在远大地点，此时毫伏表的指针可能有 4 种指示情况，如图 8-9 所示。

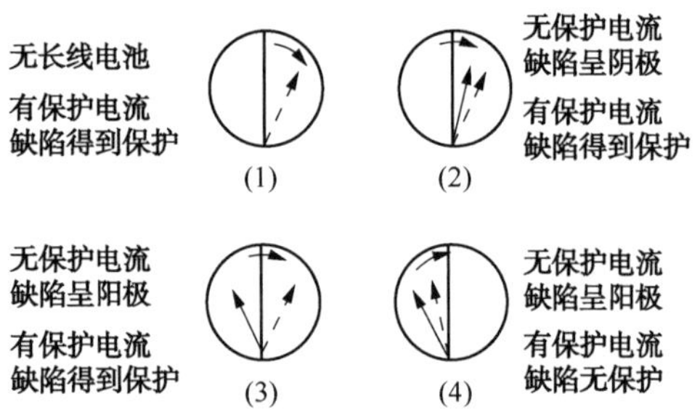

图 8-9　缺陷处腐蚀情况仪表测试图

在图 8-9(3)和图 8-9(4)两种情况下可能有腐蚀发生。这 4 种情况可清楚地表明阴极保护的实际情况，所以埋地管道防腐层破损点是否有腐蚀发生与阴极保护有着密切的关系。在这 4 种情况中，最危险的情况为在有无阴极保护的条件下管道都呈阳极，这表明在此破损点没有阴极保护电流流入，对管道没有起到保护作用，在实际检测中一旦发现这种情况就应该对此破损点立即进行开挖、检查和维修。

8.2.4　CIPS 密间隔电位测量技术(阴极保护有效性检测方法)

在阴极保护运行过程中，由于多种因素都能引起阴极保护失效，例如防腐层大面积破损，引起保护电位低于标准规值，杂散电流干扰引起的管道腐蚀加剧等。所以，阴极保护的有效性评价是一个当务之急。

CIPS 密间隔电位测量技术是目前国内外评价阴极保护系统是否达到有效保护的首选标准方法之一。目前国外生产直流电位梯度测量仪器(DCVG)和密间隔电位测量仪器(CIPS)的生产厂有英国的 PM 公司和加拿大的 CATH-YECH 公司，仪器由两部分组成，一是电流断电器，根据设置要求使阴极保护电流信号按一定的时间周期进行通与断；二是测量主机，测量时工作人员携带此机沿管线连续测量。断电器与主机通过卫星 GPS 时钟实现“通”与“断”，以及同步。测量时能得到管道阴极保护系统的开电位(V_{on})和瞬时关电位(V_{off})即阴极电流对管道的极化电位。这两种检测技术主要应用于有阴极保护系统的管道。

1. IPS 密间隔电位测量技术(CIPS)工作原理

密间隔电位测量是国外评价阴极保护系统是否达到有效保护的首选标准方法之一。其原理是在有阴极保护系统的管道上通过测量管道的管地电位沿管道的变化(一般是每隔 1~5m 测量一个点)来分析判断防腐层的状况和阴极保护是否有效。测量时能得到两种管地电位，一是阴极保护系统电源开时的管地电位(V_{on}状态电位)。通过分析管地电位沿管道的变趋势可知道管道防腐层的总体平均质量优劣状况。防腐层质量与阴极保护电位的关系可用下式来衡量：

$$L=\frac{1}{a\ln(2E_{max}/E_{min})} \tag{8-4}$$

式中　L——管道的长度；

α——保护系数(与防腐层的绝缘电阻率、管道直径、厚度、材料有关)；

E_{max}，E_{min}——管道两端的阴极保护电位值(V_{on})。

若管道的防腐层质量好时，单位距离内 V_{on}值衰减小，质量不好时，V_{on}值衰减大。

二是 CIPS 测量时还得到一个阴极保护电流瞬间关断电位(V_{off}管地电位)。该电位是阴极保护电流对管道的“极化电位”，由于阴极保护系统已关断，此瞬时土壤中没有电流流动，因此 V_{off}电位不含土壤的 *IR* 电压降，所以，V_{off}电位是实际有效的保护电位。国外评价阴极保护系统效果的方法完全是用 V_{off}值来判断(即≤-850mV 有效，≤-1250mV 时过保护)。国内目前由于受测量技术的限制，仍沿用 V_{on}电位来评价保护效果的居多，这样就存在一定的偏差，特别是防腐层破损时往往出现误判。

CIPS 测量仪器由电流中断器、探测电极(饱和 $Cu/CuSO_4$电极)、测量主机、绕线分配器组成。测量时主机可同时将管地电位两种值(V_{on}、V_{off})和管道距离自动记录储存在仪器内。由绕线分配器通过一根细线测取参比信号和测量距离。测量完毕后，可将测得的全部数据转储到计算机中进行分析处理，就能得到管地电位(V_{on}/V_{off})与距离对应的两条变化曲线(见图 8-10、图 8-11)，用于分析管道的各种情况。

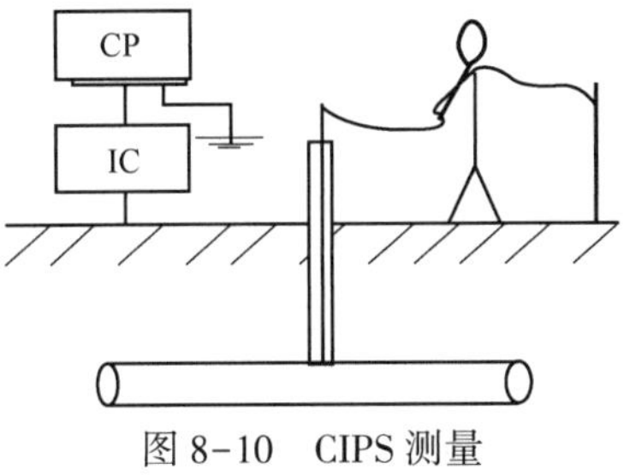

图 8-10　CIPS 测量

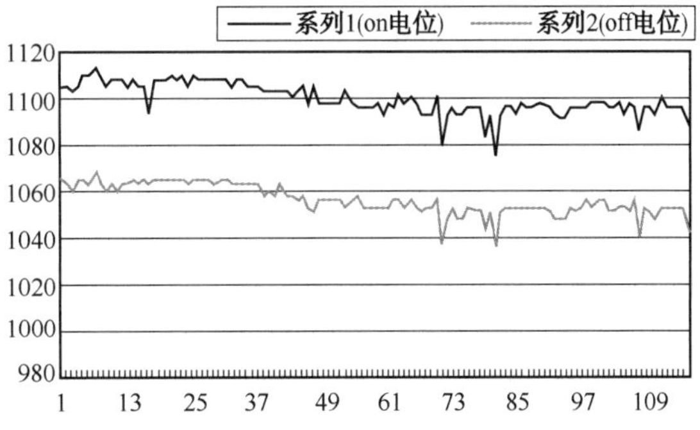

图 8-11　管地电位与距离对应的变化曲线

通过分析管地电位(V_{on}/V_{off})变化曲线，可发现防腐层是否存在的大的缺陷。当防腐层有较严重的缺陷时，缺陷处防腐层的电阻率会很低(甚至接近或小于土壤的电阻率)，这时阴极保护电流密度会在缺陷处增大。由于电流的增大土壤的 *IR* 电压降也会随之增大，因此在缺陷点周边管地电位(V_{on}/V_{off})值会下降，在曲线图上出现漏斗形状，特别是 V_{off} 值下降得更多些(见图 8-12)。图 8-12 是我国某省份天然气管道一段用 CIPS 法检测管地电位实测结果图形，在距一个测试桩 100 多米处防腐层有缺陷点，平时按国内测量管地电位的方法，测得的值在-0.9V 左右，应该达到了保护要求，不应该存在的腐蚀问题，但是从 CIPS 检测结果图上看，缺陷处的 V_{on} 电位在-0.86V 左右，而 V_{off} 电位却只有-0.7V 左右，评价应为欠保护，管道已经有腐蚀。后经实地开挖证实管道确实已出现腐蚀斑痕。

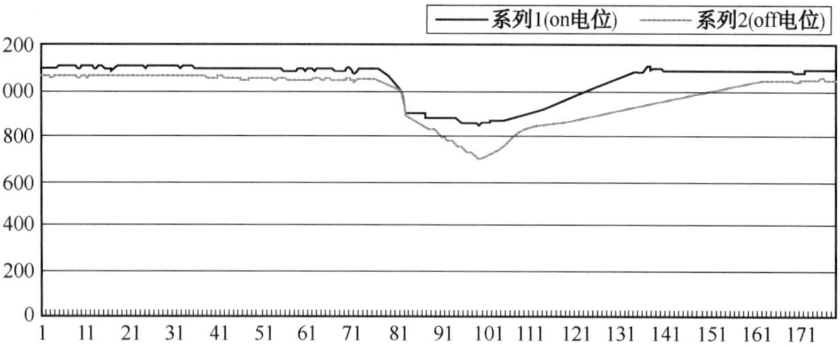

图 8-12　某省天然气管道 CIPS 电位测量图

通过此实例说明，采用 CIPS 技术在有阴极保护的管道上实施检测有如下优点：

(1) 可以很详细地了解阴极保护电位从 CP 站出站到末端详细的连续变化情况。

(2) 可以确定防腐层缺陷点处保护电位是否处在有效保护线以上，判定该处管道是否发生腐蚀。

(3) 分析检测结果曲线图能够发现管道防腐层存在的较大严重缺陷。

(4) 评价阴极保护系统保护电位的方法更有效，测量方法更科学、准确，结果更接近实际保护情况。

2. CIPS 检测报告

某条输气管线阴极保护系统 CIPS 检测从 2012 年 9 月 4 日开始至 2012 年 11 月 2 日对该输气管线 482.5km(除河流、公路穿跨越段)进行了全面检测，通过数据汇总，得到各管断检测结果图形如图 8-13 和图 8-14 所示。

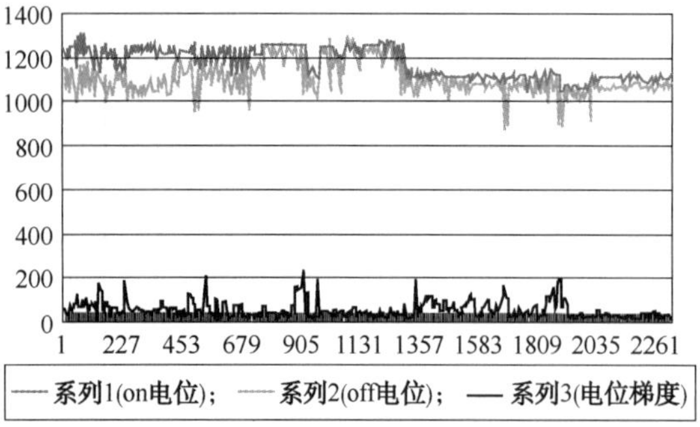

图 8-13　首站 0~11km 检测结果图形

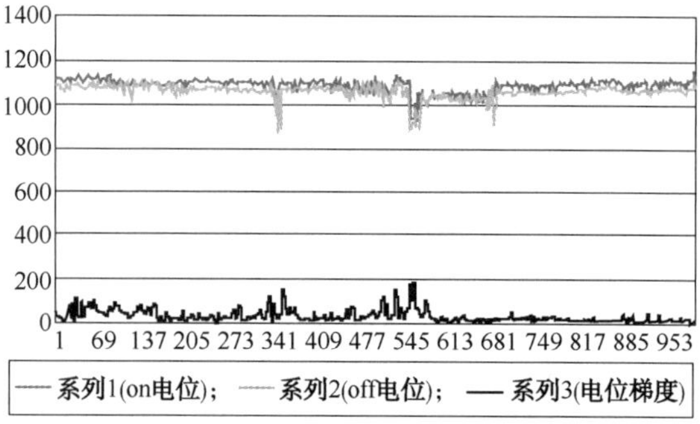

图 8-14　11~15km 检测结果图形

8.2.5　管道外腐蚀检测方法比较

国内外十种管道外腐蚀检测的方法，总结其优缺点见表 8-11。

表 8-11　检测方法的技术特点和适用范围

序号	名称	优点	缺点	适用范围
1	标准管电位法	测试方法简单，方便快捷；现场取得数据，无需开挖	通常仅在预定测点处读取数据，不能准确确定防护层失效部位；外防护层剥离产生屏蔽是检测不出来的	作为涂层性能检测技术，效果是有限的，适用于所用管道
2	密集管地电位法	可确定管道及外防护层漏点的位置；可判断缺陷的形状	涂层剥离而产生屏蔽时检测不出来；读数误差大，有时误差达 200～300mV；仪表多，使用繁琐；应用经验少	目前该项技术还没有在国内得到应用，适用于长输管道
3	直流电压梯度测试法	设备简单，测量快速；可定位涂层缺陷位置，定位偏差小，仅在 152mm 左右；可确定管道是否腐蚀	仅适用于外加电流阴极保护系统；受土壤的性质及杂散电流干扰大，仅适用于长输管线，不适用于地下管网	该方法是一项较成熟的技术，国内应用广泛，适用于外加电流阴极保护系统
4	电位差法	无需开挖，省时省力，设备简单，计算方便	只能测定外防护层绝缘电阻率，不能确定涂层缺陷位置；环境影响较大	已被列为石油天然气行业标准 SY/T 5918 中沥青防护绝缘层电阻率测试方法，适用于所有管道
5	皮尔逊法	能判断外防腐层漏蚀点的确切位置；无需开挖，能以 10～20km 的勘测距离推进，相对速度比较快；不受阴极保护系统的影响	不能确定管道的保护情况，即不能记录电位的读位；涂层破损的大小，仅能由经验定性估计；不适于区域性管网；不能检测出产生屏蔽的剥离涂层	皮尔逊法是一项成熟的技术，国内应用较早，有丰富的应用经验，适用于长输管道
6	管内电流法	消除了管道电感、电容的影响；能测出防护层绝缘电阻率值，可综合判断管道涂层状况；应用经验丰富	仅适用于外加电流保护系统；需开挖两处管段，增加了工作量；不适用于涂层太差的管道（极化电阻太大）；不能确定防护层破损点的位置	已被列为石油天然气行业标准 SY/T 5918，用于防护层绝缘电阻率测定，国内应用广泛，适于外加电流阴极保护系统及涂层较好的管道
7	间歇电流法	减少了阴极极化电阻对测量结果的影响；无需开挖，减少了工作量；更接近于真实的电位分布情况；应用经验丰富	操作与数据处理较外加电流麻烦，不能像外加电流那样选取任意测线段；对绝缘法兰、分支管道等外在因素依赖性大，不能确定涂层缺陷位置	已被列为石油天然气行业标准 SY J23，用于管道外防护绝缘层电阻测试，国内应用广泛，适用于法兰绝缘良好且无分支的管道

续表

序号	名　称	优　　点	缺　　点	适 用 范 围
8	多频管中电流法	能准确指出破损点的位置；能定性、定量评估外防护层老化情况；适用于管道常规定期监测，也适用于管道竣工的质量检测；可在各类地表透过各类土壤检测；操作简便，检测速度快	管道杂散电流有一定干扰；是一项新技术，应用经验少	该方法是集数学、物理、计算机等多学科的新技术，有许多技术优势，符合管道检测趋势，必将得到推广，但目前该项技术还不成熟，适用于所有管道
9	变频选频法	测量时只需在被测管段两端与金属管道实现电气连接，不需要开挖；所测结果不受管道长短、有无分支、管道防护层质量好坏的影响；测量干扰小，测量速度快	计算繁琐，需专用计算机处理数据；只能定性判断防护层的好坏，不能准确定位涂层缺陷位置	该方法是一项新技术，有许多技术优势，已被列入中国石油天然气行业标准 SY/T 5918 中测量防护层绝缘电阻率，适用于所有管道
10	近电位勘测法	可确定真实的防护状况，可计算漏点的大小；无需知道土壤电阻率及杂散的电流大小；可用计算机处理，即自动取样	仅适用于外加电流阴极保护系统；测量时，需多次开关阴极保护电源；受环境及频率大小的影响	被国外资料认为是“目前最先进和精益求精的”；目前还未见国内应用该技术的报道；该项技术有很大的应用前景，适用于外加电流阴极保护系统

8.3 超声导波检测技术

8.3.1 检测系统简介

超声导波技术是一种可以代表管道检测技术发展水平的检测系统，常用于快速检测内部和外部腐蚀及其他缺陷。管道检测系统可以快速检测难于介入的长距离管道的腐蚀或缺陷。在直径为2in(1in=25.4mm)或大于2in的管道中，超声导波管道检测系统使用轻型环状传感器发射超声导波，传播距离可达50m。完善的软件程序可以分辨管道交叉部分反射波的变化。超声导波系统可对从传感器安装位置算起的100m管道进行100%检测。超声导波系统使用扭转波和纵波。这就意味着只需清除很小区域就可以完成对输气和输油管道的检测，而不用把管道全部挖开。其新的应用领域还在不断开发中。

系统常用于下列情形：穿路套管；穿越围墙；直管段100%的检测；各种支架下的管道检测；架空工程管道；防腐层下腐蚀检测(只需清除很小绝缘层)；低温工程管道；球形支架；护坡管线。

超声导波检测系统用导波检测长距离管道的腐蚀或裂纹。常规的超声波检测，如壁厚的测量，只能测到传感器下管壁的厚度，所以，在检测大范围管线时速度很慢，且常常需要找出有代表性的特征点进行检测。但当遇到埋地管道或绝缘管道时，这种方式效率较低，人们渴望使用一种传感器来进行大范围的测量，这使得导波的使用变为可能。超声导波检测系统使用特制的传感器环以适于管道检测。传感器环安装在管道上，操作者可以使用超声导波检测系统完成单项测试，在传感器环的两侧均可检测数十米。

传感器环两侧的有效检测距离受多种因素制约，好的条件下可达数十米，坏的条件或有某种覆盖层的条件下，检测距离只有几米。为更好地理解超声导波检测系统的工作原理，可参照常规超声导波在脉冲方式下的工作原理。超声波环发射脉冲超声导波并接收回波信号。

图8-15是超声导波系统检测带有各种显著特征的管道时的示意图。超声导波检测系统由三个主要的部分组成：传感器环、SE16超声导波检测设备和控制计算机。传感器环是按管道尺寸特制的。它们靠弹性或气压把压电传感器固定在管道上。内部的电气连接使得每一个传感器环自动工作。SE16超声导波检测设备接收所有检测信号，操作电源由其内部的可充电电池提供，并通过USB接口或导线与手提电脑相连。设备的调试、信号的处理和测试报告均由WavePro软件系统完成。

8.3.2 超声导波技术的工程应用

由于超声导波检测系统具有快速、全面检测管道的性能，使得它在检测难于检测的管段时效率很高。超声导波检测系统在检测裂纹和金属损失(大于横断面的5%)方面有很多应用，适用于检测以下特征管道：

(1) 用探头检测腐蚀时，管道可不用除去涂层；

(2) 可检测难以检测区域，如穿路套管和穿越围墙；

(3) 可检测陆上和海上的工程管道，即使在管道特别密集的区域也能检测；

(4) 可检测架空管道。

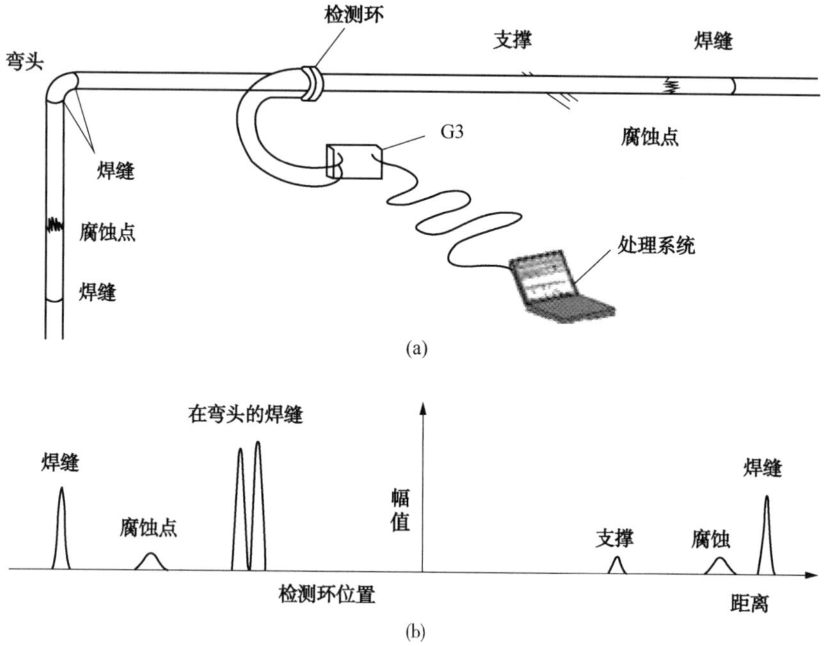

图 8-15　超声导波检测系统示意图

超声导波检测系统是为快速检测长距离管线外部和内部的腐蚀以及轴向和圆周的裂痕而设计的。它可广泛用于地下和绝缘的各种管道的检测。

由于可对运行中的系统进行检测，所以检测所造成的损失小。一天的检测量可达数百米，并可对管壁一次性 100% 检测。超声导波检测系统是有效的，其检测方式也是有效的。

超声导波检测系统使用新的双环排列的探测器，而不是早期使用的三环排列技术。这项技术提高了检测效率，降低了设备成本。探测器一分钟之内就可以安装在管道上。

超声导波检测系统的两种波形(纵波和扭转波)有很宽的频率范围以适于不同情况，例如输送液态物质的情形。轴对称和非轴对称的波用于检测缺陷并说明结果。

系统的所有部件都放置在一个箱内。用常规方式测量管壁厚度，只能测到传感器下管壁的厚度。超声导波检测系统的低频超声导波通过安装在管道上的传感器可沿管壁传播数十米，回波可显示管道的缺陷和其他特征。传感器的安装必须接触管道，发射波在涂层或其他覆盖物下传播。系统可完成在役管线的检测，即使管线充满液态物质或正以很高的温度运行也可进行检测。

对于长距离管道上不允许检测的区域，如行车道下部管道的检测也非常容易。

超声导波检测系统的检测分三步完成：

(1) 把环状传感器安装在管道四周；

(2) 发射导波；

(3) 对两个方向的回波进行分析。

对于直径为 2~8in 的管道使用固定式传感器，传感器安装迅速，需要清除 3in 宽的环状区域，对于直径为 8~24in 的管道可使用伸缩式环状传感器(见图 8-16)。

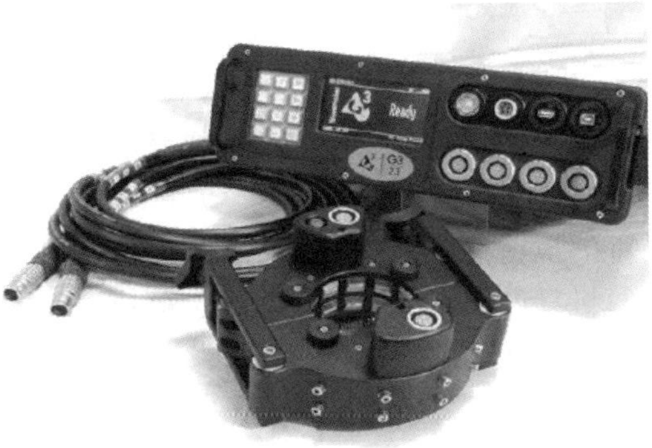

图 8-16　伸缩式环状传感器

超声导波检测系统在快速检测长距离管道时具有以下性能：

(1) 在高温运行条件下也可完成检测；

(2) 管壁的 100%都可检测(在一个检测长度内)；

(3) 回波可提供管道的特征和腐蚀程度；

(4) 完善的软件分析系统可对检测结果进行说明；

(5) 可对缺陷和管道基本特征进行说明；

(6) 可检测长距离管线的金属损失和平面损失；

(7) 金属损失既可以是外部的也可以是内部的；

(8) 理想条件下，灵敏度可达横截面的 2%。

上述性能是针对大多数管道而言，管道情况的千变万化会影响其性能，例如，沥青涂层就使得检测范围减小，部分管道的许多检测性能也不可靠。操作人员必须对这样的检测结果作出说明。

超声导波检测系统(见图 8-17)作为检测工具使用时可快速识别有缺陷的区域。如果管道较易检测，通常检测工作较为细致(可使用辅助工具)以查出所有腐蚀区域。

图 8-17　超声导波检测系统现场检测

其检测设备具有以下特点：

(1) 操作电源为低电压电池；

(2) 检测直管段时，传感器一侧的传输距离可达 25m，理想状态下可高达 100m；

(3) 操作时，管道四周只需要清除 3in 宽的区域；
(4) 实时得出检测结果；
(5) 可在直径为 2~24in 管道使用；
(6) 直径大于 24in 管道可结合使用伸缩式环状传感器；
(7) 有各种模式的导波可供选择；
(8) 软件支持管道特征的识别；
(9) 智能传感器使计算机只识别排列其上的探头传送的信息并能校正测试参数；
(10) 新一代传感器频带更宽，检测距离更大；
(11) 尽管随测试参数有所变化，通常在一分钟内传感器两侧的检测距离可达 25m。

8.3.3 检测案例

1. 一般常规情况

图 8-18 是用超声导波检测设备检测一段理想情况下的直管段的情形。这个例子中，80m 长管线中有局部腐蚀的区域通过检测信号分析（见图 8-19）很快被检出（包括支架接触点），检测报告的形式见图 8-20，证明管线情况良好。

图 8-18 直管段检测

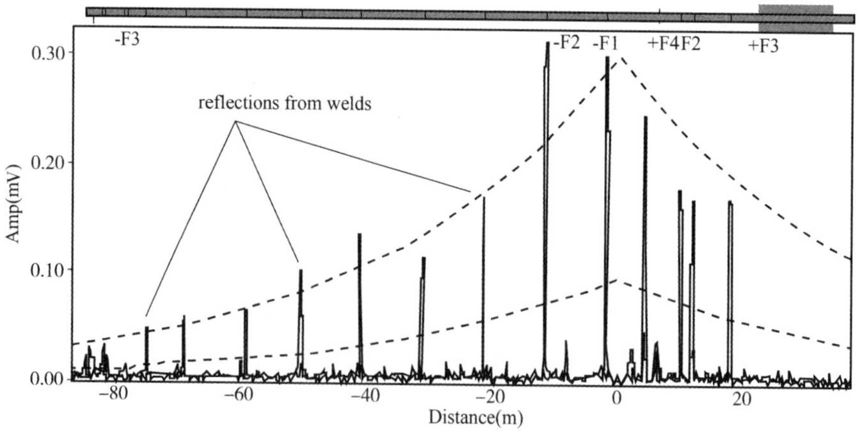

图 8-19 腐蚀部位的波形

2. 穿墙管道检测

图 8-21 是对穿越护坡的管托处的管线进行测试的情形。管线不受其他管线和管托影响。测试在充满液态物质的在役管道上完成。

Guided Ultrasonics Ltd.

Pipe Screening Results

Test ID: 786537
Pipe: Seawall-E6B
Site: Example
Location: wall 5800
Size: 6 inch
Tested: 25 Apr 2000 16:11
Tested by: GUL

Ring: R4F6(18)-Circum
Config: T(0,1)
Calibration: Automatic (0.3636 mV)
Version: 1.47, Wavemaker WM004
Client: GUL
Procedure: GU 1.1

General Notes: This exceptionally long test range was acheived on good quality pipe (and welds) that ran straight out to a jetty. No corrosion found, although there is some evidence that the pipe is touching its sleeve as it goes through the (gasket covered) sea wall.

Feature	Location	ECL	Class	Notes
+F1	5.98	-	Entrance	Penetration through a sea-wall
+F2	9.54	-	Weld	
+F3	21.8	-	Entrance	Beginning of buried (underground) section of pipe
-F1	-1.79	-	Weld	
-F2	-8.13	-	Support	Simple support
-F3	-77.83	-	Bend	The diagnostic range of the test ends at this point (before a double bend with a vent and flange)

图 8-20　检测报告

图 8-21　穿越护坡管道的检测

图 8-22 的结果显示，穿护坡区域对管线无影响，腐蚀是不存在的。

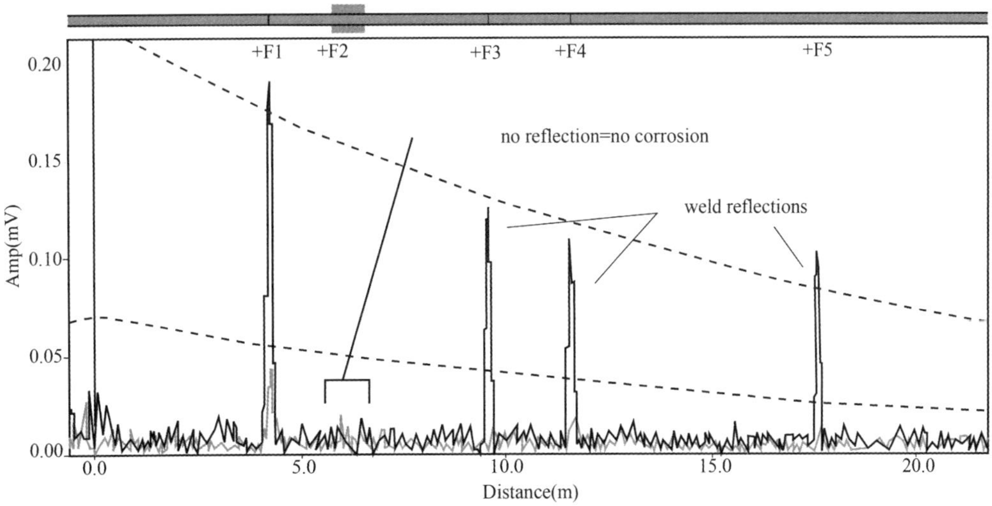

图 8-22　穿越护坡管道的检测信号

3. 埋地管线检测

GUL 超声导波检测设备常用于套管中和埋地管线的测试。现场情况显示，图 8-23 所示的被测管线从地下穿越围墙。

图 8-24 结果显示穿越围墙入口处有局部腐蚀。

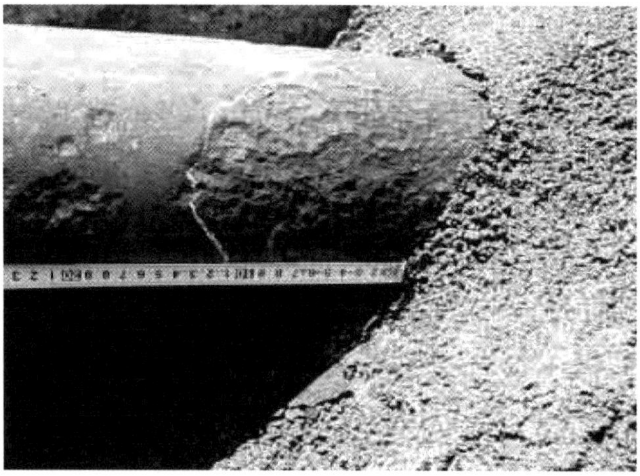

图 8-23　埋地管线的检测

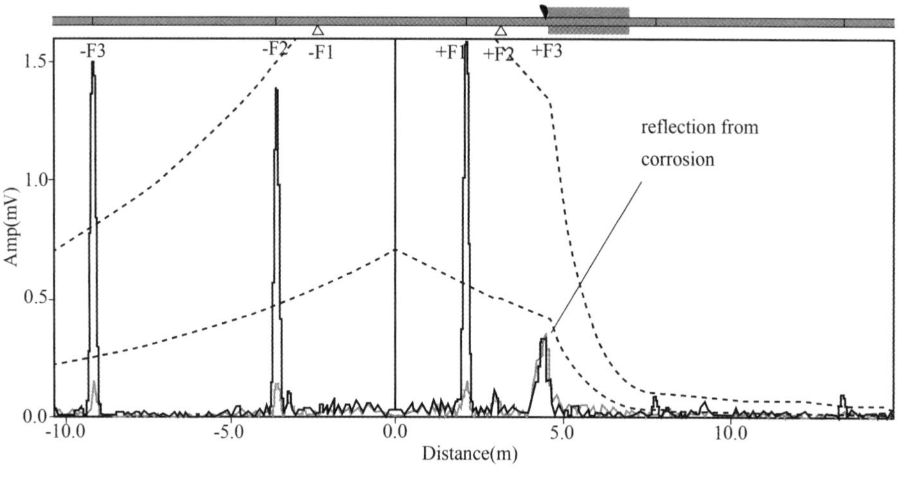

图 8-24　埋地管线的检测波形

4. 跨越道路检测

由于跨越道路管线或其他管线、化工厂的许多管线位于地面上方，这部分管线很难进行测试，使用常规技术费用很高，且需要搭设临时性脚手架。

超声导波管道检测系统(WPSS)具有检测长距离架空管线的能力。在 3in 的在役管线上进行了检测，这样的长度和高度使用肉眼很难全面观察管道腐蚀情况，而实际上管道表面已轻度腐蚀。

图 8-25 所示的现场照片显示，管线始端是水平的，然后以 90°角向上弯曲。经 5m 长水平跨越又通过 90°弯曲折回水平面。WPSS 安装在较低处弯头上部的垂直管段上。从这一点

不仅能检测管线的垂直部分还能检测弯头及水平部分。依据管道和涂层情况能完成管线的全面检测，每个方向只能检测 20m。

图 8-25　架空管线的检测

对应的检测结果显示在图 8-26 中。结果显示管线的大部分情况良好，只有少部分管段情况有待进一步检测。对发现缺陷的管段，用户可根据情况采取进一步措施，这样可以节省时间和费用。

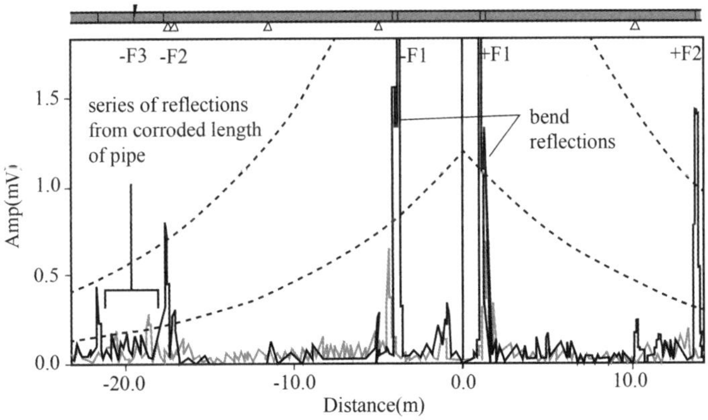

图 8-26　架空管线检测的波形

5. 长输管道

该管段是野外跨河管道（见图 8-27），从检测数据图（见图 8-28）中可以看到环状传感器被安装在管道上。从传感器到管线变径处约 47m 长的管段情况良好，但在远端管径变细处信号发生突变且噪声变大。标记+F5 到+F8 处腐蚀面大大增加。+F8 处是法兰，且这一位置管段已更换过。反方向同样得到良好的检测结果，检测距离可达 80m。图 8-28 左侧标记+F5 处是泄漏点。

图 8-27　长输管道的检测

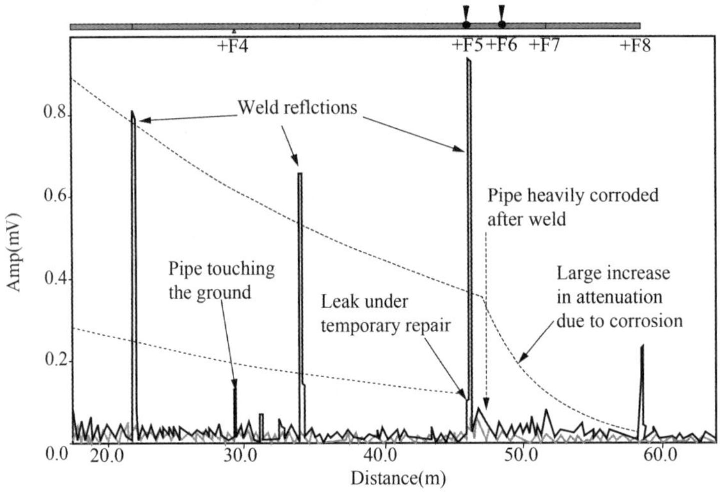

图 8-28　长输管道检测信息波形

8.4　管道无损检测技术

8.4.1　金属管材的无损检测

金属管道分无缝管和有缝管两种。无缝管常用穿孔法和高速挤压法制成，大口径无缝管也有用锭材经锻造和轧制等方法加工成形的。无缝管中常存在裂纹、折叠、夹层、夹杂和内壁拉裂等缺陷，这些缺陷大多与管轴线平行。直接由锻压方式制成的大口径管的缺陷与锻件的类似，有裂纹、白点、砂眼和非金属夹杂等。有缝管是先将原材料卷成管形再焊接而成，大口径有缝管多采用焊接成形，焊接方法多采用电阻焊或埋弧自动焊。焊接的有缝管缺陷通常有裂纹、未焊透、未融合、气孔和夹渣等。金属管材的表面常采用目视检查、渗透检测和磁粉检测；内部常采用涡流检测和超声检测等。

1. 管材的表面检测

表面检测是管材全面检测首选的无损检测方法。表面检测的方法主要有目视检查、渗透检测和磁粉检测。

（1）目视检查　是指用人的肉眼或肉眼与各种放大装置相结合对试件表面作直接观察。

目视检查是重要的无损检测方法之一，对于表面裂纹的检查，即使采用了其他方法，目视检查仍被广泛用作有用的补充。目视检查的优点主要是简单、快速；缺点主要是仅涉及表面情况，表面可能须做某些准备，如清洗、去除油漆氧化皮及尘土，可能需要喷砂或喷丸，某些部位难以接近，当可接受的缺陷很小而检验面积很大时有漏检的可能。对于不同类型的表面缺陷可采用不同的目视检查手段，如借助于放大镜、内窥镜等。

(2) 渗透检测　是利用渗透液的润湿作用和毛细现象而使其进入工件表面开口的缺陷，随后被吸附和显像。一般说来，液体渗透检测只能检查材料或构件表面开口的缺陷，对埋藏于皮下或内部的缺陷，渗透检测是无能为力的。它的优点是方法简单、成本低，适用于有色金属、黑色金属和非金属等各种材料和各种形状复杂的零部件；缺点是对多孔性材料不适用。渗透检测使用的渗透剂包括清洗剂、着色剂和显像剂，着色剂分为普通红色和荧光两种(根据照明条件选用)。目前国内外均有多家渗透剂生产厂商，产品质量差别不大。

(3) 磁粉检测　是利用导磁金属在磁场中被磁化，并通过显示介质来检测缺陷特性的一种方法。其基本原理是：当工件被磁化时，若工件表面及近表面存在裂纹等缺陷，就会在缺陷部位形成泄漏磁场，泄漏磁场将吸附、聚集检测过程中施加的磁粉，形成磁痕，从而提供缺陷显示。磁粉检测法可以检测材料和构件的表面和近表面缺陷，对裂纹、折叠、夹层和未焊透等缺陷极为灵敏。磁粉检测法的优点是设备简单、操作方便、观察缺陷直观快速，并有较高的检测灵敏度，尤其对裂纹十分敏感。它的局限性是只适用于铁磁性材料及其合金，且只能发现表面和近表面的缺陷。

在使用渗透检测和磁粉检测对金属管材的表面检测中，磁粉检测法灵敏度相对较高、漏检率低，因此优先推荐使用。

2. 管材的涡流检测

涡流检测是把导体接近通有交流电的线圈，由线圈建立交变磁场，该交变磁场通过导体，并与之发生电磁感应作用，在导体内建立涡流。导体中的涡流也会产生自己的磁场，涡流磁场的作用改变了原磁场的强弱，进而导致线圈电压和阻抗的改变。导体表面或近表面出现缺陷时，将影响到涡流的强度和分布，涡流的变化又引起了检测线圈电压和阻抗的变化，根据这一变化，就可以间接地知道导体内缺陷的存在。因此，涡流检测适宜于导体表面缺陷或近表面缺陷。由于“趋肤效应”的影响，对于材料内部缺陷，由于涡流密度的衰减，渗透深度的减小，其检测灵敏度降低，而且采用涡流检测有高频激励信号存在，给信号的处理带来一定的困难，容易引起信号的相互干扰。

对钢管进行涡流检测时，通常采用穿过式线圈探头检测通孔缺陷，采用扁平放置式线圈探头检测表面裂纹。另外，铁磁性管材在不同磁场强度作用下具有不同的磁导率，因此，对铁磁性管材进行检测必须设置磁饱和装置，并对检测线圈所检测的区域施加足够强的磁场，使其磁导率趋于常数。铁磁性钢管涡流检测的频率一般为1~500kHz。涡流检测时，必须用对比试样来调节涡流仪的检测灵敏度、确定验收水平和保证检测结果的准确性。对比试样应与被检对象具有相同或相近的规格、牌号、热处理状态、表面状态和电磁性能，大多数标准规定对比试样上的人工缺陷为通孔或刻槽。焊接钢管涡流检测依据GB 7735《钢管涡流探伤检验方法》，比较样品中人工缺陷与生产中出现的缺陷在系统中显示信号的幅值进行判断。

3. 管材的超声检测

超声检测是一种应用十分广泛的无损检测方法，它既可检测材料或构件的表面缺陷，又可以检测内部缺陷，尤其是对裂纹、叠层和分层等平面状缺陷具有很强的检测能力。超声波检测法适用于钢铁、有色金属和非金属，也适用于铸件、锻件、轧制的各种型材和焊缝等。超声波检测法较适用于检查几何形状比较简单的工件。对于管材、棒材、平板、钢轨和压力容器焊缝等几何形状比较简单的材料和构件，可以实现高速自动化检测。

小口径管材大多为无缝管，对平行于轴线的纵向缺陷，可用横波进行周向扫查检测；对垂直于轴线的管内横向缺陷，可用横波进行轴向扫查检测。应考虑管材与探头相对运动的轨迹和声束覆盖范围，以保证管材100%被扫查到。为避免由于缺陷取向等原因产生声波反射呈现定向性而发生漏检，应从两个相反方向各扫查一次。小口径管超声检测通常有接触法和水浸法两种。接触法适用于手工检测，为增加耦合性能，减少波束扩散，一般将有机玻璃斜楔磨成与管子外径曲率相近的形状，并采用接触式聚焦探头，以提高检测灵敏度。

大口径管材超声检测的探测方式分为纵波垂直扫查、横波周向扫查和横波轴向扫查，用于检测不同取向的缺陷。另外，对于厚壁管还要注意横波一次扫查到内壁的条件以及整个管壁进行纯横波检测的声束角条件。

8.4.2 管道环焊缝的无损检测

金属管道焊缝在其焊接的过程中会产生一些缺陷。出现在表面的缺陷主要有未焊透、咬边、焊瘤、表面气孔、表面裂纹等，内部缺陷主要有夹渣、夹杂物、未焊透、未熔合、内部气孔、内部裂纹等。表面缺陷通常采用目视检查、磁粉检测或渗透检测，内部缺陷通常采用射线或超声检测。

1. 环焊缝的目视检查

管口焊接、修补和返修完成后应及时进行目视检查，包括焊缝及管体表面清洁状态的检查，焊缝余高、宽度、错边量和咬边深度的测量，焊缝表面裂纹、未熔合、夹渣、气孔等缺陷的检查等。焊缝外观需达到规定的验收标准，目视检查不合格的焊缝不得进行无损检测。检测工作开始前，检验量具需经计量部门按照有关标准校准，且只能在校准期内使用。

2. 环焊缝的表面检测

对淬硬倾向大、裂纹敏感性高的金属材料焊接接头，应按设计文件或规范规定进行表面无损检测，以发现肉眼难以检出的微缺陷。检测方法以磁粉检测和渗透检测为主，如属铁磁性材料且操作条件允许时，则应尽可能用磁粉法检测。GB 50235 和 HG 20225 标准规定，焊缝表面应按设计文件规定，进行磁粉或液体渗透检验。SH 3501 标准规定，每名焊工焊接的抗拉强度下限值≥540MPa 的钢材、设计温度<-29℃的非奥氏体不锈钢、铬-钼低合金钢管道，其承插和跨接三通支管的焊接接头及其他角焊缝，应进行表面无损检测。

(1) 磁粉检测　主要用于检测焊缝的表面和近表面缺陷，如裂纹、皱褶、夹层、夹渣、冷隔等。磁粉法能直观地显示缺陷的形状、位置、大小，并可大致确定其性质；具有高的灵敏度，可检测出最小宽度约 1μm 的缺陷，几乎不受试件大小和形状的限制；检测速度快，工艺简单，费用低廉。检测前，首先应检查所配制的磁悬液浓度是否合适，浓度太高，易产生伪磁痕；浓度太低，灵敏度会降低。其次要检查磁轭的提升力是否达到标准要求。现场检测时，必须用标准试片检查检测系统的综合灵敏度，符合标准要求时才能作业。

(2) 渗透检测　是检测试件表面上开口缺陷的一种无损检测方法，适用于检测各种类型的裂纹、气孔、分层、缩孔、疏松等其他开口于表面的缺陷。在管道焊缝表面检测中，渗透检测主要用于无法进行磁粉检测的部位或非铁磁性材料的焊接接头表面缺陷，一般采用溶剂去除型渗透剂。液体渗透法的优点是不受试件的几何形状、大小、化学成分和内部组织的限制，也不受缺陷方位的限制；原理易懂、设备简单，检测速度快；费用较低；缺陷显示直观，检测灵敏度高。渗透检测时应注意：①环境温度如不在 10～50℃时，必须采用非标准温度检测方法；②被检表面不得有影响检测结果的铁锈、氧化皮、焊接飞溅及各种防护层；③要有足够的渗透时间，一般不小于 10min；④去除时一要防止过清洗，二要在擦拭多余渗透剂时保持一个方向；⑤显像剂喷涂一定要均匀且薄，观察显像要在显像剂施加后的 7～60min 内进行。

3. 环焊缝的射线检测

射线检测法是利用射线在穿透物体过程中受到吸收和散射而衰减的特性，在感光材料上获得与材料内部结构和缺陷相对应的黑度不同的图像，从而检测出物体内部缺陷的种类、大小、分布状态并给予评价。因此，射线检测法适用于检出材料或构件的内部缺陷。射线检测法只对体积型缺陷比较灵敏，对平面状的二维缺陷不敏感。而焊缝中通常存在的气孔、夹渣、密集气孔、冷隔、未焊透、未熔合等缺陷往往是体积型的，即使是焊接裂纹也有一定的体积，可以用这种方法检测到缺陷。所以，射线检测法适用于焊缝检测。在射线检测时由于射线对人体有害，必须妥善防护。

管线环焊缝射线检测一般分为 X 射线检测和 γ 射线检测，前者用于壁厚在 26mm 以下的管线环焊缝检测，后者多用于大壁厚、架空或射线机难于架设的部位。由于环焊缝焊接缺陷一般以体积性缺陷为主，如夹渣、气孔、未焊透、未熔合、内凹等，因此利用射线穿过介质的能量衰减在胶片上记录缺陷是环焊缝无损检测的主要方法。

目前，管线环焊缝检测采用了先进的检测工艺（如智能内检测器），由于 X 射线检测的清晰度、灵敏度均高于 γ 射线检测，因此一般尽可能采用 X 射线检测。在制定 X 检测工艺时，通常是按管径、管线状态（直管或弯管、站场、阀室等）选择检测方式，对于管径大于 219mm 的管线直管段和曲率半径大于 10*D* 的弯管段，可采用 X 射线管道智能内检测器进行检测（γ 射线检测的智能内检测器可用于较小的管径）。这种检测方法具有效率高（比传统管外架机高 40 余倍）、裂纹检出率高（中心曝光）、辐射污染小（在管内曝光）等优点。因此，X 射线管道智能内检测器已成为管线对接环焊缝射线检测的主要手段。对于曲率半径小于 10*D* 的弯管和管径小于 219mm 的管线，X 射线检测仍然采取传统的管外架机方式进行检测。图 8-29 为美国 Envi2sion 公司生产的 EnvisionScan GW22TM 管道环焊缝自动扫描 X 射线实时成像系统，该设备采用目前最先进的 CMOS（Complementary Metal Oxide Semi-conductor）成像技术，用该设备完成<609mm（24in）管线连接焊缝的整周高精度扫描只需 1～2min，扫描宽度可达 75mm，该设备图像分辨率可达 80μm，超过一般的胶片成像系统。

图 8-29　管道焊缝自动扫描 X 射线实时成像系统

工业管道的射线检测比例和合格级别，各施工及验收规范的要求不尽相同。但其划分依据均为介质的特性或管道的级(类)别以及设计压力和设计温度。GB 50235 标准规定下列管道焊缝应进行 100%射线照相检验，其质量不小于Ⅱ级，即：①输送剧毒流体的管道；②输送设计压力≥10MPa 或设计压力≥4MPa 且设计温度≥400℃的可燃流体和有毒流体的管道；③输送设计压力≥10MPa 且设计温度≥400℃的非可燃流体和无毒流体的管道；④设计温度<29℃的低温管道；⑤设计文件要求进行 100%射线照相检验的其他管道。《输气管道工程设计规范》(GB 50251—2015)规定输气站内管道和跨越水域、公路铁路的管道焊缝，弯头与直管段焊缝以及未经试压的管道碰口焊缝，均应进行 100%的射线照相检验。《输油管道工程设计规范》(GB 50253—2014)规定对通过输油站场、居民区、工矿企业和穿越跨大中型水域、一二级公路、高速公路、铁路、隧道的管段环焊缝，以及所有的管道碰死口焊缝，应进行 100%的射线检测。GB 50251、GB 50253 和 GB 50235 标准中的射线检测合格等级，应符合《焊缝无损检测　射线检测　第一部分：X 和伽马射线的胶片技术》(GB/T 3323.1—2019)的规定，Ⅱ级为合格。

4. 环焊缝的超声检测

超声波检测法是一种应用十分广泛的无损检测方法，它既可检测材料或构件的表面缺陷，又可以检测内部缺陷，尤其是对裂纹、叠层和分层等平面状缺陷具有很强的检测能力。超声波检测法适用于钢铁、有色金属和非金属，也适用于铸件、锻件、轧制的各种型材和焊缝等。

小管径管道设计若无特殊要求时，施工过程通常采用手动数字化超声波检测仪进行检测。小管径工业管道焊缝的超声检测具有大 K 值、短前沿、一次波探测根部的特点，要求仪器有较窄的始脉冲，占宽<2.5mm，且有较高的分辨率；探头一般为 5MHz 大 K 值探头，晶片尺寸常为 6mm×6mm 或 8mm×8mm，前沿长度常为 4~6mm，可采用单晶或双晶线聚焦探头。扫查时利用一、三次波探测焊缝下部和根部，二次波探测焊缝上部，以缺陷水平位置结合回波幅度等特征进行综合判定。检测区域的宽度应是焊缝本身加上 7~9 倍壁厚，通常在 60mm 左右。

一般大管径(610mm 以上)、高钢级、全自动焊接或半自动焊接管线，通常采用全自动超声检测系统。全自动超声检测技术目前在国内外(如涩宁兰和西气东输管线)已被大量应用于长输管线的环焊缝检测，与传统手动超声检测和射线检测相比，其在检测速度、缺陷定量准确性、减少环境污染和降低作业强度等方面有着明显的优越性。全自动相控阵超声检测系统采用区域划分方法，将焊缝分成垂直方向上的若干个区，再由电子系统控制相控阵探头对其进行分区扫查，检测结果以双门带状图的形式显示，再辅以 TOFD(衍射时差法)和 B 扫描功能，对焊缝内部存在的缺陷进行快速分析和判断，大大提高了检测效率，降低了劳动强度，适合快速多机组施工现场。图 8-30 是加拿大 R/D Tech 公司开发的用于长输管线环焊缝检测的相控阵超声自动检测系统。

图 8-30　相控阵超声自动检测系统(PipeWIZARD)

GB 50235 和 HG 20225 标准规定，如用超声检测代替射线检测时须经建设单位同意，其检验数量应与射线检验相同。SH 3501 标准规定当设计规定采用超声波检测时，应按设计规定执行；当设计规定采用射线检测但由于条件限制需改用超声检测代替时，应征得设计单位同意。GB 50235 和 HG 20225 标准中的超声检测部分按 GB 11345—2013《焊缝无损检测　超声检测　技术检测等级和评定》进行，SH 3501 标准中的超声检测部分按 JB 4730 标准进行，DL 5007 标准中的超声检测部分按 DL/T 5048 标准进行。合格标准为：100%射线检测或射线检测要求Ⅱ级对应的超声检测应为Ⅰ级合格，局部射线检测或射线检测要求Ⅲ级对应的超声检测应为Ⅱ级合格。

5. 环焊缝的检测特点

由于射线检测和超声波检测对不同类型缺陷的敏感性不同，因此管道环焊缝通常将射线检测和超声波检测方法结合起来共同控制环焊缝焊接质量。夹渣、气孔、未焊透、未熔合、内凹等是焊接中最易出现的体积性缺陷，应以射线检测为主，超声波检测为辅，因为超声波检测对于裂纹、未焊透缺陷较为敏感。对于特殊工序，如补焊区域也可采取磁粉检测作补充。总之，应当综合应用无损检测方法，这样才能控制好焊接质量。

现行管线设计一般依据国家标准(如 GB 50251—2015、GB 50253—2014)和行业标准进行设计，对于管线穿跨越部分的环焊缝采用 100%射线加 100%超声波检测，其他部分的环焊缝检测则按比例进行，其比例按照管线所经过的环境条件、人口密集程度等因素划定不同级别，即按一、二、三、四级地区依次递增，这些地区的天然气管线射线检测比例规定为：5%、10%、15%和 20%(100%超声波检测后)；10%、15%、40%和 75%(不进行超声波检测)。实际上在目前天然气长输管线、城市管网建设中，环焊缝检测比例比上述规定严格得多。这主要表现在，首先干线管道建设单位在管线设计时就提出了比现有规范更高的检测比例，均采用了 100%射线检测外加 10%~30%超声波检测(如西气东输输气管线、涩宁兰输气管线、兰成渝成品油管线和靖西天然气管线)；其次城际间和城市天然气管网的检测也采取了更高的检测比例，射线和超声波检测都规定为 100%(如江苏张家港至无锡、浙江绍兴、西安市城市管网等)。这些检测比例与现行按地域划分检测比例的巨大差异，最终大大提高了管线的安全性，确保了管线施工质量的万无一失。据了解，现有国内大多数管线建设中对于环焊缝检测比例与目前国外管线建设时采取的惯例也是一致的。

8.5　内检测技术在陕京管道中的应用

8.5.1　检测目的及意义

管道检测的主要目的是预测管道上的异常点，减少事故的发生。国外从 20 世纪 60 年代起发展这项技术，至今已有三十多年的历史。随着科学技术的发展和各国对环境保护的不断重视，一些国家还专门制定法规，强制管道运营部门必须对现役管线进行定期检测。国外许多管理严格的管道管理公司，利用管道检测设备对管道进行“基线”检测，从管道刚一建成的管道施工资料到每次管道检测数据记录结果，形成了一套完整的管道技术状况档案。通过观察分析重点修整，不但可以节省由于盲目管道开挖大修造成的资金浪费，也有效地预防了事故的发生，提高管道完整性管理的水平。

陕京一线线路总长 910.5km，其中干线 847.7km，途经陕西、山西、河北、北京三省一市，经三条地震断裂带，穿跨越五条大型河流及中小型河流 230 条，于 1997 年 10 月建成投产。为了全面了解管道现状，预防由于腐蚀等原因造成的管道泄漏事故的发生，2002年陕京管道的管理者决定对陕京一线全面进行管道模拟检测器清管、腐蚀检测。通过对全线进行管道清管、腐蚀检测，为陕京管道提供了科学、准确的检测数据，建立健全了管线的基础档案资料，保证了管线安全。

8.5.2 内检测项目背景

陕京管道内检测项目于2001年9月正式启动，当时在国内天然气管道中首次开展管道内检测工作，为了管道完整性管理检测工作的顺利开展，还邀请了英国ADVANTICA公司为检测项目做技术服务咨询，对陕京管道的可检测性进行评估，ADVANTICA改进了管道检测公司的检测器并适合于天然气管道中应用，同时对陕京管道的可检测性和廊坊检测公司(CNPTC)的检测设备进行了评价，并和陕京一线管理者共同制定了检测标准。

8.5.3 检测内容及技术标准

1. 检测内容

陕京一线实施的内检测(ILI)包括以下内容和步骤：

(1) 常规清管器清管　对管线进行常规清管器清管，清除管内积砂、积炭物等其他杂物，减少沉积物对检测结果的影响。

(2) 通测径板　对管线进行测径，使用测径板，装在清管器上面，测径板的尺寸能反映检测器在管道内的通过能力，测径板是由铝板制成，厚度需适当。

(3) 模拟检测器清管　对管线投运模拟体清管器，模拟体的通过能力与检测器相同，为确保万一，发送检测器前应发送一至二次模拟体清管器，以便最终测定检测器是否可以安全通过整条管线而不发生卡堵事故，其发送流程与机械清管完全相同，发送时各种参数也相同。

(4) 管道腐蚀检测　对管线投运漏磁腐蚀检测器，检测管道内外腐蚀现状和准确位置，形成完整的检测记录供计算机分析处理。

(5) 管道腐蚀检测后的数据处理　通过现场处理和分析检测器记录的检测数据，现场每段提供2~3个开挖校验点，并选择适当点进行检测结果的现场开挖验证和数据标定，最后经详细分析后提交完整的检测报告。检测完成后，对检测数据进行分析处理，由于被检测管段较长，检测数据量较大，系统、详细的检测报告将在一个半月内提交给客户，并附带改造建议。

2. 技术指标及执行规范

1) 陕京一线使用检测器技术指标(见表8-12、表8-13)

表8-12　中等清晰度检测器技术指标

缺陷类型	检测的临界值	尺寸精度
大面积腐蚀($>3t\times3t$)	20%壁厚	±15%壁厚
坑、点蚀($>3t\times3t$)	40%壁厚	±15%壁厚
长度精度	30mm	±10mm
宽度精度	15mm	±13mm
绝对轴向定位精度	±0.1m	
环向定位精度	±15°	

表 8-13 高清晰度检测指标

缺陷类型	检测的临界值	尺寸精度
大面积腐蚀(>$3t \times 3t$)	10%壁厚	±10%壁厚
坑、点蚀(<$3t \times 3t$)	20%壁厚	±20%壁厚
长度精度	20mm	±10mm(<$3t \times 3t$)±20mm(>$3t \times 3t$)
宽度精度	15mm	±10mm

根据技术指标的要求，管道缺陷的中等清晰度检测准确率达到 80%以上，高清晰度检测准确率可信度达到 90%以上。

2）执行规范

（1）SY/T 6383　长输天然气管道清管作业规程

（2）SY 6186　石油天然气管道安全规程

（3）双方约定的检测方案

（4）陕京管道内检测技术标准

（5）Specifications and Requirement for intelligent pig inspection of pipeline　内检测技术指标标准

（6）NACE RP0102　管道内检测操作推荐标准

（7）漏磁内检测操作推荐标准

8.5.4 组织机构和职责

为了顺利完成此次检测任务，下设四个专业组：

（1）生产调度组(设在现场和调度室)　负责提前协调气量，保证检测所需气量、流量范围条件，监视上下游运行状况，传达清管器、检测器的准确发送时间和生产调度指令，协调站生产，掌握清管器、检测器和生产动态，及时协调指挥，做好记录，并负责检测期间的安全工作。

（2）技术组　负责设备、电气调试，指导跟踪设标，完成检测数据处理，提供数据结果，负责指导并进行开挖验证。

（3）跟踪组　负责检测器在管道运行期间的跟踪设标工作，掌握检测器运行的准确位置。携带电话机随时向现场总指挥组汇报情况，并提前检查各站间阀门，待球通过时详细观察压力变化，做好检测器通过跟踪记录。

（4）收发球组　负责流程切换，负责收发球筒天然气置换，负责常规清管器和测径板、模拟体及腐蚀检测器的发送、接收和维护工作。

8.5.5 管道应具备的条件

1. 管道干线具备的条件

（1）被检测管道直管段变形不得大于 13%D，弯头变形不得大于 10%D。

（2）沿线弯头的曲率半径不得小于 3D，且连续弯头间直管段不得小于 1200mm。

（3）沿线三通必须有挡条，且支线开孔直径不得大于干线管径，若为“网孔”式三通，其开孔长度不得大于 650mm。

（4）沿线阀门在检测器运行期间必须处于全开状态，且全开后的阀门孔径不得小于正常管道内径。

（5）运行管段如有斜接存在，则其角度不得大于 15 °。

2. 收发球筒的要求

（1）发球装置：发球筒的长度(盲板至大小头)不得小于 3m；截断阀出口应设有过球指

示器。发球筒前的场地应能满足检测器顶入操作的需要，以便设备顶入。

(2) 收球装置：收球筒的长度(盲板至大小头)不得小于3m；阀门至大小头不得小于3m，且在靠近大小头处应设有过球指示器。收球筒前的场地应能满足检测器取出操作的需要，且最好有手拉葫芦等牵拉装置(检测商准备)，便于检测器的取出操作。

(3) 收发球系统应备有完备的排污装置。

3. 管线的里程碑与标记

被测管线应“三桩”齐备，如不能满足要求，则在每隔2km处做明显相对永久的标记，这种标记对跟踪设标和腐蚀的准确定位以及检测后的开挖维修十分重要。

4. 输气量速度和输气量要求

检测器运行期间，对输气量进行控制，以保证检测器在管道中以1.5~2.5m/s的最佳速度运行，并保持稳定。

5. 现场要求

(1) 调试车间　面积不小于$50m^2$，应有水源、电源及良好的照明条件，车间内最好有起吊装置。

(2) 数据处理室　面积不小于$20m^2$，配有相应办公用桌椅，并具备AC 220V可靠接地电源。

8.5.6　管道检测作业流程

1. 施工流程

内检测施工流程如图8-31所示。

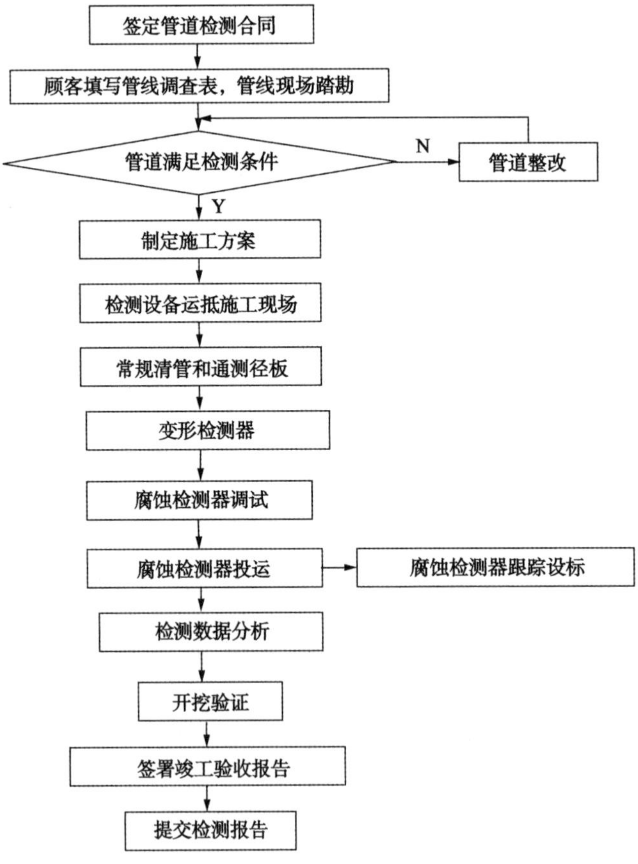

图8-31　内检测施工流程图

2. 腐蚀检测器发送和接收流程

腐蚀检测器发送和接收流程如图 8-32 和图 8-33 所示。

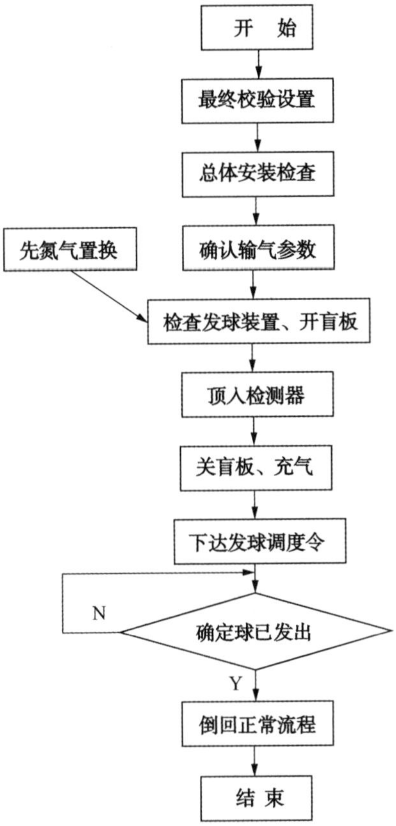

图 8-32 腐蚀检测器发送流程图

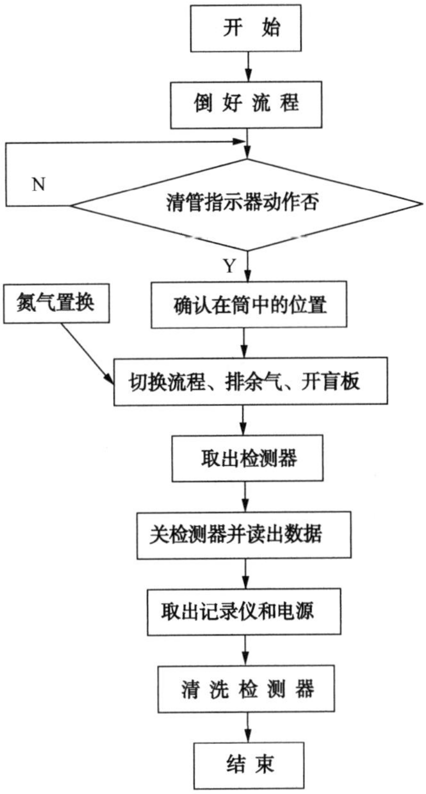

图 8-33 腐蚀检测器接收流程图

3. 其他要求

(1) 进出气量和站场压力要达到《检测方案》要求。

(2) 全线穿跨越、水工保护设施牢固可靠，管道无变形。

(3) 站场工艺设备操作灵活，密封性好，经测试完全达到备用状态。

(4) 检测器管段的 GOV 阀要设在手动全开位置，并取消自动截断功能，关闭引气阀。

(5) 站场仪器仪表能准确检测和显示数据。

(6) 排污池已注水，水位略低于排污入口管，排污管畅通无阻。

(7) 柴油发电机安放在站外约 50m 处，试运正常后备用。

(8) 各种通信手段数量满足要求，工作状态稳定可靠，包括公网、通讯电话、车载台和对讲机。

(9) 检测操作工用具、消防器材要准备齐全、完好，摆放整齐。

4. 腐蚀检测

1) 检测器的调试

检测器在运至现场前，需进行基地车间调试，以确保检测器及相关设备处于完好状态。

在检测器运抵施工现场后，仍需要用 2~3 天时间对其进行标准化调试，并在最后一次特殊清管完成后(或检测器发送前)将其安装、设定至发送就绪状态。

2）跟踪设标

检测期间跟踪设标的主要目的是为检测数据提供地面参考点，提高里程定位精度。在施工开始初期，跟踪人员需用专用巡线设备对所选择点的管道进行定位，测量埋深，用 GPS 手持机测定跟踪点坐标，做好记录，并在跟踪点上做好地面标记。跟踪设标点的间隔一般不大于 2km，在沿途较为复杂的地段还应在周围建筑物上留有路标指示，并在检测器投运前制定出详细的跟踪路线。

为了确保跟踪质量，该项工作最好在管道巡线工和相关技术人员的配合下进行。

3）发送和接收

检测器与清管器发送和接收流程基本相同，但由于其较重，故需要在收发球清管站配备吊车或机动叉车。

8.5.7 安全应急预案和措施

由于内检测是高危险操作，相当于一级动火管理，安全防范措施必须落实，根据现场情况，采取的安全措施如下：

（1）操作人员在操作设备时，要严格按照操作规程进行操作。

（2）排污时排污池周围 100m 内(顺风向 150m)要消除火源(包括 TEG)，并设立警戒线，人员与设备要远离排污池。

（3）收发球及排污时消防设备要做好一切准备，严防事故发生。

（4）检测作业时，非工作人员不得进入作业现场。

（5）采用湿式作业法收检测器，以防硫化铁存在而发生自燃现象。

（6）各小组人员要各司其职，忠于职守，不得越权指挥。

（7）作业人员不得穿化纤服装和带铁钉鞋，防止静电和鞋底火花造成的事故。

（8）安全人员有权制止任何人员违章操作。

（9）车辆启动、TEG 点火，必须确定周围无可燃气体存在后才可操作。

（10）操作人员负责测量现场可燃气体是否超标，如果超标应立即通知现场作业人员。

（11）严格执行管道输气生产的安全操作规程。

（12）设置专职安全监督员，检查各项安全措施的执行情况。

（13）建立健全的检测设备操作规程，严格按操作规程操作。

（14）加强操作管理，合理安排作息时间，对于连续工作超过 12h 的任务采用倒班制。

（15）由有关领导组织各相关岗位负责人，提前开会讨论方案。将每项责任落实到人。抓好各关键环节，确保整个检测工程安全顺利完成。

（16）在清管、检测期间，各站运行调度及操作人员随时注意压力变化，一有异常及时汇报处调度室，现场指挥决定采取措施及时处理。站内制定干部值班表，保证清管、检测运行期间，至少有一名干部在调度室值班。

（17）在发球站、收球站、观测点配备短波通讯对讲机，以便根据收球情况及时通报清管(检测)器运行情况。

（18）注意气量与压力的协调和控制检测速度。

（19）安排作业时间时，考虑其他生产或施工项目，并提前协调上下游有关单位。

（20）重视硫化铁粉末与轻烃问题。在收球工作中采取湿式收球，同时加强可燃气体监测工作，扩大安全距离，200m 范围内禁止所有火源，并准备足量消防水源。

（21）作业时必须小心发生卡球现象，及时处理，同时备用一定数量的清管器，在紧急情况下使用。

(22) 注意控制球速，收球筒要提前放置缓冲橡胶球，防止检测器和模拟检测器冲击收球筒快开盲板。

(23) 按照有关规程操作，注意安全并及时按要求对检测结果进行统计记录并上报。

8.5.8 球速和检测气量控制

1. 检测器运行球速和气量

按照检测器的运行速度要求，检测器运行期间的要求流量和最佳流量分别按下式计算：

$$Q=240\cdot F\cdot \overline{P}\cdot \bar{v}\cdot 3.6 \tag{8-5}$$

式中 Q——流量，km^3/d；

F——管道内径横截面积，m^2；

$\overline{P}$——平均工作压力，MPa；

$\bar{v}$——运行速度，m/s。

2. 陕京一线各段检测器流量、压力、速度

陕京一线660mm内检测项目在大用气量的情况下，为了本次内检测的安全运行，根据国内外检测操作中检测器速度的要求，以及石油天然气行业标准《长输天然气管道清管行业作业规程》，清管器和检测器的速度控制在5m/s以内，检测器必须采取泄流孔的改造措施，相应计算如下。

1）泄流孔参数计算

在天然气管道中运行的检测器上泄流孔可以假设成类似气体流经喷管的工况，由于气体流经泄流孔的时间极短，假设成定比热容的理想气体，而且流动过程是无摩擦绝热流动，其流速可以简化成如下公式：

$$V_{泄流速度}=\alpha\sqrt{\frac{2}{k-1}\left[1-\left\{\frac{P}{P_0}\right\}^{\frac{k-1}{k}}\right]} \tag{8-6}$$

式中 $\alpha=\sqrt{kRT}$，R 为天然气气体常数(480.6J/kg·K)，T 为天然气绝对温度(K)；

P——检测器前的压力，MPa；

P_0——检测器后的压力，MPa；

k——压缩系数，取1.4。

泄流量：

$$Q_{泄流量}=V_{泄流速度}\cdot A_{泄流面积} \tag{8-7}$$

泄流后的速度：

$$V_{泄流后的速度}=\frac{Q-Q_{泄流量}}{240\times 3.6\times \overline{FP}} \tag{8-8}$$

式中 $\overline{F}$——管内横截面积，m^2；

$\overline{P}$——操作压力，MPa；

Q——排量，m^3/d。

2)泄流速度控制方案

陕京管线内检测泄流孔理想状况下的设备运行速度计算见表8-14。

表 8-14　泄流孔与速度的关系

项目 / 时间	站场	流量/($10^4m^3/d$)	压力/bar	气体速度/(m/s)	泄流孔径/mm	全开泄流孔后检测器速度/(m/s)	50%泄流面积时的孔径/mm	打开50%泄流孔面积的检测器速度/(m/s)
第一阶段 2003年6月	榆林	670	61	3.52	90	2.934	63.6	3.312
	神木	670	55	3.95	90	3.407	63.6	3.771
	神木	670	54	4.02	111	3.037	78.5	3.623
	府谷	670	49	4.43	111	3.409	78.5	4.024
第二阶段 2003年7月	府谷	665	61	3.73	91	2.957	64.3	3.328
	神驰	665	53.3	4.27	91	3.409	64.3	3.801
	神驰	665	53.3	4.27	114	3.133	76.4	3.684
	应县	665	49.6	4.59	114	3.404	76.4	3.977
第三阶段 2003年8月	应县	700	59.7	3.78	134	2.815	80.6	4.083
	灵丘	700	50.9	4.44	134	3.406	80.6	3.920
	灵丘	700	50.8	4.4	124.5	2.898	94.8	3.763
	紫荆关	700	45	5.01	124.5	3.407	94.8	4.341
第四阶段 2003年9月	紫荆关	545	44	4.25	136.5	2.286	96.5	3.266
	石景山站	545	33	5.61	136.5	3.397	96.5	4.530
	琉璃河		29	2.81	不需开孔泄流			
	永清		28	2.90				

8.5.9　内检测成果

陕京一线靖边-永清总长 910.5km，共检测出金属损失缺陷共计 6540 个，其中，0%~25%壁厚的缺陷为 6435 个，25%~50%壁厚的缺陷为 100 个，50%壁厚以上的缺陷 5 处。这些金属损失缺陷包括制管、防腐、运输和敷设过程中产生的机械损伤缺陷，以及管材本身存在的内部缺陷(夹层、材质不均匀等)。同时给出了全部对接环焊口的位置和信息，给出了全部螺旋焊缝的位置信息，给出了全线三通、阀门、弯头(冷弯、热弯)、测试桩焊点、全线管道壁厚变化连接点(穿越、跨越点)、收发球筒等的详细信息。

壁厚大于 25%以上的金属损失表现图采用柱状图的形式，以 5km 为间隔描述靖边至榆林段的缺陷沿里程的分布情况(见图 8-34)。

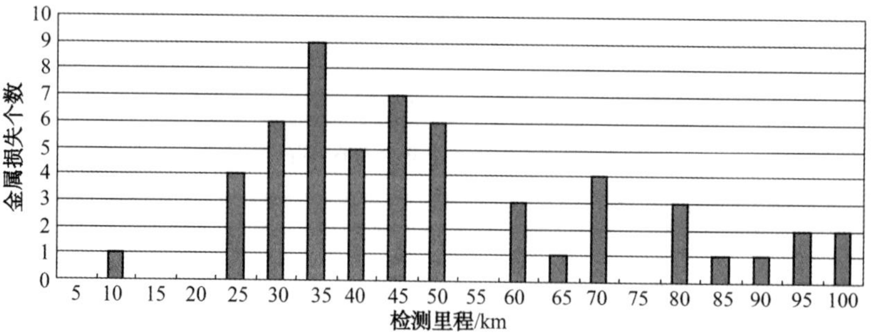

图 8-34　壁厚损失为管道设计壁厚 25%以上的金属损失分布直方图

从图 8-34 中可以清楚地看出，自靖边起 25~50km 区域内，大于壁厚 25%的缺陷较多，距靖边 0~25km 区域内缺陷损失较少。

8.5.10 开挖验证及补强

1. 开挖验证

按照内检测项目组的要求，提出开挖验证点的初步意见，根据实际情况在全线选择了 25 个开挖点进行开挖验证。开挖验证严格按照行业标准《钢制管道内检测技术规范》执行，开挖验证结果对比见表 8-15、表 8-16。

表 8-15 检测结果对比表

检测结果										
序号	特征名称	绝对距离/m	距最近参考点的距离/m	距上游环焊缝距离/m	距下游环焊缝距离/m	深度/%壁厚	长度/m	宽度/m	环向位置	金属损失类型
1	ML332	41848.912	AGM 24 下游 64.559	8.117	1.614	48.00	0.039	0.043	9：00	外部
2	WA	45013.492	AGM 26 上游 562.06	—	—	—	—	—	12：00	—
3	ML377	45014.137	AGM 26 上游 561.569	3.415	8.3	47.17	0.039	0.017	1：00	外部
4	ML378	45014.378	AGM 26 上游 561.328	3.656	9.059	23.96	0.067	0.022	12：30	外部
5	ML379	45014.494	AGM 26 上游 561.212	3.772	7.943	45.00	0.043	0.045	1：00	外部
6	ML380	45014.59	AGM 26 上游 561.116	3.868	7.847	27.13	0.079	0.025	12：30	外部
7	ML381	45014.831	AGM 26 上游 560.875	4.109	7.606	10.13	0.034	0.042	12：30	外部
8	WA	45015.356	AGM 26 上游 560.35	—	—	—	—	—	12：00	—
9	ML657	75912.605	AGM 39 下游 317.688	6.908	4.403	54.61	0.034	0.058	1：00	外部
10	ML＊39	69896.306	AGM 37 上游 806.326	8.705	3.112	42.7	7.746		5：30~7：00	外部
实测结果										
序号	特征名称	缺陷类型	正常壁厚/mm	距上游环焊缝距离/m	距下游环焊缝距离/m	深度/%壁厚	长度/m	宽度/m	环向位置	金属损失类型
1	ML332	防腐前发生的腐蚀	7.05	8.117	1.614	25.2	0.035	0.055	9：00	外部
2	WA	焊缝上的机械刮伤	7.14	—	—	—	—	—	12：00	—
3	ML377	机械刮伤	7.14	3.415	8.3	33.75	0.037	0.021	1：00	外部

实测结果

序号	特征名称	缺陷类型	正常壁厚/mm	距上游环焊缝距离/m	距下游环焊缝距离/m	深度/%壁厚	长度/m	宽度/m	环向位置	金属损失类型
4	ML378	机械刮伤	7. 14	3. 656	9. 059	21. 3	0. 065	0. 04	12：30	外部
5	ML379	机械刮伤	7. 14	3. 772	7. 943	44. 41	0. 034	0. 050	1：00	外部
6	ML380	机械刮伤	7. 14	3. 868	7. 847	21. 3	0. 35	0. 032	12：30	外部
7	ML381	机械刮伤	7. 14	4. 109	7. 606	14. 2	0. 033	0. 040	12：30	外部
8	WA	焊缝上的机械刮伤	7. 14	—	—	—	—	—	12：00	—
9	ML657	机械刮伤	—	6. 908	4. 403	—	—	—	1：00	外部
10	ML＊39	管材问题	7. 1	8. 705	3. 112	—	—	—	5：30~7：00	夹层

误差分析

序号	特征名称	里程定位误差	环向定位误差	深度误差/%	长度误差/m
1	ML332	0	0	22. 8	0. 004
2	WA	0	0	—	—
3	ML377	0	0	13. 42	0. 002
4	ML378	0	0	2. 66	0. 002
5	ML379	0	0	0. 59	0. 009
6	ML380	0	0	5. 83	0. 044
7	ML381	0	0	4. 07	0. 001
8	WA	0	0	—	—
9	ML657	0	0	—	—
10	ML＊39	0	0	—	—

表 8-16　检测结果对比表

序号	特征名称	绝对距离/m	距最近参考点的距离/m	距上游环焊缝距离/m	距下游环焊缝距离/m	深度/%壁厚	长度/m	宽度/m	环向位置	金属损失类型
1	府谷-神池 3#	57281. 78	AGM31 上游 551	0. 36	11. 27	55	0. 034	0. 016	7：00	内部
2	榆林-神木 1#	355. 71	AGM1 下游 331. 29	8. 71	2. 61	46. 39	0. 034	0. 0194	2：30	外部
3	神木-府谷 2#	15088. 59	AGM9 下游 362. 27	5. 01	5. 85	33. 36	0. 048	0. 015	1：30	外部
4	应县-灵丘 2#	17777. 44	AGM10 上游 77. 42	6. 98	4. 08	26	0. 05	0. 015	8：20	外部
5	琉璃河-永清	58722. 60	AGM53 下游 58. 32	11. 52	0. 31	29	0. 029	0. 015	4：10	外部
6	紫荆关-石景山	48157. 11	AGM25 上游 227. 58	11. 39	0. 35	22. 3	0. 028	0. 016	4：30	外部
序号	特征名称	缺陷类型	正常壁厚/mm	距上游环焊缝距离/m	距下游环焊缝距离/m	深度/%壁厚	长度/m	宽度/m	环向位置	金属损失类型
1	府谷-神池 3#	制管前缺陷	7. 3	0. 36	—	52	—	—	7：00	内部
2	榆林-神木 1#	机械刮伤	7. 14	—	2. 61	46. 2	0. 034	0. 019	2：30	外部

续表

序号	特征名称	缺陷类型	正常壁厚/mm	距上游环焊缝距离/m	距下游环焊缝距离/m	深度/%壁厚	长度/m	宽度/m	环向位置	金属损失类型
3	神木-府谷 2#	机械刮伤	7.14	5.01	—	29.4	0.035	0.025	1：30	外部
4	应县-灵丘 2#	制管缺陷	7.14	—	4.08	21	0.047	0.025	8：20	外部
5	琉璃河-永清	机械刮伤	7.14	—	0.31	15.4	0.02	0.006	4：10	外部
6	紫荆关-石景山	机械刮伤	7.14	—	0.35	16.8	0.016	0.07	4：30	外部

序号	特征名称	里程定位误差	环向定位误差	深度误差/%	长度误差/m
1	府谷-神池 3#	0	0	2.9	—
2	榆林-神木 1#	0	0	0.19	0
3	神木-府谷 2#	0	0	3.96	0.013
4	应县-灵丘 2#	0	0	5	0.003
5	琉璃河-永清	0	0	13.6	0.009
6	紫荆关-石景山	0	0	5.5	0.012

检测的全线开挖结果与管道实际情况相符，其中对管道缺陷的里程定位精度、环向定位精度、深度测量精度、长度测量精度、宽度测量精度作了严格的要求，开挖缺陷的精度指标可信度达到了90%。图8-35～图8-41为开挖后的部分典型照片、内检测信息记录和验证报告，无疑，这些实际缺陷的照片为管道维护提供了第一手数据资料。

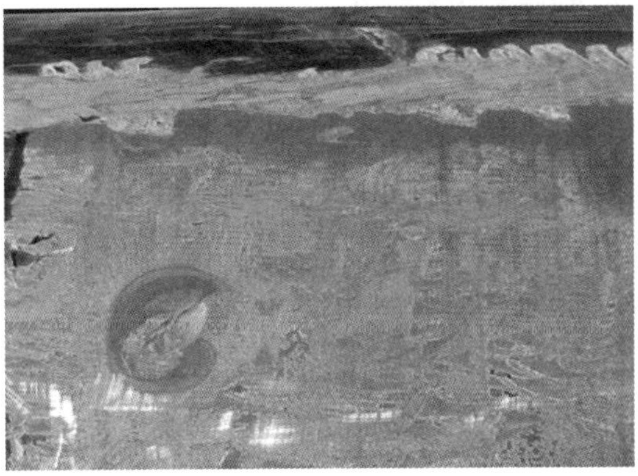

图8-35　施工机械损伤

图8-36　外防腐层机械损伤

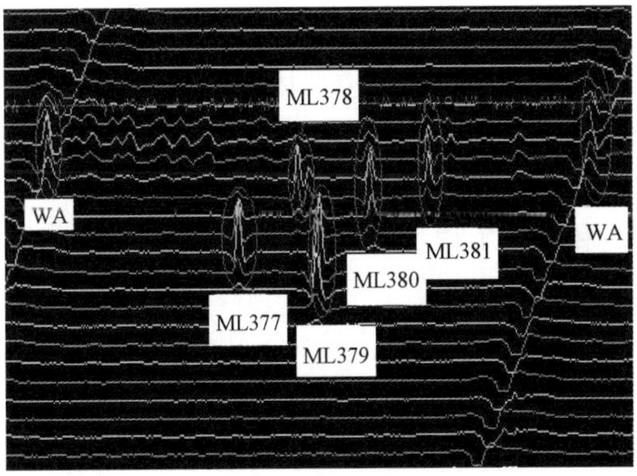

图8-37　金属损失信号ML377和ML379

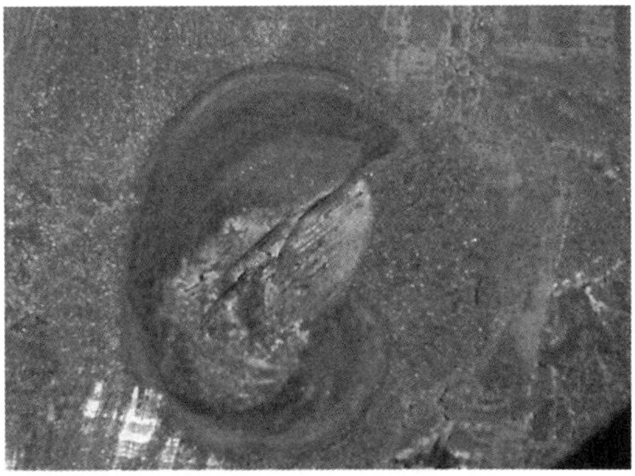

图8-38　外力机械损伤

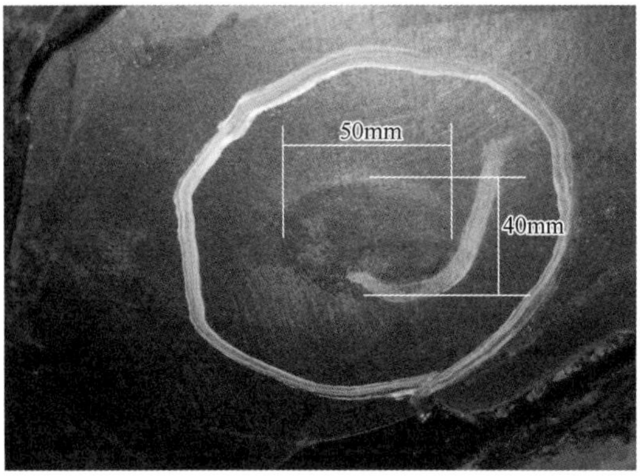

图 8-39　缺陷点材料表面凸起变形

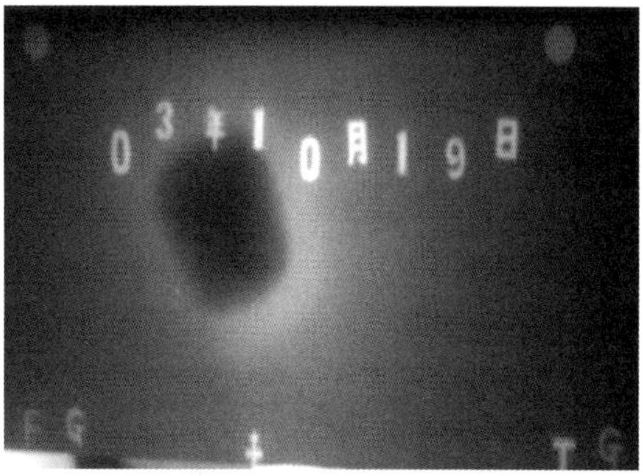

图 8-40　　缺陷点 X 射线探伤

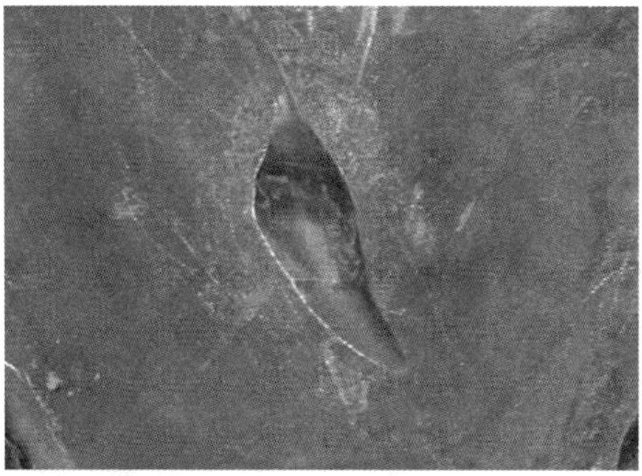

图 8-41　机械损伤

8.6　管体应变监测技术

8.6.1　资料收集

对管道沉降高风险区进行深入调研，研究地质变化情况，掌握沉降发生的特点，分析沉降类型及发生频率，制定合理的监测方式及监测频率，设置合理的预警机制，采用成熟的数据传输技术，与网络系统紧密结合，通过网络做到实时网上监控，做到沉降风险的实时预警。包括监测管道沉降情况下管道的应力应变情况，明确是否对管道造成损伤；开发监测软件系统，数据上传到总部，在总部开展数据分析工作；现场安装监测系统。在选择管体应变监测时收集的相关资料，至少包括：

（1）管道竣工图、施工记录、自然与地质环境和人类工程活动情况等；

（2）管道沉降区分布情况；

（3）管道沉降区土体性质；

（4）管道材料性质；

（5）管道投产运行以来的事故、事件情况。

8.6.2 工作流程

选择高风险点进行监测，对各个监测区域的管道沉降以及曾经发生过的管道沉降进行调研，根据调研结果制订监测方案，包括探头的种类、数量、分布，监测频率、数据传输方式和电源充电方式等，然后进行现场传感器安装调试、网络软件安装、参数合理设置、保护方案制订。

8.6.3 安装要点

（1）工作环境适合野外长期工作，适应当地温度、湿度的要求，系统设计满足防水要求。

（2）系统供电采用太阳能和蓄电池联合供电，供电系统满足野外无直接电源供电的要求。

（3）局域网传输，软件系统的架构采用浏览器/服务器（BS）结构方式。

（4）安装时不在管子上直接焊接，土建符合安装要求，主机要求埋地。

（5）采取无人值守，派人定期巡护。

（6）数据可远传至公司服务器，实现数据远程集中管理和分析，采用GPRS或CDMA数据传输。

（7）实现实时监测参数、定位、统计分析功能。

（8）建立自动调整的报警机制，可实现自动报警。出现异常变化，可在系统界面显示报警信息，并将报警信息发至工作人员。

8.6.4 技术指标

（1）监测精度：管道应变监测精度达到微米级，变形监测范围压力变化范围为0~10kgf。

（2）探头设计寿命为3~5年，主机设计寿命为6年，供电系统设计寿命为2年，蓄电池更换周期为1年。

（3）下位机工作温度范围：−25~40℃。

（4）应变计测量范围：拉应变为1000$\mu\varepsilon$，压应变为1500$\mu\varepsilon$，属于微应变范围。

（5）孔隙水压计测量范围：0~200kPa。

（6）土压计测量范围：0~200kPa。

（7）测斜仪测量范围：−30°~30°。

8.6.5 现场安装

（1）安装前确认　在施工以前应加工好测斜仪不锈钢延长杆，长度为0.5m，直径与测斜仪基本相同，一端带有与测斜仪匹配的外螺纹；按设计要求，加工好不锈钢支架和护罩，确保支架与护罩之间能较好地匹配；将三块太阳能电池板及DTU天线放到支架上；准备探头，各个探头的连接线长度应以管道埋深+2m为宜。

（2）开挖作业　开挖深度为管道底部以下0.5m；坑底面积为沿管道长度方向2m，垂直于管道方向3m；其他包括排水措施与开挖规程等。

（3）应变计布局　每个监测点安装三个应变计，应变计沿管道周向120°均布或90°分布，见图8-42，其中应变1位于管道的正上方，管道内气体流向为从纸面内向纸面外。

（4）防腐层剥离　每个应变计的两端均要通过连接片粘贴在管道上，在已经选定应变计的位置按连接片的大小和间距分别去掉两片防腐层，露出管道本体，如图8-43所示，去掉管道表面的环氧粉末以增加黏结力。不应去掉两片连接片之间的防腐层。

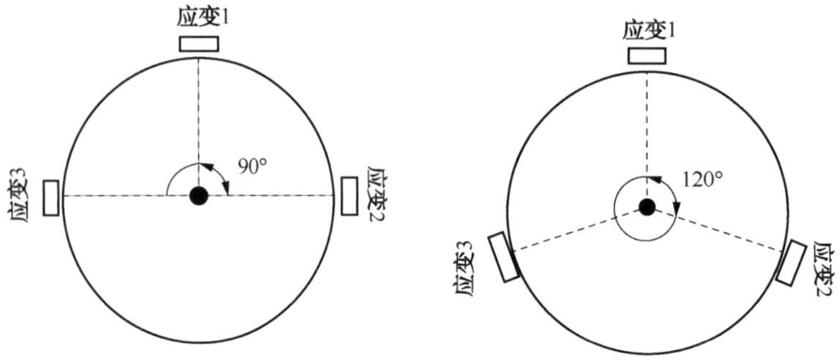

图 8-42　应变计分布图

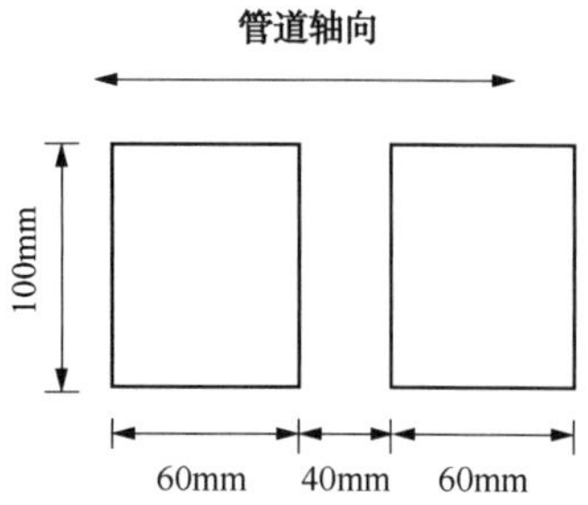

图 8-43　防腐层剥离示意图

(5) 粘贴连接片　用固定棒将两个应变片定位，中心间距为 10cm。在连接片表面均匀涂抹双组分 AB 胶并混合均匀，数分钟后将连接片固定在裸露的管体上，并用手按压 20min，待黏结胶基本固化以后再松手。胶不宜涂抹太多，厚度以 1～2mm 为宜，两个连接片之间不应有胶粘连。

(6) 应变计固定　待黏结胶完全固化后，松开紧固螺栓，取出固定棒，将应变计放入支架中，旋紧紧固螺栓。应保持三个应变计的安装方向相同。

(7) 恢复剥离层　在应变计外部安装玻璃钢防护罩，外面用补伤片保护。补伤片的大小宜完全盖住玻璃钢罩并且四周均留有 100mm 余量。安装补伤片时，不要损坏(伤)导线。

(8) 电火花检漏　在应变计安装完毕后，回填部分土壤并压实，直至土壤与管道中心线平齐为止。将事先加工好的测斜仪延长杆带螺纹段朝上，竖直插入土壤中，深度约为 0.5m，位置距管道 2m 以内。将测斜仪与延长杆旋紧，并保持测斜仪的导轮方向与管道平行(正向位于上游)。

(9) 土压计、孔隙水压计安装　在土壤与管道中心线平齐时，将土压计水平放在距管道 0.5m 以内的土壤上。将事先准备好的细沙均匀撒在土压计附近 30cm×30cm 见方的土壤上，细沙厚度不小于 5cm，将孔隙水压计放在细沙上，上面再撒上细沙，细沙厚度不小于 5cm。

(10) 土壤回填　将土壤回填并压实，回填土壤的过程中应始终保持测斜仪竖直。

(11) 采集仪测试与埋设　将已经埋设的各个探头的导线、DTU 天线以及太阳能充电连接线分别接到采集仪相应的接口上，对采集系统进行初步调试，确保各个探头有效工作，整个系统运行正常。将接口和防水盒密封，埋入管道正上方地面以下 30cm 处。

(12) 太阳能供电系统的埋设　在防水盒的上方埋入外形与管道加密桩相同的太阳能供电系统，露在地面以上部分 70cm，并使太阳能电池板朝向正南方，将土壤压实。在护罩外部喷上与附近管道加密桩相同的警示语句。

8.6.6　系统调试与维护管理

(1) 在服务器上安装上位机软件，并进行软件测试。系统硬件与上位机联调至无数据输入输出错误。

(2) 运营单位应制定管体应变监测系统相关设备的维护规程，负责系统日常运行管理。

(3) 运营单位应定期检查应变计、土压计和孔隙水压计等安全情况，检查工作情况应列入站场巡检内容，并有相关记录。

8.6.7 报警响应

(1) 数据超限　当报警联系人收到数据超限报警信息时应及时关注监测点处管道的状态，判断管道是否受到了管道沉降威胁。

(2) 电池电量不足　当报警联系人收到电池电量不足报警信息时应及时对该监测点的电池进行充电或更换电池。

(3) 超过规定时间未采集　当报警联系人收到超过规定时间未采集报警信息时应及时检查监测系统硬件是否受到了外界的破坏，当地手机(本机使用的网络)信号是否正常，并将检查结果通知监测系统维护技术人员，技术人员根据情况判断系统故障来源，并及时进行修复。

8.6.8 管道应变监测的应用

1. 概况

为了监测某煤制气管道1、2、4号阀室的地基沉降对管道应变产生的影响。在1、2、4号阀室旁通管线根部共安装应变监测设备6套。2014年7月5日至7月8日对各个阀室的测点的传感器进行了安装。2014年7月21日至7月22日安装了各个测点的采集仪。图8-44~图8-46是各个测点在阀室的位置，测点名称分别为1号阀室1、1号阀室2、2号阀室1、2号阀室2、4号阀室1和4号阀室2。

图8-44　1号阀室测点示意图

图8-45　2号阀室测点示意图

图8-46　4号阀室测点示意图

2. 各测点数据

各测点数据见表 8-17。

表 8-17 测点应变数据

阀室名称	测点名称	应变计名称	安装日期	初始值 f_0	最终值 f	应变变化量
1 号阀室	1 号阀室 1	应变 1	2014. 7. 21	2397	2419	45. 43
		应变 2		2411	2404	-14. 34
		应变 3		2444	2451	14. 56
1 号阀室	1 号阀室 2	应变 1	2014. 7. 21	2381	2391	20. 27
		应变 2		2361	2359	-4. 13
		应变 3		2339	2323	-32. 77
2 号阀室	2 号阀室 1	应变 1	2014. 7. 22	2312	2407	203. 64
		应变 2		2414	2420	8. 69
		应变 3		2365	2351	-29. 2
2 号阀室	2 号阀室 2	应变 1	2014. 7. 22	2370	2370	0
		应变 2		2370	2345	-55. 25
		应变 3		2314	2285	-58. 42
4 号阀室	4 号阀室 1	应变 1	2014. 7. 21	2369	2473	213. 41
		应变 2		2399	2384	-30. 24
		应变 3		2403	2406	8. 35
4 号阀室	4 号阀室 2	应变 1	2014. 7. 22	2183	2154	-53. 55
		应变 2		2388	2466	161. 67
		应变 3		2448	2424	-47. 48

3. 各测点应变监测分析

1 号阀室 1 测点和 2 测点从安装到 2014 年 8 月 10 日 20 时 35 分为止，应变变化比较小，其中 1 测点应变 1 为 45με，其余应变计采集到的数值变化范围都小于 40με，监测期内阀室沉降对管道应变的影响不明显(见图 8-47)。

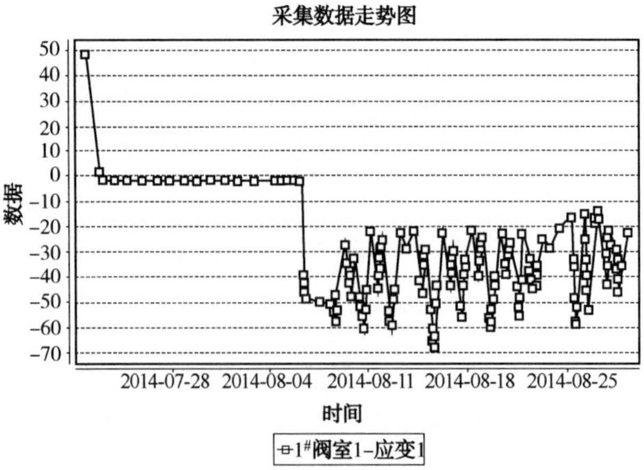

图 8-47 1 号阀室测点数据

2 号阀室 2 测点应变变化为 58$\mu\varepsilon$，沉降影响不明显。1 测点应变变化大，尤其是应变 1 从安装到 2014 年 8 月 10 日应变变化超过 200$\mu\varepsilon$，进一步观察 8 月 7 日到 8 月 10 日的数据，发现应变变化不大，前期的大变化有可能是由安装初期埋土回填等引起的(见图 8-48)。

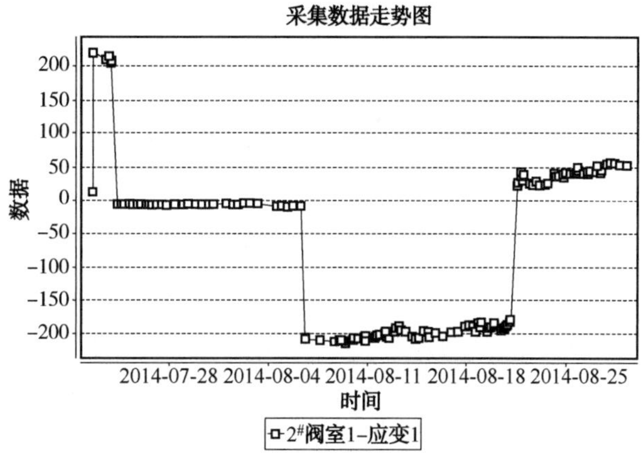

图 8-48　2 号阀室测点数据

4 号阀室 1 测点应变变化大，应变 1 从安装到 2014 年 8 月 8 日应变变化接近 215$\mu\varepsilon$，2 测点的应变 2 也有约 162$\mu\varepsilon$ 的变化，进一步观察 8 月 20 日到 8 月 28 日的数据，发现 2 测点的应变 2 变化较大(见图 8-49 和图 8-50)。

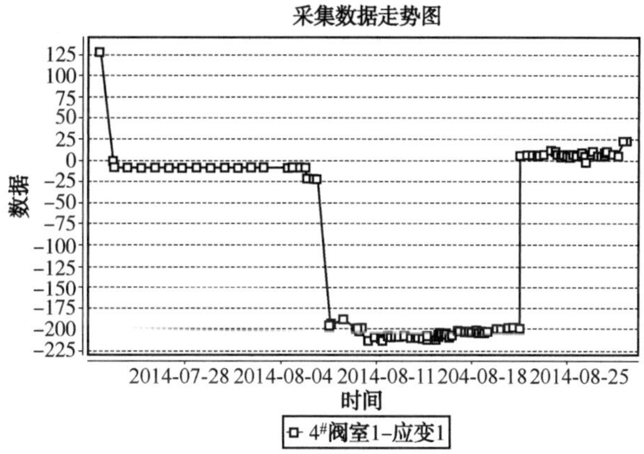

图 8-49　4 号阀室测点数据(应变 1)

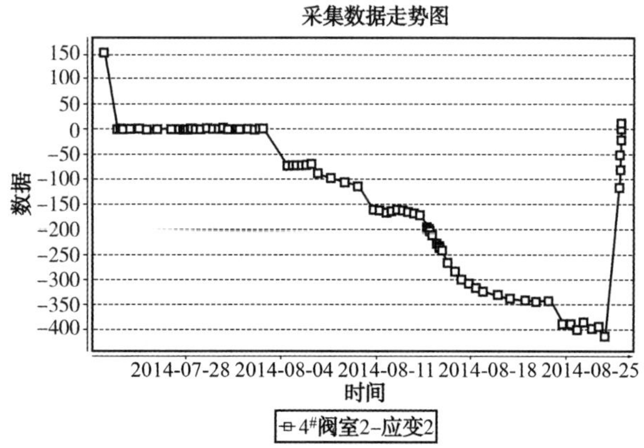

图 8-50　4 号阀室测点数据(应变 2)

4. 建议

煤制气管道 1、2、4 号阀室经评价后，发现沉降造成的附加应变均在可控范围内，按照工艺设计和运行程序，目前可恢复自动截断功能，同时恢复运行，要不断加强阀室内部工艺管线观察与巡护，特别是沉降位移较大部位。

8.7 管道内部内腐蚀监测技术

8.7.1 监测技术的国内外现状及发展趋势

随着腐蚀监测技术的发展，先后出现了监测孔法、挂片法、电阻法、电法学法、线性极化探针、电磁感应法等多种腐蚀监测方法，不同的监测技术各有其优缺点和适用范围。

挂片失重法是常规的腐蚀监测方法，它采用把试样放入腐蚀系统中，通过暴露一段时间后，测量试样重量的变化来求得平均腐蚀速率。这种方法可以求得比较准确的平均腐蚀速率，试样取出后还可观察试样表面形貌，分析表面腐蚀产物，从而确定腐蚀的类型，这对于分析是否会发生局部腐蚀非常重要。但这种方法无法反映腐蚀环境的参数变化对腐蚀速率的影响，而且试样一旦取出，就不能再次使用，因此无法连续监测。此外，该方法对于腐蚀较轻微的环境，需要很长时间才能取得实用的腐蚀速率数据。

电阻探针是一种间接监测设备腐蚀的有效方法，其原理是根据金属试件因腐蚀的作用而使其横截面面积减小，从而导致试件电阻增大的特点，通过测量试件在腐蚀过程中电阻的变化来计算出试件的腐蚀量和腐蚀速率。利用该原理已经研制出较多的电阻探针用于监测管道的腐蚀情况，是研究管道腐蚀的一种有效工具。运用该方法可以在管道运行中对管道的腐蚀状况进行连续在线监测，能准确地反映出管道运行的腐蚀率及其变化，且能适用于各种不同的介质，不受介质导电率的影响，监测周期可短至几小时或几天。与失重法相比，该方法具有精确、简单的优点，可以实现在线监测；但受环境温度影响较大，需采取温度补偿元件，以提高监测的准确性；对低腐蚀速率的情况，由于腐蚀信号较弱，干扰大，需对腐蚀信号放大，并对干扰信号进行滤波。

线性极化电阻法是根据腐蚀过程的电化学原理对现场设施的腐蚀进行监测的一种手段，采用与设施材料相同的材料制成试件，在现场的腐蚀环境-电解质溶液中进行线性极化，获得腐蚀电流，然后按法拉第定律求得腐蚀速率。该方法的优点是可瞬时完成腐蚀速率的测量，分辨率较高，对腐蚀环境可以进行连续监控；其缺点是所得的腐蚀速率往往比实际的腐蚀速率高 5~10 倍，不能反映腐蚀的形态，不能用于输气管道。

电感探针是通过测量置于金属/合金敏感元件周围的线圈由于敏感元件腐蚀而引起的阻抗变化来测定腐蚀速率。由于具有很高的导磁性，敏感元件极大地强化了线圈周围的磁场强度，反过来又显著地增大了线圈的感抗。与具有类似形状的电阻传感器的电阻值 260μΩ 相比，电感阻抗的数值可达到 1~5Ω。若采用与电阻探针法相类似的测量准确度(±2/3μΩ)来衡量，则电感探针的响应时间可由几天缩短至几十分钟甚至十几分钟，分辨率可提高 100~2500 倍。因此，电感抗法是把线性极化方法的快速响应和电阻探针方法的广泛适用的优点结合起来，克服了它们各自的不足之处，使得在任何腐蚀性环境下快速准确地测量腐蚀速率成为可能。

由于温度对钢铁材料导磁性的影响要比对电阻率的影响小几个数量级，因而温度对分辨率和响应时间的影响很小。只要采用与电阻探针相同的温度补偿方法，就几乎可以全部消除温度所引起的附加的影响。

电化学阻抗法不但可以求得极化阻抗 R、微分电容 C_d 等重要参数，而且可以研究电极表面吸附、扩散等过程的影响。电化学阻抗技术在实验室已是一个较完善、有效的测试方法。但在现场测试需采用一些先进的仪器设备，应用十分有限。

在酸性环境中，腐蚀的产生往往伴随有原子氢，当阴极反应是析氢反应的时候，可以用这个现象来测量腐蚀速度。氢监测所测量的是生成氢的渗入倾向，从而表明结构材料的危险趋势。氢探针是一种中心钻有一小而深孔的金属棒，当它插入到腐蚀环境中后，氢原子渗过金属棒在孔内聚集，结合成氢分子，通过测量孔内氢压的变化情况可以监测腐蚀速率及材料对氢脆的敏感性，主要是用于含硫化氢的环境。

除了上述几种方法外，目前发展较快的方法主要还有电化学噪音法、电化学发射谱法、光纤腐蚀监测法等。

8.7.2 腐蚀监测技术方案

随着信息技术及工业现场总线技术的发展和广泛应用，越来越多的腐蚀监测仪器由便携工作模式向在线工作模式转变，内腐蚀监测仪器由单一的便携式工作模式向多点的、在线的工作模式转变。

腐蚀监测仪器的智能化发展很快，出现了许多以微处理器为核心的商品化的腐蚀监测系统，智能化是微处理器与仪器一体化的实现，它不仅能测试、输出监测信号，还可以对监测进行存储、提取、加工、处理，满足动态的、快速的、多参数的各种测量和数据处理的需要，智能化仪器已经成为腐蚀监测仪器发展的一个主要趋势。

具有多功能的腐蚀监测仪器不但在性能上比单一功能仪器高，而且由于各种方法相互补充，使数据解释更为准确，设计一个合适的探针就可以进行各种不同类型的测试，如电化学阻抗测试、感抗探针测试等，因为这些测试之间的差别仅仅在于输入信号和分析方法不同，而这种差别是可以通过软件的设计来实现的。

随着数据库、网络技术的发展，实时在线的智能化监测仪能随时将现场数据传送到监控室，建立数据库，实现网络化管理及腐蚀监测数据的信息共享。

本节主要是利用管道内腐蚀监测电磁感应技术，采用 Microcor 插入式探头开展管道内腐蚀监测数据的采集，提出管道内部腐蚀的金属损失腐蚀量。

1. 遵循的主要标准、规范

（1）ISO 15156　石油天然气生产中含 H_2S 环境使用的材料　第二部分：碳钢和低合金钢

（2）SY 0007　钢制管道及储罐腐蚀控制工程设计规范

（3）SY/T 0078　钢制管道内腐蚀控制标准

（4）SY/T 0059　控制钢制设备焊缝硬度防止硫化物应力开裂技术规范

（5）NACE MR0175　对油田设备抗硫化物应力腐蚀开裂的金属材料要求

（6）ASTM G96　装置设备中的在线腐蚀监测（电阻和电化学方法）指导

（7）NACE RP0775　油气田中腐蚀挂片的准备和安装以及数据解释

（8）IEC 60079　爆炸性气体环境用电气设备

（9）EN 50014　爆炸环境用电气设备通用要求

2. 内腐蚀监测系统的组成

（1）监测设备主要构成　Microcor 系统的主要设备构成和安装位置见图 8-51～图 8-54。

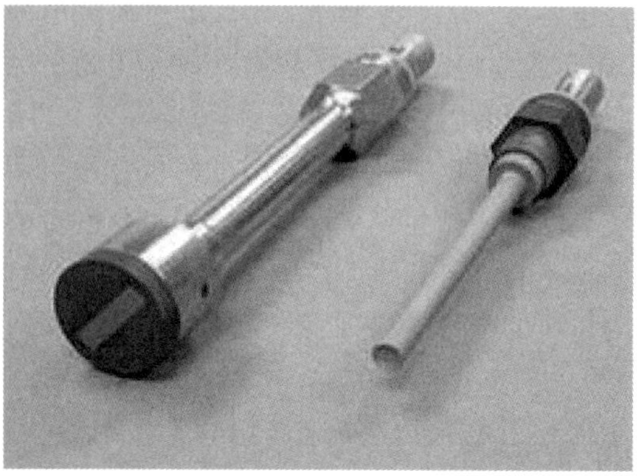

图 8-51　M15 型可替换探头

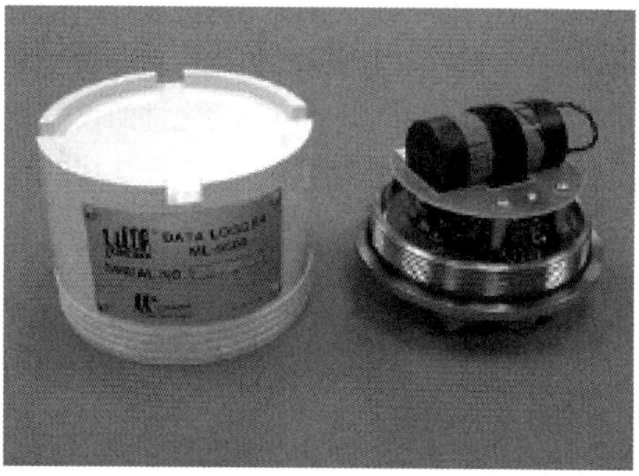

图 8-52　ML-9500A 型数据记录器

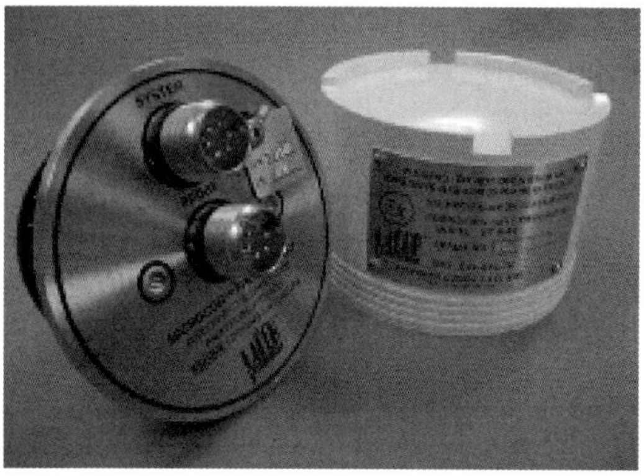

图 8-53　MT-9485 型变送器

图 8-54　Microcor 系统现场安装位置

（2）监测位置　全线共设 11 个监测站场，分别为陕京一线的靖边压气站、榆林压气站、应县压气站、永清分输站、石景山站，陕京二线的榆林、阳曲、石家庄、永清站和石景山站及大张坨储气库。

（3）内腐蚀监测系统的状态　内腐蚀监测系统分腐蚀和磨蚀两种，陕京一线的永清分输站、石景山站和陕京二线榆林站各安装 2 套监测系统（腐蚀和磨蚀），其余站场各装 1 套腐蚀监测系统。目前，这些设备现场运行状况良好。

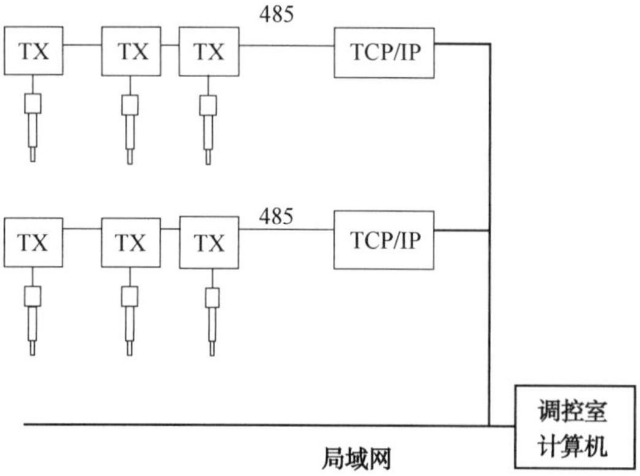

图 8-55　在线监测系统结构图

3. 腐蚀在线监测系统

根据实现腐蚀速率的实时在线监测需要，结合陕京管道系统已建成完整的企业内部局域网，因此选定 Microcor 网络式腐蚀在线监测系统（见图 8-55 和图 8-56）。通过该系统，相关腐蚀管理人员可通过企业局域网实时查看各个监测点的腐蚀变化情况。

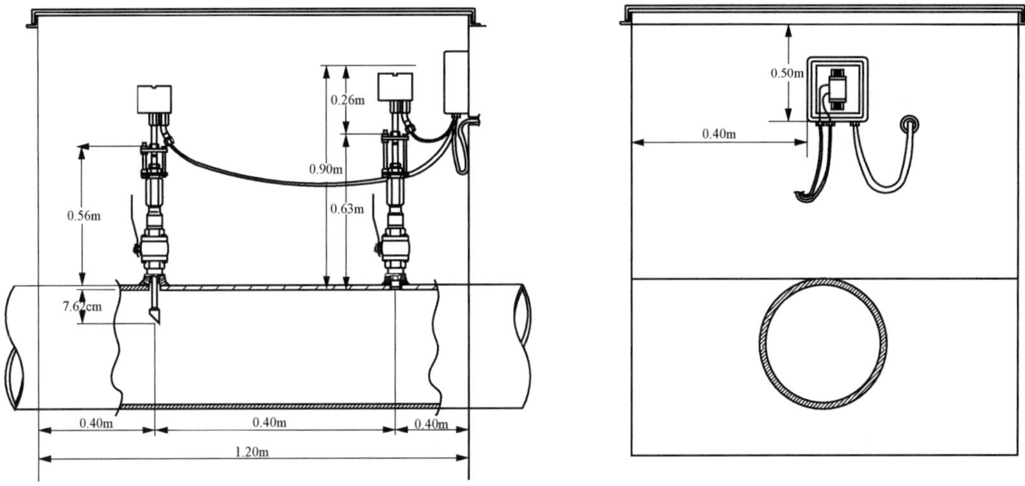

图 8-56　安装示意图(腐蚀、磨蚀探针监测点)

8.7.3　内腐蚀监测设备概况

内腐蚀监测系统均使用快速高分辨率磁感应腐蚀监测系统(以下简称 Microcor 系统)对管线内腐蚀进行在线监测，该系统监测由腐蚀和磨蚀监测系统组成。

1. 工作原理

Microcor 腐蚀监测技术成功地综合了 LPR 的快速响应和 E/R 的普遍适用性两者的特点。新型的 Microcor 腐蚀监测系统可以在任何环境下快速测定腐蚀速率，测量技术原理是以磁感应测量金属损失为基础的。Microcor 探针信号反馈时间短、测量快捷并能及时反映出设备管道的腐蚀情况，使设备管道的腐蚀始终处于监控状态。因此，对于腐蚀严重的部位和短时间内突发严重腐蚀的部位，这种方法是不可缺少的监测控制手段(系统装置组成见图 8-57)。

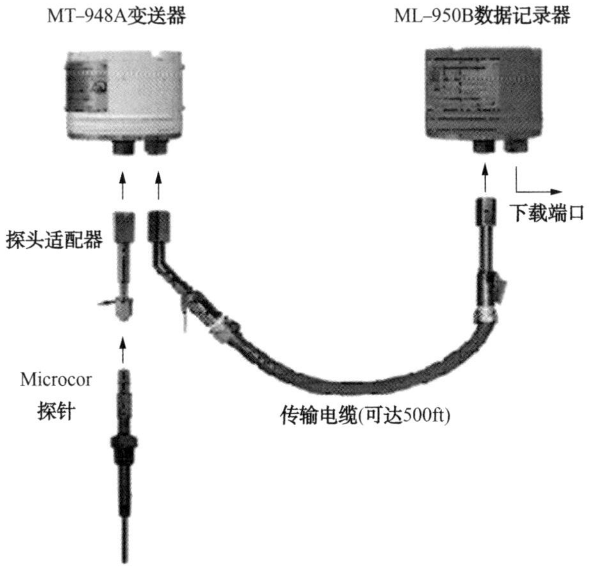

图 8-57　Microcor 系统装置图

2. 工作特点

（1）灵敏度高、感应时间快　Microcor 探头的敏感元件可分为非连续的 256000 探头寿命单元（数值越大灵敏度越高），其灵敏度为 E/R 电阻探针的 256 倍。（注：例如年腐蚀速率为 10m/a，则响应时间只有 10min，而电阻探针要几个小时。）

（2）受干扰小　由于 Microcor 探头设计独特，并具有可以补偿任何温度变化的电子学电路，受温度变化的影响要比 E/R 探头小得多，且不受介质中硫的干扰。（注：由于电阻探针容易受污染，在硫的干扰下所得腐蚀数据偏高，故所得数据必须依靠挂片进行校正。）

（3）适用介质范围广　如导电溶液、非导电溶液、盐水、气体、多相环境、油、气、地下、水泥中。

（4）适用于腐蚀过程监测、控制和内腐蚀评价　应用自动控制技术，该系统在长输管线的腐蚀监测能做到实时、在线、连续、数据远程网络化管理。经过实时监测，得出某段时间的腐蚀率随时间变化的趋势，分析该段时间腐蚀率变化的数值，对腐蚀行为特征有定量的认识，以更好地通过调整工艺措施或材料防腐等方法来控制腐蚀。

3. 主要技术指标

完整的系统包括探头、变送器、数据记录器、采集处理软件以及球阀、连接电缆、连线盒、探头置换装置等附属装置。

1）探头 M15 型技术参数

M15 型可替换型探头，采用工业标准 2in 螺扣插入待监测的管线内（扩口焊、对接焊或法兰方式）。可替换型探头利用探头转接器（M15-A）与 Microcor 变送器连接。如要求连续监测，则每一个探头所在位置都应该有一个转换器。

也可采用可伸缩性探头及长度固定型探头。各种探头都有管状和平面状，需要经常进行清管作业的地方选装平面探头。

2）MT-9485 型数据变送器技术参数

MT-9485 型变送器是新一代的高分辨率数字仪器，它与高分辨率兼容的电阻探头一起工作，仪器的分辨率是 18 比特，它的灵敏度为以前 E/R 测量仪器的 256 倍。其主要技术参数如下：

（1）密封标准：NEMA 7 和 IP66/NEMA 4X；

（2）质量：1.6kg；

（3）尺寸：直径 4.5in，高 4.25in；

（4）电源：固有安全的电源 24V 供电；

（5）电流消耗：在 24V 直流电时，电流消耗一般是 10.5mA，最大是 12mA；

（6）通过两根 RS 485 通信电缆连接时是 2400 波特，8 数据比特，1 结束位，没有奇偶校验[当通过 RS232/485 转换器（MA-1000）连接时是 300 波特]；

（7）专有的通信协议；

（8）RS485 数字通信 32 通道（地址 0~31）；

（9）变送器的标称探头成分电阻带有标准增益组件（P/N 702114）2mΩ；

（10）带有标准增益组件（P/N 7021144）125mΩ 的标称探头电阻；

（11）带有标准增益组件（P/N 702114）300mΩ 的最大探头环路电阻；

（12）最高采样速率：1 次/分钟；

（13）最低采样速率：1 次/周；

（14）分辨率：18 比特（1/262，144）；

（15）环境温度：-40~60℃（即-40~140℉）；

（16）带有玻璃/金属密封连接器的防爆机壳；

（17）危险地区分类：E Exd IIC T6。

3）MT-9500A 型数据记录器技术参数

MT-9500A 型数据记录器是具有高分辨率的数字仪器，与变送器之间的连接通过数据线连接。在危险区域，数据记录器的数据可以通过固有安全 RS232 插孔的数据采集器下载，避免了下载数据时将数据记录器取下；在非危险区域，可以将数据直接下载到计算机上。其主要技术参数如下：

（1）密封标准：NEMA 7 和 IP 66/NEMA 4X；

（2）质量：1. 6kg；

（3）尺寸：直径 4. 5in，高 4. 25in（含连接器）；

（4）静态电流数据记录器和变送器都为 0. 4mA；

（5）探头读数时 1min 的电流大约为 100mA；

（6）数据传输时电流大约为 40mA；

（7）最大数据储存量 16000 组；

（8）与变送器连接通过 RS485 双股数据线时是 2400 波特，8 个数据比特，一个终止比特，没有奇偶校验；

（9）专有的通信协议；

（10）分辨率：18 比特（1/262，144）；

（11）工作温度：-40~-60℃；

（12）危险等级：E Exd[ia] C T4；

（13）带有安装在墙面或柱体上的安装件；

（14）数据记录器与变送器最长的数据线是 100m；

（15）软件（以 LABVIEW 为基础编制的）专用于 PC。

8. 7. 4　数据分析评价

下面以陕京一线 2003~2009 年各站内腐蚀监测数据为例进行分析评价。

1. 评价标准

参照国内石油天然气行业相关标准无规范的有关规定，管道内壁的腐蚀控制应满足表 8-18规定的介质腐蚀性的要求。

表 8-18　管道及储罐内介质腐蚀性分级标准

项　目	等　级			
	低	中	高	严重
平均腐蚀速率/（mm/a）	<0. 025	0. 025~0. 125	0. 126~0. 254	>0. 254
点蚀腐蚀速率/（mm/a）	<0. 305	0. 305~0. 610	0. 611~2. 438	>2. 438

注：以两项指标中的最严重结果为准。国际上，NACE 标准为：小于 10μm/a。

2. 2003~2009 年各站内腐蚀速率统计

通过对 2003 年至 2009 年度各站内腐蚀监测数据的分析，可以看出各站平均年腐蚀速率的对比情况，如图 8-58~图 8-63 所示。

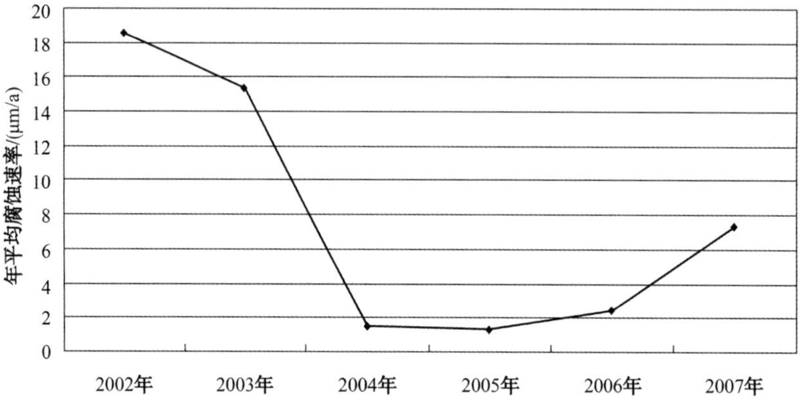

图 8-58　石景山站年腐蚀速率

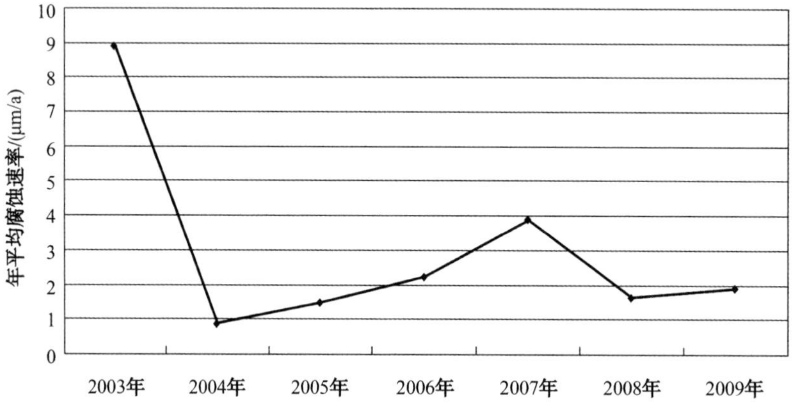

图 8-59　榆林站年腐蚀速率

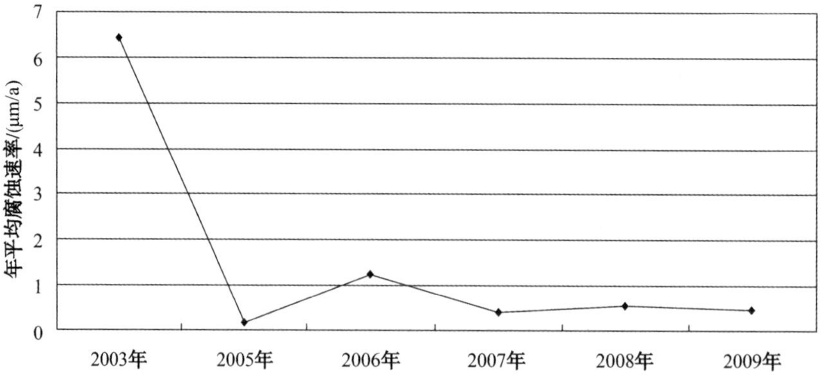

图 8-60　靖边站年腐蚀速率

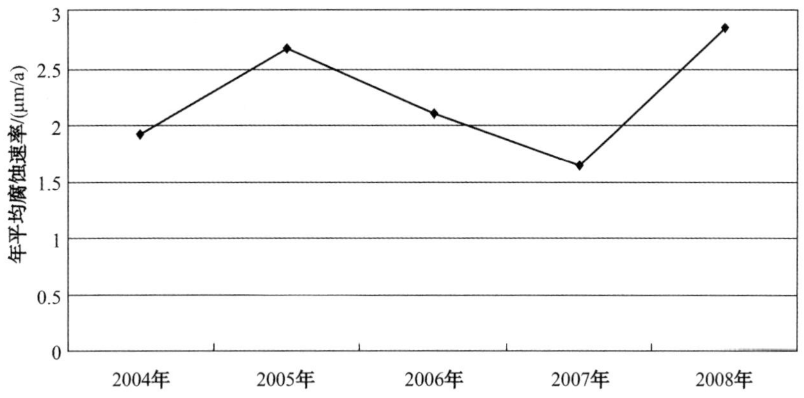

图 8-61　永清站年腐蚀速率

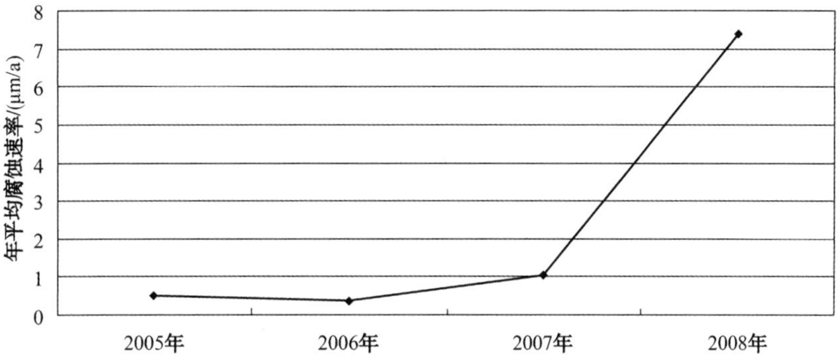

图 8-62　大张坨站年腐蚀速率

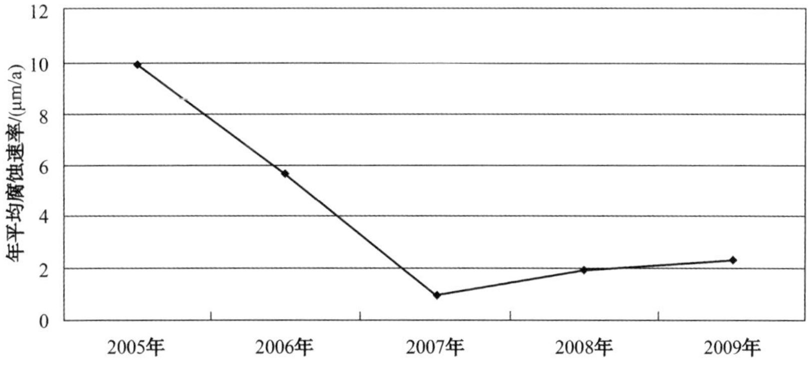

图 8-63　应县站年腐蚀速率

3. 数据分析结论

（1）从数据分析来看，干线各站年腐蚀速率呈逐渐下降趋势，主要是由于管道内粉尘大量减少，引起的腐蚀量减少。

（2）大张坨储气库年腐蚀速率逐年增加的状态，是由于大张坨储气库采气量增加，同时地质构造中含水层量逐年增加，引起管道内腐蚀增加。

（3）永清站也受到大张坨储气库来气影响，2008 年呈现略微上升的趋势。

（4）通过分析表明了陕京一线系统内粉尘的变化情况，反映了该系统各项控制措施、抑制剂的应用以及清管措施的采用，使干线粉尘量逐年减少，腐蚀减少。

8.8　管道泄漏监测及安全预警技术

管道运输是油气最为经济的长距离输送方式，由于自然界及人为的因素，经常会有管道泄漏的事故发生，不但造成较大的直接经济损失，也使管道的安全性出现重大隐患，造成环境污染、影响正常生产及危害人民生活。以人工方式进行输气管道泄漏检测耗费了大量的人力物力资源。因此，利用先进的科技手段研制输油管道泄漏监测系统尤其显得重要，管道泄漏监测与控制技术已经成为管道安全运行的关键问题。作为一个安全可靠的管道泄漏监控系统，要解决的关键技术是：对产生泄漏信号的正确识别，对泄漏点的精确定位，对管线运行数据的实时传输和科学管理，实现油气管道的实时在线远距离分布式监测，从而提高油气管道的监测水平。

根据不同的技术特点，泄漏监测的方法可以分为直接检测法和间接检测法。

直接检测法又称基于硬件的管道检漏方法，就是根据泄漏的介质进行检测，如根据油气泄漏时所露出的地表痕迹以及散发的气味等进行检测。

间接检测法又称基于软件的管道检漏方法，就是根据因泄漏造成管道内流体的流量、压力、温度等物理参数呈现出变化差异，通过数学模型确定管道内流体的运行状态，判断管道是否出现泄漏、泄漏量大小和确定泄漏点位置。由于输入到计算机软件的流量、压力、温度等参数都是应用硬件设备(如上述各种硬件技术)获得的，所以，基于软件的管道检漏方法是通过与其对应的硬件技术共同实现的，具有快速、准确、自动化高的特点，但由于原理和控制不同，又有各自的工作范围。

8.8.1　直接检测法

1. 人工分段巡视法

具有丰富经验的技术人员沿着管道巡检，可通过气味、声音、环境状况等因素寻找管道及其周边的异常现象，判断和确定管道的运行和泄漏状态。此外，使用训练有素的动物和它们的感官也可以帮助人们判断和确定管道的运行和泄漏状态。该方法只能发现大型泄漏，并且通常是不及时的，也经常受到气候变化的影响。

2. 机载红外线法

应用直升机吊一台航天用的精密红外摄像机沿管道飞行，通过判读输送石油或天然气介质与周围土壤的细微温差成像，确定是否有介质泄漏。这是一种非常有效的检漏方法。这种方法具有检测迅速、精度高、可用于微小泄漏检测的特点。但是该种方法易受天气的影响，且反应不及时。

3. 声发射技术

基于声发射技术的管道泄漏检测系统如图 8-64 所示，声音传感器预先安装在管道壁外侧，当管道发生漏点泄漏时，就会在漏点产生噪声并被安装在管道外壁上的声音传感器接收、放大，经计算机软件处理成为相关的声音全波形，通过对全波形的分析来监测和定位管道泄漏的状况和漏点的位置。此技术特别适合于那些管道内流量低、压力高的情况。为了达到准确地确定一个泄漏点的目的，需要排除外来噪声和确定管道操作噪声。通常，管道的泄漏量与由此引起的噪声波型的幅度具有相关性，噪声信号随着泄漏量增加而增大。泄漏点的位置确定是通过管道上的三个固定的声音传感器通过泄漏引起的噪声在管道上的传播测量出来的。基于声发射技术的管道泄漏检测系统具有可实时检测、可连续测试分析、泄漏点定位准确和不必拆卸管道进行外部测试等优点。但是，对于大流量的管道，背景噪声将会对泄漏噪声产生严重干扰。还有，基于声发射技术的管道泄漏技术检测泄漏量的准确性与其他技术相比具有较大的误差。

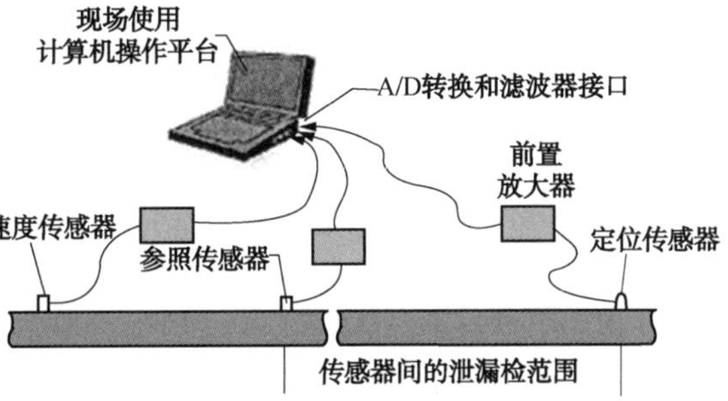

图 8-64　基于声发射技术的管道泄漏检测系统

近年来，基于声发射技术的管道泄漏检测系统已经获得了广泛应用。例如，国外的PAL公司及我国的清华大学、北京大学和天津大学等都有相关的研究成果及其对应的产品。但是，对于解决地下管道的泄漏测试问题迄今还有相当多的研究工作需要进行。

4. 电缆传感器技术

基于电缆传感器的泄漏检测技术如图 8-65 所示，这些传感器是由某些高分子材料制成并具有与碳氢化合物的反应活性，碳氢化合物对这种材料会产生体积的或者电特性的改变，通过测量这些改变达到监测管道内碳氢化合物泄漏的目的。如果管道或储罐发生了泄漏，那么泄漏出的碳氢物质就会不同程度地改变电缆传感器的电容特性或者电阻特性，由此可确定管道的泄漏量状况和泄漏点位置。

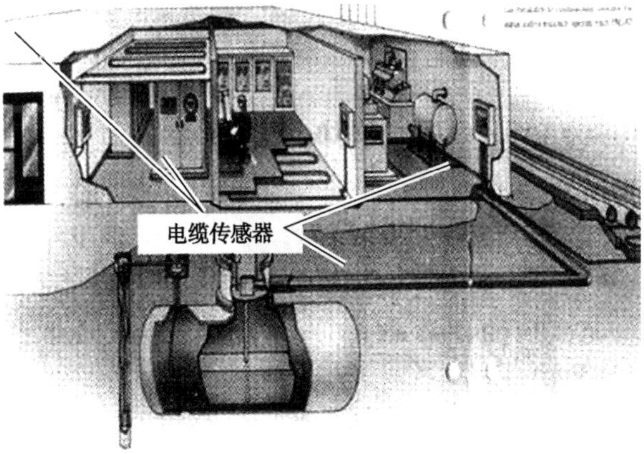

图 8-65　基于电缆传感器的管道和储罐泄漏检测技术

基于电缆传感器的泄漏检测技术适用于较短的燃料管线，如机场或者炼油厂等的燃料站(库)等。国外 SensorComm 公司已经研究了一种液体传感电缆应用于管道的泄漏检测。该技术是一种非金属的测量技术，可应用于极冷的地区和 20ft 深度下的管道的泄漏检测。通常，电缆传感器经过汽油或者其他的高挥发性碳氢物质暴露之后，必须经空气干燥，以保证电缆传感器的正常应用。此外，传感器可能会干扰管道的阴极保护系统。

5. 光纤维技术

光纤维技术是一种有前途的管道泄漏检测技术，光纤传感器可以分散地和定点地安装在管线上。光纤可以检测很宽范围的物理和化学特性，既可以检测管道泄漏也可以定位泄漏点位置。应用模拟实例：在一段 10m 长的埋地氨管道范围内设计了 A、B、C 和 D4 个可控制氨泄漏流量的模拟氨泄漏位置点，氨管道外壁上铺设光纤传感器以测定并记录氨管道上的温度。模拟试验研究结果表明，通过光纤传感器测定关于管道的温度分布，在管道泄漏时和无泄漏时管道的温度分布状况会出现温度明显地下降的差别。在设定的 4 个泄漏点位置，无论是哪一个位置发生泄漏，此泄漏位置的温度就会下降，这是由于液氨泄漏处管道由于液氨汽化产生的吸热作用而引起的温度下降，由此确定出管道泄漏报警和确定泄漏点位置。氨气具有刺激性气味，人体感官可以在很低的氨浓度时就能感觉出来，但是，此模拟试验表明，在人体还没有感觉到氨气的气味时，光纤传感器就已经将地下的管道泄漏状况测定出来并确定了泄漏点的位置。

光纤预警技术投资较高，对已经敷设了同沟光缆的管道可以利用现有光缆的冗余带宽，降低一次性投资。光纤预警技术可以起预警作用，适合无人值守站作电子围栏，可以用于外界扰动如滑坡、洪水、地震、泥石流、第三方破坏等的监测(见图 8-66)。由于该方法对微小扰动能实时监测，靠人为设定报警门限值，因此其误报率有待于试验验证。

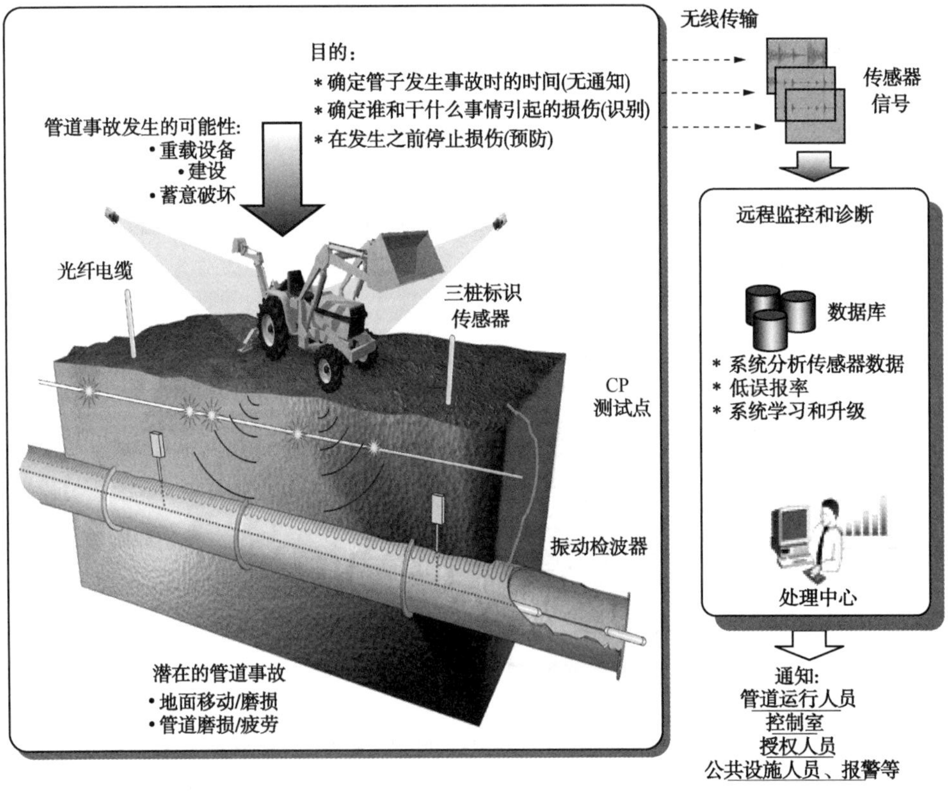

图 8-66　防止第三方破坏的光纤监测系统图

6. 土壤检测技术

土壤检测技术是一种蒸汽检测技术，可以测定出地下管道周围土壤中蒸汽相碳氢物质的浓度，由此检测管道泄漏位置和泄漏状况，图 8-67 所示。该技术是 Trace Research 公司的专利技术并已经应用于地下管道泄漏检测和泄漏点的定位。

通常，基于土壤检测的管道泄漏测定和泄漏点定位技术是通过测定从管道泄漏的示踪气体束来完成的，此示踪气体是预先添加到输送管道中的一种惰性的、挥发性的和比较稳定的气体物质，加入管道中的浓度为若干个 ppm(10^{-6})级水平。如图 8-67 所示，如果输送管道发生泄漏时，示踪气体与管道中其他物质同时流出管道，示踪气体将优先地扩散到管道周围的土壤中，在管道泄漏点附近的土壤气体取样孔洞中的测定探头就会自动地收集土壤中的示踪气体，然后应用气相色谱方法测定探头收集的示踪气体的含量，由此来监测管道泄漏状况和确定管道泄漏点的位置。应用气相色谱方法可测定出示踪气体在土壤中的浓度为 ppt(10^{-9})级水平。测定结果表明，示踪气体技术可以较准确地确定管道泄漏的位置，误差在数英尺范围内，测定结果与管道的直径和长度无关。

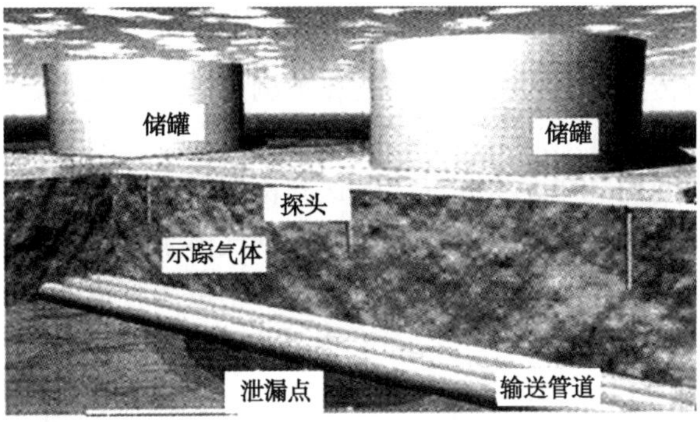

图 8-67　基于土壤检测的管道泄漏测定和泄漏点定位技术

基于土壤检测的管道泄漏测定和泄漏点定位技术通常应用于地下管道，此技术测定干扰小，具有较高的检漏准确性。但是，对于较长的管线，需要沿管道预先建立许多的探头深孔以便收集示踪气体样品用于气相色谱测定，因此，此技术的测定费用较高，工作负荷也比较大。

7. 超声波流量测定技术

超声波测定流量的检漏是一种比较经济、方便和易于安装维护的技术。首先将管道分成若干部分，每一部分都安装上超声波流量测定装置以测定这部分管道流进的和流出的体积流量，同时测定管道温度、环境温度、声波在管道内流体的传播速度等参数。然后，根据体积平衡原理并应用计算机软件模型处理管道各个部分所有参数的测定结果，分析和比较出管道输送中分别在泄漏时和正常运行时的参数状况，由此诊断和确定管道泄漏量和泄漏点位置。通常，较短的处理周期表明了一个较大的泄漏点，较长的处理周期表明了一个较小的泄漏点。如图 8-68 所示，是国外 Controlotron 公司的超声波流量测定管道泄漏系统。

超声波测定流量的检漏系统与声发射技术的管道泄漏检测系统类似，都是在管道外部安装非破坏性的设备或器件的检漏技术。超声波测定流量的检漏系统已经成功地应用于城市供水管道系统中的泄漏状况诊断。除此之外，还有便携式的超声波管道检漏系统，可供有经验的技术人员佩戴超声波耳机并在现场沿着地下管道线路巡检使用，同样具有比较准确的漏点定位能力。

超声波技术要求在管道上安装非插入夹装式的时差超声波流量计，如果管道上已安装有别的流量计，就存在重复引进流量计的问题，同时，超声波技术现在只应用在美国和意大利的两条管道上，工业应用还不成熟。

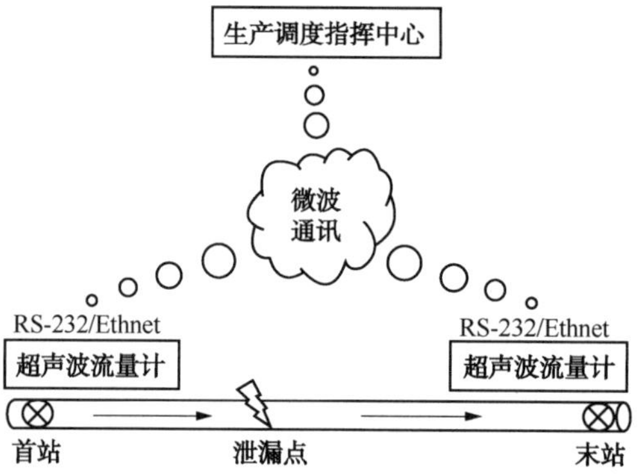

图 8-68　基于超声波测定流量的检漏系统

8. 蒸汽测定技术

蒸汽测定系统是将传感器管道平行地安装在被测定的管道上，如果管道发生泄漏时，泄漏的碳氢物质就会流出管道并通过扩散进入传感器管道(见图 8-69)。然后，周期性地应用气体泵抽取传感器管道内的气体并将此气体输送到检测器进行测定，泄漏的碳氢物质就会被定量测定出来并以出峰的方式随时间进行记录。根据气体泵抽取管内气体的流速、抽取气体的开始时间和碳氢物质在检测器上的出峰时间可计算出被测管道的泄漏点位置，出峰面积的大小表明了管道泄漏量的大小。

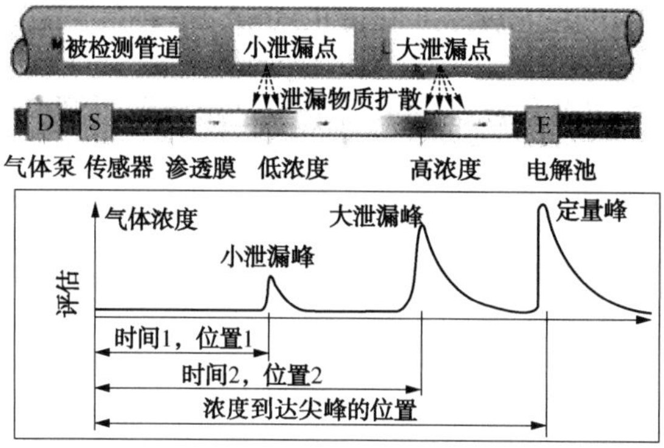

图 8-69　管道泄漏的蒸汽测定系统(低密度聚乙烯传感器管)

蒸汽检测技术是一种管道检漏的物理测定方法，与管道内物质的体积和压力无关。此技术无需软件处理，并且可同时检测出多处泄漏点的状况。但是，该检测技术通常限于应用较小泄漏的情况，不适合大的泄漏情况检测。还有，此系统需要较高的费用投资，但不需要太多的维护工作。另外，此系统的检漏响应时间较长，主要取决于气体泵抽取气体的流速、传感器管线的长短等。

9. 遥感技术

除了上述各种管道泄漏监检测方法和技术之外，遥感检漏方法也是近年来发展迅速和有效的应用技术之一。如图 8-70 所示，遥感检漏技术可分成两类：一类是主动检测技术，应用激光源照射被调查的管道线路，发生泄漏的管道就会有气体流出并扩散到大气环境中形成泄漏出来的气体云团，激光通过这个云团时泄漏的气体分子就会吸收激光，与不通过此云团的激光相比有一个能量差，由此判断管道泄漏和确定管道泄漏的位置；另一类是被动检测技术(也叫热辐射检测)，发生泄漏的管道气体在大气环境中形成的云团内部与此云团外部存在着温度差(或者是辐射能力差)，由此可判断管道泄漏状况并确定管道泄漏处的位置。遥感技术与上述的管道泄漏检测技术相比具有许多优点：①可应用于大范围管道区域内发生管道泄漏的快速检测和实地调查，可更完整和更有效地覆盖可能发生泄漏的区域；②一旦发生管道泄漏时，不必通过收集气体样品或者采集土壤样品的测定方法，而是通过可见的完整的泄漏测定结果准确确定管道泄漏的位置；③遥感技术不必依靠有经验人员进入管道输送区域内调查并判断管道泄漏位置，可完成技术人员不能进入的和有危险的区域的管道泄漏调查工作。

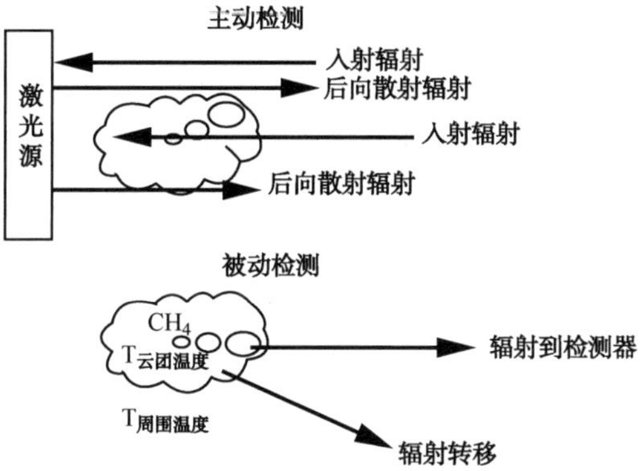

图 8-70　主动的和被动的遥感技术管道检漏原理图

8.8.2　间接检测法

1. 分段试压法

沿管道分段，关闭截断阀门观测关闭段压力下降的变化，从而判断泄漏的程度和位置。此方法由于检测时需要管道分段停运影响了正常生产，而且不能及时准确地定位检测，长输管道检测工作量大，检测时间较长，因此这种方法无法用于实时检测管道运行情况。

2. 检测器检漏法

检测器检漏法分为管内检测器检漏法和管外检测器检漏法。管内检测器是使管内探测器(pig)沿着管线内部顺流而下，利用超声、磁通、涡流、录像、检测仪等各种检测手段检测管道内壁的情况，利用超声技术或漏磁技术采集大量数据，并将探测所得数据存在内置的专用数据存储器中进行事后分析，以判断管道是否被腐蚀、穿孔等，即是否有泄漏点。这是一种很有前途的检测方法。管外传感器是利用传感器、探地雷达等和计算机相结合进行泄漏检测。基于检测器检漏的方法主要有：声信号分析法、漏磁检测器检漏法、音频泄漏法、嗅觉传感器、探地雷达法、放射性示踪剂检测等。

3. 质量(或体积)平衡技术

管道在正常运行状态下，其输入和输出质量应该相等，泄漏必然产生量差。体积或质量平衡法是最基本、可靠性较高的泄漏探测方法，也是目前普遍采用的软件技术之一。此软件技术要求硬件能准确地测量管道内流体的流量、压力和温度，通过软件计算和处理这些参数并转化成质量流量或者标准状态下的体积流量。国外已经有此类的商品软件并已经应用于石油行业中输油管道的泄漏检测。质量或者体积平衡方法的检漏准确性取决于安装在管道系统中硬件设备的测量精度，通常不需要额外的设备投资，诸如管道运行状况的模拟处理等过程。应用此类软件诊断管道泄漏需要较长的时间，只有在泄漏发生后并通过这段管道两端的压力或流量等参数的波动反映出来时才能够作出判断。泄漏报警所需的响应时间取决于此段管道泄漏量的大小，也取决于此段管道中测量设备的测量灵敏度和精度。由于管道本身的弹性及流体性质变化等多种因素影响，首末两端的流量变化有一个过渡过程，所以其检测精度不高，更不能确定泄漏点的位置。

4. 实时瞬变模型技术

由于计算机技术的迅速发展以及 SCADA 系统在油气长输管道上的应用，出现了一类在线实时监测技术。这些技术首先是建立管道的实时瞬变模型，利用 SCADA 系统所采集到的数据作为边界条件，再依据一定的检测原理进行泄漏检测。该模型检漏应用质量守恒、动量守恒、能量守恒和流体的状态方程计算管道内流体的流量，应用预测值(计算值)和实测值的差异确定管道的泄漏。此技术需要实时地测量管道的流量、压力和温度，同时，应用实时瞬变模型计算这些对应的物理量的数值。通过连续地分析噪声水平和正常的瞬间状态以减少泄漏的误报警，根据管道流体流量的统计变化量来调整软件的管道泄漏报警阈值。通常，此软件可检测出小于管道流体流量1%的泄漏量的报警。实时瞬变模型泄漏监测软件是一种非常昂贵的技术，它需要大量昂贵的仪器和设备连续、实时地测量和收集管道系统中的各种物理量；此软件模型也比较复杂，通常要求训练有素的操作人员。

国外一些管道检测公司及研究机构应用计算机仿真技术开发研制了管道仿真软件，为管道的动态水力工况分析、确定运行方案以及管道泄漏的检测和分析等提供了强有力的工具。这些在线仿真软件的运行完全是由所在管道的 SCADA 系统提供实时数据驱动，并对实际管道的运行进行连续实时模拟。应说明的是，在基于实时模型的检测方法中，模型的准确度直接影响检漏的灵敏度和定位精度，而模型精度又受测量噪声、流动阻力系数变化、波速变化等因素的影响。

壳牌公司开发研制了一种新型的不带管道模型的监测系统。该系统根据在管道入、出口测取的流体流量和压力，连续计算泄漏的统计概率。对于最佳监测时间，使用序列概率比试验(SPRT)方法。当泄漏确定之后，可通过测量流量和压力及统计平均值估算泄漏量，用最小二乘法进行泄漏定位。该系统最主要的突破在于无需复杂的管道模型就可达到很高的检漏性能，而通常的模型系统需要复杂的管道模型。

5. 压力法

管道一旦发生泄漏，其流量和压力间的关系就会发生变化。压力法是对管道流量和压力测量值进行统计分析，监测流量和压力之间关系的变化，并以图形显示统计分析结果。该分析方法是基于这种假设：如果一段管道发生泄漏，那么管道内部压力和流量就会变化，二者之间的关系便呈现为一种特殊的图形。如果这个减少量高于软件预先确定的水平，那么就会产生一个泄漏报警。应用简单的压力测量的统计分析，可以监测管道内部压力测量平均值的减少量。

基于压力的方法主要有压力点分析法、压力梯度法和负压波法。

(1) 压力点分析法(PPA)　管道发生泄漏以后，其压力自然会降低，通过简单的压力值统计分析，一旦压力平均值降低超过预定值，系统就会报警。根据上、下两站压力下降的时间差即可计算出泄漏点位置。

（2）压力梯度法(水力坡降线法)　在稳定流动的条件下，泄漏会导致压力分布由直线变成折线。根据上下游管段的压力梯度，可以计算出泄漏位置。该方法需要在管道上安装多个压力检测点，一般可在管线进、出口各设两个点，应大于500m，间距越远越好。通过上下游压力梯度的分析计算，还可计算出泄漏位置。仪表精度及间距都对定位结果有较大的影响。当然，在管线上测量点越多，性能越好。这种以线性为基础的压力梯度法，不适合“三高”原油。清华大学进行的试验表明，在长3km、管径325mm的原油管道上进行泄漏点检测，其精度为1.7%。

（3）负压波法　泄漏的发生使泄漏处的压力突降，会在管道内产生负压波动，然后从泄漏点向上、下游传播，并以指数律衰减，逐渐归于平静，这种压降波动和正常压力波动大不一样，具有几乎垂直的前缘。管道两端的压力传感器接收管道的瞬变压力信息，并通过测量到达两端的时间差计算出泄漏点的位置。负压波技术对于突发性泄漏比较敏感，能够在3min内检测到，适合于监视犯罪分子在管道上打孔盗油，但是对于缓慢增大的腐蚀渗漏不敏感。负压波技术是根据压力参数进行泄漏检测和定位，只适用于液体管道，不适用于天然气管道。

图8-71给出了某次泄漏发生前后泄漏诊断系统获取的实时信息，经过降噪和特征提取，诊断出为管道某处发现泄漏。定位过程采用相对时间标签法和绝对时间标签法。

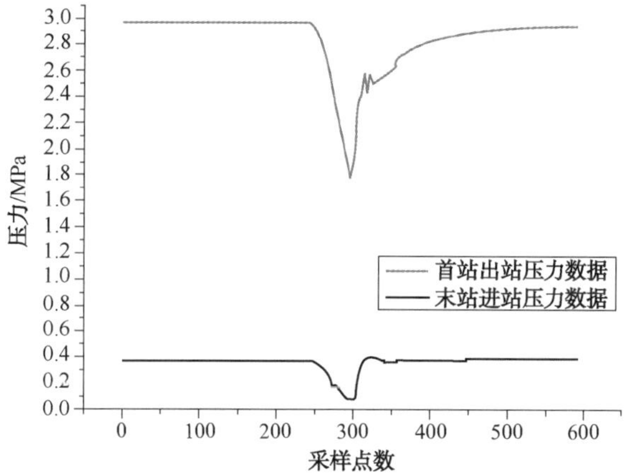

图8-71　泄漏段负压波降噪后的时域波形

6. 神经网络技术

人工神经网络是以工程技术手段来模拟人脑神经元网络的结构与特点的系统。利用人工神经元可以构成各种不同拓扑结构的神经网络，它是生物神经网络的一种模拟和近似。目前，神经网络已逐步发展为一种公认的、强有力的计算或处理模型。神经网络的应用领域包括辨识、控制、预测、优化、诊断、模式识别、信息压缩，数据融合、风险评估等。基于人工神经网络的管道泄漏检测是一种有前途的和正在发展中的技术。国外已有报道，基于人工神经网络的液化气管道检漏系统成功地获得应用，在100s以内可监测并定位出相当于管道内流体流量1%以内泄漏量的泄漏点，监测误报率低于50%。

8.8.3　各种监测方法对比分析

综上所述，将目前国内外关于管道泄漏的各种监测方法和技术的进行比较，具体情况见表8-19。

表 8-19　管道泄漏的各种检测方法的技术的比较

泄漏检测方法	检测灵敏度	泄漏点定位能力	操作条件改变	实用性评估	误报警率	技术维护要求	检测费用消耗
生物方法	高	好	好	差	低	中	高
光纤方法	高	好	好	差	中	中	高
声学方法	高	好	不好	好	高	中	中
蒸汽检测	高	好	好	差	低	中	高
负压方法	高	好	不好	好	高	中	中
流量变化	低	差	不好	好	高	低	低
质量平衡	低	差	不好	好	高	低	低
实时模型	高	好	好	好	高	高	高
压力点高	差	差	好	好	高	中	中
遥感技术	中	好	好	好	中	高	高

表 8-19 中的检漏技术评估结果是相对的，实际应用中应当综合地考虑提供商、管道操作条件、硬件和软件质量及其供货情况等。此外，超声波流量技术不适合于天然气管道的检漏。

从表 8-19 中可以看出，没有哪一种方法对所有的性能评估具有绝对的优势，特别是误报警率高是一个普遍的问题(除了人工分段巡视方法和蒸汽检测方法之外)，虽然人工分段巡视方法和蒸汽检测方法具有较低的误报警率，但是这两种方法不能连续地进行检测。流量变化、质量或者体积守恒方法、压力点分析方法都具有维护方便和易于安装的特点，但是它们的泄漏点定位能力较差并且不太适合于管道操作条件改变的管道。实时瞬变模型技术可应用于管道操作条件改变的管道检漏并且具有较好的泄漏点定位能力，但是维护费用和安装费用都比较高。

第9章　管道完整性评估技术

9.1　管道系统完整性评估技术进展及应用对策

9.1.1　完整性评估的必要性

管道完整性管理是当前世界管道各大公司采取的一项重要管理内容，管道完整性管理是指通过对管道运营管理中存在的风险因素进行识别和评价，制定相应的风险控制对策，不断改善识别到的不利影响因素，从而将管道运营的风险水平控制到合理的、可接受的范围内，达到减少以至避免管道事故的发生，经济合理地保证管道安全运行的目的。

油气介质具有易燃、易爆的特性，随着输送管线埋地时间的增长，由于管道材质问题或施工期间造成的损伤，以及管道运行期间第三方破坏、腐蚀穿孔、自然灾害、误操作等因素造成的管道泄漏、穿孔、爆炸等事故时有发生，直接威胁人身安全，破坏生态环境，并给管道工业造成巨大的经济损失。据统计，在所有干线输气管道事故中，按管道事故的严重程度，泄漏占40%~80%，穿孔占10%~40%，破裂占1%~5%，各国天然气管道的火灾、爆炸事故曾给人民生命财产造成了重大损失。

对于管道管理者而言，其目的是有效地发现管道和管道设施存在的缺陷和风险，并进行合理的分类，同时对这些缺陷进行适用性评价，包括定量评价管道中所检测到的几何、金属损失缺陷，依据严格的理论分析判定缺陷对安全可靠性的影响，对缺陷的形成、扩展及管道的失效过程、后果等作出判断，作出科学合理的维修结论，节约不必要维修的费用，并将需要及时修复的缺陷点及时处理，预防事故的发生。因此，如何采取有效的评价手段，对检测出的缺陷进行评价分析和处理，这是管道管理者面临的重要问题。

管道系统完整性评估是针对管道完整性，采用先进、适用的技术方法，最大限度地获取管道完整性的信息，通过物理建模和仿真，对管道运行安全状态、管道系统可靠性、含缺陷管道的安全性等进行评估，突出目前管道安全性的判断和未来状态的预测。

本章全面探讨了管道和场站完整性评估技术，提出了线路完整性评估技术体系和场站完整性评估技术体系。线路完整性评估技术体系主要包括基线评估、试压评价、缺陷适用性评价、复杂地点的管道评估、管道运行安全评价、ECDA 直接评估技术、ICDA 评估技术。场站完整性评估技术体系主要包括站场静设备泄漏及可靠性评估、动设备状态监测与故障诊断评估，具体包括场站风险评估技术和场站腐蚀检测与防护评估、场站运行状态安全评估等。

针对管道系统完整性评估技术，提出了不同评价方法的适用范围，重点阐述了复杂地区地段完整性评估技术进展与应用，如并行管道完整性评估应用、应力腐蚀评估技术、地区等级安全性评估、高钢级大口径全尺寸管道气体爆破试验完整性评估技术等的最新研究成果和进展；场站方面重点阐述了场站工艺管线综合检测技术、阀门磨损与寿命分析技术、压缩机故障监测与诊断技术等的进展和成果。提出了目前管道完整性评估领域面临的问题，系统地分析了该领域需要进一步深化的工作方向。

鉴于国内目前管道完整性评估技术的开发与应用还处于初始阶段，因此选择合理的评估技术将是油气管道目前面临的一项重要任务，对于及时发现管道及设备设施中存在的潜在问题，保障安全运行具有重要意义。

9.1.2 线路完整性评估技术

1. 线路完整性评估技术体系

线路完整性评估技术体系包括管道内检测及基线评估技术、管道试压评估、管道直接评估(管道外腐蚀直接评估、管道内腐蚀直接评估、管道应力腐蚀直接评估)，通过上述评估方法的使用，获取管道系统数据，进一步开展管道剩余强度评估和管道剩余寿命预测，进行缺陷发展的敏感性预测分析。另外需对管道运行状况、环境状况、自然灾害状况对管道造成的影响进行评估，确定管道的安全性和可靠性，如图 9-1 所示。关于线路完整性评估技术体系中涉及的技术内容，国内外专家学者已在国内外出版物中发表，这里不再赘述。以下仅就目前国内外仍在争议和空白的问题进行阐述。

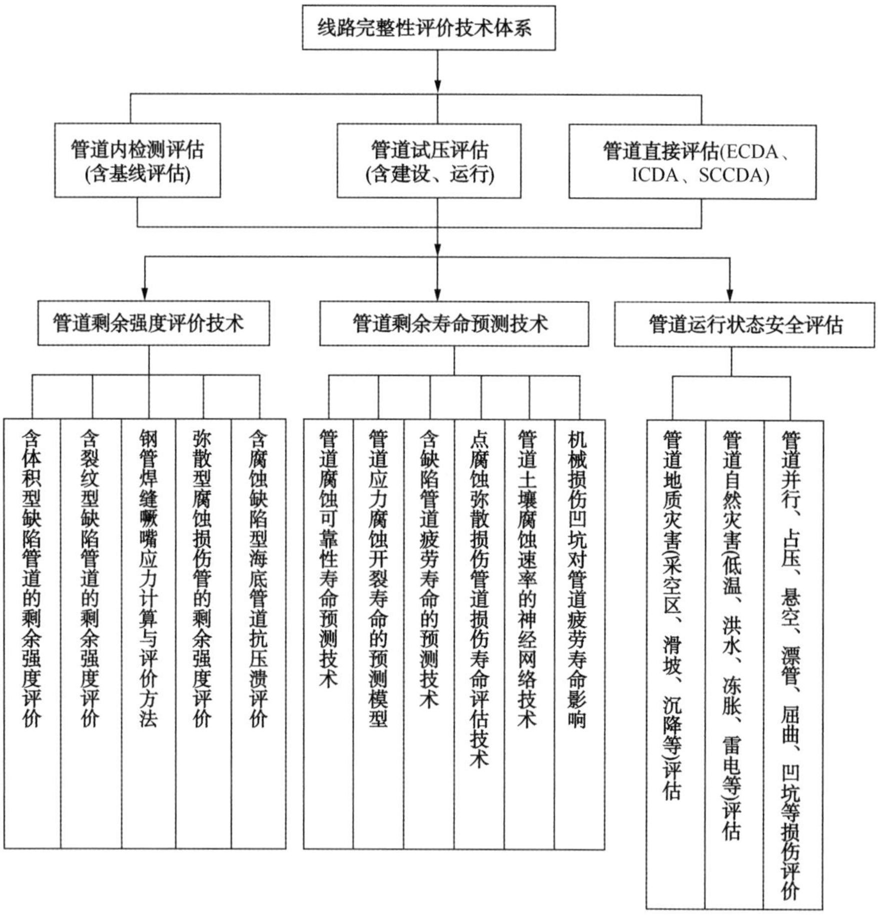

图 9-1 线路完整性评估技术体系框架

2. 并行管道安全评估进展

1）面临的问题

管道运输是陆地输送天然气的主要方式。我国中西部地区地形复杂，管道走廊用地紧张，多条管道不可避免地需要并行敷设，而且在以后的管道建设中，并行敷设管段还要增加，因此解决并行管道建设、生产运行等方面面临的问题，及时开展风险评价是非常必要的。

2）研究进展

埋地管道不同于地上管道，其发生失效后泄漏引发管道爆炸概率远低于地上管道。但由于土壤对爆炸空间的限定，埋地管道发生爆炸后，爆轰现象形成的冲击波受到土壤持续反射作用，冲击波超压迅速上升，比地上管道爆炸产生的冲击波超压高一个数量级。但由于土壤对冲击波压力和冲量的传递比空气慢，因此冲击波对并行管线的破坏是一个缓慢的过程。随着并行间距的增加，爆炸能量逐渐被土壤吸收，冲击波对并行管线的破坏能力也迅速下降。因此，埋地管道爆炸与地上管道爆炸相比，其对并行管线的破坏程度、作用时间、变形规律存在很大差异。

国内有关设计标准规定了管道并行间距为6m，并行管道的间距是否符合风险后果的要求，需要通过建立分析模型和力学仿真得到。

目前通过对管道泄漏工况的分析，模拟管道爆炸初始TNT爆炸当量，采用ANSYS -Autodyn软件对管道爆炸冲击进行数值模拟，结合1016mm管道敷设工况，确定物理模型参数，分析不同并行间距下埋地天然气爆炸对并行管道的冲击破坏效应，提出并行管道安全间距，确定其合理范围，同时评价一条管道发生失效时对另一条管道的影响。经过计算分析得出重要结论，为保证埋地并行管线的稳定运行，其敷设间距必须大于8m。如果敷设环境特殊，如并行间距小于6m，必须在两个管道之间设置防护板，隔离两管道间的土壤变形。

3. 应力腐蚀直接评估(SCCDA)

1）背景

埋地管道的应力腐蚀开裂是高压大口径管道面临的重大风险，目前国内还没有在高钢级管道上发生过，但北美油气管道曾发生过多次应力腐蚀开裂，造成巨大的经济损失。应力腐蚀直接评估(SCCDA)可确定未来可能出现应力腐蚀开裂的部位，同时明确应力腐蚀已存在的部位和重点管段，对管道完整性管理非常重要。

SCCDA是一种提高管道安全性的方法，其主要目的是通过对外部管道应力腐蚀开裂状况进行监测、减缓、记录和报告等手段，减小它们的风险。SCCDA法与其他检测方法如管内检测(In-Line Inspection，ILI)和液体静力学试压等是互补的，不是在所有情形下都可取代后者，它与其他直接评价方法，如内部腐蚀直接评价法(ICDA)也是互补的。

2）研究结论

研究表明，符合下列全部要素的管道部位被认为是易出现高pH值应力腐蚀开裂的管段：

（1）工作压力超过规定的最小屈服强度(*SMYS*)60%。

（2）工作温度超过38℃(100℉)。

（3）管段向下游与压力站的距离小于32km。

（4）管龄超过10年。

（5）不属于熔结型环氧(fusion-bonded epoxy)类型的管道防腐层。

选择潜在易出现管道应力开裂的管段时，把下游距压气站近的压力波动位置看作是因素之一，目前没有针对近中性pH值应力腐蚀开裂的处理标准，除了温度要素以外，其他要素和标准也可用于对近中性pH值应力腐蚀开裂评价的管段选择。

目前研究方向主要是针对潜在易出现SCC开裂管段，确定风险次序、研究潜在易出现开裂管段内的挖掘部位的选择、开挖地点的确认、管道开挖地点的勘察、开挖地点的数据收集以及后续数据分析等，提出管道应力腐蚀开裂完整性管理方案。

4. 地区等级升级地区的安全评估进展

1）面临的问题

当前，我国正处于社会、经济高速发展阶段，城乡建设发展很快，这使得许多在役管道沿线在管道建设时期人口稀少的地区，已发展成为人口密集地区，甚至成为人口稠密的城市中心区域，即管道沿线的地区级别发生了变化，如建于20世纪70年代的东北八三管道，在管道建设时期是人口稀少的地区，现在已变成人口稠密的市区中心地带，按照管道沿线地区分类，人口稀少的地区为一级地区，而市区中心地带为四级地区，属于高风险区域。一些管道由于占压等情况也使管道地区级别发生变化。四川油气田管线占压隐患多达数千处，其中以厂房、住宅、道路占压最为突出。东北管网铁大线252~256号桩管道穿越盖州市区。以上情况说明，管道沿线地区级别升级的情况越来越多，对在役管道的安全管理提出了挑战，必须采取风险控制措施，应对地区升级带来的一系列的问题。

2）研究进展

目前有关学者研究分析了国内外地区等级划分的不同要求及其适用性，已建立了管道地区等级升级的评估理论方法，利用等风险理论，评估采取相关措施前后，地区等级升级变化前后的风险变化，建立了模型，计算了输气管道地区等级升级后的风险因素和事故后果分析，包括地区等级升级地区的管道老化和失效频率研究、管道失效后果和危害范围研究，编制了《在役管道地区等级升级后风险评价与管理方法》标准。

开展了地区等级升级后的管道运行的关键技术参数研究，包括：①相关标准和相关法律法规管理要求研究；②降低压力测试等级的要求；③结合失效危害范围，确定可接受的设计和试压系数研究。

开展了地区等级升级后的管道的风险消减策略和措施，具体研究了增加壁厚、增加埋深、增加混凝土防护、增加管道标识、埋设警示带、巡检方法、公共宣传方式等措施的效果和适用性。

建立了管道周边爆破对管道的影响的评价方法研究，包括：①提出典型地质条件下，不同爆破药品种类药品爆破振动在地层中传播规律的预测方法；②提出典型地质条件下，爆破振动与管线之间的相互作用及其特征化；③提出管线在爆破振动作用下的损害方式；④提出了管线在爆破振动作用下安全运行的安保措施规范。

5. 高钢级大口径全尺寸管道气体爆破试验完整性评估技术

1）需求分析

高强度钢(X70钢级以上)管材在管道建设中已大规模应用，在很多区域将出现多条管道并行敷设、联合运行的局面，目前国内X80、X90、X100管材的研究与应用在全球管道行业已处于领先地位，高强度管材的大规模应用为国内产业发展、升级和经济转型带来前所未有的机遇和挑战，引领世界管道行业的发展，这些方面都是积极的，但是高钢级管材的大规模应用也带来了风险，如管道轧制、焊接和铺设工艺中形成的微小缺陷在内部高压气体的作用下发生扩展可能导致输气管线开裂，防止裂纹在管道上进行快速扩展是防灾减灾的生命线工程。同时随着钢材韧性的增加，管道的破坏也由脆性破坏转为韧性破坏，工程中要得到管道实际工况下的真实参数，必须要通过全尺寸管道爆破试验。

由于目前世界范围内X80级以上钢材使用还很少，其长期使用的效果和力学性能变化还没有掌握，安全性受到挑战，在研发过程中缺乏实物爆破性能参数，特别是含缺陷管道爆破的性能参数，国内目前还没有大型管道爆破评估试验场，缺乏实物爆破研究实例，系统分析管道的风险缺乏爆破试验的数据支持。目前已知的实验数据来源有意大利CSM试验场的钢制管道试验场、英国SPIANDAM管道爆炸试验中心、美国西南研究院的管道全尺寸实验、加拿大-美国联盟管道和日本HLP全尺寸试验。

2）研究结论

针对国内目前试验技术的现状，充分借鉴国外管道全尺寸爆破试验场的使用情况，研究了高钢级大口径高压气体管道爆破试验场的功能，分析了各类试验所需要的测试参数，提出了与其他石油设施共用的功能点，试验场可进行如下实验：全尺寸管道爆炸综合性实验、管道外部涂料或防腐层破坏性实验、汽油罐抗火焰喷射试验、海洋平台或采油船燃烧试验、海洋平台消防系统实验、管道全尺寸承压能力实验以及储罐罐体的抗火灾性能实验。全尺寸管道试验场的建设，必将有利于管道完整性评估技术的发展，提高管道本质安全。

9.1.3 站场完整性评估技术

1. 站场完整性评估技术体系

站场完整性评估技术着重从动设备和静设备两个方面开展评估，包括站场静设备的泄漏和可靠性评估、动设备监测与故障诊断评估技术，具体包括站场腐蚀监测与防护、场站安全运行状态评估及场站风险、可靠性评估。这些技术的应用，主要是通过风险评估技术和风险排序方法，找出高风险点，再进行站场腐蚀监测、检测，对所有数据进行安全评估，确定优先修复的点，削减风险，如图 9-2 所示。以下仅就场站关键设备设施完整性评估技术进行阐述和分析。

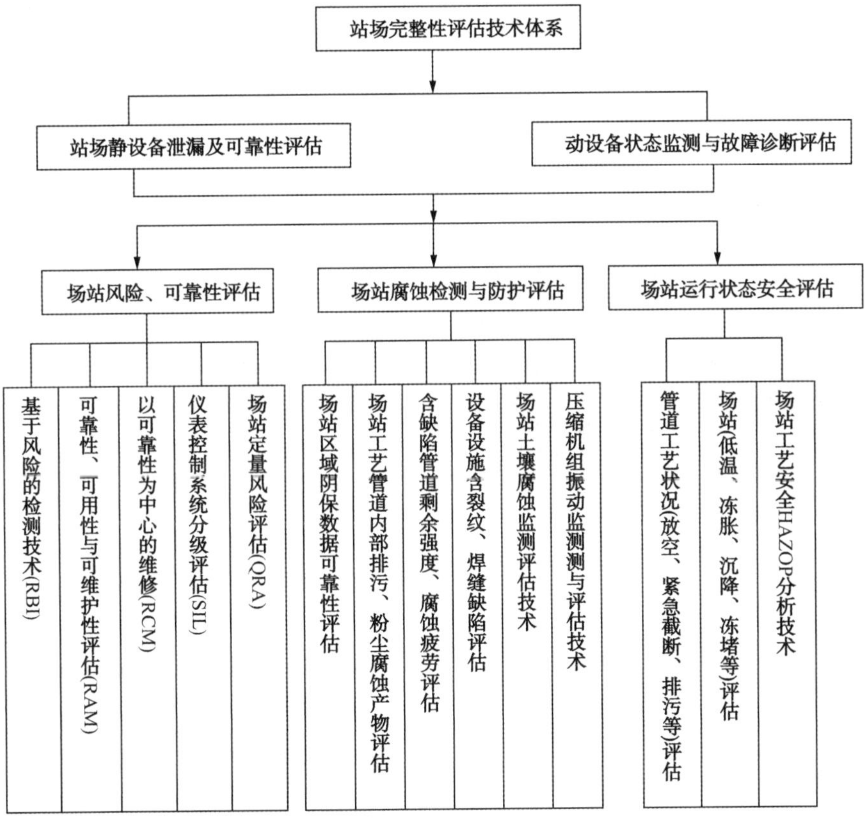

图 9-2　场站完整性评估技术体系框架

2. 站场风险、可靠性评估技术的选择

站场完整性管理是一个持续循环和不断改进的过程。应根据不同的资产类型和状态，采用系统的风险、可靠性评估技术，选择如下：

HAZOP 分析，通过对整个站场的因果分析来确定新的或者已有的工程方案、设备操作和功能实现的危险，主要用于新建站场和工艺变更较大的场站；站内管线与所有承压静设备，采用基于风险的检验(RBI)技术，建立检验计划，预防风险的发生；储罐主要采用储罐的基于风险的检验(AST RBI)技术，建立检验计划，预防风险的发生；压缩机、泵、电机等转动设备以及静设备维护，采用以可靠性为中心的维护(RCM)技术，建立预防性的主动维护策略，防止风险的发生；保护装置、安全控制系统，采用安全完整性等级评估(SIL)技术，建立测试计划，减缓风险发生的程度；定量风险评价(QRA)的方法不是简单地设置防护带，而是采用系统的风险分析来识别危害性站场设施潜在的危害，定量描述事故发生的可能性和后果(如损失、伤亡等)，计算总的风险水平，评价风险的可接受性，对站场设施的设计和运行操作进行修改或完善，从而更科学有效地减少重大危害产生的影响。

3. 大型压缩机系统的关键部位监测技术进展

压缩机系统的各个部件和管道大多是通过焊接和螺栓连接。这些连接处，特别是配管及管道附件，存在较高的由振动引起的疲劳失效潜在风险，应采取相应的监测技术对压缩机的关键部位进行检测，确保压缩机及其附属设施的完整性。

国内采用了研发的振动测试 IOTECH 设备，以及开发的相应分析软件 eZ-Analyst 软件，如图 9-3 和图 9-4 所示，遵循国家标准 GB/T 6075.6—2002，对北京市衙门口加气站 4 台机组进行了测试。选取了 20 个点进行振动测试，如图 9-5 和图 9-6 所示，测试信号分析如图 9-7 和图 9-8 所示。测试中发现了 16 个 C 类和 D 类风险点，其中 C 类点为振动在该区域不能长期运行，如有合适的机会需要维修，D 类点为振动在该区域处足以导致设备损坏，需要立即采取措施。

图 9-3　测试主机 ZONICBOOK618E

图 9-4　3D 加速传感器

图 9-5　测点布置图

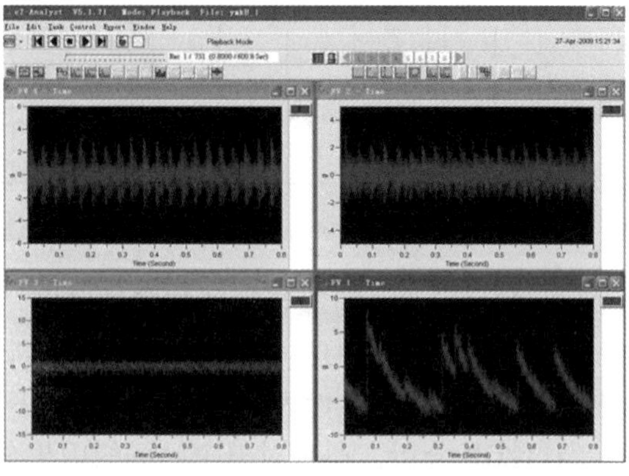

图 9-6　四个通道振动信号

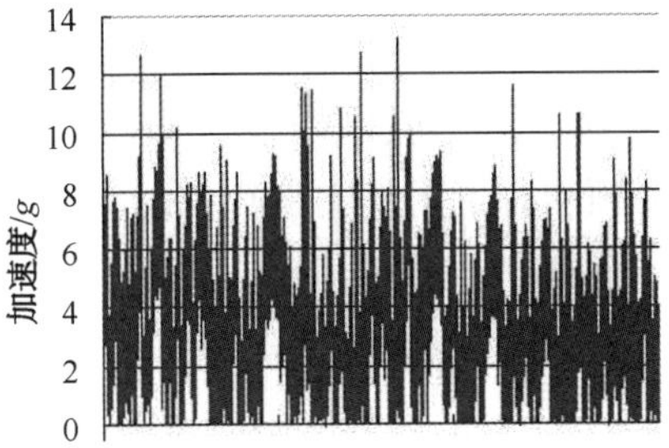

图 9-7　红色测点加速度信号

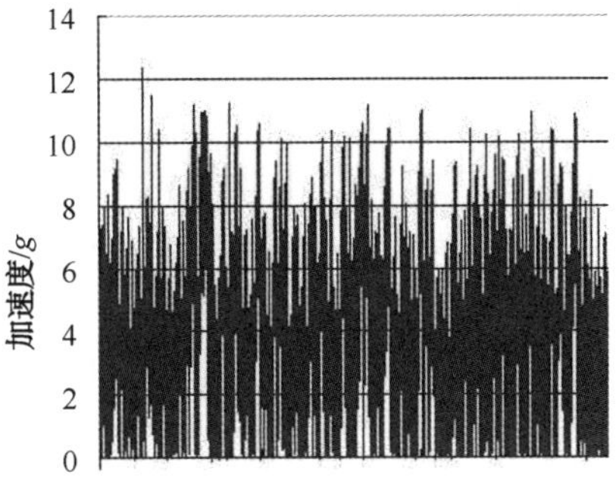

图 9-8　黄色测点加速度信号

4. 场站工艺管线综合检测技术与应用

1）大港储气库群介绍

大港储气库群处于天津大港区，土壤地质环境较差，腐蚀高发，目前大港储气库群由 6 座储气库组成，地面系统纵横交错，地面管道设施建设时间前后跨度已达 10 年，风险极大，需要对该地区地面设施开展场站完整性管理。

2）场站检测技术应用于内外腐蚀的发现

2012 年该公司管理者决定对大港储气库群进行系统的风险识别和检测评估，检测技术使用以色列 Isonic 2006 便携式声定位多功能超声成像检测系统、相控阵检测技术以及英国 GUL 超声导波检测系统，对该地区管段进行 100% 短程导波检测，可疑信号进行导波成像，重点区域进行超声波 C 扫描检测，在 500 多个检测部位发现了大面积的氧浓差腐蚀，均在入地端 500mm 内发生，并且伴有高温氧化特征的电化学腐蚀发生。

按照《输气管道工程设计规范》(GB 50251)规定，使用 ANSYS 软件和 DNV RP-F101 标准进行缺陷评估，确定了 24 个不可接受的腐蚀缺陷点，并进行了缺陷补强修复和换管，确定了 174 处防腐层破损点，使用了抗高温涂层材料在高温湿热环境下进行防腐层补伤，在含水、腐蚀环境复杂的部位使用了黏弹体进行防腐层修复。

通过场站完整性管理的防腐有效性专项管理，保障了站场工艺管线的安全，消除了隐患，效果明显。

5. 输气管道阀门磨损与寿命预测技术研究

1）存在的问题

输气管道阀门的安全可靠性非常重要，清晰地了解管道气质情况与侵蚀过程之间的关系，可以有效提高控制阀门的完整性，防止阀门蚀穿，解决与潜在爆炸相关的安全、健康问题。管道运行期间，经常发生由于管道内粉尘和建设期遗留物高速冲击，造成阀门损坏的事故。基于上述的阀门损坏因素，开展了阀门冲蚀磨损研究，测试了阀门不同部位侵蚀的数据，并在维修期间，建立阀门维护数据库，提出了阀门磨损的抑制措施，主要是在生产运行参数调整和工况调整两个方面做好阀门的运行管理工作，在生产中发挥重要作用。

2）研究进展

基于阀门的冲蚀问题，开展了基于冲蚀机理、实验室试验和现场应用的研究工作。具体内容如下：

(1) 分析了各种阀门损坏的实例。

(2) 实验室测定阀门使用不同材料的冲蚀速率。

(3) 调整阀门开度，实验室测定侵蚀量与粉尘冲击管道的角度、速度。

（4）通过阀门检维修，现场测定冲蚀速率。

（5）通过建模分析预测侵蚀速率、受侵蚀表面的形状以及侵蚀形式来确定输气管道阀门的材料选择。

3）研究成果

已建立了阀门冲蚀失效数据库，为阀门的寿命预测打下了坚实基础；设计了专用测试设备，测试了用来制造阀门的多种材料，数据可靠，符合现场情况；基于理论研究和实验室测试，提出了消减阀门冲蚀措施，例如调整阀门开度、增加清管频次等，有效降低了冲蚀事故的发生。

9.1.4 目前完整性评估技术应用的主要问题及采取措施

1. 主要问题

（1）管道资产不断增加，完整性评估技术发展不匹配。

中国石油所属管道公司在“十二五”期间管道总量增加迅猛，将达到 12 万 km，在应对资产维护管理方面，完整性管理还没有真正将风险与资源有机结合，即缺乏根据完整性风险评估的结果实现维护维修费用的合理分配并成为公司未来可持续发展的重要内容。

（2）各类检测技术的选择缺乏与实际结合。

在完整性检测技术的选择和应用方面，目前还没有根据运营各阶段管道存在的典型风险进行规划，选择管道内检测技术缺乏依据，同时对国内外管道内检测技术的了解还不深入，需要进一步研究内检测基线检测、再检测的风险管控模式。

（3）完整性管理的风险意识还很薄弱。

管道完整性管理虽然在中国引进多年，但其发展不平衡，特别是各运营企业基层单位对完整性管理内容还没有很好地掌握，风险意识还没有完全建立起来，缺乏对设备、设施、管道等面临风险的深刻认识，缺乏有效的预防性管控手段，主观认识仍然停留在事后管理的层面上。

（4）风险评估手段不系统。

在各专业完整性管理方面，缺乏管理细节控制措施。风险分析评价手段没有系统化，国外管道公司针对风险采取了 127 个要素的整合分析，有系统的软件支持，而国内管道企业仅对单项风险进行评价，没有开展系统整合的风险评价；评价技术存在差距，在管道风险评价技术方面，一是风险评价技术不统一、缺乏整合，二是个别设备还没有建立风险识别与评价方法，三是部分设备缺乏可量化及可控的指标。

（5）完整性评估技术的应用缺乏审核和监督。

各所属企业的基层单位资产完整性管理执行情况缺乏有效监督和检查。在管道完整性管理和场站完整性管理的体系文件执行方面，各级管理部门在日常检查时缺乏系统性，针对资产完整性的风险识别、评价以及削减，缺乏跟踪和有效管理。

（6）管道场站设备数据收集和分析还不深入，统计分析缺乏手段。

主要是对于资产管理中的失效分析、备品备件安全库存以及设备故障处理、预防性维护、标准作业计划等在系统中实现还有很多差距，需要各部门提出解决的需求，通过信息系统开展设备预防维护、故障分析模块、压缩机统计分析、单机备品备件等工作，缩小资产维护维修历史数据方面存在的差距。

（7）设备变更管理是短板。

在设备变更管理方面，目前缺乏统一的规定，没有在文件中规定变更中的各个要素实现变更的途径，需进一步在文件中明确，实现手段可在 ERP 系统中变更设备数据，可在设备管理系统中变更，可在 GIS 系统中变更线路数据，在档案室资料中变更竣工资料，在运行站场、管理单位变更图纸。

(8) GIS 系统的建设与发展极不匹配。

大多数管道公司的影像数据、基础数据还没有建立统一的数据库，没有做到与桩号匹配，影响了应急管理、完整性管理，一旦发生事故则难于决策；大多数管道运营公司数据已多年沉淀，没有很好地梳理，一旦丢失无法补充；大多数没有开展建设期、运营期数据的回复和匹配，由于建设期标段号、设计桩号和竣工桩号的差异以及数据填报等问题，竣工数据往往不能很好地利用。

2. 采取措施

基于完整性评估技术的重要性，仍然有大量的工作要开展，需要从以下几个方面开展工作：

(1) 强化完整性评估技术文件管理。

完整性管理部门应及时对体系文件全面进行梳理，理清职责，确定四级管理职责，即完整性管理牵头部门、各专业完整性管理部门、管理处分公司、站队四个层级职责，细化资产完整性管理部门、管道线路完整性管理部门、压缩机完整性管理部门、储气库完整性管理部门的职责，重点针对完整性评估的流程、技术要点、决策评估等作出规定。

(2) 深化应用信息技术手段，满足完整性评估的需求。

强化场站设备失效故障统计分析，提高场站完整性评估水平，手段就是通过深化 ERP 系统的设备模块分析统计功能，建立设备设施失效数据库，开展设备数据的故障统计分析。

(3) 加强数据管理，为完整性评估提供数据支持。

强化数据整合和入库工作，将竣工数据与地理信息数据、管道属性数据整合，保障管道数据准确性，使各类数据能够分类、分功能入库，为运行管理、应急管理、完整性管理与评估提供决策支持。

(4) 要深化完整性评估技术的应用。

要深化内检测技术和数据的应用，对于已经开展第二次检测的管道，进行前后检测的数据对比分析，全面掌控管道缺陷发展情况，并对检测数据及时入库，开展管道完整性的动态管理；要深化 ECDA 评估技术的应用，管道处对 ECDA 实施、区域阴极保护实施情况进行全面检查，对照审核报告查找不足；研究矩阵式风险管控，将站场、作业区定义为矩阵模式，进行重点区域、重点段的风险管控，并制定相关措施和手段；加强残余应力检测新技术引进和应用，推进残余应力的早发现和早识别；进一步深化场站管道检测、评价技术的应用，在分离器裂纹失效预防方面，开展声发射检测技术的应用，全面开展基于风险的检测(RBI)工作，开展基于风险的检测管理，按照 RBI 分析结果，推进基于风险的检测模式。

(5) 加强线路、场站完整性评估和风险管控。

各级完整性管理部门要梳理建立一套统一的场站设备、管道风险识别和评价、控制措施的方法，满足生产需求，针对设备设施明确各级风险管控职责；管道线路管理及运维部门应分别针对各自管辖范围，制定线路风险识别和评价的有效办法，包括本体风险评价、腐蚀与防护风险评价、地质灾害风险评价、第三方破坏风险评价，需要确定量化的风险可接受指标；场站管理部门应针对场站每一台套设备的风险识别、评价办法、管控措施制订风险控制对策；进一步明确 HAZOP、SIL、QRA、RBI 技术的使用范围和条件，确定各种复杂的设备类型，阀门、容器、压缩机、分离器、计量调压装置使用的风险识别和评价技术，规范失效模式、后果分析、事故隐患处理、安全检查等方法。

压缩机管理及运维部门应针对压缩机设备及配套系统的风险，制定每一单体及部件风险识别、评价办法和管控措施，同时考虑压缩机单机核算、备品备件的优化；储气库管理或运行部门应根据井口和地下设施的特点，制定井口和井下设施的风险识别、评价办法和管控措施。

(6) 做好完整性管理的审核，重点开展完整性评估技术应用的审核。

开展内部审核工作，内部审核是确保完整性管理体系运行重要环节，是完整性管理体系持续改进的重要依据，要不断完善完整性管理内审体系，按照国际标准和完整性管理审核要求开展完整性管理内审，要重点针对完整性管理的风险控制核心技术开展审核，特别是加强完整性评估技术应用的审核。

(7) 做好完整性管理体系文件更新工作，重点完善完整性评估技术的应用。

完整性管理涉及的体系文件较多，必须不断更新，把先进的技术手段和方法及时转化为文件，持续改进文件，并且不断查找漏洞，做好体系文件的维护，特别是完整性评估技术的应用周期、使用条件、执行审核和检查情况等。

(8) 夯实完整性评估技术的支撑作用。

通过引进吸收先进的完整性管理支持技术，全面与现场实际情况结合，积极开展管道设备设施的预防性检测和测试，找出危及管道系统安全的关键风险因素，开发利用好先进的检测技术和设备资源；要积极开展计划内的管道内检测、站场工艺管道的超声导波检测、管道防腐层状态检测，采取有效措施控制并消除杂散电流的干扰，强化设备设施的完整性管理，定期开展管道腐蚀直接评价(ECDA)；加强站场、阀室工艺管道的沉降监测和关键点壁厚监测；要不断强化完整性评估技术支持手段，进一步完善提高高钢级管道缺陷评价和风险评价的技术条件，积极地利用管道缺陷使用性评价、管道周边环境变化及施工作业影响评价及风险评价所需的软、硬件，做到“专业化、科学化的隐患发现”，能够采取科学的技术方法对所有危及管道安全的风险因素开展评价分析，对其未来发展趋势作出预测；要重点针对地区等级升级地区的措施进行评估，采用等风险理论对管道地区等级升级地区进行管控，实现所有危及管道系统安全的风险因素及其发展趋势处于已知、可控的状态。

9.2 管道直接评估技术与应用

9.2.1 输气管道ICDA直接评估技术

1. 内腐蚀的直接评价方法(ICDA)

内腐蚀的直接评价(ICDA)是一个评价通常输送干气、但可能短期接触湿气或游离水(或其他电解液)的输气管道完整性的结构性方法。通过局部检查电解质(如水)最易积聚的管道沿线的倾斜段，可了解管道其他部分的情况。如果这些位置没有腐蚀，那么其下游管段积聚电解液的可能性就很小，因此可以认为没有腐蚀，不需要检查这些下游管段。

内腐蚀最有可能出现在最易积水的地方。预测积水位置可以作为进行局部检查优先级排序的方法。预测最易积水的位置，需要有管内多相流特征方面的知识。ICDA方法适用于管道任意两个进气点之间的管段，除非新的输入或输出气体改变了电解液进入的可能性或流动特性。

在预计有电解液积聚之处要进行局部检测。对于大多数管道，估计需要进行开挖检查和进行超声波无损检测，以测定该处的剩余壁厚。管道某处一旦外露，可采用内腐蚀监测法

(如采用挂片、探针和超声波传感器)进行检查，这种方法可以使运营公司延长再检测的时间间隔，并有利于对最易发生腐蚀的部位进行实时监测。某些情况下，最有效的方法是对部分管段进行内检测，并利用检测结果对下游清管器不能运行的管段进行内腐蚀评价。如果最易发生腐蚀的部位检查发现没有受损，则可保证该管道的大部分完整性良好。

ICDA 流程如图 9-9 所示(同时也考虑了可积聚液体的其他管道部位)。

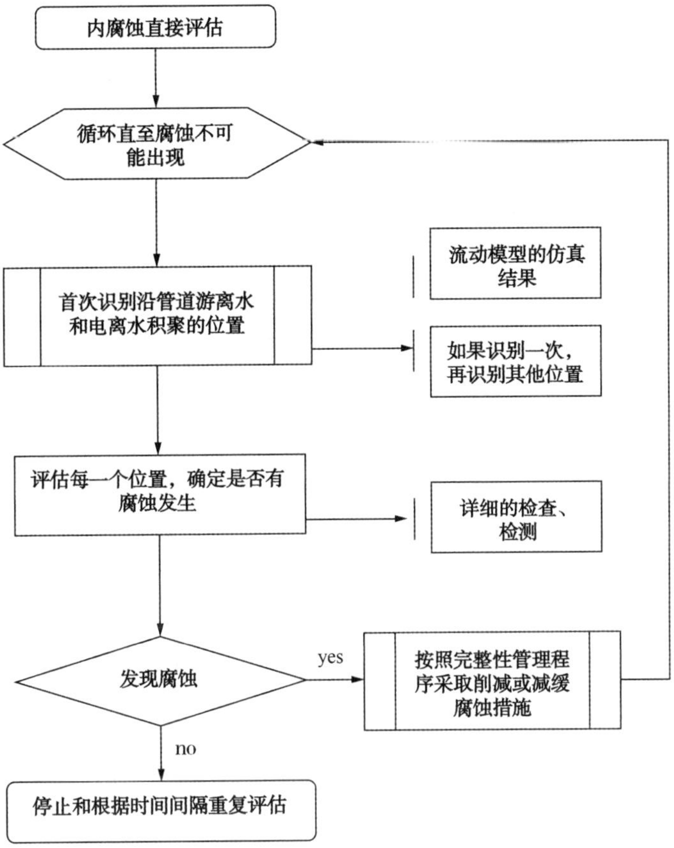

图 9-9　ICDA 流程图

2. 预评价

预评价确定 ICDA 是否适用于评价管道的内腐蚀情况。预评价要求对设施进行描述，并收集有关操作和检测(包括管道破坏和修补)的相关历史数据。

如果可以证明某一管段从未有过水或其他电解液，那么该处的下游直到下一个进气点之前的管段，都不必进行 ICDA。如果经 ICDA 发现整条管道都有严重的腐蚀，那么对该条输气管道 ICDA 就不适用，应采用内检测或水压试验之类的其他完整性评价技术。

3. 局部检查点的选择

内腐蚀损伤最有可能出现在水最先积聚的地方。预测积水位置是确定局部检查点的主要方法。根据多相流计算，可预测积水位置，多相流的计算又取决于包括高程变化数据在内的几个参数。ICDA 适用于新输入量或输出量改变环境之前的任何管段。只有在电解液存在时，才有可能腐蚀，腐蚀的存在又表明在该处有电解液。应当注意：没有腐蚀并不表明没有液体积聚。对于气流方向定期改变的管道，在预测水积聚的位置时，应考虑气流的方向，也就是说，液体可能在进气点的任何一侧或两侧积聚。

输气管道中液体含量较少时，电解液一般以膜状或滴状形式存在。膜状流动被视为主要的输送机理，因为大多数时间输气管道通常都输送干气，预计水滴会因良好的传质条件而蒸发。在含不饱和水的气相中，估计水滴会蒸发。流动气体产生的剪应力和管道倾斜产生的重力致使薄膜沿管道流动。在重力大于剪应力作用时，会发生水滞留。通过多相流的计算，可以预测电解液积聚的管道临界角度。

4. 局部检测

要在电解液最有可能积聚之处进行局部检测。对于大多数管道，往往要求开挖，并采用超声波壁厚测定法进行检查。这些方法和其他监测方法可以用于局部检测。某些时候，腐蚀监测方法(如试片或电子探针)也可作为局部检测方法。

如果最有可能腐蚀的位置经检查未发现腐蚀，则可保证大部分管段完整性良好，这就可以把资源集中用于更有可能产生内腐蚀的管道上。如果发现腐蚀，对管道完整性的潜在危险得到确认，则可采取减缓腐蚀的措施。这也说明这种方法是有效的。

5. 后评价

后评价的作用是验证对特定管段进行 ICDE 的有效性，并确定再评价的时间间隔。倾斜角度大于电解液积聚临界角的管段，运营公司必须在预测有水积聚地点的下游位置，再进行一次或多次开挖。如果最有可能腐蚀的部位经检查未发现腐蚀，则可保证管道的大部分管段完整性良好。如果在管道倾斜角度大于电解液积聚临界角的地方发现腐蚀，则应对电解液积聚的管道临界倾斜角度进行重新评价，并另选几处地方进行局部检测。

6. ICDA 技术详细操作步骤

1）临界角概念

ICDA 方法能被用来进行管道内部腐蚀的评价分析，并保证管道的完整性，这种方法是针对输送正常天然气但经常遭受到短期的湿气和液体、电解液影响的管道开发的。ICDA 的出发点是基于沿线检查管道的可疑点，掌握一手的水、电解液积累信息，并进行分析评价腐蚀速率和剩余强度。如果发现沿着管道在可能积聚电解液的地方没有造成腐蚀，那么，其他地段就不可能产生电解液的积聚，更不可发生内部腐蚀，简单地说，腐蚀最可能在水积累的地方发生，直接评估法评价内腐蚀的可能性，并且结合所有使用的方法将评价结果提供给操作运行人员，ICDA 使用流体模型提供了一个框架以便更好地应用这些方法。

由于一些原因管道的内腐蚀难以定位和测量。绝大部分的内腐蚀探测和测量都依赖于管道内检测和可视化工具比如智能内检测，由于物理上和化学上的一些因素，管道的一些部分不能够进行内检测。其他的检测技术比如超声波技术和 X 射线技术是用来进行壁厚测量和管道外侧金属损失量的评估的，但是挖掘、清理和其他的物理条件约束决定了一次只能对很小的一块区域进行检测。ICDA 技术提供了一种评估管道水聚集和内腐蚀的可能性，并且对关键区域进行鉴别从而提高检测方法的准确性和保证天然气管道的正常运行。一个对于关键部分水聚集具体的研究可以为管道系统其他部分提供相应信息。

ICDA 有如下两个列出的具体程序：一是对于倾斜度大于临界角的区域的鉴别和选取；二是针对这个区域进行详细的腐蚀检查。临界角是指致使液体在管道里聚集的临界角度，促使切应力与液体的重力达到平衡的状态。如果检测没有发现腐蚀则可以认为下游也不太可能发生腐蚀。对倾斜度最大的上游的最初位置的性能监测，能给我们提供这两点之间的管道完整性信息。通过对于各个易受影响管段的鉴定和监测，实现了对整个管道的内腐蚀的评估。

如果评估最易发生内腐蚀的区域经检查发现没有损伤，可确定管道系统的完整性。如果在这些部位发现有腐蚀，就会出现一个潜在的完整性问题。

2）数据收集 ICDA 区域腐蚀可行性分析

对于 ICDA，通过收集历史数据和当前数据来确定 ICDA 是否是可行，确定评价的区域和范围，收集的数据类型应该包括：建设数据，操作和运行历史记录，高程和管道埋深图，其他地面的检测记录，以前完整性评估和维护方面的检测报告。ICDA 所要求的数据列于表 9-1和表 9-2 之中。

表 9-1 ICDA 方法数据要求

分 类	条 件
操作历史	输气气流方向有无改变，服务年限，压力波动
定义长度	所有进气口和出气口之间的距离，气出口和进口位置
高程	管道高程走向 GPS、埋深
特征/倾斜	穿路、河流、排污等
直径	内外径
压力	正常操作范围
流量	正常操作范围
温度	周边环境
水露点	假设<7lb/MMSCF
脱水剂-类型	例如：乙二醇的注入量和规律
扰动	例如：自然的、断断续续、慢慢的
水压试压频率	有水存在
失效/泄漏位置	
其他数据	

表 9-2 输送条件

	气量/($10^3m^3/d$)	压力/MPa	温度/℃
高			
平均			
低			

气体输送管道 ICDA 的可行性由一系列的管道特征所确定，ICDA 的发展是以这些特征为基础的，第一个特征是输送的气体是干气($\leq 712g/m^3$)，另外受外界扰动的液态水分都蒸发为气相分散到干气中，这种条件允许短期的上游水聚集，但下游水的积聚和析出是不期望的，在这种限制条件下，如果水存在，将发生在沿着管道的孤立位置。如果这些管道没有被加缓蚀剂，没有内涂层提供腐蚀防护，不经常使用清管器清管，清管的次数少于造成腐蚀的次数，以至于水积聚在驻留的位置形成腐蚀，这个位置即是流体模拟预测的位置而不是下游的某个位置(如遗留在管线清管后的管线内部)。流体模型参数的范围包括来自预见的主要天然气输送管道，不受任何技术限制，边界条件是最大的气流速度 7.6m/s，管道尺寸 0.1~1.2m，压力 3.4~7.6MPa，整个管段相对常温(在潮湿的地区，压缩机站出口可到54℃)。

对于 ICDA，液态(游离)水被认为是腐蚀的主要缘由，另外，电解液、乙二醇和湿气被认为是第二腐蚀源，其他腐蚀源则不被考虑(如试压用水)，但液态碳氢化合物，如碳氢冷凝析出物、液压油、压缩机防凝液、润滑油等对 ICDA 的影响应被考虑，因为腐蚀速率可能受这些条件影响。

管道长度在一段长度内被强调的是管道输入条件和输出条件，ICDA 过程考虑的管道长度不依赖于距离，但是，ICDA 应用条件是针对任何管长主要依赖于可能存在的电解液、流体特性、新的输入和输出条件的改变，温度和压力的改变也是 ICDA 考虑的单独分段因素，这是由于局部压力、温度下凝析液的析出影响或变化倾斜角的影响。

3）流体模拟

ICDA 方法的第二步是流体模拟而不是地上检测，通常用来模拟最可能遭受腐蚀的位置。

ICDA 方法主要依赖于识别最可能积聚电解液的位置，并计算腐蚀速率，层流是液体水主要的输送方式，任何液滴可能以汽化的方式保存在气体之中，因为天然气输送管道在大多数的时候输送干气，液滴在气相中呈现未饱和状态，大多数的传输条件有于液滴出现蒸发状态，液滴的表面积与体积之比较高，水直接暴露于气相之中，在液滴附近的气体流速较高，液滴水膜相比较而言不利于液态蒸发的质量传输特征。当作为液滴扩散挥发时，管底的液体表面积与体积之比较小，在液体表面的气体流速比气相液滴低得多，一种不易挥发的液体的覆盖作用抑制了水的蒸发是可能的，薄膜流动是由运动的气体和管道倾斜角造成的重力分力施加的剪应力沿着管道驱动。

实施一系列的稳流流体模型模拟来预测水聚集的关键参数，为了将模拟的结果使用一个表达式，一个改进得到的 Froude 参数 F 被推荐(代表重力与惯性应力作用在流体上单位面积上的比)：

$$F=\frac{\rho_1-\rho_g}{\rho_g}\cdot\frac{g\cdot d_{id}}{V_g^2}\cdot\sin(\theta) \tag{9-1}$$

$$F=0.36\pm0.08 \qquad (\theta\leqslant0.5°) \tag{9-2}$$

$$F=0.33+0.143\times(\theta-0.5) \qquad (0.5°\leqslant\theta\leqslant2°) \tag{9-3}$$

$$F=0.56\pm0.018 \qquad (\theta\geqslant2°) \tag{9-4}$$

式中：ρ_1 和 ρ_g 是液体和气体密度；g 是重力；V_g 是气体速度；θ 是倾斜角；d_{id} 管道内径。气体的密度由压力和温度确定，在角度小于 0.5°时，Froude 参数经计算为 0.35(有 0.07 的误差)，在角度大于 2°时，F 为 0.56(有 0.02 的误差)，在角度大于 0.5°小于 2°时，多相流是层流到紊流的转变，F 在这个转变区域内线形插值。压缩因子 Z 被用来计算气体密度。

$$Z=\frac{PV}{nRT} \tag{9-5}$$

式中：P 是压力；V 是体积；R 是常数；T 是温度。对于标准状态气体，Z 的缺省值为 0.83。

流体模拟结果可用来预测水开始积聚的位置，如果水是被输入到管道内部的，水积聚在管道上坡的位置，这是因为剪应力与重力达到平衡，对小范围区域管道明显特征(如穿路段)而言，水的积聚将产生在短的上坡区域段，因此需要指出的是这段管道需要检测和检查。在有大的高程起伏的区域，管道经过高山和陡坡地段，这时气体流速是变化的，在这段内确定液体积聚的位置更加困难。

倾斜角通常以角度给出，高程变化也给出，倾斜角的 sin 值即通过距离和高程的变化得出：

$$\sin(\theta)=\frac{\Delta(\text{elevation})}{\Delta(\text{distance})} \tag{9-6}$$

倾斜角为：

$$\theta=\arcsin\left\{\frac{\Delta(\text{elevation})}{\Delta(\text{distance})}\right\} \tag{9-7}$$

倾斜角与水积聚的临界角对比可通过流体模型得出，第一个倾斜角要比水首次积聚的临界角大得多，与其他管长范围内的区域相比，这个位置最可能是遭受腐蚀的区域。

4）直接检测

对于ICDA，按其最严格的定义直接检测是不必做的，这是因为即使挖开管道，管道内部检测也是不能进行的，但是详细的检查是可能的，这种详细的检查包括一些技术(例如腐蚀预测、腐蚀监测或检测)，特别是开挖后超声波和射线检测是经常使用的一种方法，值得注意的是，一旦一个位置确定下来，通过安装腐蚀监测工具(如挂片、探针、超声波探头)可以允许运行人员增加检测次数，在某些易受腐蚀的地点做到实时监控，并从中受益。另外，腐蚀监测工具只安装在有异议的位置，因此，假如腐蚀是随位置变化的，腐蚀挂片可以安装在任意位置，该位置不一定是腐蚀最严重的区域(管道末端)。对于ICDA，可能应用于以下位置，这些位置的上游都使用了性价比最好的方式——运行内检测(ILI)工具，ICDA可使用这些结果来评价下游不能内检测的管段位置，这是因为ICDA预测腐蚀发生的概率在上游可能要比下游大，通过上游完整性的验证可得出下游位置的腐蚀情况结论。

如果最易遭受腐蚀的位置被确定没有其他损伤，大部分管道的完整性已经被保证，那么，有限的资源可被利用在管道最容易遭受到腐蚀的地方，当然，如果腐蚀被发现，潜在的影响管道完整性的问题就被识别出来，这种方法被认为是成功的。

比较水积聚临界角和管道实际的倾斜角，就可确定需要检测和检查的位置，这对选择多处腐蚀开挖位置是有帮助的，经过有效的进一步排查和使用更多的历史经验，这些腐蚀开挖点可能要改变，工业现场经验可帮助确定腐蚀点位置数量，并能增强识别内腐蚀的自信心。

当管道在恒定速度下运行时，第一个倾斜角比临界角大得多的位置代表着水第一次积聚的位置，所有上游具有较低倾斜角的位置不会引起水积聚，从而不可能发生腐蚀，所有的下游位置或者不可能出现水(因为水会积聚在上游并呈气态存在了)，或者只在上游管段已经全部充满液体沿管段流下的情况才发生腐蚀。在这种状况下，上游位置将有一段长期的暴露期，因此可能要遭受最严重的腐蚀，对于管道而言，在所有管道倾斜角小于管道内部水积聚的临界倾斜角的位置，最高处的倾斜角是管道长度内所关注的。

大多数管道有一个从零到最大的气体速度范围，它使这套程序变得复杂了，严格上讲，在气体任意速度到最大速度的范围内，大倾斜角的管段将积聚水，但是在上游、较低的倾斜角位置处也可能引起管道内部水的积聚。基于此，针对倾斜角的检查，高于临界倾斜角可被用来评价下游管段的完整性。但是，上游管段的完整性仍然是未知的，如果有一段时期内管段的气体运行速度范围信息，当气体的速度的变化率较小并且表现明显时，就可用工程判断方法来确定。

ICDA方法程序步骤如图9-10所示。

(1) 第一次找出管道倾斜角大于最大临界倾斜角的位置，最大临界倾斜角是由操作条件和流体模拟确定的，如果所有的倾斜角都大于临界倾斜角，则沿管道长度找出最大倾斜角。

(2) 在目标位置实施详细的检查和检测，如果没有发现腐蚀，得出结论下游腐蚀是不可能的，然而，如果速度范围(或其他相关参数)存在变化，则管段的临界角要比通常情况下小，上游的完整性不能通过下游倾斜角位置的检测确定。

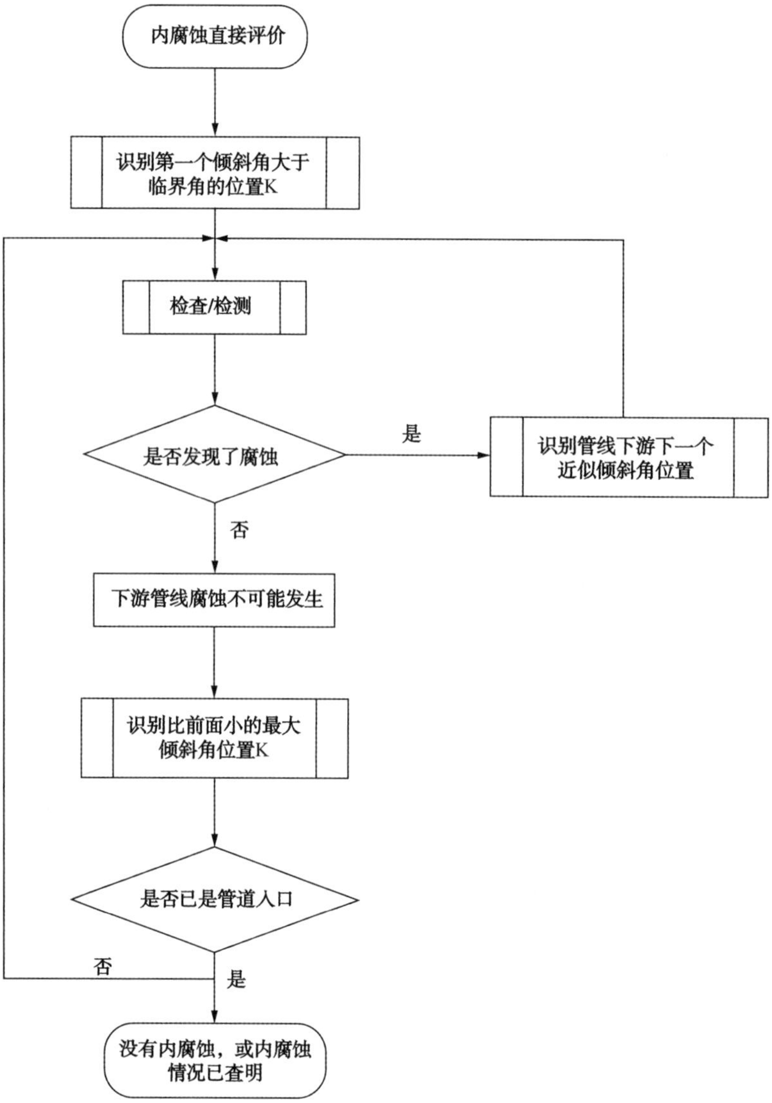

图 9-10　ICDA 程序流程图(“K”代表将来按照评价结果的验证持续改进实施)

(3) 在上游初始、最高倾斜角位置详细地实施检查和检测，这将给下游中间倾斜角位置点提供完整性信息，同时也给下游第一个倾斜角高于最大临界倾斜角的位置提供完整性信息。

沿着高于临界倾斜角的选择位置，可将任何一个水积聚的地点作为检查点(如盲管、阀门、分支等)。当气体达到倾斜角大于临界倾斜角的位置，在上游关键游离水积聚处(如盲管、阀门、分支)的固定安装设备地段能够积聚水(或其他电解液)，因此，这些固定安装的设备地段应该被检查，但这些不能代替对管子的检查，因为积聚的速率依赖于固定设备的几何形状。理想情况下，积聚在管道倾斜角大于临界倾斜角位置的水在充满和运输到下一个位置前要蒸发汽化。然而，某种工况下，管道内大量的液体充满了积聚点并被运输到下一个固定的接收地点，如果水的蒸发率是相似的，这种情况下坑洼位置确定为检测位置是可接受的，因为上游积聚点将暴露在水中很长时间(要经受很长时间的腐蚀)，然而如果坑洼形状有严格限制，那么在下游的坑洼内部腐蚀将会变得更加严重。

图 9-10 中的第二个关键要素表示直接检测，位置点的详细检查在步骤 2 中进行。

5）后评价

后评价的过程是 ICDA 的第四个步骤，它覆盖了以前三步的搜集的所有数据的分析，评价过程的有效性，确定重新评价的时间周期，对天然气管道的 ICDA 是基于气体质量间断性的干扰为前提的，大多数管道在该种条件下不发生腐蚀或很少发生腐蚀，如果大量的腐蚀被发现在任意位置，ICDA 方法是没有效果的，将来 ICDA 方法可能针对湿气输送要强调其适用性。

6）案例分析

某天然气管道双向运行，管道外径 30in/760mm，壁厚 0.328in/8.33mm，内径 29.344in/745mm，管道走向由北向南，流量是双向的取决于用户需求，过程边界条件如图 9-11所示，压力和流量是变化的，但最大量是已知的，最高压力是 442psi/3.05MPa(此压力要在计算液体最大积聚临界倾斜角时使用)，最高流量是从北到南方向 490km^3/h(415.3 $\times10^6$ft^3/d)，最高流量是从南到北方向 145km^3/h(122.89 $\times10^6$ft^3/d)，温度是常温 55℉/13℃，使用改进的 Froude 公式计算临界角与流量的关系，最大压力下计算的临界角和流量的关系图显示在图 9-11 中。从这个结果图中，发现由北向南输送的最大流量的临界角是 8°，相应的由北到南的临界角是 0.4°。

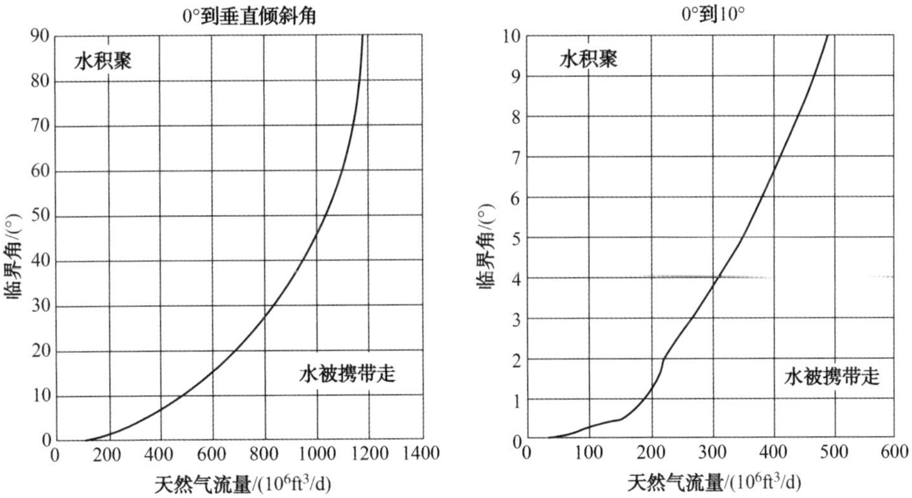

图 9-11 临界角与输出流量的关系

管道走向高程剖面由手持 GPS 确定，确定管道的埋深，高程剖面在图 9-12 中显示，相对于其他点最北的点设置为零，从高程剖面图上可以看出，计算出倾斜剖面图倾斜角，在双向与最大临界角相比较，图 9-13 为结果的描述。

对于从北向南的流量，向上的倾斜角数据显示在图 9-14 之中，与 8°的点划线相对比，第一个 44ft/13m 包含的倾斜角要比临界角大得多，在所有可能的速度和压力下要积水(按最大压力和速度确定)，沿着管段常温下，水将积聚在第一个上游位置，当充满上游位置继续向下游流动时，腐蚀最可能发生在 44ft/13m 处，该位置表现的没有腐蚀现象证明了腐蚀不可能在下游发生。

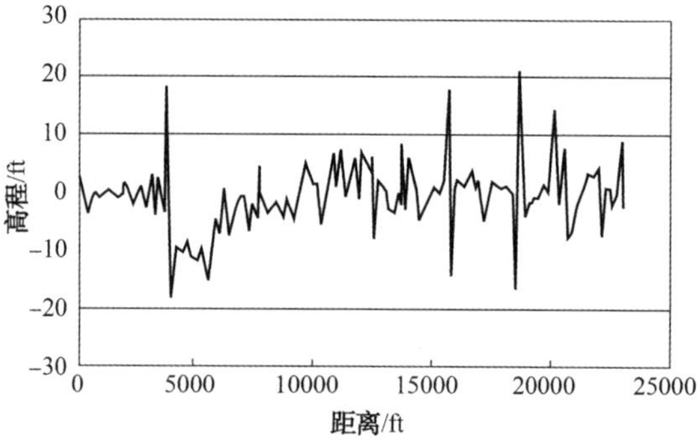

图 9-12　高程剖面图

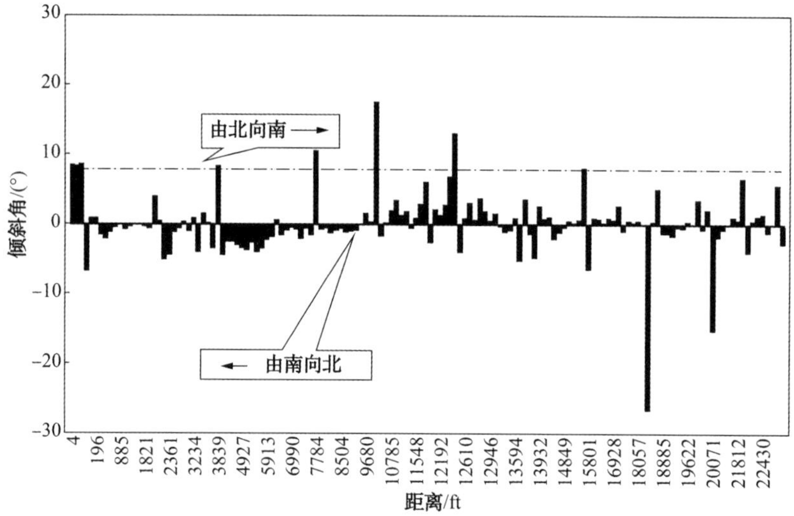

图 9-13　计算的高程倾斜角剖面

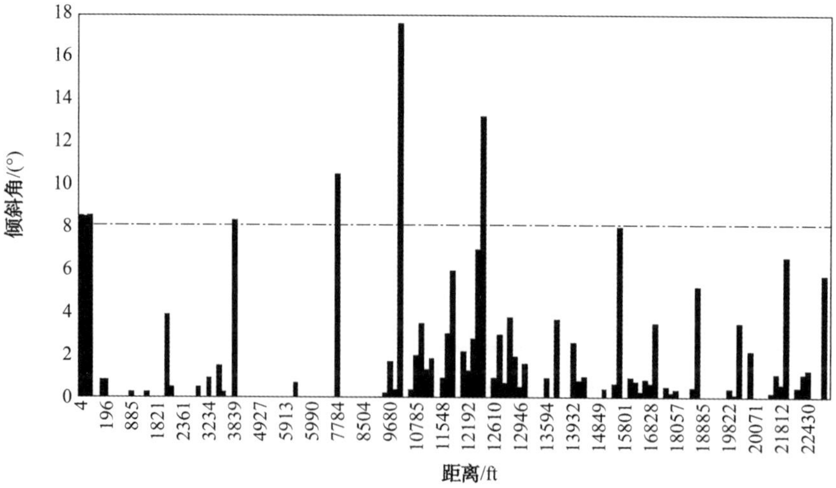

图 9-14　气体从北到南流动倾斜角剖面

即使腐蚀现象发生在 44ft/13m 的位置，或如果入口温度不为常数，下一个位置大于临界角 8°，位于大约 3840ft/1170m 点处，如果没有腐蚀在该位置出现，那么下游腐蚀是不可能发生的。然而，管道承受一定的压力范围，上游腐蚀问题必须考虑，这是因为在一段时间内的增压和减压或总流量的增减，在低的临界角位置处，一次水积聚的腐蚀干扰现象可能发生。下一个最高的上游角度在 2050ft/625m 的位置(3. 8°倾斜角)，任何液滴到达这个位置时，可能会积聚也可能会传输到下一个位置 3840ft/1170m 处，在 2050ft/625m 位置没有腐蚀出现则在 2050ft/625m 至 3840ft/1170m 处是不可能出现腐蚀的。下一个上游能够积聚水的位置是 125ft/38m 处(0. 72°倾斜角)，任何不能到达 38m 处的液滴将被输送到 2050ft/625m 处，125ft/38m 处无腐蚀出现则 125ft/38m 和 2050ft/625m 之间管段不可能出现腐蚀。

对于天然气流体从南到北，向上的倾斜角用图 9-15 显示，与 0. 4°的倾斜角点划线一起，该线代表临界角。图示表明，第一个 50ft/15m(从南部测量 23030ft/7020m)包含的倾斜角要比临界角大得多，在所有可能的速度和压力下要积水(按最大压力和速度确定)，沿着管段常温流下，水将积聚在第一个上游位置，当充满上游位置继续向下游流动时，腐蚀最可能发生在 50ft/15m 处，该位置表现的没有腐蚀现象证明了腐蚀不可能在下游发生。

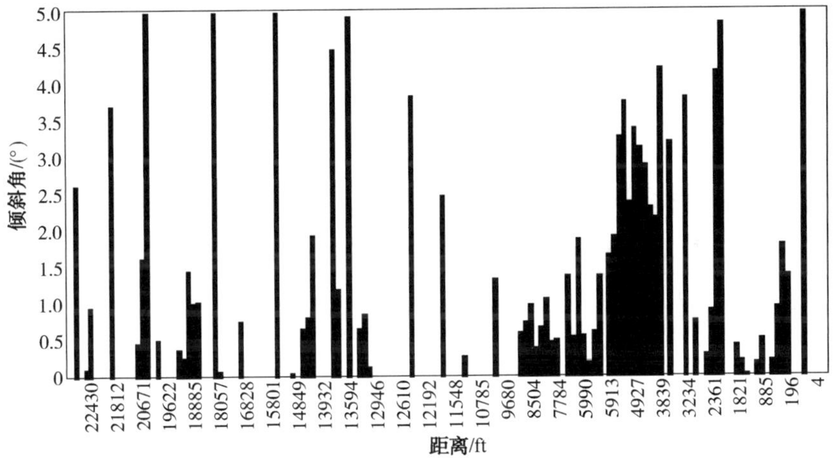

图 9-15　气体从南到北流动的倾斜角剖面

即使腐蚀现象发生在 50ft/15m 的位置，或如果入口温度不为常数，下一个位置大于临界角 0. 4°，位于大约 22525ft/ 6866m 点处，如果没有腐蚀在该位置出现，那么下游腐蚀是不可能的发生的。然而，管道承受一定的压力范围，上游腐蚀问题必须考虑，这是因为在一段时间内的增压和减压或总流量的增减，在低的临界角位置处，一次水积聚的腐蚀干扰现象可能发生。下一个最高的上游角度在 22740ft/6931m 的位置(0. 1°倾斜角)，任何液滴到达这个位置时，可能会积聚也可能会传输到下一个位置 22525ft/6866m 处，从实践的观点看，在 22525ft/6866m 位置没有腐蚀出现则在 22455ft/6844m 至 22885ft/6975m 处是不可能出现腐蚀的。

通过开挖验证，如图 9-16 所示，在 5~6 点位置进行详细测量壁厚，间距为 0. 05m×0. 05m，通过测量壁厚未发现明显的壁厚减少，数据均在 8. 0~8. 8mm 之间波动，这可能是制管过程中的误差。

图 9-16　开挖验证点

7）结论

由于受大多数系统的局限性，气体的流量在年、月、日范围内认为不是常数，考虑压力、速度范围的方法在例子中给出。

如果操作环境被认为是理论常数，则确定第一个高于临界角的管道倾斜角位置，并且检测这个位置，从而确定其他位置。

如果操作环境全天候无变化，当选择检测位置时，流量和方向的改变将首先考虑，对于一个系统来讲，存在一个速度范围，通过对低角度上游位置的开挖检测，可充分地考虑所有位置内腐蚀的可能性。

ICDA 是当选择其他方法不切实际时而使用的一种评价方法。其优点是有限的开挖检测将作为对整个管段的评价，即使最可能发生腐蚀的点没有明显的腐蚀发生，管道评价完成后，则整个管道的完整性有保证；即使腐蚀在几个位置被发现查出，修复完成后，可能存在的问题将被调查，完整性也可被保证，保证的程度将由未来的有效性验证确定；即使在所有的位置发现了腐蚀，也会在潜在的事故发生前，将完整性的威胁因素彻底识别。

7. 有效性验证

1）验证标准(见表 9-3)

表 9-3　干天然气输送管道 ICDA 有效性验证标准

排序	类别	内检测	操作历史	详细检测	有效性/可信度
Ⅰ	理想	可用/最近	有	有	高
Ⅱ	好	在以前阶段	有	没有	中等
Ⅲ	可接受	不可用	部分有	部分有	一般
Ⅳ	不好	不可用	部分有	没有	差
Ⅴ	不可接受	不可用	没有	没有	无

2）数据不确定性

基于计算倾斜角剖面选择地点，倾斜角剖面存在不确定性，对每一个 ICDA 过程的有效性来讲，存在两个可用的资源，即 GIS 系统和 GPS 系统，可以这两个系统找出管道的距离和高程，然而 GIS 系统和 GPS 系统均需要人员的测绘，这些资源有一些不确定性，这些不确定性是由三方面引起的，即地图过时、插值有误差及测量有错误。

3）ICDA 可行性分析(见表 9-4)

表 9-4　ICDA 可行性分析

序号	标　　准	例 A
1	管道内部不包含任何液体，可能有乙二醇存在	可行
2	以前的管道没有任何更改，ICDA 不能使用在(如原油/产品等)管线中	可行

续表

序号	标　准	例 A
3	管道未加缓蚀剂	可行
4	管道没有用于腐蚀保护目的的内涂层	可行
5	管道是否清管，液体的体积在清管操作中未恢复	可行
6	定期清管，频率适中(或偏低)	未确定要素
7	管道内最大的气体速度是 25ft/m(7.6m/s)	可行
8	名义管径是 4~48in	可行
9	压力被保持在 3.4~7.6MPa (500~1100psi)之间	可行
10	在管道长度有相对的常温，土壤温度和压缩机出口温度恒定	可行
11	历史记录管顶不存在任何腐蚀	可行
12	管道不存在规律性的维护(每年或更多频次)	可行
13	管道内部包含固体产物的沉积、软泥、水垢等，没有使用 ICDA 评价过	可行

4) ICDA 区域的定义

双向流动的管道，必须定义每一个方向的 ICDA 区域，按以前的说明，唯一的出口是在管线的起始端和末端，然而，有多个入口在管道中间，沿着管道长度压力是常数，在 ICDA 定义中不起作用。输送量在每一时刻是变化的，历史输入量也是变化的。由于输量不同，ICDA 基于历史和当前的入口位置定义，沿着管道长度变化将 ICDA 分为若干区域(见表 9-5)。

表 9-5　管道 ICDA 区域

气流方向：南向北			
地区	开始历程/(mile/km)	开始特征描述	结束里程/(mile/km)
1	24.29/39.1	历史输入	28.66/46.1
2	28.66/46.1	与 B 线有三通	31.66/51
3	31.66/51	历史输入	35.24/56.7
4	35.24/56.7	历史输入	35.67/57.4
5	35.67/57.4	当前输入	39.74/64
6	39.74/64	当前输入	41.01/66
7	41.01/66	当前输入	41.15/66.2
8	41.15/66.2	历史输入	44.35/71.4
气流方向：北向南			
9	44.35/71.4	当前输入	41.15/66.2
10	41.15/66/2	历史输入	41.01/66
11	41.01/66	当前输入	39.74/64
12	39.74/64	当前输入	35.67/57.4
13	35.67/57.4	历史输入	35.24/56.7
14	35.24/56.7	历史输入	31.66/51
15	31.66/51	历史输入	28.66/46.1
16	28.66/46.1	与 B 线有三通	24.29/39.1

5）临界倾斜角与流量的关系(见表 9-6)

表 9-6　临界倾斜角与流量的关系

ICDA 区域开始号	位置/(mile/km)	最大流量/(m^3/h)	区域临界角/(°)
气流方向：南向北			
1	24.27/39.1	136	4
2	28.66/46.1	138	4
6	39.74/64	138	4
7	41.01/66	146	5
气流方向：北向南			
9	44.35/71.4	148	5
10	41.01/66	156	5
11	39.74/64	156	6
16	28.66/46.1	159	6

9.2.2　管道外腐蚀直接评价技术(ECDA)

外腐蚀直接评价法是针对管段上的外腐蚀危险评价管段的完整性。该过程将设施参数、管道特性的现场检测数据和历史数据相结合，采用无损检测技术(一般为地上或间接检测)对防腐效果进行评价。

直接评价技术与防腐层密切相关，现在国内新建管道普遍采用的是 3PE 防腐层，其典型的结构如图 9-17 所示。

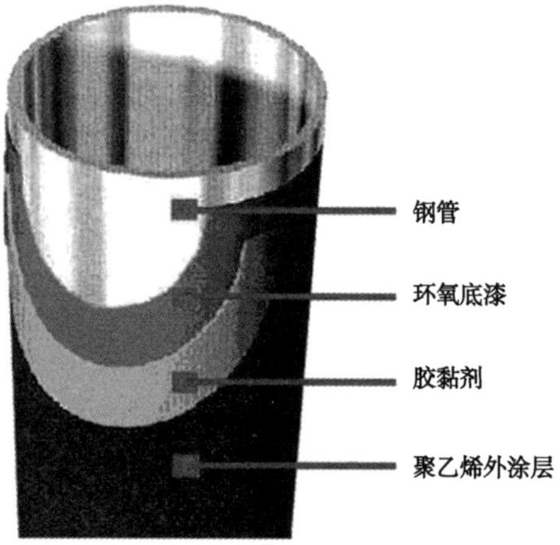

图 9-17　3PE 结构

直接评价一般在管道处于以下状况时选用：

(1) 不具备内检测或压力试验实施条件的管道；

(2) 不能确认是否能够进行压力试验或内检测的管道；

(3) 使用其他方法评价需要昂贵改造费用的管道；

(4) 无法停止输送的单一管道；

(5) 压力试验水源不足并且压力试验水无法处理的管道；

(6) 确认直接评价更有效，能够取代内检测或压力试验的管道。

ECDA 要求进行直接检查和评价，直接检查和评价可验证间接检测确定的管道上现有的和过去的腐蚀位置。

ECDA 要求进行后评价，以确定腐蚀速率，从而确定检测时间间隔，重新评价效能的量度标准及其当前的适用性，确认前面几个阶段所作假设的正确性。

ECDA 分以下 4 个步骤：预评价；检测；检查和评价；后评价。

ECDA 的重点是要识别外腐蚀缺陷可能已形成的区域。已经证明，在 ECDA 过程中，可以检测出机械损坏和应力腐蚀开裂(SSC)等其他危险。在进行 ECDA 且管子外露时，建议运营公司对非外腐蚀危险也进行检测。

ECDA 过程要求采用至少两种检测方法，通过检查和评价进行确认性检查，并进行后评价验证。

1. 预评价(见图 9-18)

预评价步骤为选择每一管段提供了指南，并提供了相应的间接检查方法。还可通过数据收集和分析，判断或确定沿被评价管道进行 ECDA 的区域。ECDA 区域是指管道上有数据表明适合用间接检查方法进行检查的区域。不同的 ECDA 区域，可以使用不同的几种辅助间接检查方法。

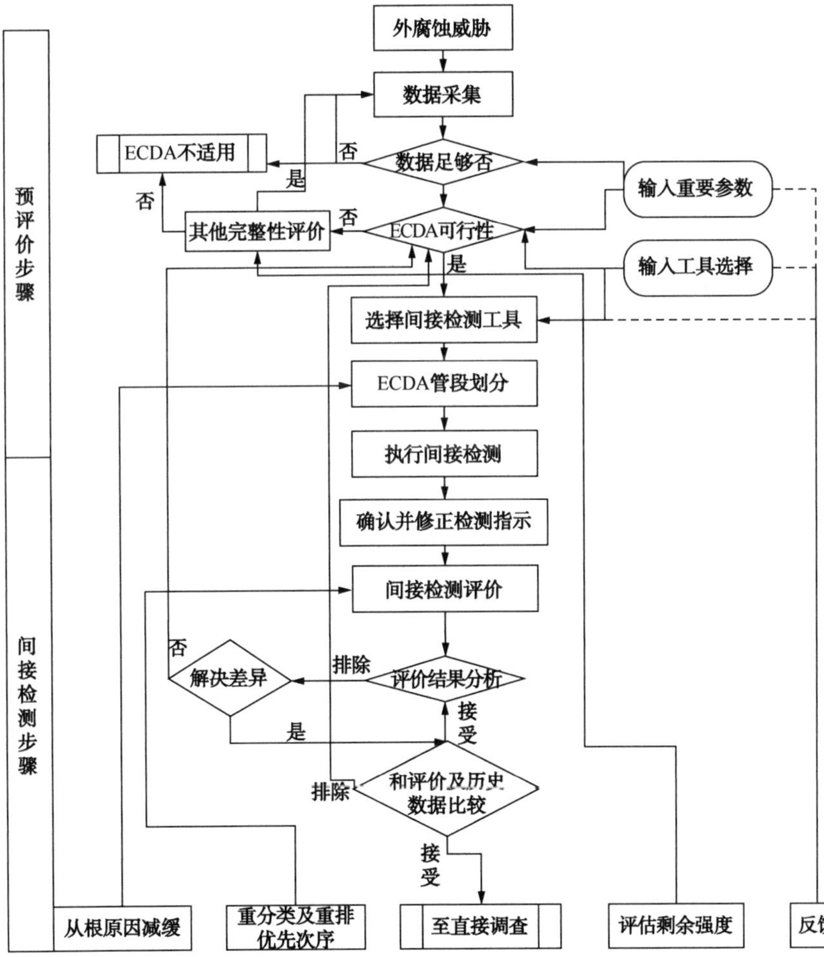

图 9-18　ECDA 过程框图

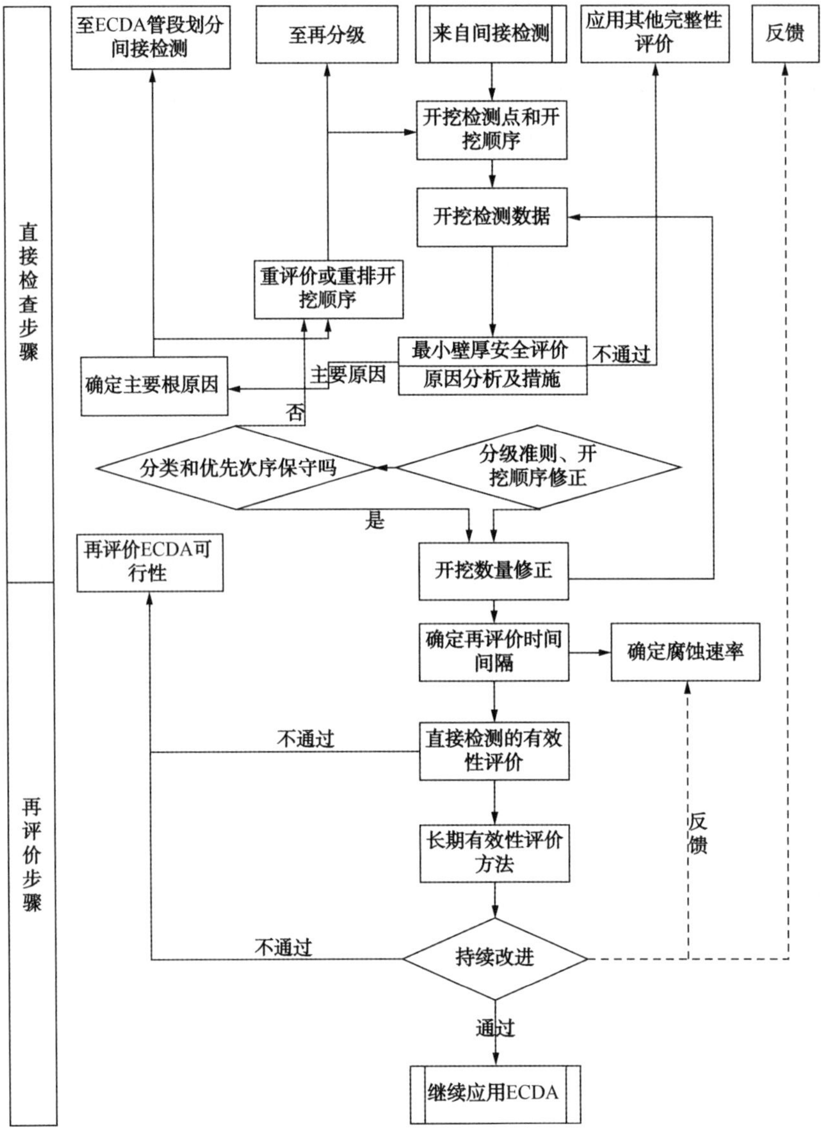

图 9-18　ECDA 过程框图(续)

运营公司必须首先收集管道的历史资料，包括设备资料、运行历史和以前对管道进行地面间接检查和直接检查的结果，还应收集其他有关数据以提高分析评价有效性。应对这些数据进行分析，评价腐蚀程度和可能性，还应考虑可能影响 ECDA 的其他因素，如邻近管道、入侵结构以及明显的操作变化。

预评价步骤评定以前腐蚀和现行腐蚀的位置，运营公司必须确定在这些位置是否可以采用这些 ECDA 方法。

在 ECDA 区域确定后，运营公司至少要选择两种间接检查方法：第一种是主要检查方法，第二种是补充检查方法。因为任何一种方法都不能完全可靠地确定缺陷迹象的位置，所以两种方法都需要。选用第二种(补充)方法是为了验证第一种方法的有效性，并尽可能识别第一种方法可能遗漏的区域。对于这两种方法所得结果相互矛盾的区域，应考虑采用第三种方法进行检查。

2. 间接检测(见图 9-18)

首先采用有效主要的方式来检查涂层缺陷，应对上述预评价识别出的区域进行初步检查，第二步是使用补充方法对同一区域进行检查。补充检查应包括：在第一次检查时难以确定结果的区域、所有特别关注的区域和(与历史数据对比可看出)最近发生了变化的区域。第二种方法必须至少检查每一 ECDA 区域的 25%。

把主要方法和补充方法间接检查结果进行比较，确定是否发现新的缺陷。如果在补充检查中，发现了新的涂层缺陷，则必须对检查结果相互矛盾的原因作出解释和/或采取另外的(第三种)间接检查方法再次检查。如果用第三种检查又检查出了其他的涂层缺陷和/或对补充检查时查出来的腐蚀缺陷不能作出解释，则必须回到预评价阶段，选择其他的评价方法。

在每一 ECDA 区域，应对涂层缺陷的特征加以说明(即是离散的还是连续的)，并根据间接检查数据预计的腐蚀严重程度，对涂层缺陷进行先后排序。例如，根据管道的历史、运营公司可利用腐蚀状态(即阳极/阳极、阳极/阴极、阴极/阴极)等确定哪些涂层缺陷最有可能成为严重腐蚀区域。严重腐蚀可能性最大的那些区域，应优先开挖。

要对发现的所有管壁金属损失情况进行评价，确定相应的再检测和/或再试验的时间间隔。相同的间接检查方法不一定适用于正在评价的每一条管道或管段，可根据检查结果改用不同的方法。

根据对上述各种检测方法的原理分析，以及优缺点总结，提出了埋地管道综合检验检测技术组合方法，具体的应用步骤如下：

1) 管线探寻

为了保证所进行的检测是在管道正上方，需要明确管线的位置与走向。对厂区内的短距离管线，可选用 RD4000-PDL 进行检测，而长距离的管线，只能选用 RD400-PCM 进行探测；而对于局部区域内的复杂管线，可选用探地雷达，如 PipeHawk 地下管道探测雷达。

探地雷达的工作原理是：通过天线向地下发射一个快速上升的电磁脉冲，该脉冲被地下介质介电常数的变化散射，这些由地下介质介电常数的变化产生的散射将一小部分能量反射回到雷达天线。反射回来的信号由天线接收后传送到数字信号处理硬件，经计算机处理后就能得到管道的具体位置。

2) 管线外覆盖层安全质量状况检测

可采用管中电流测绘法评价管线外覆盖层的安全质量状况。一般可采用 RD400-PCM 以及变频选频仪，但目前比较常用的是 RD400-PCM。通过检测，可了解管段的整体安全质量状况。

3) 阴极保护效果检测

对于管道外覆盖层安全状况较好的管段，可采用 P/S 管地电位测量方法综合评价管道的阴极保护效果。而对于外覆盖层安全质量状况较差的管道，宜采用 CIPS 测试其 V_{on}/V_{off} 电位的分布情况，以判断阴保效果，确保管道的安全运行。而对于土壤电阻率较高的地区，建议也采用 CIPS 测试 P/S 电位，以有效地消除 IR 降问题。

4) 破损点找寻、定位与大小估算

对外覆盖层安全质量状况异常的管段，以及阴极保护效果检测发现问题较多的管段，应进行破损点检测与定位，并估算其大小。目前常用的检测方法有：RD400-PCM 带 A 字架检测仪以及海安 SL 系列涂层检漏仪检测。SL 系列检漏仪的精度略高于 A 字架检测仪。建议采用两种方法进行重复定位，以提高检测准确率。

为了有效地评估缺陷或破损点的危害，在可能的条件下，应明确外覆盖层的破损点大小，可采用 DCVG+CIPS 进行涂层破损点大小的判断。

5）破损点严重性与阴阳极状态判断

有效判断管线外覆盖层破损点的严重性与阴阳极状态是确保有缺陷的管道能否安全运行的重要因素。可采用 DCVG、SCM 杂散电流测绘仪确定缺陷点的严重性与阳极/阴极状态。在一般情况下，采用 DCVG 即可，而对于较复杂且重要的管线，建议采用 SCM 方法。因为对于有破损点的管段，SCM 能更有效地进行杂散电流测试，找出破损点属于阳极倾向点还是阴极倾向点，为管道的运行维护与排流改造提供较多的信息。

SCM 的工作原理为：智能信号发送器发送独特的电流信号，用 SCM 智能感应器测量所选管道中流动的干扰电流，确定干扰电流流入目标管道的流入点、方向、流出点。

经过以上检测技术的组合，可以掌握地下钢质管道的走向与埋深、外覆盖层安全质量状况、阴极保护电位分布、破损点大小与分布及位置、破损点的严重性与阴阳极趋向，从而为管道使用单位对管道进行维修理与改造提供依据，为政府相关职能部门安全监察提供参考。

6）数据分析(见表 9-7)

(1) 通过对 CIPS（密间隔电位）ON、OFF 管地电位的数据处理与分析，判断防腐层的状况和阴极保护有效性；确定管线阴极区、阳极区的分布及可能正在发生腐蚀的位置，评估阳极区的腐蚀状态；测定杂散电流分布情况，判定杂散电流干扰的区域及杂散电流干扰源。

(2) 通过对 DCVG(直流电压梯度)数据处理与分析，评价埋地管道的涂层状况，确定缺陷点的位置，根据其腐蚀电流的流向，确定其腐蚀状态，评估阳极区的腐蚀程度。

(3) 通过对数据记录器一定时间记录的数据分析，可以确定杂散电流干扰源的特性和强度，评价杂散电流干扰影响，评价排流效果。

(4) 定位缺陷点后，通过 ON、OFF 管地电位及电压梯度，导出$\%IR$[$\%IR=V_g/(V_{on}-V_{off})$]，根据缺陷点处$\%IR$ 的值，按照外腐蚀直接评估(ECDA)标准对缺陷点进行分类，制定应的维修、维护措施。

表 9-7　判定缺陷点腐蚀状态

状态	极性	特　　征
C/C	阴极/阴极	在 ON 电位状态下，缺陷点处于阴极状态；在 OFF 电位状态下，缺陷点仍处于阴极状态。缺陷点消耗阴保电流，但腐蚀不活跃。
C/N	阴极/中性	在 ON 电位状态下，缺陷点处于阴极状态；在 OFF 电位状态下，缺陷点处于中性(即 -850mV)状态。缺陷点消耗阴保电流，阴保受干扰时可能发生腐蚀
C/A	阴极/阳极	在 ON 电位状态下，缺陷点处于阴极状态；在 OFF 电位状态下，缺陷点处于阳极状态。缺陷点消耗阴保电流，这些缺陷点在阴保运转正常时仍然可能腐蚀
A/A	阳极/阳极	不管 ON 或 OFF 状态下，缺陷点都未受到保护。它们处于腐蚀状态

$\%IR$ 用来对防腐层状况进行分类，确定防腐层破损的优先级(见表 9-8)。

表 9-8　防腐层破损的优先级表

级别	$\%IR$	修　复　优　先　级
1 级	1%~15%	这类破损点不需立即修复
2 级	16%~35%	这类漏损点一般不是严重的威胁，适当的阴保条件可以提供足够的保护。这类漏损点需要进行监控

级别	%IR	修 复 优 先 级
3 级	36%~60%	阴保电流主要从这里流失，防腐层出现了严重的破损，对管道安全造成了威胁，这类漏损点一般认为需要修复
4 级	61%~100%	阴保电流主要从这里流失，防腐层出现了大面积严重破损，对管道安全造成了严重威胁。这类漏损点需要立即修复

3. 直接检查(见图 9-18)

本阶段需要开挖，使管道外露，以便测量金属损失，估计腐蚀增长速率，测定间接检查时评估的腐蚀形态。开挖的目的是要收集足够的数据，以便确定正在评估的管道上可能出现的腐蚀缺陷的特征，并验证间接检查方法的有效性。

对发现有涂层缺陷的每一 ECDA 区的一个或多个地方，间接检查未发现异常的一个或多个地方，应进行直接检查。应对直接检查时发现的所有腐蚀缺陷进行测定、记录并按要求修复。

每次开挖时，运营公司应测定和记录一般环境特性(如土壤电阻率、水文、排水等)。可用这些数据估计腐蚀速率。平均腐蚀速率与土壤电阻率的关系见表 9-9。

表 9-9　腐蚀速率与土壤电阻率的关系

腐蚀速率/(mil/a)	3	6	12
土壤电阻率/(Ω·cm)	>15000(无活性腐蚀)	1000~15000(活性腐蚀)	<1000(最坏情况)

注：1mil=25.4μm。

如果运营公司能为使用其他腐蚀速率或使用基于直接检查测量的估计值提供可靠的技术依据，那就可以使用实际腐蚀速率代替表 9-8 中的腐蚀速率。

应使用 ASME B31G 或类似的方法，确定开挖处涂层缺陷区域所有腐蚀缺陷的严重程度。对未检查涂层缺陷的管段，必须按以下方法估计可能存在的腐蚀的最大尺寸：

(1) 如果无其他数据，则必须假设最大缺陷尺寸是直接检查时测得的最大缺陷深度和长度的 2 倍。

(2) 可以用直接检查时测得的腐蚀缺陷严重程度的统计分析结果，估计其他涂层缺陷处的缺陷严重程度。在这种情况下，运营公司必须进行开挖，在一个足够大的涂层缺陷试样上进行直接检查，以 80%的置信度对其余腐蚀缺陷的结构完整性进行统计估测。

运营公司要继续开挖、测定、分类和修补，直到有相关增长速率的其余缺陷在下一次完整性评价之前，不会发展成为结构明显的缺陷。

4. 后(再)评价(见图 9-18)

后评价确定再检测的时间间隔，验证整个 ECDA 过程的有效性，对完整性管理程序进行效能测试。再检测的时间间隔取决于有效性检查和维修活动。

对于预定的完整性管理程序的 ECDA，如果运营公司对间接检查发现的所有腐蚀迹象进行开挖检查，并对 10 年内可能造成破裂的所有缺陷进行修补，那么再检测的时间间隔就应为 10 年。如果运营公司只对一小部分有腐蚀迹象的地方进行开挖检查，并通过评价，保证 10 年内可能造成破裂的所有缺陷(置信度为 80%)都得到修补，那么再检测的时间间隔就应为 5 年。

在 ECDA 预定的完整性管理程序中，对于在等于或小于 30%*SMYS* 条件下运行的管段，可按以下因素确定再检测的时间间隔：维修等级和维修时间间隔，以及增加的管子壁厚。如果运营公司对间接检查发现的所有出现腐蚀迹象的地方进行开挖，并对 20 年内可能造成破裂的所有缺陷进行修补，那么重新检查的时间间隔就应为 20 年。如果运营公司只对一小部分有腐蚀迹象的地方进行开挖检查，并通过评价，保证 20 年内可能造成破裂的所有缺陷（置信度为 80%）都得到修补，那么再检测的时间间隔就应为 10 年。

对整个 ECDA 方法的有效性检查，应至少进行一次另外的开挖检查。进行这种开挖的位置应在有这样一种涂层缺陷的地方：即预测靠近该地方有一个最严重的、没有进行过直接检查的缺陷。应确定该处的腐蚀程度，并与直接检查预测出的最严重程度进行比较。

（1）如果实际腐蚀缺陷的严重程度不到预计最严重程度的一半，则确认 ECDA 的有效性。

（2）如果实际腐蚀缺陷的严重程度介于估计的最严重程度和估计的最严重程度的一半之间，则把估计的最严重程度增加一倍，并进行第二次验证开挖。如果检查得到的实际腐蚀严重程度又比估计的最严重程度小，则确认 ECDA 的有效性。否则，ECDA 方法可能不合适，运营公司必须重新评价和重新设定缺陷发展速度的预测值。运营公司必须按要求进行另外的直接检查，并报告后评价的评价结果。

（3）如果实际腐蚀缺陷的严重程度高于估计的最严重程度，则 ECDA 方法可能不合适，运营公司必须重新评价和重新设定缺陷发展速度的预测值。运营公司必须按要求进行另外的直接检查，并报告后评价的评价结果。

可以采用同一管段上以前开挖得到的历史数据，进行 ECDA 有效性检查。必须评价以前开挖的位置，确定其与 ECDA 方法开挖的位置一致，并使二者具有可比性。如由此确定了 ECDA 方法的有效性，就可以根据以前的腐蚀数据，估计最大腐蚀深度。

5. 案例分析

某管道 ECDA 评估现场如图 9-19 所示。

1）外腐蚀直接检测的主要内容

（1）全面检测外防腐层的现状，包括防腐层老化情况、破损位置、破损状况及破损处管体的腐蚀电流的流向等，评价其完整性情况；

（2）全面掌握阴极保护系统的运行情况，对其保护水平（管道是否获得全面、合适的阴极保护，是否存在欠保护及过保护情况）给予评价；

图 9-19　评估现场照片

（3）测量杂散电流分布的情况，评价其对管道外腐蚀的影响；

（4）确定地面无损检测指示的严重性，收集数据评价腐蚀活动；

（5）评价其管道的完整性，提出科学、合理的整改方案。

2）依据标准

（1）NACE RP0502—2002《管线外腐蚀直接评估法》；

（2）NACE RP0169—2002《地下或水下金属管道系统的外腐蚀控制》；

(3) SY/T 6621—2005《输气管道系统完整性管理》;

(4) SY/T 0087—1995《钢质管道与储罐腐蚀调查方法标准》;

(5) SY/T 0032—2000《埋地钢质管道交流排流保护技术标准》。

3) ECDA 工作程序

第一阶段：DCVG、CIPS 测量，进行 CIPS 和 DCVG 组合测量(见图 9-20)，以 1~3m 的间隔测量 ON、OFF 管地电位和电压梯度、链测长度、GPS 坐标、UCT 时间。在受动态杂散电流干扰(30mV 以上)的区域，将对所得的 CIPS 数据施以杂散电流矫正(见图 9-21)，从而提供真实 ON、OFF 管地电位。

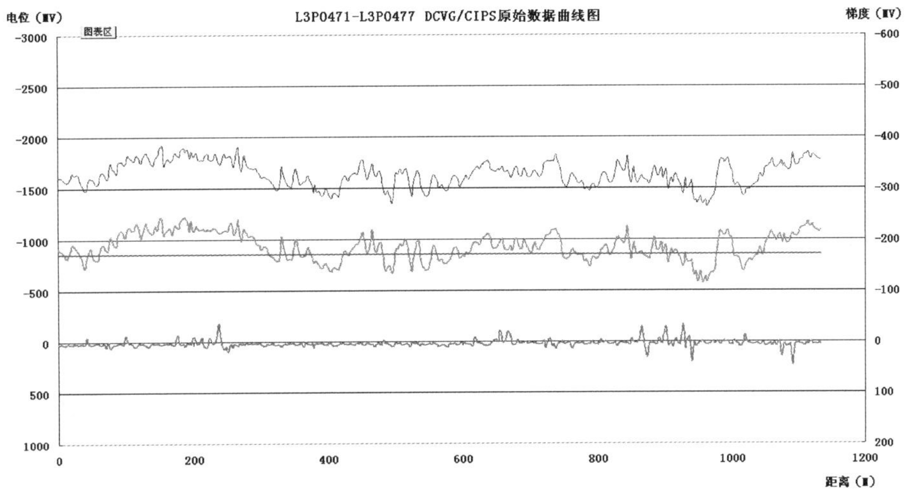

图 9-20　CIPS/DCVG 测量数据结果

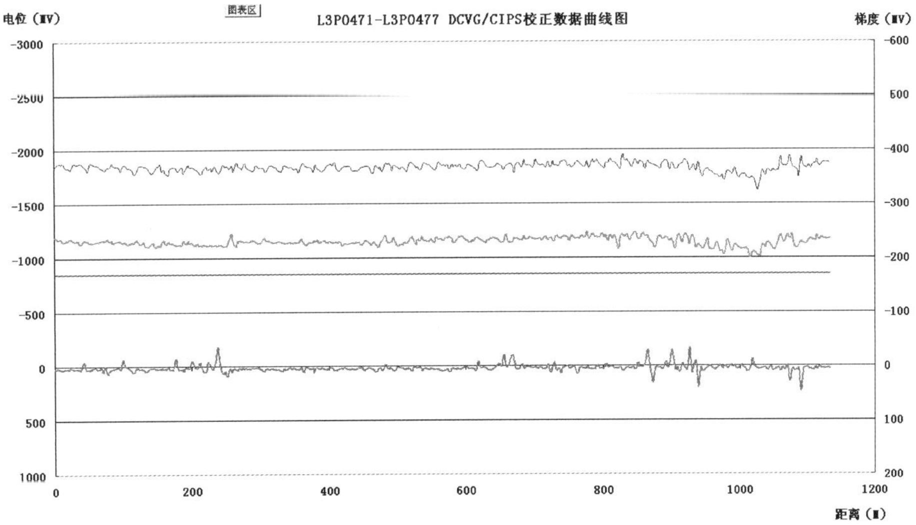

图 9-21　过滤杂散电流干扰后 DCVG/CIPS 测量结果

第二阶段：杂散电流测量，确定埋地管线上所有受动态杂散电流(30mV 以上)干扰的区域。在检测桩处，通过安装数据记录器记录管道上的管地电位来分析杂散电流的分布状况及特性。采集的杂散电流数据用于设计杂散电流排流系统。

第三阶段：直接检测，按缺陷的严重程度对涂层缺陷点进行分级，决定开挖直接检测。根据需要，进行土壤腐蚀性、管体腐蚀坑深度、涂层厚度、涂层剥离强度等项目的测试。

从图 9-22 可看出：

(1) ON/OFF 电位为-1600mV/-950mV，ON/OFF 电位有一定幅度的变化，ON 电位偏移了±50mV，OFF 电位偏移了±25mV，反映出该段存在杂散电流的干扰；

(2) 由于存在杂散电流的干扰，在 300～600m 及 800～1100m 附近管段 OFF 电位为-820mV 上下，没有达到-850mV 的标准，但无法确定其真实的阴极保护状态；

(3) 要获得真实的阴极保护状态，就必须过滤杂散电流的干扰。

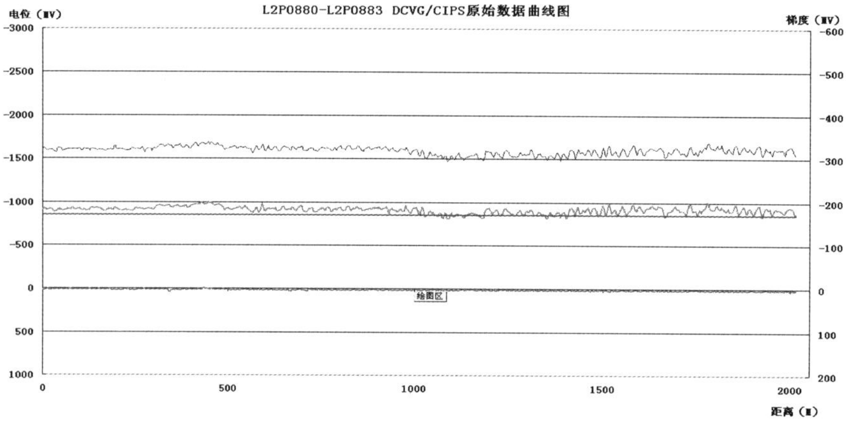

图 9-22　CIPS/DCVG 测量数据结果

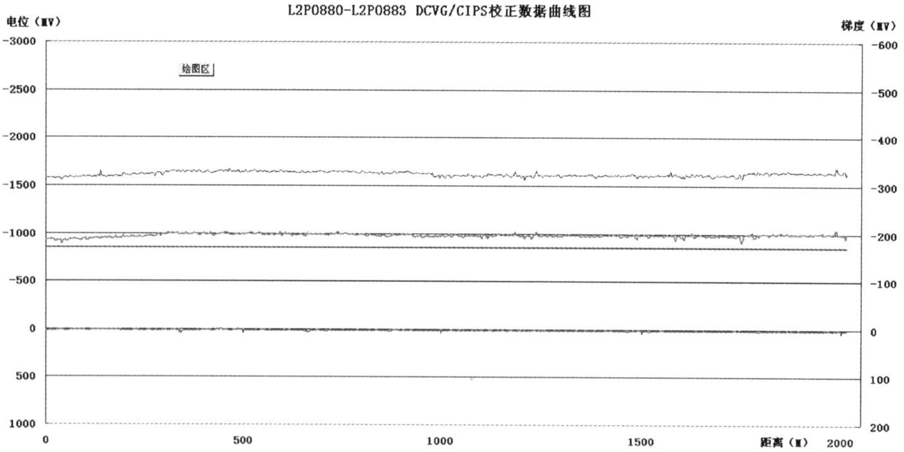

图 9-23　过滤杂散电流干扰后 DCVG/CIPS 测量结果

从图 9-23 可以看出：

(1) 经过杂散电流干扰的过滤，可获得真实的 ON/OFF 电位数据，ON/OFF 电位的变化较平稳，偏移较小，OFF 电位多在-1000mV，反映出该段阴极保护有效；

(2) 由于存在杂散电流时，在 1090m 附近管段 OFF 电位为-820mV 左右，没有达到-850mV的标准，但在过滤杂散电流干扰后，该段的 OFF 电位为-1000mV，可得到真实的阴极保护状态，该段的阴极保护有效；

从图 9-24 可看出：琉石段通电电位干扰严重，但断电电位趋于平稳，只在 750m 附近低于正常值。

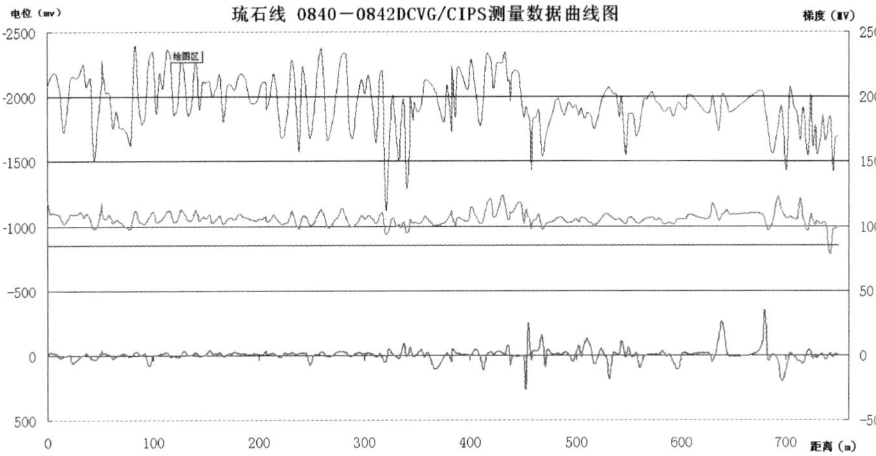

图 9-24　杂散电流测试图

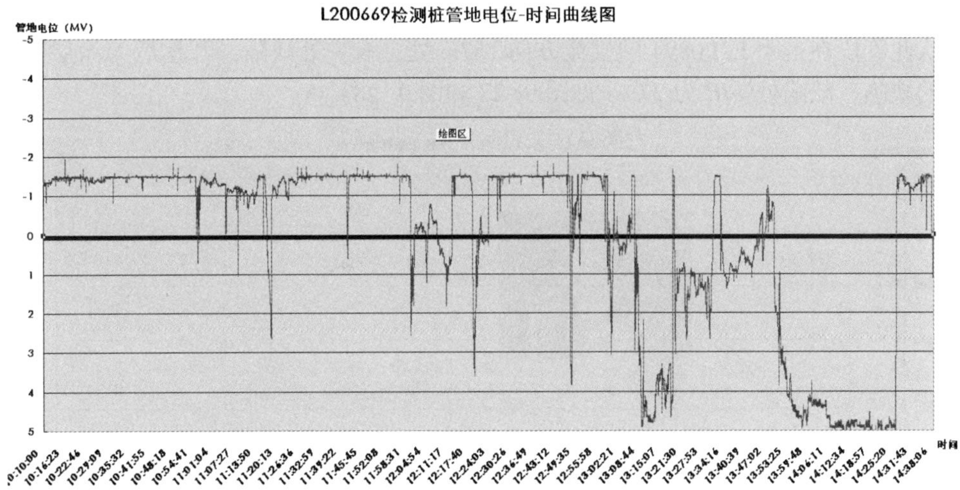

图 9-25　L2P0669 检测桩管地电位-时间曲线图

从图 9-25 可以看出：其管地电位均出现了激烈的正、负交变现象。

当附近电力机车运行时，这处的管地电位同时出现正、负交变现象，反映出附近的电气化铁路是杂散电流干扰源，杂散电流干扰为交流干扰。

从图 9-26 中可以看出：L2P0657～L2P0734 检测桩间，其管地电位的波动趋势较人，反映出受杂散电流干扰影响较大；而其他管段的管地电位波动较小，反映出受杂散电流干扰影响较小。尤其是在 L2P0669、L2P0701 检测桩，其管地电位波动最大。而 L2P0669 检测桩位于朔州市南电气化铁路的西侧，L2P0701 检测桩位于朔州市南电气化铁路的东侧。

在交流杂散电流干扰最强的管段，其最大的交流干扰电位为 7. 2V，其地表土壤为中性土壤，按照《钢质管道及储罐腐蚀与防护调查方法标准》中埋地钢质管道交流干扰判断指标

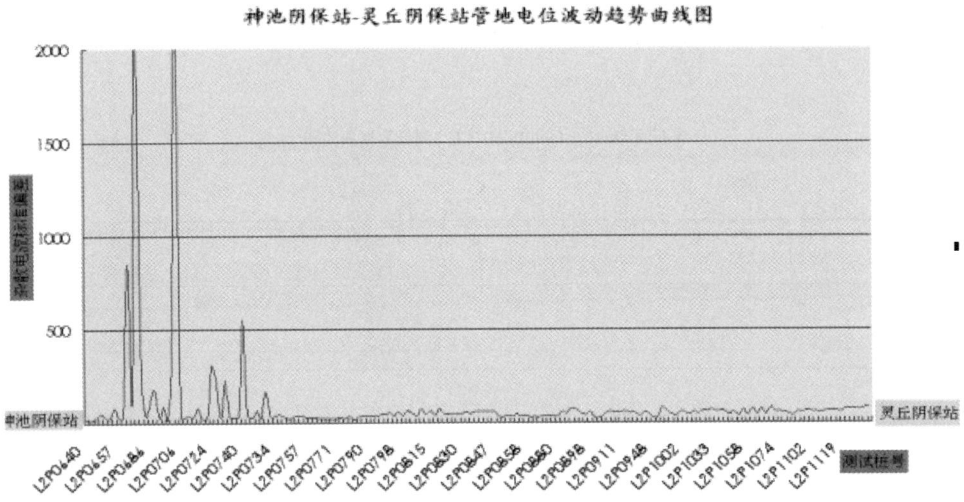

图 9-26　阴保站间管地电位波动趋势曲线图

判定，最大的交流干扰电位大于 4V 有影响，但小于 15 时杂散电流干扰严重性程度应属于弱级。

4）开挖验证和直接检测

确认此管段在是距 L2P0894 顺气流方向 157m 处，有一处缺陷，开挖后为涂层破损，发生锈蚀的缺陷，缺陷处%*IR* 为 27%（见图 9-27 和图 9-28）。

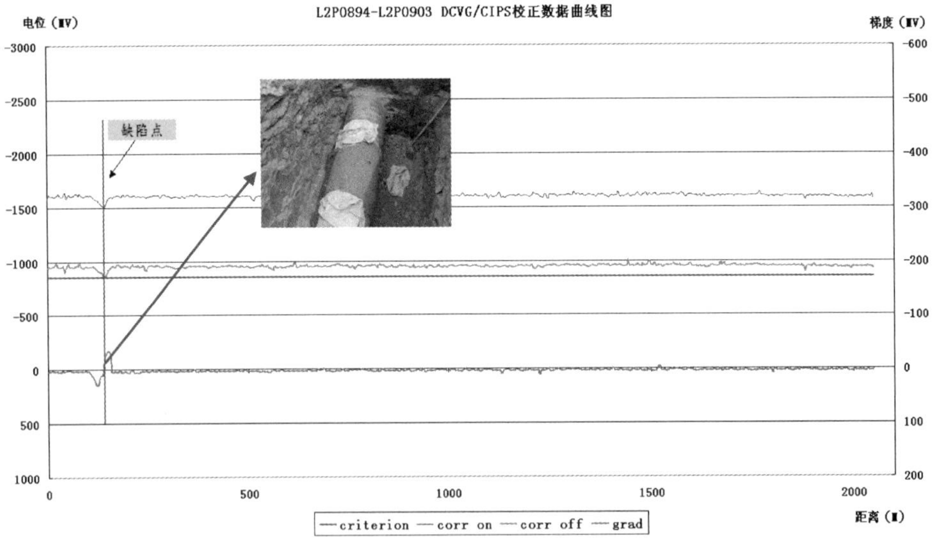

图 9-27　输气管道 DCVG/CIPS 开挖验证

从图 9-29 的数据分析：

（1）ON/OFF 电位为-1500mV/-1000mV，符合规范-850mV 的标准，说明阴极保护有效；

（2）ON/OFF 电位变化幅度不大，ON 电位约在 20mV，OFF 电位约在 10mV，电位梯度变化约在 2mV，反映出该段没有杂散电流的干扰；

图 9-28　开挖验证

(3) 在 1635m 处，ON/OFF 电位均正向偏移，ON 电位正向偏移了 110mV，OFF 电位正向偏移了 25mV，电压梯度为 39mV，%*IR* 为 8.8%，依照 ECDA 规范，此处缺陷点为一类破损；

(4) 此处缺陷为一类破损，阴极保护有效，依照 ECDA 规范中的维修要求，此处破损可不必修复，可在以后的检测中监测此处破损的发展趋势。

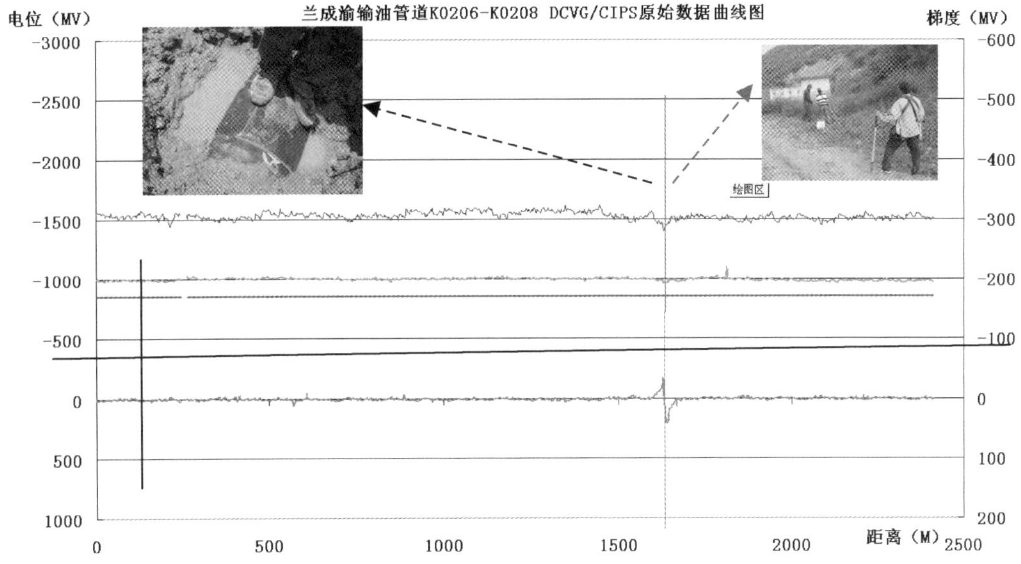

图 9-29　输油管道 DCVG/CIPS 曲线

9.2.3　应力腐蚀开裂直接评估

应力腐蚀开裂直接评价法(SCCDA)是一种结构性方法，其目的是协助管道运营公司对埋在地下的管道上的应力腐蚀开裂(SCC)程度进行评估，以便通过减小外部应力腐蚀开裂对管道完整性的影响，改进管道公司在安全方面的工作。ASME B31.8S—2014 的 A3 部分提供了对某段包含显著腐蚀开裂危险的管道结构完整性进行评价的指南，提出了几种不同的检验方法和降低危险的做法。

本节中应力腐蚀开裂直接评价方法是对下述情况的科学处理方法：根据对某部分管道的

历史、作业和风险评价，管道运营公司确认其中可能存在应力腐蚀开裂危险，同时认为直接评价方法是对管道完整性进行评价的适用方式，选择可能存在开裂的管段、选择那些管段中的挖掘地点、在挖掘过程中检查管道及收集和分析资料、制订减缓风险计划、确定再次评价时间间隔、对应力腐蚀开裂直接评价方法进行评价。

1. SCCDA 概述

埋地钢管管道系统的应力腐蚀开裂的直接评价方法(SCCDA)，旨在对石油(天然气、原油、成品油)管道系统使用 NACE SCCDA 时进行指导。SCCDA 方法专门针对由管线钢制成的填埋的陆上石油(天然气、原油、成品油)管道。该方法可应用于这类管道中两种形式的外部应力腐蚀开裂(近中性 pH 值和高 pH 值环境下的 SCC)。

SCCDA 法要求有关管道的历史记录、间接调查、实地检测、管道表面评估(即直接检测)以及物理特性和作业历史资料的完整性。

SCCDA 法是一个连续性的改进方法，在连续应用此法过程中对已经、正在或可能出现应力腐蚀开裂的管道部位进行识别和处理。

SCCDA 方法的优点和好处是可指示未来可能出现应力腐蚀开裂的部位，而不仅仅是指示已知存在的部位。对连续应用 SCCDA 法的结果进行比较是一种评价此法有效性的方法，同时也可借以显示对管道完整性的信心不断提高。

SCCDA 是一种提高管道安全性的方法，其主要目的是通过对外部管道应力腐蚀开裂状况进行监测、减缓、记载和报告等手段，减小它们的风险。SCCDA 法与其他检测方法如管内检测和液体静力学试压等是互补的，不是在所有情形下都可取代后者，它与其他直接评价方法，如与内部腐蚀直接评价法(ICDA)也是互补的。

SCCDA 法可发现管道完整方面的其他危害因素，如机械损伤、外部腐蚀等，在发现了这类危害时就要进行另外的评价和/或检查。为解决与外部应力腐蚀开裂不同的风险问题，管道运营商须采用其他适当方法如 ASME B31.8、ASME B31.4、ASME B31.8S、API 1160、NACE 标准、其他国际标准及其他文献进行评估。

SCCDA 法可用于陆上石油管道，而不论其采用的是何种防腐层。如对其他评价方法的采用一样，在应用这些技术时应采取预防措施。鉴于管道及风险的多样性，埋地管道系统所处的状况具有复杂性，在某种情形下 SCCDA 法不一定适用。

2. SCCDA 方法与应力腐蚀开裂完整性管理的关系

在高 pH 值环境下的应力腐蚀开裂评价的最初管段选择应考虑下列要素：管道工作压力、工作温度、与压气站的距离、管龄、防腐层类型，应当认识到，这虽然能够识别出大部分易出现应力开裂的部位，但并不一定包括全部。

符合下列全部要素的管道部位被认为是易出现高 pH 值应力腐蚀开裂的管段：

(1) 工作压力超过规定的最小屈服强度(*SMYS*)60%；

(2) 工作温度超过 38℃(100℉)；

(3) 管段向下游与压力站的距离小于 32km(20mile)；

(4) 管龄超过 10 年；

(5) 不同于单层熔结环氧粉末类型的管道防腐层。

在选择潜在易出现管道应力开裂的管段时，把向下游距压气站近的位置看作是因素之一。目前没有针对近中性 pH 值应力腐蚀开裂的处理，但除了温度标准以外，同样的要素和标准可用于对近中性 pH 值应力腐蚀开裂评价的管段选择。

本节为有关潜在易出现开裂管段的优先次序确定、在潜在易出现开裂管段内对挖掘部位的选择、挖掘地点的确认、管道挖掘地点的勘察、挖掘地点的数据收集、后续数据分析等提供了指导，根据所收集的资料作出有关管道应力腐蚀开裂完整性管理的决策。

3. SCCDA 方法的四个阶段

SCCDA 方法包括四个阶段：预评价前、间接检查、直接检查、后评价，见图 9-30。

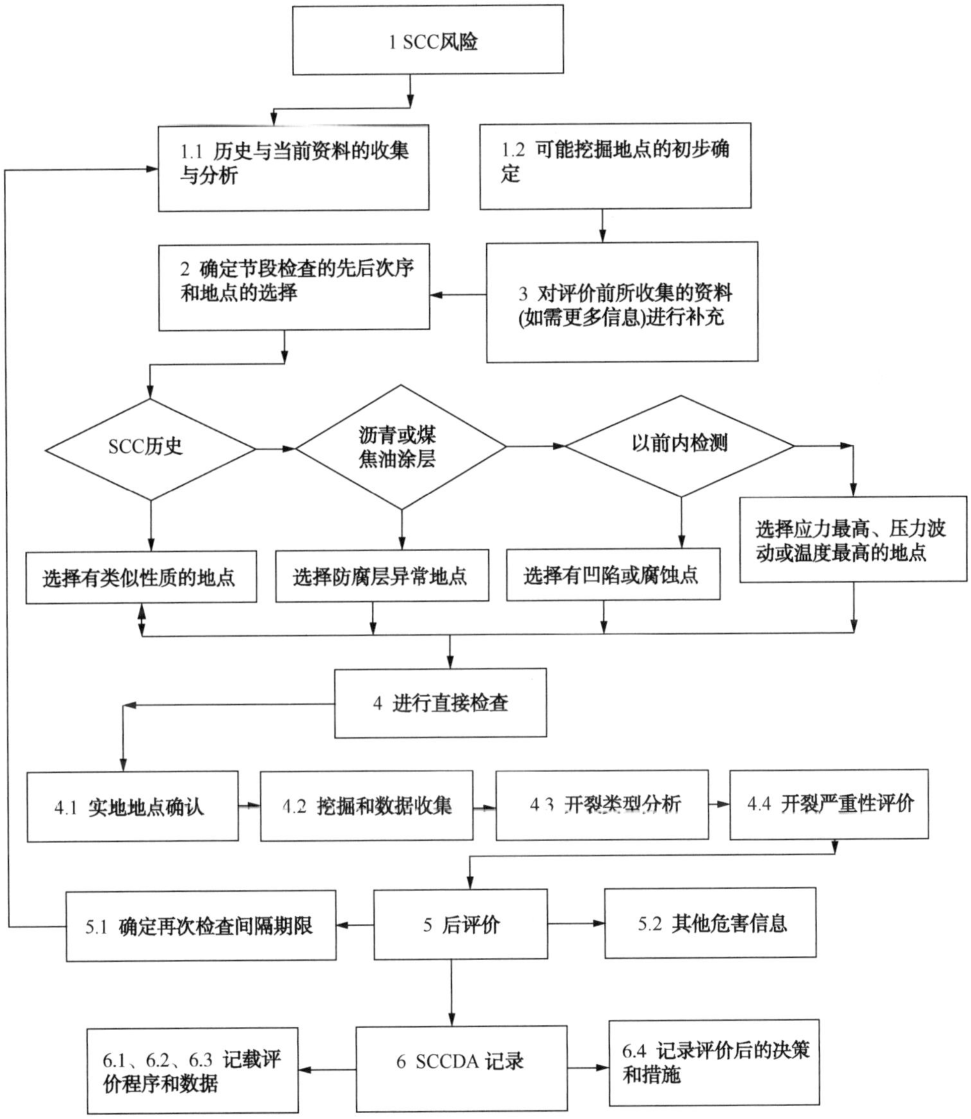

图 9-30　SCCDA 方法流程图

（1）预评价　这一阶段中要做的是，收集历史和现实可得的资料，以便确定管道系统内潜在易出现应力腐蚀开裂的管段的优先次序，选择在那些管段中进行直接检查的具体部位。所收集的有关资料通常可从机构内部有关管道修建档案、作业和维护历史、纵断面图、腐蚀调查档案以及地上勘查档案、政府资料和完整性评价以前的检查报告或维护措施中得到。

（2）间接检查　这一阶段中要做的是，收集管道运营商认为有必要的进一步资料，以有助于选择优先检查的管段和部位。进行间接检查及这些检查的性质依赖于在“评价前阶段”

中所获得的资料性质和程度以及为进行部位检查在资料方面的需要。在这一阶段中的通常资料收集可能包括密间隔测量(CIPS)资料、直流电压坡度(DCVG)资料及管道通过地区沿途的地域状况(土壤类型、地形、排水状况等)。

(3) 直接检查　这一阶段中要做的是，实地确认在前两阶段中所选择的地点；进行实地挖掘地上测量和勘察，对用以选择挖掘地点的要素进行实地确认，例如对防腐层损坏的存在和严重性进行确认。如果所使用的预测模型是基于地域状况的，就需要对地形、排水状况、土壤类型等加以确认，然后开挖。对在各挖掘地点的应力腐蚀开裂，对其严重性、范围和类型进行评价，收集对在评价后阶段和建立预测模型可用的资料。

(4) 后评价　在这一阶段中要做的是，对在前三阶段中所收集的资料加以分析，确定是否要采取减缓腐蚀开裂的措施，如果需要，确定采取这些措施的优先次序；确定进行下一次整体完整性评价的时间间隔；对 SCCDA 方法的有效性进行评价。

1) 预评价

(1) 预评价资料收集

预评价工作是分析历史和当前资料，确定易出现应力腐蚀开裂的管段轻重次序，选择那些管段的具体挖掘地点。以下根据 ASME B31.8S 确定出易出现高 pH 值应力腐蚀开裂的管道管段。除了有关作业温度一项外，相关标准也可用于检测近中性 pH 值应力腐蚀裂纹。应指出的是，这些审查标准可识别出相当比率易出现纹的部位，但不一定包括所有部位。

满足下列所有条件的管段被认为易出现高 pH 值应力腐蚀裂纹：

① 超过所规定的最小屈服强度(*SMYS*)60%；

② 历史作业温度曾超过 38℃(100℉)；

③ 管段向下游距压力站小于或等于 32km(20mile)；

④ 管龄在 10 年以上；

⑤ 不同于单层熔结环氧粉末类型的管道防腐层。

预评价中要求对资料进行充分收集、整合和分析，这一阶段的工作要做到全面和彻底。该阶段工作包括下列活动：资料收集与易出现裂纹管段重点排序；初步确定需进一步间接调查及以后直接检查的候选地点。

资料收集管段重点排序，管道运营商应收集待评价管段的历史和当前资料及物理信息，管道运营商应根据管段的历史和已知状况确定最低限度资料要求。管道运营商还应考虑其他可能有助于提高 SCCDA 法准确度的有关资料，如由其他直接评价法、国际管道研究协会(PRCI)及加拿大能源管道协会(CEPA)所确认的数据资料。

最开始 SCCDA 法用于管段时，对影响某一地区应力腐蚀裂纹概率的所有参数都应加以考虑。管道运营商最低限度应考虑五个方面(见表 9-9)的资料，选择的资料是为 SCCDA 法所需收集资料提供指导，表中的各项并不一定是对整条管道都需要，此外管道运营商也可能考虑某些因素不包括在表 9-10 中。

表 9-10　易出现裂纹的管段轻重排序及实施 SCCDA 方法地点选择的考虑因素及各资料成分的相对重要性(最后一栏排序所显示)

因　素	与应力腐蚀裂缝的关联	使用与结果解释	排序
与管道有关的因素			
管道等级	与易出现应力腐蚀裂缝没有已知关联	背景数据，用以计算应力占所规定的最大屈服强度的百分比	C

续表

因　素	与应力腐蚀裂缝的关联	使用与结果解释	排序
直径	与易出现应力腐蚀裂缝没有已知关联	背景数据，用以通过内压计算应力	C
壁厚	与易出现应力腐蚀裂缝没有已知关联	影响临界缺陷尺寸和剩余预期寿命，用于通过内压计算应力	C
生产年代	与易出现应力腐蚀裂缝没有已知关联	老管道材料的坚固性通常会降低，临界缺陷尺寸和剩余预期寿命减小	C
管道生产厂家	近中性 pH 值应力腐蚀裂缝常出现于 20 世纪 50 年代杨斯顿(Youngstone)钢板钢管厂生产的 ERW 管道的焊接 HAZ。据报道是一个管道系统的系统模型中出现近中性 pH 值 SCC 的统计显著性预测因素	考虑出现近中性 pH 值 SCC 的重要因素	A
接缝类型	近中性 pH 值 SCC 常出现于罩带(tented tape)防腐层下的 DSA 焊接边缘和某些阻电焊接边缘的 HAZ 处。与易出现高 pH 值应力腐蚀裂缝没有已知关联	可能是考虑出现近中性 pH 值 SCC 的重要因素	B
表面处理	通过喷丸打磨和喷钢砂处理在表面造成压缩残余应力是有益的，可阻止开裂引发，由于除去了锈皮，减小了在临界范围内出现近中性 pH 值 SCC 的可能性	是考虑易出现高 pH 值 SCC 和近中性 pH 值 SCC 的重要因素	A
工场涂敷类型	迄今，在未破遭坏的熔接环氧粉末类型(FBE)涂层和突起的聚乙烯涂层处，未见有管道应力腐蚀裂缝的报道	是考虑易出现高 pH 值 SCC 和近中性 pH 值 SCC 的重要因素	A
裸管	在高阻土壤中的裸管上已观察到 SCC	可能是重要因素	B
硬质点	有事例表明，近中性 pH 值 SCC 易出现于硬质点处，硬质点可通过在测量残余磁力的内检测时发现	可能是重要因素	B
与建设有关的因素			
修建年代	影响防腐层质量下降和裂缝出现的时期	用于在 ASME B31.8S 第 A3 部分选择易出现裂缝的管段的标准中确定管龄	A
路线改变/调整		可能对精确确定各个出现裂缝的部位是重要的	C
路线图/空中照片		可能对精确确定各个出现裂缝的部位是重要的	C
修建方式	回填方式可能增加修建期间防腐层损坏的概率，埋管和安装阴极保护(CP)的时间间隔也可能是重要的	阴极保护的早期水平可能是重要的	B
实地防腐层的表面处理	锈皮可能扩大(promote potential)高 pH 值 SCC 临界范围	可能是一种区分因素	A
实地防腐层类型	在煤焦油、沥青、胶带防腐层下发现有高 pH 值 SCC，近中性 pH 值 SCC 在胶带防腐层下发现最多。管道修建时的天气情况对防腐层状况可能有重要影响	考虑近中性 pH 值 SCC 的重要因素	A
配重块和锚的位置	在浮力调节配重块下发现有近中性 pH 值 SCC	可能是重要的，特别是对近中性 pH 值 SCC	B

续表

因　素	与应力腐蚀裂缝的关联	使用与结果解释	排序
管阀、管夹、支座、胶带、机械连接、膨胀节、铸铁件、接头、隔离节的位置	没有与SCC的已知关联，只用于裂缝地点和性质的确定	对于精确确定各个裂缝位置和性质可能是重要的	C
管套位置	在管套内出现CP防护和防腐层损坏的情况较多	对精确确定各裂缝地点和性质可能是重要的	B
弯管(包括斜面弯管和皱折弯管)的位置	可能指示不寻常的残余应力	残余应力可能是一个重要的因素	B
土壤/环境因素			
土壤性质/类型	土壤类型与高pH值SCC没有已知关联，只是有一些证据显示，高钠或高钾环境可能促成在剥落防腐层下碳酸盐/重碳酸盐溶液的生成。已证明近中性pH SCC与某种土壤类型有关	可能是重要的，特别是对近中性pH值SCC	B
排水状况	已知与高pH值和近中性pH值SCC有关	可能是重要参数	B
地形	已知与高pH值和近中性pH值SCC有关，可能与排水状况的作用有关。在出现土壤运动的坡地上也观察到近中性pH值SCC	可能是重要参数	B
土地使用(当前/过去)	没有发现明显关联，但化肥的使用可能影响土壤的化学性，这与被破坏的防腐层下的积留水有关	可能是重要参数	B
地下水	地下水的传导性影响阴极保护系统的布散能力	可能是重要参数	B
河流交汇处	影响土壤的温度/排水状况	可能是重要参数	B
腐蚀控制			
阴极保护(CP)系统类型(阳极、整流器、地点)	适当的阴极保护如可达剥落涂层下部，可防止SCC	重要参数	B
阴极保护评价标准	适当的阴极保护如可达剥落涂层下部，可防止SCC	背景资料	C
阴极保护维护历史	适当的阴极保护如可达剥落涂层下部，可防止SCC	背景资料	C
未实施阴极保护的年份	对高pH值SCC，没有阴极保护可使管道表面产生有害氧化物。对出现在开路电位及附近的近中性pH值SCC，没有阴极保护会使SCC继续	重要参数	B
密集间隔调查(CIS)与测试站资料	高pH值SCC虽出现于一个狭窄的电位范围(视温度和溶液合成的不同，一般对铜/铜硫酸[$Cu/CuSO_4$]出现在-575mV和-825mV之间)，在看来有适当阴极保护的管道上观察到这种裂缝的出现，因为管道表面的实际电位的负值要低于地面上的测量，这是由于剥落涂层的屏蔽作用。尽管如此，开裂之处可能与阴极保护的历史有关联，特别是如果以前曾遇到相关问题。	考虑高pH值和近中性pH值SCC的重要因素	B

续表

因　素	与应力腐蚀裂缝的关联	使用与结果解释	排序
防腐层损坏调查资料	由于 SCC 出现的条件是防腐层损坏，因此根据防腐层的状况可能有助于找到裂缝出现可能性大的位置	重要背景资料	B
防腐层系统及状况	防腐层系统(涂层类型、表面状况等)是确定是否易出现 SCC 的重要因素，由于 SCC 出现的条件是防腐层损坏，因此根据防腐层的状况可能有助于找到裂缝出现可能性大的位置	重要背景资料	A
管道作业资料			
管道工作温度	温度的增高能够促进高 pH 值 SCC 的出现，对近中性 pH 值 SCC 增速作用不大，但温度的增高会促进防腐层的老化	重要，特别是对高 pH 值 SCC	A
工作压力和波动	只有压力高于一定临界点，SCC 才会出现，压力的波动可使临界压力显著降低	影响 SCC 的出现、临界缺陷尺寸和剩余寿命预期	A
溢漏/破裂历史(SCC)	在以前发现 SCC 的位置附近发现更多 SCC 的概率很高	重要	A
直接检查和修复历史	在以前发现 SCC 的位置附近发现更多 SCC 的概率很高	重要	A
液体静力学重新测量历史	在以前发现 SCC 的位置附近发现更多 SCC 的概率很高	重要	A
用裂缝探察清管器做内检测的资料	在以前发现 SCC 的位置附近发现更多 SCC 的概率很高	重要	A
用金属缺损清管器做内检测资料	如金属缺损清管器检查显示胶带防腐层管道上有腐蚀，而该处没有明显的漏裹迹象，这可能是防腐层剥落使管道与阴极保护屏蔽，在此种情况下观察到 SCC (特别是近中性 pH 值 SCC)的出现	可能是重要的	B

注：A—排序时是重要的；B—在某些情况下对地点排序可能是重要的；C—与地点排序无关，但对存档可能是有用的。

① 与管道有关的因素　对于在制管厂家加涂层的管道，表面处理和涂层类型是与管道有关的因素中关联最密切的因素，焊缝的类型也可能是重要的。

② 与建设有关的因素　对于在埋管沟处加涂层的管道，表面处理、涂层类型、天气状况是与建设有关的因素中关联最密切的。任何可能增加残余应力的因素也可能是重要的。

③ 土壤/环境因素　在某些情况下，水分含量和土壤类型与 SCC 出现的位置有关系，见表 9-11 和表 9-12。

表 9-11　聚乙烯胶带涂层管道“易出现应力腐蚀开裂”的地域条件描述

土壤环境描述	地形	排水状况
黏土底溪流[宽度一般<5m(16ft)]	—	—
湖泊生成的(黏土到淤泥，细质土壤)	倾斜，平坦，起伏	非常差
湖泊生成的(黏土到淤泥，细质土壤)	倾斜，平坦，起伏，凹陷	差

续表

土壤环境描述	地形	排水状况
覆盖冰河的有机土壤[深度>1m(3ft)](沙及/或砂砾质土壤)	平坦，凹陷	非常差
覆盖湖泊的有机土壤[深度>1m(3ft)](黏土到淤泥，细质土壤)	平坦，凹陷	非常差
冰碛(各种不同土壤质地——沙、砂砾、淤泥、黏土，石子含量>1%)	倾斜到平坦，平坦起伏，有埂，凹陷	非常差，差，不良到差
冰碛(各种不同土壤质地——沙、砂砾、淤泥、黏土，石子含量>1%)	倾斜	差，不良到差

表 9-12 某些沥青/煤焦油涂层管道“易出现应力腐蚀开裂”的地域条件描述

土壤环境描述	地　形	排水状况
基岩和页岩石灰岩[基岩或页岩石灰岩上覆盖的土壤<1m(3ft)]	倾斜平坦，起伏有埂	好
冰河生成的(沙及/或砂砾质土壤)	倾斜平坦，起伏有埂	好
冰碛(沙/黏土土壤质地，含石量 > 1%)	倾斜平坦，起伏有埂	好
在详细的管道到土壤调查中，不符合-850mV“关闭”标准的地点(不包括以前讨论的三种类地域条件)	无论何种	无论何种

④ 腐蚀保护　阴极保护可防止 SCC，但在涂层剥落处无效，因该处可使电流与管道屏蔽。

⑤ 管道作业　SCC 历史和压力波动是重要因素，温度历史对高 pH 值 SCC 的出现也是重要的，对于液体管线，运输产品的改变也会影响作业条件，如泵站之间的压力状况。在预评价收集的资料常包括与做全面管道风险评价时相同的资料。根据管道运营商的管道完整性管理计划及实施情况，预评价工作可与全面风险评价工作一起进行。当缺乏某一方面的资料时，作业者可根据自身的经验和有关类似管道系统的资料作保守的推测，这些推测的根据和有关决定应作记录。如管道运营商认为对包括管段的某些 SCCDA 地区的资料不充足或无法收集，不能为预评价提供支持，在此情况下只有在获得充足资料后才可对那些地区实施 SCCDA 方法。

(2) 易出现开裂管段挖掘地点的选择

如果管道中的确存在这种应力腐蚀开裂的话，挖掘地点的选择应在发现 SCC 概率大的地方，但遗憾的是没有可行的地上测量方法，可从一定程度上确定预测 SCC 的存在，行业经验可为选择概率高的地点提供指导，造成高 pH 值和近中性 pH 值 SCC 的关键因素是类似的，但可能存某些差异。

此外，由于管线历史的不同，一个管道与另一个管道甚至一个管段与另一个管段中相关的因素可能不同，某些预测模型对于管道上易现出近中性 pH 值 SCC 区域的识别和排序是有用的。这类模型只有在一定的管道和地域条件下才是有效的，其预测的可靠性通过调查开挖得以确认。按照其定位 SCC 地点的可靠性程度对应考虑的因素进行了排序。

选择开挖地点时，考虑如下因素：

① 如果在所关注的区域(例如出现工作障碍、液体静力学测试失败、内检测迹象、以前有过挖掘等)内有 SCC 出现的历史，挖掘的地点应在以前出现 SCC 处附近。行业经验显示，SCC 在以前发现过的地方附近出现的概率很高。

② 如果以前出现 SCC 的地点与管道的某一特殊性质有关，开挖应在其他有同一性质的地点进行。一些管道公司发现 SCC 与下列因素有关：有凹陷等机械性损伤的地方；土壤温

度、排水状况、土壤类型等地球物理因素；土壤下沉陡坡处；防腐层异常处。

③ 如果在所关注的地区没有 SCC 出现的历史，则应考虑防腐层异常的地点。对煤焦油、沥青等涂层，这些地点可通过密集间隔调查(CIS)或涂层缺陷调查来识别。

④ 如果在有屏蔽涂层的管道内用内检测工具对所关注区域的几何形状和金属缺失进行了检查，在没有 SCC 史的情况下，应考虑凹陷和一般腐蚀的地点，因为这两个特征与 SCC 可能相关。

⑤ 如果缺乏适当指标，则应选择应力、压力波动和温度最高或有涂层老化史的地方。

⑥ 在对同一地点的重复挖掘中，应选择与早先挖掘中显出相同独特性质的地点(如果有的话)。如果没有这样的地点，应选择应力、压力波动和温度相对较高的地方。

⑦ 重要的是使所暴露的管段与管道内检查(ILI)的指示相一致，管段的开挖判断可通过所测量环形焊接间距离、纵向焊缝圆周位置、有内检测标志中的地上标记进行确认。

2）间接检查

间接检查的目的是进行地上等类型测量，对预评价阶段所获得的资料进行补充(在需更多信息的情况下)，而这些资料被用于对易出现开裂的管段进行重点排序，选择直接检查的具体部位，这一阶段收集的资料的性质依赖于在评价前阶段所收集的资料的程度和质量。

需考虑的测量类型，地面测量可包括密集间隔调查(CIS)、涂层缺损调查及其他更多的地质调查和特征确定。NACE TG 279 正在制定 CIS 的推荐做法，在其可供使用之前，可使用 NACE RP0502 的附录 A 所描述的方法。NACE TG 294 正在制定有关涂层缺陷调查的推荐做法，在其可供使用之前，可使用 NACE RP0502 的附录 A 所描述的方法。在本阶段可获区的类资料包括：

(1) 通过管内几何形状检查工具发现的与 SCC 有关的凹陷和弯折处。

(2) 通过管内检测漏磁(MFL)检测器确定的与 SCC 有关的涂层剥落和腐蚀处。

3）直接检查

直接检查阶段要进行开挖和暴露管道表面，以对管道及同深度的周围环境进行检测。开挖和直接检查的次序由管道运营商权衡决定，主要应考虑安全和有关因素。

直接检查阶段可能发现与 SCC 不同的缺陷，对于这类缺陷的分析应采用不同的方法，这些方法见 ASME B31.8S、ASME B31.4、ASME B31.8、API 1160、NACE 标准、其他国际标准等。

直接检查阶段包括下列工作：

① 对“评价前”和“间接检查”阶段所选择的地点进行确认。

② 实地开挖和资料收集(见表 9-13)。

③ 如发现了 SCC，对开裂类型进行分析和记录。

④ 如发现了 SCC，对开裂的严重性进行评价和记录。

表 9-13　SCCDA 计划挖掘地点收集的资料及其重要性比较及各资料内容的相对重要性(末栏中排序所显示)

资料内容	收集时间	用作与结果的解释	排序
管道到土壤间电位	防腐层除去前	用于与地面上管道到土壤间电位比较	D
土壤电阻率	防腐层除去前	与土壤腐蚀性及土壤的可溶解阳离子浓度有关，用于与对土壤和地下水的分析结果相比较	C

续表

资料内容	收集时间	用作与结果的解释	排序
土壤样本	防腐层除去前	用于确认地域状况，土壤分析结果可用于建立预测模型	B
地下水样本	防腐层除去前	化学分析结果可用于建立预测模型	B
防腐层系统	防腐层除去前	必要条件，用于实地确认和建立预测模型	A
防腐层状况	防腐层除去前	与所发现的 SCC 程度有关	C
防腐层剥落检查	防腐层除去前	剥落的地点可能与开裂的存在及其他检测资料有关	C
电解质	防腐层除去前	对确定开裂类型有用，可能与地下水化学性质有关	C
挖掘地点照片	防腐层除去前	对地域状况、防腐层系统、防腐层状况的确认有用	D
有关完整性分析的其他资料	防腐层除去之前与之后	其他分析(如凹陷检测)资料可能与 SCC 的出现有关	C，D
积存描述与照片	防腐层除去后	对确定开裂类型有用	C
积存分析	防腐层除去后	对确定开裂类型有用	C
腐蚀缺陷辨认和检测	防腐层除去后	用于腐蚀缺陷完整性评价，也用于确定开裂(如有的话)类型	A，D
腐蚀缺陷照片	防腐层除去后	用于完整性评价	D
焊缝类型识别	防腐层除去后	必要内容，用于实地确认	A
MPI	防腐层除去后	SCCDA 必要内容，确认 SCC 是否存在	A
各裂缝群的地点及尺寸	防腐层除去后	SCCDA 必要内容，用于确定开裂位置与其他测量参数的相关性	A
裂缝长度与浓度测量	防腐层除去后	SCCDA 必要内容，用于确定开裂的性质及是否存在直接的完整性问题	A
在原位金属组织检测	防腐层除去后	用于确定 SCC 类型	B
裂缝群照片	防腐层除去后	SCCDA 必要内容，用于确认裂缝尺寸	A
管道厚度测量	防腐层除去后	必要内容，用于完整性评价与实地确认	A，D
管道直径测量	防腐层除去后	必要成分，用于完整性的评价与实地确认	A，D

注：A—SCCDA 的必要资料；B—选择性资料(对 SCCDA 模型的建立多半是有用的)；C—选择性资料(对 SCCDA 模型的建立可能是有用的)；D—有用的背景信息或对其他分析有用的信息。

(1) 实地确认

在开挖之前应对选择挖掘地点的地上特征进行现场确认，管道建设资料、地理状况等资料用来选择开挖地点，其实际状况应到现场加以确认。地形通常用来观察确认，土壤和排水状况情况可通过钻孔检查。如选择地点是基于防腐层缺陷或潜在腐蚀现象，可通过 DCVG 或 CIPS 外检测技术确认，所选择的地点可通过对检测期间已知参照点加以确认，或通过对拟开挖地区的重复测量确认。当内检测资料被用作开挖地点的选择时，应根据地面标记、管道阀门、套管三通等对开挖地点进行确认。

(2) 开挖和数据收集

管道操作者对每一挖掘处应选择一个参照点，以便对资料进行系统的记录，对勘察和直接检查的结果进行直接对比。在实行开挖前，管道运营商应统一数据收集及档案管理，并确定最低要求，最低要求应根据管道运营商的判断而定，可根据管道作业、管道网、具体地点等性质而定，见表9-13。数据收集最低要求应包括所要收集的数据类型、对所遇到的情况的分析、资料的使用计划、有无以前的资料及其特性等。

① 资料收集：对于每一处挖掘，在开挖前和挖掘后，管道运营商应确认哪些是所要收集的重要资料。

② 管道到土壤的电位测量：通常在开挖后立即进行的工作是对管道到土壤的电位进行测量，方法是在开挖两端管道附近的挖掘堤放置参考电极，通过断续器可获得“开”和“断”时的电位。通常这些数据用于评价管道的阴极保护(CP)水平。在解释这些测量结果时需谨慎，因为管道的开挖改变了管道周围土壤的电场。

③ 土壤电阻率测量：土壤电阻率测量用于评价土壤的腐蚀性，它与土壤中可溶离子及土壤湿度有关。测量土壤电阻率的两个最常用方法是《温纳四电极法》(Wenner Four Pin Method)和《土壤盒方法》(Soil Box Method)。

④ 使用或建立一个预测模型土壤以及地下水样本的采集是有用的。采集土壤和地下水的目的主要是进一步了解环境因素与SCC的关系。土壤矿物成分和土壤粗密度等参数可影响氧合作用(有氧及无氧)、排水状况，并常常促使涂层的剥离。常被分析的化学参数包括pH值、传导性、阳离子及阴离子浓度、氢化还原电热、总碳酸盐量、有机碳等。所有有关土壤、地下水、矿物成分、粗密度等的分析都应遵循标准化的样本采集、储藏、运输及实验室程序，每一运营公司都应制定此程序。

⑤ 防腐层系统评价：应根据外部观察确定防腐系统类型并作记录，如有可能还应确定该系统的其他性质，如表面处理类型、厂家涂敷还是沟边涂敷、涂层数、加固、外包等。对防腐层的分析可提供其电学和物理性质(如电阻率、透气性等)。有关样本还可用于微生物学测试。

⑥ 整体防腐状况分析：应进行整体防腐层状况和涂层剥落程度评价并作记录。以下是不同防腐层状况的特征：

a. 防腐层非常好，附着很好，低于1%的剥落和极少量空斑，涂层下没有电解质(在DSAW及环焊处)没有或有极少隆起(tenting)，胶带防腐层没有或有极少起皱。沥青和煤焦油防腐层厚度均匀，没有起皱迹象。

b. 防腐层好，附着好，1%~10%的剥落和少量空斑，在剥落涂层下个别地方有电解质，(在DSAW及环焊处)间或有隆起，胶带防腐层间或有起皱或其他由土壤应力对沥青和煤焦油涂层造成的损坏。

c. 防腐层一般，附着一般，10%~50%的剥落和较多空斑，在剥落涂层下一些地方有电解质，(在DSAW及环焊处)常有隆起，胶带防腐层常有起皱或其他由土壤应力对沥青和煤焦油涂层造成的损坏。

d. 防腐层差，附着差，50%~80%的剥落和大量空斑，空斑处和剥落涂层下有腐蚀积存，剥落涂层下很多地方有电解质，(在DSAW及环焊处)有连续隆起，胶带防腐层有连续皱褶，有由土壤应力对沥青和煤焦油涂层造成的大面积起皱或其他损坏，沥青和煤焦油涂层甚脆。

e. 防腐层非常差，附着极差，80%以上剥落和大量空斑，空斑处和剥落涂层下有腐蚀积存，剥落涂层下很多地方有电解质，(在DSAW及环焊处)有连续隆起，胶带防腐层有连续皱褶，有由土壤应力对沥青和煤焦油涂层造成的大面积起皱或其他损坏，沥青和煤焦油涂层甚脆。

⑦ 涂层剥落测量：通常对涂层剥落处加以确认并在 SCC 开挖计划上记录，测量和记录剥落处的尺寸和形状、与环焊的距离、与管道顶端的距离或钟点位置。

⑧ 剥落涂层下的电解质位置：如在剥落涂层下有足够采集样本的液体，可采集电解质样本。通常在现场对电解质的 pH 值加以测量，将样本放在一个抽空的试管中送回实验室分析。现场 pH 值测量通常使用石蕊试纸，对电解质样本的实验室分析包括 pH 值检测，如样本量充足，需检测传导性和进行一般的离子组成化学分析，有时也对样本的微生物活动进行分析。

⑨ 照片记录：在去除防腐层前的一个重要工作是对挖掘地点进行照相记录，其中应包括防腐层去除前的管道、挖掘地点全貌。这一信息可用以确认地形、排水状况、土壤类型及涂层状况。

⑩ 腐蚀等其他完整性分析资料：在某一管段中可能发现包括在 SCCDA 计划中的、与 SCC 不同的风险，对这些风险应收集适当的资料，所收集的资料性质取决于对完整性构成的威胁。

（3）防腐层去除，数据收集和分析

① 剥落处的防腐层需去除，以对管道表面进行检查，除去防腐层的方法视防腐层类型而定，防腐层除去后进行资料收集，开展防腐层去除后的数据测量和有关工作。防腐层除去后，通常应对管道表面的腐蚀沉积或生成物进行描述记载和拍照，还可采集样本以供分析。不同的腐蚀沉积与两类 SCC 有关，近中性 pH 值 SCC 与陨铁（$FeCO_3$）有关，而高 pH 值 SCC 与重碳钠盐（$NaHCO_3$）或磁石（Fe_3O_4）有关。如在剥落涂层下的管道表面有湿水，应用石蕊试纸检测 pH 值并作记录。腐蚀生成物和沉积的颜色、质地、组成、分布等应记入文献。

② 腐蚀缺陷的鉴定。管道运营商应记录所有腐蚀缺陷，在做浓度和形态测量之前，应再次清理和做管道表面处理。对腐蚀缺陷进行绘图和测量，有关方法见 NACE　RP0502 附录 C，有关剩余强度计算见 NACE RP0502。对腐蚀缺陷作照片文献记载，以供未来参考是十分重要的，应标明位置（向下游与参照环焊的距离及时钟定向）。

磁粉探伤法（MPI）管道处理按下述方法处理：

a. 管道处理程序的目的是清除涂层残余和腐蚀沉积，以便做管道表面裂纹检查。

b. 为使 MPI 技术取得最佳效果，必须对钢进行清理、晾干，清除可能影响磁粉介质与钢管表面接触的污染物，如污垢、油泥、腐蚀生成物及涂层残余等。

c. 为使 MPI 方法不受干扰，必须使磁粉的流动性不受过于粗糙的钢管表面的影响。

d. 表面处理不应对管道表面造成机械性损坏，使得现有裂纹被遮盖。

e. 表面清理后应用 MPI 法对管道表面类似裂纹的缺陷进行检查。有四种检查管道表面开裂的方法：干粉 MPI（DPMPI）法、湿可视 MPI（WVMPI）法、湿荧光 MPI（WFMPI）法、白加黑 MPI（BWMPI）法。

f. MPI 检查完毕之后，对每一裂纹群应作文献记录和安全性评价，对每一检查出的裂纹群应赋予唯一标志符，裂纹群中心应可相对一个参照点如焊接点或时钟位置识别。对一单独裂纹群通常需采集的信息包括裂纹群轴长、周长、最大长度及宽度。轴长是裂纹群轴向总长度，周长是裂纹群环向总长度，裂纹群的长度是裂纹群最大长度（它取决于裂纹群的方向，其值可能与轴长或周长不同）。裂纹群宽度是与长度垂直方向的尺寸。互联裂纹的存在，两裂纹被定义为互联的，如果它们在物理意义上相连（合并）会形成一条更长的裂纹。

（4）开裂类型分析

① 用这一检查程序查出的开裂迹象可能是几种原因的结果，包括近中性 pH 值和高 pH 值 SCC、机械损伤甚至是无害的厂家瑕疵等。实施管道开裂减缓工作的必要性和类型通常视

所存在的开裂类型而定。裂纹群的存在通常使得把 SCC 与其他类型的裂纹分开。近中性 pH 值 SCC 往往与管道表面轻度腐蚀有关，高 pH 值 SCC 通常与管明显的外部腐蚀有关。

② 在有些情形下可能需要通过原位金属组织检测来确定 SCC 的类型，高 pH 值 SCC 是晶粒间的，通常分叉，没有明显的管道外表面腐蚀和管壁开裂迹象，近中性 pH 值 SCC 是晶内的，通常不分叉，常见有管道外表面腐蚀和管壁开裂迹象。

(5) 开裂严重性评价

在检查出 SCC 后应遵循 ASME B31. 8S 标准的附件 A 部分 A3. 4 节中所述做法处理，SC-CDA 方法有助于发现某一管段的 SCC 裂纹群，但不一定能发现该管段上所有这类缺陷。如果发现了超限的 SCC 裂纹群，应猜测在该管段其他地方可能存在类似缺陷。

4) 后评价

后评价的目的是决定是否需要采取普遍性的 SCC 减缓措施、对没有立即消除缺陷确定补救措施的先后、确定实行再次评价的时间间隔及对 SCCDA 方法的有效性进行评价。各运营公司负责选择评价后的做法，包括制订、实施和确认再次评价的时间间隔计划，及对 SC-CDA 方法的有效性进行评价。

(1) 单项减缓措施

单项减缓措施是对一个孤立的、在实地调查计划过程中发现“显著”SCC 地点的处理。通常这种减缓做法限于受影响管道长度较短的地方——不超过 91m(300ft)。ASME B31. 8S 的 A3. 4 减缓措施的选择做法，其中包括：

① 受影响管道部分的修补或去除；

② 对管段进行流体静力学测试；

③ 进行工程临界评价的风险评定，确定进一步的减缓方法。

(2) 普遍减缓措施

普遍减缓措施是当管线的某一个或几个管段出现的“显著”SCC 有广泛扩展的风险时对管段的处理，通常这是一种处理受影响管道长度较长时的减缓措施，具体做法包括：

① 对受影响管段的流体静力学测试；

② 在有适当工具情况下进行管内测试；

③ 广泛管道替换；

④ 重新制作防腐层。

(3) 定期再次评价

定期再次评价是对某些管段在适当间隔后的再次评价，对于某段管道更多检查的次数和时间间隔由管道运营商根据下列信息决定：

① 初次检查所发现的 SCC 的广泛性和严重性；

② 对裂纹群扩展速度和含有裂纹群的管道的剩余寿命的估计；

③ 该管段总长度；

④ 该管段潜在易出现 SCC 的总长度；

⑤ 某管段内出现故障的潜在后果。

公司应考虑初次评价所使用的地点选择标准对于再次评价是否适用。

(4) SCCDA 方法的有效性

采用何种方法评价 SCCDA 的有效性由管道运营商决定。SCCDA 法是一种对管道持续改善的过程，通过连续使用此法管道运营商将能更好地辨别管道系统中易出现显著 SCC 的管段和部位。评价 SCCDA 有效性的方法包括但不限于下列做法：

① 选择挖掘地点的结果与控制性挖掘结果的比较；

② 对所选择的管段使用 SCCDA 法的结果与使用裂纹侦察工具做内检测(ILI)结果的比较；

③ 对用 SCCDA 法挖掘以识别与开裂出现或其严重性有统计显著性相关的因素所得的数据进行统计分析；

④ 对一管段连续使用 SCCDA 法；

⑤ 对 SCC 预测模型在预测 SCC 地点和严重性方面的可靠性进行评估。

4. SCCDA 记录

1)预评价记录

对“评价前阶段”的所有做法都应作记录，可包括但不限于下列内容：

① 有关应用 SCCDA 法选择易出现 SCC 管段所使用的分析方法的记录；

② 根据表 9-12 对所要评价的管段收集的数据资料；

③ 整合资料、管段重点排序、选择开挖地点等所使用的方法和步骤。

2) 间接检查

所有“间接检查阶段”的做法都应作记录，可包括但不限于下列内容：

① 有关识别所需要的资料和选择具体的间接检查技术方面使用的分析方法的记录；

② 对需要评价的管段所收集的数据资料；

③ 整合资料、管段重点排序、选择开挖地点等所使用的方法和步骤。

3) 直接检查记录

所有“直接检查阶段”的做法都应作记录，可包括但不限于下列内容：

① 实地确认所收集的资料；

② 去除防腐层前收集的资料；

③ 去除防腐层后收集的资料；

④ 对管道开裂(如果发现)分析结果；

⑤ 对管道开裂(如果发现)严重性的评价结果。

4) 后评价记录

所有后评价后阶段的做法都应作记录，可包括但不限于下列内容：

① 是否需要采取减缓措施，所选择的减缓措施类型及选择理由；

② 再次评价时间间隔的选择标准和时间间隔；

③ 计划进行的工作(如果有的话)；

④ 评价 ECDA 方法有效性的标准及评价结果。

9.3 管道适用性评估模型

9.3.1 金属损失缺陷评估

1. ASME B31G 评价方法

1) 适用范围

(1) 适用情况

ASME B31G 适用于以下情况：

① 位于地上、地下、近海管线的金属损失；

② 内、外腐蚀引起的金属损失；

③ 通过打磨可以完全修复的机械损伤、裂纹、电弧烧伤、制造缺陷等管道表面缺陷；

④ 弯管；

⑤ 纵向、螺旋形或环向焊缝（这些焊缝不存在质量问题且具有韧性）相邻的金属损失；

⑥ 除了金属损失深度大于管道壁厚的 80%，可以对任意深度的金属损失进行测量其精确尺寸和腐蚀速率；

⑦ 符合结构适用性准则的新管道；

⑧ 有韧性断裂萌生特性的管材的金属损失；

⑨ 管道的操作温度高于规定温度的金属损失，假设材料在此温度下的强度已知；

⑩ 在可接受的环向应力水平内运行的管道金属损失；

⑪ 初始载荷为内压的管道的金属损失。

(2) 不适用情况

ASME B31G 不适用的情况如下：

① 通过打磨仍不能恢复其光滑外形的裂纹型缺陷和表面机械损伤型缺陷；

② 管壁上由凹陷或褶曲导致的径向变形大于管道直径的 6%；

③ 槽型腐蚀、选择性腐蚀或优先腐蚀对管道焊缝和环形焊缝的影响；

④ 除了弯头弯管外其他配件的金属损失；

⑤ 影响材料萌生脆性裂纹的金属损失；

⑥ 管道运行温度超出了标准允许的操作温度范围，或工作温度在蠕变范围内。

(3) 附加考虑情况

在一些特殊情况下，需要作如下的附加考虑：

① 管道由于内压不足（如低于 *SMYS* 的 25%）在低环向应力条件下运行，易发生腐蚀从而导致穿孔，该标准里的方法不能解决此类穿孔失效问题。

② 受均匀腐蚀的管壁（如因腐蚀而导致整个管道表面减薄）可以在一个较高的环向应力（高于原始管壁的额定环向应力）下有效运行。评价均匀腐蚀区内存在的深凹陷对管道的影响时，应该考虑到均匀腐蚀造成的管壁减薄对管道的影响。

③ 对于普通的埋地管道，由内压引起的环向应力最大，它将会控制管道的失效形式。在非固定管道上，大面积圆周范围的金属损失受拉伸作用产生高的纵向应力，该应力可以将管道纵向失效形式改变为环向失效形式。该标准里所提供的方法不能够处理由很高的纵向拉伸应力而产生的环向失效。基于这些情况，用户应该参考更广泛的合乎使用的指导文件，如 API 579/ASME FFS《Fitness-for-Service》。

④ 受高纵向压应力作用的大面积的环向金属损失，容易受到起皱和鼓胀的影响。内压引起的环向应力与纵向压应力的相互作用可以降低金属损失处的失效压力。该标准所提供的方法不能用于处理起皱、鼓胀和环向应力与轴向压应力的相互作用情况。基于这种情况，建议用户参考更广泛的适用性的指导文件，如 API 579/ASME FFS。

2) 相关参数介绍

A——局部金属损失的轴向投影面积

A_C——夏比试样的横截面面积

A_0——原始面积

C_V——夏比 V 形缺口试样的冲击吸收能量

D——管道外径

d——金属损失的最大深度

E——钢的弹性模量

L——金属损失的长度

L_e——有效长度

M——鼓胀系数

P_F——预测失效压力 $=S_F D/2t$

P_O——操作压力，可能等于 *MAOP* 或 *MOP*

P_S——安全操作压力 $=P_F/SF$

S_F——预测失效应力等级

S_{flow}——流变应力

S_O——操作压力下的环向应力 $=P_0 D/2t$

S_{UT}——指定温度下的极限拉伸强度，可能等于 *SMTS*

S_{YT}——指定温度下屈服强度，可能等于 *SMYS*

SF——安全系数

t——管道壁厚

$z=L^2/Dt$

$z_c=L_e{}^2/Dt$

MAOP——最大允许操作压力

MOP——最大操作压力

SMTS——最小拉伸强度

SMYS——最小屈服强度

3）材料属性和其他数据

（1）给定的材料属性被用在 0~2 级评价上，如果认为从工厂的实验报告或实验室的实验中得到的实际材料属性可以保证使用，将会被用在三级评价。材料属性的统计可能会被用于 1~3 级评价建立失效可能性上。

（2）流变应力：用于 1~3 级评价上，它由以下几种情况定义：

① 碳素钢的操作温度<120℃时，$S_{flow}=1.1\times SMYS$，且 $S_{flow}\leqslant SMTS$。

② 碳素钢和低合金钢的最小屈服应力不超过 483MPa 且操作温度低于 120℃时，$S_{flow}=SMYS+69\text{MPa}$，且 $S_{flow}\leqslant SMTS$。

③ 碳素钢和低合金钢的最小屈服应力不超过 551MPa，$S_{flow}=(S_{YT}+S_{UT})/2$。

（3）这个文件没有明确规定将用哪个公式定义流变应力，$S_{flow}=1.1\times SMYS$ 在以前的 B31G 里曾使用，在零级评价中，这个仍然作为一个固定的元素应用，一级评价建议采用标准 ASME B31G—2012 中 2.2(a)方法。

（4）仅零级评价用公称壁厚定义为无腐蚀壁厚，而 1~3 级评价都用实际壁厚作为无腐蚀管道壁厚，同时对内压引起的环向应力作适当调整。

（5）当温度不低于 55℃(夏比冲击实验 V 形缺口有 85%的剪切发生时的温度)时，认为管体材料具有足够的韧性使裂纹萌生。

（6）采用电阻焊接连接管子会受到各种情况的影响：规范热处理、单和双埋弧焊连接、使用屏蔽金属电弧焊接的环向焊缝、气体金属弧、熔剂芯焊丝电弧焊和埋弧过程(人工的还是机械化的，或是两者结合的)。这些因素也会产生足够的韧性断裂萌生的特性。

（7）一些操作条件，诸如低温、长期裸露于酸性环境或高温下，对材料的延展性和断裂韧性有不良影响。

4）安全系数

当计算出的失效应力等于或大于在操作压力下的环向应力乘以一个合适的安全系数时，缺陷被认为是可以接受的。没有一个单一的安全系数可以适合所有的管线施工、管线运行模式和缺陷类型。

本书推荐最小安全系数等于最小水压试验压力与最大允许操作压力或最大操作压力的比值，但通常都不低于1.25。在某些情况下，安全系数较大，例如在对群众或环境有更高风险的地方；而有些情况下安全系数较小，例如在有限的一段时间或使用附加的程序来适当限制操作模式，或在偏远的地方操作，这些都可以减少失效后果。在确定特定管段安全系数时，管段操作者需要考虑腐蚀深度、长度测量的精确度、腐蚀增长速率、管段的特性、水压试验、控制压力方法的可靠性以及影响风险的外部因素。

当用内检测评价管道缺陷时，应使用较高的安全系数，这样保证留下较小的缺陷，延长下一次内检测周期。

5）评价步骤

评价依照下面的步骤进行：

① 根据相关记录或直接测量确定管道的直径和公称壁厚。

② 清理管道表面的腐蚀至露出金属表面，当清理带压腐蚀管道表面时应小心。

③ 测量腐蚀区域最大深度 d 和长度 L。

④ 根据相关记录确定适用的管材属性。

⑤ 选择一种评价方法计算失效应力 S_F。

⑥ 规定一个可接受的安全系数 SF。

⑦ 比较 S_F 和 $SF \times S_{SYMS}$。

⑧ 当 $S_F \geqslant SF \times S_{SYMS}$ 或 $P_F \geqslant SF \times P_O$ 时，缺陷可以被接受。

（1）ASME B31G—1991

$$z = L^2/Dt \tag{9-8}$$

$$S_{flow} = 1.1 \times SMYS \tag{9-9}$$

当 $z \leqslant 20$ 时：$S_F = S_{flow}\left[\dfrac{1-\dfrac{2}{3}\left(\dfrac{d}{t}\right)}{1-\dfrac{2}{3}\left(\dfrac{d}{t}\right)/M}\right]$；$M = \sqrt{0.8\dfrac{L^2}{Dt}+1}$

当 $z > 20$ 时：$S_F = S_{flow}\left(1-\dfrac{d}{t}\right)$

（2）改进的 ASME B31G—2009

当 $z \leqslant 50$ 时：$M = (1+0.6275z-0.003375z^2)^{1/2}$

当 $z > 50$ 时：$M = 0.032z+3.3$

$$S_F = S_{flow}\left[\frac{1-0.85\left(\frac{d}{t}\right)}{1-0.85\left(\frac{d}{t}\right)/M}\right] \quad (9-10)$$

$$S_{flow} = SMYS+68.95\text{MPa} \quad (9-11)$$

2. RSTRENG 0.85*dL* 评价方法

RSTRENG 评价方法是 ASME B31G 方法的改进，同样需要缺陷深度和长度两个参数，但将流动应力值定义为 *SMYS*+68.95MPa，腐蚀面积表示为抛物线形面积与矩形面积的平均值 0.85*dL*，该方法易于操作。与 ASME B31G 相比，RSTRENG 0.85*dL* 采用了修正的流动应力值，计算出来的结果相对于 ASME B31G 方法就不再保守；同 ASME B31G 方法一样，RSTRENG 0.85*dL* 不适用于强度等级较高的高强度钢。

该方法预测的管道失效压力表达式为：

$$P_f = \frac{(SMYS+68.95)\cdot 2\cdot t}{D}\left[\frac{1-0.85d/t}{1-0.85(d/t)/M}\right] \quad (9-12)$$

当 $z \leqslant 50$ 时：

$$M=(1+0.6275z-0.00337z^2)^{1/2} \quad (9-13)$$

当 $z>50$ 时：

$$M=0.032z+3.3 \quad (9-14)$$

式中 *D*——管道外径，mm；

t——管道壁厚，mm；

d——金属损失的最大深度，mm；

L——金属损失的最大长度，mm；

M——鼓胀系数；

P_f——预测失效压力，MPa；

SF——安全系数；

SMYS——材料的屈服强度，MPa；

MAOP——最大许可操作压力，MPa。

$$z=L^2/Dt$$

当计算出的失效压力乘以安全系数后等于或大于操作压力时，缺陷是可以接受的，即 $SF\cdot P_f \geqslant MAOP$ 时，缺陷可接受。该评价方法的程序流程图如图 9-31 所示。

3. API 579 局部金属损失评价方法

2000 年，美国石油协会发布了 API RP 579—2000《适用性评价推荐做法》。该方法立足于炼油和石化工业，为压力容器、管道和储罐等设备的完整性提供了可靠的评价方法。2007 年，美国石油协会对旧版标准进行更新，发布了新版标准 API RP 579—2007。下面将对新版标准的评价方法进行详细介绍。

1）适用范围

本章的方法可用于因下列作用而导致局部金属损失的构件进行评估：腐蚀/侵蚀、机械操作、研磨。这些金属损失已经超出或预计会超出下次检测前的腐蚀裕量。局部金属损失可能发生在构件内或构件外部。具有局部金属损失特征的缺陷类型定义如下：

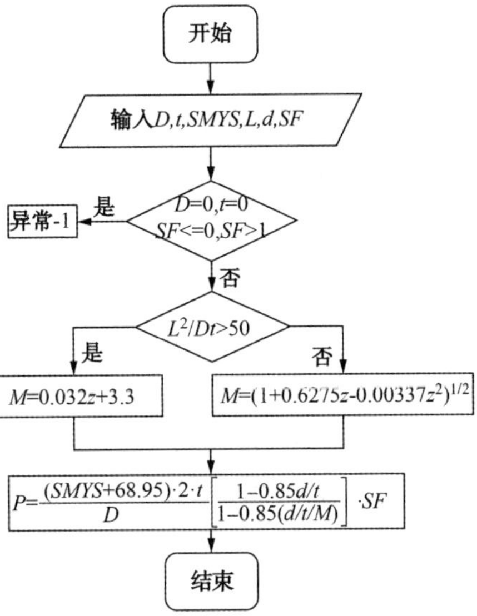

图 9-31　RSTRENG 评价方法的计算流程图

(1) 局部减薄(LTA)　构件表面的金属损失；金属损失区域的长度与其宽度大小为同一个数量级。

(2) 槽状缺陷　槽状缺陷的根部可能有一个圆弧。

(3) 槽沟　定向侵蚀或腐蚀所致的局部拉长了的减薄点，金属损失区域的长度远大于其宽度。

(4) 凿痕　构件表面拉长了的局部机械操作和/或材料移位，导致缺陷处管壁减薄；凿痕的长度比其宽度大得多，在缺陷的形成过程中可能对材料进行了冷加工。凿痕一般是机械损伤所致。

2)评价步骤

第一步：确定壁厚 t_c。

$$t_c = t_{nom} - LOSS - FCA \tag{9-15}$$

$$t_c = t_{rd} - FCA \tag{9-16}$$

第二步：确定最小测量壁厚 t_{mm} 和轴向长度 s。

第三步：计算剩余壁厚比 R_t 和纵向缺陷长度参数 λ。

$$R_t = \frac{t_{mm} - FCA}{t_c} \tag{9-17}$$

$$\lambda = \frac{1.285s}{\sqrt{Dt_c}} \tag{9-18}$$

第四步：根据极限缺陷尺寸准则，检查缺陷是否可接受；如果满足下列要求，进行第五步；否则，缺陷不能通过一级评价。

$$R_t \geqslant 0.2 \tag{9-19}$$

$$t_{mm} - FCA \geqslant 2.5\text{mm}(0.1\text{in}) \tag{9-20}$$

$$L_{msd} \geqslant 1.8\sqrt{Dt_c} \tag{9-21}$$

第五步：使用第一步得到的厚度确定构件的 $MAWP$。

$MAWP$ 有两种确定方法：

（1）当构件的运行环境与原始的设计条件一样时，$MAWP$ 可以取为设计压力；

（2）当材料参数比较全的情况下，可按照公式计算 $MAWP$：

$$MAWP^{C}=\frac{SEt_{c}}{R+0.6t_{c}} \tag{9-22}$$

$$MAWP^{L}=\frac{2SEt_{c}}{R-0.4t_{c}} \tag{9-23}$$

$$MAWP=\min(MAWP^{C},\ MAWP^{L}) \tag{9-24}$$

第六步：用轴向尺寸可接受判据检查缺陷的纵向长度，见图 9-32。若第三步计算出的(λ，R_t)与曲线相交或在曲线上方，缺陷的轴向长度在第五步所确定的 $MAWP$ 下可接受；否则缺陷不可接受，使用公式计算 RSF，如果 $RSF\geqslant RSF_a$，局部金属损失区域在第五步确定的 $MAWP$ 下可接受；如果 $RSF<RSF_a$，局部金属损失区域在 $MAWP_r$ 下可接受，$MAWP_r$ 根据公式计算。

$$RSF=\frac{R_t}{1-\frac{(1-R_t)}{M_t}} \tag{9-25}$$

$$MAWP_r=MAWP\left(\frac{RSF}{RSF_a}\right) \tag{9-26}$$

第八步：计算缺陷的环向长度参数 λ_c。

$$\lambda_c=\frac{1.285c}{\sqrt{Dt_c}} \tag{9-27}$$

第九步：如果满足以下条件，进行第十步；否则缺陷不可通过一级评价。

$$\lambda_c\leqslant 9 \tag{9-28}$$

$$\frac{D}{t_c}\geqslant 20 \tag{9-29}$$

$$0.7\leqslant RSF\leqslant 1.0 \tag{9-30}$$

$$0.7\leqslant E_C\leqslant 1.0 \tag{9-31}$$

$$0.7\leqslant E_L\leqslant 1.0 \tag{9-32}$$

第十步：计算拉伸应力因子 TSF，用环向尺寸可接受判据检查缺陷的环向长度，见图 9-33。若点(λ_c，R_t)落在所选曲线上或曲线的上方，缺陷的环向尺寸可接受；否则，缺陷不可接受。

$$TSF=\frac{E_C}{2\cdot RSF}\left(1+\frac{\sqrt{4-3E_L^2}}{E_L}\right) \tag{9-33}$$

第十一步：如果构件不能通过一级评价，那么需要考虑降级、维修、替换或报废构件。

API 579 评价方法的总体流程图见图 9-34，评价中用到的参数介绍如下(见表 9-14、表 9-15)：

t_c——局部金属损失区域外被腐蚀的壁厚，mm

t_{nom}——名义壁厚，mm

$LOSS$——局部金属损失区域外的均匀金属损失量，mm

FCA——局部金属损失区域的未来腐蚀裕量，mm

t_{rd}——金属损失区域外的均匀壁厚，mm

t_{mm}——最小剩余壁厚，mm

s——局部金属损失区域轴向长度，mm

R_t——剩余壁厚比

λ——纵向缺陷长度参数

D——管道内径，mm

L_{msd}——距最近不连续结构的距离，mm

$MAWP$——最大允许工作压力，MPa

$MAWP_r$——损伤构件降级后的最大允许工作压力，MPa

S——许用应力，$S=\sigma_s FS$，MPa

FS——设计系数

R——管道内表面半径，mm

E——焊缝系数

RSF——剩余强度因子

RSF_a——许用剩余强度因子，取0.9

M_t——傅里叶因子

λ_c——缺陷的环向长度参数

c——局部金属损失的环向长度，mm

E_c——纵向焊缝系数

E_L——环向焊缝系数

表 9-14　傅里叶因子 M_t 与缺陷参数 λ

λ	0	0.5	1	1.5	2	2.5	3	3.5	4	4.5	
M_t	1.001	1.056	1.199	1.394	1.618	1.857	2.103	2.351	2.6	2.847	
λ	5	5.5	6	6.5	7	7.5	8	8.5	9	9.5	
M_t	3.091	3.331	3.568	3.801	4.032	4.262	4.492	4.727	4.97	5.225	
λ	10	10.5	11	11.5	12	12.5	13	13.5	14	14.5	
M_t	5.497	5.791	6.112	6.468	6.864	7.307	7.804	8.362	8.989	9.693	
λ	15	15.5	16	16.5	17	17.5	18	18.5	19	19.5	20
M_t	10.481	11.361	12.34	13.423	14.616	15.921	17.338	18.864	20.494	22.219	24.027

注：(1) λ 由式(9-18)计算得出。

(2) M_t也可以通过下面的公式计算得出，当 $\lambda>20$ 时，一律使用 $\lambda=20$ 的值计算。

$$M_t=1.0010-0.014195\lambda+0.29090\lambda^2-0.096420\lambda^3+0.020890\lambda^4-0.0030540\lambda^5+2.9570(10^{-4})\lambda^6-1.8462(10^{-5})\lambda^7+7.1553(10^{-7})\lambda^8-1.5631(10^{-8})\lambda^9+1.4656(10^{-10})\lambda^{10}$$

表 9-15　TSF 曲线的方程

TSF	$\lambda_{c-0.2}$	C_1	C_2	C_3	C_4	C_5	C_6
0.7	0.21	0.99221	−0.11959	−0.05733	0.016948	−0.0018	0.000069114
0.75	0.48	0.96801	−0.2378	−0.32678	0.20684	−0.04654	0.0039436
0.8	0.67	0.94413	−0.31256	−0.69968	0.6502	−0.22102	0.028799
0.9	0.98	0.89962	−0.3886	−1.6485	2.3445	−1.2534	0.25331

续表

TSF	$\lambda_{c-0.2}$	C_1	C_2	C_3	C_4	C_5	C_6
1	1.23	0.85947	-0.40012	-2.7979	5.0729	-3.5217	0.91877
1.2	1.66	0.78654	-0.25322	-5.7982	13.858	-13.118	4.6436
1.4	2.03	0.72335	0.011528	-9.3536	26.031	-29.372	12.387
1.8	2.66	0.60737	0.93796	-19.239	64.267	-91.307	48.962
2.3	3.35	0.49304	2.1692	-32.459	122.45	-202.43	127.27

注：（1）当 $\lambda_c<\lambda_{c-0.2}$时，$R_t=0.2$。

（2）当 $\lambda_{c-0.2}<\lambda_c\leqslant 0.9$ 时，根据 TSF 值使用下面的公式计算 R_t：

$$R_t=C_1+\frac{C_2}{\lambda_c}+\frac{C_3}{\lambda_c^2}+\frac{C_4}{\lambda_c^3}+\frac{C_5}{\lambda_c^4}$$

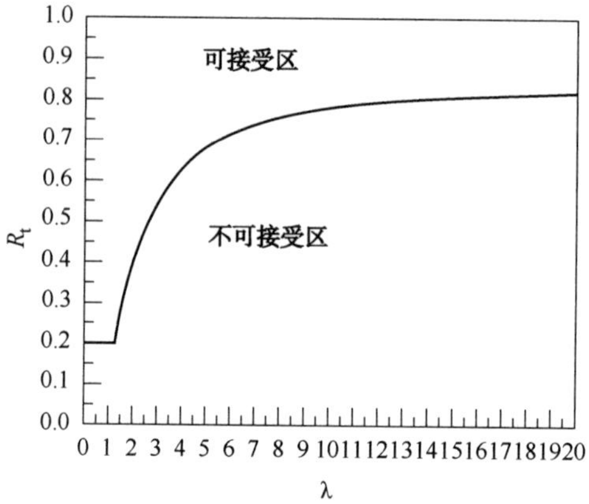

图 9-32　缺陷的轴向尺寸可接受判据

注：（1）图中曲线对应的许用剩余强度因子 $RSF_a=0.9$，傅里叶因子 M_t 由表 9-14 确定。

（2）图中曲线方程为：

$$R_t=0.2 \qquad (\lambda\leqslant 0.354)$$

$$R_t=\left(RSF_a-\frac{RSF_a}{M_t}\right)\Big/\left(1-\frac{RSF_a}{M_t}\right) \qquad (0.354<\lambda<20)$$

$$R_t=0.9 \qquad (\lambda\geqslant 20)$$

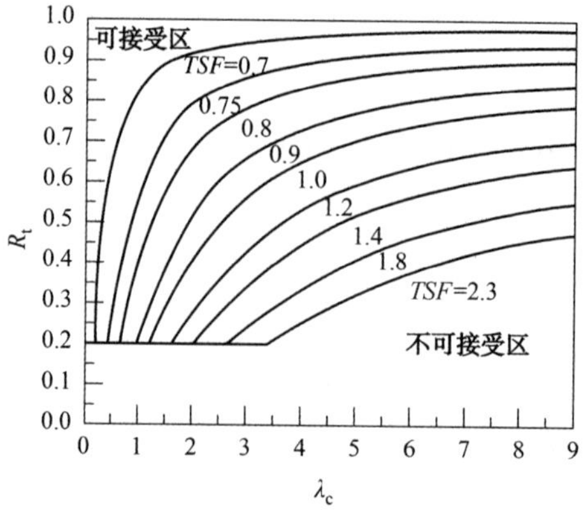

图 9-33　缺陷环向长度可接受判据

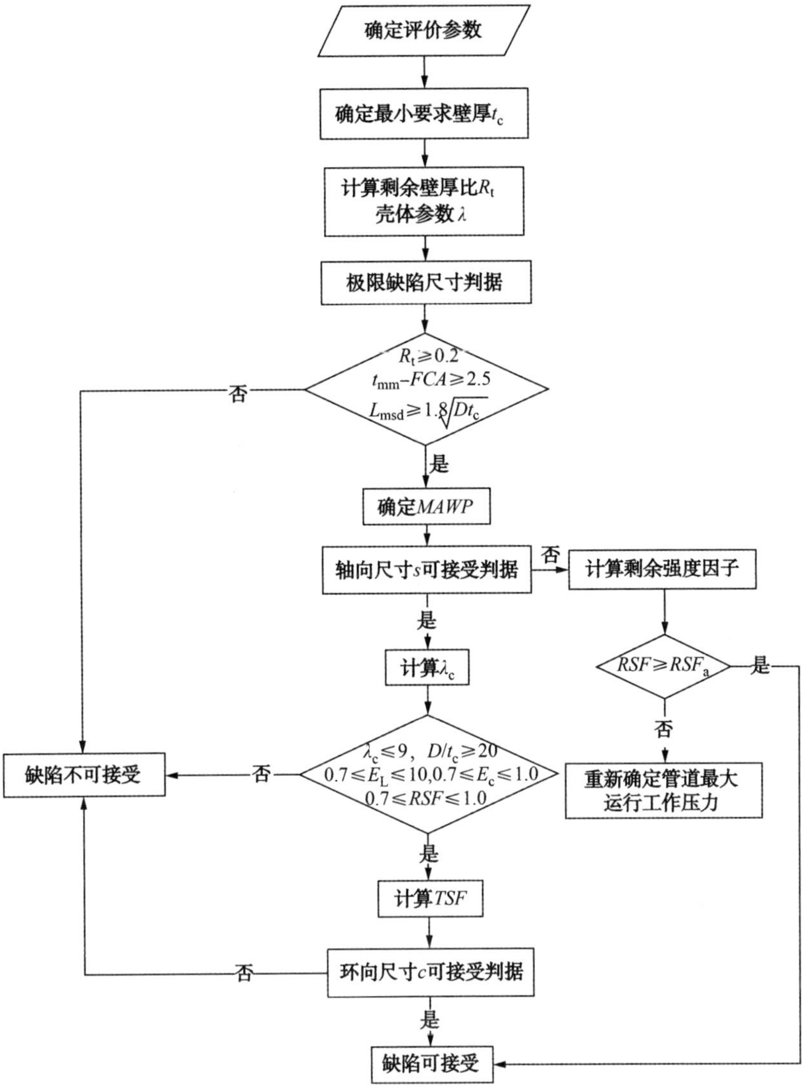

图 9-34　API 579 方法的评价流程图

4. DNV RP-F101 评价方法

近几年，DNV 标准由于开发数据库新，适用范围广，保守程度低，应用越来越广泛。该标准是由 BG(英国燃气公司)和 DNV 共同完成。BG 进行了 70 余项爆破实验，开发出有限元分析的失效准则。这些实验包括单个的、交互作用的和复杂的腐蚀缺陷。在评估方法的开发和验证过程中采用大量的了三维、非线性、弹塑性分析。对于单个缺陷的评价，BG 采用的失效模型的形式和 NG-18 方程一样，但是几何校正系数(即 Folias 系数 M)经过修改变成了 Q，所作的修改主要是根据数值分析的结果，而且流动应力的定义不是根据屈服极限，而是极限抗拉强度。在缺陷描述方面采用了实际面积来表述缺陷形状。DNV 主要是针对现代材料的评价，考虑了腐蚀缺陷尺寸测量的不确定性，使用可靠性方法确定分项安全系数，DNV 标准中除了内压外还考虑了轴向和弯曲载荷。DNV 与 BG 结合形成了 DNV 推荐的方法 RP-F101。

对一个按单个缺陷评估的腐蚀缺陷，必须是一个独立的缺陷。如果满足下列任一条件，缺陷可以作为一个独立的缺陷进行处理，具体情况见图 9-35。

（1）相邻缺陷间的环向角度 $\varphi>360\sqrt{\frac{t}{D}}$；

（2）相邻缺陷的纵向间距 $s>2.0\sqrt{Dt}$。

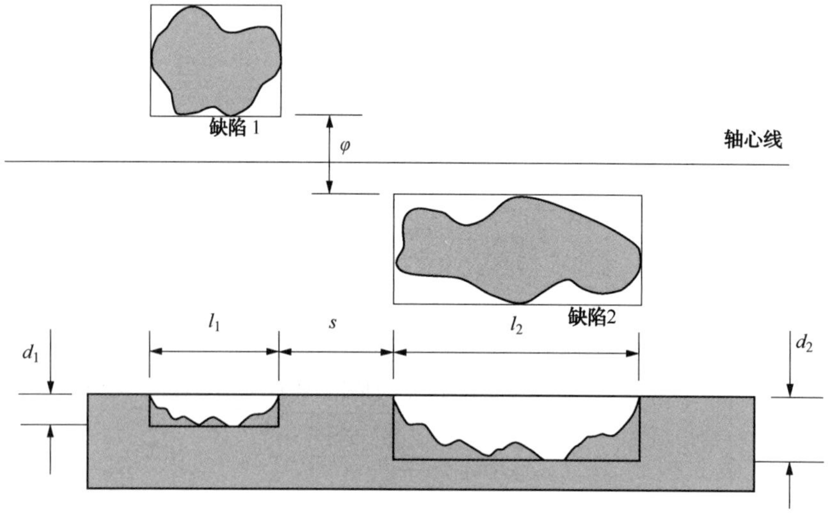

图 9-35　相互作用缺陷尺寸

本标准提供了对含腐蚀的管道进行评估的推荐方法，主要用于承受下列载荷的腐蚀缺陷的评估：①仅有内压载荷；②内压和纵向压力联合作用。

1）仅受内压作用

内压作用下单个缺陷的安全工作压力根据以下公式计算：

$$P_{\mathrm{f}}=\frac{2tf_{\mathrm{u}}\left(1-\frac{d}{t}\right)}{(D-t)\left(1-\frac{d}{tQ}\right)} \tag{9-34}$$

$$Q=\sqrt{1+0.31\left(\frac{1}{\sqrt{Dt}}\right)^{2}} \tag{9-35}$$

$$P_{\mathrm{sw}}=F\cdot P_{\mathrm{f}} \tag{9-36}$$

当缺陷的深度超过壁厚的 85%时，缺陷不可接受。该评价方法的流程如图 9-36 所示。

2）内压和压缩载荷组合作用

内压和纵向压缩载荷组合作用下单个腐蚀缺陷安全工作压力的评估方法如下(见图 9-37)：

第一步：根据外载(如管道上的轴向、弯曲和温度载荷)确定腐蚀缺陷处的纵向应力。根据管道名义壁厚，计算管道上腐蚀缺陷处的名义纵向弹性应力。

$$\sigma_{\mathrm{A}}=\frac{F_{\mathrm{X}}}{\pi(D-t)t} \tag{9-37}$$

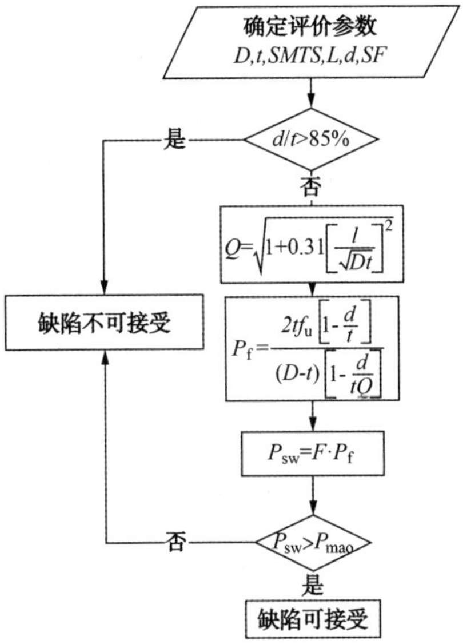

图 9-36　DNV 单个缺陷许用应力法的评价流程图

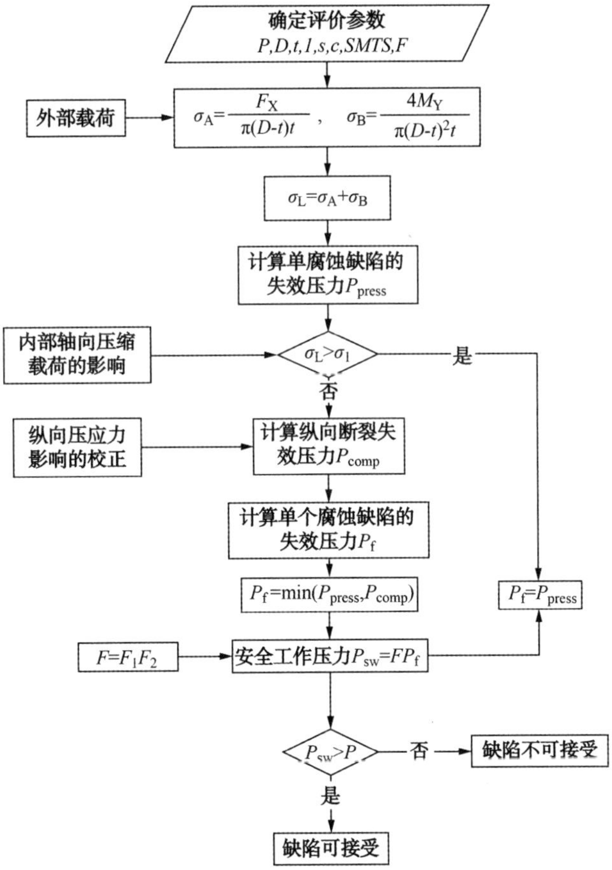

图 9-37　DNV 叠加作用单缺陷许用应力法的评价流程图

$$\sigma_B=\frac{4M_Y}{\pi(D-t)^2t} \tag{9-38}$$

$$\sigma_L=\sigma_A+\sigma_B \tag{9-39}$$

第二步：对单个缺陷的失效压力确定是否需要考虑内部轴向压缩载荷的影响。

当载荷满足 $\sigma_L>\sigma_1$时，不需考虑外部载荷的作用，跳过第四步。

$$\sigma_1=-0.5f_u\frac{\left(1-\frac{d}{t}\right)}{\left(1-\frac{d}{tQ}\right)} \tag{9-40}$$

第三步：计算仅受内压作用下单个腐蚀缺陷的失效压力。

$$P_{press}=\frac{2tf_u\left(1-\frac{d}{t}\right)}{(D-t)\left(1-\frac{d}{tQ}\right)} \tag{9-41}$$

$$Q=\sqrt{1+0.31\left(\frac{l}{\sqrt{Dt}}\right)^2} \tag{9-42}$$

第四步：计算纵向断裂失效压力，包括对纵向压应力影响的校正。

$$P_{comp}=\frac{2tf_u\left(1-\frac{d}{t}\right)}{(D-t)\left(1-\frac{d}{tQ}\right)}H_1 \tag{9-43}$$

$$H_1=\frac{1+\frac{\sigma_L}{f_u}\frac{1}{A_r}}{1-\frac{1}{2A_r}\frac{\left(1-\frac{d}{t}\right)}{\left(1-\frac{d}{tQ}\right)}} \tag{9-44}$$

$$A_r=\left(1-\frac{d}{t}\theta\right) \tag{9-45}$$

第五步：确定受内压与纵向压应力的组合载荷作用下单个腐蚀缺陷的失效压力(见图 9-37)。

$$P_f=\min(P_{press},\ P_{comp}) \tag{9-46}$$

第六步：计算腐蚀管道的安全工作压力。

$$P_{sw}=FP_f \tag{9-47}$$

5. API 579 机械划伤缺陷评价方法

1）适用性和局限性

这部分的程序，可以用来评估由以下定义的机械损伤所造成划痕的构件(划痕可能会发生在该构件的内部或外部）：由机械作用造成的材料从构件的表面去除和/或迁移，意味着会降低壁厚；裂缝的长度远远大于宽度，可能由于加工硬化形成的缺陷。裂缝的几何形状与槽相似，如图 9-38 所示。

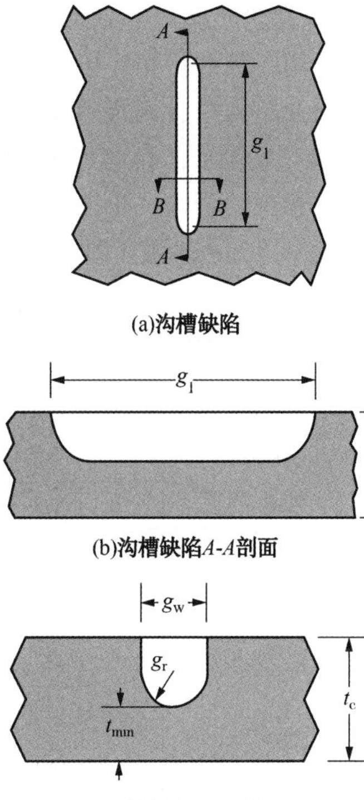

(a)沟槽缺陷

(b)沟槽缺陷A-A剖面

(c)沟槽缺陷B-B剖面

图 9-38　沟槽状缺陷形貌

划痕通常是机械损伤所造成的凹陷和在表面切削过程中造成材料的加工硬化层所作用的结果例如机械设备在开挖管道造成的管道部分划痕。由于机械损伤的特性，划痕通常与凹陷连在一起。

如果划伤缺陷不能满足本部分的验收判据，本标准还提供了最大允许工作压力（*MAWP*）的计算方法及其相应的温度。对受压设备，该计算方法可以用来确定设备降压运行的最大允许工作压力。

这部分的 1 级评估程序仅适用于满足以下所有条件的情况：

（1）如果材料的韧性满足标准规定的最低值，可以采用局部金属损失评估程序的 1 级评估方法对划痕进行 1 级评估，应按照局部金属损失评估程序的适用性和局限性使用。

（2）1 级评估程序只适用于构件没有受到交变应力作用的情况。如果在其以往运行历史和未来计划的运行情况中该构件的交变应力低于 150 个周期（即压力和/或温度的变化，包括操作的变化及开启、关停等），那么就可以认为该构件没有受到交变应力。

2）所需数据及测量方法

以下所列的是划痕评估所需的数据和测量方法：

（1）划痕尺寸　划痕的缺陷尺寸可以使用局部金属损失部分中描述凹槽的方法来确定。

（2）相当于韧性 40J（30ft · lbf）的温度　下列情况要使用局部金属损失部分的 1 级评估：

① 构件运行在相当于 40J（30ft · lbf）的 CVN 韧性的温度或以上时；

② 划痕形成的过程是加工硬化层的一个结果，划痕就是随后抛光去除硬化层和其他缺陷，获得平滑的轮廓。

（3）材料的温度豁免曲线　只有当基于特定物质和最小屈服应力测定的温度与 40J（30 ft · lbf）CVN 强度相一致时，才需要这些数据。材料的温度豁免曲线在标准第 3 部分表 3.2 中。

（4）最小屈服强度（σ_{ys}）　只有当基于特定物质和最小屈服应力测定的温度与 40J（30 ft · lbf）CVN 强度相一致时，才需要这些数据。

（5）划痕与主构造不连续性间距（L_{msd}）　确定测量划痕的边缘和最近的主要不连续结构之间的距离。这类信息应该详细，并应提供检测方法。

3）评估技术及可接受准则

如果材料的韧性大于 40J（30ft · lbf），或者划痕表面无任何其他缺陷，划痕评价的 1 级评估与局部金属损失的 1 级评估方法相同。如果材料的韧性是未知的，应估计材料韧性大于 40J 的温度。

4）评价步骤

运用一级评价程序确定划痕可接受性如下：

（1）步骤一，确定最小操作温度和段划痕所需测量的参数。

（2）步骤二，确定其在最低工作温度时材料的韧性(CVN)。如韧性大于40J(30ft·lbf)，进入步骤三。否则，不能进行1级评估。应该注意的是，如果材料的韧性(CVN)未知，可以从表9-16中查到其韧性大于40J时的温度。

表9-16　屈服强度与CVN及温度的关系

SMYS/MPa	ASME材料的温度豁免曲线			
	A/℃	*B*/℃	*C*/℃	*D*/℃
200	82	61	40	26
210	82	61	40	26
220	82	61	40	26
230	82	61	40	26
240	78	57	36	22
250	71	49	28	14
260	65	44	23	8
270	61	40	19	4
280	57	36	15	1
290	55	33	12	-2
300	52	31	10	-5
310	50	29	8	-7
320	48	27	6	-9
330	46	25	4	-11
340	44	23	2	-12
360	42	21	-1	-15
380	39	18	-3	-18
400	37	16	-5	-20
420	35	14	-7	-22
440	33	12	-9	-23
460	32	11	-11	-25
480	30	9	-12	-26
500	29	8	-13	-28
520	28	6	-15	-29
540	26	5	-16	-30
560	25	4	-17	-31

注：*SMYS*是材料的最小屈服强度。

(3)步骤三，按照局部金属损失的一级评价程序进行划痕的评估。具体评估步骤见9.3.1节中的“3. API 579局部金属损失评价法”中的“2)评价步骤”。

如果该构件没有满足第 1 级评估要求，那么下面或它们的组合应当被考虑：

（1）修理、更换或放弃构件。

（2）通过修复技术调整 FCA。

6. 弯头缺陷剩余强度评价

1）适用范围

本方法基于塑性极限分析理论，使用理想弹塑性材料模型，确定结构的塑性极限载荷；进而通过相应的安全系数，确定结构的许用工作载荷；可用于防止因壁厚减薄造成承载能力下降，最终导致结构发生塑性失稳垮塌失效的静态载荷下的结构剩余强度评价。

当发现埋地管道弯头管件本体存在因腐蚀、冲蚀等原因造成壁厚减薄时，可采用本部分所给出的评价方法，计算含壁厚减薄管件的许用工作压力，从而对其剩余强度进行评价。

本方法适用于钢制埋地管道，管道材料应具有良好的塑性和韧性。使用本方法进行评价前，应首先检查确认管道材质证书满足国家相关法规、标准要求；还应进一步排除服役历史或后续服役期间管道发生材料劣化、应力腐蚀的可能。如不能满足上述要求，评价人员应根据本标准“材料适用性评价”的要求，确认管道材料的适用性和材料的关键性能参数。

本方法适用于回填条件符合要求、土壤对管体支撑良好、管体以承受内压载荷为主的埋地管道管段。本方法不适用于承受明显弯矩载荷的跨(穿)越管段、地基沉降区管段以及因地质条件恶化而形成的悬空管段。

本方法适用于全焊透结构的 90°弯头，管件最小剩余壁厚应大于 2mm；本方法不适用于径比(外径比内径)大于 1.25 的厚壁管道。

本方法适用于具有一定体积的腐蚀减薄缺陷，而不适用于裂纹和点腐蚀缺陷。对于因机械损伤导致的壁厚减薄，如机械损伤区域满足无明显塑性变形且损伤区经打磨圆滑处理、无应力集中部位的条件，可参考使用本方法确定其剩余强度。

本方法适用于工作温度低于 300℃ 的管道。对于工作温度高于 300℃ 的管道，应首先进行材料适用性评价，确定管线材料强度参量后，可参考使用本方法评价其剩余强度。

本方法不适用于承受疲劳载荷、动态冲击载荷的管道。

2）评价步骤

（1）潜在失效模式分析及方法适用性判断

应根据存在的缺陷类型及运行工况，分析评价对象的潜在失效模式；判定本方法的适用性。

（2）评价输入数据的准备

使用本方法进行弯头管件剩余强度评价，须准备以下输入数据：

① 管件规格、公称直径、公称壁厚、设计压力、设计温度、水压试验压力、介质条件、焊接接头系数；

② 管件材料牌号、屈服强度、抗拉强度；

③ 管道的实际工作条件：最高工作压力、工作温度、压力和温度的波动情况、累积运行时间；

④ 管道的检验数据：历次检验所获得的实测壁厚数据；

⑤ 评价人员可收集以下数据，以提高分析评价的全面性和评价计算结果的准确性：管

道材料拉伸、冲击实验数据；管道材料的金相检查数据；管道材料硬度实测数据；管道设计计算书；管道有限元应力分析结果；管道运行和故障记录、管道失效案例及失效分析报告。

(3) 建立评价模型

根据不同级别的评定要求，确定管件本体的计算壁厚。对于腐蚀、冲蚀减薄的问题，还应确定管体腐蚀速率，建立管件本体的计算壁厚与预期继续运行时间的关联关系。

根据不同级别的评定要求，确定局部减薄型缺陷的几何尺寸。对于腐蚀、冲蚀减薄的问题，还应确定管体腐蚀速率，建立局部减薄型缺陷深度与预期继续运行时间的关联关系。

确定材料流变应力 σ_f：

$$\sigma_f = \phi \frac{\sigma_s + \sigma_b}{2}$$

式中 σ_s——评价工况温度下材料屈服强度，$\sigma_s = R_{el}$ 或 $\sigma_s = R_{p0.2}$；

σ_b——评价工况温度下材料抗拉强度，$\sigma_b = R_m$；

ϕ——管道焊接接头系数，当减薄部位位于焊缝时应考虑该系数，否则 $\phi = 1.0$。

确定工作压力 p_w 及相应的安全系数 n_p。

管道可能运行于多种工况条件下，评价人员可选择全部或典型工况，确定工作压力及相应的安全系数。

确定的工作压力应包括但不限于以下工况：

① 实际最高工作压力；

② 耐压试验压力，当评价人员预计管道在后续运行中有可能进行耐压试验时；

③ 预计的最高工作压力，当评价人员预计管道在后续运行中有可能承受高于实际最高工作压力的压力时。

对于所确定的工作压力，评价人员应根据相应工况条件下管道失效后果的严重性，确定平价计算安全系数：

① 安全系数最低不得低于 1.2；

② 安全系数最高不建议超过 1.8；

③ 对于失效后果一般的管道，安全系数可取 1.25；

④ 对于失效后果严重的管道，安全系数可取 1.50；

⑤ 以水为介质的耐压试验，可按失效后果一般考虑；以气体为介质的耐压试验，应按失效后果严重考虑；

⑥ 当工作介质为易燃、易爆、有毒液体，或气体、液化气体，或有一定温度的介质时，建议按失效后果严重考虑安全系数。

各工作压力应满足：

$$p_w < [p] = p_L / n_p \tag{9-48}$$

式中 $[p]$——某一工况条件下的许用内压载荷；

p_L——含缺陷弯头的极限内压，在下一步骤中计算。

(4) 计算极限内压

① 管件本体几何模型参数

弯头评价所需本体几何参数为：公称直径 d_0、名义壁厚 t 和弯曲半径 R，如图 9-39 所示。

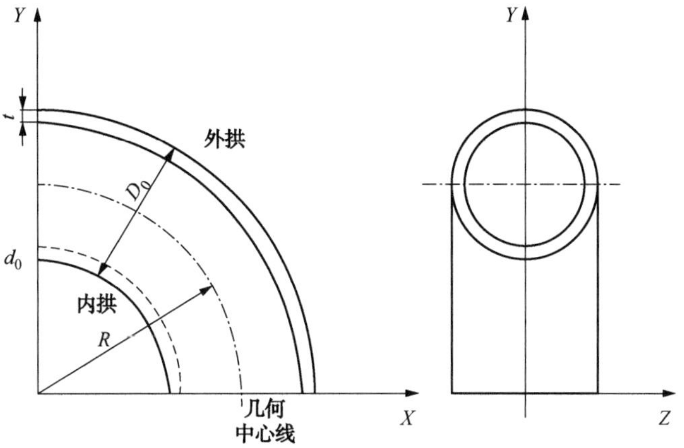

图 9-39　管件本体几何模型参数

② 确定管件本体计算壁厚

评价采用管件整体均匀减薄模型，以管件实测最小壁厚作为管件名义壁厚。对于弯头，采用等厚模型，名义壁厚取单一值。管件本体的计算壁厚按下式确定：

$$t_c = t - nc \tag{9-49}$$

式中　t_c——计算极限载荷时所用壁厚；

t——管件本体的名义壁厚，$t = t_{min}$，t_{min}为检验所得的最小实测壁厚；

n——预期的继续运行周期；

c——继续运行期间的腐蚀速率。

③ 计算极限内压载荷

对于弯头管件，按下式计算其极限内压载荷：

$$p_L = \frac{2\sigma_f t_c}{r_m} - \frac{G_{HP}}{\sqrt{\left(\frac{R}{R-r_m}\right)^2 + \frac{R}{R-r_m} + 1}} \tag{9-50}$$

式中　r_m——弯头平均半径，$r_m = \frac{d_0 - t_c}{2}$；

G_{HP}——弯头两端直管段对弯头的增强系数，按下式计算：

$$G_{HP} = \begin{cases} 0.2840k + 0.8727R/d_0 = 1.0 \\ 0.1872k + 0.8315R/d_0 = 1.5 \end{cases}$$

其中：k 为弯头径比，$k = \frac{d_0}{d_0 - 2t_c}$。

9.3.2　几何凹陷评估

1. 凹陷的类型

根据凹陷的几何特征及其对管道损伤的影响，可将其归为不同的类型。正确理解凹陷的分类有助于了解其特性及对管道的主要影响，以便作出正确的危险识别和风险评价。研究中较为常见的凹陷类型有以下几种：

(1) 平滑凹陷　变形区域中管壁曲率变化较为平缓，管壁曲率直接影响凹陷区域的应变，所以平滑凹陷的应变相对较小一些；

(2) 曲折凹陷　与平滑凹陷相反，变形区域中管壁曲率变化梯度较大，甚至产生尖角等突变，所以该类凹陷的应变相对较大一些；

(3) 单纯凹陷　没有壁厚减薄(如沟槽和裂纹)和其他缺陷(如焊缝)的平滑凹陷，该类凹陷最简单，关于单纯凹陷的研究工作也最多，例如目前的基于应变的评价方法多限于此类凹陷；

(4) 非约束凹陷　外载撤去后在自身弹性恢复和内压作用下能够回弹的凹陷，该类凹陷通常位于管道的顶部，在内压波动影响下易引起管道的疲劳损伤；

(5) 约束凹陷　与非约束凹陷相对应，即不能回弹的凹陷，例如受管底土壤、岩石等硬物作用导致的凹陷，由于管底的硬物一般无法撤去，所以约束凹陷通常位于管道底部，且对疲劳问题不敏感；

(6) 管顶凹陷　位于管道的上部，即管道环向圆周上 2/3 位置(顺时针从 8 点钟方向到 4 点钟方向位置)，一般与非约束凹陷相对应；

(7) 管底凹陷　位于管道环向圆周下 1/3 位置(顺时针从 4 点钟方向到 8 点钟方向位置)，一般受到下部硬物挤压而形成，与约束凹陷相对应；

(8) 焊缝凹陷　位于焊缝或其周边，在焊缝的联合作用下，此类凹陷对管道影响较大，目前一般直接采取修复或替换管段的措施；

(9) 划伤凹陷　外部物体接触导致管道表面金属损失的凹陷，与焊缝凹陷一样结构较为复杂，工程评价较为困难，目前的维护方法亦与焊缝凹陷类似。

2. 基于应变的凹陷管道评价方法

目前对管道凹陷的评价主要采取基于深度和基于应变的判断方法。基于深度的判断方法简单直观，因此传统评估方法仍将其作为主要评价指标。例如业界大多采用 6%作为修复凹陷管道的临界值，当凹陷深度超过 6%(凹陷最大深度与管径的比值)时需要采取修复措施，否则可以忽略凹陷的影响或者采取定期监测的措施。随着研究和现场应用的不断深入，发现基于深度的评估方法并不能准确反映管道的实际工作状态，甚至带来较大的误差，因此基于应变的评价方法至关重要。

凹陷的应变分为环向应变和轴向应变，每个方向应变又由薄膜应变和弯曲应变组成，如图 9-40 所示，薄膜应变由管道环向或轴向的拉伸/压缩而产生，弯曲应变由于管壁产生局部弯曲而产生，根据定义可知：弯曲应变关于管壁中性面对称分布，管壁上、下表面的应变则为薄膜应变和弯曲应变的和。

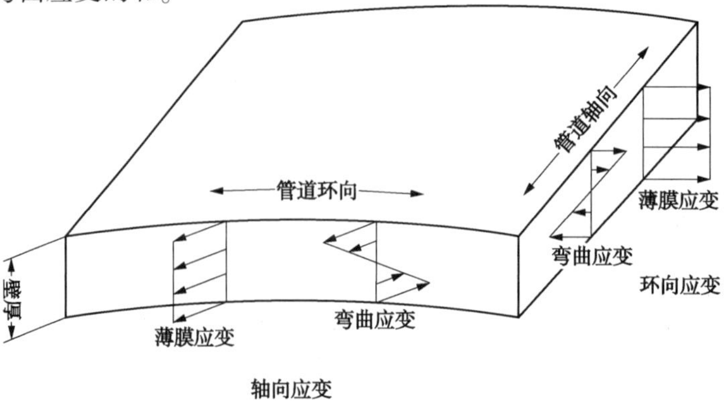

图 9-40　凹陷区域的应变组成

目前关于凹陷应变的求解主要采取如下方法：弯曲应变由管壁的曲率半径直接求得，管壁的曲率半径可由 9.3.2.3 节所模拟凹陷轮廓计算得出；而薄膜应变的求解目前也提出了一些计算方法，但还需要更进一步完善。

ASME B31.8 给出的凹陷环向弯曲应变、轴向弯曲应变以及轴向薄膜应变计算公式如下：

$$\varepsilon_1=\frac{t}{2}\left(\frac{1}{R_0}-\frac{1}{R_1}\right),\ \varepsilon_2=-\frac{t}{2}\frac{1}{R_2},\ \varepsilon_3=\frac{1}{2}\left(\frac{d}{L}\right) \tag{9-51}$$

式中 ε_1——环向弯曲应变，mm/mm；

ε_2——轴向弯曲应变，mm/mm；

ε_3——轴向薄膜应变，mm/mm；

t——管道壁厚，mm；

R_0——管道内半径，mm；

R_1——管道横截面曲率半径，mm；

R_2——管道轴向面曲率半径，mm；

L——凹陷长度，mm；

d——凹陷深度，mm。

两个曲率半径的定义如图 9-41 所示，对于环向曲率半径，当曲率圆圆心在管道轴线一侧时取正值，否则取负值；而对于轴向曲率半径，一般均为内凹，取为正值。

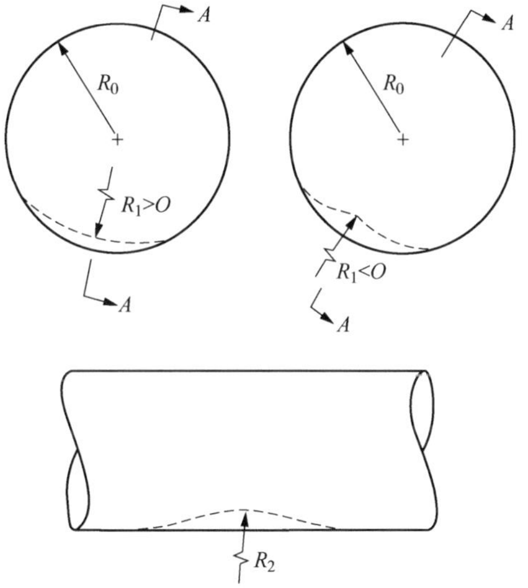

图 9-41 曲率半径的定义

ASME B31.8 并未给出凹陷长度 L 的确定方法，常见的凹陷长度存在两种定义：①凹陷两边形状没有改变(即径向位移为 0)的两个最近的横截面的距离；②深度大于 1/2 凹陷深度的轴向范围内的长度(见图 9-42)。

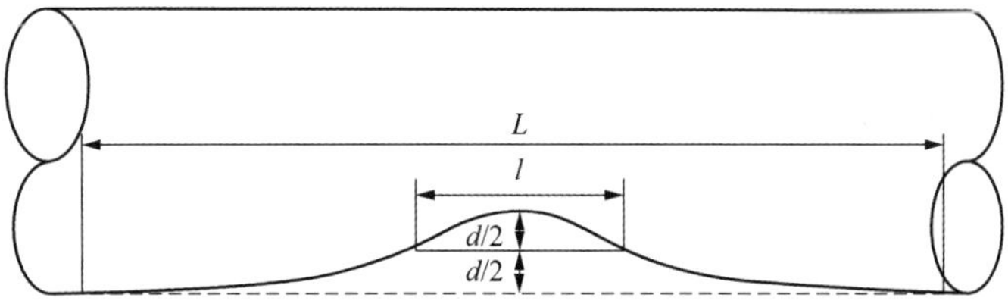

图 9-42 凹陷长度的定义

对于第一种定义，实际中在凹陷较远处可能仍存在较小径向位移，较难定位径向位移完全为 0 的分界点，且径向位移的较小变动即可能导致所定义凹陷长度的大范围变化；而对于第二种定义则不存在该问题，测量方便且准确，经国内外一些学者的研究验证，将凹陷长度定义为凹陷深度 1/2 范围内的轴向长度较为合理，因此本节采用第二种凹陷的长度定义。

凹陷处的总等效应变被定义为：

$$\varepsilon_{eff}=\sqrt{\varepsilon_x^2-\varepsilon_x\varepsilon_y+\varepsilon_y^2} \tag{9-52}$$

式中 ε_{eff}——凹陷处总等效应变，mm/mm；

ε_x——管道轴向总应变，mm/mm，$\varepsilon_x=\pm\varepsilon_2+\varepsilon_3$；

ε_y——管道环向总应变，mm/mm，$\varepsilon_y=\pm\varepsilon_1$，“±”分别表示所求轴向应变和环向应变为管道内表面或者外表面应变。

将式(9-51)中各应变值代入式(9-52)得到管道内、外表面的等效应变值：

$$\begin{aligned}\varepsilon_{in}&=[\varepsilon_1^2-\varepsilon_1(\varepsilon_2+\varepsilon_3)+(\varepsilon_2+\varepsilon_3)^2]^{\frac{1}{2}}\\ \varepsilon_{out}&=[\varepsilon_1^2+\varepsilon_1(-\varepsilon_2+\varepsilon_3)+(-\varepsilon_2+\varepsilon_3)^2]^{\frac{1}{2}}\end{aligned} \tag{9-53}$$

式中 ε_{in}——管道内表面等效应变，mm/mm；

ε_{out}——管道外表面等效应变，mm/mm。

评价凹陷时，取内、外表面应变值中的较大者与许可应变作比较：

$$\varepsilon_{max}=\mathrm{Max}\{\varepsilon_{in},\ \varepsilon_{out}\} \tag{9-54}$$

式中 ε_{max}——管道内外表面最大应变值，mm/mm。

但 ASME B31.8 并未给出凹陷曲率半径的求解方法，另外需要注意的是该方法并未涉及环向薄膜应变，因为环向薄膜应变值远远小于其他三个应变值，为简化计算而被忽略。

3. API 579 凹陷、凹陷-划痕组合

1）适用性

这部分的程序可以用来评估由以下定义的机械损伤所造成凹陷、凹陷-划痕组合的构件(凹陷、凹陷-划痕组合可能会发生在管道的内部或外部)：

(1) 凹陷 外形截面到理想的外形几何截面向内或向外的一个偏移，其特征是有一个小的局部半径或缺口(见图 9-43)。

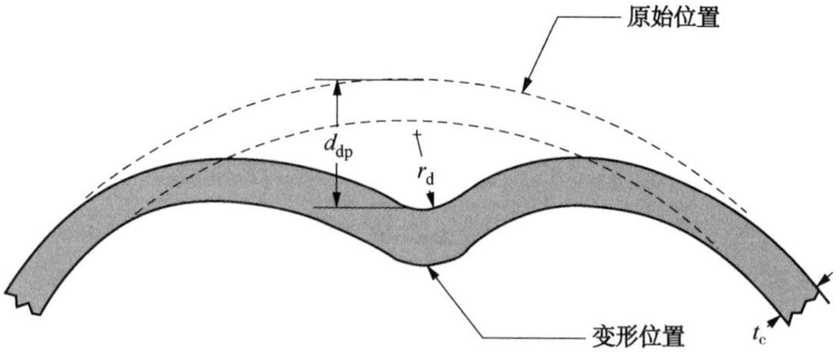

图 9-43 凹陷尺寸

(2) 划痕 由机械作用造成的材料从构件的表面去除和/或迁移，意味着会降低壁厚；裂缝的长度远远大于宽度，可能由于加工硬化形成的缺陷。裂缝的几何形状与槽相似，如图 9-38 所示。

机械损伤所造成的凹陷在其形成过程中，与其他物体接触时在凹陷处常常会造成划痕，例如挖掘机械在碰到管道时造成的划痕，由于机械损伤的特性，划痕通常与凹陷连在一起。

（3）凹陷-划痕组合　凹陷-划痕组合通常出现在管道局部变形区域(见图 9-44)。

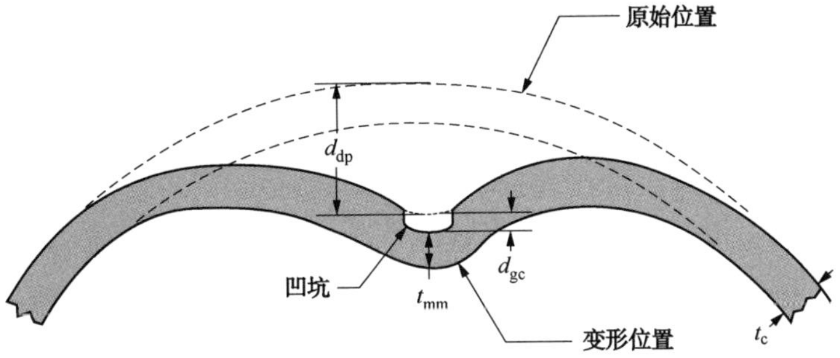

图 9-44　凹陷与划痕尺寸

如果凹陷-划痕组合不能满足本部分的验收判据，本标准还提供了最大允许工作压力(*MAWP*)的计算方法及其相应的温度。对承压设备，该计算方法可以用来确定设备降压运行的最大允许工作压力。

该部分的 1 级或 2 级评估程序仅适用于满足以下所有条件：

（1）原始设计符合 GB 50251《输气管道工程设计规范》或 GB 50523《输油管道工程设计规范》。

（2）材料具有足够的断裂韧性。如果存在有关材料韧性的不确定性，那么不能使用该部分评估程序。此外，在本部分适用的评估程序所规定的具体的韧性要求也需得到满足。冷加工制造过程中的变形是造成凹陷和划痕的另一个因素，如果构件是由于在操作过程中受温度变化引起的脆化和/或过程环境的影响(如氢脆)，应该进行 3 级评估。

（3）被评估构件还需满足下列要求：

① 被评估的构件为柱状壳体时应满足式(9-55)和式(9-56)的要求。

$$168\text{mm}(6.625\text{in}) \leqslant D \leqslant 1050\text{mm}(42\text{in}) \tag{9-55}$$

$$5\text{mm}(0.20\text{in}) \leqslant t_c \leqslant 19\text{mm}(0.75\text{in}) \tag{9-56}$$

② 被评估构件只受内压(即忽略其他任何附加荷载)。

③ 被评估构件材料与规定的碳钢最小屈服强度(*SMYS*)满足式(9-57a)，极限拉伸强度(*UTS*)满足式(9-57b)。*SMYS* 的限制仅适用于凹陷-划痕组合的静态评估，*UTS* 的限制仅适用于凹陷和凹陷-划痕组合的疲劳评估。

$$SMYS \leqslant 482\text{MPa}(70\text{ksi}) \tag{9-57a}$$

$$UTS \leqslant 711\text{MPa}(103\text{ksi}) \tag{9-57b}$$

2）FFS 评估所需要的数据及其测量方法

检测技术和尺寸测量需求的建议：

凹陷的最大深度是所测量的凹陷区域相对于柱状构件经线直边的偏移，需要注意的是应该采取措施建立凹陷轮廓轴向和圆周方向的测量数据来进行 3 级评估，只有最大凹陷深度时使用 1 级和 2 级评估。完整的凹陷测量数据可以使用 3 级评估。

以下所列的是对凹陷的评估所需的数据及其测量方法：

（1）在加压条件下凹陷深度(d_{dp})及无压条件下凹陷深度(d_{d0})　应确定在加压和无压条件的最大凹陷深度，这些值都可以直接测量。应考虑构件在测量以前存在更高内压的情况，或在以后构件存在比当前内压更高压力的风险。或者，如果工作压力大于或等于最大允许工作压力的 70%，加压条件下的凹陷深度和不加压条件下的凹陷深度之间的关系由式(9-58)确定。否则，在加压条件下的凹陷深度应等于不加压的条件下的凹陷深度，即 $d_{dp}=d_{d0}$。

$$d_{dp}=0.70d_{d0} \tag{9-58}$$

(2) 最小抗拉极限强度(σ_{uts})　最小抗拉强度极限是基于材料规格所定义的。如果材料规格不明确，评估中所用的 $\sigma_{uts}=414\text{MPa}(60\text{ksi})$，这类信息是 2 级评估和 3 级评估所必需的。

(3) 构件的交变载荷(P_{max}和 P_{min})　如果构件是由一个最大和最小压力为代表的周期性变化的压力作用，应确定最大和最小压力，这类信息是 2 级评估和 3 级评估所必需的。

(4) 凹陷与焊缝的间距(L_W)　应测量凹陷的边缘和与之最近的焊缝之间的距离，必须详细注明怎样测量这一距离，并提供检测方法的概要说明。

(5) 凹陷到主构造不连续的间距(L_{msd})　应测量凹陷的边缘和最近的主构造不连续性之间的距离，必须详细注明怎样测量这一距离，并提供检测方法的概要说明。

以下所列的是对凹陷-划痕组合的评估所需的数据及其测量方法：

(1) 在加压条件下凹陷深度(d_{dp})及无压条件下凹陷深度(d_{d0})　应确定加压和无压条件的凹陷最大深度，可直接测量。

(2) 划痕深度(d_g)　应测量划痕的最大深度，方法与凹槽的测定方法相同。

(3) 规定的最小屈服强度(σ_{ys})　规定的最小屈服强度根据材料规格确定。

(4) 规定的最小抗拉强度(σ_{uts})　规定的最小抗拉强度是基于材料规格所定义的，如果材料规格不明确，评估中应使用$\sigma_{uts}=414\text{MPa}(60\text{ksi})$。这类信息是 2 级评估和 3 级评估所必需的。

(5) 构件的交变载荷(P_{max}和 P_{min})　如果构件是由一个最大和最小压力为代表的周期性变化的压力作用，应确定最大和最小压力，这类信息是 2 级评估和 3 级评估所必需的。

(6) 凹陷-划痕组合焊接点的间距(L_w)　应测量凹陷的边缘和与之最近的焊缝之间的距离，必须详细注明怎样测量这一距离，并提供检测方法的概要说明。

(7) 凹陷-划痕组合与主构造不连续性的间距(L_{msd})　应测量凹陷的边缘和最近的主构造不连续性之间的距离，必须详细注明怎样测量这一距离，并提供检测方法的概要说明。

3) 评估技术及可接受准则

局限于碳素钢圆柱壳体远离结构上不连续处的凹陷，可接受的准则是限制构件上的最大凹陷深度与构件的外直径的比值在一定范围内。

4) 凹陷评价步骤

(1) 第一步，确定段凹陷所需测定的参数与 D、FCA、t_{rd}或者 t_{nom}、$LOSS$。

(2) 第二步，根据式(9-59)或式(9-60)确定评估中的壁厚：

$$t_c=t_{mon}-LOSS-FCA \tag{9-59}$$

$$t_c=t_{rd}-FCA \tag{9-60}$$

(3) 第三步，如果满足式(9-61)和式(9-62)，计算第四步。否则，一级评估不满足。

$$L_{msd}\geqslant 1.8\sqrt{Dt_c} \tag{9-61}$$

$$L_w\geqslant \max[2t_c,\ 25\text{mm}(1\text{in})] \tag{9-62}$$

(4) 第四步，如果构件不是循环运行的或者满足式(9-63)，进入第五步。否则，一级评估不满足。

$$d_{dp} \leqslant 0.07D \quad (9-63)$$

(5) 第五步，确定构件的 *MAWP*(最大允许工作压力)，使用第二步中求的厚度。如果 *MAWP* 大于或等于目前的设计压力，则该构件可以继续运作。否则，一级评估不满意。

5) 凹陷-划痕组合评价步骤

运用一级评价程序确定凹陷-划痕组合的可接受性如下：

(1) 第一步，确定段凹陷-划痕组合需要测量的参数，同时确定 D、FCA、t_{rd}或者 t_{nom}、$LOSS$。

(2) 第二步，根据式(9-59)或者式(9-60)确定评估中的壁厚，并在评价中运用式(9-64)确定划痕深度。

$$d_{gc} = d_g + FCA \quad (9-64)$$

(3) 第三步，如果以下要求满足进入第四步。否则，一级评价不满足。

$$t_{mm} - FCA \geqslant 2.5\text{mm}(0.10\text{in}) \quad (9-65)$$

$$L_{msd} \geqslant 1.8\sqrt{Dt_c} \quad (9-66)$$

$$L_w \geqslant \max[2t_c,\ 25\text{mm}(1\text{in})] \quad (9-67)$$

(4) 第四步，确定周向应力 σ_m^C，对于构件使用第二步计算得来的壁厚。

(5) 第五步，确定划痕深度与壁厚的比 d_{gc}/t_c，凹陷深度与构件直径的比 d_{dp}/D。运用这些数据与周向应力 σ_m^C，在图 9-44 中确定第四步。如果这些点(构件的周向应力以及最小屈服强度)与曲线的交点在曲线上或在该图中的曲线下方，并且构件不是在交变应力条件下服役，进行第六步。否则，等级一评估不满足。

(6) 第六步，确定构件的 *MAWP*(见 API 579 附件 A 第 A.2 段)，使用第二步中求的厚度。如果 *MAWP* 最大允许工作压力大于或等于目前的设计压力，则该构件可以继续运作。否则，一级评估不满意。

如果该构件没有满足第一级评估要求，那么下面，或它们的组合，应当被考虑：

(1) 修理、更换或放弃构件。

(2) 通过修复技术调整 *FCA*。

9.4 管道内检测缺陷完整性评价

下面以某管道企业为例详细介绍管道内检测缺陷完整性评价。

9.4.1 某企业 ϕ1016 管道内检测情况概述

某管道企业重视完整性管理工作，2012 年该管道公司有计划地建立了管道基础数据库，并针对内检测数据开展管道完整性评估，本节主要是针对 2012 年该公司实施取得的 HM-AQ 段管道内检测数据，开展管道完整性评估，通过使用 DNV、RESTRENG 等国际标准软件进行科学评估，给出评估修复建议。

通过内检测可得出该段总长度为 113.1km，查出管道的缺陷包括金属损失、凹坑、焊缝异常以及管道接近的异常物。

1. 40in 天然气管道金属损失缺陷情况分布

共查出 4521 个金属损失点，超过 10%壁厚损失的缺陷点共 715 个，最大金属损失为壁厚的 36%，为外部金属损失，其分布如图 9-45 所示。

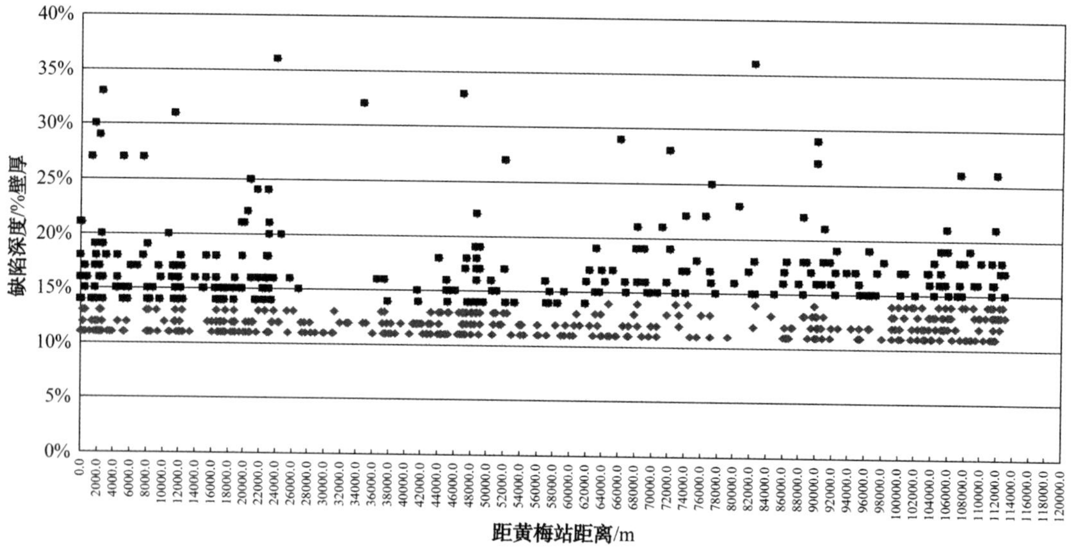

图 9-45　检测段 1016 管道内检测数据分布

2. 焊缝异常分布

检测出管道焊缝异常为 79 处，其中焊缝异常长度大于 100mm 共 21 处，统计情况如图 9-46 所示。

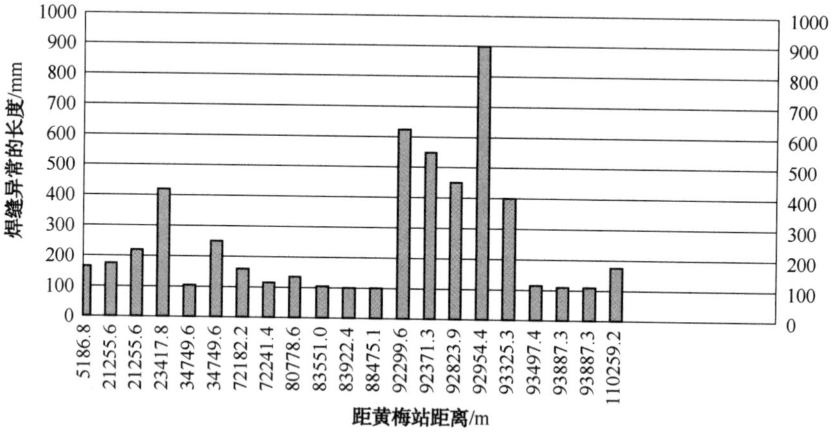

图 9-46　焊缝异常点

缺陷按百分比分布如图 9-47 所示。

3. 凹坑

凹坑为 1 处。最大变形量为 3.12%D，距离 HM 站 19774.0m 处，检测到的凹坑深度为 31.71mm，轴向长度为 1477mm，环向宽度为 462mm。

4. 异常点

检测出铁磁物体靠近管道共 1 处，位于距离 HM 站 80684.4m 处，方位是 06：15，检测中没有发现管道与套管接触的现象。这些铁磁性物体可能会对管道防腐层和阴极保护产生影响，分为接近和接触，这些靠近不明物体应详细分析，开挖验证情况后处理。

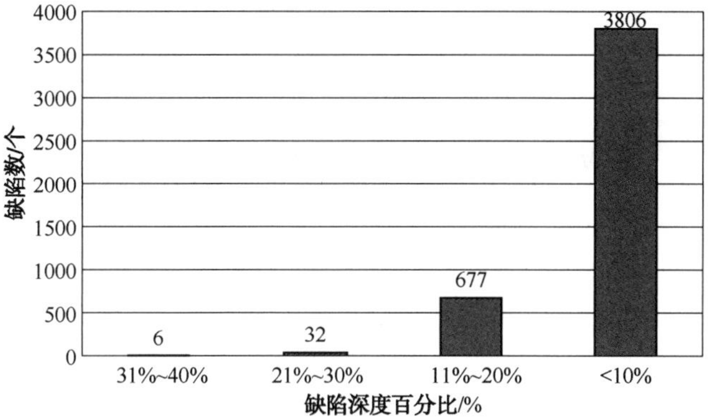

图 9-47　缺陷按百分比分布

9.4.2　HM-AQ 段缺陷剩余强度评价

根据检测管段的内检测结果，对其中发现的体积型缺陷使用 RSTRENG 和 DNV RP-F101 开发的软件进行了评估。下面介绍所用到的评价方法和评价结果。

1. RSTRENG 修正算法(修正的 ASME B31G 算法)

开发修正标准的原因是原 B31G 标准过于保守，过多可以使用的管道在修复过程中被拆除。为了使安全最优化，最好把修复工作的重点放在确需立即维修的部分，而不是满足一个已知的包含了很多不必要安全限制的标准。为完成预期的改进，下面描述了原方法中过多保守和限制条款的来源。

1）过度保守的来源

原标准的过度保守来自于：

(1) 流动应力的表示法；

(2) Folias 系数的近似表示法；

(3) 金属损失的抛物线表示法；

(4) 未考虑到凹坑边缘或一系列凹坑之间，具有完全壁厚或接近完全壁厚的孤点的加固作用。

2）修正的流动应力

在 B31G 标准开发时人们就知道 1.1*SMYS* 在很大程度上低估了线管道材料的流动应力。这个差别的影响由下面三种常规等级的线管道举例说明：

等级	1.1*SMYS*	*SMYS*+10000	百分差(以 1.1*SMYS* 为基础)
B	38500	45300	16.9%
X52	57200	62000	8.4%
X60	66000	70000	6.2%

随着屈服强度的增加这个影响会减小，但对于低强度等级来说意义还是很大的，因为它们当前就很可能被修复。另外对于剩余强度有直接影响，即 B31G 标准评价公式中失效压力(或剩余强度)的预测值是关于流动应力的线性函数。修订标准将用 *SMYS*+10000 表示流动应力。

3）修正的 Folias 系数

M 的二项近似式在式(9-68)和式(9-69)中给出，一个更准确不保守的三项近似式 M_T

表示如下。

$(L^2/Dt)\leqslant 50$ 时：

$$M_{\mathrm{T}}=\left[1+0.6275\frac{L^2}{Dt}-0.003375\frac{L^4}{D^2t^2}\right]^{1/2} \tag{9-68}$$

$(L^2/Dt)>50$ 时：

$$M_{\mathrm{T}}=0.032\frac{L^2}{Dt}+3.3 \tag{9-69}$$

因为三项式的负项占主导，这个式子在规定的限制内不再可用。通过在$(L^2/Dt)=50$处作切线可外推M_{T}与(L^2/Dt)的关系。

三项式M_{T}与二项式M的比较如下(外径30in，壁厚0.375in)：

缺陷长度(in)	二项式 M	三项式 M_{T}	百分差(以 M 为基础)
2	1.1333	1.1058	2.5%
5	1.6670	1.5420	7.7%
10	2.8480	2.5122	12.0%

因为剩余强度不是关于M的线性函数，M变化之影响比上面的差额显示的影响要小。例如下面的剩余强度，其中材料的流动应力为62000psi，采用相同管道几何形状和缺陷长度，矩形缺陷深度为50%壁厚。

缺陷长度(in)	二项式 M	三项式 M_{T}	百分差(以 M 为基础)
2	55444	56586	2.1%
5	44248	45875	3.7%
10	37580	38703	3.0%

这样，三项式M_{T}对剩余强度的预测较高(较不保守)，但只高出大约3个百分点。

2. DNV RP-F101 评价方法

本算法包括两种腐蚀评估方法，两种方法的主要区别在于它们的安全原理：

第一种方法与DNV OS-F101“管道系统”中采用的安全原理一致。特别考虑了材料性质和缺陷深度测定尺寸的不确定性。给出了用于确定受腐蚀的管道的许用操作压力的概率校准方程(用分项安全系数)。

第二种方法基于ASD(许用应力设计)，计算腐蚀缺陷的失效压力(承载能力)，这个失效压力乘以一个基于初始设计系数的单一使用系数。

下面详细介绍这两种方法的评价步骤及相关公式。

1）分项安全系数法

按照DNV OS-F101安全等级划分，对四个不同的检测精度和三个不同的可靠度水平给出了失效后果，并分成常用的两类检测方法(基于相对测量如漏磁和基于绝对测量如超声)的分项安全系数。表9-17为极端状态(ULS)的安全等级和目标年度失效率。

表 9-17　极端状态(ULS)的安全等级和目标年度失效率

安全等级	目标年度失效率	安全等级	目标年度失效率
高	$<10^{-5}$	低	$<10^{-3}$
正常	$<10^{-4}$		

(1) 参数确定

① γ_m——模型预报的分项安全系数(见表 9-18、表 9-19)。

② γ_d——腐蚀深度的分项安全系数(见表 9-20)。

③ ε_d——确定腐蚀深度的分位值的系数。

$$\varepsilon_d=\begin{cases}0 & StD[d/t]\leqslant 0.04\\ -1.33+37.5StD[d/t]-104.2StD[d/t]^2 & 0.04<StD[d/t]\leqslant 0.16\end{cases}\tag{9-70}$$

其中 $StD[d/t]$ 为相对腐蚀深度的标准偏差，对于 γ_m 和 $StD[d/t]$ 采用不同的腐蚀深度测量方法有不同的计算方法。

如采用相对深度测量方法，$StD[d/t]$ 的值可以由测量仪器的规格书确定。

表 9-18　相对深度测量的分项安全系数 γ_m

OS-F101 规定的材料补充要求“U”	安全等级		
	低	正常	高
否	$\gamma_m=0.79$	$\gamma_m=0.74$	$\gamma_m=0.70$
是	$\gamma_m=0.82$	$\gamma_m=0.77$	$\gamma_m=0.73$

如采用绝对深度测量方法：

$$(d/t)_{mean}=E[d/t]\approx\frac{E[d]}{E[t]}$$

$$StD[d/t]=E[d/t]\sqrt{[CoV(d)^2+1][CoV(t)^2+1]-1}\tag{9-71}$$

式中　d——腐蚀区深度，mm；

t——测量的未腐蚀的管壁厚度或 t_{nom}，mm。

其中，相对腐蚀深度的均值为 $E[d/t]$，$CoV(d)$ 为 d 变异系数。

表 9-19　绝对深度测量的分项安全系数 γ_m

OS-F101 规定的材料补充要求“U”	安全等级		
	低	正常	高
无	$\gamma_m=0.82$	$\gamma_m=0.77$	$\gamma_m=0.72$
有	$\gamma_m=0.85$	$\gamma_m=0.80$	$\gamma_m=0.75$

表 9-20　计算分项安全系数 γ_d 的多项等式

安全等级	γ_d	范围
低	$\gamma_d=1.0+4.0StD[d/t]$ $\gamma_d=1.0+5.5StD[d/t]-37.5StD[d/t]^2$ $\gamma_d=1.2$	$StD[d/t]<0.04$ $0.04\leqslant StD[d/t]<0.08$ $0.08\leqslant StD[d/t]\leqslant 0.16$
正常	$\gamma_d=1+4.6StD[d/t]-13.9StD[d/t]^2$	$StD[d/t]\leqslant 0.16$
高	$\gamma_d=1+4.3StD[d/t]-4.1StD[d/t]^2$	$StD[d/t]\leqslant 0.16$

④ $SMTS$——额定最小拉伸强度。

如无此参数值，可用下式计算：

$$SMTS = E[\sigma_u]/1.09 \tag{9-72}$$

式中：σ_u 为极限抗拉强度；$CoV[\sigma_u]$为 σ_u 变异系数，应该小于0.06；$E[\sigma_u]$为其期望值。

⑤ Φ——相邻缺陷的环向夹角，满足下式认为相邻缺陷间无相互影响：

$$\Phi > 360\sqrt{\frac{t}{D}} \quad (°)$$

式中　D——名义外径，mm；

t——测量的未腐蚀的管壁厚度或 t_{nom}，mm。

S 为相邻缺陷的纵向间距，满足下式认为相邻缺陷间无相互影响：

$$S > 2.0\sqrt{Dt}$$

⑥ γ_{mc}——环向腐蚀缺陷的分项安全系数(见表9-21)。

表 9-21　分项安全系数 γ_{mc}

OS-F101 规定的材料补充要求“U”	安全等级		
	低	正常	高
无	$\gamma_{mc}=0.81$	$\gamma_{mc}=0.76$	$\gamma_{mc}=0.71$
有	$\gamma_{mc}=0.85$	$\gamma_{mc}=0.80$	$\gamma_{mc}=0.75$

⑦ η——环向腐蚀缺陷的分项安全系数(见表9-22)。

表 9-22　分项安全系数 η

OS-F101 规定的材料补充要求“U”	安全等级		
	低	正常	高
无	$\eta=0.96$	$\eta=0.87$	$\eta=0.77$
有	$\eta=1.00$	$\eta=0.90$	$\eta=0.80$

⑧ ξ——纵向应力使用系数(见表9-23)。

表 9-23　使用系数 ξ

安全等级	使用系数 ξ	安全等级	使用系数 ξ
低	$\xi=0.90$	高	$\xi=0.80$
正常	$\xi=0.85$		

(2) 针对不同情况确定含缺陷管道的许用压力

① 仅受内压荷载的单个纵向腐蚀缺陷：

$$P_{corr} = \gamma_m \frac{2t \cdot SMTS}{(D-t)} \cdot \frac{\left[1-\gamma_d\left(\dfrac{d}{t}\right)^*\right]}{\left[1-\dfrac{\gamma_d\left(\dfrac{d}{t}\right)^*}{Q}\right]} \tag{9-73}$$

式中　P_{corr}——在内压荷载下，单个纵向腐蚀缺陷的腐蚀管子许用压力，N/mm^2；

Q——长度修正系数。

$$Q=\sqrt{1+0.31\left(\frac{l}{\sqrt{Dt}}\right)^2}$$

$$\left(\frac{d}{t}\right)^*=\left(\frac{d}{t}\right)_{\text{mean}}+\varepsilon_d StD\left[\frac{d}{t}\right] \tag{9-74}$$

② 内压和纵向压应力叠加作用的纵向腐蚀缺陷：

$$P_{\text{corr,comp}}=\gamma_m\frac{2tSMTS\left[1-\gamma_d\left(\frac{d}{t}\right)^*\right]}{(D-t)\left[1-\frac{\gamma_d\left(\frac{d}{t}\right)^*}{Q}\right]}H_1 \tag{9-75}$$

式中 H_1——纵向压缩应力系数。

$$H_1=\frac{1+\frac{\sigma_L}{\xi SMTS}\frac{1}{A_r}}{1-\frac{\gamma_m}{2\xi A_r}\frac{\left[1-\gamma_d\left(\frac{d}{t}\right)^*\right]}{\left[1-\frac{\gamma_d\left(\frac{d}{t}\right)^*}{Q}\right]}} \tag{9-76}$$

式中 $A_r=\left(1-\frac{d}{t}\theta\right)$

$$\sigma_L=\sigma_A+\sigma_B,\quad \sigma_A=\frac{F_x}{\pi(D-t)t},\quad \sigma_B=\frac{4M_\gamma}{\pi(D-t)^2t}$$

③ 内压和纵向压应力叠加作用的环向腐蚀缺陷：

$$P_{\text{corr,circ}}=\min\left[\gamma_{mc}\frac{2tSMTS}{(D-t)}\left(\frac{1+\frac{\sigma_L}{\xi SMTS}\frac{1}{A_r}}{1-\frac{\gamma_{mc}}{2\xi}\frac{1}{A_r}}\right),\ \gamma_{mc}\frac{2tSMTS}{(D-t)}\right] \tag{9-77}$$

同时需要满足在剩余带的纵向管壁应力(包括拉压应力)不超过 $\eta SMYS$。纵向管壁应力应包括所有荷载(包括压力)的作用。

$$|\sigma_{L\text{-nom}}|\leqslant\eta SMYS\left[1-\left(\frac{d}{t}\right)\right] \tag{9-78}$$

$$P_f=\min(P_1,\ P_2,\ \cdots,\ P_N,\ P_{nm})$$

④ 计算相互作用缺陷作用在当前投影线的安全工作压力(P_{sw})：

$$P_{sw}=FP_f$$

2）许用应力法

许用应力法是根据 ASD(许用应力设计)格式，计算出含有腐蚀缺陷管道的失效压力(承载能力)，而后再将该失效压力乘以一个基于初始设计参数的单一安全系数。

在评估腐蚀缺陷时，对缺陷尺寸和管道几何形状测量的不确定性应给予合适的考虑。

在下面的公式中引用了极限拉伸强度(*UTS*)。如果 *UTS* 未知，则可以使用规定的最小拉伸强度(即用 *SMTS* 替代 *UTS*)。实测的 *UTS* 的值可从在具有代表性的管子试样上所做标准拉伸试验结果中获得，或从工厂证书中获得。

(1) 确定使用系数

确定安全工作压力的使用系数包括两个部分：

$F_1=0.9$(模型系数)。

F_2=作业使用系数，引入此系数是为保证腐蚀缺陷的工作压力和失效压力之间有一个安全裕度(通常取为与设计系数相等)。

用于确定安全工作压力的总使用系数(F)应通过下式计算得到：

$$F=F_1F_2$$

(2) 分情况确定含缺陷管道的失效压力

① 仅有内压载荷的单个缺陷：

$$p_f=\frac{2tUTS\left(1-\dfrac{d}{t}\right)}{(D-t)\left(1-\dfrac{d}{tQ}\right)} \tag{9-79}$$

式中 $Q=\sqrt{1+0.31\left(\dfrac{l}{\sqrt{Dt}}\right)^2}$

② 内压和组合的压缩载荷作用下的单个缺陷：

a. 根据作用在管子上的纵外荷载，例如轴力、弯曲力和温度荷载确定在腐蚀缺陷位置的纵向应力。根据名义管子壁厚，计算管子在腐蚀缺陷处的名义纵向弹性应力。

$$\sigma_A=\frac{F_x}{\pi(D-t)t} \qquad \sigma_B=\frac{4M_Y}{\pi(D-t)^2t} \tag{9-80}$$

组合的名义纵向应力为：$\sigma_L=\sigma_A+\sigma_B$

b. 确定是否需要考虑外部纵向压缩荷载对单个缺陷失效压力的影响。

如果这些荷载在以下限度内，就没有必要包括外荷载：

$$\sigma_L>\sigma_1 \tag{9-81}$$

式中 $\sigma_1=-0.5UTS\dfrac{(1-d/t)}{(1-d/tQ)}$

c. 使用下列方程，计算在仅有内压时的单个腐蚀缺陷的失效压力。

$$P_{press}=\frac{2tUTS\left(1-\dfrac{d}{t}\right)}{(D-t)\left(1-\dfrac{d}{tQ}\right)} \tag{9-82}$$

式中 $Q=\sqrt{1+0.31\left(\dfrac{1}{\sqrt{Dt}}\right)^2}$

d. 计算纵向断裂的失效压力，包括对纵向压应力影响的校正。

$$P_{\mathrm{comp}}=\frac{2tUTS\left(1-\frac{d}{t}\right)}{(D-t)\left(1-\frac{d}{tQ}\right)}H_1 \tag{9-83}$$

其中：

$$H_1=\frac{1+\frac{\sigma_L}{UTS}\frac{1}{A_{\mathrm{r}}}}{1-\frac{1}{2A_{\mathrm{r}}}\frac{\left(1-\frac{d}{t}\right)}{\left(1-\frac{d}{tQ}\right)}} \qquad A_{\mathrm{r}}=\left(1-\frac{d}{t}\theta\right) \tag{9-84}$$

e. 确定经受内压荷载与纵向压应力组合作用的单个腐蚀缺陷的失效压力。

$$P_{\mathrm{f}}=\min(P_{\mathrm{press}},\ P_{\mathrm{comp}}) \tag{9-85}$$

f. 计算腐蚀管子的安全工作压力(P_{sw})。

$$P_{\mathrm{SW}}=FP_{\mathrm{f}} \tag{9-86}$$

③ 相互影响作用的缺陷评估方法：

a. 计算每个缺陷至第 N 个缺陷的失效压力(P_1，P_2，…，P_N)，将每个缺陷或复合缺陷作为单个缺陷对待：

$$P_i=\frac{2tUTS}{(D-t)}\frac{\left(1-\frac{d_i}{t}\right)}{\left(1-\frac{d_i}{tQ_i}\right)} \qquad (i=1,\ \cdots,\ N) \tag{9-87}$$

式中 $Q_i=\sqrt{1+0.31\left(\frac{l_i}{\sqrt{Dt}}\right)^2}$

b. 计算所有相邻缺陷组合的组合长度。缺陷 $n\sim m$ 的总长度由下式给出：

$$l_{nm}=l_m+\sum_{i=n}^{i=m-1}(l_i+s_i) \qquad (n,\ m=1,\ \cdots,\ N) \tag{9-88}$$

式中 l_{nm}——在相互作用缺陷(包括他们之间的距离)的群体中，从相邻缺陷 n 至 m 组合的缺陷总的纵向长度，mm；

l_i——形成相互作用缺陷群体的单个缺陷的纵向长度，mm。

c. 计算所有相互作用缺陷 $n\sim m$ 形成的组合缺陷的有效深度。

$$d_{nm}=\frac{\sum_{i=n}^{i=m}d_il_i}{l_{nm}} \tag{9-89}$$

式中 d_i——形成相互作用缺陷群体的一个单独缺陷的深度，或在复杂形状缺陷累进深度分析中第 i 个理想凹坑的平均深度，mm；

l_{nm}——在相互作用缺陷(包括他们之间的距离)的群体中，从相邻缺陷 n 至 m 组合的缺陷总的纵向长度，mm；

l_i——形成相互作用缺陷群体的单个缺陷的纵向长度，或在复杂形状缺陷的累进深度分析中第 i 个理想凹坑的纵向长度，mm。

d. 使用单个缺陷公式中的 l_{nm} 和 d_{nm} 计算从 n 到 m 组合缺陷的失效压力（P_{nm}）。

$$P_{nm}=\frac{2tUTS}{(D-t)}\frac{\left(1-\frac{d_{nm}}{t}\right)}{\left(1-\frac{d_{nm}}{tQ_{nm}}\right)} \tag{9-90}$$

式中　$Q_{nm}=\sqrt{1+0.31\left(\frac{l_{nm}}{\sqrt{Dt}}\right)^2}$

e. 对当前投影线的失效压力，取所有单独缺陷（P_1 到 P_N）和所有单独缺陷组合（P_{nm}）在当前投影线的最小失效压力。

$$P_{\mathrm{f}}=\min(P_1,\ P_2,\ \cdots,\ P_N,\ P_{nm}) \tag{9-91}$$

f. 计算相互作用缺陷作用在当前投影线的安全工作压力（P_{sw}）。

$$P_{\mathrm{sw}}=FP_{\mathrm{f}} \tag{9-92}$$

3. 评价的有关参数

在前面介绍的评价方法中，有一个主要参数是许用应力 S。对于输气管道，许用应力 S 的取值按照 ASME B31.8 的规定，将天然气管道按照经过地区人口的稠密分为四级，每级地区给予有关的安全系数 F。按照地区类别不同 F 值如下：一级地区，$F=0.72$；二级地区，$F=0.6$；三级地区，$F=0.5$；四级地区，$F=0.4$。

材料的许用应力按照下式进行选取：

$$S=F\cdot\sigma_{\mathrm{s}} \tag{9-93}$$

式中　σ_{s}——材料屈服强度。

根据 GB/T 9711—2017《石油天然气工业　管线输送系统用钢》中对 X70 钢管的要求值，σ_{s} 的最小值应取为 485MPa。

钢管外径为 1016mm，名义壁厚为 17.5mm，焊缝系数取 0.9。

评价用系统“A-PIM 含缺陷管道完整性评价系统”的主要界面如图 9-48~图 9-51 所示。

（1）主界面，如图 9-48 所示。

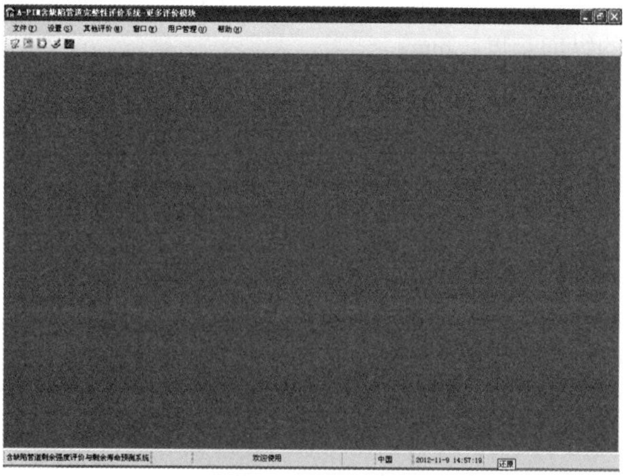

图 9-48　主界面

（2）建立评价项目界面，如图 9-49 所示。

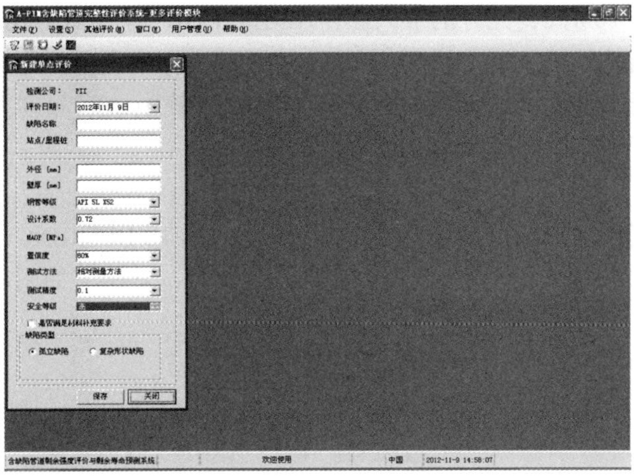

图 9-49　评价项目

（3）项目评价管理界面，如图 9-50 所示。

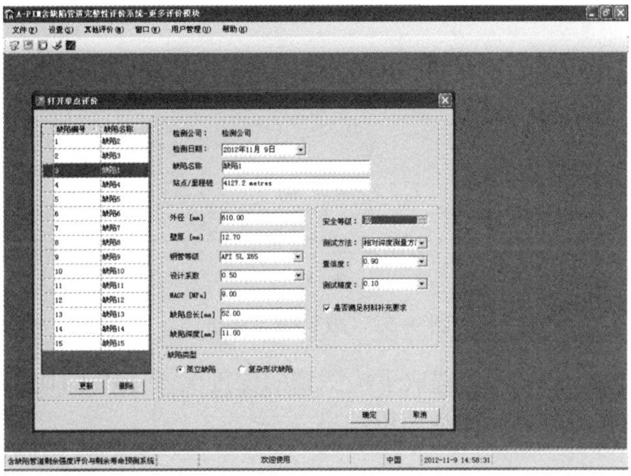

图 9-50　评价管理

（4）评价及结果显示界面，如图 9-51 所示。

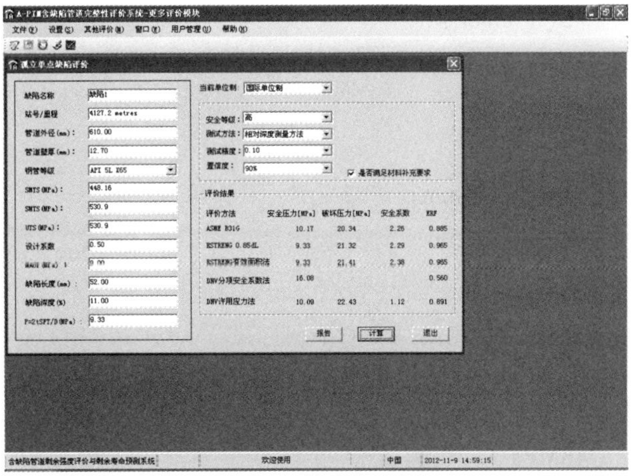

图 9-51　评价结果显示

4. 剩余强度评价结果

管道设计压力为10MPa，允许的最大操作压力为10MPa。按照上述所给的三种评价方法的流程进行评价。当缺陷承压能力大于10MPa时，则认为安全；否则，给出可以安全运行的最大操作压力。对于所提供的缺陷检测数据，筛选出其中缺陷深度大于10%壁厚的缺陷利用编制的程序进行了剩余强度评价，评价结果如下。

1）评价结果

检测发现的深度大于10%的缺陷共计715个，分别使用RSTRENG(修正的B31G)方法、DNV分项安全系数方法以及DNV许用应力法进行了评价，其结果如图9-52显示。

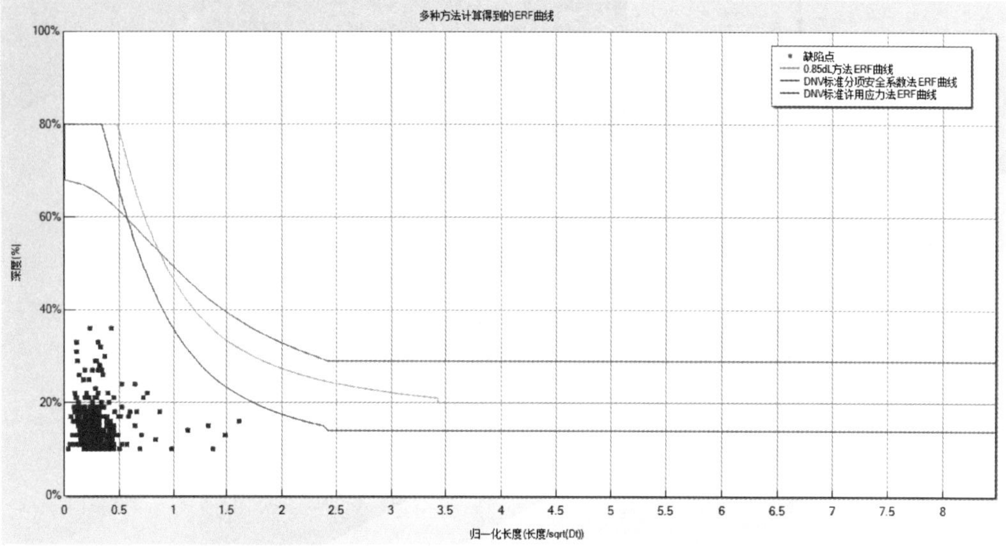

图9-52　数据综合评价图

考虑到17.5mm的名义壁厚，选取了检测到的深度大于10%的典型的体积型缺陷共有3个，下面分别列出各典型缺陷的详细评价结果。

(1) 缺陷1

缺陷信息如下：

- 类型：外部金属损失；
- 方向角度：07∶45(o' clock)；
- 轴向长度：49mm；
- 环向宽度：33mm；
- 深度：30%壁厚；
- 所处管段名义壁厚：17.50mm；
- 距发球端绝对距离：1715.5m；
- 该缺陷位于环焊缝上。

评价结果：

① RSTRENG方法(修正的B31G评价方法)[见图9-53(a)]

- 安全操作压力：11.275MPa；
- 失效压力：18.748MPa。

缺陷按此方法评价是可接受的。

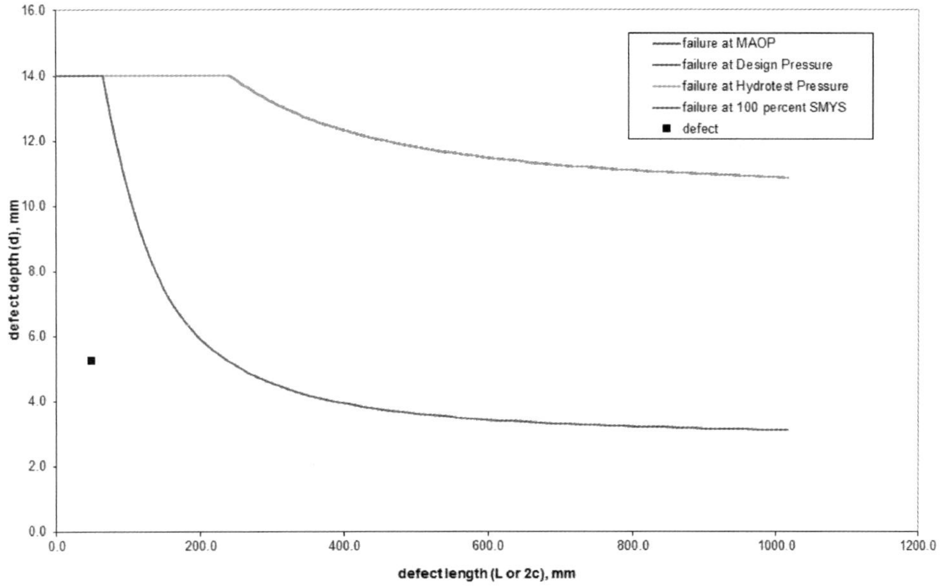

图 9-53(a)　RSTRENG 方法

② DNV RP-F101 许用应力评价方法[见图 9-53(b)]

- 安全操作压力：10.634MPa；
- 失效压力：17.683MPa。

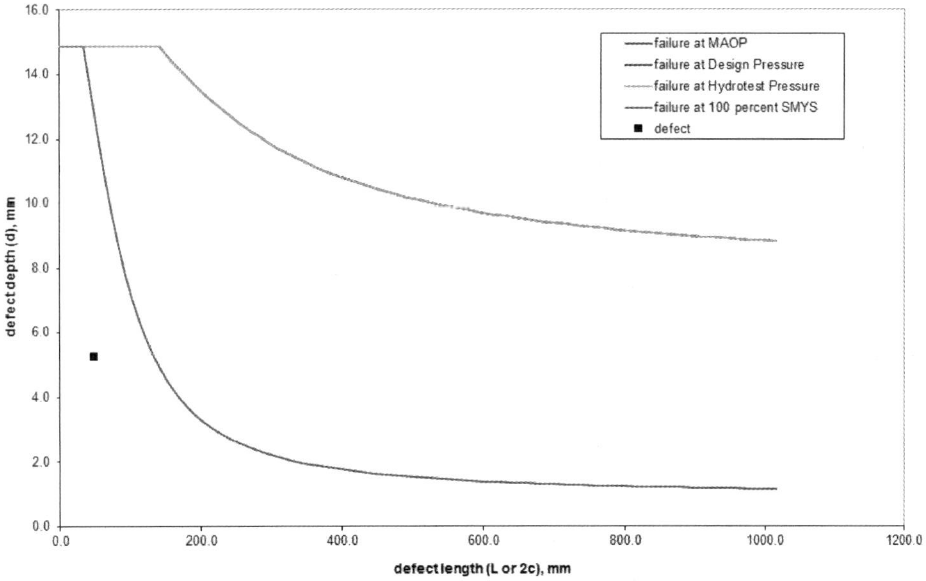

图 9-53(b)　DNV RP-F101 许用应力法

缺陷按此方法评价是可接受的。

③ DNV RP-F101 分项安全系数评价方法[见图 9-53(c)]

- 安全操作压力：14.398MPa。

缺陷按此方法评价是可接受的。

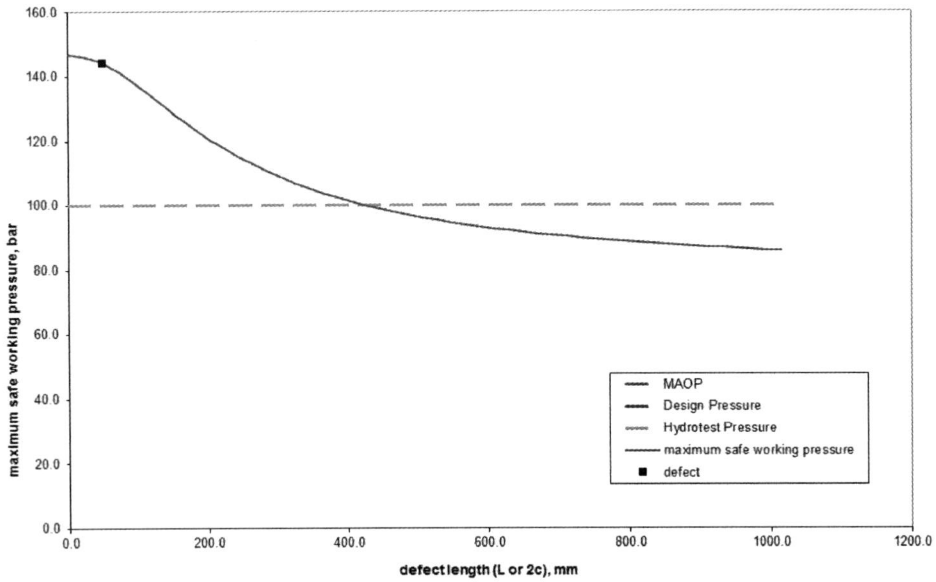

图 9-53(c)　DNV RP-F101 分项安全系数法

(2) 缺陷 2

缺陷信息如下：

- 类型：外部金属损失；
- 方向角度：06∶30(o'clock)；
- 轴向长度：54mm；
- 环向宽度：73mm；
- 深度：20%壁厚；
- 所处管段名义壁厚：17.5mm；
- 距发球端绝对距离：2604.3m。

评价结果：

① RSTRENG 方法(修正的 B31G 评价方法)[见图 9-54(a)]

- 安全操作压力：11.318MPa；
- 失效压力：18.82MPa。

缺陷按此方法评价是可接受的。

② DNV RP-F101 许用应力评价方法[见图 9-54(b)]

- 安全操作压力：10.661MPa；
- 失效压力：17.728MPa。

缺陷按此方法评价是可接受的。

③ DNV RP-F101 分项安全系数评价方法[见图 9-54(c)]

- 安全操作压力：14.475MPa。

缺陷按此方法评价是可接受的。

(3) 缺陷 3

缺陷信息如下：

- 类型：外部金属损失；

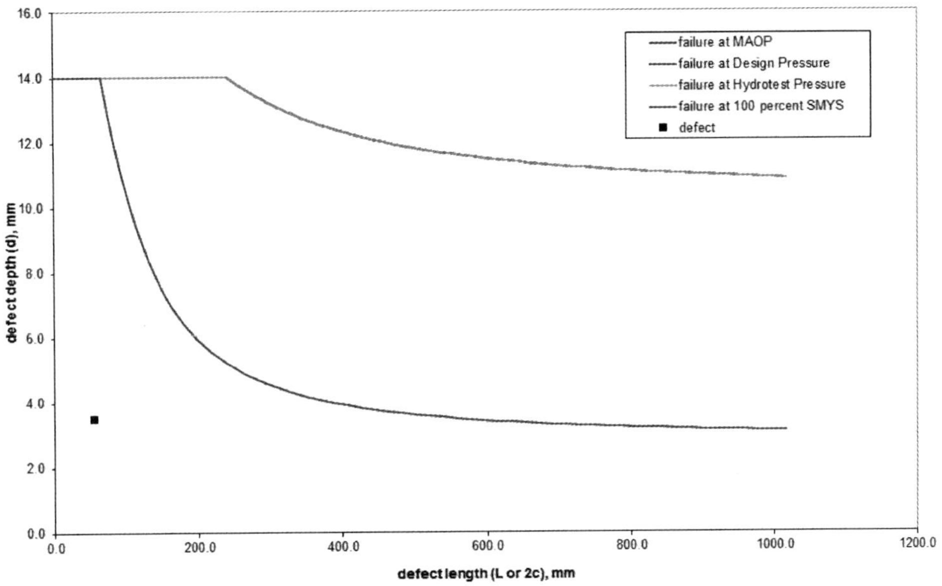

图 9-54(a)　RSTRENG 方法

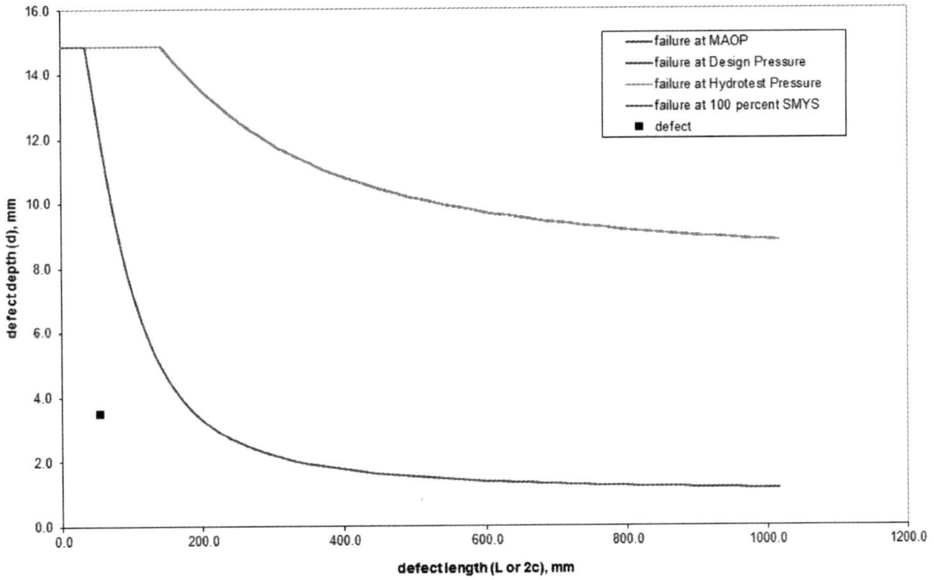

图 9-54(b)　DNV RP-F101 许用应力法

- 方向角度：06：30(o’clock)；
- 轴向长度：41mm；
- 环向宽度：54mm；
- 深度：33%壁厚；
- 所处管段名义壁厚：17.5mm；
- 距发球端绝对距离：2627.7m。

评价结果：

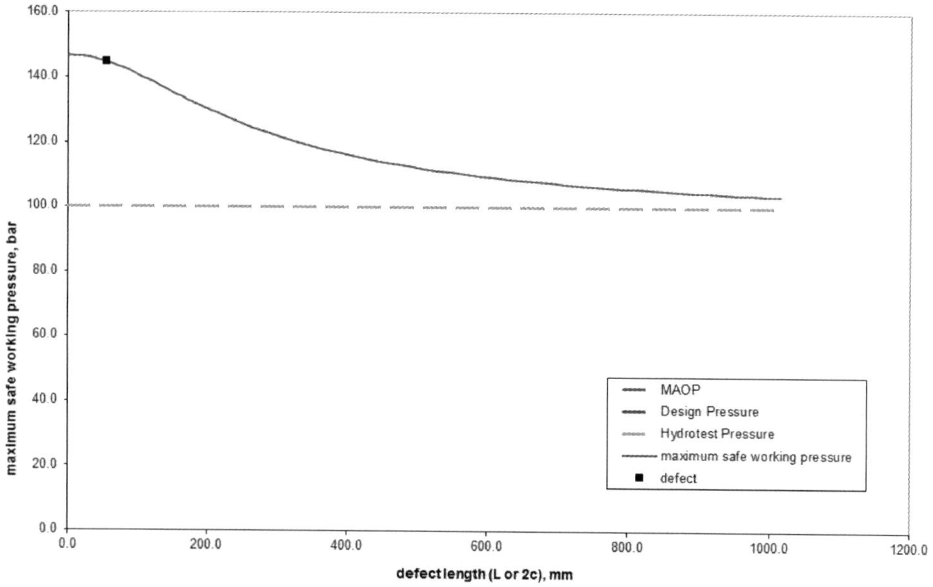

图 9-54(c)　DNV RP-F101 分项安全系数法

① RSTRENG 方法(修正的 B31G 评价方法)[见图 9-55(a)]

- 安全操作压力：11.303MPa；
- 失效压力：18.796MPa。

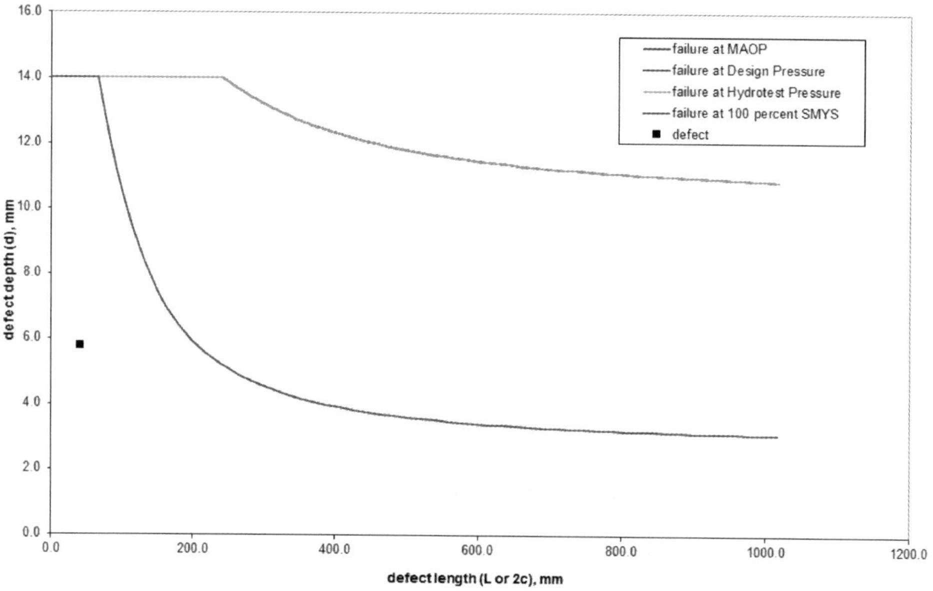

图 9-55(a)　RSTRENG 方法

缺陷按此方法评价是可接受的。

② DNV RP-F101 许用应力评价方法[见图 9-55(b)]

- 安全操作压力：10.651MPa；
- 失效压力：17.712MPa。

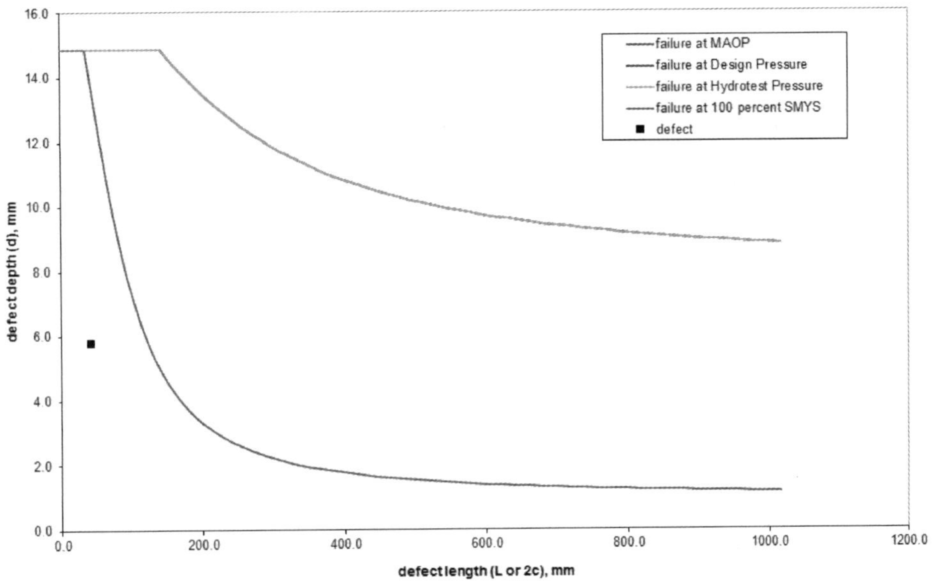

图 9-55(b)　DNV RP-F101 许用应力法

缺陷按此方法评价是可接受的。

③ DNV RP-F101 分项安全系数评价方法[见图 9-55(c)]

- 安全操作压力：14.445MPa。

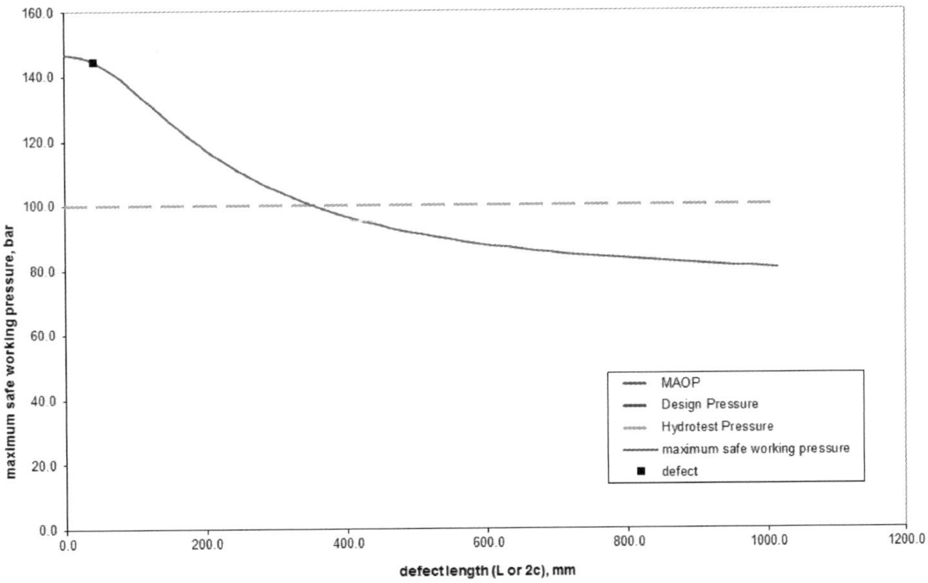

图 9-55(c)　DNV RP-F101 分项安全系数法

缺陷按此方法评价是可接受的。

2）结论

(1) 按照修正的 B31G 方法(RSTRENG 方法)、DNV RP-F101 许用应力评价方法以及 DNV RP-F101 分项安全系数评价方法评价，所有 715 个大于 10%的缺陷点均在安全线以下，是安全的。选择的 15 个缺陷点在目前的操作压力下均可接受。

（2）通过使用修正的 B31G 方法（RSTRENG 方法）可知，缺陷 9 的安全操作压力是所有缺陷中最低的，需要注意此类长度长、宽度大缺陷的运行维护管理，使用 ASME B31G 计算其 *ERF* 值达到 0.954，也是 *ERF* 值最大的，从而验证了方法的准确性。

9.4.3 HM-AQ 段缺陷腐蚀剩余寿命预测

针对 HM-AQ 段的智能检测缺陷的结果，首先利用可靠性寿命预测概念，建立了新的可靠性寿命预测的思路；其次，针对只有少量几个腐蚀点的情况，建立了基于径向深度腐蚀速率的一维腐蚀寿命预测模型和基于轴向长度、环向宽度和径向深度腐蚀速率的三维腐蚀寿命预测模型，并对所检测的缺陷的腐蚀剩余寿命进行了预测。

1. 可靠性腐蚀寿命预测模型

可靠性腐蚀寿命预测的主要思路是，根据现场检测积累的腐蚀数据，基于可靠性理论和剩余强度评价判据，建立了管道腐蚀可靠性寿命预测模型和方法。寿命预测主要步骤如下：

（1）在腐蚀缺陷检测数据的基础上，分析得出不同时间实际腐蚀缺陷尺寸的概率密度分布曲线，可以用公式表示为：

$$p_t = p_t(a_s) \tag{9-94}$$

式中 p_t——某一时刻的失效概率密度；

a_s——实际缺陷尺寸。

（2）基于剩余强度评价公式，确定出腐蚀临界缺陷尺寸 a_c 及其概率密度分布曲线。

（3）实际缺陷尺寸和临界缺陷尺寸概率密度分布缺陷重叠区域便是失效概率。对于临界缺陷尺寸固定的缺陷，其失效概率的概念如图 9-56 所示。失效概率可以用公式表示如下：

$$P_f(t) = \int_{a_c}^{\infty} p_t(a_s)\,\mathrm{d}a_s \tag{9-95}$$

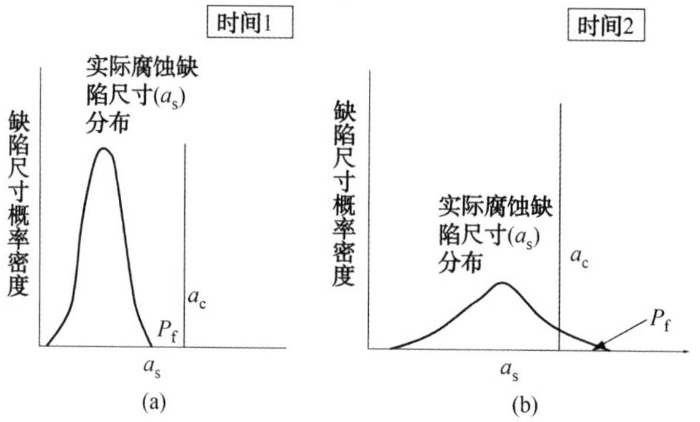

图 9-56 确定型临界腐蚀缺陷尺寸管道腐蚀失效概率统计原理图

式中：$P_f(t)$ 为某一时刻的失效概率。如果临界缺陷尺寸也服从某种概率分布，如正态分布，则失效概率的概念如图 9-57 所示。我们可以将其用公式表达为：

$$P_f(t) = \int_0^{a_1} p_t^c(a_c)\,\mathrm{d}a_c + \int_{a_1}^{\infty} p_t^s(a_s)\,\mathrm{d}a_s \tag{9-96}$$

（4）绘制失效概率随时间变化曲线，根据选定的目标可靠度，便可得到腐蚀可靠性寿命，如图 9-58 所示。

2. 一维和三维腐蚀剩余寿命预测模型及应用

管道的内腐蚀通常现象是，一旦腐蚀缺陷产生后，在深度方向的发展速率便成为管道内腐蚀的主要部分，向管道轴向方向的发展速率和环向方向的发展速率将趋于减缓。所以对于

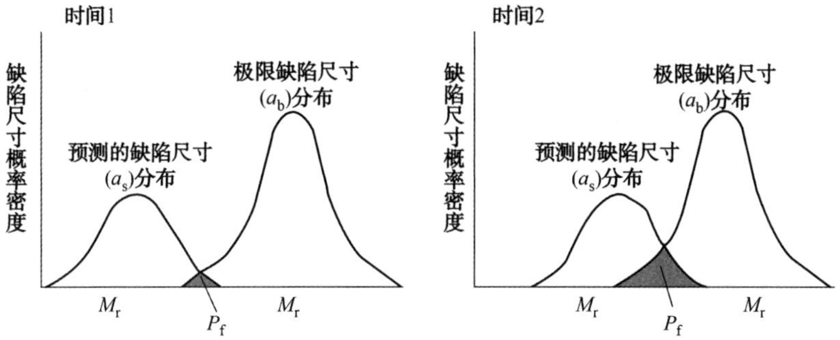

图 9-57　正态分布临界腐蚀缺陷尺寸管道腐蚀失效概率统计原理图

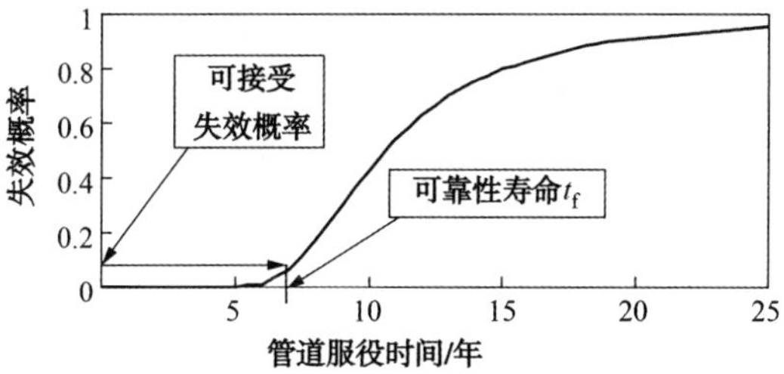

图 9-58　腐蚀失效概率随时间变化曲线

管道内部腐蚀基于检测数据的腐蚀剩余寿命预测，应当进行两种寿命预测：一种是保持腐蚀缺陷的轴向长度和环向宽度不变，腐蚀只按照管道的径向深度方向发展，其腐蚀缺陷临界失效尺寸在保证轴向长度和环向宽度不变的情况下求出；另一种是认为腐蚀缺陷在轴向长度、环向宽度和径向深度三个方向都按照检测数据导出的腐蚀速率向外发展，腐蚀缺陷的临界失效尺寸则应在三个方向都变化的基础上导出。我们把这两种腐蚀寿命预测分别称为一维腐蚀寿命预测模型和三维腐蚀寿命预测模型。按照上述两种方法将导出两种腐蚀寿命，实际的腐蚀寿命应该位于两者之间。

1）一维腐蚀寿命预测模型及其应用

该模型认为今后的腐蚀只在径向深度方向发展，则第 i 个缺陷的 t 年后的腐蚀缺陷尺寸变化可以按照下式计算：

$$a_i(t)=a_{i,0}+(\mathrm{d}a/\mathrm{d}t)_i\times t \tag{9-97}$$

式中：$(\mathrm{d}a/\mathrm{d}t)_i$ 是第 i 个缺陷的径向深度腐蚀速率；$a_{i,0}$是第 i 个缺陷的径向深度初始尺寸。

2）三维腐蚀寿命预测模型及其应用

该模型认为今后的腐蚀会在轴向长度、环向宽度和径向深度三个方向发展，则第 i 个缺陷的 t 年后的腐蚀缺陷尺寸变化可以按照下述三个公式计算：

$$l_i(t)=l_{i,0}+(\mathrm{d}l/\mathrm{d}t)_i\times t \tag{9-98}$$

$$c_i(t)=c_{i,0}+(\mathrm{d}c/\mathrm{d}t)_i\times t \tag{9-99}$$

$$a_i(t)=a_{i,0}+(\mathrm{d}a/\mathrm{d}t)_i\times t \tag{9-100}$$

式中：$(\mathrm{d}l/\mathrm{d}t)_i$、$(\mathrm{d}c/\mathrm{d}t)_i$ 和$(\mathrm{d}a/\mathrm{d}t)_i$ 分别是第 i 个缺陷的轴向长度、环向宽度和径向深度腐蚀速率；$l_{i,0}$、$c_{i,0}$和 $a_{i,0}$分别是第 i 个缺陷的轴向长度、环向宽度和径向深度初始尺寸。

3. 评价结果

某管道仅仅运行了 1 年时间，考虑到 HM-AQ 段检测结果中，内部金属损失、外部金属损失的腐蚀发展极为轻微，寿命预测的结果不是很具有针对性，因此报告未将具体结果列出，仅给出了详细的评价模型及算法。

4. 结论

（1）建立了管道可靠性腐蚀寿命预测模型和确定性一维腐蚀寿命预测模型、确定性三维腐蚀寿命预测模型。

（2）利用一维腐蚀寿命预测模型和三维腐蚀寿命预测模型分别预测腐蚀缺陷的腐蚀剩余寿命，一维腐蚀剩余寿命预测值大于三维腐蚀剩余寿命预测值，实际的腐蚀剩余寿命可能存在于一维腐蚀剩余寿命和三维腐蚀剩余寿命之间。

9.4.4 焊缝异常缺陷评价

1. 内检测可发现焊缝缺陷类型概述

焊接缺陷使用 API 579 和 BS 7910 软件来评估，管道内检测技术可以准确地检测出管道在制造、建设和使用过程中产生的各种缺陷和管道附属设施，包括焊缝异常等，为业主了解管道焊接现状、建立健全管道资料、制定合理的维护维修计划提供科学依据，是管道完整性管理的重要组成部分。据统计，在完成的内检测项目中，检测出管道焊缝存在大多数的缺陷类型为未焊透、夹渣、裂纹、焊高不足等缺陷，这些缺陷是通过开挖验证来最终确定的，焊缝直接影响管道的安全运行。因此，科学合理地对焊接缺陷进行评价具有重要意义。

2. 评价信息数据收集

焊缝评价要依据内检测报告，但是除了内检测报告外，还需要以下数据信息，这些信息是评价管道焊缝完整性的重要依据。

1）确定焊缝残余应力

管道对接焊缝的主要缺陷是未焊透，而未焊透呈开口性缺陷使该部位产生应力集中。应力集中与在未焊透截面附加弯曲应力和未焊透深度与壁厚的比值有关。

根据环缝未焊透根部应力集中处的应力计算公式，在内压为 P 时：

$$\sigma_{ZN根}=\alpha_1[\sigma_{ZMN}+\sigma_{ZBN}]=\alpha_1\left[\frac{(1+\lambda)S}{(1+\lambda)S-a}+\frac{3a}{(1+\lambda)S-a}\right]\sigma_{ZM}$$
$$=\alpha_1\frac{(1+\lambda)S+3a}{(1+\lambda)S-a}P\frac{D_i+S}{4S} \tag{9-101}$$

式中 σ_{ZMN}——未焊透截面的轴向拉应力，MPa；
σ_{ZBN}——未焊透截面的弯曲应力，MPa；
σ_{ZM}——薄膜应力，MPa；
α_1——应力集中系数（$\alpha_1=2$）（无量纲）；
S——管道的壁厚，mm；
a——未焊透深度，mm；
L——未焊透长度，mm；
D_i——管道内径，mm；
λ——管道的壁厚与未焊透长度的比值。

若根部应力集中处的应力小于许用应力，则可以使用。

2）确定管道焊接参数

对于管道焊接缺陷，在评价时需要了解焊条材料的力学性能，如屈服强度、泊松比、焊接过程的热输入值等。

热输入值可通过焊接时的电流、电压、焊接速度和焊接方式进行计算。

3）收集管道全尺寸爆破信息

对于重要管段，收集相关失效段的爆破实验相关信息，获得全尺寸爆破压力、加载过程的信息以及变形信息。

3. 焊接缺陷评价方法

1）裂纹和未焊透型缺陷评价

对于裂纹和未焊透型缺陷可采用 API 579 和 BS 7910 进行评估。

BS 7910 是英国燃气开发的金属结构可接受性的评价标准，主要是为碳钢和铝合金焊接结构开发的，该标准适合于金属结构的设计、建设、运行全生命周期。该标准可在以下几个方面进行评价：

（1）裂纹在 I/II/III 型和剪切载荷作用下的评估；

（2）海洋结构管接头评估程序；

（3）压力容器和管道断裂评估程序；

（4）结构不对中应力分析；

（5）焊缝错边缺陷评估；

（6）爆破之前泄漏评价程序；

（7）管道和压力容器腐蚀评价；

（8）断裂/疲劳/蠕变评价；

（9）焊接接头焊接强度不匹配评价；

（10）冲击功表示管道韧性结果的使用；

（11）可靠性/分安全系数/实验次数和保守系数；

（12）焊缝断裂韧性的确定；

（13）应力强度因子方法；

（14）确定管道可接受缺陷的 LEVEL-IA/B、LEVEL-IIA/B、LEVEL-IIIA/B/C 程序；

（15）残余应力的计算；

（16）疲劳寿命估计的数值方法；

（17）高温断裂扩展评价；

（18）高温失效评价程序。

API 579 评价标准中的适用性（FFS）评价规范已发展成评价构件单一或多重损害机理导致的缺陷，包括焊缝的各种缺陷，构件的定义为按照国家标准或规范设计的承压部件。设备被定义成构件的组合。因此，该标准覆盖的压力设备包括构件压力容器、管道和储存罐罐壳层等所有的压力容器。对于固定和浮动的顶部结构以及罐底板的适用性（FFS）也包含在标准中。

（1）标准中的适用性（FFS）评价规范是在假定构件是按现行的规范和标准设计和生产出来。

（2）对没有按照最初设计标准设计和建造的设备构件，标准中的原则可以用来评价实际损害和与最初设计有关的竣工情况。这种类型的适用性（FFS）评价将由知识渊博和标准设计要求方面有经验的专家实施。

（3）描述适用性（FFS）评价规范文件的每一节包括说明规范的适用性和局限性的一段。分析规范的局限性和适用性在相关的评价级别中说明。

DNV 腐蚀管道评价标准对含机械腐蚀缺陷(包括单个缺陷、相互作用的缺陷和复杂形状缺陷)的管道，做了超过82次的爆破试验，得出了有关爆破的数据库和有关管道材料性质的数据库。另外，通过三维非线性有限元分析得出一更为综合的数据库。提出了预测含腐蚀管道剩余强度的准则，此腐蚀管道含有单个缺陷、相互作用缺陷和复杂形状缺陷。使用了概率的方法修正规范并确定分安全系数。提出的方法适用于评估下列类型的腐蚀缺陷：

(1) 母材的内部腐蚀；

(2) 母材的外部腐蚀；

(3) 焊缝上的腐蚀；

(4) 环缝焊接的腐蚀；

(5) 相互作用的腐蚀缺陷群；

(6) 为了修理而磨掉缺陷所形成的金属损失(假如磨后留下的缺陷是光滑的形状，并且原始缺陷经过适当的 DNT 方法核实)。

2) 评价技术和准则

适用性(FFS)评价规范提供了三级评价。在每节中包括的逻辑框图显示了这些评价等级是如何关联的。每个评价等级提供了一种平衡，这种平衡是保守性、评价要求的信息数量、进行评价人员素质和将要进行的分析的复杂性之间的平衡。如果实际的评价等级不能提供可接受的结果或者不能给出清晰的程序步骤，专业人员通常的顺序是从一级到三级进行分析(除非由评价技术直接决定的情况下)。下面描述的是每个评价等级和它指定的用法的综述。

(1) 第一级　这一级别包含的评价规范目的是提供保守的筛选准则。保守的筛选准则是利用最小数量的检测或构件信息。通过现场检测或工程人员可以进行第一级评价。

(2) 第二级　这一级别包含的评价规范目的是提供一个更细致的评价。这种评价产生的结果比第一级评价的结果更精确。在第二级评价中，需要和第一级评价要求相似的检测信息。然而，更多的详细计算用于评价中。在进行适用性(FFS)评价时，第二级评价一般由现场工程师或有经验和渊博知识的工程专家进行。

(3) 第三级　这一级别包含的评价规范目的是提供一个最细致的评价。这种评价产生的结果比第二级评价的结果更精确。在第三级评价中要求有最详细的检测和构件信息，和在数学技术基础上的推荐分析如有限元方法。在进行适用性(FFS)评价时，第三级分析主要由有经验和渊博知识的工程专家使用。

3) 焊高不足的一、二级评价

对于焊高不足的缺陷管道，根据 API 579《含缺陷管道适用性评价方法》第一部分“体积型缺陷强度计算”，通过检测出腐蚀区域的尺寸，利用管道运行压力和管材强度数据就可确定管道的剩余强度因子(RSF=缺陷部位极限载荷与无缺陷部位极限载荷的比值)，若大于规定的许用剩余强度因子($RSFA$)，则管道在规定压力下运行是安全的。

另外根据 ASME B31. G《确定含缺陷管道剩余强度手册》、DNV RP-F101《管道腐蚀评价》的要求，采用许用应力法和安全系数法进行评价，针对相互作用的复杂缺陷，给出每一段和每一个缺陷点的承压能力，据此选择相应的计算评价软件对管道剩余强度进行评价和计算。

4) 焊高不足缺陷的三级评价

在评价过程中，该项目需要对比较严重的缺陷点除进行一级和二级评价外，还要进行 ABQUS、ANSYS 有限元缺陷三级评价模拟，腐蚀缺陷金属损失的有限元模型，使用典型的固体二阶元，如 20 节点六面体元。通过将缺陷形状简化、金属损失黏结处网格划分稠密和网格优化的面积扩展，精确计算腐蚀点处应力。如果缺陷不受支撑条件和约束条件的影响，在有限元模拟的缺陷可被放置于沿着管道的圆周方便的位置，如图 9-59 所示。

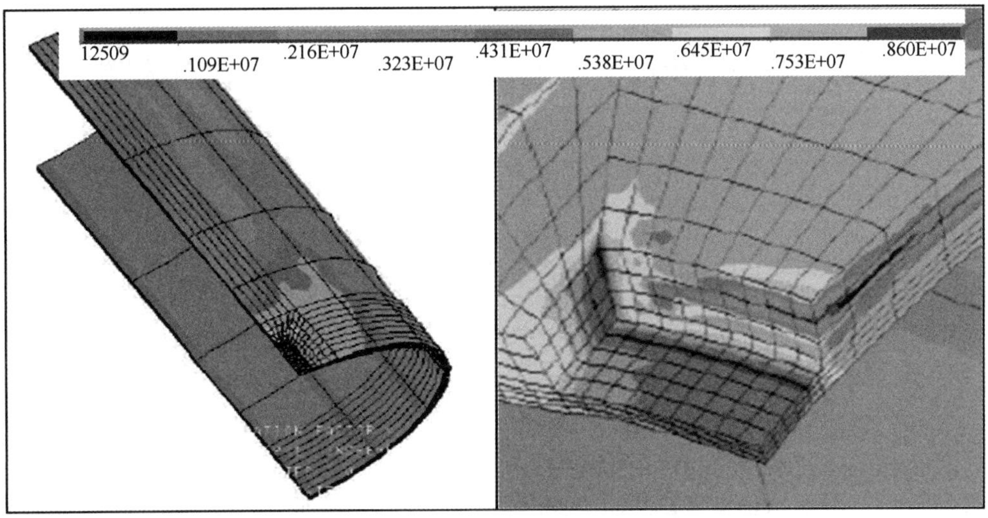

图 9-59　管道缺陷 ABQUS 评价

缺陷形状可被简化，其最大尺寸(长度、宽度和深度)需要被保留，缺陷形状和尺寸测量中，一些不确定的因素需被考虑。同时在缺陷周围壁厚测量的最小值应被考虑。

粗糙单元网格的使用将会减少计算和缺陷模拟的时间，但是其可能会得出较低的精度，粗糙的单元划分可能会得到非保守的失效压力值，敏感性和收敛性需要使用详细的网格设计和分析程序。

粗糙的有限元网格可用于远离缺陷的管道壁，网格密度应逐渐向包含缺陷部分的局部面积增加，在缺陷最小连接处，推荐使用 4 层单元。特别是在最小连接处，应避免单元的失真。

5）对于未焊透、焊缝裂纹的评价

焊接缺陷产生的应力集中是焊缝强度降低的主要原因。未焊透或未融合属于平面缺陷，它比立体缺陷对应力增加的影响要大得多，对结构的直接危害是减少焊缝面积及增大应力，为裂纹的诱发因素。

失效评定图包含材料从脆性断裂到塑性失稳破坏的失效特性。目前认为，采用失效评定图对于此类型的缺陷进行评价是最可靠的评估方法。新 R6 标准是该标准的第三次修订版，它可以完成从脆断、弹塑性断裂到塑性失稳三种失效模式的评定。图 9-60 是新 R6 标准选择的通用失效评定图。

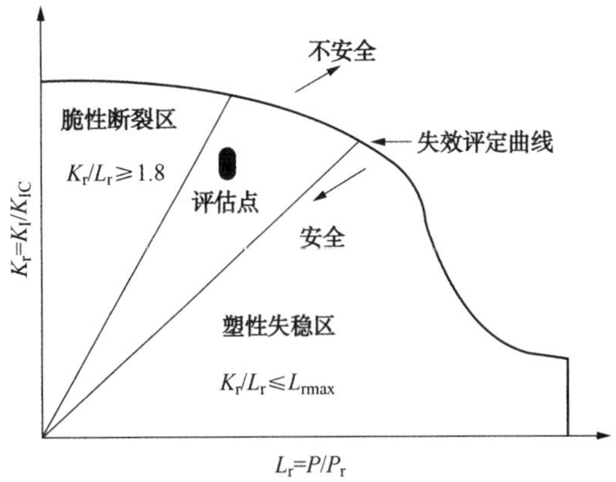

图 9-60　失效评定图

失效评定曲线是由一条连续曲线和一条

截断线描绘。曲线方程由下式给出：

$$K_r=(1-0.14L_r^2)[0.3+0.7\exp(-0.65L_r^6)] \quad (L_r \leqslant L_{rmax})$$
$$K_r=0 \quad (L_r>L_{rmax}) \tag{9-102}$$

纵坐标 K_r 为双重坐标：

$$K_r=\left(\frac{J}{J_{IC}}\right)^{0.5},\ K_r=\frac{K_I}{K_{IC}} \tag{9-103}$$

式中：K_r 为韧性比；J 为用 J 积分表示的裂纹尖端应力强度因子；K_I 为裂纹尖端线弹性应力强度因子；J_{IC} 和 K_{IC} 为材料断裂韧性。

横坐标 L_r：

$$L_r=\frac{P}{P_r} \tag{9-104}$$

式中：L_r 为载荷比；P 为在损伤区施加的载荷；P_r 为该区域塑性失稳极限载荷。

截断线：

$$L_r=L_{rmax}=\frac{\sigma_f}{\sigma_y} \tag{9-105}$$

截断线表示缺陷尺寸很小时，结构塑性失稳载荷与屈服载荷之比。式中：σ_f 为材料流变应力，即材料能控制住裂纹体不发生塑性破坏的阻力所必须具备的应力水平，其值取为 $\sigma_f=(\sigma_b+\sigma_y)/2$，$\sigma_y$ 和 σ_b 分别是材料的屈服强度和抗拉强度。

安全评价时，计算给定条件下的 K_r 和 L_r 的值，若评价点（L_r、K_r）落在评定曲线内侧，结构被认为是安全的，缺陷可以被接受；若评价点（L_r、K_r）落在评定曲线外侧，则结构是不安全的，其缺陷不能接受。从失效评定图的物理意义可知，虽然评定时只需按较简单的线弹性断裂力学方法计算 K_I 值，但实际内在的断裂判据却是 J 积分断裂判据，$J=J_{IC}$ 评定的实际效果是严格的弹塑性断裂理论的评定。

R6 标准将表面裂纹表征为半椭圆形，将埋藏裂纹表征为椭圆形，将穿透裂纹表征为矩形，所用的表征参数为 a 和 $2c$。这里 a 表示缺陷深度，即半椭圆形表面裂纹的短半轴或椭圆形埋藏裂纹的短轴；$2c$ 表示缺陷总长，即椭圆、半椭圆缺陷的长轴或矩形缺陷总长。

4. 缺陷评价分析与结论

在检测公司提交的 HM-AQ 段检测报告中，提出了 79 个焊接环焊缝异常点，同时给出了环焊缝异常的周向长度和时钟点位，环焊缝异常点包括未焊透、焊缝内有裂纹、焊接未熔合等情况，因漏磁技术的缺陷识别能力和分析能力，报告中没有具体说明环焊缝出现损伤的确切原因和确切类型，存在环焊缝异常的分布。

焊缝的精确评价需与现场开挖情况结合，同时要与工程射线进行对比分析，需要分以下几步进行：

（1）根据检测报告提供的内容与对应管段的施工档案对比分析，相关找到原始焊缝号、位置、施工方、检测方、监理方，仔细了解情况。

（2）对比分析。根据焊缝号，提取相关竣工拍片资料，并通知相关人，对拍片资料进行初步的检查和分析检测公司将焊缝的异常影像调出，与拍片资料进行详细对比分析。

（3）根据分析情况，选择开挖部分环焊缝异常点，进行进一步探伤验证。

（4）对探伤验证作出分析，确定缺陷是否可接受。

管道环焊缝所受轴向应力受周边环境影响较大，管道内压所产生的轴向应力仅占所有轴向应力的一部分。管道不均匀沉降、管道温度变化和管道周围土壤的移动均对管道轴向应力产生较大影响。因此，仅根据检测报告所提供数据无法对管道环焊缝异常作出准确评价。

根据 API 1104—2007《Welding of Pipelines and Related Facilities》的相关要求，建议采取如下措施：

（1）对焊缝异常长度超过管体焊缝长度 8%的缺陷（属于超标缺陷），均进行开挖验证，并进行超声、射线三维扫描，如果发现不可接受的缺陷，则进行修复。

（2）在修复过程中，优先对位于山区、水网等管道高程发生较大变化、易发生管道不均匀沉降及管道横向移动位置的焊缝异常进行修复。

（3）在修复前应对焊缝异常情况进行精确测量，确认异常的类型，如发现异常焊缝中存在表面或根部未融合缺陷，应对焊缝异常进行修复。

（4）为了严格管理，对长度小于 150mm 的环焊缝异常应加强监测，在下次检测时对其长度变化进行对比分析。

5. 结论

所有焊缝异常缺陷点，需进一步开挖验证，并使用相控阵焊缝探伤技术进行三维扫查，确定焊缝在超声检测下是否合格，同时调取焊缝射线拍片数据进行分析，再开展修复工作，如果验证与检测结果一致，采取如下处理措施：

（1）开挖验证　建议对表 9-24 中的焊缝异常尽快开挖验证（长度超过 250mm）。

表 9-24　焊缝异常（尽快开挖验证）

编　号	焊缝号	绝对距离/m	焊缝异常长度/mm	始终点位
1	20740	23417.8	420	01：00
2	30860	34749.6	250	06：45
3	81200	92299.6	625	08：15
4	81260	92371.3	550	07：45
5	81640	92823.9	450	08：45
6	81750	92954.4	900	02：30
7	82070	93325.3	400	08：00

（2）修复点处理　如果开挖检测中，发现焊缝中存在表面或根部未融合缺陷，以及其他切线，应进行修复。

9.4.5　HM-AQ 段内检测凹坑缺陷的完整性评价

1. 情况说明

HM-AQ 段管道在内检测过程中发现 1 处凹坑缺陷，为了确定凹坑对管道所受应力的影响，对管道允许的最大缺陷深度进行分析计算，以消除管道本体面临的风险因素，确保管道安全运行。

2. 典型的凹坑缺陷参数

管材均为 API X70 钢，管径为 ϕ1016，设计压力为 10MPa，运行压力为 10MPa。凹坑缺陷参数见表 9-25。

表 9-25　HM-AQ 段凹坑缺陷列表（2%以上）

编号	上游环焊缝	轴向长度	环向长度	深度	深度百分比	方位	壁厚
A1	17510	1477mm	462mm	31.70mm	3.12%	06：15	17.5mm

3. 评价依据

针对气体管道凹坑的修复判定准则，国内目前没有标准可依，但国外有所规定：

（1）美国联邦法规 49 CFR 192 部分中的气体输送管道部分。

（2）ASME B31. 8《气体输送和配送管道系统》分别给出了气体管道的凹坑修复判定准则。

49 CFR 192 将凹坑修复等级划分为立即修复、1 年内修复、继续监控和不需要修复四类，而 ASME B31. 8 分为需要修复和不需要修复两类。

两个标准均将凹坑深度划分为 2%和 6%管道直径两个等级，且将管道运行应力水平划分为 20%*SMYS* 和 40%*SMYS* 两个等级。

49 CFR 192 仅对运行应力水平小于 20%*SMYS* 的凹坑不要求修复，ASME B31. 8—2010 除此之外，针对深度小于 2%管道直径及深度小于 6%管道直径且运行应力水平小于 40% SMYS 的两类普通凹坑也不要求修复。两个标准的比较见表 9-26。

表 9-26　气体管道凹陷国际标准修复准则

<table>
<tr><th>修复准则依据</th><th>49 CFR 192(美国联邦法规)</th><th>ASME B31. 8—2016</th></tr>
<tr><td>修复相应方式</td><td>依据深度和应变要求修复管道，分为立即修复、1 年内修复、继续监控和不需要修复</td><td>依据深度和应变要求修复管道，分为需要修复、不需要修复</td></tr>
<tr><td>凹陷规定等级</td><td>2%管道直径和 6%管道直径</td><td>2%管道直径和 6%管道直径</td></tr>
<tr><td>压力等级</td><td>20%SMYS 和 40%SMYS</td><td>20%SMYS 和 40%SMYS</td></tr>
<tr><td rowspan="5">修复标准</td><td>运行应力水平小于 20%SMYS 的凹陷不要求修复</td><td>运行应力水平小于 20%SMYS 的凹陷不要求修复</td></tr>
<tr><td>应变超过临界应变水平的凹陷要求进行修复</td><td>深度小于 2%管道直径不修复</td></tr>
<tr><td>立即修复：
(1)凹陷内部有金属损失、有裂纹扩展、有应力持续升高的迹象的需要立即修复的
(2)评价人员根据设计、施工各种环境分析确定不满足使用需求，需要立即修复的</td><td rowspan="3">建设期(需要修复)：
(1)所有在纵焊缝和环焊缝上影响弯曲的凹陷都要切掉
(2)所有深度超过 2%管道直径的凹陷(300mm 以上)且运行在 40%SMYS 以上的管道，均需切除。不允许打补丁
运行期(需要修复)：
(1)通过内检测确定是否需要修复，凹陷处应变 6%是临界极限(应变测量方法见标准附录 R)
(2)凹陷内部包含有腐蚀，且腐蚀具有一定的风险性，较危险
(3)凹陷深度超过 6%管道直径
(4)凹陷内部有应力腐蚀开裂或其他裂纹
(5)如果凹陷深度超过 2%管道直径，且应变不超过 4%，除了特殊评估安全的之外，凹陷影响了环焊缝和直焊缝的韧性
(6)焊缝处应变超过 4%的凹陷
(7)任何深度凹陷影响了材料韧性，具有使材料变脆性增强的趋势
修复方法：非金属复合材料修复凹陷不被接受</td></tr>
<tr><td>1 年内修复：
(1)光滑的凹陷在上部 8：00~4：00 位置，有深度达 6%管道直径的凹陷
(2)深度大于 2%管道直径的凹陷在环焊缝或直焊缝上，影响管子弯曲</td></tr>
<tr><td>监测：
(1)深度超过 6%管道直径的凹陷在管道底部 8：00~4：00 位置(下部 1/3)
(2)光滑的凹陷在上部 8：00~4：00 位置，有深度达 6%管道直径的凹陷，工程分析不超过临界应变
(3)深度大于 2%管道直径的凹陷在环焊缝或直焊缝上，影响管子弯曲，且工程分析不超过临界应变</td></tr>
</table>

4. 应变准则

凹坑处的应变可以通过分析内检测数据或者现场开挖验证时的外检测手段得到，ASME B31.8 附录 R 给出了管道凹坑处应变的计算方法，如图 9-61 所示，R_0 是管道的初始半径，等于管道直径的一半，R_1 为凹坑处管道横截面方向的曲率半径，该曲率半径如果与管道初始半径方向一致，则为正值，如果与管道初始半径方向相反，则为负值。R_2 为凹坑处管道纵断面方向的曲率半径，该曲率半径一般为正值。凹坑处管道周向弯曲应变、轴向弯曲应变、轴向拉伸应变分别为：

$$\varepsilon_1=\frac{1}{2}t\left(\frac{1}{R_0}-\frac{1}{R_1}\right) \tag{9-106}$$

$$\varepsilon_2=\frac{1}{2}\frac{t}{R_2} \tag{9-107}$$

$$\varepsilon_3=\frac{1}{2}\left(\frac{d}{L}\right)^2 \tag{9-108}$$

式中：t 为管道壁厚，mm；d 为凹坑深度，%管径；L 为凹坑长度，mm。

则凹坑处管道内表面应变和外表面应变为：

$$\varepsilon_t=\sqrt{\varepsilon_1^2-\varepsilon_1(\varepsilon_2+\varepsilon_3)+(-\varepsilon_2+\varepsilon_3)^2} \tag{9-109}$$

$$\varepsilon_0=\sqrt{\varepsilon_1^2+\varepsilon_2(-\varepsilon_2+\varepsilon_3)+(-\varepsilon_2+\varepsilon_3)^2} \tag{9-110}$$

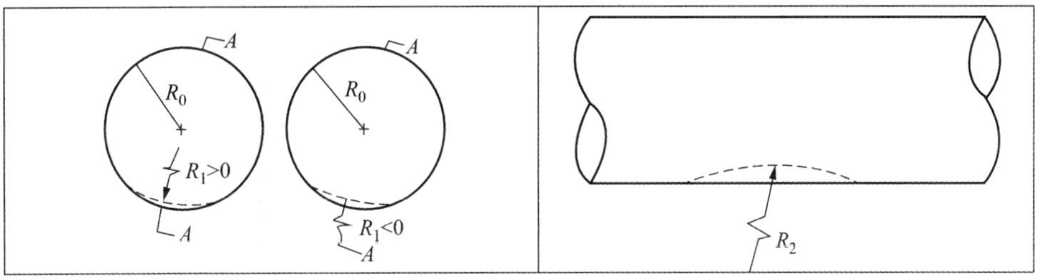

图 9-61　应变测量图

5. 评价结论

根据 49 CFR 192 和 ASME B31.8，该管道凹坑在管道下部，由于目前凹坑尺寸验证未知，开挖后如满足如下条件需要修复，否则不需要修复：

(1) 凹坑内部包含有腐蚀，且腐蚀具有一定的风险性，较危险。

(2) 凹坑超过 6%管道直径。

(3) 凹坑内部有应力腐蚀开裂或其他裂纹。

(4) 凹坑处应变 6%是临界极限。

(5) 光滑的凹坑在上部 8：00~4：00 位置，有深度达 6%管道直径的凹坑。

(6) 大于 2%的凹坑在环焊缝或直焊缝上，影响管子弯曲。

按照目前检测结果，检测公司提交的检测报告中未发现在凹坑中有腐蚀的信号显示，由于漏磁检测设备的特点所限，该管道应力腐蚀裂纹信号可能无法检出。

建议进一步开挖验证管道凹坑尺寸，确定其底部是否存在腐蚀与应力腐蚀。

综上所述，如果经开挖检测，管道凹坑底部不存在应力腐蚀裂纹和腐蚀，不影响管道韧性，则此管道凹陷不需要修复。

9.4.6 HM-AQ 段疲劳评估

1. 概述

本节将评估管道运营商提供的 HM-AQ 段管道压力循环数据，以判定压力波动引起的凹坑的疲劳裂纹增长是否构成对管道完整性的威胁。本项评估将采用的是 PDAM 中利用普通凹坑疲劳模型的筛选评估法。本项评估将判定是否存在凹坑疲劳引起管道失效的风险，以及是否有必要进行进一步更详细的评估。

2. 评估算法说明

凹坑局部存在很高的应力与应变。如果存在压力波动，凹坑位置会有很大的交变应力存在。目前，世界上的很多研究组织已经进行了大量的管道压力波动导致的全尺寸管道疲劳试验。试验结果表明，存在凹坑的管道的疲劳寿命要短于完整管道，并且凹坑深度越深，其疲劳寿命越短。同时，试验还表明如果凹坑在焊缝上或者凹坑含有缺陷，则其疲劳寿命更短。

评价需要注意的另外一点是，如果压力波动导致的最大应力很高，凹坑可能会被压力推出，从而使管道恢复圆形。这样，凹坑导致的疲劳寿命损失就不存在了。因此，对于纯凹坑(即凹坑位置管道壁厚没有发生变化且不含缺陷)而言，其疲劳寿命与最低应力存在一定的相关性。

目前，各公司及研究机构已经发展了各种各样的对于含有凹坑管道的疲劳寿命的评估方法，既包括由试验数据拟合的经验公式，也包括结合断裂力学方法的与试验数据的半经验方法，还包括有限元分析模型等。在 PDAM 中所做的方法对比表明，EPRG(European Pipeline Research Group，即欧洲管道研究组)方法从对已发表的全尺寸试验数据的适合程度而言是“最佳”的方法。本书也将采用此种方法对检测发现的含凹坑管道的疲劳寿命进行评价。

EPRG 方法使用完好管道的 $S-N$ 曲线，结合凹坑导致的应力集中系数计算了凹坑的疲劳寿命。这种 $S-N$ 曲线是由 DIN 2413 标准给出的，该方法考虑了平均应力的影响并与管线钢的极限拉伸强度有一定的相关性。

EPRG 准则中对于评价机械损伤，推荐了一个取值为 10 的安全系数应用于疲劳寿命的预测。其具体评价方法如下：

纯凹坑的疲劳寿命 N 由下述公式给出(没有包含安全系数)：

$$N=1000\left[\frac{(\sigma_{\rm U}-50)}{2\sigma_{\rm A}K_{\rm s}}\right]^{4.292} \tag{9-111}$$

其中：

$$2\sigma_{\rm A}=\sigma_{\rm U}\left[B\ (4+B^2)^{0.5}-B^2\right] \tag{9-112}$$

$$B=\frac{\dfrac{\sigma_{\rm a}}{\sigma_{\rm U}}}{\left[1-\left(\dfrac{\sigma_{\max}-\sigma_{\rm a}}{\sigma_{\rm U}}\right)\right]^{0.5}}=\frac{\dfrac{\sigma_{\rm a}}{\sigma_{\rm U}}}{\left[1-\dfrac{\sigma_{\rm a}}{\sigma_{\rm U}}\left(\dfrac{1+R}{1-R}\right)\right]^{0.5}} \tag{9-113}$$

$$R=\frac{\sigma_{\min}}{\sigma_{\max}} \tag{9-114}$$

$$K_{\rm s}=2.871\sqrt{K_{\rm d}} \tag{9-115}$$

$$K_{\rm d}=H_{\rm o}\frac{t}{D} \tag{9-116}$$

公式中出现的各个参数的物理意义如下：

N——至失效发生时的疲劳周次；

σ_U——极限拉伸强度，MPa；

$2\sigma_a$——名义循环应力幅值，MPa；

$2\sigma_A$——对应于应力比 $R=0$ 时的等效循环应力幅值，MPa；

σ_{max}——应力循环中的最大应力，MPa；

σ_{min}——应力循环中的最小应力，MPa；

H_o——无内压时测量的凹坑深度，mm；

t——管壁厚度，mm；

D——管道外径，mm。

3. 凹坑疲劳评价

本次检测发现的凹坑数据见表 9-27。

表 9-27 HM-AQ 段凹坑缺陷列表(2%以上)

编号	上游环焊缝	轴向长度	环向长度	深度	深度百分比	壁厚
A1	17510	1477mm	462mm	31.70mm	3.12%	17.5mm

本次评价管段的管材均为 API X70 钢，管道外径为 ϕ1016，评价部位的壁厚为 17.5mm，其设计压力为 10MPa，运行压力为 10MPa。

半月压力波动：

根据业主提供的 HM 站及 AQ 站的压力波动数据，2010 年至 2013 年，以每半月记录的管道的压力最大波动范围值分别为 0.72MPa、0.93MPa、1.08MPa 及 0.53MPa。从保守角度出发，计算采用管道运行压力为 10MPa，选用的半月压力波动数据为 1.08MPa，利用式(9-110)计算得到的凹坑疲劳寿命(考虑安全系数的下界寿命)为 51516 次循环。每半月压力波动一次，相当于每年压力波动 24 次，由此凹坑寿命相当于 2146 年，可视为无限寿命或管道设计寿命期内凹坑不会由于疲劳失效。

4. 结论

对于检测发现的凹坑缺陷，采用式(9-111)计算发现该凹坑在管道设计寿命期内不会由于疲劳发生失效。

9.4.7 缺陷补强修复和再检测周期建议

1. 修复响应时间和再检测时间

1）修复响应时间

对预计的事故压力大于最大允许操作压力 1.10 倍的危险迹象，应按规定的时间进行检查和评价。对发现需要维修或清除的任何缺陷，应立即维修或清除，否则应降低操作压力，以减少维修或清除这种缺陷的必要。

需要按计划响应的迹象，应包括在等于或大于规定最低屈服强度 30%条件下运行的管道上的下述任何迹象：超过公称管径 6%的扁平凹坑、有或没有可见刻痕并存的机械损伤、带裂纹凹坑、深度超过公称管径 2%且影响韧性环焊缝或直线焊缝的凹坑以及影响非韧性焊缝的任何深度的凹坑(有关其他信息，见 ASME B31.8 的 851.4)。运营公司应在确定这种情况后的 2 年之内，尽快对这些迹象进行检查。在检查和评价后，对需要维修或清除的任何缺陷，应立即维修或清除，除非降低操作压力，以减缓维修或清除这种缺陷的必要。

管道缺陷的补强工作，目前国内普遍应用的有两种方法，一种是复合材料碳纤维补强技术，另一种是夹具注环氧补强技术。这两种技术各有优缺点，对于长点或裂纹使用夹具注环氧的补强方法具有较明显的优势，特别是夹具注环氧具有较强的抗弯矩载荷能力；对于单个缺陷，使用复合材料碳纤维补强技术较经济实用，操作简单，可靠性高。推荐综合使用两种不停输修复技术。

为了进一步确定其他缺陷的修复时间，需要考虑修复的分段原则，并结合上述完整性评价的结果来确定，按照 ASME B31.8S 中图 4 所示的与时间有关之突发事件的规定完整性管理计划所示，HM-AQ 段运行应力范围应大于 50%*SYMS*(屈服应力 σ_s)，应属于最底部直线显示范畴。

2）再检测时间周期确定

通过评价可以得出：

(1) HM-AQ 段管道的总的金属缺陷分布为：金属损失缺陷点为 4521 个，最大为 36%壁厚的外部金属损失，但深度超过 10%的有 715 处，经评价不需要维修。

(2) 管道外部损伤凹坑的分布为：超过 2%的凹坑缺陷为 1 处，需要开挖验证后，进一步测量凹坑尺寸，如果不超过数据值，则不需要修复。

(3) 管道焊缝异常缺陷 79 处，需进一步通过施工方反馈所有 X 射线底片情况，使用 TOFD 和 C 扫描设备进行探伤。需要尽快开挖后确认，尽快开挖验证后视情维修的有 12 处。

从以上检测数据分析，管道总体情况反映较好，内部没有腐蚀环境产生，也未发现腐蚀问题，没有必要调整检测周期，按照 SY/T 6597《钢质管道内检测技术规范》的规定，周期性开展管道内检测工作，管道再检测的周期一般定为 5~8 年。

2. 夹具注环氧技术

1）概述

传统修复技术(尤其是直接焊接或者 A 型套管方法)有明显的操作不便(流量和压力降低)和费用高的缺点(与在生产中的焊接和随后的检测相关)，最终不得不采用关断管道的方式进行，如在管线发生几何弯曲变形的情况下换管。

夹具注环氧技术是操作更为方便及成本更为合理的修复方法，考虑对钢套管做环氧树脂注入处理，这种修复技术解决了避免在“正在运行”的管道上焊接的问题，以黏合剂或者环氧材料填充的方法已在世界诸多运行的管道上实施过(见图 9-62)。

图 9-62　夹具注环氧示意图

2）技术特点

适用于直径为100~1420mm的任何管道。

（1）最高压力：100bar。

（2）适用于全部可能遇到的缺陷类型的修复技术。这些缺陷类型有腐蚀、裂纹、凹陷或划伤（在轴向或者环向）和与环焊缝有关的异常等。

环氧树脂维修技术的主要特征是能够确保管道完整性，并将操作对安全的影响降至最低限度。它包括：

（1）需要准确和安全的缺陷测量和评估。

（2）通常不需要管线降压。

（3）套管用钢的等级和壁厚要与母材匹配，或者比母材更好。

（4）环形的间隙允许在一个较大的范围（3~40mm）内。

（5）避免套管的安装问题或者安装套管时需要外加压力强制就位。

管道和套管表面需要按照St3标准做喷砂处理，满足表面处理和环氧材料黏接的化学清洁要求，环氧胶泥浆是非常重要的一环，它必须满足在各种现场条件下，容易被混合并且可以用泵来抽吸，理想的注入环氧特性满足以下要求：

（1）高刚度、防止膨胀并且可以提供在管道和套管黏接之间的负载转换。

（2）快速修复以尽量减少管道降压等。

（3）形成胶体之前的时间要长，以保证充分灌注。

（4）好的黏接强度。

（5）允许多种环形的间隙。

（6）允许管道（表面）有冷凝水。

（7）根据温度范围要求，注入环氧胶泥浆在现场混合，并且在30~40min内注入准备好并且扣紧的套管中，然后保持24h，就可以达到最终强度的90%。

3）施工方案

（1）制作夹具

加工、喷沙、除锈处理，为保证一次修复成功，本次加工夹具长度为750mm。

（2）钢管表面处理

① 将补强处的钢管表面处理区域，采用机械或电加热的方法除去PE层和胶黏剂层，预留防腐补口宽度为50mm，然后用百叶轮打磨掉附着在钢管表面的环氧粉末，除锈等级必须要达到St3级，并尽量能够达到Sa2.5级；尤其要注意缺陷部位的处理要得当。

② 在钢管表面处理前后要用超声波金属测厚仪进行检测确认，记录腐蚀点的区域、剩余壁厚、径向点位置等。对缺陷数据进行安全评价。缺陷数据评价由具有安全评价资质的人员进行，按照管道安全评价的程序和标准，使用ASME B31G、RSTRENG、BS 7910、API 579、DNV RP-F101等规范对缺陷进行评价。

③ 将管线防腐层端口修出坡口，环向打磨平整。

（3）夹具安装

① 将夹具套在管道外部，将所有缺陷点全部包容在夹具空间内。

② 用调整螺栓调整夹具环型缝隙，用千分尺检查，误差不大于3.0mm。

③ 用压缩空气或电吹风机将夹具环型缝隙内的杂物吹扫干净。

（4）夹具端口密封

① 将快干密封胶注入环型端口边缘，用缺陷修补填平胶磨平，待干 5~10min。

② 干后检查端口密封情况。

（5）注入

① 连接夹具注入口和高压胶管，打开注入阀门。

② 将环氧树脂和固化剂混合搅拌，混合比例按环氧树脂生产厂家使用要求严格配比。同时一次配料不许超过 5kg，防止环氧树脂交联爆聚，在注入时要不停搅拌。

③ 将环氧树脂注入料用低压柱塞泵注入夹具内。

④ 根据环氧树脂注入速度，计时准备下一桶环氧树脂，保证注入过程的连续性。

⑤ 观察排气口，当排气口全部都有环氧树脂流出时，立即停泵，待环氧树脂利用自身重力排空并填充缝隙，3min 后重新注入，要保证排空口有一定的流出量(≥0.1kg)，停止注入，关闭注入阀门，注入完毕。

⑥ 注入完毕后，除去定位螺栓和排气螺栓。

（6）外防腐

① 将调配好的无溶剂液态环氧树脂涂料在夹具和剥离防腐层的钢管上涂 2 遍，第 1 遍表干后可涂第 2 遍。

② 将 150~200mm 宽聚乙烯冷缠带在三层 PE 与环氧树脂搭接处进行封闭，聚乙烯冷缠带中心线正好覆盖在搭接处，要保证聚乙烯冷缠带同时黏接三层 PE 与环氧树脂，然后用尼龙辊压实将气泡赶出。电火花检漏仪 2500V 检测无漏点。

（7）验收

施工工艺及验收参见标准 Q/SY JS0057—2006《管道夹具注环氧树脂补强补强技术规范》。

3. 碳纤维补强技术方案

1）现场补强修复材料准备

准备碳纤维补强材料、底涂树脂、填平修补胶和黏浸胶等。

2）施工所需车辆、机械、器具及工具(见表 9-28)

表 9-28　施工所需机械、器具、工具一览表

种　类	名　称
车辆	工具车、越野车
管道开挖复查	铁锹、超声波测厚仪
管道表面处理用具	砂布、钢丝刷、刨刃、电刷
三层 PE 剥离设备和药剂	电热带、二氯甲烷、乙醇、丙酮
碳纤维片裁切工具	卷尺、钢直尺、壁纸刀
调和及涂刷树脂用具	台秤、搅拌容器、橡胶抹子、滚筒刷子、油漆刷、搅拌器、抹灰板
粘贴及脱泡用工具	脱泡罗拉、毛罗拉、橡胶刮板、塑料刮板
安全用具	安全帽、安全带、防护眼镜、橡胶手套、口罩、灭火器
施工管理用器具	温度计(测量材料温度、大气温度、结构物表面温度) 、湿度计
其他	可燃气体报警仪、发电机、通风设备、养护材料、棉纱

3）管道补强后表面防腐工艺及材料准备

对于管体补强后钢管的剩余裸露部分和补强层，准备补口聚乙烯胶黏带，将裸露部分和补强层进行再次防护，保证补口处和碳纤维补强材料的防腐层性能不低于原来三层 PE 的防腐性能。补口胶黏带的性能见表 9-29，宽度与管径配合选用见表 9-30。

表 9-29 补口胶黏带性能

项目名称		指标	测试方法
外观	厚度/mm	0.30~1.10	GB/T 6672
机械性能	抗拉强度/MPa	≥18	GB/T 3354
	断裂伸长率/%	≥200	
电气性能	体积电阻率/(Ω·m)	$>1\times10^{12}$	GB/T 1410
	电器强度/(MV/m)	>30	GB/T 1408.1
耐环境稳定性	耐热老化性能①/%	<25	SY/T 0414 附录 A
	耐紫外线老化性②/%	≥80	SY/T 0413 附录 E
	吸水率/%	<0.35	SY/T 0414 附录 B

① 耐热老化试验是指试样在 100℃的条件下，经 2400h 热老化后，测得基膜拉伸强度、基膜断裂伸长率的变化率。

② 紫外光老化指标是指试验后的拉伸强度和断裂伸长率的保持率。

表 9-30 补口胶黏带的宽度选用与管径配合表

公称管径/mm	补口胶黏带宽度/mm	公称管径/mm	补口胶黏带宽度/mm
150~200	150	1000~1500	230
250~950	200		

4）施工程序及步骤说明

（1）施工程序（见图 9-63）

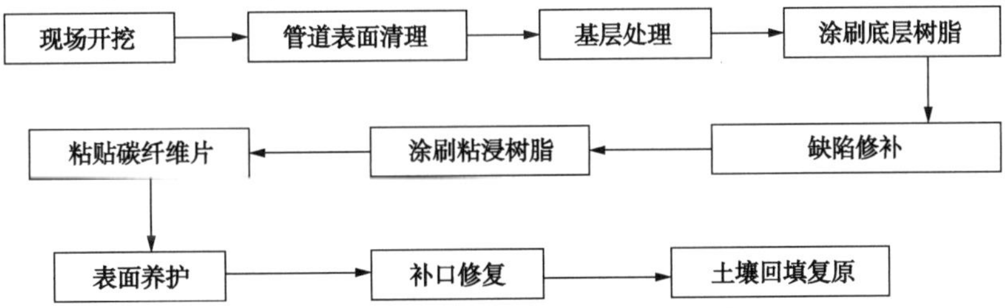

图 9-63 施工程序图

（2）步骤说明

① 现场开挖

由现场检测和强度评估结果确定需要补强的缺陷位置。然后在现场监护人员的监护下进行人工开挖。现场开挖效果如图 9-64 所示。开挖过程中注意测量埋深，防止铁器损坏防腐层及钢管。

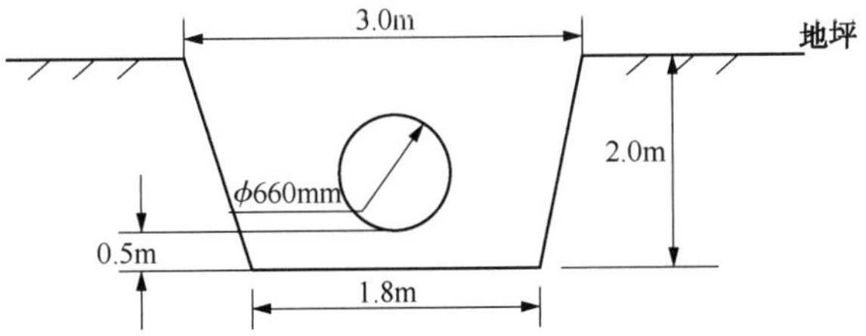

图 9-64 现场补强施工开挖剖面示意

② 管道表面清理

在现场开挖复查工作完成后，对有缺陷的钢管表面防腐层进行清除。具体操作方法是：采用电加热带对要清除防腐层的管段进行包裹，加热到200℃左右，使三层PE防腐层软化；待三层PE软化后，用壁纸刀划开表面，撕下PE层；再用二氯甲烷溶剂溶解环氧粉末和熔结环氧涂层，直至清除到钢管裸露部位。

③ 基层处理

用丙酮或乙醇清洗钢管表面，并使其充分干燥。基层预处理质量应达到GB/T 8923.1中规定的St2、St3级。施工前在需补强部位放线、定位。

④ 涂底涂树脂

a. 根据施工部位的温度、湿度，选择适当的底涂树脂。

b. 将调配好的底涂树脂计量、搅拌均匀，根据实际气温决定用量并控制使用时间。

c. 将底涂树脂均匀刷于需补强的钢管表面，待胶凝固化后(固化时间视现场气温而定，以指触干燥为准)，再进行下一工序。

d. 在底涂树脂中严禁添加溶剂，含有溶剂的毛刷或用溶剂弄湿了的滚筒不得使用。

⑤ 钢管表面的残缺修补

a. 钢管表面凹陷部位(蜂窝、麻面、小孔等)应用修补胶填平，修复至表面平整。

b. 修补腻子涂刮后，表面仍存在的凹凸糙纹，应再用砂纸打磨平整。

⑥ 粘贴

a. 按设计要求的尺寸及层数裁剪碳纤维布。为防止片材在保管过程中损坏，片材的裁切数量应以当天的用量为准。

b. 下涂：贴片前用滚筒刷将调配好的黏浸树脂均匀涂抹于待粘贴的部位，有搭接的部位应多涂刷一些。

c. 粘贴碳纤维布并用滚筒、罗拉反复滚压，去除气泡，使黏浸胶充分渗透碳纤维布。

d. 上涂：碳纤维片施工30min(根据干燥程度)后，用滚筒刷均匀涂抹黏浸树脂，称为上涂。上涂时用脱泡罗拉滚压，使碳纤维片内部补充、渗浸黏结树脂。

e. 进行空鼓检查，并进行处理。

f. 需粘贴2层以上碳纤维片时，必须在首层修补完空鼓后进行，重复b~e步骤。

g. 碳纤维布沿纤维方向的搭接长度不得小于10cm。

⑦ 表面养护

a. 粘贴碳纤维片后，需自然养护24h达到初期固化，并应保证固化期间不受干扰。

b. 在每道工序以后树脂固化之前，宜用塑料薄膜等遮挡以防风沙或雨水侵袭。

⑧ 补口修复

在补强、养护完成后，对管体的裸露和补强层部分，采用聚乙烯补口胶黏带进行缠绕修补。补口层与原防腐层的搭接宽度应不少于100mm。胶黏带始端与末端搭接长度应不少于1/4管子周长，且不少于100mm。缠绕时补口胶黏带边缝应平行，不得扭曲皱折。

⑨ 回填

当补口修复完成，并确认开挖管段无漏点后，采用细沙或素土进行分层夯实回填，并对现场进行清理恢复地形原貌，保证管线的埋深达到设计要求。

5）注意事项

(1) 与碳纤维布配套使用的黏浸树脂对充分发挥碳纤维布的拉伸强度是明显的，因而在实际工程中，应保证两者选用的配套性。

(2) 碳纤维布在使用过程中应远离电源，尤其是高压电线及输电线路。

(3) 配套使用的树脂要远离火源，避免阳光直射，施工人员严禁在现场吸烟。

(4) 开挖前对项目人员进行现场教育，注意人身安全，防止开挖时损坏防腐层。

(5) 负责施工的工长应每天进行班前安全教育和安全检查，督促工人戴好防护眼镜、手套、口罩、安全帽等。

9.4.8 结论和建议

通过评价可以得出，HM-AQ 段管道总体情况良好，主要得出如下结论：

(1) HM-AQ 段管道的总的金属缺陷分布为：金属损失缺陷点为 4521 个，最大为 33% 的内部金属损失，但深度超过 10%为 715 处，所有金属损失缺陷不需要修复。

(2) HM-AQ 段检测出超过管道直径 2%的凹坑缺陷为 1 处，由于国内没有规范，需参考国外相关规范、标准来评价，根据国外美国机械工程学会和美国运输部规定的标准，如与提交的检测报告数据相符，则不需要修复。如果开挖发现凹坑底部存在严重腐蚀或尖锐尖角或裂纹，则需要进行修复，修复方法采用夹具注环氧方法或复合材料碳纤维补强技术。

(3) 管道焊缝异常缺陷 79 处，其中焊缝异常长度大于 150mm 的 12 处，需进一步对 12 处焊缝异常缺陷开挖验证，并请管道施工方、无损检测方反馈 X 射线底片情况，开挖后使用 TOFD 和 C 扫描设备进行探伤方法检测，如发现射线、超声超标不合格缺陷，需尽快视情维修。

(4) HM-AQ 段检测出铁磁物体靠近管道共 1 处，检测中没有发现管道与套管接触的现象。这些铁磁性物体可能会对管道防腐层和阴极保护产生影响，需要对靠近不明物体进行分析，必要时开挖验证后处理。

(5) 管道缺陷的疲劳寿命计算分析，采用业主提供的半月波动范围值，对检测发现的凹坑进行疲劳分析，表明该凹坑在管道设计寿命期内不会由于管道压力波动疲劳发生失效。

(6) 从检测数据分析来看，管道总体情况反映较好，内外部腐蚀环境不明显，没有必要调整检测周期，按照油气储运行业标准 SY/T 6597《钢质管道内检测技术规范》的规定，周期性开展管道内检测工作，管道再检测的周期一般定为 5~8 年。

9.5 管道地质灾害评价

油气输送管道造价很高、穿越地域广阔、涉及的地域类型复杂，一旦发生爆裂破坏，就会造成人员伤亡、环境污染和油气输送中断等恶性事故。全球每年都会发生大量的油气管道爆破和泄漏事故。造成油气管道爆裂损坏的因素很多，其中地质灾害是主要因素之一。

地质灾害是指由于自然因素或者人为活动而引发的山体崩塌、滑坡、泥石流、地面塌陷、地裂缝、地面沉降等与地质作用有关的灾害。

对油气管道有影响的主要地质灾害有地质断层、地裂缝、山体崩塌、滑坡、泥石流、黄土湿陷、冲沟、地震、河流冲蚀、采空区等。

如何对地质灾害进行监测、评估和防治，直接关系到油气管线的安全管道，是一个重要的内容。在对大量地质灾害调查的基础上，根据地质灾害发生的特点，以及国家相关的地质灾害防治原则，提出建立油气管道地质灾害安全完整性管理系统。

地质灾害的评价技术主要内容包括：

（1）地质灾害评价、预防与防治　包括地质灾害发生的机理、不同种类地质灾害之间的关联作用和相互作用、描述参数、主要影响因素、分析模型、监测方法（监测项目、仪器和数据整理分析）、对管道危害性分析、预防和治理方法。

（2）建立地质灾害数据库　在大量地质灾害调查、地质土工分析和研究的基础上，建立地质灾害数据库。

（3）管线地质灾害完整性评价　通过现场地质调查，按照不同类型地质灾害（滑坡、泥石流、崩塌、黄土湿陷、煤矿采空区和地震等）的发生频率、规模，评价管道地质灾害完整性。

（4）地质灾害预测预报　根据地质灾害的区域规律以及与控制因素（工程地质岩组、水文地质条件、地质构造、地形地貌、植被等）和主要影响因素（降雨、人类工程活动等）的关系，采用信息量模型、专家评分模型、人工神经网络模型、层次分析模型等，预测地质灾害易发生的空间范围，圈定地质灾害易发区（敏感区），为实时预警预报提供明确的位置和灾害规模，同时为管道地质灾害的管理和规划提供科学依据。

9.5.1　地质灾害分类

管道典型的地质灾害有黄土滑塌灾害、河床冲刷、地层变形位移、沙丘移动、滑坡与冲蚀等几种，下面分别图示说明。

1. 黄土滑塌灾害

陕北晋西黄土滑塌灾害是黄土高原北部地区的一种特殊斜坡变形破坏类型（见图9-65），由于其突发性和频繁发生的特点，常造成大批窑洞、房屋倒塌和人员伤亡，并给该区铁路、公路和长输管道建设造成严重危害。

图9-65　陕西子长县李家岔谢家园东侧滑塌

2. 河床冲刷

陕京管道1998年陕西黄家梁段发生洪水冲蚀河道，导致洪水冲击管道，引起涡击振动，引起管道断裂失效（见图9-66）。

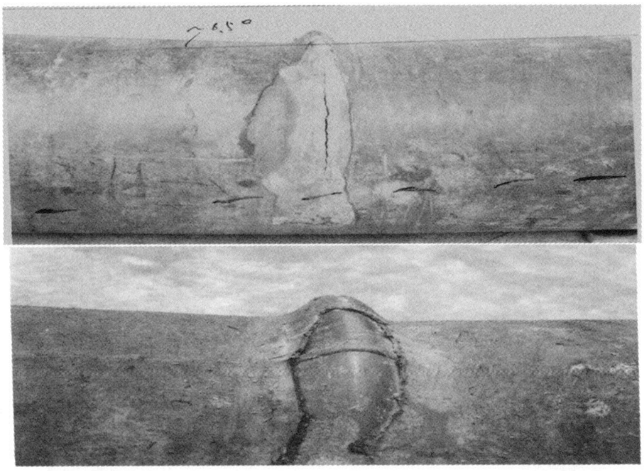

图 9-66　陕京管线 1998 年河床冲刷暴露导致涡击振动断裂失效

3. 地层变形(位移)

地层位移后管道发生塑性扭曲变形(见图 9-67)。

图 9-67　管道地质位移后发生塑性扭曲变形

4. 沙丘漂移

铺设在沙漠中的管道，由于沙丘漂移而使管道发生位移(见图 9-68)。

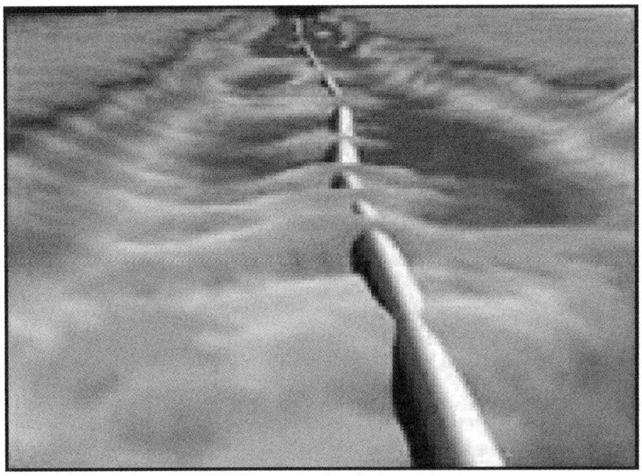

图 9-68　管道在沙漠中的位移

5. 滑坡或冲蚀

由于土壤滑坡或冲蚀，造成一段埋地管道成为悬管(见图 9-69)。

图 9-69　滑坡造成悬管

9.5.2　地质灾害评估目的与任务

地质灾害评估的目的是查明评估区范围的地质灾害隐患，对现状地质灾害、管道建设可能诱发的地质灾害和管道本身可能遭受地质灾害的危险性进行评估，划分地质灾害危险区，为管道建设提供防灾、减灾依据，实现管道完整性管理。

地质灾害评估的基本任务为：

(1) 查明地质灾害体的类型、规模、分布特征及其形成的地质环境条件和诱发因素，评价其稳定性与危险性，即地质灾害的现状评估；

(2) 评估管道建设可能遭受的地质灾害的危险性，即地质灾害的预测评估；

(3) 划分地质灾害危险区，提出地质灾害防治建议，即地质灾害的综合评估。

1. 地质灾害评估的工作特点

(1) 责任重大，直接关系到管道的经济、安全运行；

(2) 具有风险性评价特征，主要受地质资料、评估方法和手段、未知影响因素的变化等影响；

(3) 灾害实例具有重要意义，可为地质灾害的预测评估提供可靠依据，减少预测风险性；

(4) 典型地质灾害点的研究，包括灾害点的结构、规模、变形迹象与发展趋势的研究，为预测工作提供保障；

(5) 对从事评估工作的地质工作者具有很高的要求，必须具有良好的职业素质和强烈的责任心，地质灾害评估的结果往往具有不确定性，具备一定工程知识和经验的地质人员在地学方面的造诣和丰富的勘察经验可使得出的结论更为可靠，提高从业者的技能和经验是保证评估结果可靠而有效途径。

2. 地质灾害野外调查的主要内容

(1) 地质灾害资料收集，踏勘和勘探；

(2) 地质灾害体调查，采用简易测量手段确定地质灾害体的形态、规模和主要影响因素，对崩塌、滑坡、地面塌陷、地裂缝等应重视现今变形迹象和其演变过程的调查，对泥石流应重视沟口堆积物的变化及流域内崩、滑体的发育状况的调查，采用地质历史分析法、工程地质类比法和地质环境综合判别法评价地质灾害体的稳定性和危险性。

3. 地质灾害调查的方法与程序

1）野外调查的方法

野外调查的方法主要包括资料收集、航片解译、地面测绘、勘探等，地质灾害现状评估质量的优劣取决于资料的掌握程度。

2）室内研究

在野外调查的基础上对地质灾害进行现状、预测与综合评估。地质灾害的现状评估主要采用地质历史分析法、工程地质类比法、地质环境条件综合判别法等。地质灾害的预测评估，目前采用的方法主要有地质历史分析法、工程地质类比法、多因素分析法等。由于地质灾害评估工作一般投入的实物工作量较少，而且评估工作的性质是指出问题而不是解决问题，所以评估的工作方法多以定性分析或定性、半定量方法为主，而较少采用定量计算的方法。地质灾害综合评估(地质灾害危险性分区方法)多采用信息叠加法、多因素综合判别法、模糊数学评判法、层次分析法等。需要指出的是由于地质灾害评估工作开展的时间较短，因此地质灾害危险性分区结果多为区域的相对分区，即在某一范围内的地质灾害危险性的相对大小，而不具备不同区域的对比性，因此使得目前开展的评估工作成果应用受到限制。

4. 地质灾害评估中存在的问题

(1) 地质灾害评估技术粗糙，没有明确的技术标准，可操作性较差；

(2) 地质灾害评估中的一些概念尚需澄清；

(3) 地质灾害成果具有局限性；

(4) 地质灾害评估工作从业者素质参差不齐；

(5) 地质灾害评估多为定性结果，给管理和决策带来不确定性。

9.5.3 地质灾害危险性评价

地质灾害危险性评估是指管道建设可能诱发、加剧地质灾害和管道建设项目本身可能遭受地质灾害危害程度的估量。

1. 稳定性

地质灾害稳定性判识见表9-31。

表9-31 地质灾害稳定性判识表

灾种	稳定性分级		
	稳定性差	稳定性较差	稳定性好
滑坡（崩塌）	前缘临空，坡度较陡且处于径流冲刷状态；坡面上发育有新的裂缝，建筑物、植被有新的变形迹象；滑坡后壁有明显位移迹象，后缘裂缝发育	滑坡前缘临空，斜坡坡度在30°~40°之间，有间断季节性径流冲刷；坡面上局部发育有小规模裂缝，建筑物、植被无新的变形迹象；后缘有断续的小型裂缝，滑坡后壁无明显变形迹象	前缘坡度较缓，临空高差小，无径流冲刷和继续变形的迹象；滑体坡度小于30°，无裂缝发展，建筑物、植被没有新的变形迹象；滑坡后缘无明显位移迹象，原有的裂缝已被填充
地面塌陷	塌陷周围有开裂痕迹，坑底有下沉开裂迹象；堆积物疏松，呈软塑至流塑状；地下水活动强烈	塌陷部分已被填充改造，植被较发育；堆积物疏松或稍密，呈软塑至可塑状；有地下水活动迹象，但较微弱	塌陷已被完全填充和改造，植被发育；堆积物密实，主要呈可塑状；无地下水活动迹象

续表

灾种	稳定性分级		
	稳定性差	稳定性较差	稳定性好
地裂缝	线状裂缝位移量大，且仍在发展延伸。片状分布的裂缝范围仍在扩大；裂缝活动强烈；诱发动力因素仍在继续	地裂缝部分地段已被充填，无明显的发展迹象；诱发动力因素得到一定的控制	地裂缝已被完全填充和改造，无新的裂缝出现；诱发动力因素已不复存在
地面沉降	地面沉降范围在继续扩大，沉降速度加快或稳定，诱发动力因素仍在继续	地面沉降范围无明显变化，沉降速率减缓，诱发动力因素得到控制	地面沉降范围在缩小，沉降速率呈负值，并通过一定的途径和措施进行了控制和预防

2. 易损性评价

根据管道的布局特征，调查统计管道受灾数量，核算受灾管道价值，分析管道在遭受地质灾害危害时的破坏程度、价值损失率和附带的其他损失，进行地质灾害易损性评价，评价结果分为三级，即严重损坏、中等损坏和轻度损坏。其分级和赋值如下式：

$$P=\begin{cases}\text{轻度损坏} & 0.0\sim0.2\\ \text{中度损坏} & 0.2\sim0.6\\ \text{严重损坏} & 0.6\sim1.0\end{cases}$$

3. 危险性评价

在地质灾害稳定性、易发性、易损性评价的基础上，利用两因子综合叠加分析，评价地质灾害的危险性，据此建立的地质灾害危险性评价数学模型为：

$$R_{\mathrm{d}} = 100\sum_{i=1}^{n} W_i \cdot P$$

式中：R_{d} 为评估单元危险性指数；W_i 为第 i 类灾害的稳定性指数；P 为受灾体易损性指数。

根据危险性指数 R_{d} 值，将危险性评估结果划分为三级，即危险性大、危险性中等和危险性小。

9.5.4 地质灾害管道数值模拟安全评价

随着计算机技术的迅速发展，数值计算方法、理论和功能得到快速发展，由此开发出的软件已经在工程中广泛使用，成为工程设计的重要辅助工具，同时对机理性研究提供了有力便捷的手段。用于岩土和地质类工程的主要数值方法有有限元、离散元、快速拉格朗日元、边界元、无限元、流形元和颗粒流等多种方法。针对管道所遇到的主要地质灾害，通过数值方法来分析不同地质灾害对管道的危害性。

1. 管道悬空稳定性有限元分析

对地质灾害、河流沟渠和地理裂纹导致的天然气管道局部悬空进行了模拟分析。该模型考虑了管道与岩土的共同工作以及自重载荷和接触面的摩擦。计算结果分悬空段管道上有覆盖土层和完全裸露两种情况，给出了截面上的应力和位移分布，以及挠度、MISES 应力和轴向应力随埋深、跨度、壁厚、外径和内压等参数变化的数据和曲线（见图 9-70~图 9-72）。

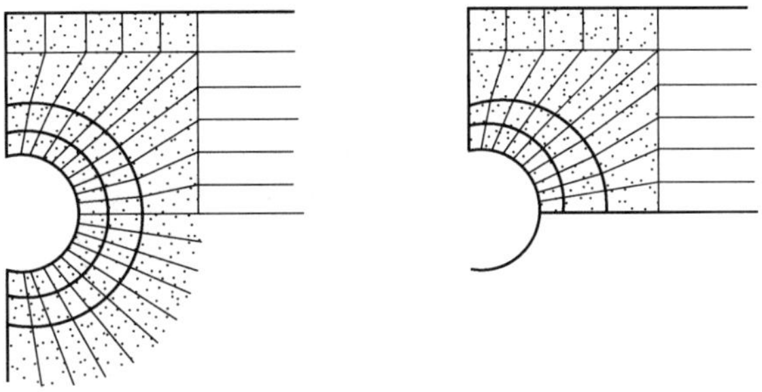

(a) 埋入泥土中的管道单元　　(b) 底部泥土流失造成管道悬空

图 9-70　有限元划分图

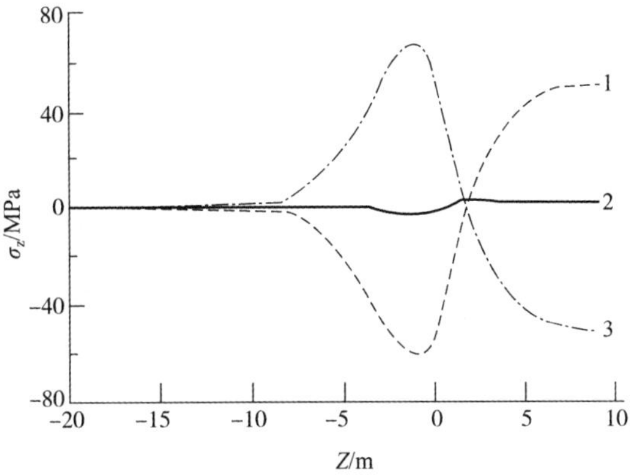

注：埋入长度取20m；管线轴向应力(跨度L=20m，埋深h_0=2.36m)；1表示底端；2表示中段；3表示顶端

图 9-71　应力分析图

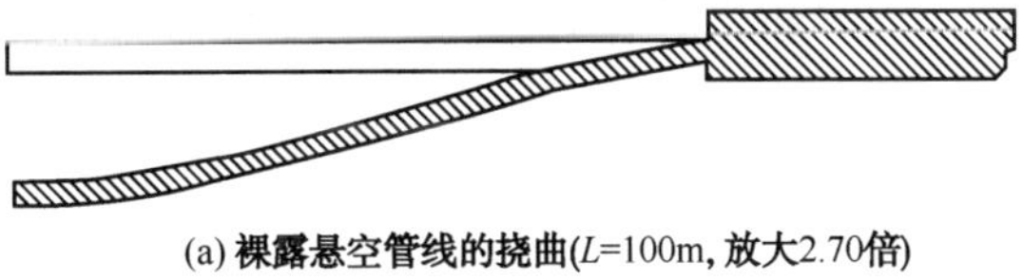

(a) 裸露悬空管线的挠曲(L=100m，放大2.70倍)

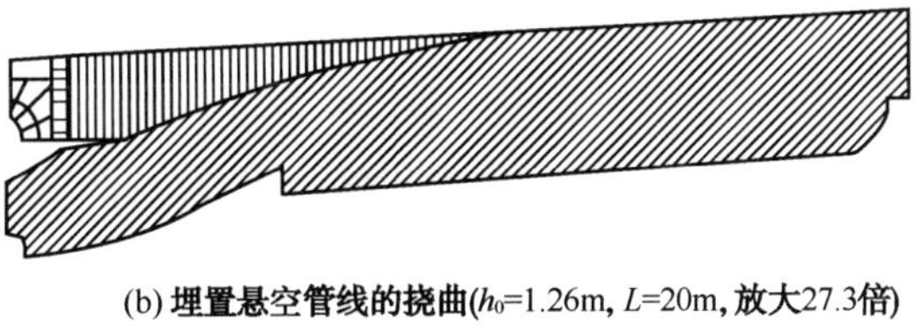

(b) 埋置悬空管线的挠曲(h_0=1.26m，L=20m，放大27.3倍)

图 9-72　悬空段位移

对于埋地管线，不同管径、壁厚、内压以及不同的材料条件下，允许的最大悬空长度是不同的。例如，悬空长度为 10m 时，给出的各种方案均是安全的；悬空长度为 20m 时，给出的各种方案大部分是安全的。适当地增加壁厚有利于改善管道的力学性能。

2. 地震导致岩层液化分析

采用快速拉格朗日元(FLAC)分析土层液化(见图 9-73、图 9-74)。

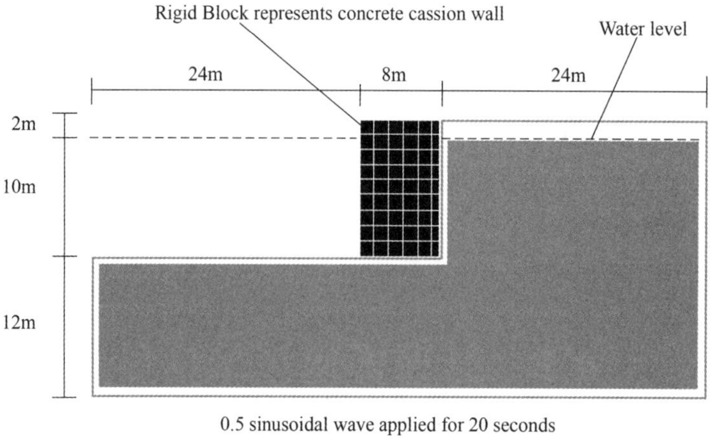

图 9-73　数值模型

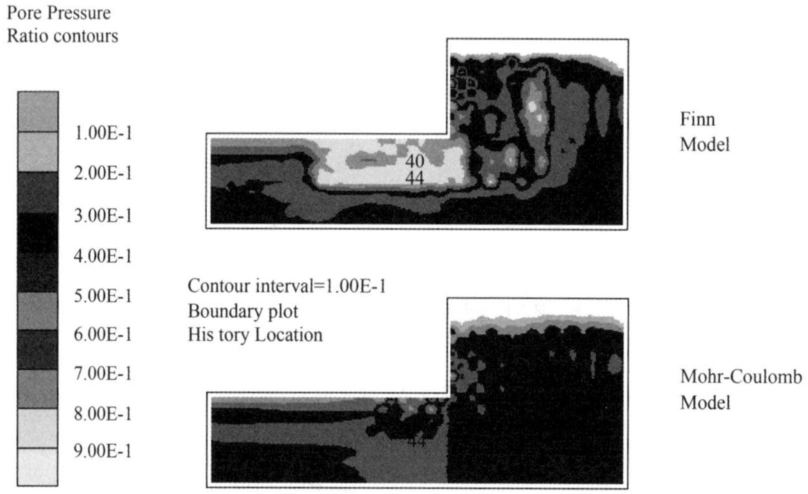

图 9-74　计算孔压比等值云图(两种模型)

3. 含弱面滑坡分析(见图 9-75)

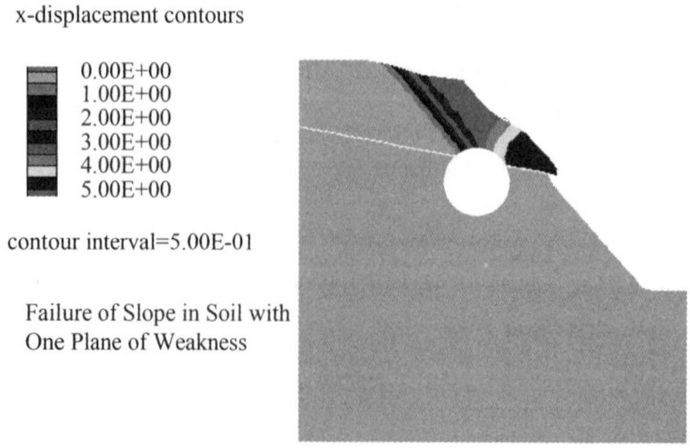

图 9-75　滑坡 x 方向位移等值图

4. 楔体滑落三维分析(见图9-76)

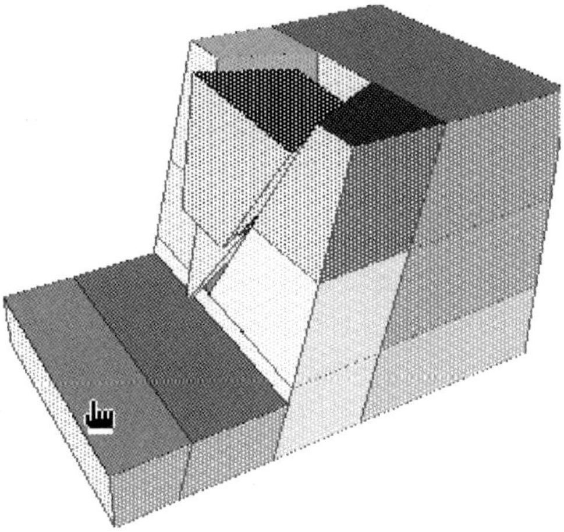

图9-76　楔体滑落三维分析图

5. 岩石崩落模拟

采用颗粒流模型模拟岩石崩落过程(见图9-77)。

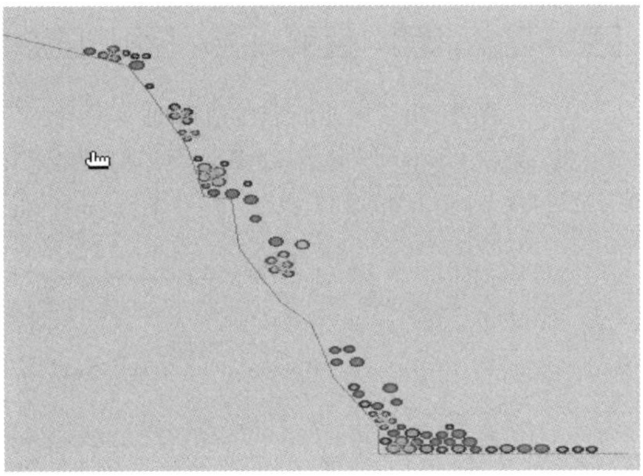

图9-77　岩石崩落过程

9.5.5　地质灾害的监测与防治

管线地质灾害的监测与防治是一项系统工程，首先要重视这项工作，其防治的基本原则有以下几点：

(1) 查清对管道有重大影响的大型地质灾害点性质、规模，分析其可能的致灾程度。对于危害严重的地质灾害点，应尽量采取绕避措施。

(2) 对于管道线路必须通过的地质灾害点，应根据地质灾害不同的性质和发育条件，采取适当的防治措施，并在施工阶段完成其治理工程。

(3) 对于管道施工可能引发或加剧发展的地质灾害，要从设计与施工管理方面制定方案与措施。

(4) 对于黄土湿陷地段，须加强疏排水设计。

1. 断层、地裂缝的监测与防治

断层和地裂缝是在地质形成过程中由于地壳的相互挤压、造山运动、火山、地震和人类活动等而引起地层断裂和错动而形成的(见图9-78、图9-79)。

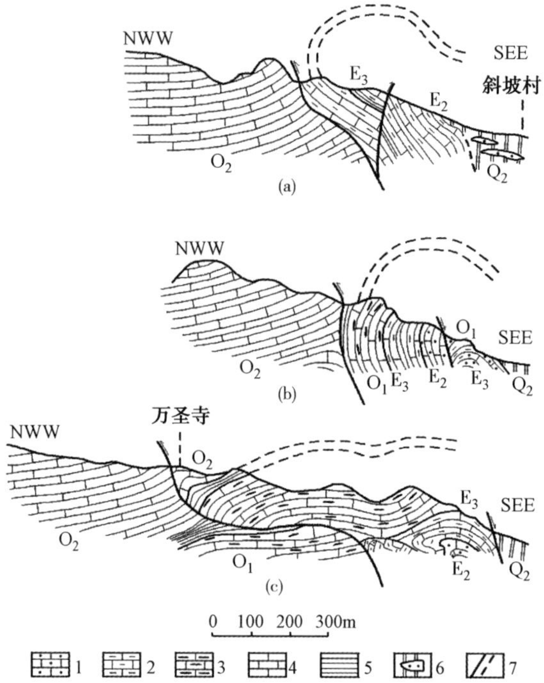

图 9-78 地质断裂构造剖面

（据：北京大学和国家地震局地震地质大队资料）

1—鲕状灰岩；2—泥质条带灰岩；3—燧石团块白云灰岩；4—灰岩；5—泥岩；6—红色土；7—断层

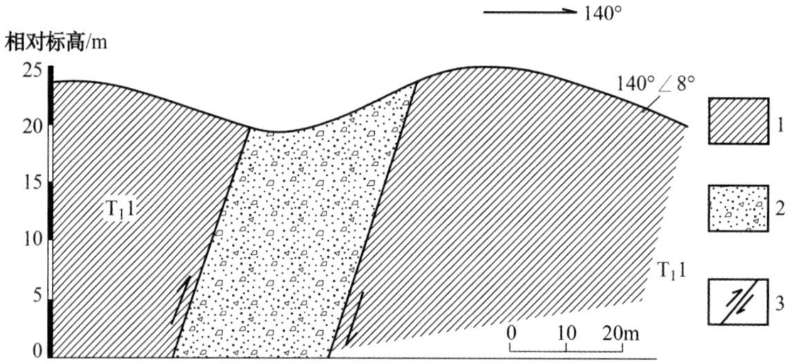

图 9-79 断层剖面图

1—砂岩；2—断层破碎带；3—逆断层

断层描述包括：断层类型（正断层、逆断层和平移断层）、断层走向和倾向、断距。

断层对管道的危害：断层滑动导致管道变形（包括拉伸变形和挤压变形）和剪切破坏（见图 9-80）；断层容易引发山体崩塌和滑坡。

监测：通过地质调查确定断层的大小和性质（人工方法和勘探方法）。

危害程度：计算分析断层可能导致的地层变形移动规律和规模，确定其对管道的危害程度。

防治：对于较大的活动断层，宜采取避让措施、管道加固和增强、对地裂缝地段地层进行填埋加固处理。

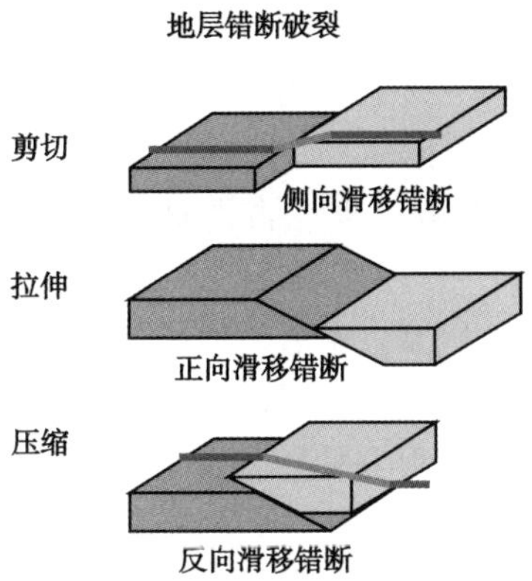

图 9-80　断层力学变化

2. 滑坡的监测与防治

斜坡上的岩体或土体，由于地下水和地表水的影响，在重力作用下，沿着滑动面所作的整体下滑运动(见图 9-81、图 9-82)。

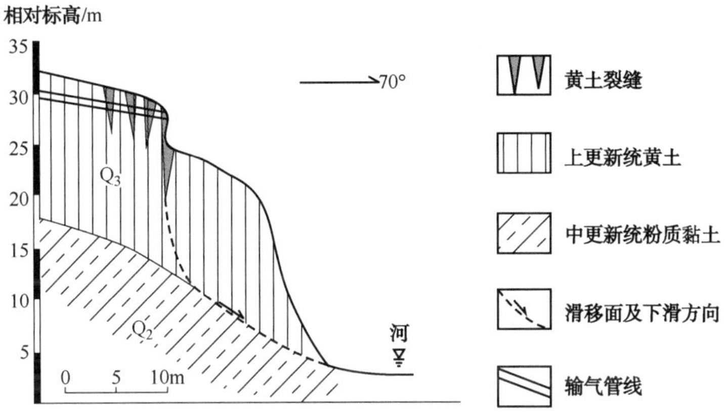

图 9-81　滑坡剖面

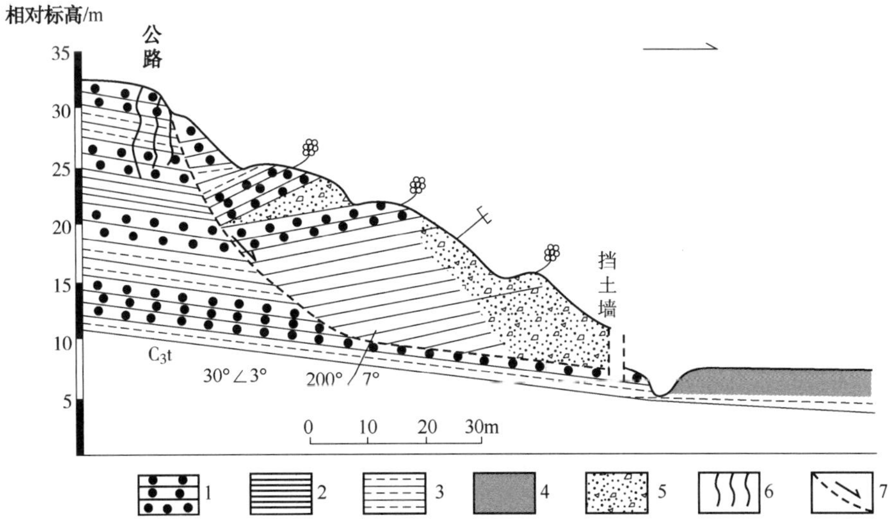

图 9-82　滑坡剖面层

1—砂岩；2—页岩；3—泥岩；4—砂卵石；5—滑体松散物；6—张裂缝；7—滑移面及下滑方向

滑坡分类：①根据物质可分为黄土、黏土、碎屑和基岩滑坡；②根据岩性和构造可分为顺层面、构造面和不整合面滑坡等；③根据滑坡体厚度可分为浅层(数米)、中层(数米至20米)和深层(数十米以上)滑坡；④根据触发原因可分为人工切滑、冲刷、超载、饱水、潜蚀和地震滑坡等；⑤根据年代可分为新、老、古滑坡；⑥根据运动形式可分为牵引和推动滑坡。

滑坡的形成主要包括两方面的因素：滑坡岩体结构和外部诱因。岩体结构包括岩性组成和构造裂隙；外部诱因包括降雨、雪和人类活动等。滑坡的形成、发展大致可分为蠕动变形阶段、滑动阶段和停息阶段，掌握其形态特征、发生发展和分布规律，滑坡是可以判别、预报和防治的。

滑坡监测：井眼位移计监测小量滑坡位移；水位指标器对地下水位进行监测，以确定滑坡可能发生的部位；管体焊接装置监测地表滑动；应变仪监测地层移动导致的管道应变；目测观察法；航测法。

对管道的危害：滑坡引起管道变形(见图9-83)，甚至导致管道破坏。

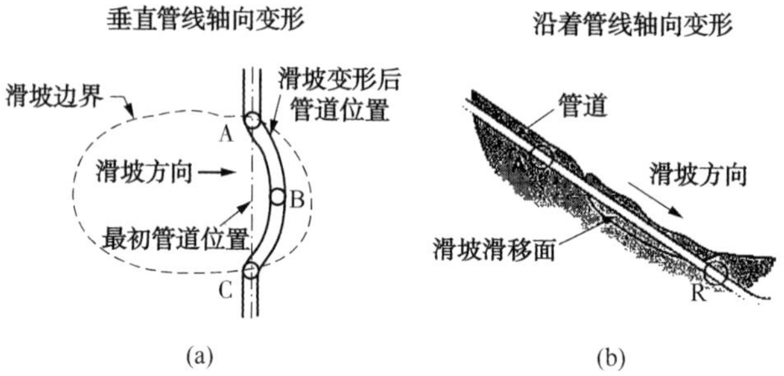

图9-83　地质滑坡引起的管道变形

防治：在滑坡地质调查的基础上，基于土力学、岩石力学和动力学，建立滑坡位移与地下水、降雨量的动力学模型，从而可定量分析滑坡发生的条件和规模。对于大型滑坡，采取绕避措施；对于小型滑坡，可以采取深埋管道、沿滑体外侧修建排水沟、修建挡土墙和加固滑坡体等措施。

对于大型滑坡，路线应采取绕避措施，在确需通过时，尽量避免在滑坡体前缘深挖土方。与管线关系密切、有可能产生整体或局部复活的滑坡，应根据滑坡类型、规模、主要影响因素，采取相应的治理措施。具体包括：

(1) 设置地表、地下截排水措施，以消除水对滑坡稳定性的影响；

(2) 采取支挡措施，包括挡墙、抗滑桩、锚固工程措施等；

(3) 改变滑坡体的几何形态，在滑坡的主滑段清方减载或抗滑段填土反压，以达到稳定滑坡体的目的。

3. 黄土湿陷及冲沟的监测与防治

黄土湿陷性是指黄土遇水浸湿后，突然发生沉陷的性质。

黄土的化学成分以 SiO_2 为主，其次为 Al_2O_3、CaO 和 Fe_2O_3 等。黄土的物理性质表现为疏松、多孔隙，垂直节理发育，极易渗水，且有许多可溶性物质，很容易被流水侵蚀形成沟谷，也易造成沉陷和崩塌。黄土颗粒之间结合不紧，孔隙度一般为40%~50%。

黄土湿陷及冲沟的发生，主要是在水力作用下黄土失去自承力，并在重力作用下形成陷落洞，在水力冲刷作用下形成冲沟(见图9-84、图9-85)。

图 9-84　黄土冲沟

图 9-85　黄土崩塌

分析模型：室内利用浸水侧限压缩试验来测定黄土的湿陷能力和湿陷等级，并通过物理化学试验，建立黄土化学组成、粒度组成、力学性质等与水饱和度之间的关系，定量分析黄土湿陷等级。

对管道的危害性：黄土湿陷容易造成管道悬空，当悬空长度超过允许量后可造成管道断裂破坏；黄土冲沟可造成管道暴露、悬空和外力损伤。

防治：对黄土湿陷性的治理，主要采用土质改良方式和采取防(排)水措施。灰土垫层，这一简单易行的古老地基改良加固方法，我国已有成熟的经验和良好的工程效果。一般可采用黄土掺和一定量的石灰(采用三七灰土或二八灰土)夯实固化，用以消除黄土湿陷性、加固管道管底黄土地基是可行的。土质改良的实质是增加黄土的密实程度，降低其渗透性，提高黄土的湿化性、力学强度和抗冲蚀能力。黄土冲沟可采取导流排水、工程加固和水工保护等综合治理方法。对冲沟不同部位，采取不同治理措施。

4. 泥石流的监测与防治

泥石流是产生于山区沟谷中或山坡地上的、含有大量松散固体碎屑的、不均质的特殊洪流，具有突然暴发、历时短暂、来势凶猛、破坏力大等特点，是山区常见的一种地质灾害。根据固体物质成分的不同，可分为泥流、泥石流和水石流三种。

泥石流(见图 9-86)的形成必须同时具备 3 个条件：①流域内有丰富的、松散的固体物质；②流域内谷坡陡、沟床比降大；③沟谷的中、上游区有暴雨洪水或冰雪融水和湖泊、水库决溃等提供充分的水源。在断裂构造发育、地震频发、降水集中、水土流失严重的山区，以及古冰川发育、现代冰川活跃的高山地区易形成泥石流。

在时间上，泥石流多产生于数年干旱后，或人类不合理开发山地后的多雨暴雨年份，或气候转暖、冰川衰退、积雪消融、冻土解冻的年份。泥石流是高浓度的固、液两相流。固体物质含 30%～80%，流体容重为 1.5～2.3t/m^3。固体物质的多少、成分、补给方式决定了泥石流的性质、类型和规模。

图 9-86　泥石流

泥石流有多种分类：①按形成特点可分为冰川型、降雨型泥石流。②按沟谷形态可分为沟谷型、山坡型泥石流。③按物质组成分可为泥石流、泥流、水石流。④按结构-

流变可分为稀性泥石流（容重 1.5～1.8t/m³，含沙量 800～1200kg/m³），紊动强；黏性泥石流（容重>2.0t/m³，含沙量>1600kg/m³），以层流为主；过渡性泥石流，介于以上二者之间。⑤按规模可分为小型（一次物质总方量<10 万 m³）、中型（一次物质总方量 10 万～50 万 m³）、大型（一次物质总方量为 50 万～100 万 m³）和特大型（一次物质总方量>100 万 m³）。

对管道危害：泥石流对管道具有很大的破坏性，可以冲刷覆盖层而使管道暴露，对管道产生很大的冲击力，造成管道变形破损。

防治：对于爆发频率高、流域面积大于 5km² 或虽然频率不高但流域面积大于 10km² 的泥石流沟谷，应采取绕避、堆积区深埋管道、上游设置拦截和滞流设施等措施，以降低泥石流动能和刨蚀强度。具体包括：

（1）生物防治措施：指在影响路线区域采用封山育林与合理耕牧相结合的方法，通过防止坡面侵蚀，控制地表迳流，以减轻泥石流的危害。

（2）工程治理措施：应因地制宜，上、中、下游相结合，选用固稳、拦截、排导、蓄水、分水等措施，减小泥石流物质来源，降低其发生频率。当路线跨越泥石流沟谷时，采用增大桥涵跨度或改涵洞为桥梁等措施，以避免其危害。

（3）对于工程在沟谷中的弃土、弃渣场应做好排洪设计，临空坡面过高时采取护面墙、挡土墙等挡护措施。位于沟口或沟谷内的大型弃土场，应考虑泥石流的淤积危害。

（4）对于采矿场的弃渣应与有关部门协调，做好统一规划，并采取必要防护措施，以防止其形成泥石流物源，威胁管道安全。

5. 地表冲蚀的监测与防治

包括侧向和垂向的河床冲刷，以及管道通过带的地表冲蚀和塌陷（见图 9-87）。

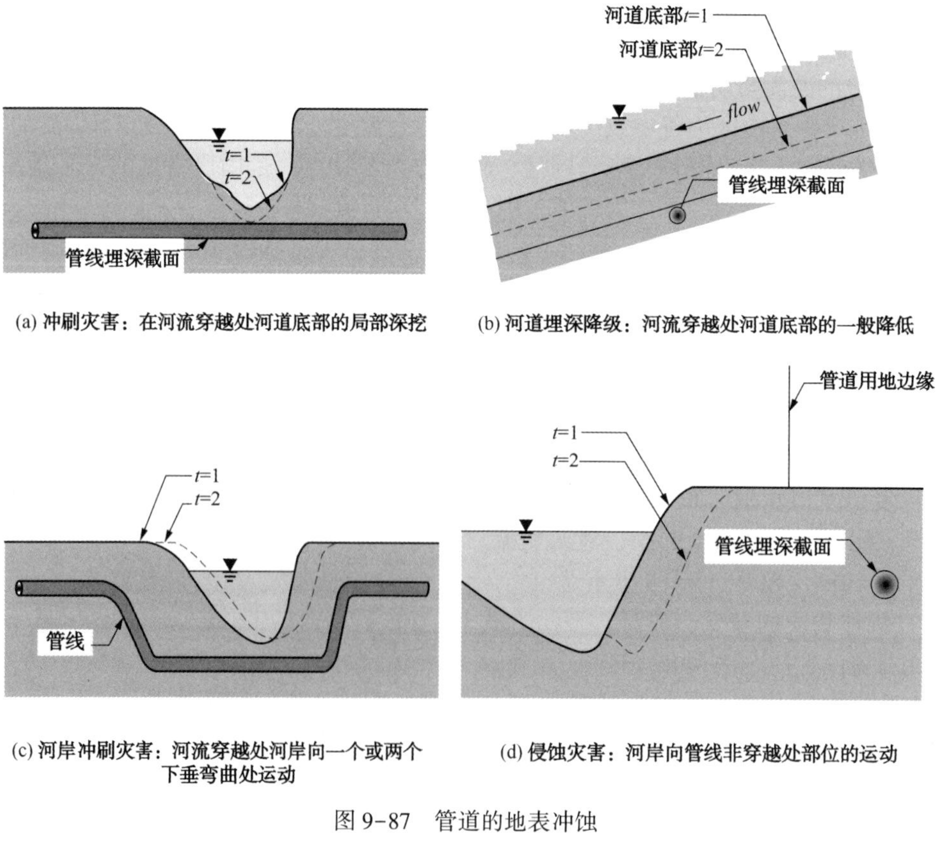

(a) 冲刷灾害：在河流穿越处河道底部的局部深挖

(b) 河道埋深降级：河流穿越处河道底部的一般降低

(c) 河岸冲刷灾害：河流穿越处河岸向一个或两个下垂弯曲处运动

(d) 侵蚀灾害：河岸向管线非穿越处部位的运动

图 9-87　管道的地表冲蚀

地表冲蚀可以造成管道出露和架空。我国陕京管线曾由于河床冲刷暴露，在洪水的涡击振动下导致振动疲劳断裂。

6. 地震土壤液化的监测与防治

地震对管道的影响主要是造成地层断裂和土壤液化(引起地层塌陷和大滑坡)。1976 年我国秦京线就由于唐山大地震造成地层错动而导致管道断裂失效。

地震造成土壤液化是由于在振动状态下，孔隙水压力不断上升，有效应力下降，直至为零，土壤表现为完全的液体行为所造成的，可采用图 9-88 所示的方法进行防治。

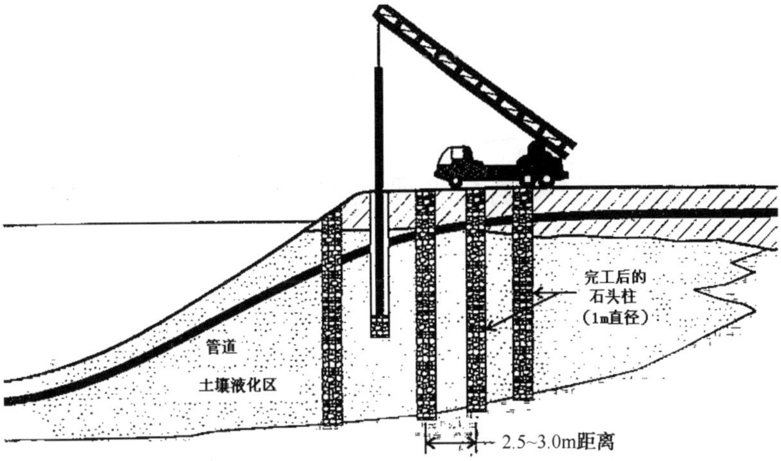

图 9-88 利用地基锚固桩防治地震土壤液化导致的边坡滑移

地层液化判别：

首先确定地下水位和地层岩性，然后采用标准贯入法对地下水位以下的地层进行液化判别。

当饱和土标贯实测值 $N_{63.5}$小于标贯临界值 N_{cr}时可判为液化，反之为不液化。其判别式如下：

$$N_{cr}=N_o[0.9+0.1(d_s-d_w)]\sqrt{3/\rho_c} \tag{9-117}$$

式中 N_{cr}——液化判别标贯锤击临界值；

N_o——液化判别标贯击数基准值；

d_s——饱和土标贯点深度，m；

d_w——地下水位，m；

ρ_c——黏粒含量，当小于 3 或为砂土时，均采用 3。

震陷是地震引起的土地竖向残余变形。因形成的机制不同，可以分为构造震陷、液化震陷、软土震陷、黄土及其他震陷。

震动作用下的主要效果是使土层变软，模量降低，因而产生震陷。

设震动前的土模量为 E_i，与震动作用相应的割线模量定义为 $E_p=\sigma_d/\sum p$，σ_d为动应力，$\sum p$ 为残余应变。这样就可得到软化黏土的模量 E_{ip}。

$$E_{ip}=1/(1/E_i+1/E_p) \tag{9-118}$$

进行两次静力分析，第一次用 E_i，第二次用 E_{ip}，两次静力分析求得的位移之差，即为待求的震陷值。

7. 采空区的监测与防治

采煤后，采空区上覆岩层发生跨落、裂隙和沉降，当采厚大采深小时，波及地表使地表生产生移动、下沉、裂缝和塌陷(见图9-89)。一般来说采深H与煤层总采厚M之比$H/M \leq 20$或$H<100 \sim 150$m时，地表将可能发生塌陷或裂缝。

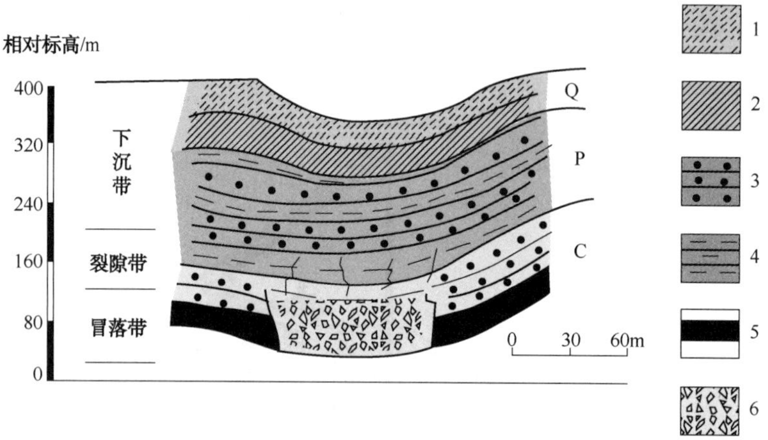

图9-89 采空区剖面图

1—粉土；2—黏土；3—砂岩；4—泥岩；5—煤；6—冒落体

根据国内外采矿经验，一般在$H/M>30$、地层中没有较大的地质破坏情况下，煤采出一定面积后，会引起岩层移动并波及地表，其地表沉陷和变形在空间上和时间上都有明显的连续特征和一定的分布规律，常表现为地表移动盆地。在$H/M<30$的情况下，煤采出一定面积后，会引起岩层移动并波及地表，其地表沉陷和变形在空间和时间上都有明显的不连续特征，常表现为地面裂缝和塌陷。

统计资料表明，地面塌陷面积与井下煤层开采面积之比平均值为1.2，塌陷容积与开采体积之比平均值为0.6~0.7，缓倾斜和倾斜煤层的地表最大塌陷深度一般为煤层开采总厚度的70%。

为了探明采空区的具体位置，一般可采用物探的方法，如地质雷达法、瞬变电磁法、浅震反射波法和瞬态瑞雷波法等，可根据需要来选择。采空区对管道的危害主要是引起地面沉降后，导致管道弯曲下沉或悬空，造成管道一些部位应力集中，当应力超过管道强度极限后，管道就会发生破裂。另外，采空区还可能导致地裂缝和滑坡等灾害，影响管道的安全。

煤矿采空后，地表变形是一个比较复杂的过程，它与采深、采厚、构造、顶板岩性、采煤方法、机械化程度、回采率大小有密切关系。

对于已知采煤高度、地层厚度和采煤方法的工作面，可通过理论计算的方法得出地表的沉降量和范围。另外，可以利用全站仪对地表下沉量进行监测。

防治：煤矿采空区有可能引起地表沉降、塌陷变形、地表开裂等。对于地表已产生沉降、裂缝和塌陷的采空区，选线时，首先采用避绕方式。不能避绕的，可采用回填或压力灌浆的方法进行处理。对于正在开采的矿区，应与采矿单位协商，采煤时在线路下方应留足保安煤柱，确保管道安全。

8. 崩塌防治措施

崩塌落石常具突发性，在工程施工及管道管理阶段常会造成管道损伤事故。对于山体不稳定、可能崩塌的落石方量大于5000m^3、破坏力强、难以处理的严重崩塌区，路线应予绕避，确无绕避可能时，必须采取切实可靠的防护措施；对于可能崩塌的落石方量小于

500m³、破坏力小、易于处理的轻微崩塌区，应以全部清除不稳定岩块为原则；介于上述两类之间的一般崩塌区，若坡脚与管道之间没有保证安全的足够距离时，必须对可能崩塌的岩体进行加固处理。

9.5.6 基于 GIS 系统的管道地质灾害完整性管理系统

1. 地质灾害完整性管理

当前我国的管道地质灾害防治工作仍然处于被动状态。究其根源，主要在于缺乏一种以先进技术为依托而建立起来的实用有效的地质灾害防治系统，从而使管道地质灾害的防治工作具有很大的盲目性与被动性。近十几年来，以 GIS 技术为核心的 3S(GIS、GPS 和 RS)技术在地学领域中应用的蓬勃发展，为管道地质灾害的防治工作开辟了一个崭新的途径，使建立一个基于 GIS 技术的管道地质灾害安全完整性信息系统成为可能。该系统能够进行管道地质灾害多源海量数据的一体化存储与管理，并在此基础上进行管道地质灾害预警预报和灾害信息的及时发布，从而为管道的正常运营提供保障。

地质灾害管理系统及地质灾害评估系统框架如图 9-90~图 9-93 所示。

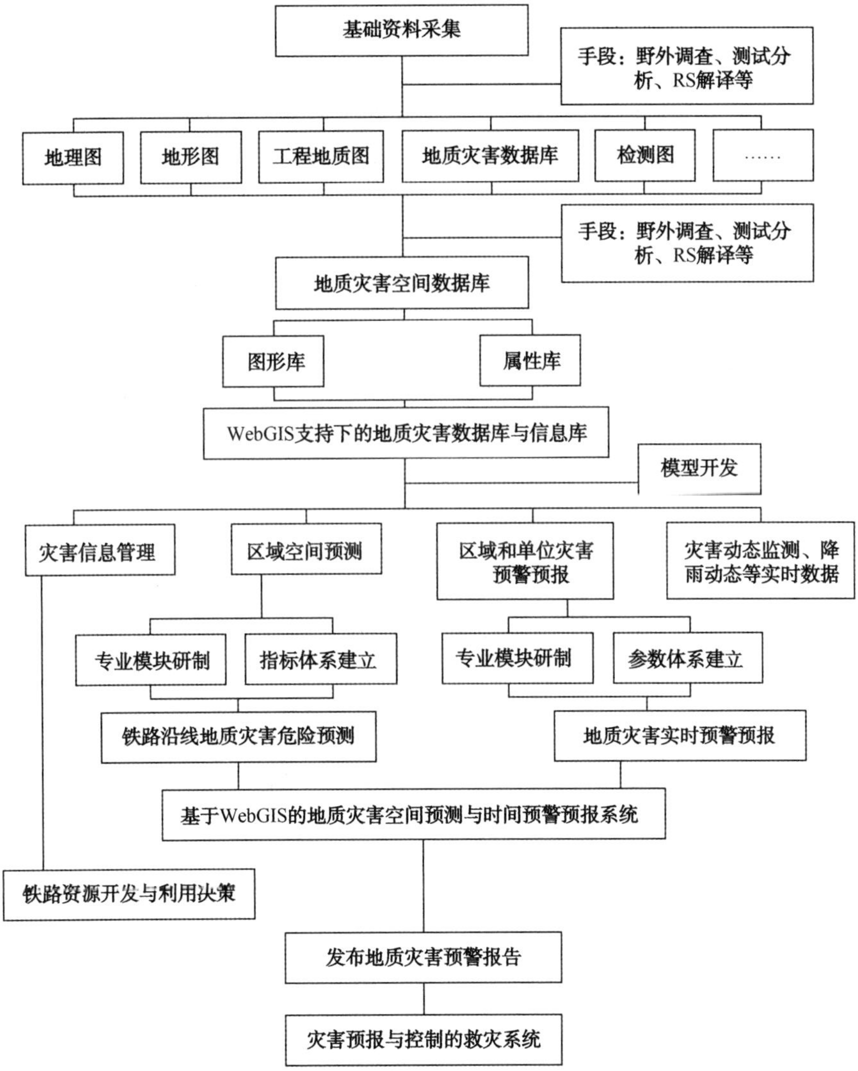

图 9-90 地质灾害管理系统开发流程

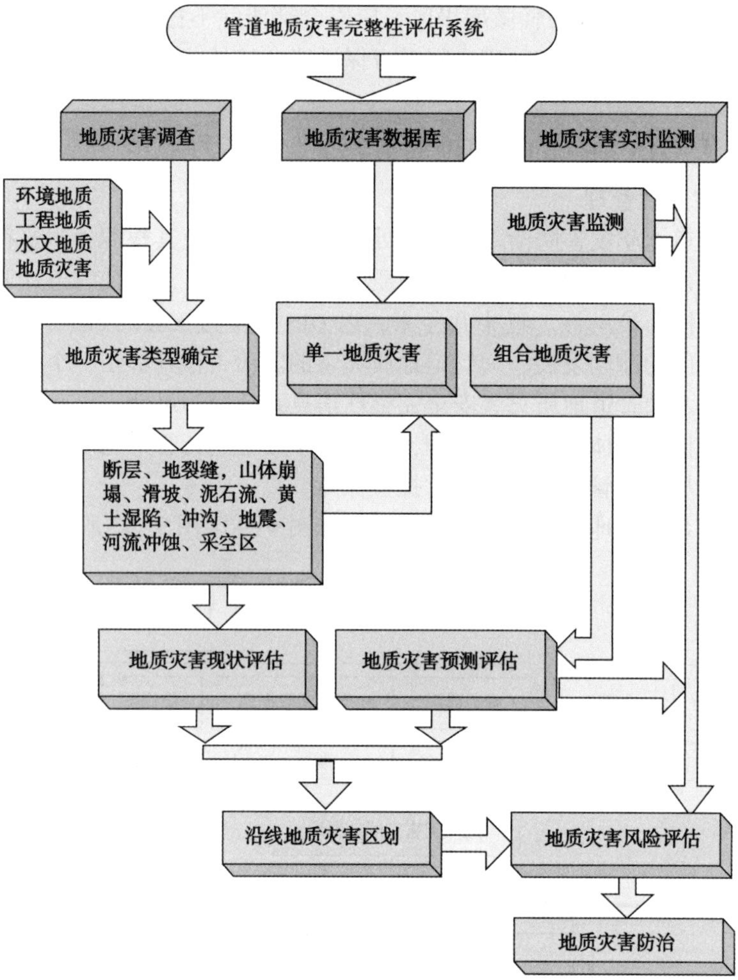

图 9-91　地质灾害评估系统开发流程

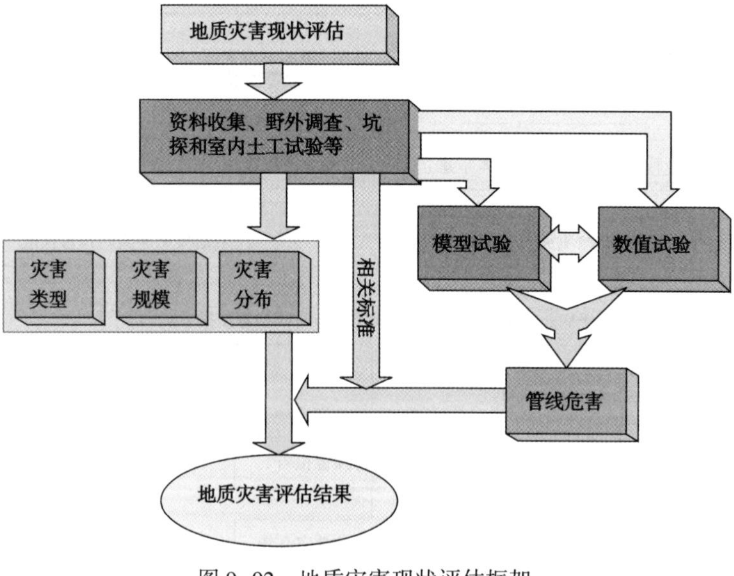

图 9-92　地质灾害现状评估框架

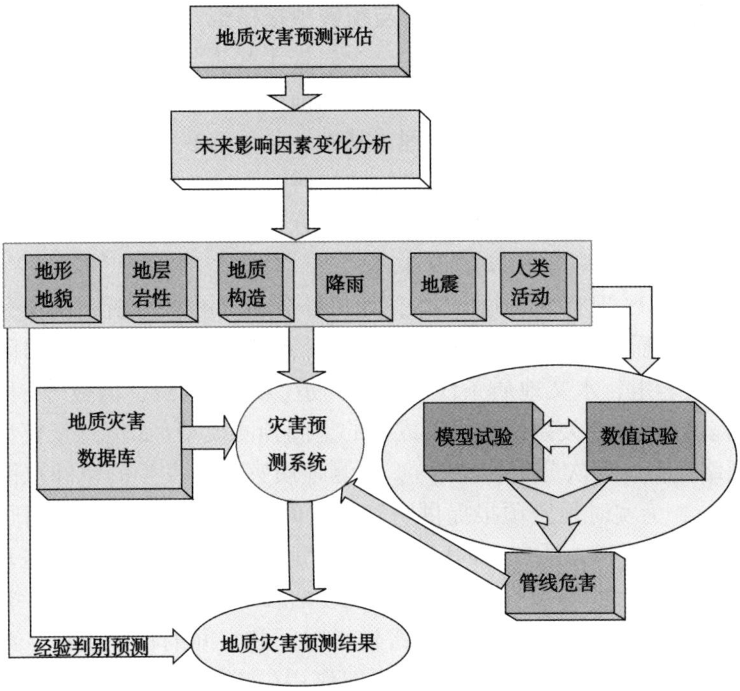

图 9-93　地质灾害预测评估框架

2. 系统的功能结构

管道地质灾害安全完整性信息系统划分为六个主要功能模块：

(1) 管道地质灾害数据的采集功能　实现管道沿线现有地质灾害调查资料的采集、录入、编辑、数据建库等功能，并具有良好的持续扩展能力，能够将地质灾害信息数据实时更新、补充完善。系统采用按图层和属性的分类管理方式对管道地质灾害的各种图件、数据、文档、声像等资料进行一体化管理。

(2) 查询统计功能　实现系统所涉及的各类数据的关联查询与统计，包括图形属性数据之间以及图形资料数据之间的互检索，专题图的绘制等功能。系统能对历史地质灾害进行统计分析并采用直方图、分布曲线图、灾害与影响因素的相关关系曲线等多种形式进行表达。

(3) 灾害分析评价与预警预报功能　通过特定的地质灾害分析评价模型(包括灾害识别模型、灾害危害性评价模型、灾害发生预测模型等)对管道地质灾害进行正确客观的评价，能对短期甚至中长期的地质灾害进行预测和预报。地质灾害预警预报分为区域空间预测、区域时间预警预报和单体地质灾害的预警预报。系统应尽量实现管道地质灾害空间预测和时间预测的统一、区域预警预报与单体预警预报的统一、实时短期预报和临灾预警的统一。

(4) 成果输出功能　将经过分析评价后生成的各种成果图件、工程实施中各类阶段性属性数据进行多种形式的输出。

(5) Web 发布功能　针对广域网用户提供 Web 发布功能，用户只需使用标准的浏览器就可以访问和浏览本系统所提供的公共服务信息。

(6) 系统维护功能　提供系统运行与安全方面的保障功能(如角色管理、用户管理等)、数据质量检查与备份、恢复等数据维护功能。

3. GIS 支持下的管道地质灾害分析评价与预警预报模型

管道地质灾害的分析评价与预警预报是一个尚处于起步阶段的研究课题，由于对某些地质灾害的发生机理还没有形成明晰的统一认识，当前国内对这个问题的研究尚不够深入，对相应的智能分析模型的设计还缺乏坚实的理论基础。基于 GIS 技术构建的管道地质灾害信息系统根据国内外对地质分析评价与预警预报问题的研究程度，将 GIS 的基本功能与地质灾害分析模型结合在一起，实现了基于 GIS 的常规空间分析、区域空间预测、区域时间预警预报和单体地质灾害预警预报等功能模块的设计。

系统可直接采用 GIS 现有空间分析功能（如拓扑分析、叠加分析、网络分析、缓冲区分析等）进行分析。在地质灾害的区域空间预测方面，系统可根据地质灾害的区域规律以及与控制因素（工程地质岩组、水文地质条件、地质构造、地形地貌、植被等）和主要影响因素（降雨、人类工程活动等）的关系，采用较成熟的空间预测模型（如信息量模型、专家评分模型、人工神经网络模型、层次分析模型等），预测地质灾害易发生的空间范围，圈定地质灾害易发区（敏感区），为实时预警预报提供明确的空间位置，同时为管道地质灾害的管理和规划提供科学依据。在管道地质灾害的区域时间预测分析方面，系统根据区域地质灾害的易发区预测成果、异常气象实时数据、采用相关模型（如回归模型、灰色系统模型、周期模型、统计模型等），对区域性的管道地质灾害进行时间和空间的预警预报。对于单体地质灾害，系统基于其自身演化规律和外部触发因素的作用（如降雨等），建立起适合于地质灾害时间预警预报的相关模型（如蠕变模型、速度导数模型、灰色系统模型等）。

通过对管道地质灾害分析评价与预警预报模型的研究与开发，系统实现了管道地质灾害空间预测和时间预测的统一、区域预警预报与单体预警预报的统一、实时短期预报和临灾预警的统一。系统可根据基础空间预测图件，结合实时降雨等动态信息资料，实现管道地质灾害空间和时间的综合预测预报。在区域预测预报的基础上，系统能以典型地质灾害体的位移监测和地下水动态监测资料，跟踪和模拟预测单体地质灾害的发展演化趋势，建立基于地质灾害体动态和强降雨过程的预警预报模型。因此，用户可以利用本系统提供的各种分析模块对地质灾害进行正确客观的评价，能对短期、甚至中长期的地质灾害进行预测和预报。

4. 应用前景

管道地质灾害分布的区域性和发生的不确定性决定了 GIS 技术在其研究领域中有着极为广阔的应用前景与发展潜力。针对管道地质灾害信息管理中数据的标准化、可视化、信息化和网络化的发展与要求以及地质灾害预警预报可靠性、及时性的需要，构建管道地质灾害信息系统，实现管道地质灾害多源海量数据的统一存储与管理，集管道灾害信息“数据采集—查询检索-预警预报-Web 发布”功能于一体，具有较好的智能化与自动化能力。该系统的推广应用将对油气管道运营的减灾防灾工作产生积极影响。

9.6 管道试压评估

9.6.1 一般要求

试压评估是油气管道行业认可的管道完整性评估方法，包括强度试验和严密性试验。试压评估适用于评估本体在当时状态的耐压能力，评估结果不能用于判定试压后较长时间的耐压能力。

管道企业应考虑风险评价的结果和缺陷严重程度，确定何时进行试压评估。试压评估应由具备管道压力试验等操作经验的队伍实施。应对试压评估方法及过程进行风险评价，应在风险可控的条件下实施，压力试验均为静态试压。针对气体管道推荐在三级地区和四级地区采用水试压，经过评估后，在确保安全的前提下，也可采用气体试压。试压评估应报备地方监管部门。本节所述试压评估只限于对在役管道进行完整性评估。

9.6.2 适用性

管道长期低于设计压力下运行，需要提压运行，满足以下条件之一的，可采用输送介质试压评估管道耐压能力。

（1）采用多种完整性评估方法包括内检测与直接评估等，仍然事故频发的管道。

（2）设计的介质或工艺条件变更的管道。

（3）停输超过一年以上再启动的管道。

（4）对于新建管道和在役管道的更换管段。

（5）经过分析需要开展试压评估的管道。

9.6.3 试压介质

管道试压介质选择应考虑地区等级、高后果区、管道当前运行压力与计划运行压力、管道服役年限、管道腐蚀状况等因素。一般采用水试压和输送介质试压两种方法。

（1）水试压　考虑管道当前运行状况，无论输送何种介质，当工艺条件满足停输条件，且能够进行置换和排空时，宜选用水试压。试压压力需根据拟计划运行的压力情况确定，一般不允许超过管道设计压力，且不超过 90%*SYMS*。对于架空管道进行水试压应核算管道及其支撑结构的强度，防止管道及支撑结构受力变形。水试压的具体操作过程参见 GB/T 16805。

（2）介质试压　介质试压的升压过程，应根据工艺输送情况，采取静压试验的方式，如系统能够提供试压的压力，则采用系统加压方式进行；如系统不能增压到试压压力，则采用另外动力源接入系统中升压；如采用水试压需要的空置换操作困难或风险较大，可采用该液体输送介质试压。试压期间要采取措施，宜安装泄漏监测系统，加密人员巡检，及时发现泄漏点；管道输送介质为气体的管道在三、四级地区不应采用气体试压。介质试压的压力参见表 9-32。

表 9-32　建议输油气管道试压压力、稳压时间和合格标准

输送介质	分类		建议试压压力及稳压时间
输油管道	一般地段	压力/MPa	拟运行压力 1.1 倍
		稳压时间/h	24
	大中型穿(跨)越及人口稠密区	压力/MPa	拟运行压力 1.25 倍
		稳压时间/h	24
	合格标准		压降≤1%试压压力，且≤0.1MPa
输气管道	一级地区	压力/MPa	拟运行压力 1.1 倍
		稳压时间/h	24
	二级地区	压力/MPa	拟运行压力 1.25 倍
		稳压时间/h	24
	三级地区	压力/MPa	拟运行压力 1.4 倍
		稳压时间/h	24

续表

输送介质	分　类		建议试压压力及稳压时间
输气管道	四级地区	压力/MPa	拟运行压力 1.5 倍
		稳压时间/h	24
	合格标准		压降≤1%试压压力，且≤0.1MPa

注：不论地区等级如何，服役年限大于30年小于40年的管道建议按照1.25倍运行压力试压，对于超过40年以上的管道建议按照拟运行压力的1.1倍试压。

如应用当前或历史最高运行压力值或失效压力来确定未来一段时间的最高运行压力，应遵循如下原则：

（1）近半年的最高失效压力只能确定未来半年的最高运行压力不能高于失效压力的80%。

（2）历史近三年的最高运行压力，只能确定未来一年的最高运行压力不能高于该历史最高压力。

9.6.4 试压风险

试压方法在管道完整性评估中是一项相对危险的作业，风险主要来自人身安全和系统及系统部件安全，试压不能采取风险转移或规避的方法，要真正做到消除风险。试压前，要进行风险识别，宜采用专家评估法、头脑风暴法及风险树图解法，把可能遇到的风险因素识别出来，进行风险分析和评估，再针对这些因素提出相应的防范措施。油气管道试压风险包括但不限于：

（1）工艺参数变化的风险；

（2）注水与排水对管道腐蚀的风险；

（3）介质试压泄漏污染的风险；

（4）气体试压过程中管道泄漏燃爆而引起人员伤亡的风险；

（5）管道泄漏点众多引起管道失效的风险；

（6）试压过程中对整个系统扰动的风险；

（7）管材的特性，重点分析试压后管材屈服及应力变化、材料退化、缺陷增长的风险。

9.6.5 管理措施

试压风险管理是一个动态过程，要形成风险管理矩阵，及时对风险评价表进行更新。在试压过程中形成检查表，由专人负责，确保各环节工作无遗漏，试压后要总结经验，不断完善试压风险管理措施，最大限度消除试压风险因素。要综合考虑9.6.4节所述风险，制定详细的试压方案，同时针对管材材质的不确定性和当前的状况，进行定量分析，必要时制作试件进行测定。考虑介质置换、温度变化引起的管道应力变化，进行有限元分析，确保应力变化在可控范围内，制定有效措施进行控制。不断识别试压过程中的风险，人员和设备应处于良好状态，并做好应急预案准备。低值易耗品应具有足够的库存。应合理安排人力，进行试压前培训，程序培训及方案交底要提前进行，责任部门要做好培训记录、交底记录的保存。

依照标准、规范详细计算所用材料强度，按程序要求编制相应表格，做到有据可查。应结合现场状况提前对施工方案进行会审，输气管道采用水试压时应将地上段根据管道充水间距设置临时支架，向系统充水时，应将系统的空气排尽。

试压方案应报地方监管部门，试压前应通知地方监管部门。地方监管部门应对试压方案进行审核并做好应急准备工作。

9.6.6 试压过程监控

试压过程应全面监控管道泄漏、压力变化情况，分析是否有管材破裂。试压过程中应严密监视试压段两端压力升高和降低的动态，应实时监测或每5min记录一次。沿线试压段应安排线路巡护人员重点观察地面有无介质泄放，地面附着物有无异常。试压过程中应及时通知路权沿线居民，并安排人员做好疏散应急预案。

9.6.7 试压结果处置

应及时对试压过程数据进行分析，找出泄漏点及疑似泄漏点，并进行开挖验证。应及时将试压结果做好记录。如发现泄漏点，应及时采取措施修复和分析，如换管、焊接修复等。将所有泄漏点处置完毕后，应再次进行系统试压以达到预定要求。试压结果经地方监管部门审核方可按压力试验评估结果进行升压运行。

9.6.8 再评价周期

应通过压力试验和管材性能的综合分析、需要实际运行压力与最高试压压力的差值大小、随时间增长的缺陷增长速率等提出再评价周期。如无法确认缺陷增长速率，则可按运行压力每低于最高运行压力的10%可运行一年计算再评价周期，最长不应超过三年。允许有其他被证实为科学可信的方法来确定再评价周期。

9.6.9 试压报告

试压评估报告应包括：①工程情况；②试压方案；③记录；④发现的缺陷与异常；⑤修复情况；⑥再评价周期；⑦结论。

9.7 基于大数据的含缺陷管道完整性评价

大数据能使人们获得新的认知并创造新的价值来源。其核心就是预测，由随机样本转向全体数据、精确性转向混杂性、因果关系转向相关关系。管道大数据的定义是基于管道内检测数据，实现内检测、外检测、设计施工资料、历史运行与维修、管道环境、日常管理等数据的校准和对齐整合，使得各种数据可以准确对应于环焊缝信息，形成统一的数据库或数据表。

我国陆上长输管道总里程达到12.5万公里，每天会产生大量数据，电子化记录和网络化管理的基本实现，标志着管道大数据时代的到来。管道系统的一系列信息系统集成、管理程序、检测记录和日常运行记录等都可以通过庞大的数据网络连接起来，大数据已经渗入管道公司的管道系统管理与技术中。但管道系统大数据的形成还处于起步阶段，大数据分析在管道系统中应用案例相对较少。

系统管道大数据常用分析模型包括相似度模型、朴素贝叶斯模型、回归模型、支持向量机及其他模型，本节将对径向基神经网络模型在完整性评价中的应用进行研究。

9.7.1 安全系数分析

安全系数(Safety Factor)是工程结构设计方法中用以反映结构安全程度的系数，为了防止因材料的缺点、工作的偏差、外力的突增等因素所引起的后果，工程的受力部分理论上能够担负的力必须大于其实际上担负的力，即极限应力与许用应力之比，二者之比叫作安全系数。

在管道领域中，对于体积型缺陷剩余强度评价也常用到安全系数这个参数，对于不同的管道，安全系数值也不同。现行标准中影响安全系数的因素包括设计系数和地区等级，某些情况下安全系数较大，比如管线处于人口密集地区，因为当用较高的安全系数评价管道缺陷时，会使较小的缺陷也变得不可接受，所以会提出对其进行维修，对管线安全要求更为严格；而有些情况下安全系数较小，比如管线处于偏远、可减少失效后果地方。因此，对于不同管线施工、管线运行模式和缺陷类型，安全系数必定会有所差异，在确定具体管段安全系数时，评价人员也需要综合考虑腐蚀深度、长度测量的精度，以及管段的特性、水压试验、影响管段风险的外部因素等。不同标准中安全系数规定取值见表 9-33。

表 9-33　安全系数取值推荐

标准名称	是否考虑安全系数	取值范围
ASME B31G—2012	是	建议为水压试验压力与设计压力的比值，且不小于 1.25
API 579-1—2007	均匀腐蚀：否	局部腐蚀：缺陷处管道设计系数的倒数
BS 7910—2013	是	缺陷处管道设计系数倒数
GB/T 19624—2019	是	按失效后果分，缺陷尺寸、应力需要考虑安全系数，取值范围为 1.0~1.5
SY/T 6151—2009	按缺陷尺寸评价：否	按最大应力评价时：缺陷处管道设计系数倒数
SY/T 6477—2017	均匀腐蚀：无	局部腐蚀：缺陷处管道设计系数与焊缝系数乘积的倒数

根据表 9-32 所示，ASME B31G—2012 中建议安全系数的最小值取管道的最小水压试验压力与最大允许操作压力（*MAOP*）之比，《输气管道工程设计规范》标准中规定输气管道水压试验压力的取值范围见表 9-34。

表 9-34　水压试验压力的取值范围

地区等级	水压试验压力	地区等级	水压试验压力
一级地区	不应小于设计压力的 1.1 倍	三级地区	不应小于设计压力的 1.4 倍
二级地区	不应小于设计压力的 1.25 倍	四级地区	不应小于设计压力的 1.5 倍

注：其中地区等级的规定见表 9-35。

表 9-35　地区等级划分

地区等级	条　　件
一级地区	户数在 15 户或以下的区段
二级地区	户数在 15 户以上、100 户以下的区段
三级地区	户数在 100 户或以上的区段，包括市郊住区、商业区、工业区、发展区以及不够四级地区条件的人口稠密区
四级地区	四层或四层以上楼房较为集中、交通频繁、地下设施多的区段

同时，根据 ASME B31G—2012 规定，当满足

$$p_F \geqslant (SF \times p_0)$$

则视为缺陷在规定的管道压力下是可以安全运行的，安全系数可以表示为：

$$SF \leqslant \frac{p_F}{p_0}$$

式中：p_0为固定值；p_F 为预测失效压力。在不存在管壁发生腐蚀并且不考虑流变应力强

化效果的情况下，可得到 p_F 的最大值：

$$p_F=\frac{p}{F}$$

可以得到：

$$SF\leqslant\frac{p}{p_0F}$$

式中：SF 为安全系数；p 为设计压力；p_0为操作压力；F 为设计系数。

根据安全系数的定义，选择较大的安全系数会导致出现更多不可接受的缺陷，使计算结果更加保守。而在实际评价过程中，往往会遇到地区等级发生改变的情况，那么在评价时应该按照管道设计时的地区等级确定对应的安全系数，因为如果按照改变后的地区等级选择相应安全系数，若管段所处地区等级升高，重新选择的安全系数变大，会导致整个管段均不满足壁厚要求。在实际评价过程中，还可能会出现管道实际壁厚大于设计壁厚，那么应按照实际壁厚的大小来计算该管道的理论设计压力，从而计算出更准确的管道安全系数。

9.7.2 缺陷安全系数

在对各种含缺陷管道完整性评价方法进行对比研究之后可以发现，当前的评价方法多是基于某种特定方程，没有对缺陷具体风险情况作出针对性评价。若按照其评价结果指导管道维修，可能会造成不必要的管段维修或更换，给管道的运营与管理带来巨大压力。

根据对安全系数的分析，依据 $SF=\frac{p_F}{p_0}$，提出将安全系数作为一个表征缺陷安全状态的参数，在考虑管道内压、缺陷尺寸等因素进行完整性评价的基础上，结合缺陷的相关风险因素，对该安全系数进行修正，进而作出更能反映缺陷真实安全状态的评价。根据修正后的安全系数，对管道有计划地进行维护维修，能够使有限的资源得到合理分配。

1. 预测失效压力值计算

安全系数的值为预测失效压力与操作压力之比。对预测失效压力的计算本次采用 ASME B31. G 标准，根据内检测提供的金属损失缺陷相关数据，利用已有完整性评价软件进行计算（见图 9-94）。

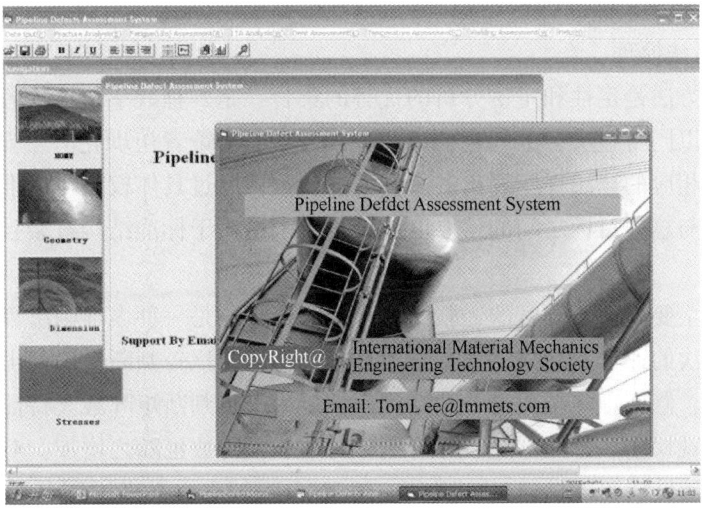

图 9-94　软件运行界面

Pipeline Defect Assessmrnt System 软件，是目前国际上唯一适用于管道的适用性评估软件，具有较好的界面和良好的计算精度，该软件依据 ASME B31. G、API 579、API 1104 等标准，由国际材料力学工程科技学会(IMMETS)开发而成。

图 9-95 为依据 ASME B31. G—2012 标准对金属损失缺陷对应失效压力值计算截图。点开管道适用性评估软件入口，即可看到导航界面，在软件导航界面选择 ASME B31. G 评价方法，并选择单位为“公制”。在数据录入界面录入相应的管道壁厚、管径以及缺陷的长度、宽度、深度，并设置设计压力为 6. 4MPa，试压压力为 7. 04MPa，运行压力(*MAOP*)为 6. 4MPa，操作压力为 6. 4MPa。继续选择钢管类型等，便可由软件自行计算得出使钢管失效压力。

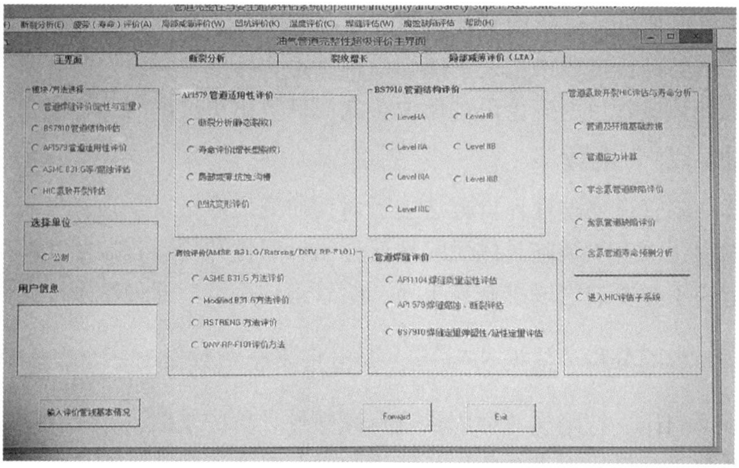

图 9-95　软件导航界面

2. 基于层次分析法的相关风险因素分值计算

要对管道所含缺陷进行研究，首先必须明确与缺陷有关的风险因素。经过查阅相关文献及分析国内外管道事故原因，根据 GB/T 27512—2011《埋地钢质管道风险评估方法》以及实际情况，选择了三个方面共 9 个风险因素进行比较并确定分值。

1）层次分析法原理

层次分析的方法是定性和定量分析的优势的集合，是一种数学化评价者对复杂系统的评价思维过程，可以同时解决多个问题的评价决策方法。决策者初步凭借经验确定各标准的重要度排序，利用相应的算法程序算出各个标准的权数，通过具体权数可以准确表达出各标准相互之间、标准与总体目标之间的重要度关系，特别适用于标准结构复杂且必要数据相对匮乏的结构模型。

层次分析法主要考虑了专家的经验知识和个人偏好，是一种多准则决策方法。其基本原理是：对同一层次的评价指标模型根据相关准则进行两两比较判断，确定出评判矩阵，然后进行一致性检验，修正矩阵至通过一致性检验，最后求出判断矩阵最大特征值和特征向量作为评价指标的主观权重。另外，随着评价指标的增加，阶数也随之增加，对指标两两比较相对困难，使得一致性检验不易通过，因此一般情况下选用 1~9 来说明其相对重要性。层次分析法具体的分析流程如图 9-96 所示。

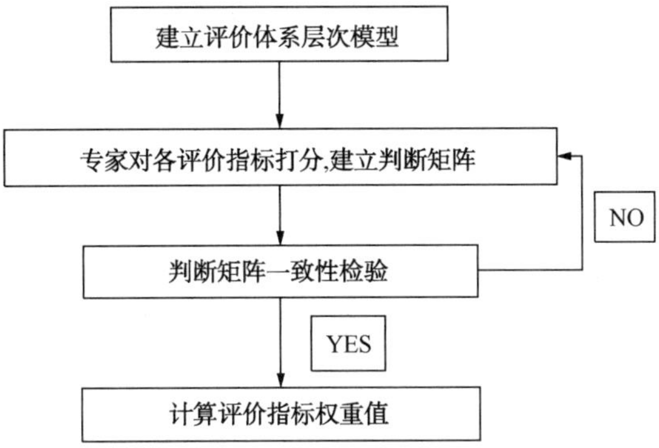

图 9-96　层次分析法流程图

2）层次分析法步骤

基于层次分析法来对具体问题进行综合分析、评价，具体步骤如下：

（1）构建层次分析模型

根据风险因素的提取确定评价指标层次模型，将目标、因素和对象根据其相互关系建立相应的层次结构。

（2）构造判断矩阵

根据专家经验知识，对同一层的因素进行两两对比，确定两个因素的相对重要度，重要度赋值标准如表 9-36 所示。

表 9-36　判断矩阵构造标准

相对重要程度 a_{ij}	定　义	解　释
3	略微重要	目标 i 与 j 略微重要
5	相当重要	目标 i 与 j 相当重要
7	明显重要	目标 i 与 j 明显重要
9	绝对重要	目标 i 与 j 绝对重要
2，4，6，8	介于两重要程度之间	

表 9-36 采用 5 级定量法，即表示一个指标对另一个指标的相对重要程度。反之，另一个指标则相对这一指标是次要的，用对应数值的倒数表示。同时，为了提高判断矩阵准确度，引入了 2、4、6、8 这四个数分别介于 1、3、5、7、9 之间，用来构造判断矩阵。构造相应的判断矩阵如下：

$$A=(a_{ij})_{n\times n}=\begin{bmatrix} a_{11} & a_{12} & \Lambda & a_{1n} \\ a_{21} & a_{22} & \Lambda & a_{2n} \\ M & M & O & M \\ a_{n1} & a_{n2} & \Lambda & a_{nn} \end{bmatrix}$$

式中，a_{ij}表示为影响因素 a_i对影响因素 a_j的重要度。

（3）计算权向量

经过相应程序算法得出的计算结果中，最大特征值为 $\lambda_{\max}$，特征向量为 v，得出的初步计算结果为判断矩阵中表征因素之间的相对重要度的权重值向量，要想直观地找出要素与上层要素或准则之间的相互关系，还需进行统一的归一化处理，然后就能得出子因素相对于其上层因素重要度关系的数值。权向量的得出将要素与要素、要素与上层要素之间模糊的重要度关系用具体的数值表征出来，使人一目了然，并能更加方便验证计算结果是否与实际经验、专家评估、历史数据相一致。

（4）判断矩阵一致性检验

为了验证所得出的计算结果是否与评价标准相符，判断是否能够直接用于对问题的进一步分析，防止系统外的无关因素对判断矩阵造成干扰而给计算结果带来偏差，需要检验初步计算结果是否具有一致性；只有判断矩阵基本符合一致性检验，才能进行下一步相关操作，而通过一致性检验表明判断矩阵中的权重标度赋值具有合理性且相互之间不矛盾，从而才能进一步进行对问题的相关分析。进行一致性检验的计算公式为：

$$CR=\frac{CI}{RI}$$

式中：CR 为一致性比率，其数值具体含义表示为，当 CR 的值小于 0.10 时，则说明判断矩阵对应的一致性在可接受的范围之中，反之，则需要重新更改判断矩阵中相应重要度的赋值，修正成符合实际重要度的数值，带入矩阵直到其最终满足一致性检验；CI 是表征一致性的指标，计算方法如下：

$$CI=\frac{\lambda_{max}-n}{n-1}$$

式中：λ_{max} 为判断矩阵的最大特征值；n 为阶数；RI 为平均随机一致性指标，与阶数 n 有关，RI 的对应值可查阅表 9-37。

表 9-37　随机一致性指标 *RI*

矩阵阶数	1	2	3	4	5	6	7	8	9	10
RI	0	0	0.52	0.89	1.12	1.26	1.36	1.41	1.46	1.49

（5）计算评价指标主观权重

以判断矩阵 A 为例，计算出 A 的特征向量和特征根，如下式：

$$AW'=\lambda_{max}W'$$

计算出的 W' 即为各影响因素的主观权重：

$$W'=[w'_1 \quad w'_2 \quad \cdots \quad w'_n]^T$$

3）基于层次分析法的风险分值

依据预先规定的准则将各个要素的重要度用相应数值表示，以此构造出对应判断矩阵。一般运用从数值 1 到数值 9 的标度法来对判断矩阵中各元素的重要度赋予相应的数值，管道各风险因素的关系如表 9-38 所示。

表 9-38　风险因素重要度

风险矩阵	埋深	缺陷位置	地区等级	区域环境	外部环境温差	地质灾害	土壤腐蚀性	大气腐蚀	电流密度
埋深	1	6/5	6/9	1	6/5	6/8	6/4	6/5	6/7
缺陷位置	5/6	1	5/9	5/6	1	5/8	5/4	1	5/7
地区等级	9/6	9/5	1	9/6	9/5	9/8	9/4	9/5	9/7
区域环境	1	6/5	6/9	1	6/5	6/8	6/4	6/5	6/7

续表

风险矩阵	埋深	缺陷位置	地区等级	区域环境	外部环境温差	地质灾害	土壤腐蚀性	大气腐蚀	电流密度
外部环境温差	5/6	1	5/9	5/6	1	5/8	5/4	1	5/7
地质灾害	8/6	8/5	8/9	8/6	8/5	1	8/4	8/5	8/7
土壤腐蚀性	4/6	4/5	4/9	4/6	4/5	4/8	1	4/5	4/8
大气腐蚀	5/6	1	5/9	5/6	1	5/8	5/4	1	5/7
电流密度	7/6	7/5	7/9	7/6	7/5	7/8	8/4	7/5	1

相关因素之间的重要度数值经层次分析法的计算，权重计算结果如表 9-39 所示，最大特征值 $\lambda_{max}=8.9830$，经过一致性检验，此矩阵的一致性可以接受，其中，$CI=-0.0021$，$CR=-0.0015$。

表 9-39　风险因素权重

风险因素	管道埋深	缺陷位置	地区等级	区域环境	外部环境温差	地质灾害	土壤腐蚀性	大气腐蚀	电流密度
权重	0. 11	0. 09	0. 16	0. 11	0. 09	0. 15	0. 07	0. 09	0. 13

从表 9-39 可知，管道缺陷风险因素按重要度排序依次为地区等级、地质灾害、电流密度、管道埋深、区域环境、缺陷位置、外部环境温差、大气腐蚀、土壤腐蚀性，按照各风险因素的权重确定管道缺陷风险分值如下。

（1）设计和施工风险（36 分）

① 管道埋深（11 分）

a. 如果是跨越段或露管段，则为 0 分；

b. 如果是埋地管段，非水下穿越管道埋深的得分计算如下：

$$\mathrm{Min}\left(\frac{d}{145},\ 11\right)$$

其中，d 为实际的覆土层厚度。

② 缺陷位置（9 分）

a. 位于山川和河流众多区域，则为 0 分；

b. 位于城市交叉混杂区域，则为 4. 5 分；

c. 平原农田，则为 9 分。

③ 地区等级（16 分）

按照 GB 50251—2015 确定管道区段沿线地区等级：

a. 如果是四级地区，则为 0 分；

b. 如果是三级地区，则为 6 分；

c. 如果是二级地区，则为 10 分；

d. 如果是一级地区，则为 16 分。

（2）环境风险（35 分）

① 区域环境（11 分）

a. 存在季节性河流的区域，且管道途径该区域，则为 4 分；

b. 管道位于冻胀融沉、水塘众多区域，则为 7 分；

c. 管道环境位于长江以南区域，无季节性河流，则为 9 分；

d. 管道环境位于长江以北区域，无季节性河流、稳定区域，则为 11 分。

② 外部环境温差(9 分)

a. 外部环境冬夏季平均温差大于 20℃，则为 3 分；

b. 外部环境冬夏季平均温差大于 15℃，则为 5 分；

c. 外部环境冬夏季平均温差为 0~15℃，则为 9 分。

③ 地质灾害(15 分)

a. 经常发生地震、滑坡、雪灾等自然灾害，则为 6 分；

b. 偶尔发生地震、滑坡、雪灾等自然灾害，则为 12 分；

c. 几乎不发生地震、滑坡、雪灾等自然灾害，则为 15 分。

(3)腐蚀风险(29 分)

① 土壤腐蚀性(7 分)

a. 如果没有测量土壤电阻率，则为 0 分；

b. 如果土壤电阻率 $<20\Omega \cdot m$，则为 0 分；

c. 如果土壤电阻率 $\in [20\Omega \cdot m, 50\Omega \cdot m]$，则为 4 分；

d. 如果土壤电阻率 $>50\Omega \cdot m$，则为 7 分。

② 大气腐蚀(9 分)

a. 缺陷处于跨越段，大气腐蚀的评分则为 5 分：

如果没有进行大气腐蚀性调查，则为 0 分；

如果是海洋气候，并且含化学品，则为 0 分；

如果是工业大气或是一般大气，且含化学品，则为 1 分；

如果是海洋气候并且不含化学品，则为 1. 5 分；

b. 缺陷处于埋地段，大气腐蚀的评分则为 9 分。

③ 电流密度(13 分)

a. 电流密度超过 20μA，则为 0 分；

b. 电流密度为 10~20μA，则为 2 分；

c. 电流密度为 2~10μA，则为 6 分；

d. 电流密度为 0. 5~1μA，则为 9 分；

e. 电流密度小于 0. 5μA，则为 13 分。

4) 风险分值计算

管道系统包括了很多业务部门，系统高效率的运行取决于各部门的团结配合。采用 GIS 系统作为集合各业务信息的系统，实现相互沟通关联的共享平台全都基于管道运输系统的资料和资源内部的空间分布特征。根据电子地图和管道运输相联合的方法，可以面面俱到且直观正确地反映运输对象、运输工具及它的有关信息的现有状况、分布及技术特点，最大限度地实现信息资料共享，为管道运输的运营及管理提供了参考的依据和辅助决策支持。

表 9-40 中的数据均来自陕京管道地理信息系统(GIS，Geographic Information System)针对府谷站至神池站陕西段和山西段的监控和记录。该管线采用 X60 管材钢，管道直径为 660mm，设计工作压力为 6. 4MPa，采集的数据包括缺陷的深度、宽度、长度、缺陷处管道的埋深、地区等级、外部环境温差、土壤腐蚀性质、电流密度等 12 个属性数据。

(1) 表 9-40 所示为部分原始数据。

表 9-40　部分原始数据

长/mm	宽/mm	深/%*WT*	埋深/mm	缺陷位置	地区等级	区域环境	外部环境温差/℃	地质灾害	土壤腐蚀性/Ω·m	大气腐蚀	电流密度/μA
154	58	9.5	800	平原农田	二级地区	稳定区域	大于 15	几乎不发生	42	埋地段	7.86
67	24	11.3	1300	平原农田	二级地区	稳定区域	大于 15	几乎不发生	37	埋地段	8.75
67	81	5.48	1200	平原农田	二级地区	稳定区域	0~15	几乎不发生	39	埋地段	6.92
48	68	6.01	900	城市交叉混杂区域	二级地区	无季节性河流	大于 15	偶尔发生	48	埋地段	15.24
38	18	19.16	1020	平原农田	二级地区	稳定区域	大于 15	几乎不发生	74	埋地段	9.65
24	57	4.69	1350	平原农田	二级地区	冻胀融沉区域	大于 15	几乎不发生	36	跨越段	8.82
67	45	8.95	1250	城市交叉混杂区域	三级地区	稳定区域	大于 15	偶尔发生	41	埋地段	6.78
86	55	8.48	1600	平原农田	二级地区	稳定区域	0~15	几乎不发生	38	埋地段	7.65
38	57	12.32	830	平原农田	二级地区	无季节性河流	大于 15	几乎不发生	62	埋地段	8.93
34	15	21.34	900	平原农田	二级地区	无季节性河流	0~15	偶尔发生	41	埋地段	7.62
67	54	10.77	800	山川和河流众多区域	二级地区	稳定区域	0~15	几乎不发生	36	埋地段	9.76
58	19	18.39	1300	平原农田	二级地区	稳定区域	大于 15	几乎不发生	45	埋地段	8.67
96	78	7.21	1000	平原农田	二级地区	无季节性河流	大于 15	几乎不发生	36	埋地段	8.87
48	58	6.91	1000	平原农田	二级地区	稳定区域	大于 15	几乎不发生	29	跨越段	9.58

注：*WT* 为管道壁厚。

(2)根据各因素对应的分值，对原始数据进行整理后，如表 9-41 所示。

表 9-41　缺陷风险分值

埋深	缺陷位置	地区等级	区域环境	外部环境温差	地质灾害	土壤腐蚀性	大气腐蚀	电流密度	总分
5.52	9	10	11	5	15	4	9	6	74.52
8.97	9	10	11	5	15	4	9	6	77.97
8.28	9	10	11	9	15	4	9	6	81.28
6.21	4.5	10	9	5	12	4	9	2	61.71
7.03	9	10	11	5	15	7	9	6	79.03
9.31	9	10	7	5	15	4	5	6	70.31
8.62	4.5	6	11	5	12	4	9	6	66.12
11.03	9	10	11	9	15	4	9	6	84.03
5.72	9	10	9	5	15	7	9	6	75.72
6.21	9	10	9	9	12	4	9	6	74.21
5.52	0	10	11	9	15	4	9	6	69.52
8.97	9	10	11	5	15	4	9	6	77.97
6.90	9	10	9	5	15	4	9	6	73.90
6.90	9	10	11	5	15	4	1.5	6	68.40

对整理好的风险分值做归一化处理，用 matlab 程序对其实现归一化，便于针对不同缺陷的风险因素对安全系数进行修正，如表 9-42 所示。

表 9-42　分值归一化

总　分	74.52	77.97	81.28	61.71	79.03	70.31	66.12	84.03
归一化系数	0.88	0.92	0.96	0.73	0.94	0.83	0.78	1
安全系数	1.49	1.51	1.53	1.53	1.52	1.54	1.52	1.51
修正后安全系数	1.31	1.4	1.47	1.12	1.43	1.28	1.19	1.5
总分	75.72	74.21	69.52	77.97	73.9	68.4	59.12	80.17
归一化系数	0.9	0.88	0.82	0.92	0.88	0.81	0.7	0.95
安全系数	1.52	1.51	1.5	1.5	1.52	1.53	1.54	1.53
修正后安全系数	1.37	1.33	1.24	1.39	1.33	1.24	1.08	1.46

对风险分值的归一化可以使得各缺陷的风险实现快速比较，通过对比可以发现修正后安全系数比由 ASME B31G 标准中缺陷安全评价方法计算的安全系数更小，因为标准中计算出的安全系数没有考虑到影响缺陷的风险因素。修正的缺陷安全系数能够表征多因素融合的真实缺陷安全状态。

9.7.3　基于大数据神经网络的缺陷安全系数计算

通过对大数据技术与模型的研究，考虑到管道大数据领域的丰富数据资源与神经网络深度和自学习的特点，提出了径向基神经网络方法。

1. 径向基神经网络原理

20 世纪 90 年代，基于生物神经元具有局部响应的特点，并采用径向基函数的研究成果，Broomhead 和 Lowe 在神经网络模型的构建中引入径向基函数，形成了径向基神经网络。径向基(RBF)神经网络的基本思想是通过以网络中的隐藏单元提供的径向基函数作为“基”，对输入数据进行变换，将输入数据由低维模式转换到一个合适的高维空间，再对隐含单元加权求和得到输出单元，这就为低维空间内的线性不可分的问题提供了合理的解决方法。

径向基网络是一种结构简单，收敛速度快，能够逼近任意非线性函数的网络。该网络具有良好的模式分类和函数拟合能力，是由三层构成的前向网络，第一层为输入层，节点个数等于输入的维数；第二层为隐含层，节点个数视问题的复杂度而定；第三层为输出层，节点个数等于输出数据的维数。不同层有着不同的功能，隐含层是非线性的，采用径向基函数作为基函数，从而将输入向量空间转换到隐含层空间，使原来线性不可分的问题变得线性可分。

2. 径向基神经网络创建步骤

利用径向基网络确定管道安全系数的步骤如图 9-97 所示。

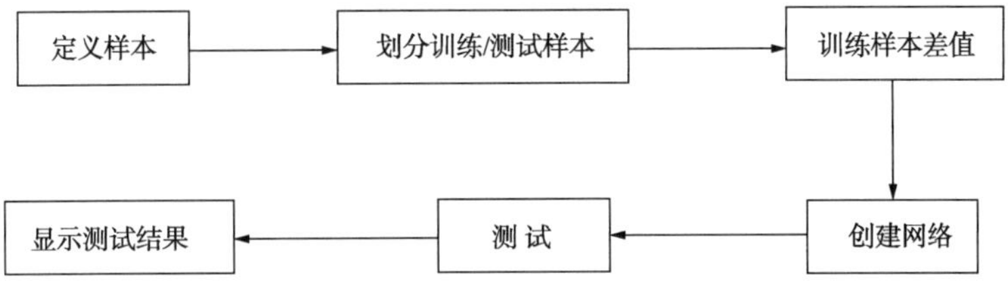

图 9-97 径向基神经网络创建步骤

(1) 定义样本数据。根据整理出的风险数据及缺陷尺寸数据，定义各样本的输入向量及其目标输出值。

(2) 划分训练数据与测试数据。

(3) 为充分利用训练样本，对训练样本进行二维插值，将样本数量增加。这里用到了 matlab 的二维插值函数 interp2。

(4) 使用 newrb 函数创建径向基神经网络。

(5) 对模型进行测试，使用创建完成的径向基网络模型对样本进行测试。

3. 缺陷安全系数计算模型的创建与测试

1) 定义样本数据

在已有数据的基础上，该模型采用了缺陷本身参数及相关风险因素共 12 个因素作为自变量，分别为缺陷的长度、宽度、深度、缺陷处管道埋深、缺陷位置、地区等级、区域环境、外部环境温差、地质灾害、土壤腐蚀性、大气腐蚀、电流密度，缺陷安全系数作为因变量，形成函数关系：

$$y=f(x_1,\ x_2,\ x_3,\ \cdots x_{12})$$

$x_1 \sim x_{12}$分别表示上述 12 个自变量，y 为缺陷安全系数。

根据所整理出的数据，定义样本的输入向量及其目标的输出向量，输入向量定义为 12×500 的矩阵，目标输出值为 1×500 的行向量。

2) 划分训练测试数据

通过对陕京管道地理信息系统数据的整理，将 1/10 的数据作为测试数据，9/10 组作为训练数据。通过对训练数据的训练得出模型，再对测试数据样本进行检验。

为了让训练样本得到最充分的利用，对训练样本进行二维差值，使样本数据增加到原来的 5 倍。采用的是 matlab 中二维插值函数 interp2。先将训练输入向量与对应的目标输入合并为一个 13×400 矩阵，经过插值，得到一个 13×2000 矩阵，最后再将其拆分为 12×2000 矩阵作为训练输入，1×2000 的行向量作为训练样本的输出。

3）径向基神经网络的创建

在该模型中，使用 newrb 函数创建径向基神经网络，在 matlab 自带的神经网络工具箱提供了可直接使用的 newrb 函数，但是在 newrb 函数创建的径向基网络中，每个网络隐含层的节点个数是不相同的，所以使用者需要根据自己的实际情况调整误差目标，函数会根据不同误差目标值，向网络添加新的隐含层节点，同时调整节点中心、标准差及权值，使网络达到设置的误差要求。

在该网络中，设置误差容限为 $1e^{-6}$，扩散因子为 38，最大神经元个数为 300。当调用这个 newrb 函数时，程序将会自动增加神经元以便向设定目标值靠近。

误差下降曲线如图 9-98 所示。当神经元节点个数达到 250 时，训练误差基本接近目标值，命令窗口中显示了模型实际添加的神经元节点的个数及所对应的具体训练误差值，训练误差为 e^{-6}数量级，见表 9-43。

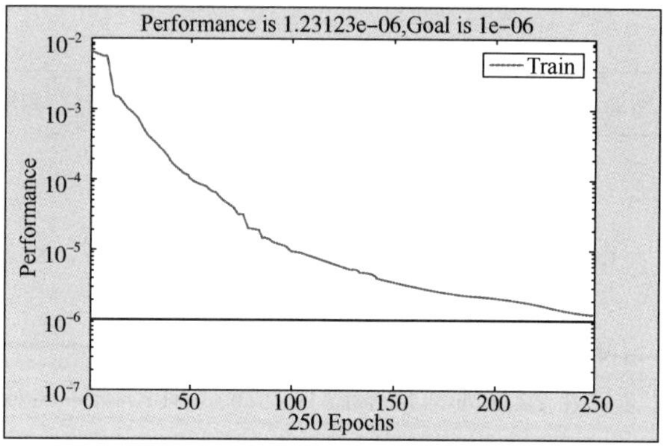

图 9-98　误差下降曲线

表 9-43　训练误差值

神经元节点个数	0	50	100	150	200	250
训练误差值	0.0061677	0.0061677	$9.62773e^{-06}$	$3.6752e^{-06}$	$2.05146e^{-06}$	$1.23123e^{-06}$

用 view(net)命令可以查看最终的径向基网络结构，从图 9-99 可以看出，在导出的结构图中，输入曾包含了 12 个节点，隐含层最终包含了 269 个神经元节点，输出层包含 1 个节点。

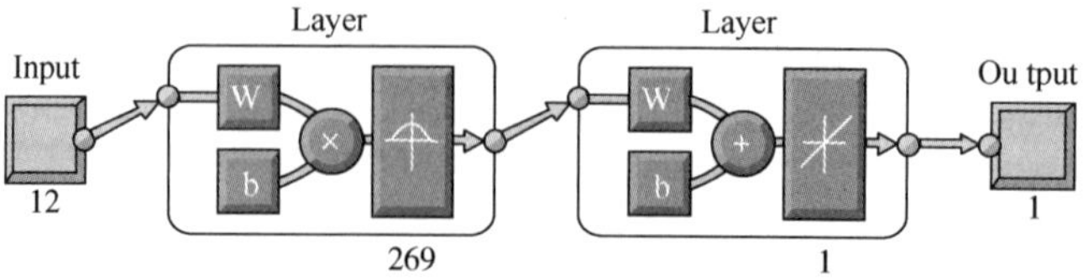

图 9-99　径向基网络结构

通过比较，该模型设置的误差已经达到要求，径向基神经网络的创建工作完成。

4）径向基神经网络的测试

创建完成的模型需要对样本数据进行测试，以验证其准确性。通过模型训练学习得出的安全系数与样本数据中的安全系数对比如图 9-100 所示。

从图 9-100 中可以看出缺陷安全系数训练值与真实值之间吻合度较好，且变化趋势也完全一致，一定程度上体现了该模型的准确性，体现了径向基网络收敛速度快，能够很好逼近非线性函数的特点。

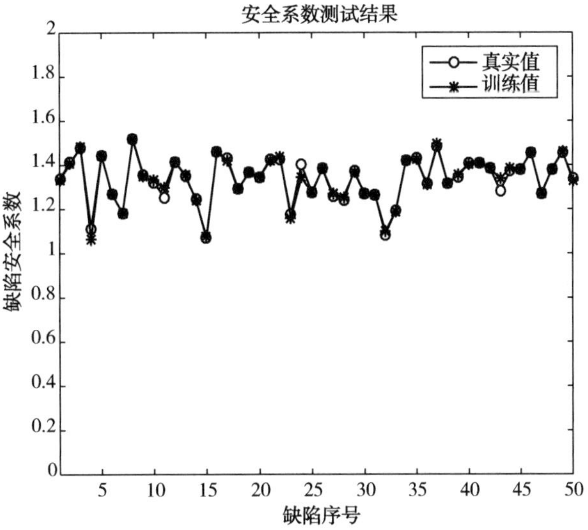

图 9-100　测试值与真实值对比

通过残差对训练值与真实值之间的误差进行计算，从相对误差的角度来说，结果显示平均相对误差接近 3%，最大残差不超过 6%（见图 9-101），有理由认为，该计算模型可通过测试。

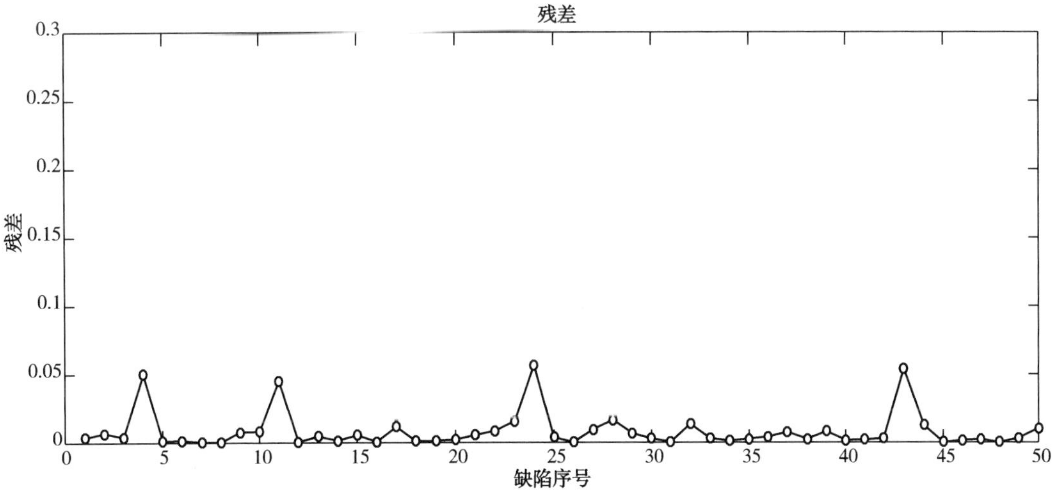

图 9-101　残差

图 9-102 中横坐标表示缺陷序号，纵坐标表示缺陷安全系数的大小。对修正前后的缺陷安全系数作了对比，修正前安全系数均为 1.50 左右，可以发现修正后缺陷安全系数波动

更大，因为修正后的缺陷安全系数综合不同缺陷的风险来反应缺陷安全状态，如果风险越大，则安全系数值越小，反之，则安全系数值越大。以下对修正后缺陷安全系数较低的10个缺陷进行详细分析。

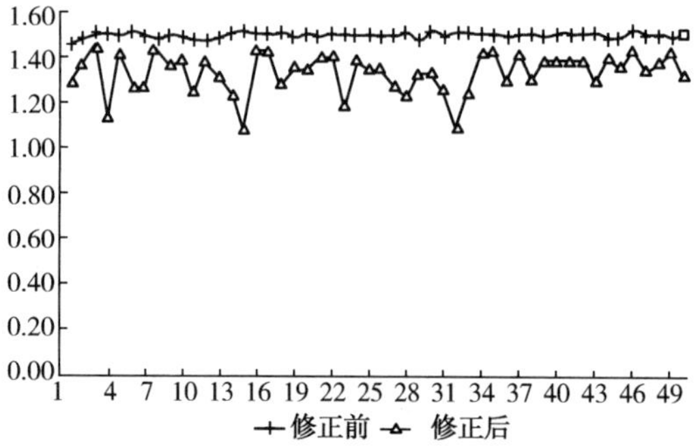

图 9-102 修正前后缺陷安全系数对比

（1）缺陷88，安全系数为1.00。该处缺陷各风险因素都较其他缺陷大，其中，设计与施工风险最大，与其他缺陷相比较埋深浅，地区等级高。埋深浅可能造成该缺陷更易受到第三方破坏，若该处缺陷发生事故，地区等级高使得事故后果更加严重，结合实际情况可以说明该系数具有一定合理性。

（2）缺陷15，安全系数为1.07。该处缺陷土壤电阻率极低，设计与施工风险也大于平均风险水平。土壤电阻率极低可能使得该缺陷腐蚀速率加快，在不久的将来可能发展成为不可接受缺陷，结合实际情况可以说明该系数具有一定合理性。

（3）缺陷196，安全系数为1.07。该处缺陷位置处于山川河流众多区域，若造成泄漏将给维修带来极大困难，所以此种缺陷不可只按其缺陷深度来提供维修决策，结合实际情况可以说明该系数具有一定合理性。

（4）缺陷32，安全系数为1.08。该处缺陷位置处于山川河流众多区域且土壤腐蚀率极低，其风险较缺陷15和196大，但是它的缺陷安全系数更大的原因是该处金属损失长度较小，结合实际情况可以说明该系数具有一定合理性。

（5）缺陷68，安全系数为1.09。该处缺陷与缺陷196情况相似，因其所处位置不佳，修复困难，所以应提前对该缺陷进行监控与补强工作，结合实际情况可以说明该系数具有一定合理性。

（6）缺陷97，安全系数为1.11。该处缺陷长度较大，无其他相关较大的风险因素，所以是缺陷本身的尺寸因素决定了它较低的缺陷安全系数。

（7）缺陷4，安全系数为1.11。该处缺陷深度大，与缺陷97相似，由缺陷本身的大小决定了它较低的缺陷安全系数。

（8）缺陷113，安全系数为1.14。电流密度大，可能是管道防涂层老化严重，管道保护措施效果减弱，结合实际情况可以说明该系数具有一定合理性。

（9）缺陷133，安全系数为1.15。该处缺陷处于跨越段，大气腐蚀较为严重，可将该管段列为重要评价对象进行详细评价，结合实际情况可以说明该系数具有一定合理性。

（10）缺陷23，安全系数为1.17。该处缺陷环境风险大，属于冻胀融沉区域，且外部环境温差大，这些环境特点对管道影响大，结合实际情况可以说明该系数具有一定合理性。

根据以上对于10个缺陷安全系数较低的缺陷进行分析可以发现，针对金属损失缺陷的不同相关性影响因素，较为合理地反映了缺陷的真实安全状态，避免了各影响因素之间不可比较与量化的问题。

通过对大数据技术与模型的研究，考虑到管道大数据领域的丰富数据资源与神经网络深度和自学习的特点，提出了径向基神经网络方法，对陕京管道 GIS 系统提供的管道缺陷数据进行训练与学习，数据学习结果与真实值吻合度较好，得到缺陷安全系数的大数据神经网络计算模型，可实现对其他管道缺陷安全系数的快速计算。修正后的缺陷安全系数与 ASME B31G 标准中缺陷安全评价方法获得的安全系数进行对比分析，结果表明，缺陷安全系数具有一定的合理性和适用性，能较准确地辨识出风险较大的缺陷，可以为管道完整性评价提供新的思路，并为管道的修复提供决策支持依据。

第10章 管道修复技术与风险减缓措施

管道作为连接油气田与用户的纽带，对整个油气田的开发、开采起着重要的作用，管道由于输送距离长、复杂的自然环境因素，更容易受到腐蚀和人为的破坏。因此，管道损伤缺陷的维修已经成为油气管道输送过程中一项必不可少、经常性的工作。

10.1 管道维抢修参照的国际标准

随着抢维修技术的发展，当前已形成多个技术标准，供管道应急和维修时使用。

（1）PRCI Pipeline Repair　管道维修手册 PR-218-9307(AGA L51716)

（2）Overview of Process Plant Piping System Maintenance and Repair ASME international career development series　工艺管网维修与维护

（3）API 570　Piping Inspection Code　管道检测规程

（4）ASME B31.3　Process Piping　工艺管道

（5）ASME B31G　Manual for Determining the Remaining Strength of Corroded Pipelines　腐蚀管道评估标准

（6）API Publication 2201　Procedure for Welding or Hot Tapping on Equipment Containing Flammables　焊接和带压开孔设备的程序

（7）NACE RP0169　Control of External Corrosion on Underground or Submerged Metallic Piping System　金属管道的外部腐蚀控制维修方法

（8）ASME B31、B16系列标准　压力管道及管件

（9）49 CFR 195.402　Procedural manual for pipeline operations maintenance and emergencies Research and Special programs Administration　管道操作维修应急程序

（10）API 1104　Welding of Pipelines and Related Facilities　管道焊接与相关设备

（11）SY 6186　石油天然气管道安全规程

（12）SY/T 5918　埋地钢制管道防腐层修复技术规定

（13）AEA RP 401　Temporary/Permanent Pipe Repair Guideline　管道临时/永久性维修指南　美国工程协会

（14）49 CFR 192　联邦法规第192章—天然气和其他气体的管道运输：最低联邦安全标准，2003年10月1日

（15）49 CFR 195　联邦法规第195章—危险液体的管道运输，2003年10月1日

10.2 国内外管道修复响应原则和时间

10.2.1 美国 DOT 规定的油气管道维修原则

美国运输部(DOT)已颁布了气体管道和危险液体管道管理的法规，49 CFR 192 和 49 CFR 195，针对不合格/缺陷发现或维修的内容，应进行维修，运行公司应自行选择维修技术，以便将发布的条例应用于其自有的管道系统。

1. 气体管道

气体管道维修的一般要求见 49 CFR 192 第 192.711 段。凡在大于或等于 40%钢材额定最小屈服强度(*SMYS*)的应力下运行的管道，每当在该管道中发现有损使用性的不合格或缺陷时，若在发现之际难以实施永久性维修，则经营公司必须立即采取临时措施。一旦永久性维修变得可行，则必须立即进行永久性维修。只允许在第 192.717(b)(3)段所述情况下采用焊接补丁维修。

缺陷和受损伤处、焊缝以及泄漏处的永久性现场维修要求分别详见第 192.713 段、第 192.715 段和第 192.717 段。

(1) 192.713　缺陷和受损伤处的维修必须通过更换的方式或根据可靠的工程试验和分析结果，使用修复技术永久性恢复管道使用性的方法完成，且在进行维修时，运行压力必须维持着安全水平。

(2) 192.715　凡不合格焊缝[第 192.241(c)段]的维修，若运行条件可行，则必须在管道停止运行时进行；或若焊缝处无泄漏情况，压力下降以使应力不超过 20%额定最小屈服强度，且在磨光有缺陷区域后仍留有至少 3.2mm(0.125in)管壁，则必须在管道运行时进行。维修必须按照第 192.245 段的规定进行。无法满足上述要求时，必须使用适当的全包式焊接对开套袖对有缺陷的焊缝进行维修。

(3) 192.717　规定泄漏的维修必须通过修复技术或通过以下五种方法中的任何一种来完成：①安装适当的全包式焊接对开套袖，但管路有机械连接接头且在低于 40%额定最小屈服强度下运行的情况除外；②在蚀坑处安装螺栓固定堵漏卡具；③若泄漏由蚀坑造成且管道额定最小屈服强度不超过 267MPa(40kPsi)，使用角焊补丁，该补丁的所有角均应磨圆，厚度至少等于管道壁厚厚度，尺寸不超过管道直径的二分之一；④全包式对开套袖水下管道的机械应用，或使用经可靠工程试验和分析所得出的管道永久性恢复使用的方法。

维修或焊接维修的试压要求见 192.719 段。新更换的管段必须与所在位置的管道进行同等的压力试验。对于大口径的高压管道，通常必须同时使用目视检查法和无损检验法来对维修焊缝进行检查。

对可能影响后果严重区域(HCA)的气体管道完整性最新管理规则概括了与不合格/缺陷发现有关的维修条件。第 192.933(b)段中有如下定义：“当管道企业根据相关信息确定该缺陷对管道完整性具有潜在威胁时，事故可能发生。”管道企业必须根据图 10-1(即 ASME B31.8S 中的图 4)所示的时间表来评估和补救维修条件。*PF* 是指预计失效压力，*MAOP* 是指最大允许运行压力。*PF* 与 *MAOP* 之比增大时，响应时间也随之增加；响应时间的增加速率取决于受评管段的工作应力(额定最小屈服强度百分比)。

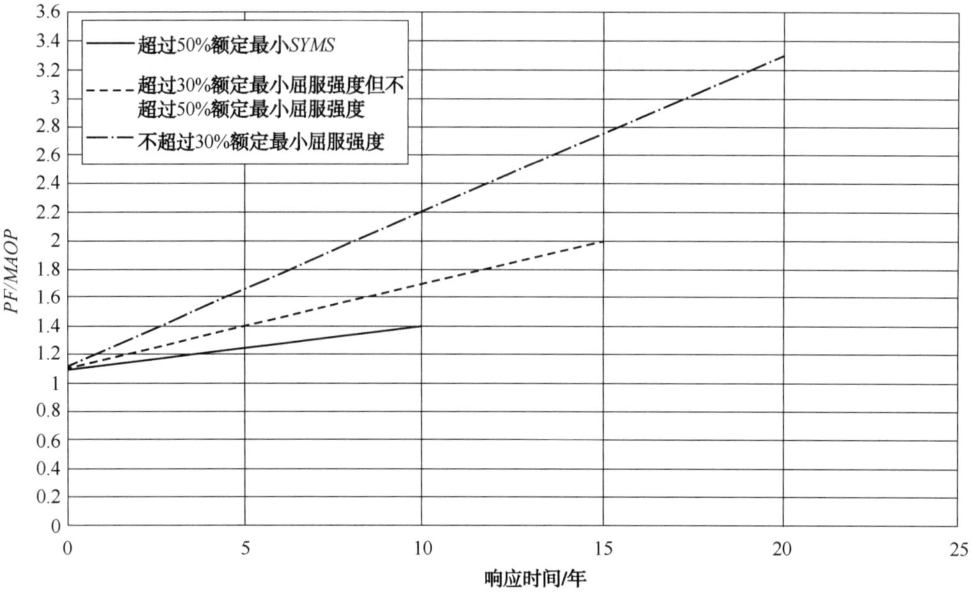

图 10-1　预计响应的时间选择——ASME B31. 8S 中图 4 所示的与时间有关之突发事件的规定完整性管理计划

第 192. 933(d)段中规定了即刻维修条件、一年条件和监控条件的特殊要求。倍数表示条件发生后经营公司必须对该条件进行补救的期限。

3 种立即维修条件如下：

(1) *PF* 计算值小于或等于 *MAOP* 的 1. 1 倍；

(2) 凹痕有金属损失、开裂或应力梯级的迹象；

(3) 管道企业的评估专家判定需要对迹象或不合格采取即时措施。

2 种一年内维修条件如下：

(1) 光滑凹痕的深度超过管道直径的 6%或在管道直径小于 324mm(12. 75in)时大于 12. 7mm(0. 50in)，且该凹痕位于 8 点钟与 4 点钟方向位置之间(管道的上 2/3 部分)；

(2) 凹痕的深度超过管道直径的 2%或在管道直径小于 324mm(12. 75in)时大于 6. 35mm (0. 25in)，且该凹痕会在环形焊缝或直焊缝处影响管道曲率。

3 种受监控条件如下：

(1) 凹痕的深度超过管道直径的 6%或在管道直径小于 324mm(12. 75in)时大于 12. 7mm (0. 50in)，且该凹痕位于 4 点钟与 8 点钟方向位置之间(管道的下 1/3 部分)；

(2) 凹痕的深度超过管道直径的 6%或在管道直径小于 324mm(12. 75in)时大于 12. 7mm (0. 50in)，且该凹痕位于 8 点钟与 4 点钟方向位置之间(管道的上 2/3 部分)，但工程分析显示其应变低于临界水平；

(3) 凹痕的深度超过管道直径的 2%或在管道直径小于 324mm(12. 75in)时大于 6. 35mm (0. 25in)，且该凹痕会在环形焊缝或直焊缝处影响管道曲率，但考虑到焊缝特性的工程分析显示其应变低于临界水平。

2. 危险液体管道

危险液体管道维修基本要求见 195. 422 段。管道企业必须确保维修过程的安全，且不会造成人身伤害或财产损害。更换的管道、阀门及配件必须按照规范第 195 部分的要求进行设计和施工。

焊缝合格率、维修和无损检验要求，分别见第 195.228、195.230 和 195.234 段。每条焊缝和每次焊接都必须进行检查，确保其符合规范第 195 部分的规定；除了外观检查外，还须进行无损检验。焊缝合格率标准详见美国石油学会标准(AP 1104)第 6 节的规定。但是，若因除裂纹以外的任何原因造成环形焊缝不合格，在 API 1104 附录适用的情况下，可根据附录来确定其合格性。不合格的焊缝必须清除或进行维修。必须尽力消除缺陷，达到优质金属的要求。必要时，必须进行预热。维修之后必须进行检查。在先前修补区域再次修补裂纹或缺陷必须按照合格的书面程序来完成。该程序规定了先前原始焊缝形成所需的最低力学性能要求。

对于可能对严重后果区(HCA)造成影响的危险液体管道，在 API 1160 完整性管理规定中，说明了对发现的可能影响管道完整性的缺陷实施维修的条件。对于气体管道有如下规定："管道企业确定发现的缺陷或状况对管道完整性造成潜在危害时，应消除隐患和危害"。管道企业必须优先考虑维修方法，以制定评估和修复计划。对于立即修复、60 天修复、180 天修复及其他修复条件，均应制定修复计划的特殊要求。上述时间段表示管道企业在发现情况后必须完成修复的期限。

5 种立即修复条件如下：

(1) 金属损失大于公称壁厚的 80%；

(2) 计算的 *PF* 小于缺陷位置规定的最大运行压力；

(3) 8 点钟方向和 4 点钟方向之间的管道顶部出现凹痕，有金属损失、裂纹或应力梯级的迹象；

(4) 8 点钟方向和 4 点钟方向之间的管道顶部出现深度大于公称管径 6%的凹痕；

(5) 管道企业评估专家判断，不合格需要采取即时修复措施。

2 种 60 天内修复条件如下：

(1) 8 点钟方向和 4 点钟方向之间的管道顶部出现深度大于公称管径 3%或小于 324mm (12.75in)公称管径的管道上深度大于 6.35mm(0.25in)的凹痕；

(2) 4 点钟方向和 8 点钟方向之间的管道底部出现凹痕，有金属损失、裂纹或应力梯级的迹象。

9 种 180 天修复条件如下：

(1) 在环形焊缝或直焊缝处出现影响管道曲率的深度大于公称管径 2%或小于 324mm (12.75in)公称管径的管道上深度大于 6.35mm(0.25in)的凹痕；

(2) 8 点钟方向和 4 点钟方向之间的管道顶部出现深度大于公称管径 2%或小于 324mm (12.75in)公称管径的管道上深度大于 6.35mm(0.25in)的凹痕；

(3) 4 点钟方向和 8 点钟方向之间的管道底部出现深度大于公称管径 6%的凹痕；

(4) 剩余强度计算显示，运行压力小于异常位置当前规定的最大运行压力；

(5) 普遍腐蚀区域，预计金属损失大于公称壁厚的 50%；

(6) 在布满环形腐蚀的区域或可能影响环形焊缝的区域内，在与另一管道的交叉处出现大于公称壁厚的 50%的预计金属损失；

(7) 确定因开挖造成裂纹的潜在裂纹位置；

（8）纵向焊缝腐蚀或其沿途区域腐蚀；

（9）深度大于公称壁厚的12.5%的凹槽或沟槽。

管道运营公司还必须对可能影响管道完整性的任何其他已确认状况进行评估。

10.2.2 国内管道修复响应时间

根据检测和评价的结果，管道管理者需要制定缺陷的修复时间表，以保证所采取的措施可以维护管道在下一个评定周期内的完整性，按管道缺陷的轻重缓急可将维修响应分为3类：

（1）立即响应；

（2）计划响应，在某时期内完成修复；

（3）进行监测。

各时间安排的适用性见表10-1～表10-7。

表10-1 输油管道需要立即修复的情况

<table>
<tr><th>立即修复的情况</th><th>内检测发现缺陷</th><th>现场调查发现</th></tr>
<tr><td>大于80%壁厚的金属损失</td><td>应于48h内将发现缺陷处管段最大波动压力降至安全压力
在发现缺陷的10个工作日内开挖，验证和评价是否开裂，并修复</td><td rowspan="2">停止调查，将发现缺陷管段的最大波动压力降至安全压力，直到对情况进行了验证，在发现后的10个工作日内检查是否开裂，并修复</td></tr>
<tr><td>剩余强度计算表明：爆裂压力比现有最大运行压力小</td><td>应对大于80%的金属损失，计算爆裂压力，降压、开挖、验证、评价是否开裂，并修复</td></tr>
<tr><td>管道上部（在4点和8点钟以上）的凹陷，并伴有金属损失、开裂或应力集中</td><td rowspan="3">应将最大波动压力降至正常的80%，对大于80%的金属损失，计算爆裂压力，降压、开挖、验证、评价是否应力集中凹坑，并修复</td><td rowspan="3">停止调查，将发现管段的最大波动压力降至80%，直到对情况进行了验证，在发现后的10个工作日内检查是否有应力集中凹坑，并修复</td></tr>
<tr><td>管道上部（在4点和8点钟以上）的凹陷，深度大于6%的管径</td></tr>
<tr><td>管道公司指派的评价人员认为需要立即修复的缺陷</td></tr>
</table>

表10-2 输油管道可在60天内修复的情况

<table>
<tr><th>60天内进行修复的情况</th><th>内检测发现</th><th>现场调查发现</th></tr>
<tr><td>管道上部（在4点钟和8点钟以上）的凹坑，深度大于3%的管径（如果管径小于30.5mm的管道，则指凹坑深度大于0.61mm）</td><td rowspan="2">在开挖前，将最大波动压力降至正常的80%
在发现后的60天内，开挖、验证和评价应力集中凹坑，并修复</td><td rowspan="2">停止调查，将发现管段的最大波动压力降至80%，直到对情况进行了验证，在发现后的10个工作日内检查是否有应力集中凹坑，并修复</td></tr>
<tr><td>在管道底部的凹坑，并伴有金属损失、开裂和应力集中</td></tr>
</table>

表 10-3　输油管道可在 180 天内修复的情况

180 天内进行修复的情况	内检测发现	现场调查发现
深度大于 2%管径的凹坑(如果管径小于 30.5mm 的管道，则指凹坑深度大于 0.61mm)，并在环焊缝或纵焊缝上，影响到管子的曲率	计算缺陷到环焊缝的距离，分析内检测原始数据，验证是否是焊缝的侵蚀 在开挖前，将最大波动压力降至正常的 80% 在发现后的 180 天内，开挖、验证和评价应力集中凹坑，并修复	停止调查，在开挖前将缺陷管段的最大波动压力降至 80%，直到对情况进行了验证，在发现后的 10 个工作日内检查是否有开裂和应力集中凹坑，并修复
管道上部(在 4 点和 8 点钟以上)的凹坑，深度大于 3%的管径(如果管径小于 30.5mm 的管道，则指凹坑深度大于 0.61mm)	在开挖前，将最大波动压力降至正常的 80% 在发现后的 180 天内，开挖、验证和评价是否有应力集中凹坑，并修复	
在管道底部的凹坑，深度大于 6%的管径 剩余强度计算表明：缺陷管段的运行压力低于现行最大操作压力		
这些评价方法包括：ASME/ANSI B31G《腐蚀管道剩余强度计算手册》或 AGA 管道研究委员会项目 PR- 3- 805《腐蚀管道剩余强度评价的修正标准》	对金属损失缺陷，计算安全压力 在开挖前，将最大波动压力降至正常的 80% 在发现后的 180 天内，开挖、验证和评价是否有开裂，并修复	
深度大于 50%壁厚的金属损失	将最大波动压力降至正常的 80%在 180 天内开挖，验证和评价是否开裂，并修复	停止调查，在开挖前将缺陷管段的最大波动压力降至 80%，直到对情况进行了验证，在发现后的 10 个工作日内检查是否有开裂和应力集中凹坑，并修复
有潜在迹象表明是裂纹	在 180 天内开挖，验证和评价是否开裂，并修复	当发现开裂时，在开挖前将缺陷管段的压力降至 80%最大波动压力，在发现后的 10 个工作日内修复
纵焊缝上的腐蚀	在 180 天内开挖，验证和评价是否开裂，并修复	停止调查，在开挖前将缺陷管段的压力降至 80%最大波动压力，在发现后的 10 个工作日内评价是否有开裂和应力集中凹坑，并修复
大于 12.5%壁厚的划伤或凹槽	在 180 天内开挖，验证和评价是否开裂，并修复	在发现后的 10 个工作日内评价是否有开裂和应力集中凹坑，并修复

表 10-4　输油管道需要修复的其他情况

其他情况	内检测发现	现场调查发现
夹层——可能凸起	在缺陷处管段，将最大波动压力降至正常的 80% 在 180 天内开挖，验证和评价是否开裂，并修复	停止调查，在开挖前将缺陷管段的最大波动压力降至 80%，直到对情况进行了验证，在发现后的 10 个工作日内检查是否有开裂和应力集中凹坑，并修复
夹层——可能与表面相连		
夹层——焊缝 5in 范围内		
褶皱		

续表

<table>
<tr><th>其他情况</th><th>内检测发现</th><th>现场调查发现</th></tr>
<tr><td>有套管的管段，深度大于 20%，但小于 50%的金属损失缺陷</td><td rowspan="5">在 180 天内开挖，验证和评价是否开裂，并修复</td><td rowspan="5">在发现后的 10 个工作日内检查是否有开裂和应力集中凹坑，并修复</td></tr>
<tr><td>内检测结果评价为 60 天或 180 天内修复，非立即修复，而且与上次内检测的评价结果相比，深度或预测爆裂压力有重大变化的金属损失缺陷</td></tr>
<tr><td>深度大于 20%，但小于 50%的金属损失缺陷，且腐蚀面积尺寸比管径长，覆盖了管子周长的一半</td></tr>
<tr><td>深度大于 20%，但小于 50%的狭长的(小于 15.24mm)轴向金属损失缺陷</td></tr>
<tr><td>评价人员认为会削弱管道的完整性的缺陷</td></tr>
</table>

表 10-5　输气管道立即修复情况

<table>
<tr><th>立即修复的情况</th><th>内检测发现</th><th>现场发现</th></tr>
<tr><td>对含缺陷管子的剩余强度进行计算表明：预测的失效压力小于或等于 1.1 倍的最大运行压力(只针对腐蚀引起的金属损失)</td><td rowspan="5">在发现缺陷后的 48h 内降低含缺陷管段的运行压力或停输
对含由腐蚀引起的金属损失缺陷的管道，压力应降低至计算得到的安全压力的 80%
在发现后的 10 个工作日内，开挖，验证和评价是否开裂，并修复</td><td rowspan="5">停止调查，运行压力降低至 80%发现缺陷时管段的压力，直到情况得到了验证，在 10 个工作日内检查是否有开裂，并修复</td></tr>
<tr><td>有金属损失、开裂或应力集中迹象的凹坑</td></tr>
<tr><td>管道公司指派的评价人员认为需要立即修复的迹象或缺陷</td></tr>
<tr><td>大于 80%公称壁厚的金属损伤</td></tr>
<tr><td>由直流电、低周 ERW 或闪光焊形成的影响长焊缝的金属损失</td></tr>
<tr><td>应力腐蚀开裂
其他形式的开裂
或类似裂纹的缺陷：沟状裂纹、疲劳裂纹、未焊透和与焊弧和硬疤相关的裂纹</td><td rowspan="4">在发现缺陷后的 48h 内降低含缺陷管段的运行压力或停输
对含由腐蚀引起的金属损失缺陷的管道，压力应降低至计算得到的安全压力的 80%
在发现后的 10 个工作日内，开挖，验证和评价是否开裂，并修复</td><td rowspan="4">停止调查，运行压力降低至 80%发现缺陷时管段的压力，直到情况得到了验证，在 10 个工作日内检查是否有开裂，并修复</td></tr>
<tr><td>由暴雨或洪水引起管线破坏</td></tr>
<tr><td>金属损失，是由第三方造成的划伤引起，无论深度和方位；其他由第三方造成的机械损伤</td></tr>
<tr><td>凹坑以外的第三方或机械造成的损伤，金属损失或划伤，或两者都有</td></tr>
</table>

表 10-6　输气管道 1 年内修复情况

1 年内计划修复的情况	内检测发现	现场发现
位于管道上部的(4 点和 8 点钟位置以上)平滑凹坑，深度大于 6% 管径(如果管径小于 30.5mm 的管道，则指凹坑深度大于 0.61mm) 除非对此平滑凹坑的工程判断证明没有超过临界应变水平	在发现缺陷后的 48h 内降低含缺陷管段的运行压力或停输 对含由腐蚀引起的金属损失缺陷的管道，压力应降低至计算得到的安全压力的 80% 在发现后的 1 年内，开挖，验证和评价是否开裂，并修复	停止调查，最大波动压力降低至 80% 发现缺陷时管段的压力，直到情况得到了验证，在 10 个工作日内检查是否有应力集中凹槽，并修复
深度大于 6% 管径的凹坑(如果管径小于 30.5mm 的管道，则指凹坑深度大于 0.61mm)，且在环焊缝或纵焊缝上，影响到管子的曲率 除非对此凹坑的工程判断证明没有超过临界应变水平		
没有开裂的硬疤或焊弧，硬度超过洛氏硬度 35		

表 10-7　输气管道需要监测的情况

需要监测的情况	内检测发现	现场发现
位于管道上部的(4 点和 8 点钟位置以上)平滑凹坑，深度大于 6% 管径(如果管径小于 30.5mm 的管道，则指凹坑深度大于 0.61mm) 而且对此平滑凹坑的工程判断证明没有超过临界应变水平	发现后，在随后的完整性评价中监测任何会引起需要修复的变化 在随后的风险评价中需要记录监测的情况 由管理者、工程维护人员确定是否需要修复	发现后，在随后的完整性评价中监测任何会引起需要修复的变化 在随后的风险评价中需要记录监测的情况 由管理者、工程维护人员确定是否需要修复
深度大于 6% 管径的凹坑(如果管径小于 30.5mm 的管道，则指凹坑深度大于 0.61mm)，且在环焊缝或纵焊缝上，影响到管子的曲率 而且对此凹坑的工程判断证明没有超过临界应变水平		
深度大于 6% 管径的凹坑(如果管径小于 30.5mm 的管道，则指凹坑深度大于 0.61mm)，4 点和 8 点钟位置之间(管道的 1/3，底部)		
腐蚀引起的金属损伤缺陷，不是要求立即修复、1 年内计划修复或 1 年后修复，但在下次完整性评价活动前计划调查的情况	发现后，在随后的完整性评价中监测任何会引起需要修复的变化 在随后的风险评价中需要记录监测的情况 由管理者、工程维护人员确定是否需要修复	发现后，在随后的完整性评价中监测任何会引起需要修复的变化 在随后的风险评价中需要记录监测的情况 由管理者、工程维护人员确定是否需要修复
深度小于 2% 外径的平滑凹坑，在环焊缝或纵焊缝上，无论是否影响到管子的曲率		
制造和焊接相关的缺陷，除非基于专家经验要求调查和/或修复		
没有开裂的硬疤或焊弧，硬度超过洛氏硬度 35		

10.2.3 凹坑修复准则

凹坑是在建设期、管道运行维护过程中产生的，主要是外力造成的管道外部凹陷或管内径减小。凹陷损伤分类见表 10-8(a)，凹陷的修复准则见表 10-8(b)。

表 10-8(a) 凹陷损伤的类型

类　　型	是否与其他缺陷(特征)相关
弯折凹陷	—
平滑凹陷	与划痕、裂纹相关的凹陷
	与焊缝相关的凹陷
	与腐蚀相关的凹陷
	普通凹陷

表 10-8(b) 气体管道凹陷国际标准修复准则

<table>
<tr><td>修复准则依据</td><td>49 CFR 192(美国联邦法规)</td><td>ASME B31.8—2016</td></tr>
<tr><td>修复相应方式</td><td>依据深度和应变要求修复管道，分为立即修复、1 年内修复、继续监控和不需要修复</td><td>依据深度和应变要求修复管道，分为需要修复、不需要修复</td></tr>
<tr><td>凹陷规定等级</td><td>2%管道直径和 6%管道直径</td><td>2%管道直径和 6%管道直径</td></tr>
<tr><td>压力等级</td><td>20%SMYS 和 40%SMYS</td><td>20%SMYS 和 40%SMYS</td></tr>
<tr><td rowspan="5">修复标准</td><td>运行应力水平小于 20%SMYS 的凹陷不要求修复</td><td>运行应力水平小于 20%SMYS 的凹陷不要求修复</td></tr>
<tr><td>应变超过临界应变水平的凹陷要求进行修复</td><td>深度小于 2%管道直径不修复</td></tr>
<tr><td>立即修复：
(1)凹陷内部有金属损失、有裂纹扩展、有应力持续升高的迹象的需要立即修复的
(2)评价人员根据设计、施工各种环境分析确定不满足使用需求，需要立即修复的</td><td rowspan="3">建设期(需要修复)：
(1)所有在纵焊缝和环焊缝上影响弯曲的凹陷都要切掉
(2)所有深度超过 2%管道直径的凹陷(300mm 以上)且运行在 40%SMYS 以上的管道，均需切除。不允许打补丁
运行期(需要修复)：
(1)通过内检测确定是否需要修复，凹陷处应变 6%是临界极限(应变测量方法见标准附录 R)
(2)凹陷内部包含有腐蚀，且腐蚀具有一定的风险性，较危险
(3)凹陷深度超过 6%管道直径
(4)凹陷内部有应力腐蚀开裂或其他裂纹
(5)如果凹陷深度超过 2%管道直径，且应变不超过 4%，除了特殊评估安全的之外，凹陷影响了环焊缝和直焊缝的韧性
(6)焊缝处应变超过 4%的凹陷
(7)任何深度凹陷影响了材料韧性，具有使材料变脆性增强的趋势
修复方法：非金属复合材料修复凹陷不被接受</td></tr>
<tr><td>1 年内修复：
(1)光滑的凹陷在上部 8：00~4：00 位置，有深度达 6%管道直径的凹陷
(2)深度大于 2%管道直径的凹陷在环焊缝或直焊缝上，影响管子弯曲</td></tr>
<tr><td>监测：
(1)深度超过 6%管道直径的凹陷在管道底部 8：00~4：00 位置(下部 1/3)
(2)光滑的凹陷在上部 8：00~4：00 位置，有深度达 6%管道直径的凹陷，工程分析不超过临界应变
(3)深度大于 2%管道直径的凹陷在环焊缝或直焊缝上，影响管子弯曲，且工程分析不超过临界应变</td></tr>
</table>

10.3 管道修复技术

管道缺陷影响管道的强度，有的缺陷还可能是“活缺陷”，即由于疲劳或环境原因影响发生扩展，许多缺陷及时需要修复，本节中的修复方法并不是对每一种修复方案都有效，而是当前在工业领域里经常使用的技术。所有修复所用的材料都应满足或大于受影响的管段的最大运行压力，并且符合应用规范。

10.3.1 换管

如果管道的某一部分出现严重的异常，或加强钢套筒及复合套筒不再适用时，应该用另外的管段更换有缺陷的部分，更换后管道的设计强度至少等于被替换前的管道的设计强度。这些严重的异常包括连续大片的凹坑或裂纹，如图 10-2 和图 10-3 所示。

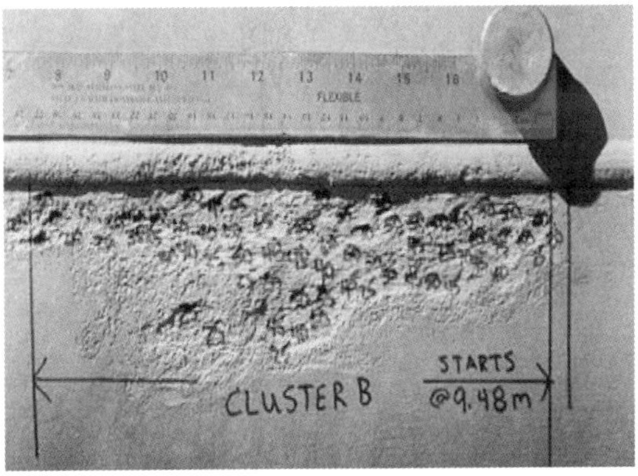

图 10-2　外腐蚀

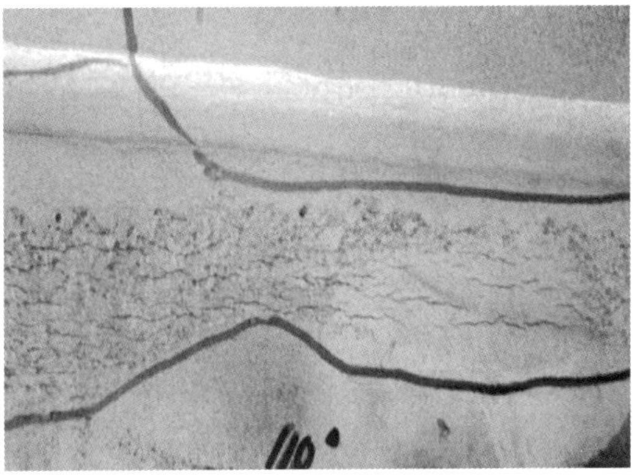

图 10-3　应力腐蚀开裂

10.3.2 重涂和回填

当评估外部异常后，确定无需修复时，可以采取重涂和回填。在重新涂覆防腐层后，还应对异常部分施加阴极保护。但是，如果管道以前有防腐层和阴极保护，应确定腐蚀异常的原因，或采取减缓措施来防止事件再次发生以及异常现象的恶化。防腐层换新施工如图 10-4 所示。

10.3.3 管道套筒

使用全包围钢套筒是管道修复时广泛采用的方法之一，正确使用的全包围型套筒至少能将缺陷处管道强度恢复到 100% 的最小屈服强度。

有许多种类型和构造的套筒可供使用，具体的选择取决于管道的结构和修复的缺陷部位。

图 10-4　防腐层换新施工

1. A 型套筒

A 型套筒是由安装在管道缺陷部位的两个半圆柱管或两个弧面组成的，通过全焊透或单面角焊连接起来。末端不焊接到输送管道上，但是应该完全密封以防水进入管道和加强套筒之间。加强套筒不能承受压力，仅仅用于非泄漏缺陷。为了更有效，A 型套筒应在缺陷部分进行加固，尽可能阻止它呈放射状的膨胀。在安装套筒时，降低运行压力以及在环行空间内使用不可压缩的树脂填充物会使修复效果更好，如图 10-5 所示。

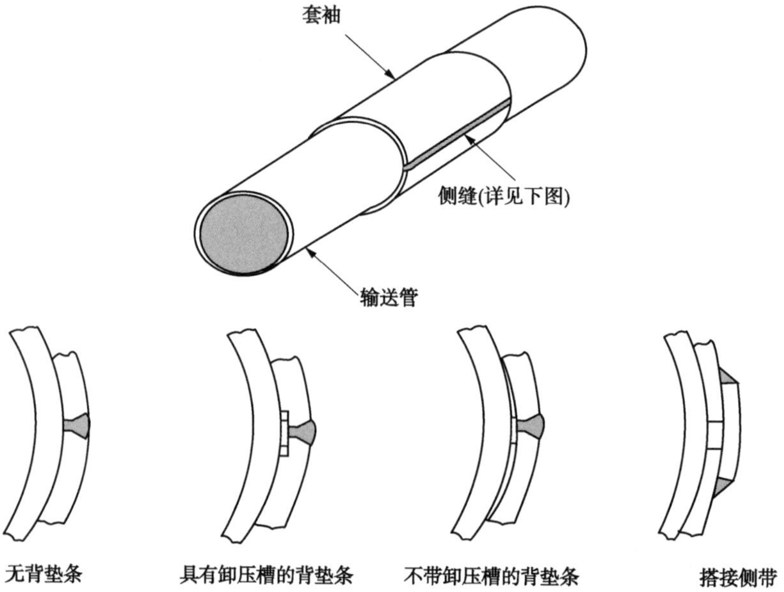

图 10-5　A 型套筒

优点：无需焊接在输送管道上。

缺点：

（1）对于环形缺陷不推荐使用此种套筒；

（2）不能修复任何泄漏缺陷或立刻要泄漏的缺陷。

2. B 型套筒

修复缺陷的套筒是端部焊接到输送管道上的称为 B 型套筒，如图 10-6 所示。B 型套筒由两个半圆柱或围绕管道缺陷部位的两个弧形面组成，采用和 A 型套筒相同的安装方式。B 型套筒可以带有压力和/或承受施加在管道上的横向载荷产生的纵向应力。它可以修复泄漏以及加强环形缺陷。有时用来修复非泄漏缺陷的 B 型套筒通过开孔对管道和套筒加压，从而减少缺陷部位的环向应力。B 型套筒在侧缝处应全焊透。只有当 A 型套筒对接焊成纵向套筒时，才可以制成 B 型套筒。

优点：

（1）可以用来修复大多数类型的缺陷，包括泄漏；

（2）可以用来修复环向缺陷；

（3）可以通过金属损失内检测器轻易检测出此种修复；

（4）套筒和输送管道之间的环形空间被保护起来以免腐蚀。

缺点：

（1）当用非低氢焊接程序焊接在役管道时，可能存在周向填角焊引起的延迟裂纹；

（2）修复时，需要考虑降低流速和运行压力。

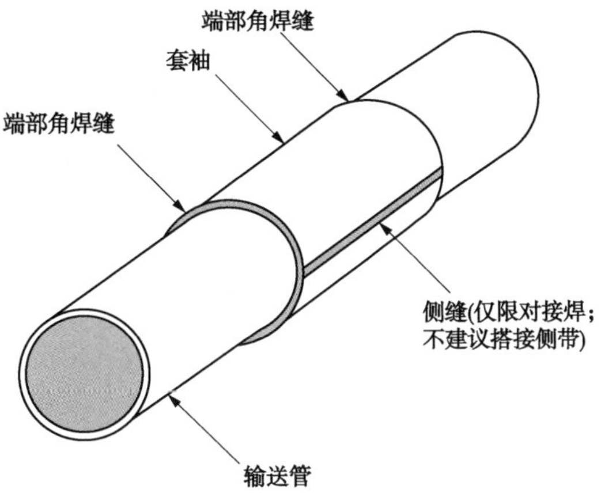

图 10-6　B 型套筒

10.3.4 “异形”套筒

许多老管道是由机械型的连接头连接而成的。这些接头通常包括用来压缩填充或垫圈以密封管道的纵向的螺钉和套环(轴环)。当异常纵向载荷施加到管道上时，这些连接头可以沿管道传送微小的纵向应力，因此它们可能发生“崩脱”事故。为了克服“崩脱”和泄漏事故，在连接头上安装异形套筒并将两末端角焊到管道上。由于侧缝也焊接，套筒可以承受压力。此套筒也可以用来修复弯曲、椭圆和褶皱弯曲的缺陷。这类套筒的安装方法和传统的 B 型套筒类似。因为异形套筒的直径比输送管道大得多，它们需要更厚些或具有比管道更高的设计压力。因此，在安装“异形”套筒之前，应该先进行详细的技术设计核对。

另一类异形套筒可以安装在排泄阀上。在管道上焊接一小段管(其另外一端焊接有堵帽)可以防止该阀门泄漏。当 A 型和 B 型套筒都不适用时，可以考虑用“异形”套筒。如弯管(现场弯曲)的套筒配置可以在一根弯管上安装传统的 A 类或 B 类套筒。套筒越短，在管道的弯曲段上的安装效果越好。对于 A 类套筒，弯曲度形成的环形空间可填充一种可固化材料，以便与输送管连接。相对较短的 B 类套筒可以高效地安装，但根据管道尺寸和弯曲度，超过一定长度的 B 类套筒将不能很好地匹配弯管，达不到安装要求。

将相对较长的套筒安装到现场弯管上的方法被称为“穿山甲”套筒。这种方法得名于其外形，如图 10-7 所示。这类套筒包括几个短节，通过桥接套筒连接在一起。较长的已腐蚀现场弯管可以用这种方式进行维修。如果“穿山甲”套筒的两端不焊接到输送管上，如图 10-7 所示，则“穿山甲”套筒可以看作是 A 型套筒，如果“穿山甲”套筒焊接到输送管上，则其可看作是 B 型套筒。“穿山甲”套筒配置的最大缺点是制作时需要大量的焊接操作，同时还会大幅增加管道上被修补维修部分的重量和硬度。

弯管维修的另一个选择是安装斜接段，然后各段通过对接焊相连，形成一个连续的套袖。

10.3.5 PetroSleeve 钢制压缩套筒

钢制压缩套筒是 A 型套筒的一个特殊类型。这种套筒的设计、制作及应用均能使已修复的输送管段在运行中维持在抗压环向应力环境中。这种方法之所以受欢迎，是因为它可修复纵向裂纹类缺陷。没有抗拉环向应力的情况下，无法使裂纹扩展。这种套筒对于修复环形裂纹无任何帮助。CSA Z662 标准第 10.8.5.4.4 段说明了钢制抗压补强修补管的用途。

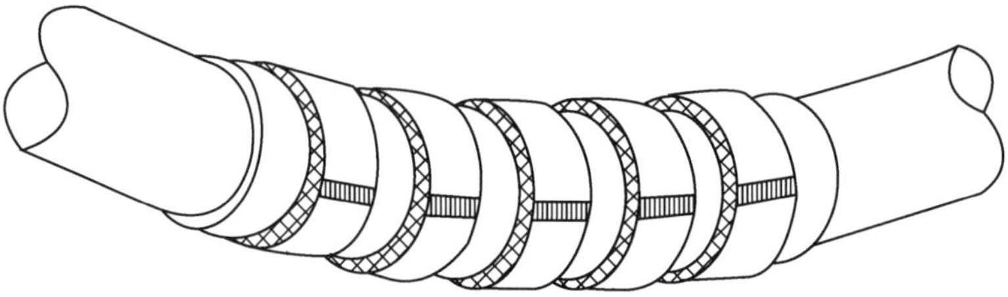

图 10-7　弯管套筒修复安装

安装钢制压缩套筒之前，输送管应采用电动钢丝轮、喷丸清洗剂或喷砂清洗剂清洗至露出金属裸面。两个半圆管道置于缺陷区域上，采用链条或吊耳及螺栓使其固定在一起。再采用众多可用焊接工艺中的一种将两个半圆套筒焊接在一起。安装期间通常需要降压使输送管内具有合格的抗压强度。输送管和套筒之间采用环氧填料，以达到传递应力的目的。如前所述，单独的降压只能将部分环向应力从输送管传递至套筒。PetroSleeve 能将降压和套筒的热收缩相结合，使输送管内具有充分的抗压强度。

图 10-8　安装及喷砂处理后的钢制压缩套筒示例

PetroSleeve 由带有侧板的两个半圆钢管构成(见图 10-8)。两个半圆钢管安装在缺陷上，加热后首先采用链条式卡具或液压千斤顶将其固定在适当位置(见图 10-9)，再采用两个纵向侧板将两个半圆套筒焊接在一起。与输送管的连接处没有焊缝。图 10-10 显示了 PetroSleeve 的安装过程。输送管的内部压力由套筒的抗压能力来达到平衡，以降低输送管内的环向应力。

套筒的热收缩有助于将抗压应力传递到输送管内。比起冷态，加热后的顶部半圆套筒能滑入到侧板更下方的位置，因此，套筒的原始周长变短。当套筒处于热态时用现场焊缝使其固定在适当位置，套筒无法恢复到原来的直径；因此，降温后其直径会变短。安装时，在输送管和套筒之间做好环氧层。当两个半圆套筒安放在输送管上时，环氧树脂用作润滑剂，之后则用作填料，在套筒和输送管之间均匀传递荷载。

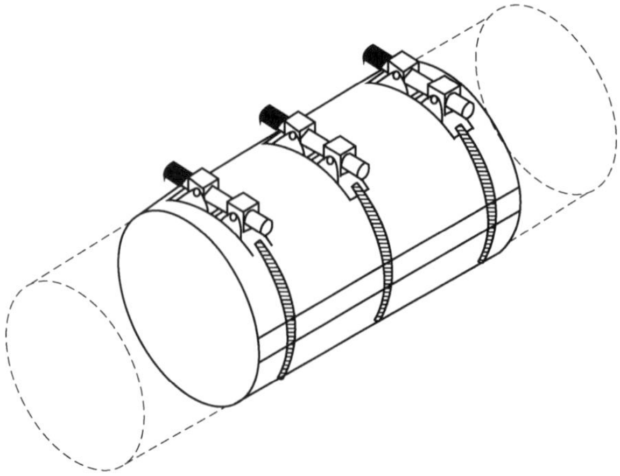

图 10-9　钢制压缩套筒采用链条和千斤顶安装到管道上

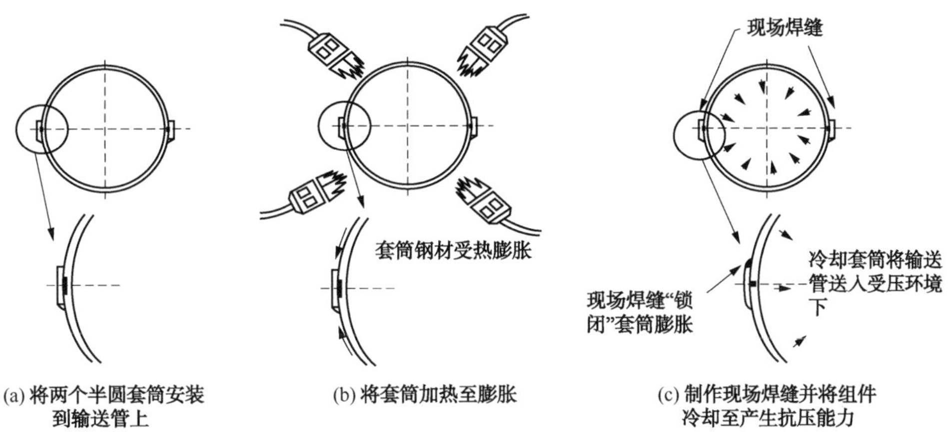

图 10-10　钢制压缩套袖安装步骤

有几种因素会影响输送管内应力降低的程度，其中包括管道壁厚和直径、套筒壁厚、安装时的内部压力以及安装温度。套筒冷却后，对已完成的焊缝应实施无损检验。

10.3.6　加强型夹具(SSRC)(或螺栓夹具)

图 10-11　螺栓夹具

这种夹具被广泛用来修复缺陷、恢复管道的最大运行压力，在大多数情况下可以起到永久修复的作用。其可用于高压或低压的原油、气、成品油管道。通常情况下，因为需要大的螺栓确保充分的夹紧力，螺栓夹具既厚且重。如图 10-11 所示，虽然有许多类型的商业螺栓夹具，但基本的安装方式有两种：①只用弹性橡胶密封；②弹性橡胶焊接密封。弹性橡胶密封使得缺陷泄漏时能承受压力，焊接选择作为备用。如果弹性橡胶密封失效，焊接夹具可以封住泄漏部位继续承受压力。该焊接方式应该基于个别情况来选择，但是当焊接螺栓夹具时(特别是由于壁厚不匹配)应极为小心。同时填充料不能加热过高，但应使其黏结在管壁上。

优点：

(1) 夹具的花费经济有效；

(2) 无需焊接到输送管道上。

缺点：

(1) 其长度较短限制了其在较大缺陷管道上的应用；

(2) 主要用在直管段上，应用在弯头和装置部位上时需定做。

10.3.7　防泄漏夹具

防泄漏夹具用来修复外腐蚀凹陷。它们广泛地用在独立的腐蚀凹陷，但仅仅是临时修复直到管段被更换。由于防泄漏夹具只是临时修复，它与管道夹具或套筒是有区别的。当分析表明泄漏周围不可能发生腐蚀开裂，或在进行永久性修复之前压力水平一直保持很低时，才可以使用防泄漏夹具。防泄漏夹具包括轻型金属带，此金属带用单牵引螺栓紧固到管道上，还包括一个与牵引螺栓成180°的带螺纹的装置，此装置可将氯丁(二烯)橡胶圆锥体压入泄漏处。

图10-12是典型的堵漏卡具。图10-13是密封卡具。

图10-12　堵漏卡具

10.3.8　复合材料修复方法

复合材料已在航空航天领域使用很多年了。在最近几年，复合套袖已经被开发并用于维修非泄漏管道缺陷。不同的复合套筒是多个特定供应商生产的专利产品。

与钢质套筒相比，复合强化套筒的优点是材料搬运容易、安装人员技术要求较低、安装速度更快以及总体成本更低。安装复合强化套筒的培训(如上述列出的产品)一般只需要一两天。与学习高压管道的焊接相比，这个培训期是非常短的。但安装人员的培训和资质对确保安装和维修合格仍然非常重要。

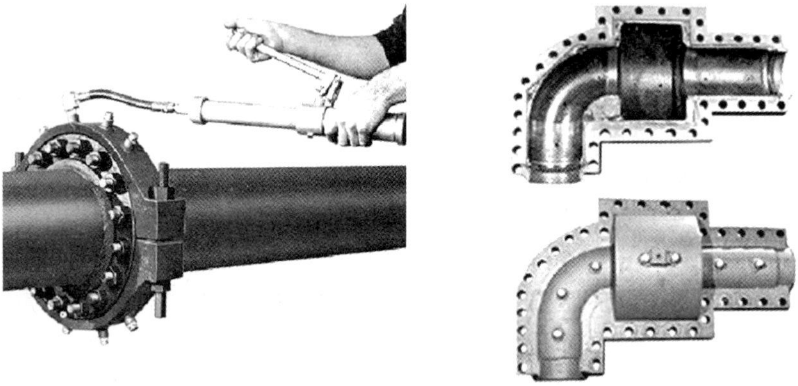

(a) 法兰修复夹具　　(b) 弯管和法兰结合修复夹具

图10-13　密封夹具

复合材料维修方法已在特定应用中得到了证实并获得了管理以及规范上的认可，如维修冲蚀缺陷应用。例如，Clock Spring®已被美国交通运输部指定为维修管道壁冲蚀缺陷的永久维修方法，并且得到CSA Z662的认可。由于复合材料维修不断改进并扩大至更多新应用，以下讨论不是为了限制其用途，而是描述其性能和试验方面应予以强调的重要因素，使这种方法更具说服力。以下讨论重点包括复合加强材料的一般维修方法和特定维修方法两方面。

1. Clock Spring®维修系统

根据Porter和Mitchell的整理，Clock Spring®维修系统是在美国天然气研究协会资助的一个为期10年的研究和测试计划的支持下开发的。图10-14显示了Clock Spring®维修系统。如图10-15所示，该系统包括三部分：①单向复合包装材料；②在包装材料和管道之间以及包装材料层间的两段式聚合物黏合剂；③高抗压强度填充剂，用于传递载荷。安装在管道上后，这个系统可以在环形方向进行加固，并降低环形应力。因此，这是传统A型套筒的一个备选方案。

图 10-14 Clock Spring®维修系统图示

图 10-15 Clock Spring®维修系统部件
1—复合包覆材料；2—聚合物黏合剂；3—填充剂

圆周对齐的无碱玻璃纤维被压缩到聚酯树脂基体中形成复合包覆材料。湿纤维缠绕在圆筒形心轴上，然后凝固，形成钟表发条状的最终包覆材料。各层标准厚度为 1.65mm (0.065in)，并且包含 60%~70%质量百分比或 45%~55%体积百分比的玻璃纤维。典型安装包括 8 层，形成约 12.7mm(0.50in)厚的复合材料结构。标准测试方法可以用于测量复合材料的以下性能：

(1)在完全浸入 60℃(140℉)水中的最坏情况下，施加 359~585MPa(52~85ksi)的短期和长期抗张强度；

(2) 在 1.5%~2.0%应变下破损点的线性弹性特性；

(3) 平行于纤维方向(管道上的环形方向)上 3.45GPa(500ksi)的弹性模量，和垂直于纤维方向上 0.965GPa(140ksi)的弹性模量；

(4) 在纤维方向(管道上的环形方向)上 3.33×10^{-6}/℃(6.0×10^{-6}/℉)的热膨胀系数，和在垂直于纤维方向上 1.78×10^{-5}/℃(3.2×10^{-5}/℉)的热膨胀系数。

处于高应力的恶劣环境下时，高分子合成材料的强度会随着时间推移而逐渐下降。鉴于这个原因，在温度为 49℃和 60℃(120℉和 140℉)的情况下，在饱和的 12.7mm(0.5in)宽的复合材料试样上进行了长期应力断裂试验。在试验中，试样被浸入 pH 值为 4~9.5 的去离子水中。选定的试验条件应具有代表性，可展现地下管道修补管可能遇到的常见最坏环境。在不到一年的时间内经过多次测试，试样出现断裂。结果显示，在 138MPa(20ksi)保守设计应力极限下使用寿命可达 50 年。

如上所述，通过聚合物黏合剂可将复合材料与管道黏合，这是一种已申请专利的环氧甲基丙烯酸甲酯复合物，即众所周知的 MA440。应力分析的结果显示在典型安装端部的最大黏附应力基本上小于 1.38MPa(200psi)，大大小于 7.58~10.3MPa(1100~1500psi)的黏合剂测量强度。

最后，采用广泛的现场验证计划，以评估在实际管道运行条件下 Clock Spring®维修系统的性能。在全美范围内的不同位置安装了大约 100 套系统。选择这些位置以代表各种不同的管道运行条件。泥土范围是从干沙到红黏土，温度范围是从 4~35℃(40~95℉)。运行 4~7 年后进行检验，结果显示维修性能无任何明显下降。

2. Armor Plate™管道包覆材料

Armor Plate™管道包覆套筒的尺寸适用于特定直径管道和缺陷尺寸。管道包覆材料是玻璃纤维树脂系统。完整的 Armor Plate™管道包覆材料外形和 Clock Spring®相似(见图 10-16)。

图 10-16　支管接头上完成的 Armor Plate™维修

套筒由现场连续加工的多层铠装纤维材料构成。这种材料的常见宽度是305mm(12in)。维修可将多层复合材料相互紧贴安装并隔层重叠以修复较长的缺陷。Armor Plate™材料在管线上的应用以及维修前管道表面的处理与 Clock Spring®维修系统的情况相似。

与 Clock Spring®维修系统使用标准的 8 层包覆不同的是，用于管段的 Armor Plate™包覆材料的数量是采用制造商提供的专用软件按具体情况分别进行计算的。在制造商的协助下，根据其指导评估缺陷的深度和长度，然后计算需要的管道包覆材料的数量。同样，应遵守制造商建议的最大工作温度和最坏土壤以及湿度条件。

对于管道包覆材料的安装紧贴度，如果纵向焊缝不够规整，则应通过打磨或采用制造商认可的环氧腻子缺陷填料将套袖与焊缝连接的范围内的所有凹坑填满的方式去除不平整部分。Armor Plate™材料也可用于管道上的焊接短节(见图 10-16)，因为这种材料是在润湿状态下包覆的，比固化状态下更灵活。但这并不是说这种材料在包覆管道后必须在现场固化，这样会增加维修时间。现场固化也比在工厂固化具有更多的潜在不定因素。

Armor Plate™维修系统已经过了大量的测试。实验性工作包括：

(1) 腐蚀管道、弯头和三通的破裂试验，带凹痕和凹槽的管道的疲劳试验；

(2) 复合物和黏合剂的材料试验；

(3) 已维修管道的应变计测量；

(4) 阴极剥离试验。

3. StrongBack/Masterwrap 系统

StrongBack/Masterwrap 维修系统使用水固化、玻璃纤维聚氨酯复合物材料。这种材料最初开发用于海上应用，可以用于水下。因此，像 Armor Plate™一样，这种材料在润湿状态下应用，然后固化。StrongBack/Masterwrap 维修系统已经过了大量的评估，包括材料的张力、压缩和剪切强度试验、试验钢圈的爆裂强度、阴极剥离试验、蠕变试验、疲劳试验和环境暴露试验——紫外线、热力、化学、冷冻/解冻和湿度等。

4. WrapMaster PermaWrap™系统

PermaWrap™系统使用硬质聚酯玻璃纤维包覆材料，类似 Clock Spring®维修系统使用的材料。图 10-17 显示了弯管上使用 PermaWrap™进行维修结束后的状态。除了在复合包覆材料各层之间使用黏合剂外，各层还通过机械方式互锁。因此，这种系统不仅依靠黏合剂来紧固套筒，同时，复合物还含有金属物质，通过管道检查工具可以探测到。正如 Clock Spring®一样，PermaWrap™材料可以用于维修腐蚀深度达到壁厚 80%的腐蚀缺陷，而且是相对比较快的维修技术，几乎可以在两小时内完成。

PermaWrap™维修系统的评估包括复合物和黏合剂的材料试验、已维修管道的爆裂试验和已维修管道的循环疲劳试验。安装分 10 个步骤完成，包括：

(1) 管道表面处理；

(2) 确定缺陷的特征；

（3）确认需要加套筒的管道范围；
（4）用腻子填充缺陷；
（5）混合黏合剂；
（6）包裹时将黏合剂用于管道和复合物表面；
（7）紧固包覆物；
（8）挤出管道和包覆物之间以及包覆层间的多余材料；
（9）密封边缘和过渡区；
（10）按要求对接或交错安装更多的套筒，覆盖缺陷区域。

5. Black-Diamond™复合包覆物

与以上讨论的单向玻璃纤维强化复合物不同的是，Black-Diamond™包覆物是碳化纤维/树脂系统，带有单层双向纯碳丝织物，这样便可在径向和纵向都具有一定强度。这种材料设计用于维修外部腐蚀、凹槽、沟槽、焊缝烧穿和凹痕，可以用于三通、弯头和管道直管段。包覆数量由实际应用情况决定；在维修时，应至少使用两层完成的包覆材料。这种材料可以用于两种温度范围：－29～10℃（－20～50℉）和10～82℃（50～180℉）。试验结构未发布，但可以从制造商处获取。

图 10-17　弯管上完成的 PermaWrap™维修

6. 采用复合补强圈的维修设计

复合补强圈维修必须满足与套筒相同的基本设计标准。用复合材料维修缺陷应通过试验和/或分析证明，试验应能承受最小屈服强度100%的静压力，并且在维修的整个寿命期间不会对管道的完整性造成任何不良影响。

如果基本上没有什么设计数据和现场经验可以参考时，可以根据具体的分析和试验设计复合材料进行维修，或使用图和表，和/或使用制造商提供的软件。对于给定长度、宽度、深度和缺陷的程度(应力集中度)，复合补强圈设计程序必须确定以下4个参数：

（1）所要求的补强圈的最小厚度；
（2）维修系统安装应满足的压力；
（3）应施加到复合材料的预拉载荷；
（4）在缺陷端部上需要的强化材料的最小长度。

最小厚度规定了维修可以实现的基本补强等级。一般来说，复合物厚度会随着缺陷深度和长度的增加而增加。如同钢套筒一样，安装压力可以帮助控制配合和达到的预加载数量。随着维修压力对操作压力比率的下降，套筒性能和维修完整性会提高。复合套筒不能仅与缺陷边沿端齐平，而应伸出缺陷至少50mm(2in)。与安装压力类似，强化材料预应力有助于控制装配和达到的预加载量。但预应力产生的预加载小于使用钢套筒夹持或热配合方法产生的预加载。

7. 采用复合套筒的要求

CSA Z662包括使用玻璃纤维复合套筒的要求。对于使用复合套筒加固管道维修的基本要求规定如下。

第一套要求适用于各种形式的强化套袖：

(1) 套筒应纵向伸出缺陷端部至少 50mm(2in);

(2) 如果出现了内部腐蚀，应采取抑制腐蚀的措施;

(3) 应考虑修补管端部和相邻修补管之间的管道内的弯曲应力集中情况;

(4) 应考虑修补管和管子材料的设计兼容性;

(5) 应考虑管道上其他设备的间距;

(6) 在安装和运行期间，应确保修补管的支撑足够;

(7) 应确保套筒满足当前和将来的运行以及压力试验条件。

第二套要求适用于专用复合强化套筒:

(1) 根据应力破裂试验的结果，维修系统的预估寿命应至少为 50 年。

(2) 系统应满足阴极剥离试验的性能要求。

(3) 浸渍试验的结果应证明管道上的产品不会降低系统性能。

(4) 维修后的管道的承载能力应至少等于初始安装管道的承载能力。

(5) 应进行工程评估，确定从管道传递给套筒的应力。套筒上的最大应力不能超过应力破裂试验显示的应力水平。该评估还应确定在套筒系统安装和固化期间的最大允许压力。

(6) 在管道运行期间，维修系统应在设计运行温度下运行。

(7) 套袖系统部件的存储、搬运、运输和安装应满足制造商的规范和程序要求。

(8) 安装套袖的人员应进行安装程序的培训，并具有相关安装程序的资质。

10.3.9 打磨

若满足下列标准，则可采用手工修补或电动砂轮打磨来修复管道缺陷或缺欠:

(1) 缺陷或缺欠的应力集中效应已消除;

(2) 所有损坏或过硬或过软的金属已切除;

(3) 金属切除量和分布情况不会严重降低管道的承压能力。

本节中讨论了采用打磨作为修复技术的先例，也提出了该方法用于管道时的准则。

如果消除缺陷时不会使剩余管道壁厚减少到规定限值以下，则可允许制造商通过打磨来清除新管道上的缺陷，使打磨区域与管道轮廓平滑过渡。对于直径大于或等于 508mm (20in)、钢级 X42 或更高的焊接管，打磨之后的最小允许厚度为公称厚度的 8%以下。对于直径大于或等于 508mm(20in)、钢级 X42 或更高的无缝管，打磨之后的最小允许厚度为公称厚度的 10%以下。对于所有 B 级或以下和钢级 X42 或更高的直径小于 508mm(20in)的管道，打磨之后的最小允许厚度为公称厚度的 12.5%以下。

ASME B31.4 规范第 451.6.2(b)(3)段规定，维修中发现的缺陷可通过光滑轮廓打磨来清除。通过打磨清除的金属量采用与腐蚀诱发局部管壁腐蚀相同的评估标准来衡量。ASME B31 G 可用作对打磨引起的允许局部管壁腐蚀的评估指南。例如，ASME B31G 对最大允许管壁腐蚀长度的评估提供了下列公式:

$$L = 1.12 \cdot 4\sqrt{Dt} \quad (对\ 10\% \leqslant d/t \leqslant 17.5°) \qquad (10-1)$$

$$L = 1.12\sqrt{Dt\left\{\left(\frac{d/t}{1.1d/t - 0.15}\right)^2 - 1\right\}} \quad (对\ 17.5\% < d/t \leqslant 80\%) \qquad (10-2)$$

式中　L——打磨区域最大允许纵向范围;

D——管道公称外径；

d——打磨区域最大测量深度；

t——管道公称壁厚。

ASME B31.8 规定，当管道凹痕不大于公称直径的4%时[第851.42(c)(3)段]，可通过磨平来对凹槽和沟槽(第841.242段)以及裂纹等机械损伤进行现场修复。对于凹槽和沟槽，打磨后须至少保留公称壁厚的90%[第841.113(b)段]。对于裂纹在内的机械损伤，若深度达到公称壁厚的10%，则其打磨长度并无限制。通过打磨消除机械损伤，包括裂纹，如果打磨长度不超过下式中的规定值，其打磨深度可达到公称直径的10%以上，但最大值不能超过公称直径的40%。

$$L = 1.12\sqrt{Dt\left[\left(\frac{d/t}{1.1d/t - 0.11}\right)^2 - 1\right]} \tag{10-3}$$

采用式(10-3)计算的数值小于(较保守)采用式(10-2)计算的数值。打磨后，须对表面进行检查，以确保不存在任何可检裂纹。同时，蚀刻后须进行检查，以确保已清除所有金相变化材料。

CSA Z662 规定，打磨可作为一种日常维修方法。对于焊缝烧穿，蚀刻后须进行检查，以确保已清除所有金相变化材料。对于凹槽、沟槽和裂纹，必须进行着色渗透检验或磁粉探伤，以确认已完全消除所有缺陷。若深度达到公称壁厚的10%，其打磨长度并无限制。如果打磨区域的长度不大于 ASME B31G 规定的长度，则当最大深度达到公称壁厚的10%时，可采用 RSTRENG 0.85 dL 法或 RSTRENG 有效面积法进行打磨。

英国天然气公司的研究员对采用打磨进行管道维修实施了研究。他们认为，在降低后的应力水平(已证实的缺陷已承受应力水平的85%)下可安全实施打磨，而且打磨不会在打磨区域表面以下产生新的裂纹。他们建议的剩余壁厚至少为4.1mm(0.16in)。他们还建议采用功率小于460W的打磨机，将打磨区域磨平，且砂轮相对于表面的倾斜角度不大于45°，以避免产生沟槽。可能正是因为其所用的打磨机功率小的原因，他们在打磨生热的过程中并未发现任何不良影响，例如不利的金相转变。

为了避免在清除缺陷的过程中对管道产生过大的热量输入，推荐采用柔性翼片砂轮来代替刚性砂轮。采用刚性砂轮进行打磨对部件生热的速度比用翼片砂轮更快。以中等压力用砂轮来回扫动部件进行打磨的角度相对于其表面平面应小于180°。与表面平面呈近90°的角度以及对打磨机施加过大压力均会造成部件过热。从砂轮周围飞溅出的熔化的红色金属微粒以及打磨区域的钢材上色或“发蓝”即表示出现过热。打磨区域的温度应为人手可以碰触的热度，不能过热。

从上述讨论中可以看到，在适当的限制条件下，打磨是一种普遍认可的管道日常维修方法。因此，下列情况下，将打磨作为缺陷修复方式之一是合理的：

(1) 运行压力应降低至发现缺陷时压力的80%及以上或最新记录的一次高压的80%及以上。

(2) 非凹痕类缺陷的金属清除量限值应与公认的 ASME B31G 或 RSTRENG 等金属损失标准规定的限值相同，除非打磨深度超过公称管道壁厚的40%。ASME B31.8 标准比 ASME B31G 标准更加保守。

(3) 只有对上述规定值作出额外限制的情况下才允许打磨凹陷区域内的缺陷。凹陷区域的深度不应大于公称管径的4%，且凹槽和沟槽打磨之后的剩余深度应至少为公称壁厚的 90%。

(4) 对于此后采用套筒进行修复的缺陷，允许先采用打磨来清除。前提是须进行工程评估，以确保打磨期间降低后的运行压力达到安全水平。

(5) 应通过磁粉探伤或液体渗透检验来确认已清除了裂纹和应力集中缺陷。此外，如果缺陷为焊缝烧穿，应在蚀刻后通过检验来确认已清除了金相变化材料。CSA Z662 规定，采用 10%过硫酸铵溶液或 5%硝酸浸蚀液进行蚀刻。

(6) 如果裂纹、应力集中缺陷、金相破坏材料或其他缺陷无法通过打磨至上述规定限值全部清除，则应放弃这种修复方式而采用另外的更合适的修复方法。

10.3.10 环氧树脂填充套筒

该技术采用夹具内部填充环氧树脂剂的措施，保证缺陷处的应力传递，可用来永久修复凹陷、腐蚀、划伤或环焊接缝缺陷，无需在管道上进行任何焊接，如图 10-18、图 10-19 所示。

图 10-18 夹具注环氧修复使用的夹具

图 10-19 有螺栓夹具注环氧

10.3.11 补丁

补丁和半圆补丁过去用于修补泄漏和缺陷处。补丁通常用于覆盖整个管道圆周的一半，长度可以达到 3m(10in)左右。目前研究已表明补丁和半圆补丁修复方式对加工缺陷非常敏感，不得用于维修高压管道的缺陷。例如，安装在泄漏区域的 7 个半圆补丁在压力试验中在相同位置(纵向角焊缝和半圆补丁之间)都未通过试验。7 次试验失败都是在规定的输送管总变形应力水平或低于此应力水平时发生。试验结果表明这种维修的静止强度是在等于 72%最小屈服强度的环向应力水平下运行的管道的边界强度。由于在角焊缝内部存在高应力集中，其疲劳寿命同样可能相对较短。

具有非泄漏缺陷的管道的其他破裂试验结果显示，半圆补丁的性能还有一定的改进。按这种方式使用时，补丁和半圆补丁的在强化结构缺陷方面的效果可以像 A 型套筒一样。但纵向角焊缝管是一个薄弱点，而 A 型套筒不存在这个问题。因此，不建议采用补丁和半圆补丁维修高应力管道，无论是否泄漏。

对于某些低压输油管道应谨慎应用该方法，它也适合于小面积多点腐蚀的维修，维修时需降低压力为设计压力的 1/3，对于天然气管道必须停气泄压进行，由于天然气管道气体中酸性气体的存在，在焊接热影响区内容易产生氢脆，加拿大就发生了这样的事故，一条输气管道打补丁后，产生了脆断。

(1) 焊接的补片应为足圆角的，补片材料等级应与所修理的管子材料等级类似或更高一些，厚度也应与管子壁厚相同。应采用填角焊将补片焊牢。禁止用插入对接焊补片。应特别注意尽可能减小由于修理所造成的应力集中。

(2) 为修理泄漏或其他缺陷而安装的全包式焊接拼合套筒，其设计内压应不小于所修理管子的设计内压，并应沿圆周方向和纵向全面焊接。如全包式拼合套筒仅为补强修理而装，且不承受内压，则圆周上的焊缝并不是必需的。应特别注意尽可能减少由于维修所造成的应力集中。

(3) 对只使用填充熔敷金属的修理工作，焊接工艺应符合所修管子材料标准的等级和类型的有关要求。

(4) 在有涂层的管子上进行修理时，应先除去所有受损的涂层，并涂敷新的防腐涂层。对于修理中采用的更新管段，焊接补片及全包式焊接拼合套筒在涂有防腐层的管线上安装完结之后也应涂敷防腐层。

(5) 修理在役管道，应先进行检查，以确定管材是否可靠，即确定在经过打磨、焊接、切割或带压开孔处理过的部位是否还有足够的壁厚。

(6) 如果管线不停输，则应将管线的工作压力降低到能保证安全维修作业的水平。

图 10-20 为补丁修复示意图。

10.3.12 补焊修复

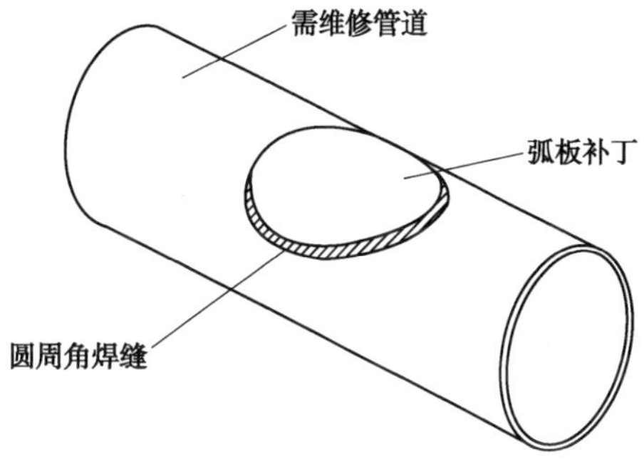

图 10-20　补丁修复示意图

补焊适用于管道外部金属损失缺陷修复，不适用于电阻焊焊缝内或附近的缺陷以及裂纹类缺陷。补焊可用于维修内腐蚀。维修时，外表面圈焊范围应超出腐蚀区域 1~2mm，补焊区域的最终厚度应达到原始壁厚或以上。

对于输油管线，应对返修时采用的堆焊方法制定焊接工艺。焊接工艺中应给出焊缝熔敷区的最小允许剩余壁厚以及进行这一类型返修时管子内允许输送液体的压力值。

有下列情形之一的不应采用本方法：

(1) 剩余壁厚在 4. 8mm 以下的管线；

(2) 金属损失区域轴向或环向长度超过外径的一半以上的管线；

(3) 额定最小屈服强度损失大于等于 30%的气体运行管线；

(4) 脆性断裂敏感的管线。

补焊的过程中应执行回火焊道技术等技术手段，减少热影响区的范围、改善热影响区的性质。在堆焊填充金属前，应将焊接瑕疵、电弧烧痕、凿口及凹槽等缺陷打磨去除。碳钢材料应使用低氢焊条以防止产生氢致裂纹。

宜采用的补焊作业程序如下：

(1) 清理缺陷应保证最小壁厚不小于 4. 8mm；

(2) 沿需修复缺陷的外沿以直焊道焊一圈，圈外不允许焊接；

(3) 在圈内以直焊道熔敷第一层，使用焊接工艺规程规定的较小的热输入以防止熔穿；

(4) 后续熔敷层可以使用较大的热输入，确保回火效果；

(5) 持续堆焊到预定的维修厚度，为方便检测，补焊表面可打磨平整；

(6) 打磨补焊区域最外沿焊道与管道本体保持平滑过渡，打磨深度不允许低于母材。

焊接完成后，应使用磁粉检测或超声检测方法对补焊处进行检测，表面应无裂纹、气孔、夹渣等焊接缺陷。

10.3.13 带压开孔封堵

带压开孔修复主要用于工业生产中不能停止输送的管道，如图 10-21 所示。

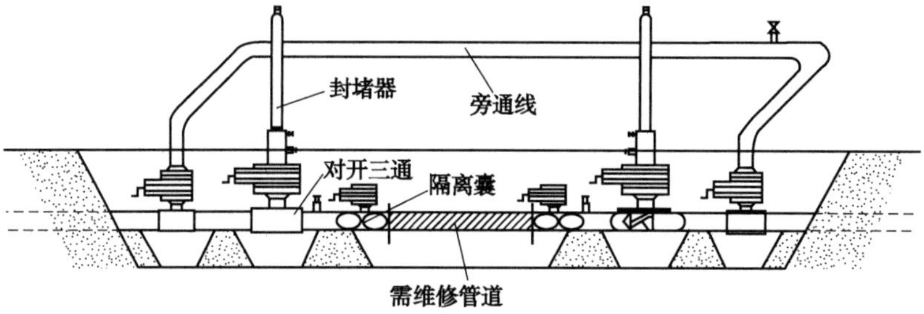

图 10-21 不停输封堵换管(带压开孔封堵)示意图

10.3.14 各种修复方法的适用性

各种修复方法对各缺陷的适用性见表 10-9。

表 10-9 缺陷修补方法总览

因素和缺陷	打磨	沉积焊接金属	A 型套筒	B 型套筒	复合材料	机械螺栓夹具	打补丁或套筒	带压开孔封堵	换管
1. 材料空洞	否	否	否	否	是	否	否	否	是
2. 小缺陷区域<直径	是	是	是	是	是	是	是	是	是
3. 大缺陷区域>直径	否	否	是	是	多个	多个	否	否	是
4. 直管	是	是	是	是	是	是	是	是	是
5. 冷弯	是	是	非标形状	非标形状	是	是	是	是	是
6. 热弯	是	是	非标形状	非标形状	非标形状	否	否	是	是
7. 泄漏(任何原因引起)	否	否	否	是+排空技术	否	是+排空技术	否	是	是
8. 外部腐蚀	是	是	是	是	是	是	是	是	是
9. 浅至中度深坑<0.8t	是	是	是	是	是	是	是	是	是
10. 深坑>0.8t	否	否	否	是	否	是	否	是	是
11. 内部缺陷(包括腐蚀)	否	否	受限	是	是	是	否	否	是
12. 凹坑	否	否	带有填料	是	可行但限制使用	是	否	否	是
13. 凹坑/划伤	否	否	带有填料	是	可行但限制使用	是	否	否	是
14. 浅裂纹或划痕<0.4t	是	是+打磨和检查	是	是	可行但限制使用	是	是	是	是
15. 深裂纹或划痕>0.4t	否	否	否	是	否	是	否	是	是

续表

因素和缺陷	打磨	沉积焊接金属	A 型套筒	B 型套筒	复合材料	机械螺栓夹具	打补丁或套筒	带压开孔封堵	换管
16. 电阻焊缝上或附近缺陷	否	否	否	是+承压套管	否	是+承压套管	否	否	是
17. 电阻焊选择性腐蚀	否	否	否	是+承压套管	否	是+承压套管	否	否	是
18. 应力腐蚀	是+检查	是+打磨和检查	是	是	可行但限制使用	是	否	是	是
19. 硬物	否	否	是	是	否	是	否	是	是
20. 褶皱弯曲或屈服	否	否	否	非标形状	否	否	否	否	是
21. 修补前的缺陷	否	是+打磨和检查	否	是	否	是	否	是	是
22. 电弧灼伤	是+检查	是+打磨和检查	是	是	可行但限制使用	是	否	是	是
23. 鼓泡	否	否	是	是	可行但限制使用	是	否	否	是
24. 环焊缝缺陷	是+检查	是+检查	否	是	否	有条件使用	否	否	是

注：t 为管壁厚度。

10.4 管道维修过程中的技术要点

10.4.1 管道最大悬空长度

SY/T 5918—2017《埋地钢质管道外防腐层保温层修复技术规范》中规定的不同输送介质管道在不同管径、壁厚及运行压力情况下开挖时的允许悬空长度见表 10-10。

表 10-10 管道开挖修复允许悬空长度

序号	输送介质	材质	管径/mm	壁厚/mm	压力/MPa	不同安全系数下的最大允许悬空长度/m		
						1.2	1.4	1.6
1	原油	X52(L360)	711	11	4	32	29	26
2		X52(L360)	711	8.8	4	28	25	22
3		X52(L360)	711	8	4	26	23	20
4		X52(L360)	377	7	6.4	23	20	18
5		X60(L415)	720	8	4.51	29	25	22
6		X60(L415)	508	7.1	6.3	23	20	17
7		X60(L415)	508	6.4	6.4	23	19	16
8		X60(L415)	457	8.7	8	27	23	20
9		X60(L415)	457	8.7	6.3	29	25	23
10		X60(L415)	457	7.9	8	25	22	19

续表

序号	输送介质	材质	管径/mm	壁厚/mm	压力/MPa	不同安全系数下的最大允许悬空长度/m		
						1.2	1.4	1.6
11	原油	X60(L415)	457	7.9	6.3	27	24	21
12		X60(L415)	457	7.1	8	23	19	16
13		X60(L415)	457	7.1	6.3	25	22	19
14		X60(L415)	457	6.4	8	21	17	14
15		X60(L415)	457	6.4	6.3	24	20	18
16		X65(L450)	813	11.9	6.3	35	31	27
17		X65(L450)	813	9.5	6.3	30	25	21
18		X65(L450)	711	9.5	8	28	23	19
19		X65(L450)	711	8.7	6.3	29	25	21
20		X65(L450)	711	7.9	8	22	17	12
21		X65(L450)	711	7.1	4	29	26	23
22		X65(L450)	711	6.3	4	27	23	20
23		X65(L450)	610	15.9	13.4	34	29	25
24		X65(L450)	610	15.9	10	37	33	29
25		X65(L450)	610	15.9	7.9	39	35	32
26		X65(L450)	610	9.5	8	29	25	21
27		X65(L450)	610	7.9	8	25	20	16
28		X65(L450)	610	7.9	7.9	25	21	17
29		X65(L450)	508	7.1	4	30	27	24
30		X65(L450)	508	6.3	4	28	25	23
31	成品油	X65(L450)	559	14.3	10	35	31	27
32		X65(L450)	559	14.3	9	36	32	29
33		X65(L450)	559	14.3	8	37	33	30
34		X65(L450)	559	6.3	8	20	16	11
35		X65(L450)	508	6.3	8	21	17	14
36		X65(L450)	508	14.3	10	35	31	28
37		X65(L450)	508	14.3	9	36	32	29
38		X65(L450)	508	14.3	8	36	33	30
39		X65(L450)	508	6.3	9	19	15	10
40	天然气	X42(L290)	219.1	6.3	6.3	24	21	19
41		X52(L360)	273	7	6.3	30	27	25
42		X52(L360)	273	5.6	6.3	29	25	22

续表

序号	输送介质	材质	管径/mm	壁厚/mm	压力/MPa	不同安全系数下的最大允许悬空长度/m		
						1.2	1.4	1.6
43	天然气	X52(L360)	168.3	5.6	12	22	19	17
44		X60(L415)	711	14.3	10	45	38	32
45		X60(L415)	711	12.7	10	42	35	28
46		X60(L415)	660	12.7	6.4	49	44	39
47		X60(L415)	660	8.7	6.4	42	36	31
48		X60(L415)	660	7.1	6.4	37	30	23
49		X60(L415)	219.1	7	6.4	31	28	26
50		X65(L450)	1016	26.2	10	64	56	50
51		X65(L450)	1016	21	10	59	51	44
52		X65(L450)	1016	17.5	10	54	45	37
53		X65(L450)	1016	14.6	10	47	37	27
54		X65(L450)	711	14.3	7	54	48	43
55		X65(L450)	711	14.3	6.3	55	49	45
56		X65(L450)	711	11	7	49	43	38
57		X65(L450)	711	11	6.3	51	45	40
58		X65(L450)	711	8.7	7	44	37	30
59		X65(L450)	711	8.7	6.3	46	39	34
60		X65(L450)	711	6.4	6.3	37	29	21
61		X65(L450)	711	6.4	7	33	24	13
62		X65(L450)	660	7.1	6.4	41	34	27
63		X70(L485)	1016	26.5	10	68	60	54
64		X70(L485)	1016	26.2	10	67	60	54
65		X70(L485)	1016	21	10	63	55	48
66		X70(L485)	1016	17.5	10	58	49	42
67		X70(L485)	1016	14.7	10	52	42	33
68		X70(L485)	1016	14.6	10	51	42	33
69		X70(L485)	711	19.1	10	57	51	45
70		X70(L485)	711	16	10	54	47	42
71		X70(L485)	711	12.5	10	49	42	35
72		X80(L555)	1219	22	10	73	64	56
73		X80(L555)	1219	18.4	10	67	57	48

注：①管材密度统一选用7850kg/m^3；1个大气压下天然气密度选用0.7174kg/m^3；原油密度选用830kg/m^3；柴油密度选用850kg/m^3；三层聚乙烯防腐层密度选用960kg/m^3。

②管道设计系数取0.72，焊缝系数取1。

10.4.2 国内外标准中关于管道维修中降压的规定

1. 国际标准规定

(1)API 570《管道检测规程》和《管道维修手册》(PRCI)规定：维抢修推荐选择在管道停

止供油气期间进行，但如需在管道运行期间进行，则必须选择适当的监测、防范、在线维修的固定程序进行维护。

(2)ASME B31、B16压力管道及管件系列标准规定：管体修复时，如果管线不停输，则应将管线的工作压力降低到能保证安全维修作业的水平。

(3)49 CFR 195.402《管道操作维护应急程序手册》规定：在应急维护情况下，为了防止液体或气体从失效管段泄漏，必须采取紧急关断或降低运行压力的必要措施。

2. 国内标准规定

《埋地钢制管道防腐层保温层修复技术规定》(SY 5918—2009)中的第7.2.5规定：悬空管段在修复期间，管道应在较低的压力下运行，避免越站运行。

10.5 管道复合材料维修技术

10.5.1 碳纤维补强技术

碳纤维复合片材修复补强钢质管道结构是20世纪90年代发展起来的一种结构修复补强技术，该项技术在国际上深受重视，已广泛应用于化工厂、民用建筑、桥梁等特种结构，成为钢质管道结构修复补强的发展新趋势。碳纤维增强复合材料具有轻质高强、抗腐蚀、耐久性好、施工简便、不影响结构的外观等优异特性，因此，较之于传统的焊接补疤方法具有明显的优越性(克服了焊接补疤过程中产生焊穿和产生氢脆的危险)。随着复合材料补强技术的不断应用，这一技术已逐渐趋于成熟，并开始成为管道生产管理工作中重要的、投资量大、技术含量高的一项工作。

1. 碳纤维综合补强技术的优越性和可行性

碳纤维以其强度高、弹性模量大而著称，最适合于作为补强材料所用。表10-11给出了碳纤维、碳纤维树脂复合材料和X60管线钢的性能比较。

表10-11 碳纤维、碳纤维复合材料与X60管线钢的性能比较

	σ_b/MPa	σ_s/MPa	E/GPa	δ/%
碳纤维布(200g/m²)	3500		235	1.5
碳纤维布(300g/m²)	3500		235	1.5
碳纤维三层树脂复合	≥2500		≥210	≥1.4
X60钢		443	207	
8层单向玻璃布复合(Clock Spring公司)	414		34	1.5~2
4层玻璃布复合(Furmanite公司)	203.1~228		12-13	

由表10-11可以看出，用碳纤维作为补强材料有如下优点：

(1) 碳纤维的弹性模量213GPa和钢的弹性模量207GPa十分接近，这样非常有利于碳纤维复合材料与钢的协同变形，有利于载荷在钢和碳纤维复合材料之间的均匀分布，从而有利于达到补强效果。Clock Spring公司和Furmanite公司所给的玻璃布复合材料的弹性模量比钢的弹性模量小约一个数量级，从结构强度的角度考虑，只有当钢管具有很大变形后才能将力传递到补强材料。所以从变形协调能力来说，使用碳纤维综合补强技术优于国外两个公司的有关技术。

(2) 碳纤维具有足够的变形量，大于 1.4%。按照管道设计规范，对于一类地区，最大操作压力应当是屈服压力 P_s 的 0.72 倍。屈服压力对应的规定条件是 0.5%或者 0.2%的应变量，则最大操作压力所对应的最大应变量根据规定条件不同为 0.36%和 0.14%，这使碳纤维复合材料可承受变形量的 1/4 到 1/10。也就是说，一般情况下，管体变形远小于碳纤维复合材料的变形量，使用碳纤维复合材料进行补强从管体变形的角度来说也是足够保险的。

(3) 碳纤维补强材料的强度比玻璃纤维大一个数量级，这使得较薄的碳纤维复合材料便可以达到很厚的玻璃纤维补强材料才能具有的补强效果。

碳纤维综合补强技术包含几个主要工艺步骤：

(1) 用修补填平胶对缺陷进行修补；

(2) 用碳纤维复合材料和树脂胶结合进行补强施工；

(3) 用聚乙烯胶带对钢管剩余裸露部分和碳纤维补强层进行综合防腐。

在上述主要工艺步骤施工后，既可以保证管道具有足够的承压能力，又可以保证管道具有足够的防腐能力。

2. 碳纤维补强技术的主要材料和性能

碳纤维补强技术的核心是是否具有可靠的补强材料。补强材料分为玻璃纤维短切毡、碳纤维布和相应的专用配套树脂三大类，配套树脂分为缺陷填平修补胶和黏浸胶两种。它们分别由主剂和固化剂配制而成，分为冬天使用和夏天使用的冬用型和夏用型。主剂和固化剂分别包装，在现场使用时，应按工艺要求选用适宜的碳纤维片材，并按照规定的比例对配套树脂进行混配均匀。

补强所用的缺陷填平修补胶，由有关树脂和添加剂组成，它不仅具有应力传递作用，而且要有利于现场施工。

1) 碳纤维布的规格及性能

碳纤维布的规格及性能如表 10-12 所示，碳纤维布样品如图 10-22 所示。

表 10-12　碳纤维布的规格及性能

品　名	纤维种类	碳纤维面积质量/(g/m^2)	设计厚度/mm	抗拉强度/MPa	弹性模量/MPa	延伸率/%
C-20	高强度碳	200	0.111	3500	2.35×10^5	1.5
C-30	高强度碳	300	0.167	3500	2.35×10^5	1.5

图 10-22　碳纤维布样品

2）玻璃纤维短切毡规格及性能(见表 10-13)

表 10-13　短切毡的规格及性能

品　名	纤维种类	面积质量/(g/m^2)	纤维公称直径/μm	含水率/%	ReO 含量/%	可燃物含量/%
GF-30	短切玻纤	300	13	<0.20	0.80	2.0~8.0

3）配套胶黏剂的规格及性能(见表 10-14、表 10-15 和图 10-23)

表 10-14　缺陷填平修补胶的规格及性能

内　　容	修补腻子		
	LX200W(冬用)	LX200S(夏用)	
适用温度/℃	5~15	15~35	
可使用时间/min	30~160	50~210	
指触干燥时间/h	3.5~10.0	3.0~10.0	
形状	腻子状		
性能指标	钢钢黏结拉剪强度/MPa	钢钢黏结抗拉强度/MPa	胶体抗压强度/MPa
	≥10	—	≥50
主要用途	修补钢管表面缺陷		

表 10-15　黏浸胶的规格及性能

内　　容	黏浸胶				
	LZ300W(冬用)		LZ300S(夏用)		
适用温度/℃	5~15		15~35		
可使用时间/min	35~170		70~180		
指触干燥时间/h	4.0~12.0		6.0~18.0		
形状	乳脂状				
性能指标	拉伸强度/MPa	弯曲强度/MPa	压缩强度/MPa	拉剪强度/MPa	弹性模量/MPa
	≥30	≥40	≥50	≥10	$\geq 2\times10^3$
主要用途	涂刷钢管表面、渗透粘贴碳纤维片				

图 10-23　缺陷填平修补胶样品

4）中国LZ系列补强碳纤维复合材料特性（见表10-16和图10-24、图10-25）

表10-16　LZ系列补强碳纤维复合材料性能

项目名称		指标	测试方法
外观	厚度/mm	0.25~0.75	GB/T 6672
机械性能	抗拉强度/MPa	≥2500	GB/T 3354
	弹性模量/MPa	$\geq 2.1\times10^5$	
	伸长率/%	≥1.4	
	与钢黏结抗剪强度/MPa	≥10	SY/T 0041
电气性能	阴极剥离（65℃，48h）/mm	≤8	SY/T 0037
	体积电阻率/（Ω·m）	$\geq 1\times10^{12}$	GB/T 1410
	电器强度/（MV/m）	≥5	GB/T 1408.1
化学稳定性（浸泡7d）/%	10%HCl	≥85①	SY/T 0039 SY/T 0413
	10%NaOH	≥85①	
	10%NaCl	≥85①	
耐环境稳定性	耐热老化性能②（65℃）/%	≥90	
	紫外光老化性能③/%	≥90	

① 化学稳定性性能指标为试验后拉伸强度和断裂伸长率的保持率。

② 耐热老化试验是指试样在65℃的条件下，经2000h热老化后，测得拉伸强度和断裂伸长率的保持率。

③ 紫外光老化指标是指试样在紫外强光仪下，经2000h照射（喷射时间：18min/120min）试验后的拉伸强度和断裂伸长率的保持率。

图10-24　补强碳纤维复合材料样片

图10-25　补强碳纤维复合片材缠绕钢管制样

5）碳纤维复合片材与其他纤维复合材料老化性能比较

图10-26给出了各种纤维复合材料在63℃紫外强光仪加速照射10000h条件下抗拉强度随时间变化规律。此加速试验每进行200h相当于在自然环境下暴露1年的效果，10000h相当于50年的效果。

6）补强碳纤维复合片材与国外补强产品性能比较（见表10-17）

3. 碳纤维增强复合材料的补强效果分析

现在模拟碳纤维增强树脂基复合材料对含缺陷管道进行补强。管体材料为X60钢，其材料常数见表10-11。采用8层单向碳纤维布进行缠绕补强，其铺设方向及顺序为沿环向两

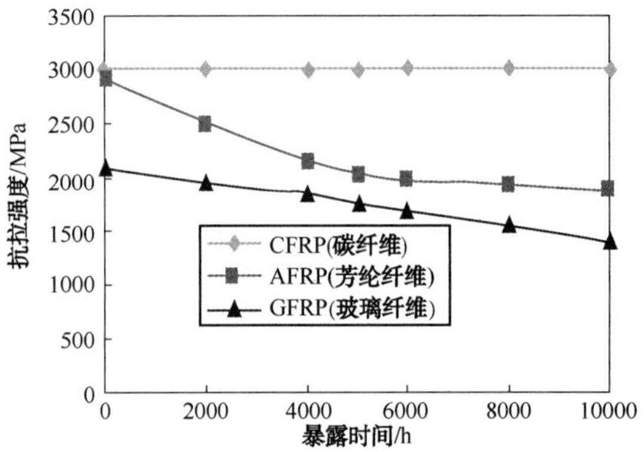

图 10-26　各种纤维复合材料在加速暴露试验后的抗拉强度

层、轴向一层叠加 3 次。补强层沿管体轴向的宽度为 330mm，厚度约为 3mm。使用有限元软件 ABAQUS 6.31 以有限元方法对管体在内压作用下的变形与应力进行数值模拟，在计算中将该复合材料片材当作单向叠层板，这样可以将其视作横观各向同性材料，其材料常数见表 10-18。

表 10-17　不同公司的产品性能比较

项　　目	中国 LZ10	Clock Spring CS	Furmanite(英)	
			AP360MP	AP360ZED
树脂基体种类	环氧树脂	间苯型不饱和聚酯	环氧树脂	环氧树脂
增强体	碳纤维	E-玻璃纤维	E-玻纤	E-玻纤
层厚度/mm	单层 0.25~0.75	1.6	1.6	1.6
含胶量/%	67(质量分数)	60~70(质量分数) 45~55(体积分数)		
断裂伸长率/%	>1.4	1.5~2	—	—
纤维向弹性模量/MPa	$>2.1\times10^5$	34.4×10^3	0.13×10^5	0.12×10^5
垂直纤维向弹性模量/MPa	18351(1.002mm 厚) 3250(3.4mm 厚)	9.6×10^3		
拉伸强度/MPa	>2500	517~690	227.8	203.1
纤维向热胀系数/℃$^{-1}$	0.9×10^{-5}	3.3×10^{-6}		
垂直纤维向热胀系数/℃$^{-1}$	1.3×10^{-5}	1.8×10^{-5}		
体积电阻率/(Ω·m)	$>1.0\times10^{12}$			
击穿强度/(MV/m)	>5.0			
抗阴极剥离/mm	0.5~1		25.9	6.4
长期环境强度(60℃，pH 值为4~9.5 的盐水，20000h)		50 年可承受 20ksi 的静载		
长期环境强度(63℃，10000h 强紫外光环境)	抗拉强度不变(相当于自然环境 50 年)			
耐盐水性能(23℃，人工海水，3000h)	抗拉强度下降 3.7%			
全尺寸爆破试验	通过	通过		

表 10-18　计算采用碳纤维增强树脂基复合材料的材料常数

E_1/MPa	E_2/MPa	ν_{12}	G_{12}/MPa	G_{23}/MPa	G_{13}/MPa
140000	14000	0. 3	5000	5000	5000

其中的 1 方向为管体的环向，亦即纤维的纵向；2 方向为管体的轴向，纤维的横向；3 方向为管体的径向，亦即补强层的厚度方向。补强示意图如图 10-27 所示。

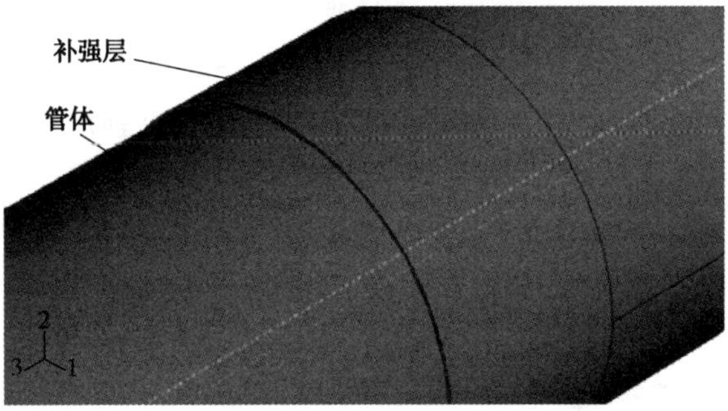

图 10-27　补强示意图

（1）内压由 0MPa 增至最高工作压力 6. 4MPa（2MPa→4MPa→6. 4MPa）的过程中的管体的环向应力分布如图 10-28 所示，其中图（a）、（b）、（c）分别对应的管体内压为 2MPa、4MPa 和 6. 4MPa 时管体的环向应力分布，云图中的应力值由蓝色向红色过渡越来越大。

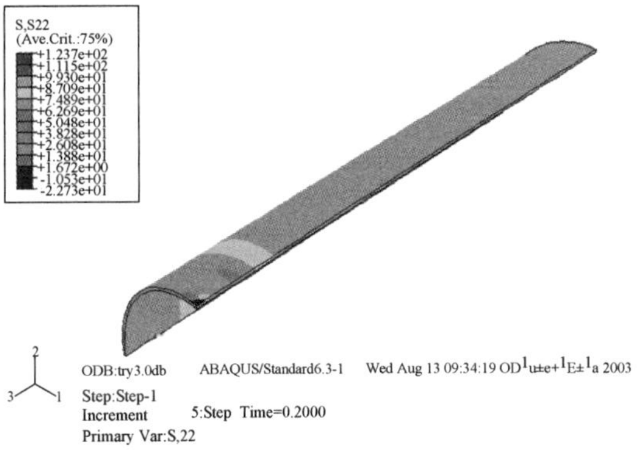

(a)

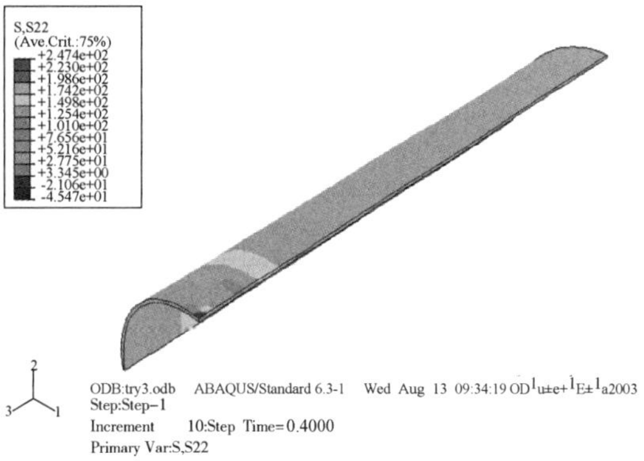

(b)

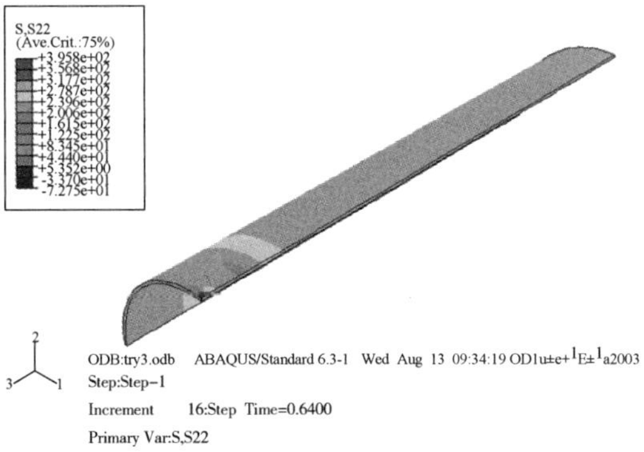

(c)

图 10-28　管体环向应力分布

由图 10-28 可以看到，在整个加载阶段管体均处在整体弹性阶段，其最大环向应力均出现在缺陷沿管体轴向的边缘，三图中最大的环向应力值分别为 127.3MPa、247.4MPa 和 395.8MPa，均在管体的屈服应力 460MPa 以下，因此管体处于安全状态。

(2)内压由 0MPa 增至最高工作压力 6.4MPa（2MPa→4MPa→6.4MPa）的过程中的补强层中的环向应力分布如图 10-29 所示，其中图(a)、(b)、(c)分别对应的管体内压为 2MPa、4MPa、6.4MPa 时补强层中的环向应力分布。

由图 10-29 可以看到，在整个加载阶段补强层在对应管体缺陷处的应力均较大，三图中最大的环向应力值分别为 205.8MPa、411.6MPa 和 658.5MPa。期间最大的环向应变值仅为 9.134×10^{-5}，远远小于碳纤维的极限伸长率 1.5%，所以补强层也是处于安全状态。

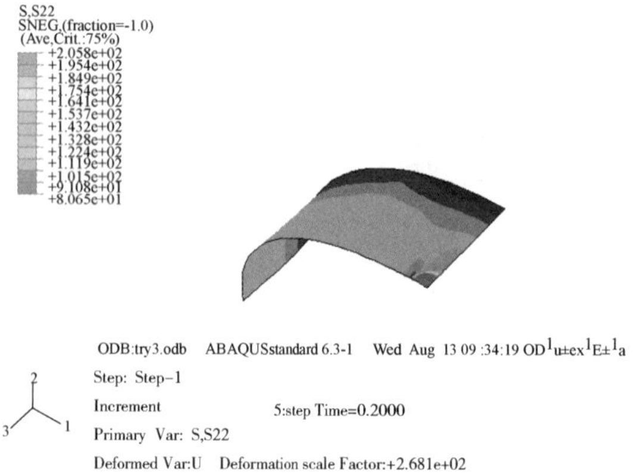

(a)

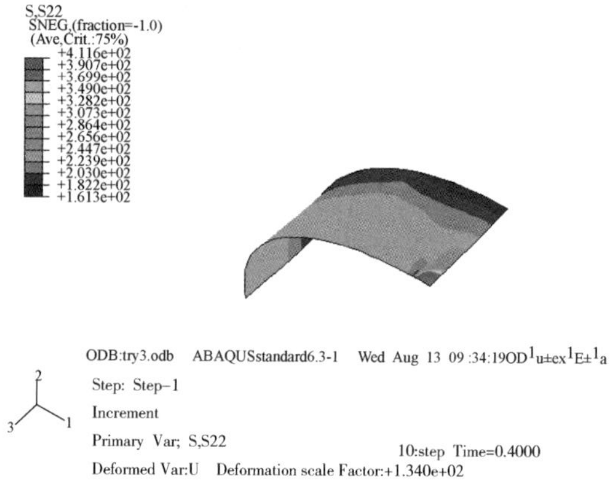

(b)

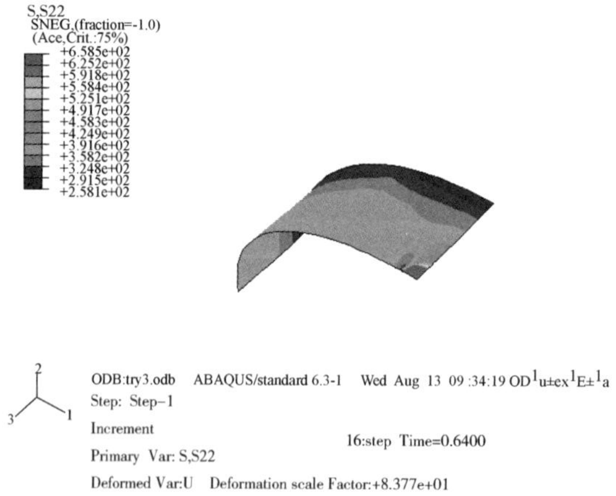

(c)

图 10-29 补强层中的环向应力分布

(3) 全尺寸打压爆破试验数值模拟结果：当内压持续增大至达到 14.8MPa 时，管子进入整体屈服阶段，其变形与应力情况如图 10-30所示。可以看到管子补强部分的应力有很大部分被补强用复合材料片材承担，起到很好的补强效果。由变形图还可以看出管体在补强层两边发生了明显的鼓胀，而补强部分基本没有什么变形量，这与爆破试验的结果相吻合。

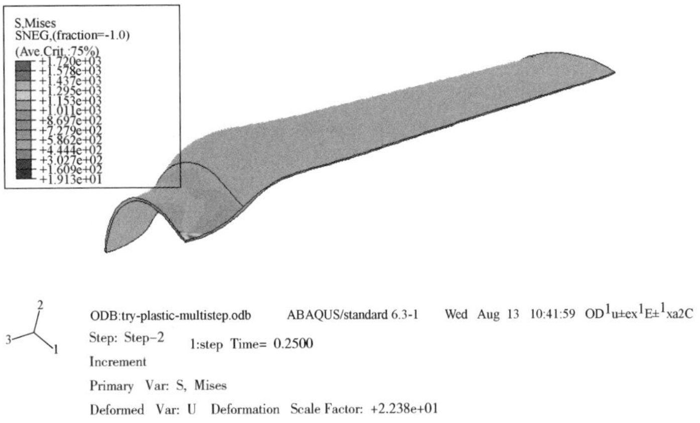

图 10-30 钢管进入整体屈服时的变形与应力云图(FEM 结果)

10.5.2 环氧钢壳复合套管技术

1. 技术简介

对钢管上的各类缺陷，传统的修复方法是紧贴钢管外壁直接焊接钢套管对缺陷进行补强，操作困难且风险较大，对弯管和外形不规则的管段则因难于实施而只好更换。环氧钢壳复合套管完全解决了这些难题，且可有效抑制内腐蚀过程的破坏，实现了不停输情况下钢管缺陷的免维护永久性修复。

2. 环氧结构原理及特点

环氧钢壳复合套管(简称环氧套管)主要用于各类钢质管线缺陷的永久性修复。对于此类缺陷，传统的修复工艺是紧贴钢管外壁直接焊接钢套管对缺陷处进行补强，而环氧套管与之根本不同。它的钢壳不是紧贴钢管外壁，而是很宽松地套在管道上，与管道保持一定环隙，环隙两端用胶封闭，再在此封闭空间内灌注环氧填胶，构成复合套管，对管道缺陷进行补强(见图 10-31)。

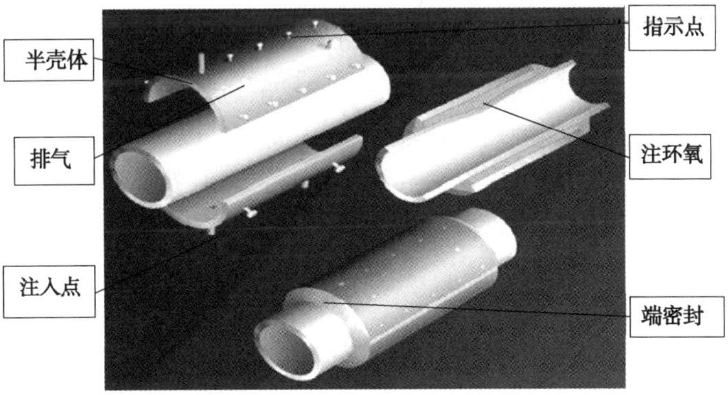

图 10-31 环氧钢壳复合套管结构示意图

较之传统工艺其有许多优点。

第一，传统工艺的钢套管焊接需要很高的操作技能。在运行的管线上焊接本身就是一项细致的工作，在内外腐蚀使管壁已经变薄的地方就更需加倍小心，而环氧套管无需在管壁上直接焊接，操作过程不要求太高的技能。

第二，传统工艺的钢套管焊接前需进行复杂的计算和试验，通常要借助计算机，费时费力。焊接过程中的管壁温度超过熔点会发生“熔穿”，而管壁温度是管内介质种类、压力、流速、温度和管外气温、风速、湿度、气压的多元函数，其计算相当繁杂。焊接热还可能使管内介质汽化导致内压升高，加之焊接过程中管壁强度大为降低，从而发生“爆管”。对于一些热敏介质还要严防焊接热导致介质变质。而环氧套管无需在管壁上直接焊接，绝无热操作的各种风险。

第三，传统工艺的钢套管焊接前为防止发生带压流体泄漏的灾难事故，往往要求管道减压运行，对正常的生产造成较大的影响，而环氧套管无需在管壁上直接操作，对管线正常运行基本上没有影响。

第四，传统的修复工艺要求焊接钢套管紧贴钢管外壁，对弯管等异型管段和有较高焊缝的直管上的缺陷，由于无法制备合适的钢套管而无法修复，往往只好整段更换，环氧套管钢壳与管道间的间隙可在相当大的范围内调整，并不影响其性能。

第五，对于内腐蚀造成的管壁减薄，传统工艺无法阻止腐蚀的继续进行，有时钢套管又很快减薄，需再次修复。环氧套管在管壁腐蚀穿孔后由环氧填胶接触腐蚀介质，而环氧填胶耐化学性极好，可使腐蚀得到彻底抑制。

3. 材料及机具

钢壳环氧套管所用钢壳采用比待修复钢管直径大 30mm 的钢管沿轴线方向上下平分而成，长度一般为 2m，厚度及管材均与管体相同或相近。在上片的顶部及两侧共有 3 列均布的监测螺孔，每列 5 个，监测孔用来监测环氧填胶的灌注进度和控制密实度以防“鼠洞”产生，可用螺栓进行封堵，顶部靠近一端的监测孔外接有排气管。在下片底部接有注入管，由此处注入环氧填胶。钢壳片的四周均打成坡口，以便于 V 形平焊连接。在钢壳片靠近两端的左上、左下、右上和右下各有 1 个定位螺栓，用于调整钢壳与钢管间的同轴度。

环氧填胶的设计是工艺的关键，理想的填胶应具备下列特征：

（1）有足够的刚性和硬度，使其两侧的钢管与钢壳能共同承受内外作用力，不会塌陷。

（2）固化迅速，24h 后其强度应达到最终强度的 90%以上，以减少对管道运行的影响。

（3）胶凝时间在 1h 以上，以满足施工工艺的要求。

（4）黏结力强，在因结露而潮湿的表面上也可顺利施工，固化后与钢管钢壳共同形成一个整体，且不使钢管穿孔后泄漏的介质沿钢管外壁扩散。

（5）流动性好，应保证其能顺利通过最小 3mm 间隙，以便于充满整个环隙。

（6）耐化学介质侵蚀，钢管因内腐蚀导致穿孔时，能有效抑制管内介质的泄漏。

密封胶对密封胶的最主要要求是固化时间在 1h 内，固体分高，可在 15mm 宽的环隙上一次成型，与钢铁表面黏结力强。

注入机具需选用低压容积式泵：

（1）可提高环氧填胶的密实度。

（2）可降低对密封胶强度及黏结要求。

（3）可使用低压注入软管，增加操作的安全性。

（4）避免操作时已减薄的管壁变形或缺陷发展。

环氧套管修复技术可用于下列情况：

（1）管径范围为 100～1420mm。

（2）最大承压达 10MPa。

（3）耐温 3～100℃。

（4）管道类型为石油、天然气、成品油、液化石油气输送管道、石化厂管网和近海采油平台的提升管道。

（5）可修复各类缺陷，如腐蚀、裂纹、扭曲或压痕(在环向和轴向)、不规则的焊道等。

其能永久性修复缺陷的最大范围为：

（1）管壁缺损和裂纹的长度不限，平均深度达壁厚的80%，最大深度可达90%。

（2）扭曲变形达管径的9%，管壁缺损和裂纹达壁厚的12%。

（3）管壁缺损和裂纹达管道周长的60%。

在实际工程中，该技术已在最大口径1067mm的管线上成功应用，最长的套管组在原油管线上为14m，在天然气管线上则达20m。实际上填充水泥或环氧填胶的方法早有一些公司在各自管道上用过，只是这些技术都没有进行过技术和实践论证。

英国天然气公司于1979年开始对环氧套管的性能、安装质量和预计寿命等进行系统的开发研究。1988年将该技术成功地用于修复自己的天然气管道，迄今已用了14年。从1992年起，Willbors公司用英国天然气公司制造的环氧套管为阿曼的国有石油公司修复了各种类型的管线数千公里。所有管线在修复过程中都没有停输。

4. 施工程序

（1）施工准备　根据管内检测的缺陷调查结果进行开挖，将缺陷位置附近的涂层材料去除。管体表面用钢丝刷或喷砂彻底去除原有涂层和外缺陷处的腐蚀产物，对全部管体进行超声检测，将壁厚实测值比理论标准值低15%以上的区域在管外壁上标出，环氧套管应包覆所有标出区域。多数情况下，缺陷密集在一起，只需安装一副2m长的套管，偶然情况下需要两副、三副甚至更多副套管连接在一起，以覆盖较宽的缺陷范围。在环氧套管安装前要先对缺陷处钢管进行表面处理。为保证管体外表面与套管钢壳内表面通过环氧填胶良好地黏结为一体，这两个表面都应喷砂达到Sa2.5级。

（2）钢壳安装　环绕管体外围组焊钢壳，宽松的钢壳被对称地安置在缺陷位置，钢壳焊道焊接时与管体不要直接接触，对开套管片间的轴向焊缝采用标准的V形坡口焊接，如果缺陷范围较大，一副套管覆盖不住需采用多副套管时，各套管钢壳间的环向焊缝也要用标准的V形坡口焊接。焊接完成通过超声波检测后，仔细调整钢壳的定位螺栓，使钢壳与钢管间的环隙尽量合理。

（3）端头密封和环氧填胶注入　将钢壳与管体间的环隙两端用快固聚酯胶密封。端头聚酯胶的固化时间在1h左右，待其固化后，就可用容积式泵和填胶混合装置注入环氧填胶，装置是用便携式压缩机产生的压缩空气驱动的。

注入泵的分配喷嘴用低压软管连接到钢壳底部的注入口上，填胶注入需10~35min。注入过程中通过钢壳上的监测孔了解灌注情况和进度，当监测孔有环氧填胶流出时，即可用螺栓将该孔封堵。套管组安装时，填胶注入应通过套管组中心附近的注入口，以保证填胶用最小的距离和最短的时间通过钢壳内的间隙到达套管两端，多余的注入口应事先封死。当排气管有环氧填胶溢出时注入即告完成。

（4）外形整理　填胶固化后，割掉钢壳外表面上的定位螺栓多余部分、注入口、排气口及检测孔螺帽，修整套管外表面，并对整个套管外表面喷砂后实施防腐。对于埋地管道防腐前要先将阴极保护附件焊接到钢管和钢壳上，回填前将导线连接到先前安装的阴极保护附件上，再引到地面，与最终清理后安装的接线盒或标志桩连接。

5. 最新进展

1）内腐蚀原油管道

许多中东原油管道有很强的内腐蚀，造成穿孔泄漏。对套管修复技术要求：

（1）环氧填胶的整体性可抵抗化学产品的侵蚀和溶解。

（2）填胶和钢管的黏结力可抵抗管壁穿孔后介质的压力。

综合试验已完成，暴露在原油中的环氧填胶经受运行压力(最高达 9.1MPa)的循环测试，相当于管线实际运行 40 年。结果表明填胶材料本身未见老化，套管保持了完整性，在管壁人为缺陷使原油直接侵蚀的部位也是如此，证实在内腐蚀无法抑制的管道上安装环氧套管也是可行的。

2）意外泄压导致低温的管道

液化石油气管道运行时，可能因意外事故需要紧急泄压，此时产品的迅速汽化可导致管道处于极低温度下。为此按照该类管道可能面临的临界条件，对固化后的环氧套管样品完成了-65℃的低温冲击试验，测试样品的各项机械强度性能，表明环氧套管能充分满足液化石油气管道运行的工况要求。

3）水下管道

在海底安装环氧套管，操作时间、温度和环境都是临界的，必须进行仔细校验，以保证其可靠性。海底修复的研究内容包括：

（1）水下管道表面处理的工艺。

（2）适当的半套管联结方法。

（3）端口密封和环氧填胶注入的方法。

环氧套管用于水下和海底管道的试验已经开始。“拉链锁”型套管连接机构的部分性能已通过了测试，在水下进行螺栓式法兰简易连接试验取得了成功，简便的遥控操作机械的研究也已完成，海底专用环氧填胶和密封胶的研究则正在进行。

6. 技术结论

环氧套管系统的优点表现在：

（1）可靠性与管体一致，完全可达到管线的设计寿命，而无需再维护。

（2）可修复钢管的各种内外缺陷，包括裂纹、折皱、腐蚀、塌陷、环向和轴向焊接缺陷。

（3）操作简便，成本低，对管道正常运行基本没有影响。

（4）耐久性和长期整体性经历了高压天然气、石油和成品油管道的多年实际考验。

（5）不在受损的管壁上直接焊接，从而保证了安装过程中人员和管道的安全。

（6）无论管道周向几何形状怎样不规则，都能保证缺陷被抑制。

（7）可抵御内腐蚀对管道运行的影响。环氧套管的技术可靠性已通过英国管理授权部门的严格审查，技术许可证代码为 ASME B31。

10.6　阀门维护技术

10.6.1　阀门概况

1. 阀门定义

阀门是用来控制流体在管路中的流动的一种机械设备(见图 10-32)。

2. 阀门用途

阀门通常具有以下用途：

(1) 通过阀门的开关控制流体流动；

(2) 控制流体流动方向；

(3) 调节管线压力；

(4) 释放管线过高的压力；

(5) 管线吹扫或泄压；

(6) 维修或替换管线部件时进行管线或部件的隔离；

(7) 出现紧急事故时紧急关闭阀门中断管输。

图 10-32 现场阀门

3. 阀门内密封

阀门内封密具有多种密封方式：

(1) 精密加工的金属-金属接触面密封；

(2) 诸如O形圈和橡胶等的嵌入式软密封，其材料为尼龙聚四氟乙烯(PTFE)或复合材料；

(3) 复合材料的附加密封。

阀门内密封面易受到的磨损和腐蚀。

4. 阀门更换成本

对阀门而言，最经济的办法就是保持对阀门的维护保养并长期保持阀门良好且正常的工作状态。更换阀门的成本是很高的，更换阀门之前必须要考虑以下的因素：

(1) 更换阀门的费用；

(2) 移动、维修和更换阀门的人力；

(3) 管线放空时流体的损失；

(4) 停产带来的经济损失。

5. 阀门的重要性

管输系统内任何一个工作性能差的阀门都将导致整个管输系统效率的下降。

注意：在紧急事故中，如果阀门被锁住而不能关闭，管输流体将不断释放并导致持续的火灾。如果阀门关闭了但密封失效，也会导致事故发展成为灾难性事故，进而导致爆炸的发生。阀门技师必须确保所有的阀门正常工作并确保所有的阀门在任何时候都能按要求工作。

10.6.2 阀门密封原理

1. 阀门的密封

阀门一般由两部分组成：阀体(静止件)和关闭件(活动件，分为球体、闸板或旋塞)

阀体内的关闭件(球体、闸板或旋塞)是调节管线流量的配件。关闭件绕阀体中心线作90°旋转来达到开启、关闭阀门。闸阀的关闭件(闸板)沿通路中心线的垂直方向移动来达到开启、关闭阀门。

2. 球阀的密封

球阀是球体绕阀体中心线作90°旋转来达到开启、关闭的一种阀门。球阀的密封是通过对球体与固定的阀座密封圈两金属面的密封来实现的。

由于完美球形的球体加工是非常困难的，因此将软密封圈与阀座密封圈结合使用以达到对气体介质的密封，甚至可适用于高压工作环境。

3. 闸阀的密封

闸阀的密封也是通过对两金属面(固定的阀座密封圈和活动的闸板)的密封来实现的。

然而闸阀是以闸板沿通路中心线的垂直方向移动来达到开启、关闭的一种阀门，并不像球阀或旋塞阀是关闭件绕阀体中心线作旋转来达到阀门的开启、关闭。

不同类型的闸阀是有很大区别的，必须熟识这些差异才能保证有效、安全地进行阀门维护、保养及操作的工作。

4. 旋塞阀

阀的密封方法是多种多样的。就旋塞阀而言，其密封是依靠旋塞和阀体两金属面之间的密封来实现的。实际上制造这样的两个金属面来达到完美的气密封是非常昂贵和困难的。任何密封圈内在的缺陷都会加重阀门的磨损。旋塞阀的旋塞绕阀体中心线作 90°旋转来达到阀门的开启、关闭。一般注入复合密封脂作为旋塞阀两金属面的密封油膜。

5. 天然气工况

大部分的天然气运输是通过管道进行输送的，并在配送前进行脱水处理。脱水处理脱除了天然气中的水蒸气和气态水，在干气环境下缺少润滑甚至会使软密封硬化。在高压输送时，即使是一个小的泄漏也会逐渐侵蚀整个密封面并形成更大的泄漏通道。密封失效的最终结果导致阀座泄漏。

10.6.3 阀门一般性维护

1. 在线阀门维护

管道阀门泄漏是造成喷射突发的主要因素，引起的管道破损非常昂贵，因此这种现象必须要被消除。

2. 到达阀门现场之前

到达阀门现场之前需获得必要的许可，并且要尽可能查找出有关管线及其特征的资料以及阀门的具体症状。

获得安全工作许可证是处理任何阀门维护方面的问题和其他现场问题的先决条件，许可证是指完成具体工作的正式批准。

3. 获得许可证

在开始对任何带压阀门进行作业时，需要从权威部门获得必需的危险作业许可证：

(1) 切断管路的授权；

(2) 当要关掉阀门时需要获得授权；

(3) 开阀门许可；

(4) 需要获得打开已正常关闭的阀门的许可。

4. 到达阀门现场时

当到达阀门现场时，应当讨论一下安全和其他与工作相关的问题。确定出要维修的阀门及所有外部设备的位置。

5. 日常维护

将阀门润滑剂或密封剂注入阀座注脂接头中，仔细观察压力表以便判断润滑脂/密封脂是如何进入阀门的。

10.6.4 全面的阀门维护保养工作

全面的阀门维护保养工作应该每年进行一次，即使阀门并不存在任何泄漏或故障。全面的阀门维护保养工作是预防泄漏发生或泄漏扩大化的预防性措施。

全面的阀门维护保养工作包括以下内容：

(1) 清洗阀座密封系统；

(2) 阀座密封系统的重新注脂；

(3) 阀腔排污；

(4) 按要求调整阀门限位；

(5) 多次开关阀门；

(6) 增加阀杆密封压力；

(7) 润滑阀杆、变速箱及所有需润滑的设备；

(8) 测试阀座密封泄漏情况；

(9) 检测法兰、注脂口及阀杆的泄漏情况。

10.6.5 密封系统补充

为保证密封面的润滑剂/密封剂长期有效，日常阀门维护一般包括定期补充密封脂。

1. 需要的数量

补充的密封脂注入量主要取决于：

(1) 前后两次注脂时间的间隔；

(2) 所使用的润滑脂/密封脂的类型；

(3) 阀门类型；

(4) 阀门开关操作的次数；

(5) 流经阀门的介质；

(6) 介质温度；

(7) 是否靠近计量或调压装置。

2. 防止故障的发生

许多阀门操作工一般不考虑对阀门的维护保养工作，除非出现了阀门故障。然而也许几年才发生一次阀门故障。

延长两次阀门维护保养的时间间隔可能带来严重的后果。因为即使是极微小的泄漏也会侵蚀密封面并由于维护保养时间间隔的延长而逐渐扩大了泄漏通道。

日常阀门维护保养中使用合成润滑脂可有效阻止密封面的刮伤、完全消除阀座的微小泄漏、延长阀门的使用寿命。

3. 密封脂失效

在密封脂使用期间，某些品牌的润滑脂/密封脂可能已经开始干燥、分解或被冲掉，有时也会发生聚合现象。油脂在高温和脱水天然气的共同作用下，经过数月后会开始固化。

4. 油脂固化的危害

固化的油脂限制了阀座的移动并使密封圈脱离阀座，结果导致阀门开关操作扭矩增加并损毁阀座软材料及O形密封圈。

5. 固体物质填充

润滑剂/密封剂的流失将导致失效密封圈被诸如沙砾、污垢、铁屑、剥落物、塑胶甚至清管器碎片等固体杂物填充。

通过日常阀门维护保养可以将以上所有的危害降至最低，而专业阀门技师进行日常阀门维护保养是优先考虑的措施之一。通过专业技师维护阀门可以达到以下几个目的：延长阀门使用寿命；防止阀门泄漏的发生；确保管线完整性。

10.7 管道风险减缓措施

10.7.1 风险减缓措施的适用性

管道风险减缓技术的范围较广，包括所有减小管道发生事故可能性的预防和探测措施，以及控制管道事故后影响大小的减缓和应急措施。其中最有效的并最为大家熟知的就是完整性评价以及响应完整性评价结果的修复，其他常见的风险减缓措施有腐蚀控制、泄漏监测、地质灾害预防与治理、管道安全预警、应急反应、公众警示、员工培训。

其他风险减缓措施及其对各危害的适用性见表 10-19。

表 10-19 其他风险减缓措施及其对各危害的适用性

预测、探测方法	第三方破坏			与腐蚀有关		误操作	与天气有关			制造		施工				外力	环境
	TPD			Ext	Int	IO	CW	L	HR/F	Pipe Seam	Pipe	Gweld	Fab Weld	Coup	WB/B	EM	SCC
	IF	TPD	Vand														
空中巡线	×	×	×				×	×	×					×		×	
徒步巡线	×	×	×	×			×	×	×					×		×	
目测/机械检测							×					×					
应急呼叫系统	×	×	×														
符合性检查						×											
设计规范				×	×							×		×	×	×	×
材料规格书										×	×		×				
厂商检查		×								×	×		×				
运输检查		×								×	×						
施工检查		×									×	×	×	×	×		×
投产前试压		×								×	×	×	×	×	×		
公共教育	×																
操作维护程序		×	×	×	×	×	×		×					×	×	×	×
操作员培训						×											
增加标识频率	×	×															
变形监测									×							×	
外保护	×	×	×													×	
管道用地维护	×	×														×	
增加壁厚	×	×	×	×	×											×	
带状警示标志	×	×															
阴保监测/维护				×													×
清管					×												
泄漏控制措施			×	×	×									×			

续表

预测、探测方法	第三方破坏			与腐蚀有关		误操作	与天气有关			制造		施工				外力	环境
	TPD			Ext	Int	IO	CW	L	HR/F	Pipe Seam	Pipe	Gweld	Fab Weld	Coup	WB/B	EM	SCC
	IF	TPD	Vand														
清管器 GPS 变形检测				×			×		×							×	
降低外应力														×	×	×	×
安装伴热装置							×										
管道重新敷设	×		×				×		×							×	
修复		×		×	×									×	×	×	×
涂层修补				×													×
增加埋深	×		×												×		
降低操作温度																	×
油品处理					×												
注入杀菌/缓蚀剂					×												
安装隔热保护装置							×										

注：表中的缩略语对应 21 种危险。缩略语的含义如下：Coup——连接失效；PDP——管子旧损伤(延时失效模式)；CW——寒冷天气；Pipe——有缺陷的管子；EM——土体移动；PipeSeam——有缺陷的管子焊缝；Ext——外腐蚀；SCC——应力腐蚀开裂；FabWeld——有缺陷的制造焊缝；L——雷击；Gweld——有缺陷的管子环焊缝；TPD(IF)——甲方、乙方或第三方破坏；HR/F——暴雨或洪水；Vand——故意破坏；Int——内腐蚀；WB/B——折皱弯头或皱折；IO——误操作。

10.7.2 管道沿线地质灾害预防

地质灾害是管道的主要危害之一，常见的地质灾害(包括自然灾害)有断层、地裂缝、滑坡、崩塌、黄土湿陷、冲沟、泥石流、冲蚀、地震、采空区、冻土、水毁。

对地质灾害引起的风险，应采取持续识别(一般汛前和汛后各一次)、评价和预防治理的方法，将灾害点分级分类，分别采取不同的措施，或监测，或计划治理，或立即治理等，进行动态的风险管理，将其对管道的危害减小。

针对地质灾害的典型风险减缓技术如图 10-33 所示(冲沟及滑坡的位移监测等)。

另外，国外 Williams 管道公司对滑坡段管道采取应变监测的方法值得借鉴，目前在陕京管道、广东大鹏液化天然气公司管道上已成功应用，并值得推广。

10.7.3 占压预防与清理

管道用地维护、占压清理是管道公司日常工作之一，也是常见的风险减缓技术，它能极大地减小管道第三方破坏风险。

占压对公共安全和管道安全运行构成严重威胁，主要表现在以下方面：

(1) 造成管道破坏，引发伤亡事故。占压管线的建(构)筑物极易使地下管线沉降变形，造成油气泄漏，同时，占压建筑物内产生的废液直接渗入地下，也会加速管道的腐蚀，导致管线破裂和油气泄漏。

(2) 影响管道日常管理和抢修工作，并可能引发严重的次生灾害。输油气管道的日常维护对管道安全运行十分重要，可是对被占压的管段无法进行正常的安全检测和及时维护，人为制造了“盲段”，使泄漏的油气难以及时发现，聚集到一定浓度，极易引发爆炸。

图 10-33　针对地质灾害的风险减缓技术

(3) 易成为违法犯罪分子盗油的屏障。犯罪分子在管道上方的占压建筑内从事打孔盗油活动，使犯罪行为更具隐蔽性，并增加了管道巡检人员发现和公安机关侦破案件的难度。

占压工作应当以预防为主，对已有的占压分轻重缓急，逐步进行清理。对合法的占压物，进行相关赔偿，对非法的占压物，应无偿清除，在清理过程中，应与当地政府充分沟通。

10.7.4　打孔盗油

发现和控制打孔盗油是各输油公司管道日常维护的重要工作内容之一，也是一项非常重要的风险减缓措施。打孔盗油现象是伴随中国国情出现的特有现象，一般做法如图 10-34 所示，不能单独从管道企业的角度去单一考虑此问题，还应考虑社会影响、法律环境等。近年来随着管道建设的大发展，特别是成品油管道的建设，管道公司反打孔盗油的任务越来越重。

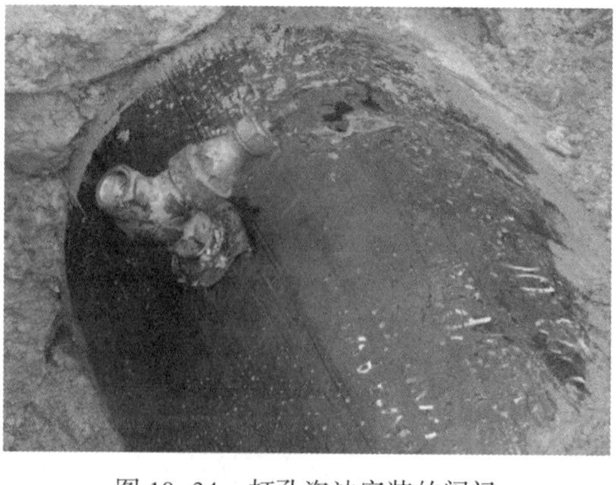

图 10-34　打孔盗油安装的阀门

打孔盗油犯罪的主要特点：

(1) 年轻人居多；

(2) 团伙作案；

（3）基本采用在管道上打孔设卡的方式；

（4）作案时间、地点多数不被察觉，防不胜防；

（5）使用工具日趋现代化，采用技术专业化；

（6）对管道企业造成危害巨大。中国石化管道储运公司统计，2013 年仅山东临邑县境内就发生打孔盗油上百次，给国家造成的直接经济损失上千万元，间接损失无法估量，并引发了一系列社会问题。

打孔盗油犯罪的成因：

（1）盗油者文化水平低，法律观念淡薄。

（2）输油管线在埋设之初没有充分估计到会遭受如此肆无忌惮的破坏，千里管线穿越农田、跨越沟渠，极易暴露；油区内井架林立、星罗棋布；管线纵横交错、四通八达，巡逻防范难度很大。

（3）受经济利益驱使，管道安全防护带内形成了大量的“违章物”，许多违章建筑被不法分子利用，为进行打孔盗油犯罪活动作掩护。

（4）非法小（土）炼油厂的存在是打孔盗油犯罪如此猖獗的根本原因。某些地方依然存在的非法小土炼油厂，不法收购原油，为盗油分子所利用。

打孔盗油的预防：

（1）加强与地方政府的沟通，获得地方政府的支持；严厉惩处，彻底清理、坚决取缔违规、非法小（土）炼油厂，从根本上解决打孔盗油犯罪问题的关键。

（2）加强管道的巡线与监测，重点地段安排值守。

（3）加强宣传教育，通过新闻媒体，依靠党委政府及各级基层组织，利用群众喜闻乐见的各种形式，广泛宣传打孔盗油给国家、社会、家庭造成的巨大危害，切实提高法制观念。

（4）安装安全预警装置。

第 11 章　站场完整性管理与关键技术

油气管道运输是我国五大运输产业之一，对我国国民经济起着非常重要的作用，被誉为国民经济的动脉，随着国民经济的发展，国家对长输管道的依赖性逐渐提高，而管道对经济、环境和社会稳定的敏感度也越来越高，油气管道的安全问题已经是社会公众、政府和企业关注的焦点，政府对管道的监管力度也逐渐加大，因此对管道的运营者来说，管道的运行管理的核心是“安全和经济”。

由于当前中国的油气管道多为 20 世纪 70 年代所建设和近年来新建的管道。对于老旧管道，随着运行时间延长，管道事故时有发生，如何解决油气管道运行安全问题是当前解决老旧油气管道设施安全运行的首要问题。对于新建管道，由于输送压力高，事故后果影响严重，如何保证管道在投入运行前期的事故多发期的运行安全，同时降低成本也是当前新建管道所面临的主要问题。

当前世界各国管道公司都采用管道完整性管理的模式，并且主要集中在线路的完整性管理，内检测技术的发展为完整性管理的推进起到了决定性作用，但近年来，场站发生的事故逐渐增加，国外大型管道公司逐渐重视场站完整性管理工作，PRCI(管道研究学会)设立了科研项目对场站完整性进行专题研究，取得了许多重要成果。场站完整性管理的推进需要建立场站完整性管理体系，开发场站完整性技术，由于场站设备种类繁多，技术要求复杂，各国在推广应用方面都比较慎重，都在考虑与传统管理的结合，使之适应现场的管理和技术需求。

管道运营公司开展站场完整性管理，与线路完整性管理的出发点相同，即针对不断变化的场站设备设施风险因素，对站场运营中面临的风险因素不断进行识别和技术评价，制定相应的风险控制对策，不断改善识别到的不利影响因素，从而将站场运营的风险水平控制在合理的、可接受的范围内。

站场完整性管理的目的还在于建立和提出一套专门适用于管道运营公司需求的技术文件，这些体系文件和系统将保证站场安全运行，并为管道运营公司建立最有效的安全经济发展服务，有利于管道管理者发现和识别管道危险区域，对各种事故做到事前预控。

本章为油气站场完整性管理提供一套系统、综合的方法，以陕京管线为例，重点阐述了站场完整性管理技术，建立了场站管线、设备的多种评估技术，包括数据库管理技术、后果评估技术、站场内外腐蚀控制技术、站场压缩机故障诊断评估技术，以及站场管线超声导波检测技术、储气库井的完整性评价方法等，完善了场站完整性技术支撑体系，以典型站场的为例，开展了场站完整性保障技术的应用，取得了较好的效果，对于保障场站的安全运行意义重大。

11.1 站场完整性管理体系建设

站场设备设施包括压缩机、泵、加热炉、阀门、工艺管道、储罐和仪表等，场站完整性管理的总体目标就是保证管道系统安全、可靠、受控，避免重大安全、环境责任事故，其方针、目标及原则如下。

11.1.1 站场设备完整性管理方针

通过站场设备完整性管理，努力达到设备设施100%完好率，有效识别场站运行风险，采取合理控制措施，提前预控场站风险，控制泄漏产生，使生产经营活动建立在技术先进、经济合理的技术基础上，为管道安全生产运行提供有力的保障。

11.1.2 站场完整性管理原则

在设计、建设和运行新管道系统时，应融入完整性管理的理念和做法：

(1) 进行场站动态的完整性管理；

(2) 建立负责的完整性管理机构、管理流程，配备必要的手段；

(3) 对所有与资产完整性管理相关的信息进行分析整合；

(4) 在场站完整性管理过程中不断采用各种新技术。

11.1.3 站场完整性管理目标

(1) 建立职责清晰的完整性管理体系，并持续改进；

(2) 有效识别站场设施中存在的风险，使站场的风险得到有效控制；

(3) 保证运行设施完好率，力争在线运行设备达到零故障运行；

(4) 设备备品、备件安全库存制定合理，各类设备备品、备件的储备能够保证设备维修要求；

(5) 数据实现信息化集中管理，设备数据收集达到分类统计、分析的要求；

(6) 追求设备全寿命周期费用经济和实现生产综合效率最高；

(7) 通过科学维护延长设备设施的寿命；

(8) 防止出现由于操作和管理不当引起的泄漏或断裂；

(9) 持续提升安全关键性资产的可靠性和可用率。

11.1.4 站场完整性管理流程

站场完整性管理首先要分析站场管理的特点，建立一套场站完整性管理文件，文件覆盖场站的主要设备设施，然后从风险的识别开始，按照设备设施、人员误操作、工艺管线的风险进行识别，再通过场站风险管理的技术方法，如基于风险的检测(RBI)、基于可靠性的维护(RCM)以及安全完整性等级评估(SIL)等技术进行风险分级和排序，确定设备设施、管线的检维护周期和时间。通过维护周期和时间的确定，进行风险预防和控制，通过实施场站设备设施的检测、完整性评估，基于此开展场站设施的维护维修，整个过程中，建立场站基础数据库，使数据与管理的各个环节紧密结合。最后，通过效能评价，持续改进站场完整性管理。陕京线所实施的站场完整性管理流程如图11-1所示。

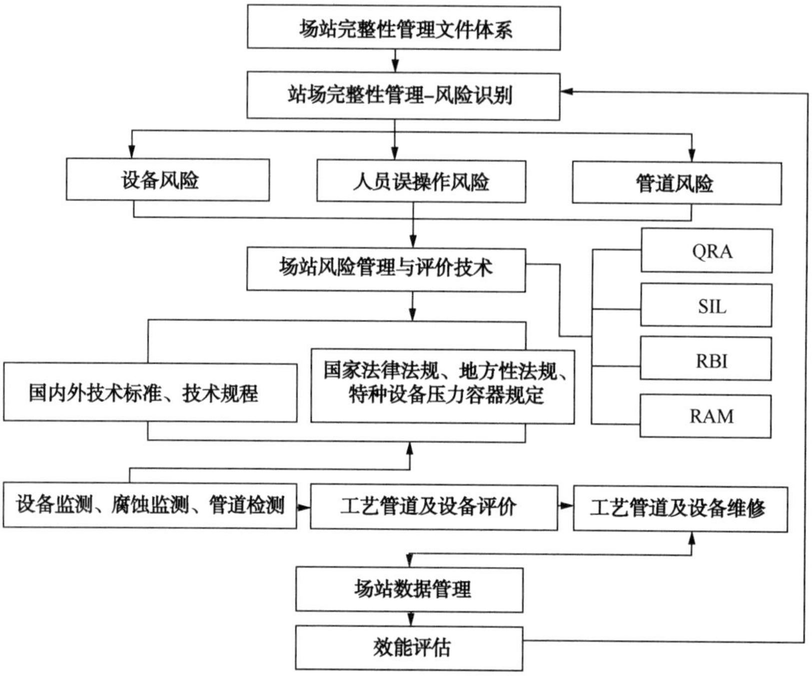

图 11-1　场站完整性管理流程图

11.2　站场风险管理与定量风险评估

11.2.1　站场风险管理技术的选择

站场完整性管理是一个持续循环和不断改进的过程。应根据不同的资产类型和状态，采用系统的、基于风险的方法，制定站场完整性管理计划，通过各种风险管理技术的应用，可对站场资产进行风险排序，了解和掌握关键性资产，明确造成风险的原因和薄弱环节，及时制定和采取预防和减缓风险的措施。推荐采用的方法如下：

HAZOP 分析，通过对整个站场的因果分析来确定新的或者已有的工程方案、设备操作和功能实现的危险，主要用于新建站场和工艺变更较大的场站；站内管线与所有承压静设备，采用基于风险的检验(RBI)技术，建立检验计划，预防风险的发生；储罐主要采用储罐的基于风险的检验(AST RBI)技术，建立检验计划，预防风险的发生；压缩机、泵、电机等转动设备以及静设备维护，采用以可靠性为中心的维护(RCM)技术，建立预防性的主动维护策略，防止风险的发生；保护装置、安全控制系统，采用安全完整性等级评估(SIL)技术，建立测试计划，减缓风险发生的程度；定量风险评价(QRA)的方法不是简单地设置防护带，而是采用系统的风险分析来识别危害性站场设施潜在的危害，定量描述事故发生的可能性和后果(如损失、伤亡等)，计算总的风险水平，评价风险的可接受性，对站场设施的设计和运行操作进行修改或完善，从而更科学有效地减少重大危害产生的影响。

11.2.2　站场定量风险评估及软件技术

近年来场站的风险管理成为管道企业们寻求风险最小、效益最大的关键。风险管理就是利用管道运行的现场及历史统计资料，经过风险分析最终找到减少风险所需要投入的资金和改进运行管理的方法，将管道的风险限定在一个可接受的水平上。而在这个风险管理过程中，对管线和设备准确的安全评估是个基础性工作。其中针对长输管线和设备的安全评估方法包括定性分析、定量分析和半定量分析，主要有制定安全检查表、故障树分析、预先风险分析法(PHA)、危险和可操作性研究(HAZOP)、道化学火灾爆炸法和用来评价输气管线和站场的 API 581(基于风险的检测的基本源文件)。API 581 是美国石油学会提出的一个相对于 API 580 更加具体和严格的风险分析文件，包括了失效后果、失效概率、经济损失和环境影响等方面的问题，它利用风险作为区分检验程序的优先秩序和对设备进行管理的基础。针对站场的风险管理，开发了站场风险评价软件，功能分为四部分：具体设备风险评估、站场评估数据、个体设备风险评估以及基本数据来源，开发软件计算过程如图 11-2 所示，图 11-2(f)中绿色框(1)表示几乎无风险，继续使用；浅绿色区域(2)表示低风险，需加强监测，安排中、长期的维护计划；黄色区(3)表示中等风险，采取措施使得向低风险方向变化；橙色区域(4)表示高风险，需尽快安排短期维修计划，避免发展为事故；红色区域(5)表示极高风险，需要立即维修、更换管道或采取补救措施。

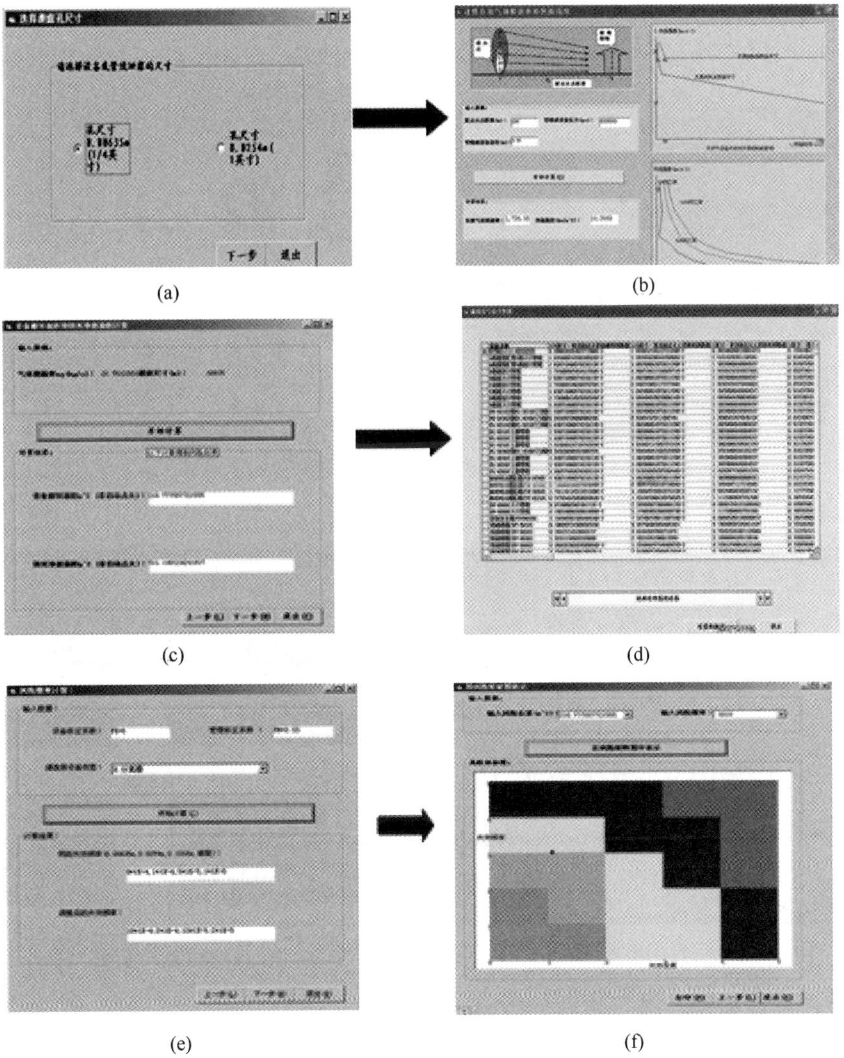

图 11-2　场站风险评估软件系统

11.3 场站完整性保障关键技术与应用

11.3.1 大型压缩机系统的关键部位监测技术

压缩机系统的各个部件和管道大多是通过焊接和螺栓连接。这些连接处，特别是配管及管道附件，存在较高的由振动引起的疲劳失效潜在风险，可采取相应的监测技术对压缩机的关键部位进行检测，确保压缩机及其附属设施的完整性。

1. IOTECH 离线振动监测

本次测试采用了研发的振动测试 IOTECH 设备(见图 11-3 和图 11-4)，以及开发的相应分析软件 eZ-Analyst 软件，遵循国家标准 GB/T 6075.6，对北京市衙门口加气站 4 台机组进行了测试。选取了 20 个点进行振动测试，如图 11-5 和图 11-6 所示，测试信号分析如图 11-7和图 11-8 所示，测试中发现了 16 个 C 类和 D 类风险点，其中 C 类点为振动处在该区域不能长期运行，如有合适的机会需要维修，D 类点为振动在该区域处足以导致设备损坏，需要立即采取措施。

图 11-3　测试主机 ZONICBOOK618E

图 11-4　3D 加速传感器

图 11-5　测点布置图

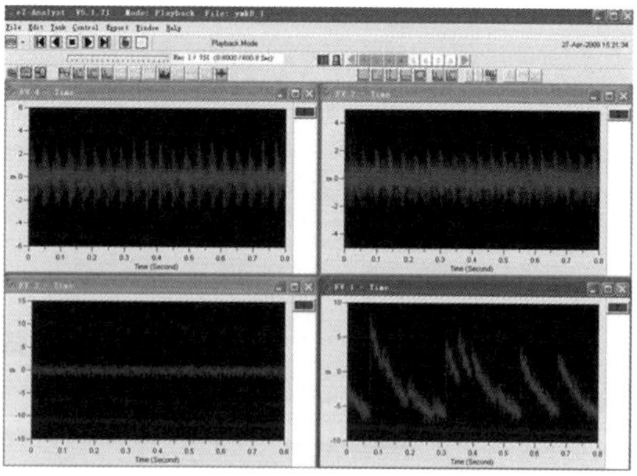

图 11-6　四个通道振动信号

2. 压缩机在线振动监测与诊断分析

通过在压缩机组安装固定式振动测量传感器，采集数据不断分析振动疲劳的影响，例如在陕京一线应县压气站的关键部位安装传感器，测量加速度、应变、动态压力、固有频率等参数。采用应变仪在压缩机排污管处进行频谱测量，如图 11-9 所示。

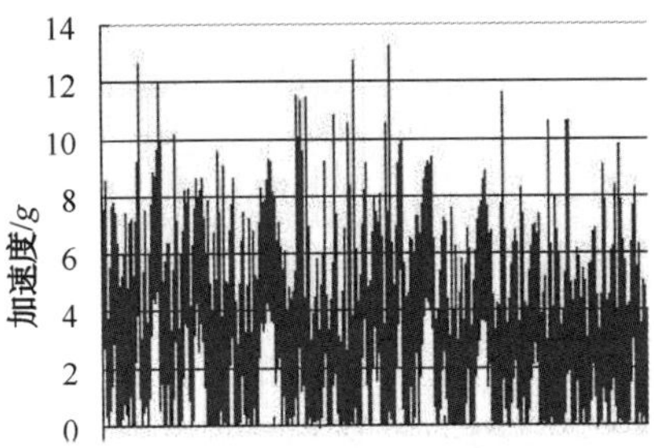

图 11-7　红色测点加速度信号

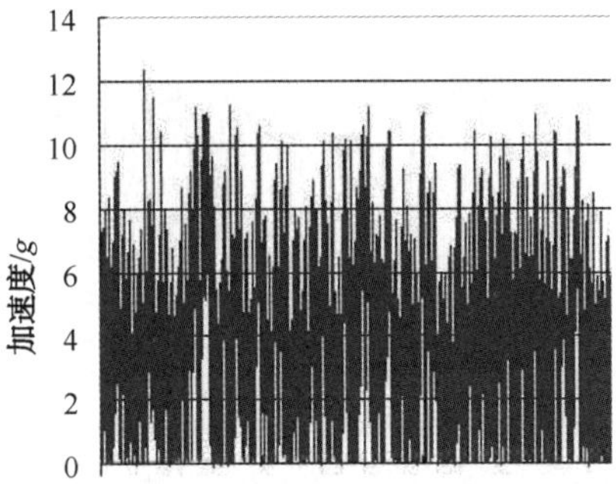

图 11-8　黄色测点加速度信号

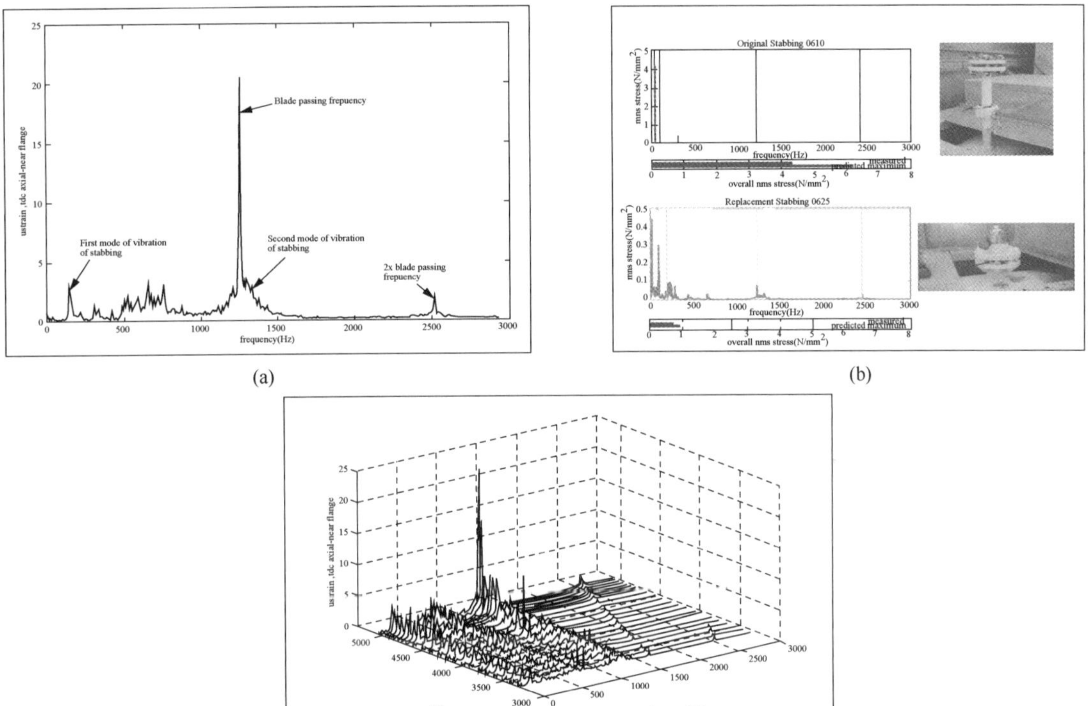

(a)　(b)

(c)

图 11-9　低速运行时压缩机配管的应变频谱三维图

11.3.2　站场管道超声导波检测技术

超声导波可在一个测试点对于一个大的长距离的管道内部材料进行 100%的检测。系统可检测直径为 2~48in 的管道，常用于下列情形：穿路套管、穿越围墙、直管段的 100%检测、各种支架下的管道检测、架空工程管道、防腐层下腐蚀检测(只需清除很小绝缘层)、低温工程管道、球形支架、护坡管线等。根据检测信号，分析出管道的焊缝、法兰、支撑等特征和管道上的各种缺陷，并对缺陷的严重程度做出大致的评估。

陕京管道自 2005 年引进超声导波技术，完成了陕京一线、二线、储气库等 28 个站场的检测，共检测各种管线(天然气、凝析油、排污)包括站内和长输、集输管线 100 余公里，进行数据采集 5900 余次，统计发现缺陷 150 余处，保证了站场工艺管道的安全，并发挥了重要作用。典型缺陷检测信号如图 11-10 所示，图中为采育站自用气管线，管径为 50mm，壁厚为 5mm，测量后腐蚀深度为 2.5mm。

(a) 开挖后缺陷

(b) 开挖后缺陷

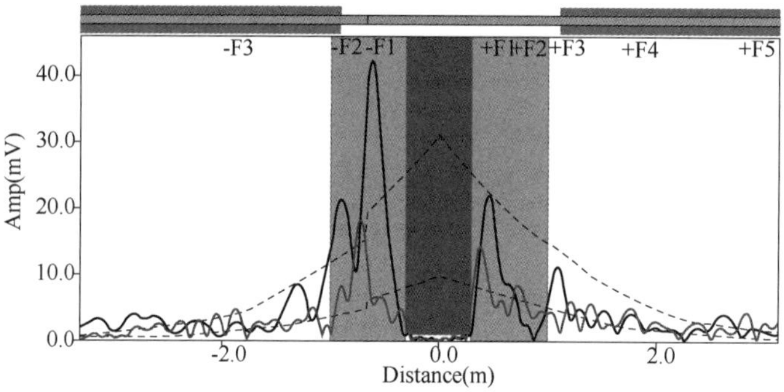

(c) 信号数据

图 11-10 超声导波检测数据

11.3.3 储气库井的完整性评价技术

储气库井采用多层管柱电磁探伤成像测井技术，实施油套管检测，并建立储气库检测和评价标准。目前国内进行井下油套管腐蚀状况检测的技术主要有井下超声波电视、40 臂井壁仪等，但井下超声波电视需要在液体状态下工作，40 臂井壁仪的仪器直径较大，精度较差，不适合注采井生产管柱的检测。国内的现有仪器设备无法满足在生产状态下对注采井生产管柱和套管同时进行检测的需要，而要对油管测试需要对气井进行压井作业，将对储层造成新的伤害；对套管测试则必须起出生产管柱，作业费用昂贵，也存在较大的作业风险。

多层管柱电磁探伤成像测井技术，可同时对两层管柱进行探伤和厚度测量，测定两层管壁的厚度变化值，探明套管横向和纵向的损伤。该仪器外径 42mm(带扶正器 45mm)，实现了不压井对油套管的腐蚀情况和伤害的检测。经过论证，应用该仪器可以同时实现储气库 7in 和 $2\frac{7}{8}$in、$3\frac{1}{2}$in、$4\frac{1}{2}$in 油管的检测，其中油管的检测精度可达壁厚变化 0.5mm，套管的检测精度可达壁厚变化 1mm。

大港储气库群采用多层管柱电磁探伤成像测井评估技术对 65 口生产井进行了检测，发现了注采井的生产管柱存在部分渗漏现象，确定了井下油套管的井下技术状况，为制定注采井修井方案提供依据，定量化地开展了注采井安全性评价工作，建立了注采井安全评价的标准。检测信号如图 11-11 所示。

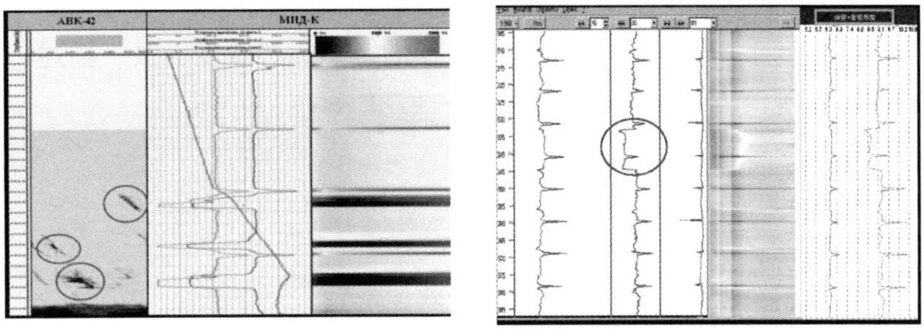

(a) 锯口裂缝形状的孔洞性损伤　　(b) 油十套管，套管有损

图 11-11　大张坨储气库井场油套管检测信号

11.3.4　大港储气库群地下管线综合检测技术

1. 大港储气库库群介绍

大港储气库群处于天津大港区，土壤地质环境较差，腐蚀高发，目前大港储气库群由 6 座储气库组成，地面系统纵横交错，地面管道设施建设时间前后跨度达 10 年，风险极大，需要对该地区地面设施开展场站完整性管理。

2. 场站检测技术应用于内外腐蚀的发现

2012 年该公司决定对大港储气库群进行系统的风险识别和检测评估，使用以色列 Isonic 2006 便携式声定位多功能超声成像检测系统、相控阵检测技术以及英国 GUL 超声导波检测系统进行检测，对该地区管段进行 100% 短程导波检测，可疑信号进行导波成像，重点区域进行超声波 C 扫描检测，在 500 多个检测部位发现了大面积的氧浓差腐蚀，均在入地端 500mm 内发生，并且伴有高温氧化特征的电化学腐蚀发生。

按照 GB 50251—2003《输气管道工程设计规范》规定，使用 ANSYS 软件和 DNV RP-F101 标准进行缺陷评估，确定了 24 个不可接受的腐蚀缺陷点，并进行了缺陷补强修复和换管，确定了 174 处防腐层破损点，使用了抗高温涂层材料在高温湿热环境下进行防腐层补伤，在含水、腐蚀环境复杂的部位使用了黏弹体进行防腐层修复。

通过场站完整性管理的防腐有效性专项管理，保障了站场工艺管线的安全，消除了隐患，效果明显。

11.3.5　站场完整性管理的数据管理技术与应用

1. 场站数据库数据

陕京管道建立了由基础数据库、失效数据库、失效数据库、维修数据库、检测数据库等组成的站场完整性管理的数据管理平台，如图 11-12 所示。

1）基础数据

基础数据库中包括：

（1）设备识别数据（位置、分类、安装及设备单元数据）；

（2）设计数据（制造厂数据、设计参数）；

（3）应用数据（工作状态模式、监视周期、工作参数等）；

（4）其他信息。

2）失效数据

失效数据库中包括：

(1) 识别数据(失效记录、设备及位置);

(2) 失效数据(日期、失效模式、失效对工作的影响、严重度等级、描述、原因、失效子单元及维修组件、观测方法);

(3) 其他信息。

3) 维修数据

维修数据库中包括:

(1) 识别数据(维修记录、设备及位置、失效记录);

(2) 维修数据(日期、种类、作业描述、物料);

(3) 维修时间(实际维修时间、停机时间)。

4) 检测数据

检测数据库中包括:

(1) 测试数据(接地电阻测试、壁厚检测等);

(2) 功能测试数据;

(3) 监测数据(压力、温度、振动等)。

2. 数据管理平台

通过站场三图(平面、三维、工艺流程图)实现站场的全方位管理,利用三维方式实现设备的动态浏览,同时利用三维、工艺流程图方式监控设备状态,实现检测数据、设备属性与三维模型、工艺流程图的衔接,实现设备图选查询。

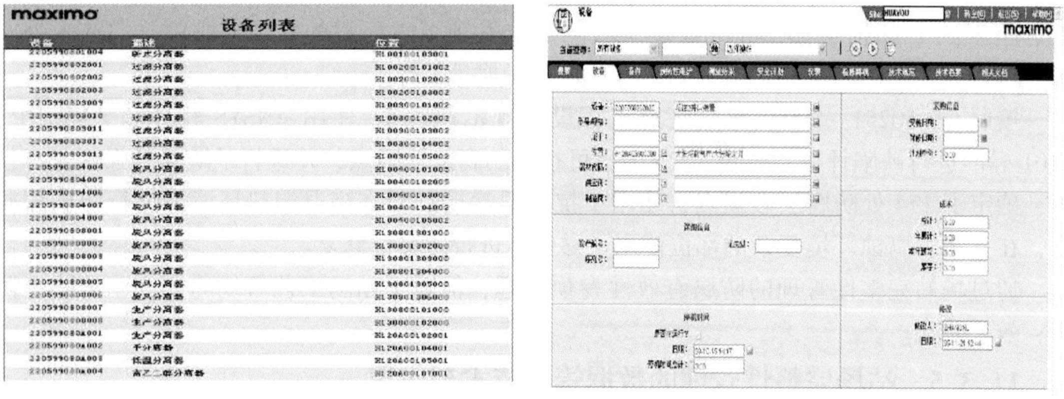

(a)　　　　(b)

图 11-12　站场完整性管理基础数据库

11.4　某压缩机站场的定量风险评价

某输气干线压气站于 1999 年投产,共设输气站场和阀室 38 座,其中有 3 座计量站,7 座中间清管站。在中间四处设有天然气压气站,该压气站的功能是将两路来的天然气汇合增压后进行输送。以该压气站为例,应用 API 581 对其进行安全评估。

该压气站气源组分见表 11-1。其基本参数如下:

表 11-1　气源天然气组分表

组分	%(摩尔分数)	组分	%(摩尔分数)
CH_4	88.35	iC_5H_{12}	0.0438
C_2H_6	5.555	nC_5H_{12}	0.061
C_3H_8	1.133	CO_2	3.276
iC_4H_{10}	0.152	N_2+Ne	01.131
nC_4H_{10}	0.219	H_2S	≤20mg/m³
H_2O	0.0622	H_2	0.0165

进压气站天然气压力：4.5MPa；

进压气站天然气温度：5~22℃；

天然气水露点：-10℃；

天然气烃露点：-15℃。

11.4.1　失效后果分析(Consequence)

1. 确定代表性流体及其特性

$C_1 \sim C_2$，密度为 90.2 kg/m³，标准沸点为 89.4℃，自动点火温度为-17.2℃。

2. 确定代表性流体的最后相态

流体泄放后的扩散特性主要取决于环境中流体的相态(即液体或气体)。如果当流体从稳态工况转换到稳态环境条件时没有相变，则流体的最终相和初始相相同。这里最后相态为气体。

3. 选择一组孔尺寸

API 581 提供了四种泄漏孔尺寸，即 0.25in、1in、4in 和破裂(见表 11-2)。

表 11-2　定量风险评估所使用的孔尺寸

孔尺寸	范围	代表值
小	0~1/4in	1/4in
中	1/4~2in	1in
大	2~6in	4in
破裂	>6in	部件整个直径

4. 计算气体泄漏量

对于天然气泄漏量的计算，国外已有方法对其进行计算。换算成国际单位制的公式后，得到如下计算过程：

管道中气体泄漏质量流量与其流动状态有关，当$\frac{p_0}{p} \leqslant \left(\frac{2}{k+1}\right)^{\frac{k}{k-1}}$时，气体流动属于音速流动；当$\frac{p_0}{p} > \left(\frac{2}{k+1}\right)^{\frac{k}{k-1}}$时，属于亚音速流动(其中 k 为气体绝热指数)。

音速流动的气体泄漏质量流量为：

$$q_{mG} = C_{dg} AP \sqrt{\frac{kM}{RT}\left(\frac{2}{k+1}\right)^{\frac{k+1}{k-1}}} \tag{11-1}$$

式中　C_{dg}——气体泄漏系数，与裂口有关，裂口形状为圆形时取 1.00，三角形时取 0.95，长方形时取 0.90；

M——相对分子质量；

q_{mG}——气体泄漏质量流量，kg/s；

R——气体常数，8.3144J/(mol·K)；

T——气体温度，℃。

亚音速流动的气体泄漏质量流量为：

$$q_{mG} = C_{dg}AP\sqrt{\frac{M}{RT}\left(\frac{k}{k-1}\right)\left(\frac{p}{p_0}\right)^{\frac{2}{k}}\left[1-\left(\frac{p}{p_0}\right)^{\frac{k-1}{k}}\right]} \tag{11-2}$$

安全评价中，裂口的大小和形状一般都是按照工程实际情况进行预先假设，计算出评价所需的泄漏量。如果情况较为复杂，也可根据已有工程的数据或者经验知识直接假设泄漏总量，进行相应的定量评价。

5. 确定泄放类型

以下过程用来确定相应的泄放类型：

(1) 所有“小孔”(1/4in)模拟为持续泄放。

(2) 当泄放 4540kg 花了不到 3min 时，通过给定孔尺寸的泄放为瞬时泄放。所有较低泄放率模拟为持续型泄放。

(3) 对相应的管线和设备评估时，大于 1/4in 时泄放质量都大于 4540kg，即孔尺寸大于 1/4in 的都看作是瞬时泄放。

6. 确定泄放潜在影响区(即后果)

根据 API 581，后果的公式表示如下：

$$A = ax^b \tag{11-3}$$

式中　A——后果区；

a，b——与物质和后果相关的常数；

x——泄放质量。

结合具体泄放类型得出具体的计算公式如下(具体方法见 API 581)：

持续泄放后果等式—自动点火不可能：

设备破坏面积　　$A=43x^{0.98}$

致死事故面积　　$A=110x^{0.96}$

瞬时泄放后果等式—自动点火不可能：

设备破坏面积　　$A=41x^{0.67}$

致死事故面积　　$A=79x^{0.67}$

持续泄放后果等式—自动点火可能：

设备破坏面积　　$A=280x^{0.95}$

致死事故面积　　$A=745x^{0.92}$

瞬时泄放后果等式—自动点火可能：

设备破坏面积　　$A=1079x^{0.62}$

致死事故面积　　$A=3100x^{0.61}$

由于设备和管线泄放后一般不会自动点火，所以只计算自动点火不可能的两个部分。

可以得出评价结果见表 11-3。

表 11-3　某压气站主要设备和管线的失效影响后果区域　m^2

设备＼孔尺寸	1/4in	1in	4in
重力分离器(6 个)	49. 1/119. 4	134. 4/259. 0	861. 5/1660. 0
旋风式分离器(6 个)	49. 1/119. 4	134. 4/259. 0	861. 5/1660. 0
高级孔板阀	43. 0/104. 7	122. 6/236. 3	786. 0/1514. 5
MOKVELD 调压阀	49. 5/123. 1	138. 9/267. 6	890. 0/1715. 0
MOKVELD 止回阀	46. 2/112. 4	128. 9/248. 4	826. 0/1592. 0
CAMERON 电动球阀	47. 9/116. 5	132. 2/254. 7	847. 0/1632. 1
往复式压缩机组(5 个)	55. 9/135. 4	146. 8/282. 8	940. 7/1812. 5
电动球阀	48. 5/117. 3	134. 0/255. 2	848. 1/1633. 2
止回阀	46. 2/112. 4	128. 9/248. 4	826. 0/1592. 0
管线	1/4in	1in	4in
内径 487. 4mm 的管线(阀门 XV-80001 的入口管线)	43. 0/104. 7	122. 6/236. 3	786. 0/1514. 5
内径 487. 4mm 的管线(汇管 1 经 XV-80004 到压气站出站的管线)	50. 0/121. 3	136. 0/261. 9	871. 0/1678. 2
内径 487. 4mm 的管线(汇管 1 经 XV-80003 到汇管 2 的管线)	42. 4/103. 4	121. 6/234. 3	779. 2/1501. 5
内径 255mm 的管线	43. 0/104. 7	122. 6/236. 3	786. 0/1514. 5
内径 103mm 的管线	42. 4/103. 4	121. 6/234. 3	779. 2/1501. 5
内径 309. 7mm 的管线	42. 4/103. 4	121. 6/234. 3	779. 2/1501. 5

说明：①空格中依次为设备破坏面积和致死事故面积；②由于设备和管线的完全破裂的可能性很小，所以不计算它们的失效后果；③管线标号具体见站场工艺流程图；④数据的计算工作，使用了研制开发的风险评估软件。

11. 4. 2　失效概率分析(Likelihood)

可能性分析以特定设备类型的同类失效频率数据库开始。然后通过设备修正系数(F_E)和管理系统修正系数(F_M)这两项来修改这些同类频率。通过同类失效频率乘以这两个修正系数计算出一个经过调整的失效频率。

$$\text{频率}_{\text{调整}}=\text{频率}_{\text{同类}}\times F_E\times F_M$$

同类失效频率数据库是建立在来自多个工业的设备失效历史数据的汇编。根据这些数据，已经为每类设备和每一直径的管道编制了同类失效概率。

设备修正系数是根据每台设备在其中运行的特定环境，而编制的一个对该设备项独特的修正系数。

管理系统修正系数是根据具体的安全管理系统来判断其对同类失效频率的影响。该系数区分了具有不同管理系统的装置之间的失效可能性。

1. 同类失效概率

根据 API 581 建议，得到榆林压气站管线和设备的同类失效概率见表 11-4。

表 11-4　失效概率值

设备 \ 孔尺寸	1/4in	1in	4in	破裂
重力分离器(6个)	9×10^{-4}	1×10^{-4}	5×10^{-5}	1×10^{-5}
旋风式分离器(6个)	9×10^{-4}	1×10^{-4}	5×10^{-5}	1×10^{-5}
高级孔板阀	4×10^{-5}	1×10^{-4}	1×10^{-5}	6×10^{-6}
MOKVELD 调压阀	4×10^{-5}	1×10^{-4}	1×10^{-5}	6×10^{-6}
MOKVELD 止回阀	4×10^{-5}	1×10^{-4}	1×10^{-5}	6×10^{-6}
CAMERON 电动球阀	4×10^{-5}	1×10^{-4}	1×10^{-5}	6×10^{-6}
往复式压缩机组(5个)	0	6×10^{-3}	6×10^{-4}	0
电动球阀	4×10^{-5}	1×10^{-4}	1×10^{-5}	6×10^{-6}
止回阀	4×10^{-5}	1×10^{-4}	1×10^{-5}	6×10^{-6}
管线	1/4in	1in	4in	破裂
内径 487.4mm 的管线	6×10^{-8}	2×10^{-7}	2×10^{-8}	1×10^{-8}
内径 255mm 的管线	2×10^{-7}	3×10^{-7}	8×10^{-8}	2×10^{-8}
内径 103mm 的管线	9×10^{-7}	6×10^{-7}	0	7×10^{-8}
内径 309.7mm 的管线	1×10^{-7}	3×10^{-7}	3×10^{-8}	2×10^{-8}
内径 155mm 的管线	4×10^{-7}	4×10^{-7}	0	7×10^{-8}
内径 50mm 的管线	3×10^{-6}	0	0	6×10^{-7}
内径 100mm 的管线	9×10^{-7}	6×10^{-7}	0	7×10^{-8}
内径 25mm 的管线	5×10^{-6}	0	0	5×10^{-7}
内径 40mm 的管线	4×10^{-6}	0	0	6×10^{-7}

2. 设备修正系数(F_E)

设备修正系数被进一步分为通用次因子、机械次因子和工艺次因子，在分析了这些次因子之后，将所有分项确定值相加，得到该设备项的最终数值。这个总和可正可负，需要经过进一步换算才能得到需要的设备修正系数 F_E。

按如下取值：

气体泄漏探测系统等级：C 级，肉眼检查、覆盖整个需要监视的区域的照相机。

隔离系统等级：B 级，通过操作者在控制室或远离泄漏点的其他合适位置启动的隔离或停机系统。

工厂条件的评级：B 级，与工业标准大致相当。

冷天气运行补偿：冬季温度>4.4℃。

地震区运行补偿：地震区，0 或 1。

压缩机振动情况对应值：控制方法，定期振动监测。

计划停车数值：计划内停车的次数>6/年。

非计划停车的次数：>6/年。

工艺稳定性评级用数值：比平均工艺更稳定。

泄压阀维护用数值：泄压阀误期维护状态<5%。

泄压阀污垢工况数值：没有大量结垢。

腐蚀工况数值：腐蚀工况(无耐腐蚀设计)。

非常清洁工况用数值：非常清洁工况。

按上述取值后，得到其设备修正系数为6。

3. 管理修正系数(F_M)

按照API 581的要求，得到管理修正系数值为0.33(详见手册)。

4. 同类失效概率和修正失效概率

故而，调整后的失效概率为上述的同类失效概率乘以2。

最后得到榆林压气站场主要设备和管线的修正失效概率见表11-5。

表11-5 修正失效概率值

设备 \ 孔尺寸	1/4in	1in	4in	破裂
重力分离器(6个)	18×10^{-4}	2×10^{-4}	10×10^{-5}	2×10^{-5}
旋风式分离器(6个)	18×10^{-4}	2×10^{-4}	10×10^{-5}	2×10^{-5}
高级孔板阀	8×10^{-5}	2×10^{-4}	2×10^{-5}	12×10^{-6}
MOKVELD调压阀	8×10^{-5}	2×10^{-4}	2×10^{-5}	12×10^{-6}
MOKVELD止回阀	8×10^{-5}	2×10^{-4}	2×10^{-5}	12×10^{-6}
CAMERON电动球阀	8×10^{-5}	2×10^{-4}	2×10^{-5}	12×10^{-6}
往复式压缩机组(5个)	0	12×10^{-3}	12×10^{-4}	0
电动球阀	8×10^{-5}	2×10^{-4}	2×10^{-5}	12×10^{-6}
止回阀	8×10^{-5}	2×10^{-4}	2×10^{-5}	12×10^{-6}
管线	1/4in	1in	4in	破裂
内径487.4mm的管线	12×10^{-8}	4×10^{-7}	4×10^{-8}	2×10^{-8}
内径255mm的管线	4×10^{-7}	6×10^{-7}	16×10^{-8}	4×10^{-8}
内径103mm的管线	18×10^{-7}	12×10^{-7}	0	14×10^{-8}
内径309.7mm的管线	2×10^{-7}	6×10^{-7}	6×10^{-8}	4×10^{-8}
内径155mm的管线	8×10^{-7}	8×10^{-7}	0	14×10^{-8}
内径50mm的管线	6×10^{-6}	0	0	12×10^{-7}
内径100mm的管线	18×10^{-7}	12×10^{-7}	0	14×10^{-8}
内径25mm的管线	10×10^{-6}	0	0	10×10^{-7}
内径40mm的管线	8×10^{-6}	0	0	12×10^{-7}

11.4.3 风险计算(Risk)

设备或管线的风险值由下式计算：

$$设备或管线的风险值=风险后果(con)\times风险概率(pof)$$

经计算得到风险值见表11-6。

表11-6 风险值

设备 \ 孔尺寸	1/4in	1in	4in
重力分离器(6个)	$8.84\times10^{-2}/21.5\times10^{-2}$	$2.69\times10^{-2}/5.18\times10^{-2}$	$8.62\times10^{-2}/16.60\times10^{-2}$
旋风式分离器(6个)	$8.84\times10^{-2}/21.5\times10^{-2}$	$2.69\times10^{-2}/5.18\times10^{-2}$	$8.62\times10^{-2}/16.60\times10^{-2}$

续表

设备＼孔尺寸	1/4in	1in	4in
高级孔板阀	$0.34\times10^{-2}/0.84\times10^{-2}$	$2.45\times10^{-2}/4.72\times10^{-2}$	$1.57\times10^{-2}/3.03\times10^{-2}$
MOKVELD 调压阀	$0.40\times10^{-2}/0.98\times10^{-2}$	$2.78\times10^{-2}/5.35\times10^{-2}$	$1.78\times10^{-2}/3.43\times10^{-2}$
MOKVELD 止回阀	$0.37\times10^{-2}/0.90\times10^{-2}$	$2.58\times10^{-2}/4.97\times10^{-2}$	$1.65\times10^{-2}/3.18\times10^{-2}$
CAMERON 电动球阀	$0.38\times10^{-2}/0.93\times10^{-2}$	$2.64\times10^{-2}/5.09\times10^{-2}$	$1.70\times10^{-2}/3.26\times10^{-2}$
往复式压缩机组（5 个）	0	$176.16\times10^{-2}/339.36\times10^{-2}$	$112.88\times10^{-2}/217.5\times10^{-2}$
电动球阀	$0.39\times10^{-2}/0.94\times10^{-2}$	$2.68\times10^{-2}/5.10\times10^{-2}$	$1.70\times10^{-2}/3.27\times10^{-2}$
止回阀	$0.37\times10^{-2}/0.90\times10^{-2}$	$2.58\times10^{-2}/4.97\times10^{-2}$	$1.65\times10^{-2}/3.18\times10^{-2}$
管线	1/4in	1in	4in
内径 487.4mm 的管线（阀门 XV-80001 的入口管线）	$0.52\times10^{-5}/1.26\times10^{-5}$	$4.9\times10^{-5}/9.45\times10^{-5}$	$3.14\times10^{-5}/6.06\times10^{-5}$
内径 487.4mm 的管线（汇管 1 经 XV-80004 到压气站出站的管线）	$0.6\times10^{-5}/1.46\times10^{-5}$	$5.44\times10^{-5}/10.48\times10^{-5}$	$3.48\times10^{-5}/6.71\times10^{-5}$
内径 487.4mm 的管线（汇管 1 经 XV-80003 到汇管 2 的管线）	$0.508\times10^{-5}/1.24\times10^{-5}$	$4.86\times10^{-5}/9.37\times10^{-5}$	$3.12\times10^{-5}/6.01\times10^{-5}$
内径 255mm 的管线	$1.72\times10^{-5}/4.19\times10^{-5}$	$7.36\times10^{-5}/14.18\times10^{-5}$	$12.58\times10^{-5}/24.23\times10^{-5}$
内径 103mm 的管线	$7.63\times10^{-5}/18.61\times10^{-5}$	$14.59\times10^{-5}/28.12\times10^{-5}$	0
内径 309.7mm 的管线	$0.85\times10^{-5}/2.07\times10^{-5}$	$7.30\times10^{-5}/14.06\times10^{-5}$	$4.68\times10^{-5}/9.01\times10^{-5}$

注：为了便于比较，把设备部分数量级视为 10^{-2}，管线部分视为 10^{-5}。

由上述的计算看到，设备要比管线风险大得多，而其中 4 个压缩机组不论是风险后果还是风险概率都是最大的，其次是重力分离器和旋风式分离器。而管线部分内径为 103mm 的管线风险值比较大；而内径为 487.4mm 的管线（汇管 1 经 XV-80004 到压气站出站的管线）的风险后果最大，这是由于这条管线的操作压力较大所致。风险概率方面，内径为 103mm 的管线最大，这基于 API 581 推荐值和加得的管理设备修正系数和管理修正系数得出的。

还可以得出孔尺寸与失效后果和失效概率的关系：随着裂口尺寸的增大，设备和管线的失效后果区域逐渐增大；而失效概率则呈现出不同的规律，对于设备来说，一般失效概率大多集中在小的泄漏孔尺寸上，对于管线，1in（0.0254m）左右的泄漏尺寸比较常见。而这里温度对失效后果面积也是有影响的，得到温度越低，失效后果越大，这是由于不论气体处于音速还是亚音速流动，其泄放率与温度的平方根成线形反比关系。

对于失效概率的管理修正系数和设备修正系数来说，管理修正系数与承包商所实施的管理程序有关，因为整个厂区都遵守同样的管理规则，所以管理系统修正系数不会改变设备项之间的基于风险值的顺序排列。但是，管理系统修正系数可能对每一设备项和整个工业设施的总风险水平有显著影响。当对整个装置的风险水平进行比较或者对不同装置或装置现场之间的类似设备项的风险值进行比较时，其作用就很重要了。设备修正系数与设备所处的工艺条件有关，它根据每台设备在其中运行的特定环境得出。

11.5 基于风险的检验(RBI)

11.5.1 概述

RBI(基于风险的检验)是一种针对石油天然气工业装置的评价技术，由API(美国石油学会)在总结石油天然气工业多年的经验和好的做法的基础上研发，以API Publ 581：2000公开出版物的形式首先提出，它以风险分析为基础，结合失效概率分析和后果分析，进行设备风险排序，管理设备检验计划。通过RBI的输出结果，使用者可以设计合理的检验计划对设备失效的风险进行管理和维护。

RBI技术是在设备检验技术、材料失效机理研究、失效分析技术、风险管理技术和计算机等技术的基础上发展产生的。通过长期对这些技术的研究和应用，人们发现：

(1) 绝大部分的承压设备都存在缺陷；

(2) 大部分的缺陷是无害的，不会导致设备的失效；

(3) 极少数的缺陷会导致灾难性的失效；

(4) 对于高风险设备必须通过检验来发现其关键缺陷。

目前的解决方法是在检验工作中加入风险评价技术，这就是基于风险的检验方法(RBI)：它建立了一套规范的程序和做法，对企业的各种检验资源进行组织和运用，帮助企业充分应用上述这些技术的最新成果和全体的经验——而不是仅限于本厂和本装置上积累的经验，使企业在安全方面的投入能够最大限度地转化为企业的效益——更多考虑产生的间接效益。正如其“基于风险”的名称，风险管理是RBI的核心内容，重点放在承压设备由于材质劣化导致的物料泄漏。

20世纪90年代初，RBI开始在美国石化企业开展。在英国、法国和德国等国家，也相继开始在石油天然气工业装置上实施RBI技术。在亚洲，韩国和日本也采用了与其相似的一些技术。目前，RBI技术在世界上已经得到了广泛的应用。

国内在90年代就已经开始了RBI的研究与试点，并一直跟踪国际上最先进的RBI研究结果。如天津石化公司与中石化上海失效分析与预防研究中心合作引进了挪威船级社(DNV)的RBI技术并在大芳烃加氢装置上进行了试点；茂名乙烯引进了法国船级社(BV)的RBI技术在合肥通用机械研究所的配合下进行了试点；青岛安全工程研究院引进了英国TISCHUK公司的RBI技术在齐鲁炼厂进行试点等。这些工作为推行RBI技术积累了宝贵的经验。基于这些经验，国内炼化企业开始了推广应用。2006年4月，国家质检总局下文在国内主要炼化企业推广使用RBI，并对RBI的分析结果表示认可，这极大地促进了RBI技术的推广使用。

中石油出于油气管道站场完整性管理工作的需要，对站场重要设备的评价需要采用科学的程序和方法，RBI就是目前通用的一种评价方法。目前中石油管道企业中，陕京线最先做了有益的尝试，随后兰成渝管道兰州首站、西气东输靖边首站、大港储气库也相继开展RBI。油气站场实施基于风险的检验可以：①增进工艺管道、储罐等装置的安全性；②合理分配检验和维护资源，从而对高风险部件和较低风险的设备有区别地提供合适的检验计划；③基于风险的决策，提高企业的经济效益和整体管理水平。

通常所说的RBI指API研发的RBI体系，与之相关的标准有：

(1) SY/T 6230　石油天然气加工 工艺危害管理(API 750)

(2) SY/T 6507　压力容器检验规范 维护检验、定级、修理和改造(API 510)

(3) SY/T 6553　管道检验规范 在用管道系统检验、修理、改造和再定级(API 570)

(4) SY/T 6620　油罐检验、修理、改建和翻建(API 653)

(5) SY/T 6653　基于风险的检查推荐做法(API 580)

(6) API 579　适用性评价

(7) API 571　炼化企业静设备损伤机理

上述标准与 API Publ 581 一起，构成了 API 研发的 RBI 标准体系。API Publ 581 给出了 RBI 体系的核心技术，解决了实施 RBI 的技术问题；SY/T 6653(API 580)则是 RBI 实施导则性的标准，可为企业提供总体框架指导，解决了企业真正设施 RBI 管理方面的问题，两个标准可以配套使用，完全相容；其他标准为 RBI 体系提供辅助技术支持。

API Publ 581:2000《基于风险的检验基础资源文件》与相关标准之间的关系可以图 11-13 表示。

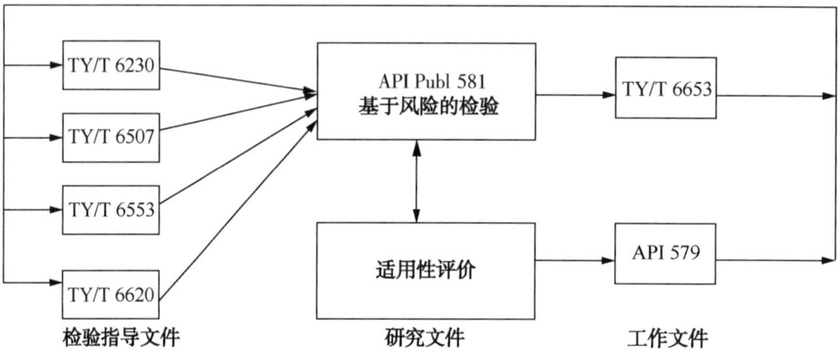

图 11-13　API Publ 581 与相关标准的关系

11.5.2　RBI 的实施流程

RBI 技术在工厂的应用有一套标准的方法或体系，实施过程应遵循一定的步骤，图 11-14 给出了 RBI 实施流程。

主要步骤描述如下：

(1) RBI 实施的准备，确定评价的目标和范围、采用的方法和所需要的资源。实施 RBI 应有明确的目标，这个目标应被 RBI 小组和管理人员理解。评价应建立在一定的物理边界和运行边界上，通过装置、工艺单元和系统的筛选建立物理边界，为了识别那些影响装置退化的关键工艺参数需要考虑正常运行和异常情况，以及开工和停车。

(2) 识别设备的失效机理和失效模式。识别设备在所处的环境中会产生的退化机理、敏感性和失效模式，这对 RBI 评价很有帮助。

(3) 评价数据的采集。采集风险评价设备的数据，包括设计数据、工艺数据、检验数据、维护和改造、设备失效等数据。

(4) 评估失效概率。评估设备在工艺环境下每一种失效机理的失效概率，失效概率评价的最小单位是按失效机理不同划分出的设备部件。失效概率评估包括确定材料退化的敏感性、速率和失效模式，量化过去检验程序的有效性，计算出失效的概率。

(5) 评估失效后果。评估设备发生失效后对经济、生产、安全和环境造成的影响。

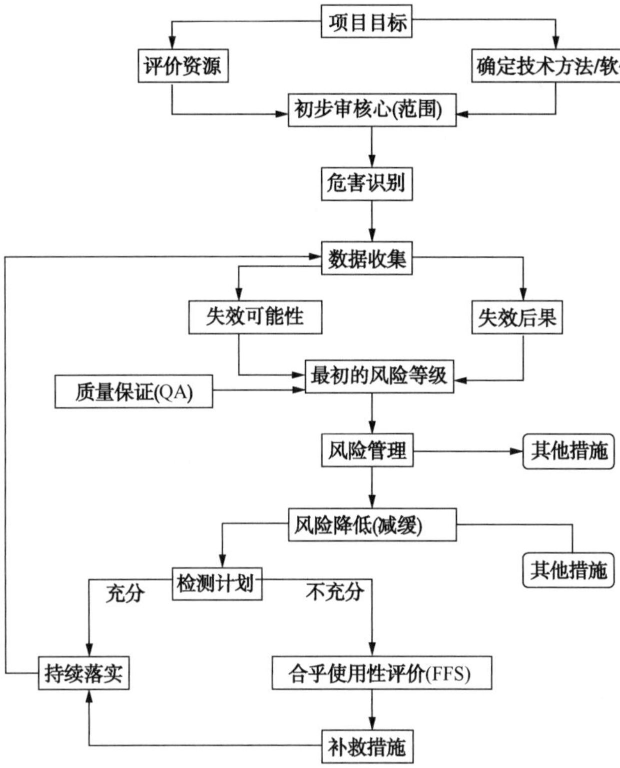

图 11-14　RBI 实施流程图

(6) 风险评价。根据上面评估的实效概率和后果，计算出设备失效的风险，并进行排序。根据指定的风险接受准则(如 ALARP 原则)，将风险划分为可接受、不可接受和合理施加控制三个部分。

(7) 风险管理。制定有效的检验计划，控制失效发生的概率，将风险降低到可接受的程度，促进检验资源的合理分配，降低检验的时间和费用。对通过检验无法降低的风险，采取其他的风险渐缓措施。

(8) 风险再评价和 RBI 评价的更新。RBI 是个动态的工具，可以对设备现在和将来的风险进行评估。然而，这些评估是基于当时的数据和认识，随着时间的推移，不可避免地会有改变。有些失效机理随时间发生变化；适当检验活动可以增加设备的可信度；工艺条件和设备的改变，通常可带来设备风险的变化；RBI 评价的前提也可能发生变化；减缓策略的应用也可能改变风险，所以必须进行 RBI 再评价，对这些变化进行有效的管理。

11.5.3　RBI 需要的资料

RBI 项目需要成立专门的工作组。RBI 需要从很多方面收集数据，专门分析和作出风险管理的决定。一般来说，一个人不会有单独完成整个研究的背景知识和技术，通常由一个工作小组来有效实施 RBI 评价。RBI 是一个团队工作组，由企业和负责 RBI 项目的技术服务商双方共同组成，其成员应该包括设备专家、检验工程师、工艺操作员、工艺工程师、化学工程师、防腐工程师、材料工程师、无损检测专家、安全环境工程师和技术员等。

资料的准备包括两方面，一是准备用于控制 RBI 项目实施的项目管理资料，包括：

(1) 项目工作计划；

（2）RBI 项目的目标和策略；
（3）项目管理实施细则；
（4）RBI 小组工作职责表；
（5）RBI 项目配置、规则和规范；
（6）RBI 项目实施程序；
（7）培训材料、会议记录管理、材料管理等。
二是需要企业提供的技术资料，包括：
（1）工艺仪表流程图(P&ID)；
（2）工艺流程图(PFD)；
（3）平面布置图；
（4）管道单线图；
（5）装置设备设计、制造、采购、安装、竣工验收资料；
（6）工艺介质数据表；
（7）设备数据表；
（8）管道数据表；
（9）安全附件资料；
（10）装置操作与维护手册；
（11）历次检验维修记录。

11.5.4 RBI 软件

RBI 的自身特点决定了 RBI 软件是实施 RBI 的重要工具：

（1）实施 RBI 需要管理大量数据。一个 RBI 项目通常包括上千条管道、几百台静设备、上百个安全阀和控制阀，甚至还包括上百台动设备的承压部件。实施 RBI 需要采集的数据包括材料数据、设备数据、装置腐蚀数据和检验数据等多方面数据。RBI 需要计算工厂生产过程中物流(主要是腐蚀性介质)对设备退化的影响，而工厂的物流中所包含成分成百上千，各种成分对设备退化的影响各不相同。这样多的数据由人工来处理几乎是不可能的，只有借助计算机软件才能处理这些海量的数据。目前世界上主要的 RBI 软件都采用了具有 SQL 技术的数据库来管理这些数据。

（2）RBI 项目是一个持续改进的过程，这个过程包括装置的整个寿命期，利用计算机的强大存储能力可方便地对设备的历史信息进行有效的记录。

（3）RBI 的风险评价尤其是定量风险评价采用了相对比较复杂的失效概率计算模型和失效后果计算模型，这些计算如果由人来完成是非常困难的，利用计算机的高运算速度，可以在较短的时间内完成这些计算。

随着 RBI 理论的发展，尤其是在 API 的两个标准出版以来，RBI 技术更是迅猛地发展。最为显著的是开发了各种软件包，作为应用 RBI 技术的工具。世界上主要的 RBI 软件有 DNV(挪威船级社)的 ORBIT，BV(法国船级社)的 RB. eye，TWI(英国焊接协会)的 RiskWise 和 LifeWise，TISCHUK 公司的 T-OCA，Hyprotech 公司的 Axsys. Integrity，Credosoft 公司的 Credopro，APTECH 公司的 RDMIP，世界著名化工公司 Akzo Nobel 也开发了自己的 RBI 技术，LMP Technical Service Limited 的 PRIME 软件中也包含有 RBI 的模块。目前 RBI 技术仍处于一个不断完善和发展的过程，不同的 RBI 软件系统的技术特点有所不同，可适应不同的用户。但从总体上说，这些软件都满足了 API 580 的技术要求，包含了 RBI 的基本要素，没有本质差别，用户可以根据具体的需要选择不同的软件。目前国内主要是以引进软件的方式实施 RBI。

11.6 以可靠性为中心的维护(RCM)

11.6.1 RCM 概述

“以可靠性为中心的维修”译自英文“Reliability Centered Maintenance”，简写为 RCM。1991 年英国 Aladon 维修咨询有限公司的创始人 John Moubray 出版了一本系统阐述 RCM 的专著《以可靠性为中心的维修》。书中给出了 RCM 的定义：一种用于确保任一设施在现行使用环境下保持实现其设计功能的状态所必须的活动的方法。

按国家军用标准 GJB 1378，RCM 可以定义为：按照以最少的资源消耗保持设备固有可靠性和安全性的原则，应用逻辑决断的方法确定设备预防性维修要求的过程或方法。

以可靠性为中心的维修是对工程系统进行系统分析的过程，以了解：

(1) 系统的功能；

(2) 完成这些功能的设备的失效模式；

(3) 如何选择最佳的方式来阻止失效模式的发生或在失效发生前探测到失效模式；

(4) 如何确定对备件的要求；

(5) 周期性地不断改进现有的维修方式；

(6) RCM 的目标就是要保证系统所有工作状态的可靠性。

一次合理的 RCM 分析过程，需要回答以下 7 个问题：

(1) 在现行的情况下，设施的功能及相关的性能标准是什么？

(2) 什么情况下设施无法实现其功能？

(3) 引起各功能故障的原因是什么？

(4) 各故障发生时会出现什么情况？

(5) 故障部件的重要度是多少？

(6) 做什么工作才能预防各故障？

(7) 找不到适当的预防性工作该怎么办？

通常会采用下列工具和技术来进行 RCM 分析：

(1) 故障模式、影响及危害性分析(FMECA)或故障模式及影响分析(FMEA)。用来回答问题 1~5。

(2) RCM 决断分析图。用来回答问题 6 和 7。

(3) 系统的设计、制造和操作知识。

(4) 状态监测技术。

(5) 基于风险的决策(例如某个失效发生的概率和根据对安全、环境和商业运营方面的影响产生的后果)。

(6) 记录和执行正式程序。

(7) 分析，作出决策。

(8) 基于运行和维修经验做出累进的改进。

(9) 清除维修行为的查账索引，做出改进。

当上述所有步骤都记录和执行后，这个程序就是一个高效的系统，可以保证工程系统的可靠性和安全运行。这样的维修管理系统就是一个 RCM 系统。

11.6.2 RCM 相关标准

RCM 自 20 世纪 60 年代出现以来，相继出现了不少相关标准与专著，现列于表 11-7 中。RCM 新观念与传统维修观念对比见表 11-8。

表 11-7 RCM 相关标准与专著一览表

序号	标准编号	标准英文名	标准中文名	标准发布国家与协会
1	MIL-HDBK-2173(AS)	Department of Defense Handbook for Reliability-Centered Maintenance Requirements for navalaircraft, weapons systems and support equipment	国防部手册：海军飞机、武器系统和支持装备的 RCM 要求	美国国防部
2	SAE JA1011	Evaluation Criteria for Reliability Centered Maintenance (RCM) Processes	RCM 过程评价标准	美国汽车工程师协会
3	SAE JA1012	A Guide to the Reliability-Centered Maintenance (RCM) Standard	RCM 标准指南	美国汽车工程师协会
4	ABS 121	GUIDE FOR SURVEY BASED ON RELIABILITY-CENTERED MAINTENANCE	基于 RCM 的调查指南	美国海运局
5	ABS 132	GUIDANCE NOTES ON RELIABILITY-CENTERED MAINTENANCE	对 RCM 的指导性注释	美国海运局
6	GJB 1378		装备预防性维修大纲的制订要求与方法	中国国防科工委军用标准化中心
7	GJB 1391		故障模式、影响及危害性分析程序	中国国防科工委军用标准化中心
8	SAE J-1739	POTENTIAL FAILURE MODE AND EFFECTS ANALYSIS(FMEA)	潜在失效模式及后果分析(FMEA)	美国汽车工程师协会

表 11-8 RCM 新观念与传统维修观念对比一览表

序号	传统维修观念	RCM 的新观念	备　注
1	设备故障的发生和发展与使用时间有直接关系，定时计划拆修普遍采用	设备故障与使用时间一般没有直接关系，定时计划维修不一定好	复杂与简单设备有很大的选择性
2	没有潜在故障的概念	许多故障具有一定潜伏期，可通过现代各种手段检测到，从而安全、经济的决策维修	潜在故障概念适用于部分机件
3	无隐蔽故障和多重故障的概念	从可靠性原理及实践寻找或消除隐蔽故障，可以预防多重故障的严重后果	可靠性理论是这一新观念的基础
4	预防性维修能提高固有可靠度	预防性维修不能提高固有可靠度	可靠度是设计所赋予的
5	预防性维修能避免故障的发生，能改变故障的后果	预防性维修难以避免故障的发生，不能改变故障的后果	设计与故障后果有关
6	能做预防性维修的都尽量做预防性维修	采用不同的维修策略和方式，可以大大减少维修费用	根据故障的分布规律

续表

序号	传统维修观念	RCM 的新观念	备　注
7	完善的预防性维修计划由维修部门的维修人员制定	完善的预防性维修计划由使用人员与维修人员共同加以完善	重视使用人员的作用
8	通过更新改造来提高设备的性能	通过改进使用和维修方式，也能得到一些良好的效果	多从经济性后果考虑
9	维修是维持有形资产	维修是维持有形资产的功能（质量、售后服务、运行效益、操作控制、安全性等）	资产能做什么比财产保护更重要
10	希望找到一个快速、有效的解决所有维修效率问题的方法	首先改变人们的思维方式，以新观念不断渗透，其次再解决技术和方法问题	没有一药治百病的“神丹妙药”
11	维修的目标是以最低费用优化设备可靠度	维修不仅影响可靠度和费用，还有环境保护、能源效率、质量和售后服务等风险	现代维修功能有了更广泛的目标

11.6.3 RCM 的实施

RCM 的实施也是围绕下列 7 个问题开展的：

(1) 在现行的情况下，设施的功能及相关的性能标准是什么？

(2) 什么情况下设备无法实现其功能？

(3) 引起各功能故障的原因是什么？

(4) 各故障发生时会出现什么情况？

(5) 故障部件的重要度是多少？

(6) 做什么工作才能预防各故障？

(7) 找不到适当的预防性工作该怎么办？

在 1999 年国际（美国）汽车工程师协会（SAE）颁布的 RCM 标准《以可靠性为中心的维修过程的评审准则》（SAE JA1011）中规定，只有保证按顺序回答了上述 7 个问题的过程，才能称之为 RCM 过程。

如果需要更加详细的步骤，可参考美国石油公司 Amoco 在气体处理装置的旋转设备上采用的 RCM 方法，具体实现可分为 9 个步骤：

(1) 定义要分析的系统；

(2) 定义要分析的系统的功能；

(3) 定义系统的组成部件；

(4) 定义每个部件的失效模式；

(5) 定义每种失效模式的后果；

(6) 定义每个部件失效是否关键，是否需要采取措施去预防和阻止；

(7) 定义每种失效模式的失效原因；

(8) 识别需要做的任务，来阻止或减小基于识别出来的原因的每种失效模式下，关键部件的失效；

(9) 定义旋转设备部件备件的要求。

需要说明的是，RCM 是一个循环改进的过程，一阶段的工作完成后，根据制定的维修方案实施维修工作，但这也是另一个阶段工作的开始，通过不断地循环改进，使企业的维修工作越来越完善。

从以上比较可以看出，各 RCM 过程虽有不同，但大体过程相似，RCM 的一般步骤如下：

（1）筛选出重要功能产品（FSI，Functionally Significant Item）；

（2）进行故障模式及影响分析（FMEA）；

（3）应用逻辑决断图确定预防性维修工作类型；

（4）系统综合，形成维修计划。

11.7　安全完整性等级（SIL）

11.7.1　概述

工业过程成套设备以及其他设备在不正常工作情况下有可能产生诸如火灾、爆炸、辐射超剂量、机械漏油等危险事件，对人和环境造成一定的风险。为从源头上控制风险，这就要求在设计过程中，除了用基本过程控制系统（BPCS）来满足生产的基本需要外，还应该增加一套安全保护装置，对 BPCS 进行监控，对 BPCS 的意外故障进行风险消除或减轻，这些安全保护装置就是 Safety Instrumented System，简写为 SIS，是美国仪表协会 ISA 在 ISA-S84.01《工业生产过程中安全仪表系统的应用》提出的概念，翻译为安全仪表系统，中文又翻译为仪表型安全系统、安全仪表连锁系统、仪表安全保护系统。后来国际电工协会的标准 IEC 61511-1-3《过程工业安全仪表系统的功能安全》也采用了 SIS 这种叫法。而其他类似的装置和叫法有紧急停车系统（Emergency Shut Down，ESD）、安全联锁系统（Safety Interlock System）和故障安全控制系统（FSC）等。

安全仪表系统（简称 SIS）由现场传感器/变送器（如温度变送器、压力变送器等）、控制器（如 PLC 可编程逻辑解算器、现场总线等）、输入/输出模块和现场执行机构（如电磁阀、电动调节阀等）组成，并与相应输入/输出接口（如隔离式安全栅）及相关软件一起构成的，现已在电力、化工、航天航空、核能、医药等领域有着广泛的应用。随着应用范围不断扩大，应用场合大多数是系统结构复杂、容易爆炸、操作自动化程度较高、生产产品质量要求很高的场合。同时，用户对使用要求的不断提高，尤其是对受控设备功能安全性提出了更高的要求。根据用户的这种要求和实际需要以及科学技术的发展，近几年来，SIS 也得到了飞速发展，从第一代模拟式仪表系统（基于电子机械技术），经过第二代智能仪表系统（基于电子/固态技术），发展到现在的第三代数字智能式仪表系统（基于可编程电子技术）。

安全仪表系统对提升装置的可靠性和安全运行贡献有很大帮助，因此企业在其关键装置上大都安装了 SIS。但是由于安全联锁过度、组合不合理、工艺不稳定等诸多原因，经常造成安全仪表系统误动作，给生产及安全带来了不应有的损失。良好的安全仪表系统可靠性高，在平时不误动作，在必须停车保护时应能确保正确动作。

对英国的 34 件“失控”进行事故统计，资料表明，在不同的阶段，安全仪表系统对生产造成的影响也不同，如图 11-15 所示。

由图 11-15 可以看出，设计阶段的失误所造成的安全仪表系统事故比例最大，因此设计阶段对安全仪表系统进行安全评价工作十分重要，而安全评定的重要内容之一就是安全完

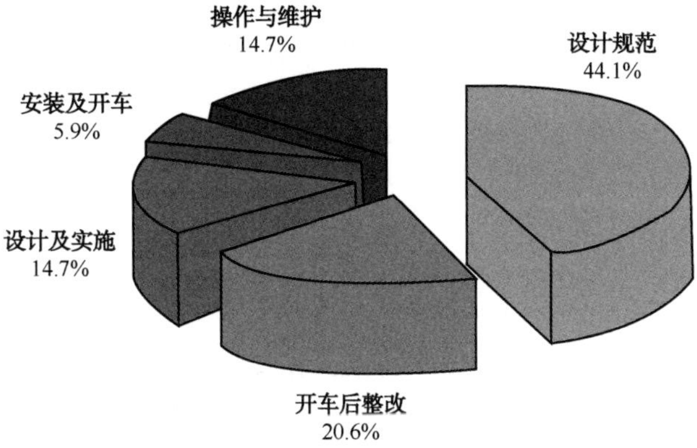

图 11-15　与控制系统相关的事故统计资料

整性等级的确定。

安全完整性等级即 Safety Integrity Level（简写为 SIL），国内又翻译为安全完善度等级、安全度等级等，是衡量安全仪表系统的定量指标，表示在规定的时间周期内的所有规定条件下，安全仪表系统成功地完成所需安全功能的概率。作为 SIS 的主要性能指标之一，SIL 是 SIS 的使用者和操作者对 SIS 的制造商提出的定量要求，最后的 SIS 必须达到规定的 SIL。

11.7.2　国内外相关标准与规范

为了对受控设备及其安全系统的功能安全进行研究，国外首先在电气/ 电子/ 可编程电子相关系统（即 E/ E/PES）开展了功能安全的研究，特别是欧共体国家已制定了许多功能安全领域的标准（如 EU 61508 等），1998 年国际电工委员会（IEC）颁发了国际标准 IEC 61508-1-7《电气/ 电子/ 可编程电子安全相关系统的功能安全》，日本已经率先将此标准转化为 JIS-C-0508 日本国家标准，我国于 2005 年开始翻译该标准，已经等同采用该标准 GB/T XXX（报批稿）。2003 年国际电工委员会（IEC）针对过程工业领域测控仪表及其系统又颁发了国际标准 IEC 61511-1-3《过程工业部门仪表型安全系统的功能安全》。石油天然气行业也采集美国仪表协会标准 ISA S84. 01，转化为行业标准 SY/T 10045—2003。目前国内尚无国家标准，石化行业有相关的设计导则：《石油化工紧急停车及安全联锁系统设计导则》（SHB-Z06-1999）。这些标准的建立，为过程工业领域 SIS 在各种应用场合的可靠、安全使用打下良好基础。目前，欧共体的主要发达国家不但对自身产品提出了功能安全要求，而且，对进入欧共体国家的产品也已提出了功能安全性方面的要求。

SIS 相关标准见表 11-9。

表 11-9　SIS 相关标准一览表

序号	标准编号	标准英文名	标准中文名	标准发布国家
1	DIN 19250	MEASUREMENT AND CONTROL, FUNDAMENTAL SAFETY ASPECTS TO BE CONSIDERED FOR MEASUREMENT AND CONTROL EQUIPMENT	测量与控制：测量与控制设备需要考虑的基本安全问题	德国
2	ISA-S84. 01	Application of safety instrumented system for the process industries	工业生产过程中安全仪表系统的应用（已经转化为 SY/T 10045）	美国

续表

序号	标准编号	标准英文名	标准中文名	标准发布国家
3	IEC 61508-1-7	Function safety of electrical/elec- tronic/programmable electronic safety- related systems	电气/电子/可编程电子安全相关系统的功能安全	国际标准
4	IEC 61511-1-3	Functional safety-Safety instrumented systems for the process industry sector	过程工业部门安全仪表系统的功能安全	国际标准
5	DIN V VDE 0801	PRINCIPLES FOR COMPUTERS IN SAFETY-RELATED SYSTEMS	安全相关系统中计算机的规范	德国
6	SHB-Z06		石油化工紧急停车及安全联锁系统设计导则	中国
7	SY/T 10045		工业生产过程中安全仪表系统的应用（采标自 ISA-S84.01）	中国

11.7.3 安全生命周期

安全生命周期包括安全仪表系统(SIS)从概念设计到停运全过程的活动。整个安全生命周期的活动流程如图 11-16 所示，具体如下：

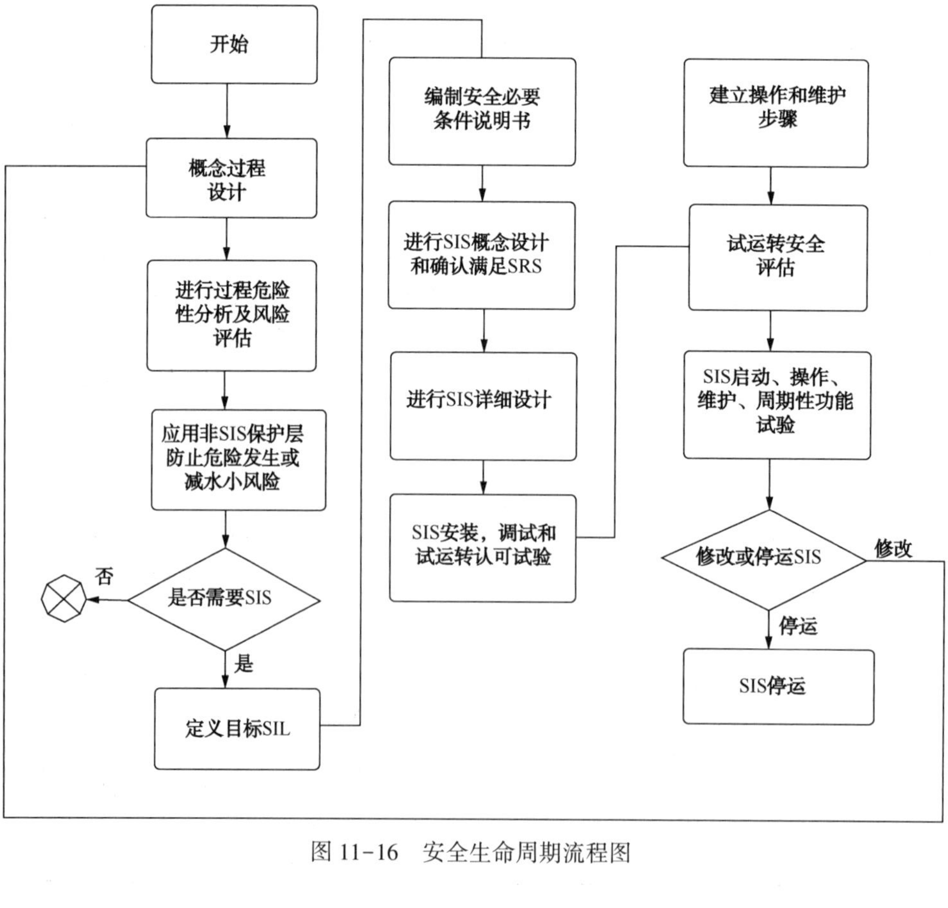

图 11-16 安全生命周期流程图

(1) 安全生命周期的第一步是进行过程概念设计。

(2) 第二步是确定过程的危险事件及评估风险级别。

(3) 在一旦确定了危险及风险，应采用适当的技术(包括修改过程或设备)来减小危险、减轻危害结果或减小危险发生的可能性。第三步包括将非 SIS 保护层应用到过程系统。

(4) 下一步评估是确定是否提供了足够数量的非 SIS 保护层。如果提供了足够数量的非 SIS 保护层，则可以不用 SIS 保护层。因而，在考虑加上 SIS 保护层以前，宜先考虑应用非 SIS 保护技术改变过程和(或)设备。

(5) 如果确定用 SIS，先定义目标安全完整性等级(SIL)，建立 SIS 要求。SIL 定义为达到用户的过程安全目标所需的性能级别。SIL 级别越高，SIL 的安全可靠性越高。增加冗余、增加实验次数、采用诊断故障检测、采用不同传感器及终端控制元件可以改进 SIS 性能。通过更好地控制设计、操作及维护程序也可以改进 SIS 性能。SIL 与平均故障率有关。SIL 的概念将一直出现在安全生命周期的几个步骤中。

(6) 编制安全要求规格书。安全要求规格书列出了 SIS 功能和完整性要求。

(7) 进行 SIS 概念设计。满足安全要求规格书的要求(SRS)。

(8) 完成 SIS 概念设计后，进行详细设计。

(9) 安装 SIS。

(10) 安装完毕后，应进行 SIS 调试和预启动认可试验(PSAT)。

(11) 在安全生命周期的任意一步都可以编制操作程序和维修程序，但应在启动前完成。

(12) 在启动 SIS 前，应进行预启功安全检查(PSSR)。PSSR 应包括下列 SIS 的活动；

① 确认 SIS 的建造、安装、试验符合安全要求规格书的经求；

② 与 SIS 有关的安全、操作、维修、变更管理(MOC)、应急步骤在适当的位置且足够；

③ 用于 SIS 的 PHA 的建议已被采纳和处理；

④ 包括 SIS 内容在内的员工培训已完成。

(13) 完成 PSSR 后，SIS 可以运转。此步骤包括启动、正常操作、维修、周期性的功能试验。

(14) 如果提出修改，应按照变更管理(MOC)程序进行。安全生命周期中的有关步骤应重复，以反映变更对安全的影响。

(15) 有些时候，需要停运 SIS。例如，由于工厂关闭、拆迁或变更生产流程而停止 SIS。应有计划地停运 SIS，宜采取适当的步骤保证以不降低安全性的方式实现停运。

说明：本安全生命周期参考的是 SY/T 10045，IEC 61508 和 IEC 61511 的安全生命周期与之略有不同，但大体相似，如有需要，请参考 IEC 61508-2 和 IEC 61511-1。

11.7.4 安全完整性等级的划分

在 ISA-S84.01 中，将安全完整性等级分为三级，安全完整性等级与平均故障率有关，具体分级量化要求见表 11-10。

在 IEC 61511 标准中，将安全完整性等级划分为四级，安全性能由低到高为 SIL1、SIL2、SIL3、SIL4。ISA-S84.01 不认可 SIL4 的存在，SIL4 在工业生产过程中通常没有。IEC 61511 将安全仪表系统的工作模式分为两类：需求模式和连续模式。两种仪表系统对 SIL 的具体要求不同，SIL1 到 SIL4 的具体量化分级见表 11-11 和表 11-12。

表 11-10　安全完整性等级性能要求

安全完整性等级	1	2	3
SIS 性能要求	安全可靠性范围		
	0.9~0.99	0.99~0.999	0.999~0.9999
	平均故障率范围		
	10^{-1}~10^{-2}	10^{-2}~10^{-3}	10^{-3}~10^{-4}

表 11-11　安全完整性等级与期望故障率

需求模式安全仪表系统		
安全完整性等级(SIL)	评价目标期望故障率	目标风险减轻
4	$\geqslant 10^{-5}$ to $< 10^{-4}$	>10000 to ≤100000
3	$\geqslant 10^{-4}$ to $< 10^{-3}$	>1000 to ≤10000
2	$\geqslant 10^{-3}$ to $< 10^{-2}$	>100 to ≤1000
1	$\geqslant 10^{-2}$ to $< 10^{-1}$	>10 to ≤100

表 11-12　安全完整性等级与安全仪表功能的危险性故障概率

连续模式安全仪表系统	
安全完整性等级 (SIL)	安全仪表功能的危险性故障目标概率(每小时)
4	$\geqslant 10^{-9}$ to $< 10^{-8}$
3	$\geqslant 10^{-8}$ to $< 10^{-7}$
2	$\geqslant 10^{-7}$ to $< 10^{-6}$
1	$\geqslant 10^{-6}$ to $< 10^{-5}$

连续模式是指安全仪表系统一直在工作，一直在执行保护功能，当安全仪表系统失效时，则生产系统会失去此保护功能，但是没有进一步的事故或失效发生。此类安全仪表系统应用很少，所以 ISA-S84.01 中并没有考虑。

德国 DIN V 19250 及 DIN V VDE0801 对安全完整性等级(此标准中称为安全要求等级-safetyre quirement classes)分为 8 级，安全要求从低到高为 AK1~AK8，由于其产生较早，故被很多工程采用，对应各标准的安全完整性等级对比见表 11-13。

表 11-13　全完整性等级对比图

DIN 19250	ANSI/ISA-S84.01	IEC 61508	EN 954-1	NE 31
AK1	—	—	Cat. B，1	I
AK2，AK3	SIL 1	SIL 1	Cat. 2	I
AK4	SIL 2	SIL 2	Cat. 3	I
AK5，AK6	SIL 3	SIL 3	Cat. 4	II
AK7	—	SIL 4	—	—
AK8	—		—	—

注：IEC 61508 和 IEC 6511 的安全完整性等级定义一致。

11.7.5 安全仪表系统的操作与维护

1. 编制操作和维护计划

应该执行为安全仪表系统编制的操作和维护计划，以保证操作和维护期间每个安全仪表功能所要求的SIL和安全仪表系统的设计功能。它规定了以下项目：

（1）常规和非常规操作活动；

（2）校验测试，预防性维修活动和故障后维修活动；

（3）操作和维护活动中的流程、测量活动和采用的技术；

（4）坚持操作和维护流程的验证；

（5）进行这些活动的时间；

（6）负责这些活动的人员、部门和组织。

2. 编制操作和维护程序

根据相关的安全计划，制定操作和维护程序，并规定了以下项目：

（1）需要进行的日常活动，来保持SIS预先设计好的功能安全。例如，坚持由SIL要求所定义的校验-测试时间间隔。

（2）在维护或操作期间，为防止一个不安全的状态发生和/或降低危害事件的后果，而必须采取的限制活动（例如测试或维护时需要为系统设置旁路，需要执行附加的缓解步骤）。

（3）系统故障的信息和SIS的需求率。

（4）SIS的评估结果和测试的信息。

（5）当在SIS发生故障或失效时，接着就会启动维修程序，包括：

① 故障诊断和修复程序；

② 重新确认程序；

③ 维护报告要求；

④ 跟踪维护执行程序。

（6）需要考虑的事项，包括：

① 故障报告程序；

② 系统失效分析程序。

确保在正常维修活动期间所使用的测试设备被正确地校验和维护。

3. 培训

应该培训操作者在他们负责的领域内的SIS功能和操作。这个培训应该达到以下目的：

（1）确保操作者理解是如何执行SIS功能的（跳闸装置点和SIS因此采取的动作）；

（2）SIS采取保护措施防止的危害；

（3）所有旁路开关的操作和在什么情况下使用这些旁路；

（4）任何手动停车开关和手动启动措施的操作以及什么时候这些手动开关会启动（可以包括系统复位和系统重启）；

（5）对于任何诊断警报所采取的规定行为（例如当SIS警报启动表明SIS存在一个问题，那么将采取什么措施）。

维修人员应按要求接受培训，培训内容是维持SIS全部功能性能达到SIS的目标完整性。

4. SIS 的监控与审查

分析 SIS 期望动作和实际动作之间的差异，并且必要的话，可以采取修改措施，达到规定的安全要求。这将包括监控以下内容：

(1) 依照系统的一个需求采取动作；

(2) 在常规测试或实际需求时设备故障，使 SIS 一部分动作；

(3) 产生 SIS 需求的原因；

(4) 错误跳闸的原因。

非常重要的是对期望行为和实际行为之间所有的差异进行分析。这样不会误解在日常操作期间所遇到的监控需要。

如果有必要，对操作和维护程序进行审查：

(1) 审查功能性安全；

(2) SIS 测试。

5. 校验-测试程序

应该为每个安全仪表功能制定书面校验-测试程序，用来发现没有被诊断器探查到的危险失效。这些书面测试程序描述了执行的每一步，并且包括以下程序：

(1) 每个传感器和终端设备的正确运行操作；

(2) 正确的逻辑动作；

(3) 正确的报警和指示。

可以使用以下方法来决定未被探测的故障需要测试：

(1) 故障树检查；

(2) 故障模式和影响分析；

(3) 以可靠性为中心的维修。

使用书面程序实施定期的校验测试，来发现未被探测的故障，这些故障会阻碍 SIS 按照安全要求规定运行。

11.8 某储气库集注站 RBI 案例分析

11.8.1 概述

某储气库位于天津市大港区独流减河泄洪区以北，距天津市约 45km，是华北输气管道系统的配套工程，其主要功能为平衡华北管线输气能力、进行冬季调峰和事故应急供气，从而使上游气田生产和用户供气调蓄合理，最大限度地发挥管输能力。该储气库共有 3 个井场，25 口注采井，3 套露点控制装置，7 台注气压缩机，3 台丙烷压缩机，3 套乙二醇循环再生装置及 1 套凝液应急处理装置。储气库设计最大日采气量为 $1500\times10^4m^3$，最大日注气量为 $525\times10^4m^3$。

11.8.2 建立 RBI 数据库

RBI 工作中要处理大量基础数据，因此数据的完整性和准确性非常重要。大量可靠的资料是建好 RBI 数据库的基础。这些资料包括设计资料、工艺流程图(PFD)、管道与仪表流程图(P&ID)、各区管道走向图、管道材料工程规定、设备一览表及设备工艺数据表、保温和涂漆状况记录、介质组成及化学分析数据表、工艺操作资料、流程物料平衡数据、装置面积及现场人员密度、停产损失费用、装置更换费用等。通过认真核对这些资料，改正其不正确部分，才能整合成 RBI 分析的专用数据库。

首先依据工艺说明和 PFD 图，了解和掌握整个装置的工艺流程和关断设置。然后，按照 RBI 软件所提供的 Workspace 表中要求的数据项，从上述资料中收集分析所需的数据，所有需进行 RBI 分析的设备和管道是根据 PID 输入，并按工艺顺序输入到数据采集表中，数据录入前要审核数据的准确性及各项相关数据的一致性，整理成为进行 RBI 工作的专用数据库，在分析过程中对有些不完整的数据采用了假设。

11.8.3 确定损伤机理与腐蚀回路

设备和管线的损伤机理是根据其工艺介质、操作条件和所采用的材料分析确定的，要确定的是在一个使用期内会使受压部件逐渐受到损伤直到引起设备失效的主要损伤机理。尤其要注意介质中的腐蚀杂质所带来的不同损伤机理或损伤影响。

按照工艺，将具有相同损伤机理的连续的管线和设备划分到若干腐蚀回路中，即一个腐蚀回路中的设备和管线项是工艺上相互连接且具有相同损伤机理的组合。板中北、板中南储气库集注站(以下简称大港储气库)所确定的可能的腐蚀机理包括内部腐蚀减薄、外部损伤(保温层下腐蚀、大气腐蚀)。

1. 内部腐蚀减薄

内部腐蚀减薄是指流程中腐蚀介质所引起的壁厚均匀减薄或局部减薄。储气库的天然气成分影响管道及装置内部腐蚀，见表 11-14。

表 11-14 储气库的天然气组成(摩尔分数) %

成分 \ 储气库	陕京线	陕京二线	板中北-井流物	板中南-井流物
C_1	96.322	94.7	91.39	89.09
C_2	0.605	0.55	3.88	3.78
C_3	0.084	0.08	0.65	0.61
C_4	0.023	0.02	0.21	0.21
C_5	0.014		0.06	0.06
C_6	0		0.3	0.20
C_7+	0		0.23	0.23
H_2S	0.0002			
CO_2	2.185	2.71	0.33	2.27
N_2	0.767	1.92	0.95	0.93
He		0.02		0.02
H_2O				2.58

净化天然气组成表明：CO_2 含量为 2.27%~2.71%，H_2S 含量为 0.0002%，H_2O 含量为 2.58%。因此，在水可能凝析的地方可能形成 $CO_2+H_2S+H_2O$ 的腐蚀。

碳钢的 CO_2 腐蚀是一种电化学腐蚀，其总的腐蚀反应为：

$$CO_2+H_2O+Fe=FeCO_3+H_2$$

影响 CO_2 腐蚀的因素主要包括含水量、温度、CO_2 分压、介质的 pH 值等。其中温度对碳钢的 CO_2 腐蚀的影响可分下列三种情况：

（1）60℃以下，碳钢表面存在少量软面附着力小的 $FeCO_3$ 腐蚀产物膜，金属表面光滑，易发生均匀腐蚀。

（2）60~100℃，腐蚀产物层厚面松，易发生严重的均匀腐蚀和局部腐蚀。

（3）150℃以上，腐蚀产物为细致、紧密、附着力强、具有保护性的 $FeCO_3$ 和 Fe_3O_4 膜，降低了金属的腐蚀速度。另外，介质中若含有 H_2S，亦会对 CO_2 腐蚀造成影响，环境温度较低时(60℃左右)，H_2S 通过加速腐蚀的阴极反应而加快腐蚀的进行。

2. 外部损伤

外部损伤是设备外表面遭受大气腐蚀而导致的壁厚减薄或某些材料的应力腐蚀开裂。保温层下的腐蚀（CUI)是外部损伤中较为严重的一种破坏。对于保温层遭受水/湿气侵入并且操作温度在-12~150℃的设备和管道要考虑 CUI。

对于大港储气库，假定设备的外壁涂漆和保温质量处于平均水平，外部损伤程度由软件计算确定。

3. 应力腐蚀开裂

碳钢与低合金钢材料在湿 H_2S 溶液中会产生硫化物引起的应力腐蚀开裂(SSCC)。

SSCC 是硫化物与金属表面腐蚀反应后生成的原子氢被金属吸收后引起的氢应力开裂。SSCC 常产生于高强度钢以及较低强度钢焊接接头的高硬度区。SSCC 的敏感性与钢的硬度和所受的应力水平有关。设备在焊制后其焊接接头中可能有高的硬度区并有高的残余应力，因此焊后热处理可降低设备对 SSCC 的敏感性。硫化氢在溶液中的浓度与 pH 值是产生 SSCC 的环境影响因素。SSCC 的敏感性系数主要与两个材料的参数——硬度和应力等级相关。一般焊缝集中处和 HAZ 可能包含焊接高硬度和高残余应力的区域。

采集后的天然气在进入生产或计量分离器进行脱烃、脱水之前，需考虑硫化物应力腐蚀开裂。

11.8.4 失效可能性的计算

设备或管道的失效可能性是其失效机理的性质和速率的函数，失效的可能性一般用极限状态分析与可靠性指数法求得。计算的步骤如下：①识别损伤机理；②预计退化的速率。

在评估失效可能性时，在 RBI 软件中除计算预计腐蚀率时的失效概率外，还要计算 2 倍与 4 倍的预计腐蚀率时的失效概率，将此三个失效概率加权后相加作为腐蚀减薄的失效概率。同时，它还要根据过去所采用的检验方法对检出各种不同形式损伤与损伤速率的有效性进行确定。

对每种损伤机理的失效可能性，由软件综合上述因素得出可能性系数。可能性系数可用设备的失效概率除以通用失效频率得到，如果没有识别出损伤机理则可能性系数取 0.5，即其失效概率是通用失效频率的一半，表示该部件比其在行业中的平均的可能失效的值低 50%。如果发现了严重的损伤机理并且已经很久未对其进行彻底的检验，可能性系数可以达到几千，说明该部件比行业平均值更容易发生失效，并急需进行检验。

按可能性系数大小将失效可能性划分为五级。对可能性系数<10 的设备认为潜在的损伤不严重，对可能性系数>1000 又是高风险的设备，需要迅速进行针对损伤机理的高有效性的检验。

11.8.5　失效后果的计算

在失效后果计算时，将按照P&ID图与PFD图中工艺关断设置分成若干个流程物料回路——物流回路(Inventory Group)，划分物流回路的原则是当该段中任一设备或管道失效时，只有此回路中的物料会泄出，而其他隔离段中物料不可能泄出，因此该隔离段中设备与管道发生失效时其失效后果即按此隔离段内的泄出物料进行计算。

失效后果按照泄出流体物料的性质与量进行计算，物料泄出量与泄出速率的主要影响因素有失效孔的大小、流体黏度与密度以及操作压力。设备与管道常见的失效机理易导致在每一设备与管道中发生孔蚀泄漏，中等孔或大孔的失效，或发生破裂，要分别对每一种失效形式计算其失效后果，然后按这些不同失效形式所造成的后果的加权影响计算总的后果大小。

物料性质对后果的影响主要是毒性、易燃性与化学活性等因素，这些因素影响到后果危害的区域大小与损伤程度。失效后果由软件计算确定，RBI软件的数据库中有大量供失效后果计算用的化学品物性数据，方便计算。

11.8.6　失效后果的计算

为了方便对设备的风险排序，采用了5×5矩阵图的方法，矩阵图中纵向失效可能性按失效可能性系数划分1、2、3、4、5五个等级，横向失效后果按失效后财产损失或影响面积划分为A、B、C、D、E五个等级，按此方法确定风险的矩阵图见图11-17。可能性和后果种类的具体分类见表11-15和表11-16。

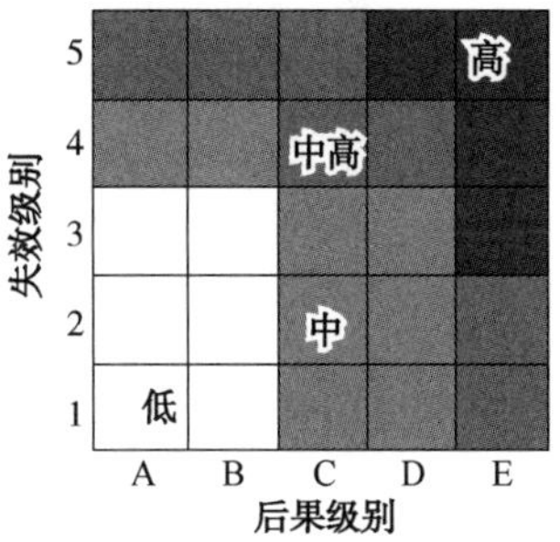

图11-17　风险矩阵

表11-15　可能性等级(种类)的划分

可能性种类	可能性系数
1	≤1
2	>1~10
3	>10~100
4	>100~1000
5	>1000

表11-16　后果等级的划分

后果种类	影响面积/ft^2	潜在生命损失	业务中断/＄US	总风险/＄US
A	0~10	0~0.01	≤100k	≤100k
B	10~100	0.01~0.10	>100k~1M	>100k~1M
C	100~1000	0.10~1.0	>1M~10M	>1M~10M
D	1000~10000	1.0~10.0	>10M~100M	>10M~100M
E	>10000	>10.0	>100M	>100M

11.8.7　RBI风险评价

根据基本设计数据，将数据输入RBI软件后，计算了大港储气库所有数据齐全的设备与管道的风险。将风险计算结果对设备/管道按失效可能性与失效后果分类后作出5×5矩阵图，由矩阵图可清楚地看出现在与未来不同风险级别设备所占的数目及比例。

本次对大港储气库的 411 个设备/管道、33 个安全阀，总计共 444 个设备项进行了评估。并考虑此装置连续运行四年后的风险，通过计算未来的风险，确定出在此期间内其风险超出可接受准则的设备及管道，以辅助未来四年间的装置的安全运行。分析结果汇总如下。

1. 总经济风险

目前，设计的总风险分布状态如图 11-18 所示：有 10 个中高风险的设备/管道项；378 项在中风险的类别中；余下的 56 项属于低风险项。

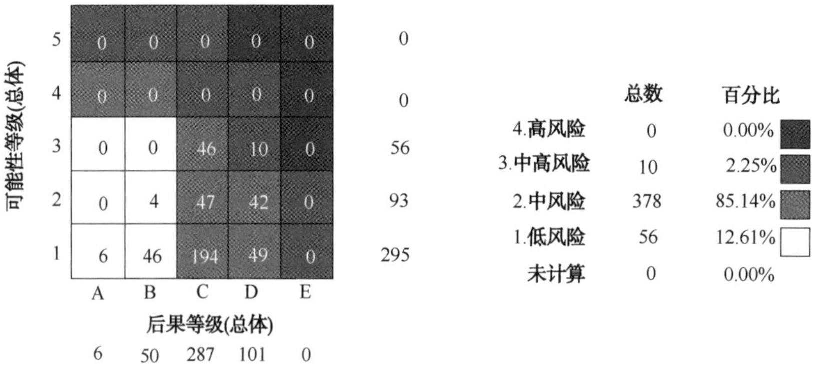

图 11-18 当前总经济风险

中高风险项共包括有 6 条管线和 4 个设备项，其中 6 条管线全部为是板中北、板中南采气系统中生产分离器之前的管线，操作压力为 10MPa，操作温度为 60℃左右，从井场中采来的天然气中尚未进行脱水、脱烃，发生相对较重的 $CO_2+H_2S+H_2O$ 腐蚀和硫化物应力腐蚀开裂；其余 4 个设备项为 2 台丙烷蒸发器(E-J2203、E-N2301)的管箱和 2 台管壳式换热器(E-N2102A/B)的下管箱，此 4 台设备项失效的主要驱动因素是减薄腐蚀和外部损伤。

在中风险的 378 项中，可能性等级为 3 的设备项共有 46 项，可能性等级为 2 的设备项为 89 项；其余设备项的失效可能性均为 1，但其失效后果较大，经济后果在等级 C 和 D。

1) 检验之前的总风险(四年后)

如果四年后没有检验，则中高风险项由 10 项增加到 41 项，中风险项由原来的 378 项减少到 347 项，低风险项未有变化。84 项设备项的可能性有不同程度的升高，使风险等级分布发生了变化，如图 11-19 所示。

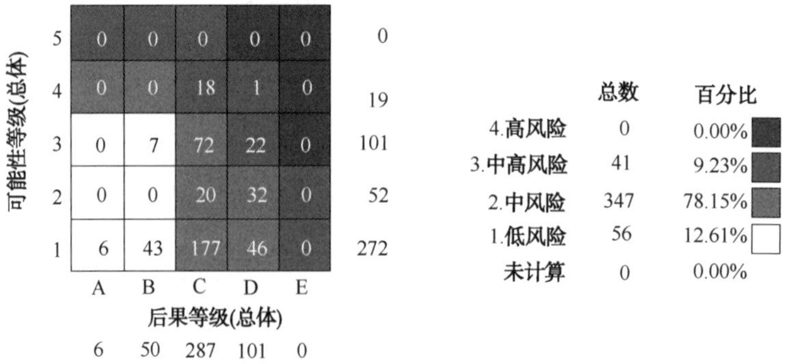

图 11-19 检验之前的总风险(四年后)

在后果等级 A 列，失效可能性没有发生变化。

在后果等级 B 列，3 项可能性由 1 上升到 3，4 项可能性由 2 上升到 3，风险等级没有变化。

在后果等级 C 列，11 项可能性由 1 上升到 2，1 项可能性由 1 上升到 3，32 项可能性由 2 上升到 3，风险等级没有变化；5 项可能性由 1 上升到 4，6 项可能性由 2 上升到 4，7 项可能性由 3 上升到 4，风险等级由中风险升到中高风险。

在后果等级 D 列，2 项可能性由 1 上升到 2，风险等级没有变化；1 项可能性由 1 上升到 4，12 项可能性由 2 上升到 3，风险等级由中风险升到中高风险。

2) 检验之后的总风险(四年后)

如果对达到检验目标的设备项进行检验，则检验后的总经济风险矩阵如图 11-20 所示。

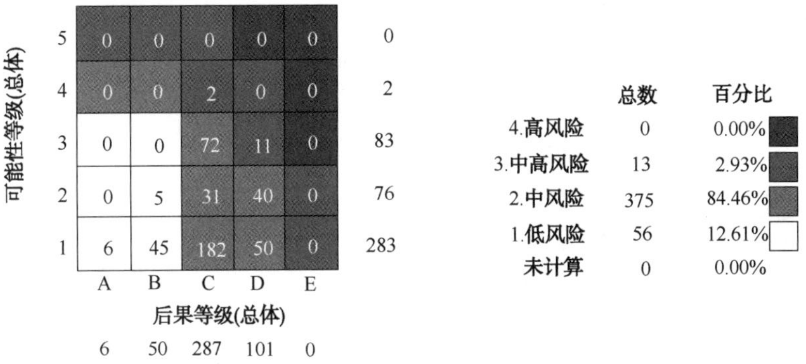

图 11-20　检验之后的总风险(四年后)

2. 安全风险

当前安全风险见风险矩阵，如图 11-21 所示。较高后果等级造成的中高风险有 37 项，中风险有 360 项，剩余的 47 项为低风险。其中安全风险的指标是以安全区域来表示(也即安全影响面积)。

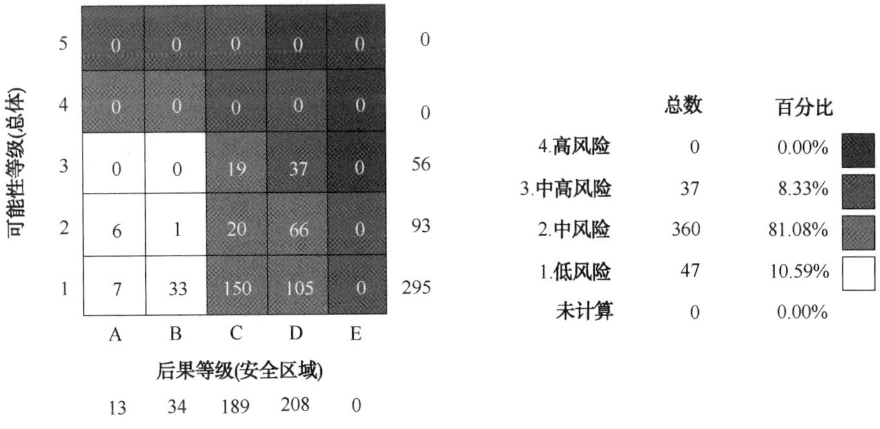

图 11-21　安全风险矩阵

1) 检验之前(四年)的风险

在四年之后，如果没有进行检验，可能性升高项使得中高风险项由 37 上升到 69，中风险设备由 360 项降至 340 项，低风险设备由 47 项降至 35 项，如图 11-22 所示。

2) 检验之后的风险(四年后)

在四年之后，如果进行检验，则风险矩阵发生如图 11-23 所示的变化。

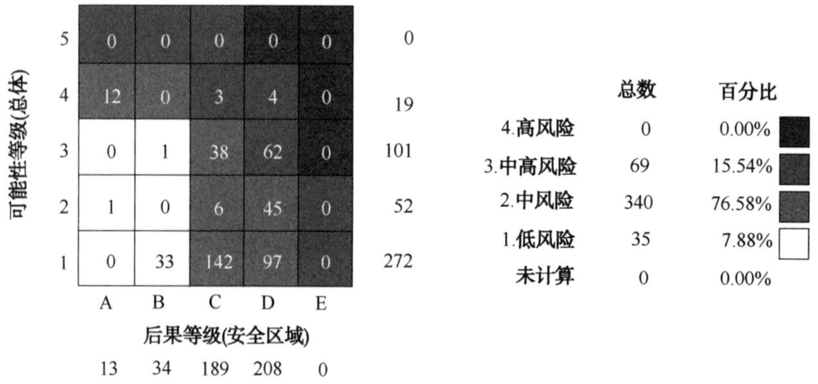

图 11-22　检验之前(四年)的风险

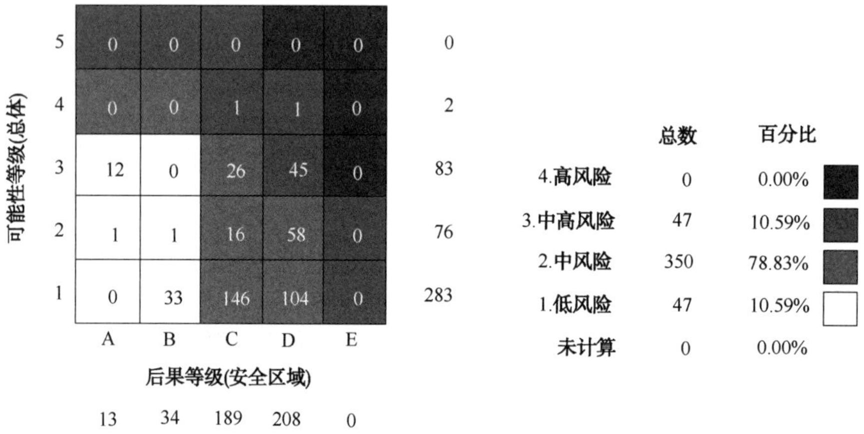

图 11-23　检验之后的风险(四年后)

11.8.8　储气库 RBI 评价结论

使用 RBI 技术评估了储气库集注站的风险分布，基于评估结果，结论及建议如下：

(1) 通过 RBI 对 444 个设备项分析后，有效地掌握了占较大风险比例的少部分设备与管线。以总经济风险为例，有 10 个中高风险的设备/管道项，352 个项中风险的设备/管道项，余下的 49 项属于低风险项。

(2) 56 项设备/管线的失效可能性已处于 3 类，即失效可能性高于行业平均值的 10 倍，包括 50 条管线和 6 台设备，管线失效可能性为 3 的原因是 $CO_2+H_2S+H_2O$ 腐蚀和硫化物应力腐蚀开裂较严重；设备失效可能性为 3 的原因是减薄和保温层下腐蚀(CUI)。

(3) 中高风险的设备及管线主要是由安全和经济后果较大造成的；保证未来操作的稳定度可避免相关风险的发生，如安全泄放设置的可靠性、紧急关断设施的完好等。

(4) 对 4 年后的风险评估结果表明：84 项设备/管线的失效可能性上升，管线失效可能性上升的原因主要是减薄、外部损伤和硫化物应力腐蚀开裂，定点进行在线检测，并维护保养保温、涂层质量，可以延长其安全运行周期。

11.9 站场完整性管理应注意的问题

考虑管道运输行业高风险的特点，特别是随着国内目前高压、大口径管道的投产运行，其数量大幅增加，管网的输送压力也不断增加，国内油气输送企业、城市燃气等企业有必要推进场站完整性管理，通过场站完整性评估技术和管理手段的实施，全面系统地指导油气管道企业资产的运行维护管理，提高企业整体技术与管理水平。但场站完整性管理的推广过程中还更应注意盲动性，与现有体系的结合是关键，其还要重点考虑以下问题：

(1) 场站完整性管理体系建设要有侧重点。要针对管道企业自身管理体制的需求，同时要结合国内的国情、企业生产运行与设施实际情况，重点考虑不同生产设施风险区域的分布等情况，切忌全面铺开，可以采取总体规划、分步实施的模式，有针对性地开展场站完整性管理，选择合适的风险评估技术，同时考虑人员的素质，加大场站完整性理念的培训。

(2) 场站完整性管理，要考虑和现有实施的管理方法的融合，并考虑与 HSE 体系的融合。目前传统场站管理模式已开展 40 多年，有很多方法可以融合借鉴，场站完整性管理并不是"另起炉灶"，而是强化风险的控制和管理，与 HSE 体系中的管理思想路线是一致的，完整性管理重在资产的本质安全管理，强调技术方法和手段的具体应用，HSE 管理强调安全、环境、健康全面可持续发展，场站完整性管理是 HSE 体系中的重要组成部分，场站完整性管理细化了 HSE 体系中资产管理的若干要素，使 HSE 体系更具有操作性。

(3) 坚持场站完整性管理技术的国际化。要不断学习国际管道管理的先进经验，结合中国的国情，消化吸收国外先进的技术与管理手段，特别是场站风险识别和完整性评价新技术的使用，选择合适的 RCM、RBI、SIL 等风险评估技术并推广使用，提高对隐性风险的准确判断。

(4) 始终跟踪场站完整性管理发展的新趋势。随着未来管理发展，必然向四维(4D)管理的方向发展，就是在完整性管理成熟应用的基础上，将思想、组织、管理者、技术、方法固化在一个系统平台上，将 IT/3S 技术与管道完整性管理、设备管理、安全管理、生产管理、应急管理、技术管理、培训管理、质量管理等有序集成，形成多个系统共享一个数据仓库，并将完整性评价和决策支持作为智能化管理的手段。

第12章 管道企业完整性管理信息技术平台

12.1 管道企业信息技术架构

信息化技术是当今世界技术发展的重要组成部分，随着管道行业的发展，尤其是SCADA控制技术的使用，信息化作为技术的载体，已经将所有的生产活动使用一个快捷、方便、简单的平台联系起来，管道完整性管理实施的目的就是分析管道中存在的风险因素、风险活动，评价管道的安全状况，这需要大量的信息、文档、数据，这些数据的获取，通过传统的方法满足不了管理的需求，建立管道完整性管理的信息技术平台作为管理基础尤为重要，是提升企业管理水平的重要途径。目前国内管道行业起步较晚，大致在20世纪90年代末期，中石油北京管道公司率先在管道行业进行了信息技术的开发与应用，并取得了成功的经验。

通过与国际和国内信息技术的广泛调研和技术交流，综合考虑国内外应用管理的信息技术的前沿发展方向，提出了在长输管道运营企业中建立如图12-1所示的信息技术应用架构可以适应一个现代长输管道企业管理的需求，并且代表了长输管道管理的最新研究与应用成果。

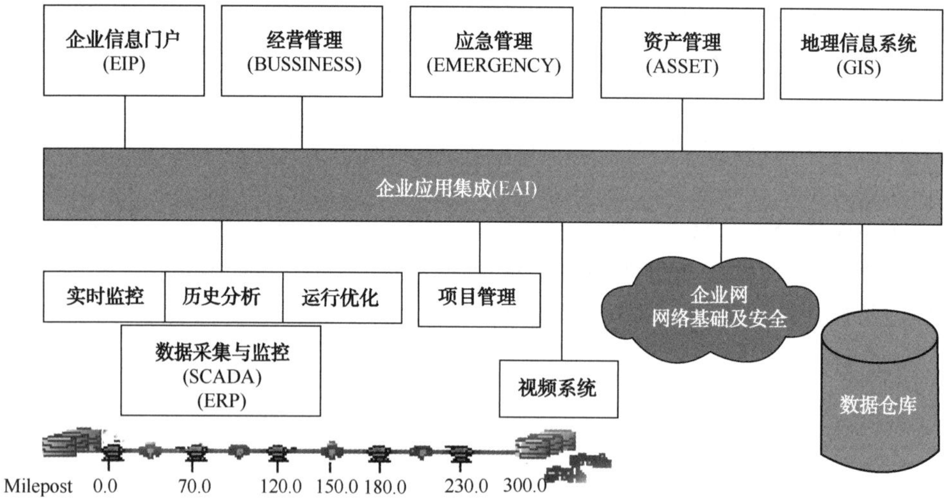

图12-1 完整性管理的管道信息技术应用架构

12.2 基于管道完整性管理的GIS系统

12.2.1 概述

随着我国管道建设进入一个快速发展阶段，管道大规模建设产生了大量新建管道管理需求，主要体现在以下几个方面：

(1) 随着管线新建、改线等工程量的加大，对图纸的时效性和管理方面提出了更高的要求，然而这些凭借传统的绘图工艺是难以实现的；

(2) 种类繁多数量巨大的管线信息以及相关设施信息与监控数据难以有效地结合使用；

(3) 紧急情况下的应变能力差，如管线发生事故或重大险情时，难以迅速提供最新的全面、准确、详尽的管线及相关信息；

(4) 管道运输系统信息分散在各个业务部门中，各个信息系统采用不同的平台和标准，信息不能共享；

(5) 各个业务部门由于缺乏统一规划，造成重复建设，并增加了维护费用；

(6) 国际管道完整性管理的不断发展，急需信息技术与管理充分结合。

长距离输油气管道的特点是点多线长，且大多数为地下铺设管道，其地理信息、图形信息和属性信息并存，人工管理特别是信息更新工作极其困难，亟待采用国际上普遍采用的地理信息系统进行综合管理、监测和辅助决策应用。采用地理信息系统作为管道运输信息的共享平台，可以有效地保障管道运输正常运行，提高整个系统的工作效率，并为管道完整性管理提供信息平台。本章基于这一思想，对陕京管道地理信息共享平台进行了研究，给出了陕京管道地理信息系统的平台搭建结构设计框架。

12.2.2 基于完整性管理 GIS 系统目标

管道系统包含许多的业务部门，各部门的协调合作是系统高效运行的保障。管道运输系统信息和资源内在的空间分布性，使得可以采用地理信息系统(GIS，Geographic Information System)作为集成各业务的信息系统，实现互通互连的共享平台。通过电子地图与管道运输相结合的方式，全面、直观、准确地反映运输对象和运输设备及其相关信息的现状、分布及技术特征，最大限度地实现信息资源共享，为管道运输的运营管理提供参考依据和辅助决策支持。

地理信息系统的核心是空间数据的分析、处理。空间数据主要包括两种：本身具备空间坐标的数据、空间坐标可索引的数据。前者在系统中一般是静态设备信息，后者通常是动态运营信息。在管道运输系统中，按信息的特征和处理层次，可将其中的空间数据分为三种：基础地理信息、运营信息、智能信息。其中基础地理信息指管道运输系统中各种设备的基础地理数据、设备设施属性数据；运营信息主要指通过各种设备提供的管道运输中的实时采集信息，以及人工报告、观测的动态运营信息；智能信息是通过地理信息共享平台融合管道运输系统各业务部门信息，通过提高信息的综合度和深度，集成智能化信息，这部分信息针对某一决策目标通过信息融合技术完成。

管道地理信息共享平台的目标是，为管道运输信息化建设，即"数字管道"提供基础信息设施，提高管道完整性管理的效率，加强管道运输系统信息资源的共享，提高现有信息系统的工作效率和综合应用的深度。它的工作包括以下几个方面：建立一个统一规范的管道运输系统空间数据库；建立一个统一的管道运输系统空间数据服务平台；建立一套统一的管道运输系统空间数据组织和管理标准体系；建立完整性管理的风险评价与安全评价标准体系。

12.2.3 GIS 系统总体框架体系设计

对于管道运输系统来说，它包含各个实现不同功能的业务部门，这些部门由于职能范围的不同，各部门的信息系统信息共享和交互有很大的困难；同时管道运输系统的信息和资源具备直接或间接的空间特征，如何利用空间特征作为整合管道运输系统中的各种信息，提高信息的综合度和深度是需要解决的问题；随着管道完整性管理的不断深入，GIS 信息技术与完整性管理有机地结合在一起，提高管道安全运行的决策也是管道地理信息共享平台所要解决的问题。

1. 平台的定位

GIS 管道地理信息共享平台可以定位在两个方面：一是管道运输系统各业务部门的信息枢纽，通过它实现部门间的信息共享和交互；二是管道运输系统运行管理与完整性管理、智能化集成系统的管理平台，通过它形成综合空间数据库为进行智能化处理提供可能。其定位如图 12-2 所示。

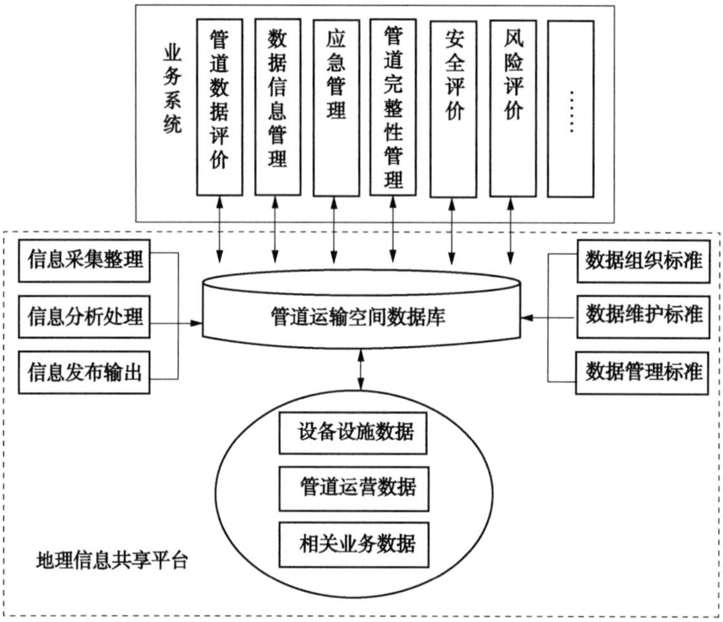

图 12-2　地理信息共享平台的定位

GIS 系统各业务系统通过地理信息共享平台访问空间数据库，实现信息的共享、交互和集成。空间数据库包括设备设施数据、管道运营数据、相关业务数据。设备设施数据包括空间属性和业务属性，其中空间属性主要包括管线、阀门所处地理坐标位置、相关的地形、地貌、地质构造等特征，业务属性主要包括管线、阀门等设备的材质、材料、口径、设计流量、设计压力阈值、工作温度、温度阈值、弹性系数、安全系数等特征；管道运营数据是指每个监测点在不同时点的工作数据，包括流量、压力、温度等信息；相关业务数据是指各业务部门日常工作流程生成的数据，以适应管道完整性管理的数据需求和业务流程。

GIS 系统是个十分复杂的大系统，一方面必须从技术层面上进行信息采集整理、信息分析处理、信息发布输出实现空间数据的共享、融合；另一方面必须建立一整套完整的数据组织标准、数据维护标准、数据管理标准保证地理信息共享平台的正常运行；第三方面，必须保障管道完整性管理各应用系统的匹配，只有经过技术层面和体制层面的整合，在合理的范围内实现信息和资源的充分共享才能使得管道运输系统达到最佳效益。

2. 功能结构

管道地理信息共享平台主要由数据层、中间层、应用层组成。其功能结构如图 12-3 所示。

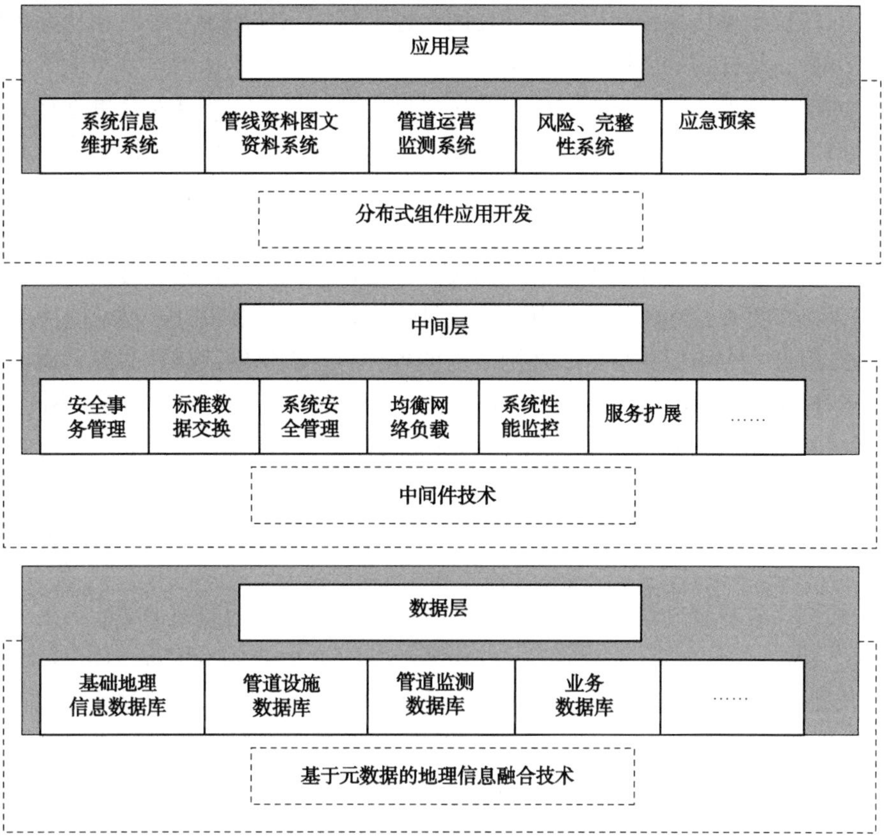

图 12-3　地理信息共享平台的功能结构

1）数据层

元数据是描述数据的数据，通过对空间信息的描述，为用户提供数据的“目录”结构，一方面提供用户了解已有空间数据的“门户”，获得包括提供单位、获取方式、数据内容等空间数据的描述信息；另一方面，通过元数据服务可以不断地把各种空间数据纳入地理信息共享平台，打破信息孤岛的“壁垒”，实现真正意义上的信息共享。信息融合是指多传感器的数据在一定准则下加以自动分析以完成所需要的决策和评估而进行的信息处理过程，通过信息融合协调多源数据，充分综合有用信息，提高在多变环境中正确决策的能力。信息融合包括三个等级：

（1）监测级　是指直接在采集到的原始数据层上进行融合，在各种传感器的原始测报未经处理之前就进行数据的综合和分析。

（2）特征级　是指先对来自传感器的原始信息进行特征提取，然后对特征信息进行综合分析和处理。

（3）决策级　是指针对具体决策目标的最终结果。

基于元数据的信息融合技术，是通过元数据描述管道运输系统中的空间数据，通过信息融合实现多源空间数据的共享，在数据层形成综合空间数据库，使应用系统在数据层上实现交互、共享。

2）中间层

中间件是泛指能够屏蔽操作系统和网络协议的差异，能够为异构系统之间提供通信服务的技术。中间件位于操作系统与应用软件之间，保证应用软件的相对稳定和功能扩展。中间件通常分为五类：远程过程调用、面向消息的中间件、对象请求代理、分布式事务代理、数据库访问中间件。管道地理信息平台的中间层借助中间件技术，实现安全事务管理功能、标准数据交换功能、系统安全管理功能、均衡网络负载功能、系统性能监控功能、服务扩展功能等，中间层在应用层和数据层之间，建立一条安全、可靠的“访问通道”。

3）应用层

组件技术为分布式企业开发提供一个高级的开发模型，通过在服务级别上封装划分的问题，通过提供接口更直接地为靠近问题域的设计人员提供分析和设计模型。应用系统可以由各种组件动态组合，也可以共享分布在网络上的各种组件提供的数据和服务，通过开放的分布式对象通信标准（DCOM、CORBA、J2EE 等），可实现跨越不同体系结构、不同软件平台、不同操作系统的应用软件开发。基于管道地理信息共享平台的应用系统可以包括以下几个方面：

（1）系统信息维护系统　该系统对系统用户、系统功能配置、系统访问控制等进行管理。

（2）管线图文资料管理系统　该系统提供比例尺图、示意图的维护功能。由于管线设备一般采用地下铺设，所以给设备故障定位、设备维修等方面造成了困难，GIS 系统可以根据管线建设的原始图纸资料对重点设备进行三维影像处理，使管理人员通过计算机方便地了解管线地下部分的构造，并结合运行数据分析故障点及安排合理的维修计划。

（3）管道运营监测系统　通过 GIS 平台提供的图形界面对管线的全线运行状况进行监测，通过点选、框选、量算等 GIS 手段对监测点的运行状况进行详细查询，包括流量、压力、温度等实时生产信息，同时提供设备运行预警功能，提高设备的维护质量、缩短故障排查时间。

（4）管线安全风险评估和完整性分析管理系统　该系统是安全风险评估和完整性分析管理体系的辅助决策系统，通过专家分析模型结合 GIS 平台的监测数据提供可视化的安全风险评估及完整性分析管理界面，通过 GIS 平台直观地发现潜在的安全隐患，提供国际、国内专家就相关问题的解决方案。

（5）管线应急预案信息系统　根据评估和管理系统的数据，提供突发性事件及各部位发生灾害性事件时的处理方法，通过 GIS 平台提供事件模拟功能，直观地反映事件蔓延的趋势，使管理人员可以预先进行事件防范操作。系统使用全线监控，通过 GIS 提供的方便的地址对象管理功能，安全管理人员可以快捷地定位时间、地点、下达任务通知等，减少中间环节，最大限度地减少突发事件的经济损失。

12.2.4　系统功能

管道完整性管理系统采用 C/S 和 B/S 两种模式相结合的软件结构。对大量用户提供管道业务管理、在线分析评价、信息发布的应用服务采用 B/S 结构开发部署。管道完整性数据维护、完整性分析等专业应用采用 C/S 模式开发部署。

基于管道完整性管理的 GIS 系统主要由 10 个子系统组成，见表 12-1。

表 12-1 系统功能

序号	子系统名称	序号	子系统名称
1	系统配置子系统	6	高后果区评价子系统
2	管道数据维护子系统	7	风险评价子系统
3	内检测数据维护子系统	8	完整性评价子系统
4	工程图子系统	9	管道业务管理子系统
5	三维子系统	10	管道地理信息子系统

1. 系统功能介绍

1）系统配置子系统

面向系统管理员，对数据源、数据对象、数据版本、管网、管辖区域、功能范围等方面实现配置管理及分级授权。

（1）功能结构（见图 12-4）

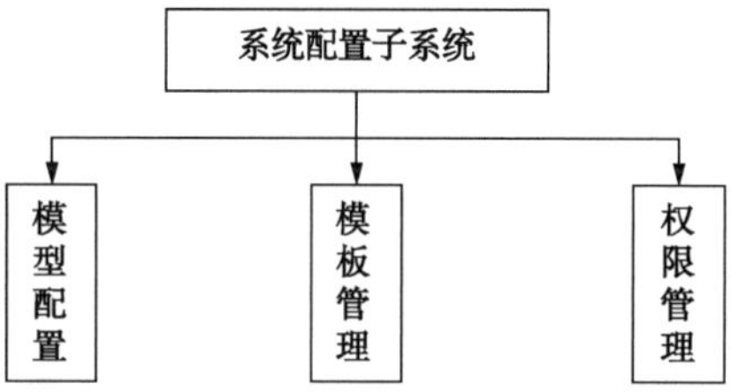

图 12-4 系统配置子系统

（2）功能简介

① 配置 APDM 管道的业务层次结构和数据库模型的域值、字段等信息，建立空间数据库的基本参数。保证系统的扩展性，当有新增加的数据表、域值时，系统只需要进行配置就可以继续进行录入、维护。

② 将 APDM 的在线要素、纯属性表，按照字段配置参数和字段信息，生成为 Excel 录入模板。此模板发给分公司，用户可在熟悉的环境中将在线要素（如阀、防腐层）数据录入，录入完毕的 Excel 文件提供给“管道数据录入”进行导入。

③ 将分公司可录入的 APDM 管道在线要素，以 SDE 数据库结构为准，输出个人版 GeoDatabase 模板库，并灌入相应管理的站列及其桩的在线位置数据。

④ 权限管理：对数据源、数据对象、数据版本、管网、管辖区域、功能六方面，进行严格的逐级授权机制。

2）管道数据维护子系统

完整性管道数据维护系统是依照完整性数据模型规则，对管网层次、中心线、管道设施及沿线环境数据进行集中维护的重要工具。

（1）功能结构（见图 12-5）

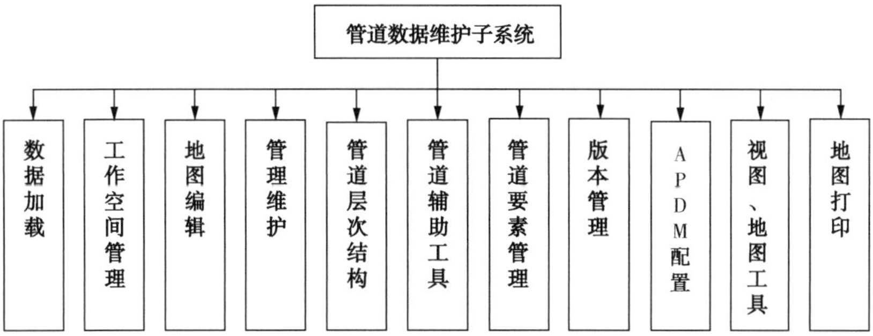

图 12-5 管道数据维护子系统

（2）功能简介

① 数据加载：打开一个个人版 GeoDatabase/SDE 的 APDM 管道数据库，并选择需要加载的数据对象，显示在地图区。

② 工作空间管理：将当前地图显示的所有要素类，及其显示符号、视野范围、标注、显示顺序、可选等特征，保存在一个 mxd 文件中，并可恢复。

③ 地图编辑：提供对矢量要素(点、线、面)的常用地图编辑，同时可编辑 APDM 管道要素(如控制点、站列、在线要素、离线要素)，包括启动编辑、保存编辑、停止编辑、目标图层、增加要素、选择和更改要素、删除要素、创建缓冲区、分割、合并、恢复、重做等。

④ 管道维护：根据 APDM 模型要求，实现从根据管道测量点生成控制点，再连成中心线。对控制点进行修改里程、移动、删除时同步站列，并对中心线进行分割、隔断、合并、连通、追踪时同步在线要素、离线要素的在线位置。

⑤ 层次结构管理：建立树状的管网、子系统层次结构，并将站列挂接到相应管网、子系统下。

⑥ 管道辅助工具：提供根据里程生成在线要素、离线点要素的快速方法。包括：通过站列和里程生成在线点要素，通过站列、起始里程和终止里程生成在线线要素，通过站列、起始里程和要素长度生成在线要素，通过站列、里程、偏移角度、距离生成离线点状要素。

⑦ 离线要素管理：提供将离线要素快速依附为在线要素的方法。包括：离线点生成在线位置、离线生成在线位置、一对离线点生成在线位置、离线点的在线位置、离线线/面的在线位置、离线线/面的影响范围、离线线/面的缓冲范围。

⑧ 版本管理：为保证多用户可同时编辑 SDE 空间数据库，每一个版本都是父版本的一个副本；对副本的编辑，不会因为多用户同时编辑而产生数据锁定；对数据编辑之后，再提交到父版本。

⑨ 随着 APDM 模型的不断发展，必然要求系统能适应今后的数据维护的新要求，因此规则的目标就是要可配置，以便针对每个 APDM 对象可卸载旧的规则，增加新的规则，提高灵活性。

⑩ 地图打印：提供地图输出的途径，用于现场施工，提高信息共享。

3）内检测数据维护子系统

内检测数据维护子系统，实现内检测数据与管道完整性数据的双向校准，将内检测发现的缺陷信息生成图形化要素并导入完整性数据库。

（1）功能结构(见图 12-6)

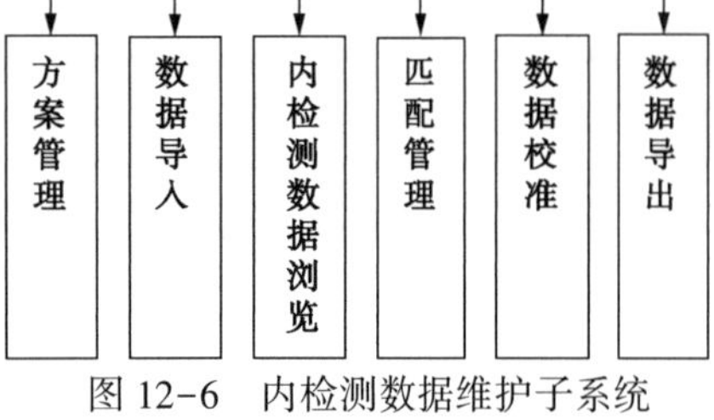

图 12-6　内检测数据维护子系统

（2）功能简介

① 方案管理：创建个人 GeoDatabase 数据库为内检测库，并根据管道完整性数据库中的核心要素、在线要素、内检测记录表、合同表的结构，在本地内检测库中创建需要的要素类、对象表和系统运行参数表。

② 数据导入：将内检测执行结构生成 Excel 模板，根据内检测特征分类进行自动汇总、转换到标准的内检测记录表。支持 PII 和管道公司两种格式。

③ 内检测数据浏览：将内检测的每一个要素类、

对象表的属性信息，以数据网格的形式供用户浏览，可方便地查询数据，并修改数据。将APDM管道要素和内检测数据，以里程为横坐标显示在3个条带上，供用户浏览和匹配。

④ 匹配管理：支持单个匹配、自动匹配、特种匹配，并可查看、删除匹配关系，还可根据匹配关系，调整显示模式。

⑤ 数据校准：支持以内检测数据为准，或者是以APDM数据为准，根据匹配关系，利用线性拉伸算法进行里程拉伸校准，从而使内检测要素获得绝对里程和依附的站列。

⑥ 数据导出：内检测纠正APDM时，根据内检测缺陷要素与APDM中缺陷要素的匹配关系来进行更新。以APDM数据纠正内检测数据时，需要将内检测检测的缺陷要素数据上传至SDE，为内检测评估提供缺陷要素数据。同步更新SDE中新建内检测库下载的APDM数据的属性值(包括核心要素及在线要素)。

4）工程图子系统

基于管道数据模型，实现管道完整性图纸的自动生成，综合管线地图数据和管线完整性数据，生成各种不同样式的工程图纸。工程图将综合管道走向图、管道纵断面数据、管道腐蚀数据、风险评价结果、完整性评价结果、工艺运行参数等。各数据带的表现形式包括地图、线性文字、表格文字、符号点、图表等。

（1）功能结构(见图12-7)

（2）功能简介

① 权限管理：系统的用户管理采用完整性管理的统一模式，用户集中管理，权限分配细化到数据表级的控制，包括读、写、修改权限设置，用户登录后能够访问的数据完全受管理员对其授予的访问权限控制。

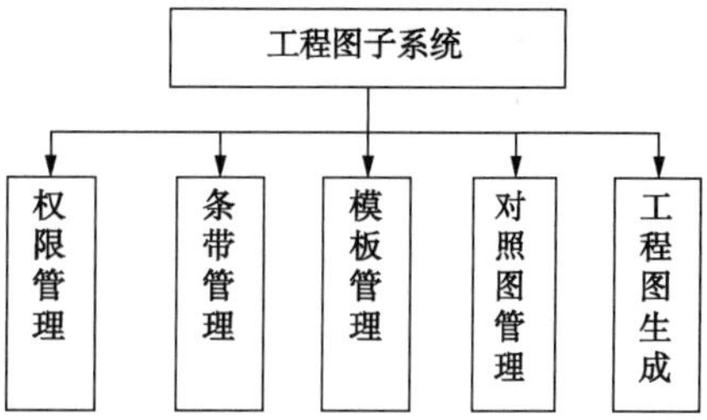

图12-7 工程图子系统

② 工程图条带库管理功能：条带管理功能设计用来事先约定条带的名称、类型和可操作的数据，由于完整性系统中的大部分数据是已知用途的，且数据内容及其含义已经确定，因此条带库的功能就可以针对这些数据确定下来，而不必每次成图时进行设置。配置条带库时就结合将来工程图的使用对条带进行类型划分，便于管理使用。

③ 工程图模版管理功能：用户对同一类型的工程图只需要设计一次，保存成模版后，以后每次成图之前先调出模版，然后修改数据属性，就可以看到结果，大大提高了工作效率。

④ 对照图管理功能：用户可以选定已经设计好的对照图，也可以重新设计新的对照图。系统将对照图按照所属类型和管线分组显示，对照图类型是在完整性系统中预先定义好的值。

⑤ 工程图生成功能：分为手工模式和批量模式，用户可选择不同方式进行工程图的打印或者输出。

5）三维子系统

依靠先进的GIS与虚拟仿真技术相结合，建立与现实世界的管道设施及周边环境高度一致的生动直观的真三维场景，实现面向真实设备对象的可视化查询，为用户提供全新感受的管道信息管理和操作环境，实现管道建设与运营可视化的技术平台。

（1）功能结构(见图12-8)

（2）功能简介

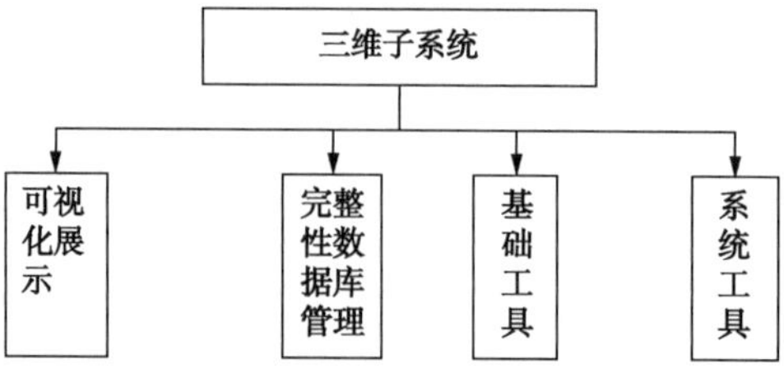

图 12-8　三维子系统

① 构建和显示三维数字地球，通过导入不同精度的正射影像和高程数据，可以显示真实的地表地貌。系统支持实时地理信息查询、标绘等功能。

② 对站场建筑、设施设备、管道、穿跨越工程等进行实体建模，宏观上能够展现整个管道设施在地理上的分布位置及走向，包括途经的市县、河流、山脉等情况，在微观上能够展现具体某段管线在地下埋设的管体情况(如焊缝、弯管、埋深等)、阴极保护装置、三桩一牌以及周边地形地貌、人口分布、地质构造等情况。

③ 对穿跨越、水工保护及其他附属工程(如供水、供电、自动系统线路敷设等)的信息进行管理与查询，将穿跨越工程图纸和采集的施工数据通过数字化手段转变为真实的三维模型，其各类工程尺寸、埋设情况均与现实情况一致。

④ 在建立的可视化场景中，不仅能够表现钢管、阀门、弯头、三通等各类零件级设备的外形和位置，还将设备之间的联通逻辑关系置入场景，用户可以根据实际工艺过程在三维场景中制作动态仿真的流程表现。

⑤ 管道完整性数据涉及从可研、勘察、设计、施工、运行到维护等一系列数据，通过对这些数据进行存储、管理，并将相应的数据和管道本体进行关联，从而可以实现按照时间的先后次序存储数据，将管道生命周期各阶段采集的数据统一管理，为管道运营提供一个可追溯的、完整的和可查询的数据库，便于查询、分析和处理。

⑥ 系统工具包括基本交互和空间分析计算，如场景漫游、输入控制、图层控制、信息选择、场景输出。

6）高后果区分析子系统

高后果区分析子系统是根据所收集的管道及基础地理数据，对管道沿线进行管廊分析、潜在影响区分析、地区等级分析等，识别出哪些地段属于高后果区，从而为管道安全提供决策支持。

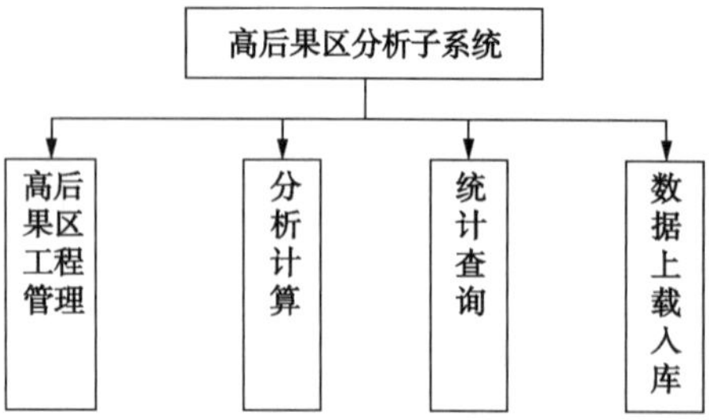

图 12-9　高后果区分析子系统

（1）功能结构(见图 12-9)

（2）功能简介

① 高后果区工程管理主要是创建及管理高后果区工程、高后果区数据及报告等。

② 分析计算功能主要是指连接 APDM 数据库，提取管道属性、水文、人口、地质灾害、道路、边坡等环境数据，自动完成风险评价计算，主要包括管廊分析、潜在影响区分析、地区等级分析等。

③ 高后果区分析子系统提供了直观的评价结果展现方式(如柱状图、折线图、矩阵图等)，方便用户对结果进行分析。

④ 当完成高后果区分析后，将数据上载到数据库中，可通过管道地理信息子系统进行发布。

7）风险评价子系统

风险评价子系统通过分析和识别对管道安全运行有不利影响的风险因素，评价事故发生的可能性和后果，综合得到管道风险大小，并提出相应风险减缓措施。这种分析过程涉及管道系统设计、施工、运行、维护、测试、检测和其他信息的整合。风险评价是完整性管理程序的基础，在应用对象、评价范围、复杂程度及采用的方法等方面都会不同，其最终目的是要识别出对管道系统完整性影响最大的风险因素，以便管道管理者能制定有效的、分轻重缓急的预防、探测和减缓措施。

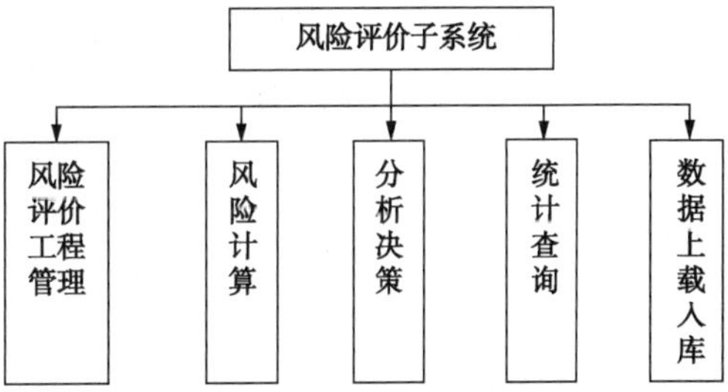

图 12-10　风险评价子系统

（1）功能结构(见图 12-10)

（2）功能简介

① 创建及管理风险评价工程，管理风险评价数据及报告。

② 连接 APDM 数据库，提取管道属性、管道失效记录及水文、人口、地质灾害、道路、边坡等环境数据，自动完成风险评价计算。风险计算主要包括基于多种规则的管道系统自动分段、管道潜在失效可能性分析、管道潜在失效后果分析风险识别、管道风险等级排序计算、管道风险情景分析(what-if 分析)等。

③ 分析决策主要包括管道系统管道高风险削减因素分析措施、提出管道维护决策管道风险减缓措施比选、管道优化维护方案以及管道年度维护费用优化等。

④ 提供直观的风险评价结果展现方式(如柱状图、折线图、矩阵图等)，方便用户对结果进行分析。

⑤ 按照 APDM 规则，完成评价结果数据的自动上载入库，可通过管道地理信息子系统进行发布。

8）完整性评价子系统

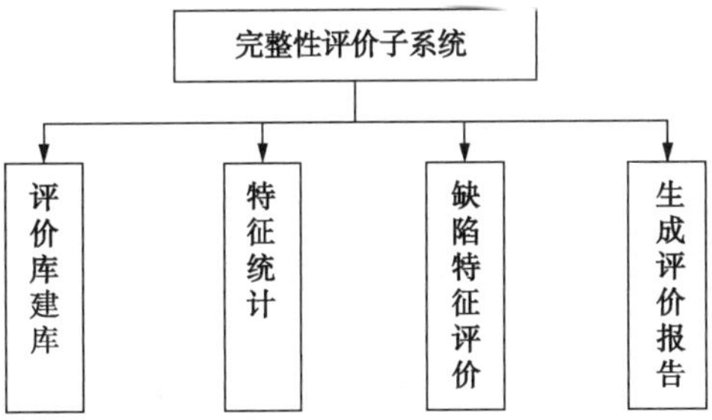

图 12-11　完整性评价子系统

管道完整性评价子系统是以内检测数据为基础，对金属腐蚀、制造缺陷、凹陷、外接金属物、偏心套管、环焊缝异常、螺旋焊缝异常等缺陷特征进行统计分析，根据每种缺陷特征的评价标准进行评价，自动生成评价报告及开挖单。

（1）功能结构(见图 12-11)

（2）功能简介

① 新建评价库就是新建一个 Access 格式的本地数据库，输入内检测数据的基本信息，比如管道名称、检测时间、检测区间、检测方法等，然后将以 XLS 形式存放的内检测数据导入，这样就形成一个完整性评价系统所需要的一个数据源。完整性评价系统所有数据的统计分析就是基于该评价库。

② 主要是统计缺陷特征的个数，各种缺陷特征所占的比例，缺陷特征在时钟方向的分布及个数统计，缺陷特征在检测里程上的深度统计，金属损失的深度统计，E. R. F 的统计等。特征统计还能统计不同深度范围内、不同检测里程范围内、不同时钟范围内的缺陷特征。

③ 特征评价主要是评价金属腐蚀，采用了国际和国内通用的评价标准，提供多种评价方法，计算出腐蚀增长率，计算剩余强度，生成修复列表，同时根据修复列表生成开挖列单；还可以评价制造缺陷、环焊缝、凹陷、螺旋焊缝、外接金属物、管材问题、裂纹等缺陷。

④ 当评价完成后，可将所有的统计图表输出到一个固定格式的模板中。

9）管道业务管理子系统

以公司机关处室、各输气管理处、基层站队的管道管理日常业务为核心，按照管道完整性管理的标准及规范组织功能模块，将日常管理工作融入完整性管理的流程当中。实现管道完整性管理日常业务工作的网上办理、流转和监督。

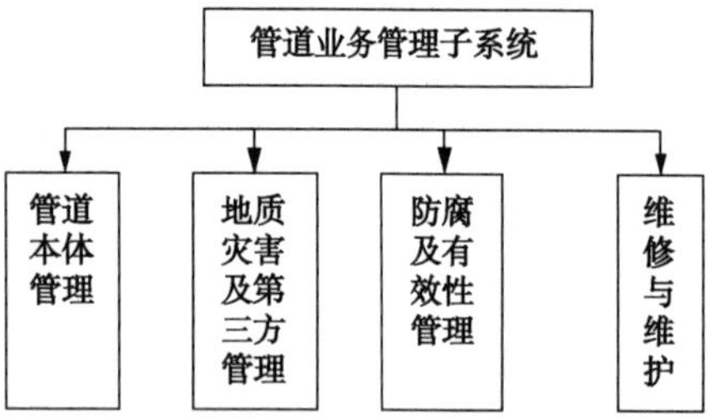

图 12-12　管道业务管理子系统

（1）功能结构(见图 12-12)

（2）功能简介

① 管道的本体管理：本模块主要是按照管理日常业务流程实现机关处室对和各个输气处对管道本体数据的采集、审核及入库、统计分析。主要功能包括：内检测数据的管理、地质灾害数据的管理、清管管理、风险评价管理等。

② 地质灾害及第三方管理：本模块主要是按照管理日常业务流程实现基层站和各个输气处对地质灾害及第三方控制相关数据进行采集、审核及入库、统计分析。主要功能包括：水工保护管理、交叉工程管理、线路巡线管理、应急信息管理、管道保护宣传流程、外事活动、反打孔盗气案件流程、管道维护月报、防汛管理(防汛物资管理、防汛周报管理、防汛总结管理、防汛重点段管理)、地质灾害巡查监测报告管理等。

③ 防腐及有效性管理：本模块主要是按照腐蚀管理日常业务流程实现基层站和各个输气处对腐蚀及有效性控制相关数据进行采集、审核及入库、统计分析等。主要功能包括：内检测管理、防腐层补伤管理、保护电位测试流程、自然电位测试流程、阳极接地电阻测试流程、恒电位仪运行记录、保护电流密度计算、防腐检漏测试流程、保护电位曲线图、保护电位异常统计、自然电位曲线图、自然电位异常分析、阳极电阻数据统计等。

④ 维修与维护：当管线进行过维护维修作业后要求承担部门及时将信息录入地理信息系统进行记录，系统将根据维修记录自动更新 APDM 数据相关数据，并进行维修统计，为完整性评价提供依据。实现维修记录的过程化控制，为完整性评价提供重要参考。主要功能包括：维修联络单、管体修复记录、管体修复统计等。

⑤ 管道工程管理：主要是对管道的各类工程的基本信息以及工程建设的周报和各类检查进行管理。各类工程以管道处发布的信息内容及周报内容为依据，实现各个工程的周报管理。同时对各个项目的各类检查提供管理和发布功能。主要功能包括：工程基本信息管理、工程周报、飞行检查报告等。

10）管道地理信息子系统

定位于面向管道完整性应用的综合信息服务平台，通过该系统可以让用户方便地获取到管道完整性相关的空间信息和属性信息，为管道的日常管理、检测评价、应急管理提供信息查询、可视化展示及空间分析功能。

（1）功能结构(见图 12-13)

（2）功能简介

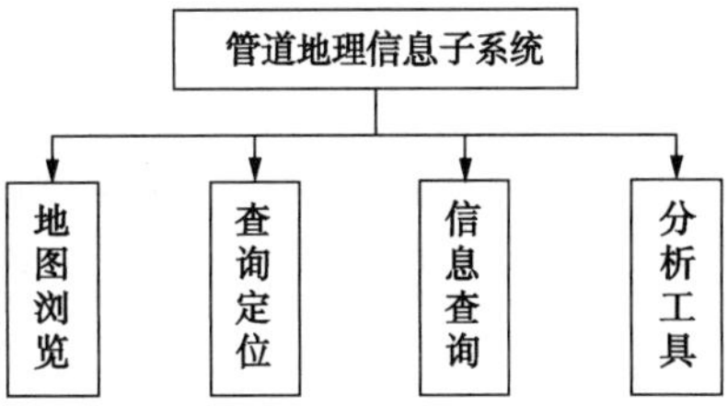

图 12-13　管道地理信息子系统

① 地图浏览工具，包括放大、缩小、平移、全图、左移、右移、上移、下移等。地图量算工具，包括测距、测面积等。

② 查询定位工具：基于地名、管网名、站场名、桩号、里程、坐标、关键字等多种灵活易用的查询、定位方式等。

③ 信息查询：按照专业人员需要，灵活组织完整性管理各个环节的重要信息，形成特定专题数据，如管道设备设施、风险评价、完整性评价、检测、修复等的专题图，方便用户进行查询。同时将管道周边基础地理信息、遥感信息、环境人文信息、水文地质气候信息等各个专题的空间信息发布共享。

④ 分析工具：按照专业人员需要，灵活组织数据，形成用户特定专题数据(如纵断面、高后果区工程图、缺陷工程图等)，并以统计图、表、图纸等多种方式提供给用户使用。

12.2.5　GIS 标准体系

管道地理信息 GIS 系统中空间数据量大，一方面从技术层面上解决空间数据的融合，另一方面，在体制上通过标准体系的建立，保证空间数据的完整性、协调性和信息流的通畅性，发挥空间数据的整体和集成效应，减少数据重复、减轻数据采集和更新的负担。

管道地理信息 GIS 系统的标准体系包括三方面：元数据标准、空间数据组织标准、空间数据服务标准(见图 12-14)。

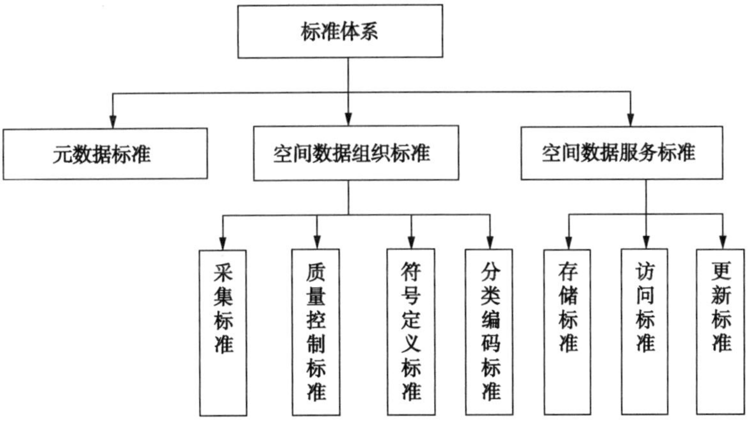

图 12-14　共享平台标准体系

12.3　智慧管道系统建设

12.3.1　总体框架

智慧管道系统建设以基础软硬件网络环境和智能感知设施为支撑，以统一的管道全生命周期数据中心为数据依托，采用先进的 SOA 平台架构和 J2EE 企业级应用开发框架为技术保障，基于企业服务总线、二三维一体化平台、移动应用平台、空间数据共享平台等基础平台支撑，在建设期构建工程建设一体化管理平台，运营期构建以智能化管线管理系统为核心的应用子系统平台，在各系统间、与总部统建系统间形成统一、规范的集成与共享机制，并进一步加强分析预测、生产优化等应用的深化，从而为管道安全、高效、绿色运营提供数据、功能的支持，随着管道管理的精细化、智能化逐步推进，辅助企业完善并落实形成有效的信息化支撑体系。

智慧管道系统的总体应用框架由四个层次(基础设施、数据中心、服务平台、业务应用)、两大支撑(信息化管控、信息安全)构成。基础设施层是应用子系统搭建的基础保障，包含了网络系统的建设、服务器搭建、存储设备建设以及智能感知设备建设等。数据中心层是整个体系中的数据资源，包含了各个专业系统的数据库以及管道全生命周期数据中心。服务平台层主要包含高度集成化的应用开发平台和中间件产品，通过云计算平台、空间数据共享服务平台等提供统一的技术支撑，采用物联网中间件、消息中间件等提供服务。业务应用层包含了各应用模块，为各业务领域提供业务支撑和功能应用。

智慧管道系统建设总体应用框架如图 12-15 所示。

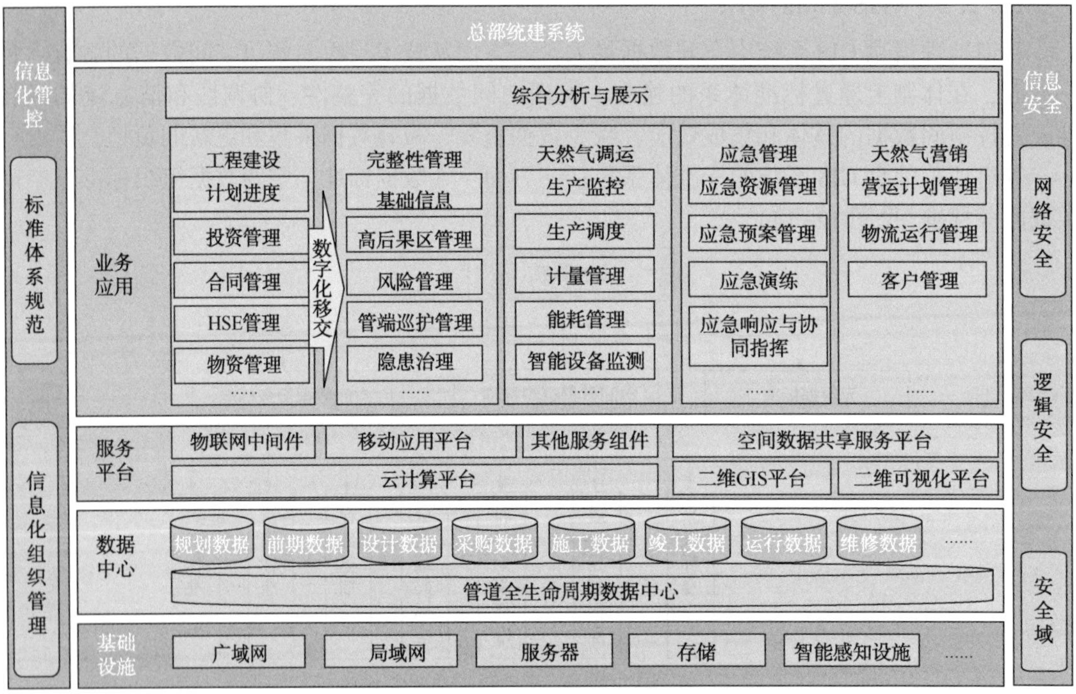

图 12-15　智慧管道系统建设总体应用架构

智慧管道系统的规划设计，着重于解决企业内“工程建设、完整性管理、天然气调运、应急管理、天然气营销”等业务领域的应用需求，面向的用户群体是公司内决策层、管理层、操作层，应用子系统的内容规划具有更强的针对性和定制性。与此同时，总部的信息化统建系统涵盖面广、业务种类繁多，并且在不同业务板块和业务方向上有不同的定位，为了能够充分利用总部的信息化基础，遵循总部的信息化规范，应重点考虑与总部智能化管线系统的工作界面。

集团级的智能化管线系统着重于管道运营期的管道安全运行和应急响应，管道的智能化管道系统规划在原有基础上增加了数据采集、自动化控制以及监测分析等诸多系统应用，所以与总部的智能化管线系统将首先保障“业务互补，信息互通”。在遵守总部的统一标准规范，满足总部智能化管线系统的数据接口需求基础上，依照企业自身的应用需求进行完善扩展，并且细化在企业层级的业务功能，如图 12-16 所示。

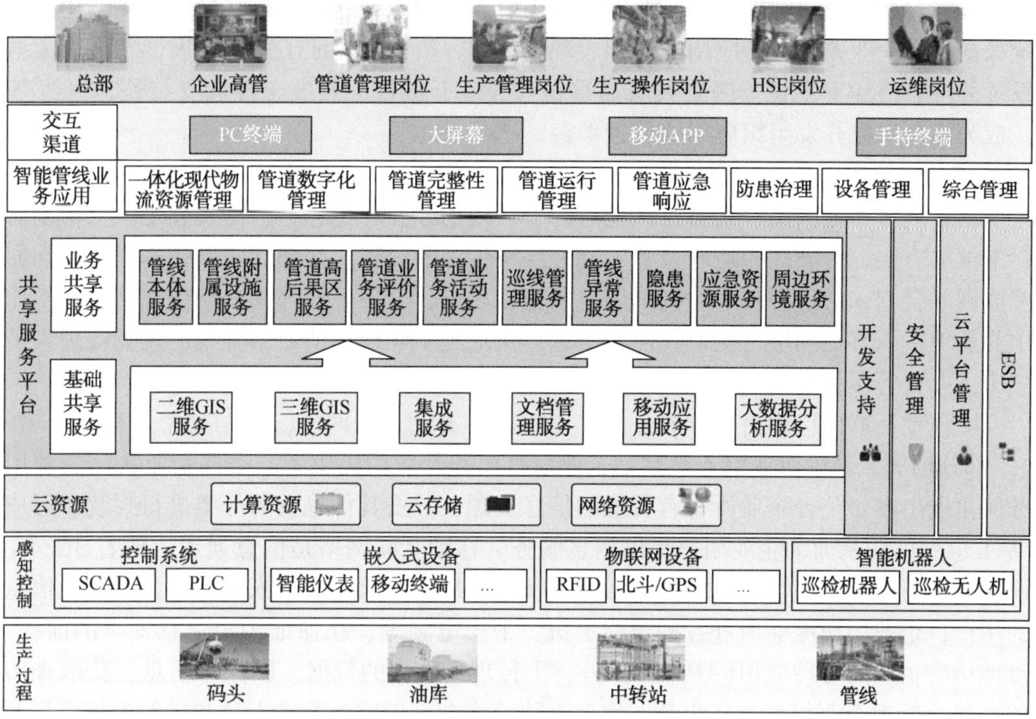

图 12-16 智能化管线管理平台架构

12.3.2 技术路线

管道智能化相关的应用子系统平台建设涉及的业务领域繁多、软硬件体系庞大，需要按照系统工程的方法从技术、组织、过程等多方面来精心规划和实施。在技术实现角度，需要重点考虑系统建设规划所采用信息技术的统一性、可靠性与兼容性，规划统一、先进与实用的信息系统建设技术路线，实现企业信息资源的高度集成和充分共享。应用子系统规划设计所遵循的关键技术路线如下所述。

1. 面向服务的系统架构，统一管理、灵活开放

随着业务的推进，各基础型平台和专业型应用子系统将依次分阶段部署上线，以满足不同专业不同层次用户的信息化需求。不同的应用子系统建设模式将形成不同的应用子系统技术架构，企业中存在的不同信息系统架构是造成技术体系复杂混乱、技术标准不兼容、IT 系统间互操作性差、上下信息交换不通畅、IT 管理不规范等的祸端。目前，企业级的系统平台也正在越来越多地采用面向服务集成的技术体系 SOA(Services Oriented Architecture 面向服务的架构)来解决信息共享和信息集成问题。

SOA 架构能够帮助信息化系统建设更加从容地面对业务的急剧变化，具有更强的适应性，在快速的业务发展过程中，集成企业的信息资源，最大限度地利用企业已有的数据资产与软件系统，实现软件、数据的无缝接轨，从而达到业务所需的速度、财务所需的更低成本和客户所需的满意体验等多方面的一种平衡，同时便于各系统快速地开发和易于扩展。

2. J2EE 技术体系，安全、高效

综合对比国内外大型软件系统技术发展路线，许多集团客户和政府机关在大型软件技术的选择上，都逐渐在由 .Net、PHP 向 J2EE 全面迁移。J2EE 技术是业界领先的、性能稳定的应用服务器和门户中间件产品，建立以应用服务器为中心的四层或多层的体系结构，实现系统数据逻辑、业务逻辑、应用逻辑和表现逻辑的分离，既保证了系统扩展性，又大大增强了系统的可靠性和安全性。因其具有易移植性、广开放性、强安全性和支持快速开发等特性，成为面向对象开发组织应用的首选平台。

3. 移动互联网，便捷、个性化

所辖管线分布范围广、人员工作地点多变、现场办公环境恶劣，需要满足人员移动需求的终端解决方案，打破因为地理位置、办公环境带来的局限。移动互联网技术是将移动通信和互联网联合起来的一种技术，内部用户及施工单位、监理等外部用户均可在移动的工作过程中高速地接入移动网络，获取急需的信息，实现施工建设移动数据采集、现场监理人员监管、个人办公等多种应用。

企业移动互联网应用由企业服务平台(后端)、移动互联网络(通道)、个人移动终端(前端)三部分构成。其中企业服务平台是企业信息服务及应用提供者，需要企业从信息利用和服务的角度出发，整合企业所有有价值的信息资源，并按其信息资源分类进行封装，形成企业 Web 应用库，从而为企业用户提供信息服务。移动互联网络是信息通道，随着 3G/4G 移动网络技术应用，网络带宽已经能够满足企业级应用的需求。而个人移动终端是企业信息服务的用户，企业用户能够通过各种智能手机、平板电脑等，在保证用户信息安全的前提下，快捷地访问企业的各种应用(APP、Web)，上传现场采集的数据、影像等信息，获取查阅所需的资料，处理企业相关办公业务，使个人移动终端真正成为管理人员和操作人员贴身的移动工作平台。

4. 大数据应用，分析、预测

管道的建设、运营、维护等全生命周期过程中将产生大量数据，管道智能化建设采用了大量的物联网感知技术，数据量更以几何倍数增长，将数据整合处理分析并用于管道管理，大规模生产、分享和应用数据必将是管道智能化应用的发展趋势。

以管道安全为例，在信息处理能力受限的小数据时代，为提高数据分析效率，降低工作量，只对某一种检测方法中部分超过报告阈值的缺陷进行分析和处理，希望通过最少的数据获得最多的管道安全信息。而在大数据时代，随着计算机技术的发展和数据处理能力的增强，管道大数据不是来源于某一种检测方法，而是制管、焊接、铺管等管道基本数据、历史数据、多种检测数据、完整性评价数据、风险评价数据等与管道安全相关的所有数据的总和。

可利用一定的方法和技术，对管道建设及运营的历史大数据进行分析，归纳总结出一些规律与趋势，比如提高风险评价准确度、丰富仿真模拟的数据因子、预测管道在一定周期内的安全运营状况等，从数据分析角度为管理者提供一种数据分析思路，为管理者的决策提供参考。

12.3.3 服务平台

对于管道智能化建设中庞大复杂的应用子系统体系，遵循以上的技术路线是统一性、先进性的有效保障，而可靠、高效的基础服务平台是企业信息资源整合、共享的实施途径，通过基础服务平台构建企业内的一个开放性的、标准化的资源环境，只要符合开放性连接标准及平台集成规范的，都可与这一基础环境连通，为各应用子系统提供他们所需的资源。服务平台的实施，将随着管道建设的步伐，有序地贯穿到信息化实施过程中，并根据实际情况进行产品对比选型。

1. 物联网中间件平台

管道建设完成后，将有海量的异构感知设备分布在管线上，每分钟甚至每秒将产生数以万计的海量信息，若直接将这些海量的原始数据发送给上层应用，势必导致上层应用子系统计算处理量的急剧增加，且由于原始数据中包含的大量冗余信息也会极大地浪费通信带宽和能量资源等，因此，需要通过物联网中间件来解决数据融合和智能处理等问题。

通过物联网中间件建立物联网所需的通用标准体系，实现应用平台间的互操作与互通信，并能够支持物联网服务的动态发现以及动态定位与调用，实现多个系统和多种技术之间的资源共享，最终组成一个资源丰富、功能强大的服务系统体系。

但是物联网中间件的应用当前也存在一些问题，管道在实施物联网中间件应用中需要注意：一方面，受限于底层不同的网络技术和硬件平台，物联网中间件研究主要还集中在底层的感知和互联互通方面，现实目标包括屏蔽底层硬件及网络平台差异，支持物联网应用开发、运行时共享和开放互联互通，保障物联网相关系统的可靠部署与可靠管理等内容；另一方面，当前物联网应用复杂度和规模还处于初级阶段，物联网中间件支持大规模物联网应用还存在环境复杂多变、异构物理设备、远距离多样式无线通信、大规模部署、海量数据融合、复杂事件处理、综合运维管理等诸多仍未克服的障碍。

2. 空间数据共享服务平台

在管道全生命周期过程中，空间地理数据内容非常复杂，不仅有来自购买的各种基础地理数据，同时包含来自工作人员或专业勘察队伍采集的管道专业数据、周边环境数据，且会包含大量的卫星影像、扫描地形图等栅格数据，如何实现多源海量异构数据的统一管理将是管道信息化建设面临的一个重要任务，基于服务的空间数据共享平台是解决这一问题的企业级解决方案。

将空间数据资源数据纳入统一的共享服务平台中进行管理，有利于遵照统一的数据库模型进行组织存储，建立标准化的流程进行数据更新管理，通过统一的渠道进行数据发布和访问的权限控制，并且能够集中开发空间分析、数据编辑、专题图等服务模块，为各个应用子系统提供服务支持。例如提供一套空间数据共享服务平台，一套空间地理数据库可为多个应用子系统提供 GIS 应用。

3. 移动应用平台

企业信息化的移动需求日益旺盛，从实际情况来看诸多的管道企业专业化应用子系统或业务管理系统并没有大范围提供移动版，移动应用平台能够支持企业实现应用程序的移动化。它提供一系列全面的服务，帮助企业将适当的数据和业务流程移动化到任何移动设备上，从而在统一规范、集中管理的移动平台上将各应用子系统的核心业务进行移动化转换。

企业移动应用平台主要为企业提供移动终端设备的连接与互动，其核心价值在于帮助企业实现随时随地的移动办公和业务处理。它主要包括移动开发与能力平台、移动安全与管理平台、专用与通用移动应用软件三大类。对于应用的主体而言，比较重要与常见的主要有移动办公软件、移动数据采集软件、移动安全管理软件等。

采用企业移动应用平台进行信息系统的移动化扩展，包含三个应用层次，各应用子系统可根据具体业务需求定制。第一层次实现简单的推送服务，将信息通过邮件或者短信的方式传送；第二层次实现延展性移动应用，即通过移动应用平台将各个应用子系统的业务交互和数据展示迁移到移动端，直观地解决随时随地移动办公的需求；第三层次实现整合型移动应用，重心在于规划整体的移动信息架构，并通过业务规划与技术工具的手段，在既保留原有各自系统独立性的同时，又能够整合各系统相关联的数据和流程，最终通过一个APP在移动端体现，用户只要进入一个APP即可完成在移动端所需的全部业务处理，实现“移动微门户”。

12.3.4 数据架构

数据架构(见图12-17)模式按照“采、存、管、用”的流程，分为采集层、元数据层、存储层、模型层、服务层和应用层，并建立标准规范和信息安全保障体系。参照相关国家行业标准，根据管道业务流程及业务活动建立平台数据模型，并对数据进行科学合理的分类，形成数据分类的标准规范(含新建管道)。建立数据编码体系，包括组织机构、业务实体、附录代码等在内的主数据编码规则，为全平台的数据统一、规范使用建立基础。建立业务数据采集模板，以数据模型标准为基础，结合企业已有信息系统的数据结构，规范数据采集、上报、发布的流程。建立空间数据采集规范，采用卫星、航拍、测绘、电子地图、数字高程等方式，通过坐标转换、图像匹配等技术处理，获得管道基础数据及周边环境资源数据。数据分类标准覆盖业务、空间、实时和视频数据，满足日常业务信息采集、存储、管理和应用的需要。

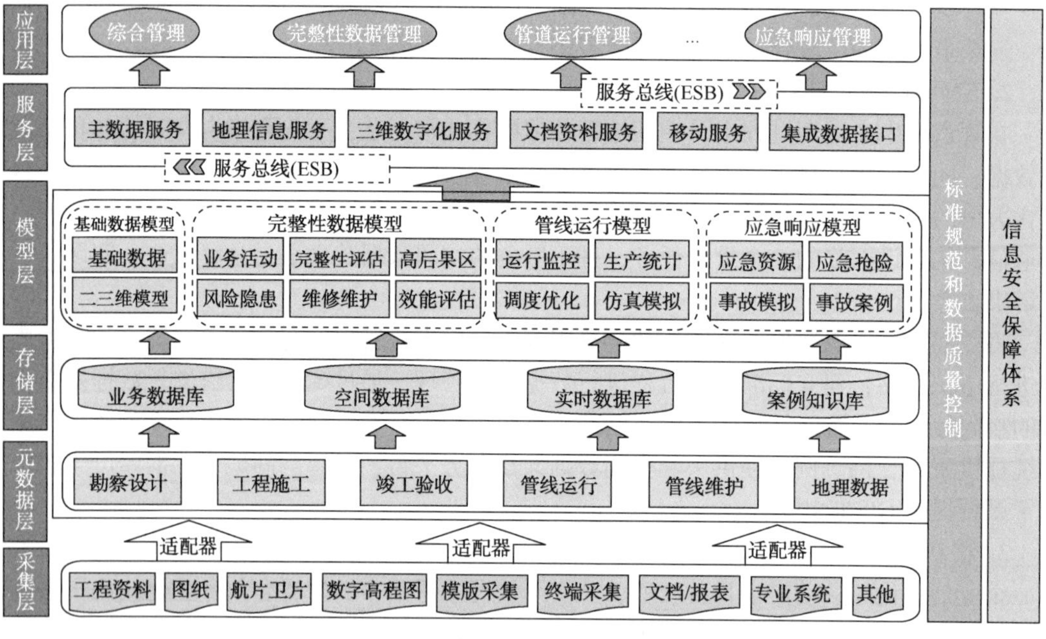

图12-17 智慧管道数据架构

1. 采集层

数据采集内容包括：管网的工程资料，设计、竣工测量数据，管道周边的影像数据，高程数据，通过业务数据采集模板采集的数据，管道终端仪表采集的数据，企业的文档报表，各专业应用子系统的专业数据等。

2. 元数据层

将采集的不同格式和介质的信息通过适配器进行数据校验、清洗、转换、入库等一系列数字化操作，获得勘察设计、工程施工、竣工验收、管道运行、管道维护、地理数据等各类元数据。

3. 存储层

建立业务数据库、空间数据库、实时数据库、案例知识库等数据库，根据元数据所属范畴，将其分门别类地存储在上述数据库中。

4. 模型层

根据管道业务流程和业务活动，建立智能化管线管理平台的数据模型，包括基础数据模型(基础数据、二三维模型)、完整性数据模型(业务活动、完整性评估、高后果区、风险隐患、维修维护、效能评估)、管道运行模型(运行监控、生产统计、调度优化、仿真模拟)、应急响应模型(应急资源、应急抢险、事故模拟、事故案例)等。

5. 服务层

服务层基于 ESB 即企业服务总线，提供了事件驱动和文档导向的处理模式，以及分布式的运行管理机制。它支持基于内容的路由和过滤，具备了复杂数据的传输能力，并可以提供一系列的标准接口服务，包括管道主数据服务、地理信息服务、三维数字化服务、文档资料服务、移动服务、集成数据接口等。

6. 应用层

应用层基于管道数据模型和管道服务，搭建各类应用子系统，包括综合管理子系统、完整性数据管理子系统、管道运行管理子系统、应急响应管理子系统

12.3.5 智能管道解决方案

1. 建立管道全生命周期数据标准

通过构建智能化管道标准，形成与管道实体相对应的数据资产，为确保数据的完整性并且可重复应用，需要在整个生命周期内执行同样的数据标准，各业务数据通过数据模型进行整合。构建数据标准和规范，伴随生命周期内各类业务，产生、传递、共享、应用、形成完整的数据信息链。

2. 构建管道全生命周期数据库

管道全生命周期管理(Pipeline Lifecycle Management，PLM)可定义为：在管道规划、可行性研究、初步设计、施工图设计、工程施工、投产、竣工验收、运维、变更、报废等整个生命周期内，整合各阶段业务与数据信息，建立统一的“管道数据模型”，实现管道从规划到报废的全业务、全过程信息化管理，如图 12-18 所示。

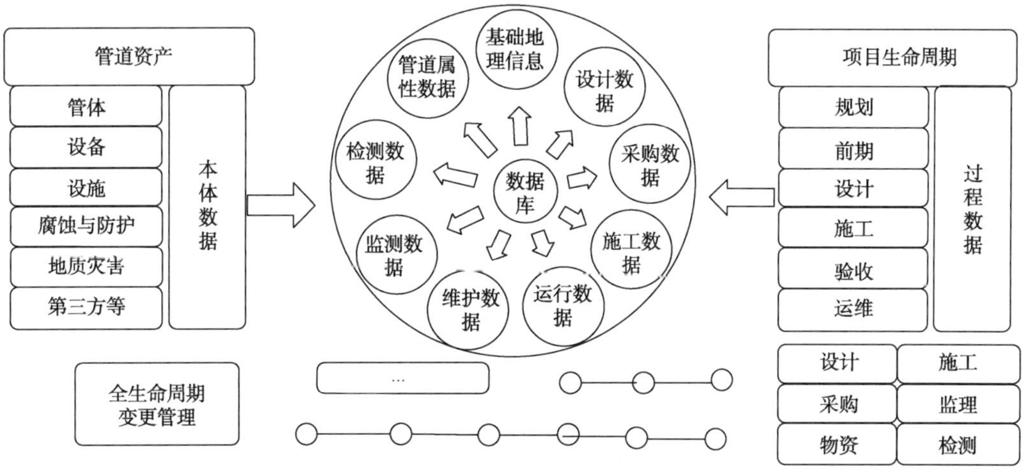

图 12-18　全生命周期数据库

构建全生命周期管道数据模型，以设计和运行为主，创建 APDM 数据模型，将各阶段全业务数据按中心线入库和对齐，通过将全部数据加载到管道数据模型上，对管道本体及周边环境数据、管道地理信息数据、业务活动数据和生产实时数据等数据资源进行集中存储和开发利用，实现物理管道和数字管道模型的融合。

3. 数字孪生体构建

数字孪生以物理实体建模为基础，通过实时数据采集、数据集成和监控，动态跟踪物理实体的工作状态，在信息空间中进行全要素重建，形成具有感知、分析、决策和执行能力的数字孪生体。数字孪生的概念最初由美国密歇根大学的 Grieves 教授于 2003 年在产品全生命周期管理课程上提出，其内涵和定义也随着新技术的应用而发展。全球 IT 研究与顾问咨询公司 Gartner 连续两年(2016 年和 2017 年)将数字孪生列为十大战略科技发展趋势之一，如图 12-19 所示。

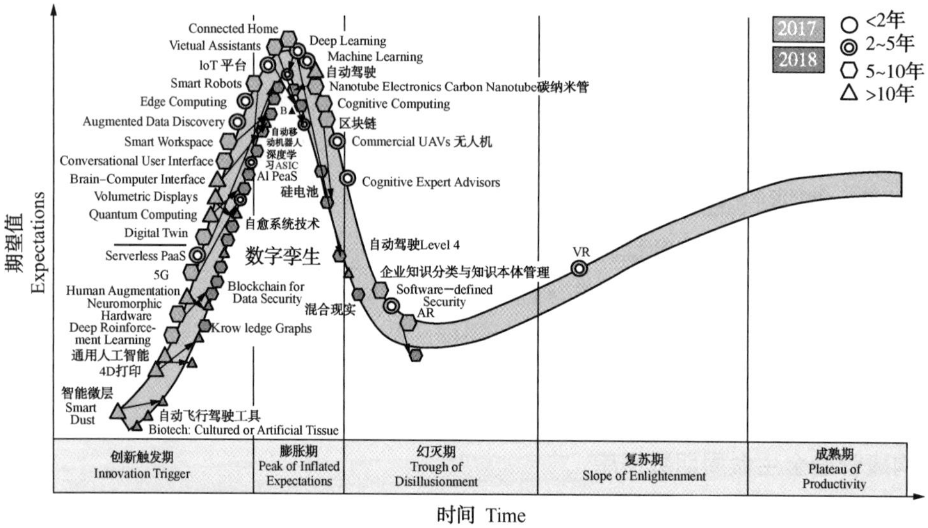

图 12-19　2017~2018 IT 技术期望值

数字孪生得到了德国西门子、美国通用电气、ANSYS 等各大公司的重视，并提出了相应的解决方案，Dassault 通过产品全生命周期的虚拟现实融合，优化产品性能；ANSYS 增强对数字孪生模拟的物理理解；GE 加强对产品寿命期间的状态监测和预测；PTC 连接物理世界和数字世界，在计算机上实现自行车的可视化。

1) 数字孪生站场

数字孪生站场建模与可视化系统开发是以精准映射现实的站场孪生模型为根本，以 ArcGIS 平台为载体，以传感通信技术为纽带，在虚实迭代优化的过程中结合大数据挖掘技术，实现站场的实时监测、智能决策和统筹管理。

工程仿真在传统上一直被用于新产品设计和虚拟测试，其省去了在产品发布之前构建多个原型的环节，随着工业物联网(IOT)的兴起，仿真技术进军运营领域，工业物联网让工程师能够与正在运行的产品上的传感器和致动器通信，从而捕捉数据并监测运行参数。这样就能在实际的产品或工艺过程上实现数字孪生体，其能够监测实时的预测性分析并测试预测性维护工作，从而优化资产性能。此外，这种数字孪生体还能提供相应的数据，以改善整个生命周期内的产品设计。ANSYS 物理仿真与分析功能完美结合，可帮助企业预测未来产品的性能，降低意外停机带来的成本和风险，并且改善未来的产品研发过程。

数字孪生站场开放多数据接口联通站场各传感器，实时采集设备运行参数集成存储，在数据存储调用的基础上开展数据分析，实现站场设备的应急响应、故障诊断、状态预测等功能，从而达到站场智慧化管理。通过构建的数字孪生站场可视化系统，实现站场模型准确化、管理可视化、监测全面化、诊断精准化。基于数字孪生的油气站场，其建模的时候充分考虑到了工况和设备环境对站场的影响，并应用反馈和迭代更新的算法不断对模型进行准确化建设。油气站场的数字孪生模型经过实时映射，形成精准的数字化模型，对现场进行线上平台管理，实现站场管理无人化、可视化。油气站场的数据通过数字孪生模型进行了实时映射，所有数据可以在台式电脑、个人计算机和移动设备上随时监管监察。通过物理网进行大数据处理，机器学习对数据进行进一步分析，提取故障特征信息，找出故障精确发生位置，达到故障早预警。

"智慧站场"是站场全要素的有机整合，是传统因果关系向互联关系的质的飞跃，但现有的技术成果难以同时满足"智慧站场"的基本要求，需要探索新的途径。数字孪生作为一种充分利用模型、数据、智能并集成多学科的理论，可在此基础上探索"智慧站场"建设，以此提高站场故障诊断预测、信息管理和安全管理能力。

在站场管理平台应用过程中，数字孪生技术通过数据交互实现物理空间和虚拟空间的双向映射和互操作，并根据两个空间之间的迭代优化和调节交互来实现系统自升级，如图 12-20所示。

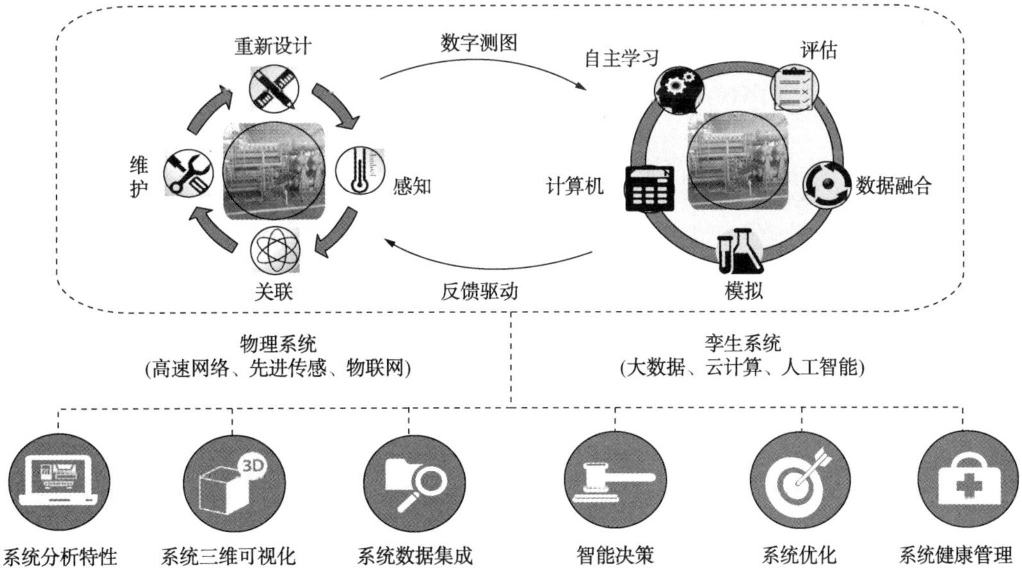

图 12-20　数据交互实现物理系统和孪生系统数字化

2）数字孪生管道

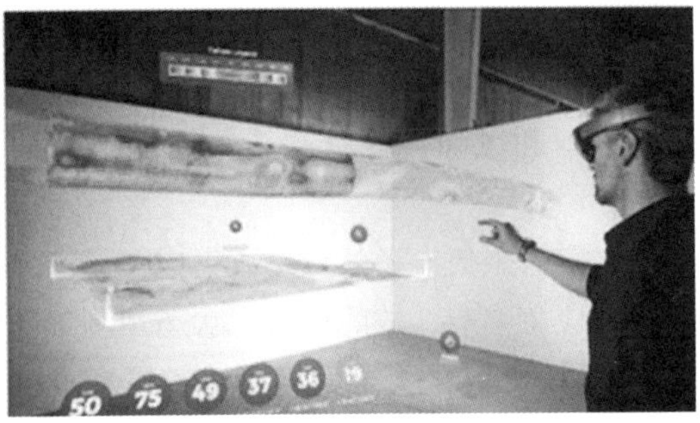

图 12-21　管道数据以 3D 形式呈现

管道数字孪生技术也是一项虚拟现实技术，可将管道数据以 3D 形式呈现，如图 12-21 所示。用户通过全息透视眼镜，可对管道的虚拟图像进行旋转、放大和扩展（视图范围 200～300m^2）。重点区域可以热图的形式呈现，包括区域地质情况以及随时间移动的地质变化状况。用户可观察区域中的小凹痕、裂缝、腐蚀区以及由地面移动引起的管道应变等潜在危险。管道数字孪生技术还可对管道周边的边坡测斜仪进行全息展示，用户可清晰观测管道随地面运动而发生的移动情况，管道的管径数据变化也可通过 3D 视图直观显示出来。该技术目前在加拿大 Enbridge 公司的部分管道上进行应用，节省了研究管道数据的时间，有助于用户更好地监控管道运行状况，快速准确地评估管道完整性。

4. 全生命周期智能管网设计

全生命周期包括管道建设、运营两个阶段的数据和运维服务，覆盖整个全生命周期，同时将决策支持作为重要组成部分，突出智能管道的决策支持应用。全生命周期智能管网的结构如图 12-22 所示，大数据分析及决策支持如图 12-23 所示。

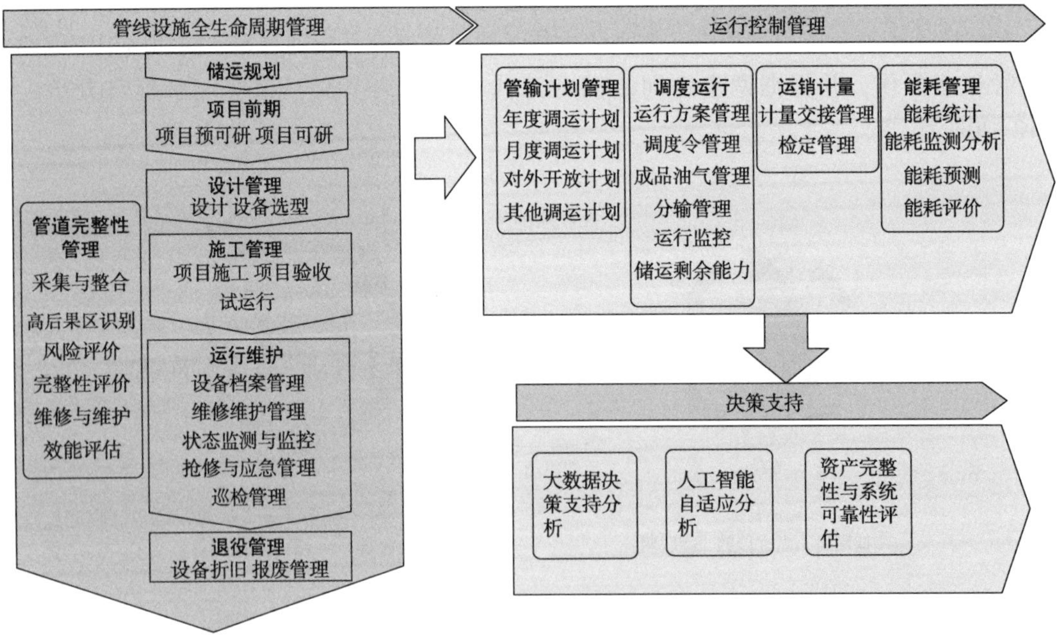

图 12-22　全生命周期智能管网结构设计图

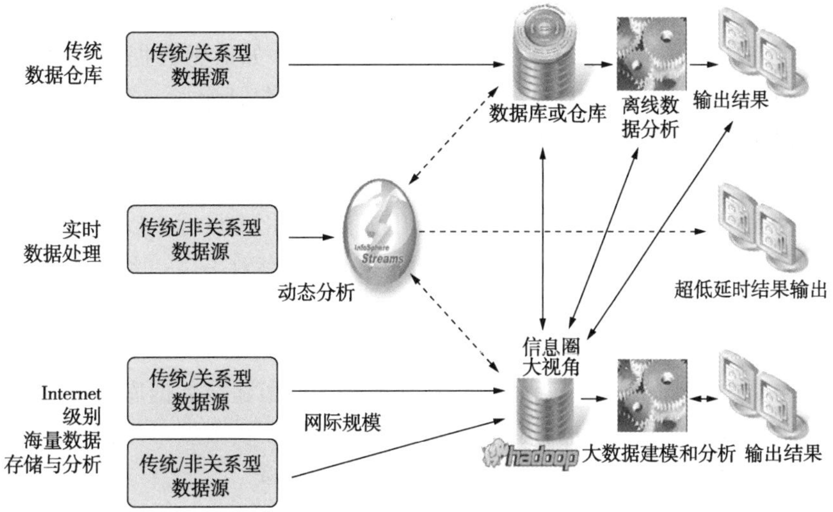

图 12-23　大数据分析及决策支持

5. 搭建基于 GIS 的全生命周期智能管网平台

按照“统一系统、统一平台、统一安全、统一运维”的思路，基于云架构建设数据中心、应用平台和共享服务，形成统一的建营一体化平台，构建管线建设与运营业务应用功能，满足工程建设和运营管理的业务需求。搭建全生命周期 GIS 数据平台及数据库，流程如图 12-24 所示。

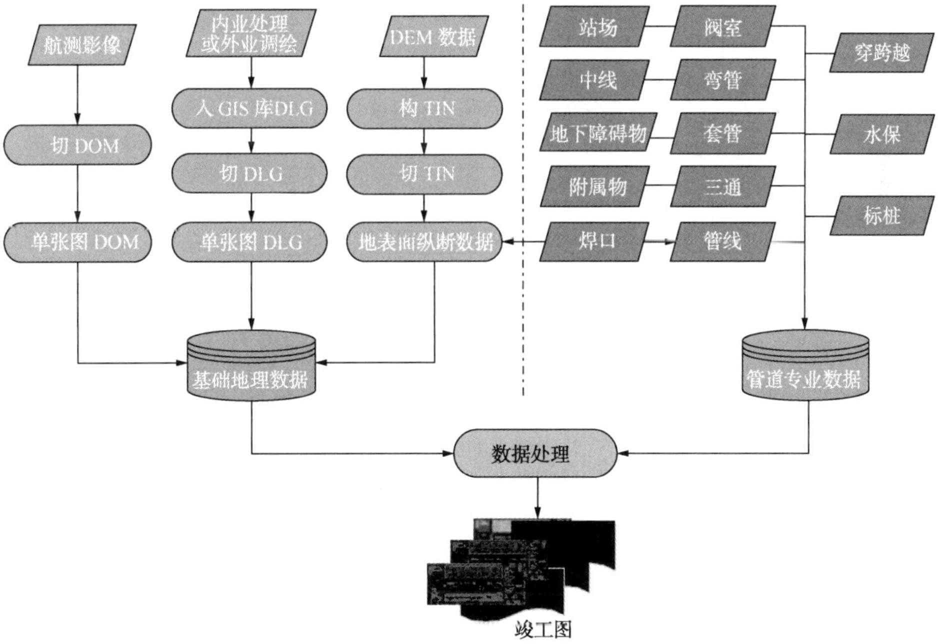

图 12-24　搭建全生命周期 GIS 数据平台及数据库流程图

6. 施工管理

1）施工数据采集录入管理

施工数据入库包含施工全过程的采集、整理、转换、传输和加载等内容，既要满足数据完整性、合规性、可靠性、外延扩展性和逻辑一致性等要求，又要满足空间数据和属性数据的关联关系的正确性以及与其他数据的融合精度的要求，如遥感数据、航测数据、设计数据、地形数据、工程数据等，对于数据入库的逻辑结构，包括字段、数据类型、字段长度、单位等须满足智能化管道标准的要求。

2）工程建设过程可视化质量管理

工程建设过程可视化质量管理是以督导施工过程规范化为目标，以空间图像、照片为手段，反映问题有图有真相，是施工过程可视化质量管理的有效手段；系统通过智能手持终端快速拍照，有效记录施工过程，并可根据照片的坐标信息定位承包商。

3）工程数据数字化移交

以全生命周期数据库的方式进行移交，移交成果为管道建设数据库，方便未来运行管理的技术参数、设备属性以及施工过程技术参数的查询和调用，数据可用性强，可为后续应用子系统直接提供基础数据。

7. 管道运维管理

开发基于 GIS 的运维管理模块，实现运维期管道全生命周期的闭环管理，满足完整性管理 6 步循环(数据采集、高后果区识别、风险评价、完整性评价、修复与减缓、效能评价的全过程管理)的要求，如图 12-25 所示。

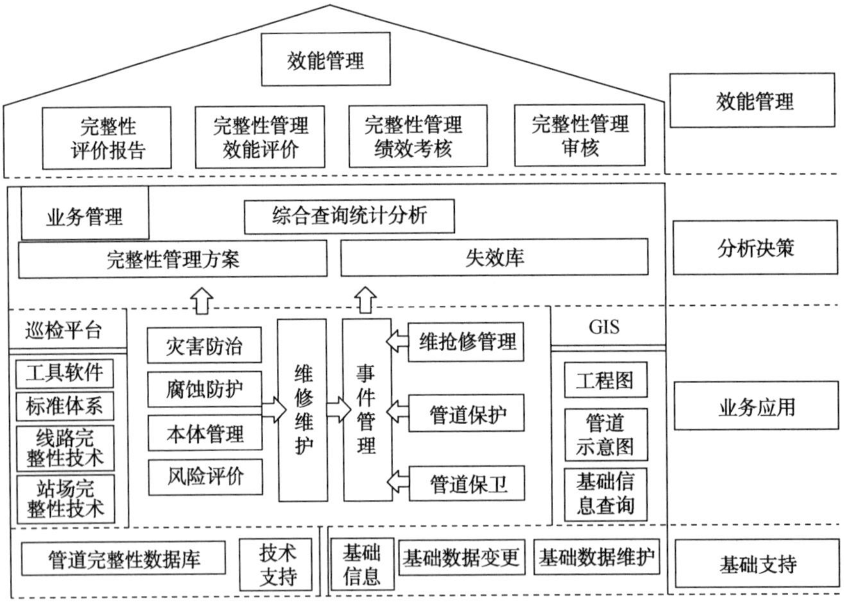

图 12-25　管道运维管理

1）腐蚀控制断电电位管理

针对阴极保护工程，实施断电电位管理，采用电位远传的方式，进行日常阴极保护工作如保护电位、自然电位、恒电位仪、保护电流密度等数据的上传和自动上报，并对防腐层检测与修复情况进行科学管理。

2）高后果区、地区等级升级地段风险评估

针对高后果区、地区等级升级地段，采用基于历史失效数据和基于可靠性理论的计算模型，考虑天然气管道失效模式对后果的影响，建立了管道失效概率计算方法；分析管道事故灾害类型，并考虑财产损失、人员伤亡、管道破坏、服务中断和介质损失等管道失效后果情景，建立天然气管道失效后果的定量估算模型，如图 12-26 所示。

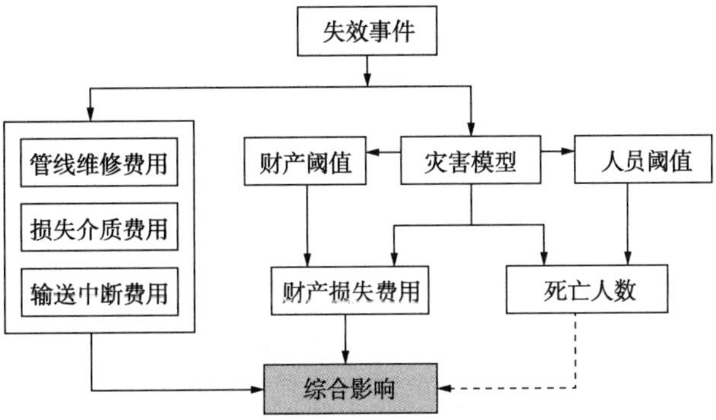

图 12-26　定量风险评估

3）智能无人机巡线

传统的人工巡线方法，不仅工作量大而且条件艰苦，特别是对山区、河流、沼泽以及无人区等地的石油管道的巡检，或是在冰灾、水灾、地震、滑坡、夜晚期间巡线检查，所花时间长、人力成本高、困难大。

管道线路危险区域巡检采用无人机全数字化巡检，在特殊地段、风险较大的地段，进行第三方防范巡护、泄漏巡检，泄漏巡检搭载高精度红外热像仪或红外光谱仪，对危险区域进行泄漏识别，及时进行预警和报警。

4）管道在线完整性评估

针对内外检测缺陷、几何变形、重车碾压、洪水冲击、矿场堆料、管道悬空、阀室沉降、管道屈曲、山体滑坡监测、管道落差坑沟填埋、并行管道、爆破等建立评估模型。重点针对不同钢级管道适用性评估开展研究，建立管道氢致开裂、焊缝、平面型缺陷、体积型缺陷、几何缺陷的评估理论方法，建立有限元、边界元的数学仿真模型，开发系列评估软件。提出氢致开裂断裂判据，建立管道新的失效评定关系，并给出失效评定图。确定一定输送压力和 H_2S 含量下，含裂纹缺陷管道的安全度和安全范围，并给出相应的安全系数。建立管道 ICDA 直接评估、管道 ECDA 直接评估、应力腐蚀开裂 SCCDA 直接评估方法，实现管道实时在线完整性评估。开发的模块、模型有：

（1）管道适用性评价（API 579）；

（2）管道国际缺陷评价（DNV RP-F101/ASME B31G/RSTRENG/Modified B31G）；

（3）管道焊缝评估系统；

（4）管道 BS 7910 评估；

（5）管道氢致开裂完整性评价与寿命预测系统。

12.3.6　管道大数据挖掘与决策支持

1. 应急决策支持

发挥智能管网系统的应急指挥和应急决策支持的作用，满足应急指挥决策的需求，实现应急情况下对管道基础数据和管道周边环境数据的及时调取，并自动计算疏散范围、安全半径，自动输出应急预案、应急处置方案等，通过抢修物资与抢修队伍的路由优化，实现一键式应急处置方案文档输出，输出数据包括管道基本信息查询、事故影响范围、应急设施、人口分布、最佳路由、应急处置方案等。

2. 大数据决策支持

基于大数据的相关性、非因果性分析理论，管道系统大数据的来源为实时数据、历史数据、系统数据、网络数据等，类别为管道腐蚀数据、管道建设数据、管道地理数据、资产设备数据、检测监测数据、运营数据、市场数据等。未来管网系统大数据通过互联网、云计算、物联网实现信息系统集成，把各类数据统一整合，通过建立大数据分析模型，解决管道当前的泄漏、腐蚀、自然与地质灾害影响、第三方破坏等数据的有效应用问题，获得腐蚀控制、能耗控制、效能管理、灾害管理、市场发展、运营控制等综合性、全局性的分析结论，指导管道企业的可持续发展。管道大数据决策支持体系如图 12-27 所示。

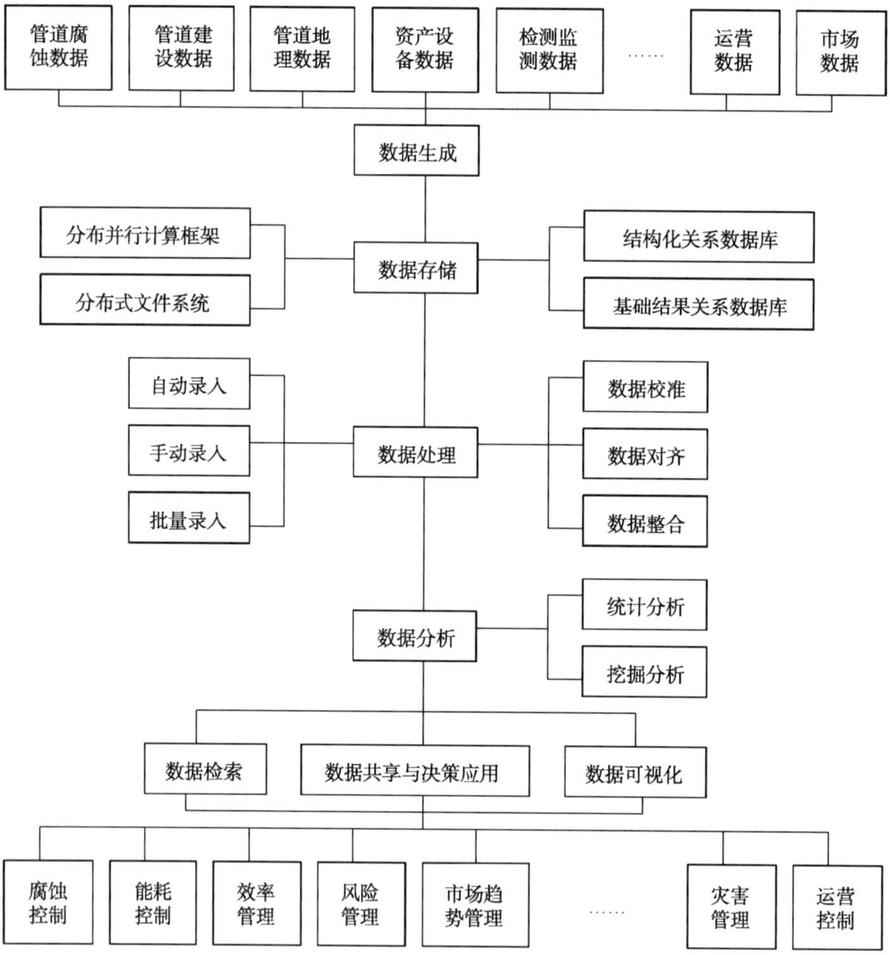

图 12-27　管道大数据决策支持体系

3. 焊缝大数据风险分析

焊缝是管道重要的特征之一，其质量直接影响管道的安全。由于焊接质量而引起的事故有很多，自 2010 年以来就发生了 10 余起管道焊缝失效事故。焊缝引起的缺陷主要表现为：管道碰死口，焊缝射线片不合格，隐藏有缺陷，焊缝射线底片与焊口对应不上。通过大数据分析的方式能够找出焊缝缺陷或隐含的问题，找出碰死口位置的全部底片。

基于X射线的焊缝图像，可对缺陷的特征进行提取和自动识别。首先，对焊缝图像采用均值滤波和中值滤波相结合的方法进行预处理，对比了两类图像增强算法，选择了直方图均衡方法进行图像增强，采用迭代阈值图像分割算法对焊缝区域进行分割，并对焊缝缺陷进行特征提取和特征选择；然后，采用基于二叉树的SVM分类器方法对焊缝缺陷进行分类识别，筛选可能的缺陷特征，如裂纹、未焊透、未熔合、气孔、球状夹渣以及条状夹渣等。焊缝底片大数据分析系统框架如图12-28所示。

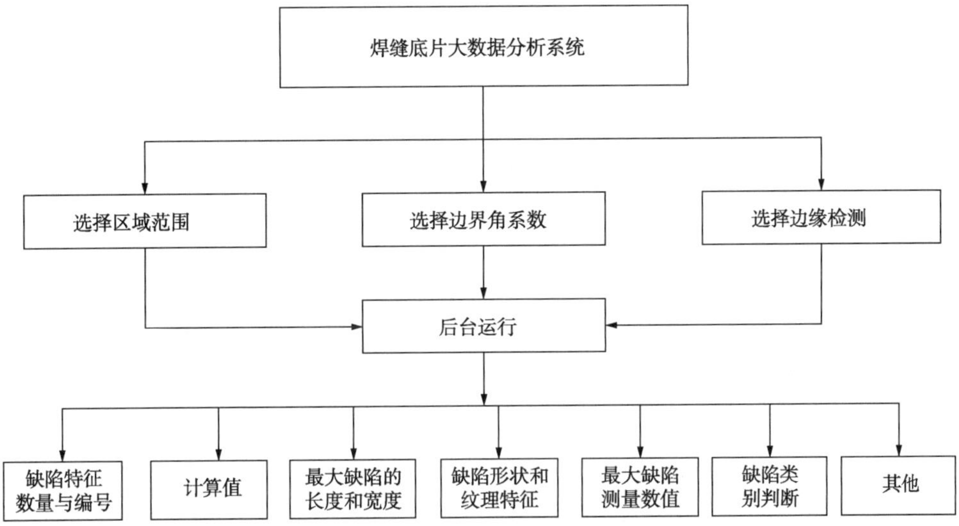

图12-28　焊缝底片大数据分析系统框架图

采用上述模型开发的软件系统，通过缺陷边缘检测和跟踪处理技术计算各参数，可实现对焊缝底片进行完全局部三值模式CLTP纹理识别。上述纹理识别和特征识别计算参数包括图像长度像素、图像宽度像素、缺陷与背景的灰度差、缺陷的相对位置、缺陷自身灰度偏差、缺陷长宽比、等效面积、圆形度、熵、相关度、惯性矩、能量参数等，所有特征参数输入SVM模型，进行SVM焊接底片的缺陷识别，最终得到缺陷的类别如图12-29所示。

4. 基于物联网组网监测的灾害预警

开发出一套管道地质灾害监测系统，由传感器、采集仪、传输模块、评价系统组成。系统克服了极端天气、系统供电等困难，实现了7×24h时监测及自动报警管理。

实时监测地质灾害区、高后果区管道的应力、应变状态，包括应变监测、温度监测、位移监测、土压监测，及时进行应变报警、应力报警、位移报警，目前已形成管道监测网。

5. 管道泄漏实时监测

管道泄漏监测系统以SCADA系统或负压波、次生波、光纤等监测传感器的实时数据作为基础，数据出现异常时系统将详细检查这些异常数据，并分析是否为泄漏。管道泄漏监测系统发现泄漏点后，将立刻发出警报并显示泄漏地点、泄漏时间、泄漏速度和泄漏总量等数据。

6. 远程设备维护培训

开展拆装维护实训，通过对设备零部件、组件正确顺序的拆解和组装，可以直观地查看设备整体展开或剖面的结构，单独查看设备各个零部件和组件的外观，详细了解和掌握设备的组成、结构及运行原理，熟悉并掌握正确的拆装工具、拆装流程、注意事项，为设备的维护保养维修打下基础。

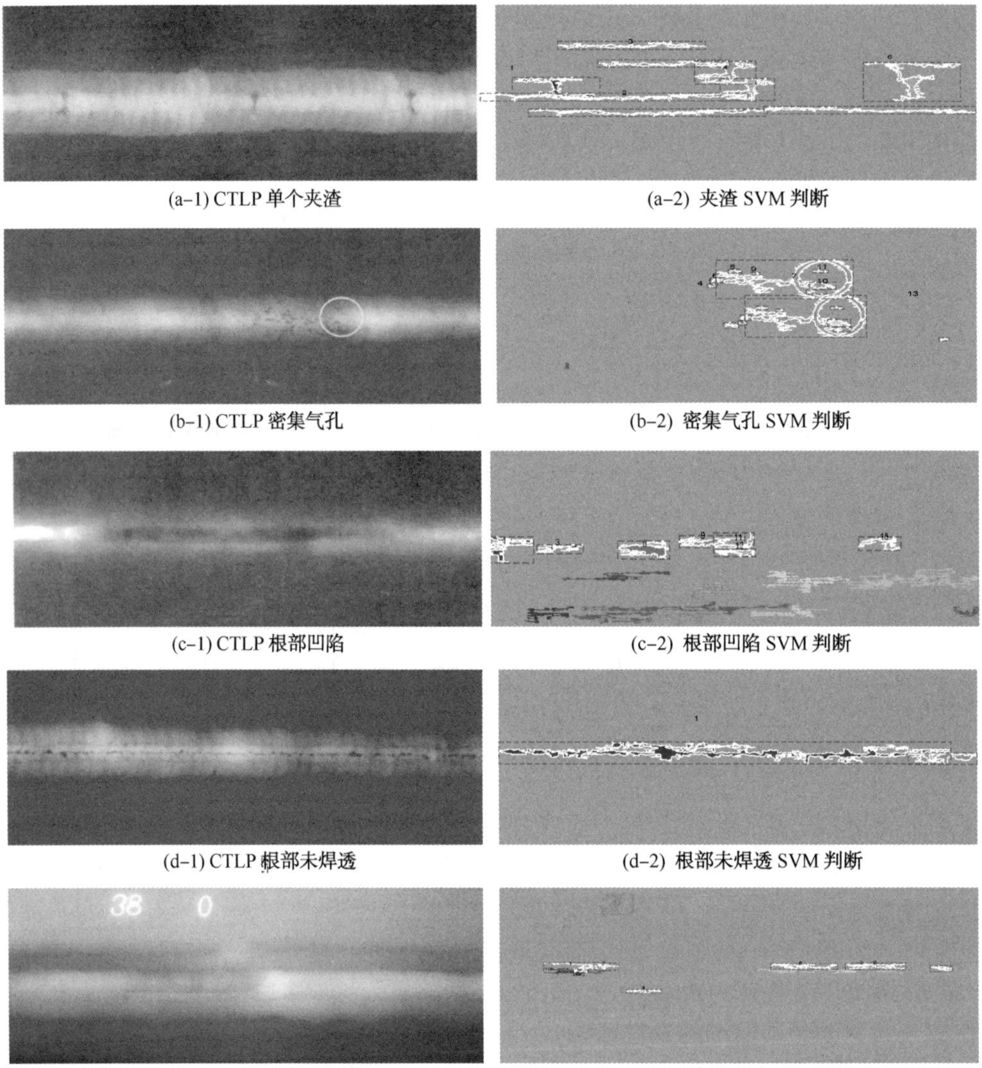

(a-1) CTLP 单个夹渣　　(a-2) 夹渣 SVM 判断

(b-1) CTLP 密集气孔　　(b-2) 密集气孔 SVM 判断

(c-1) CTLP 根部凹陷　　(c-2) 根部凹陷 SVM 判断

(d-1) CTLP 根部未焊透　　(d-2) 根部未焊透 SVM 判断

(e-1) CTLP 中部未融合　　(e-2) 中部未融合 SVM 判断

图 12-29　焊缝底片缺陷 CTLP 识别和 SVM 缺陷判断

7. 远程故障隐患可视化巡检

通过对长输管线场站典型故障与隐患的案例的积累，建立故障隐患数据库，利用三维可视化技术对场站进行三维重建，学员在虚拟环境中巡查摸排系统设定的故障隐患，熟悉常见典型故障点及处理方法。系统在员工训练结束后，给予分析评价，使领导能够定期掌握员工对风险故障隐患的掌握情况。

12.3.7　移动应用

移动应用是未来管道管理发展的重要组成部分，随着 4G/5G 网络环境的形成，移动应用使管理者与系统紧密结合，保证第一时间内处置突发事件、文件处置、在线管理，及时了解管道运行动态，最大限度地保障管道安全运营。移动应用设计如图 12-30 所示。

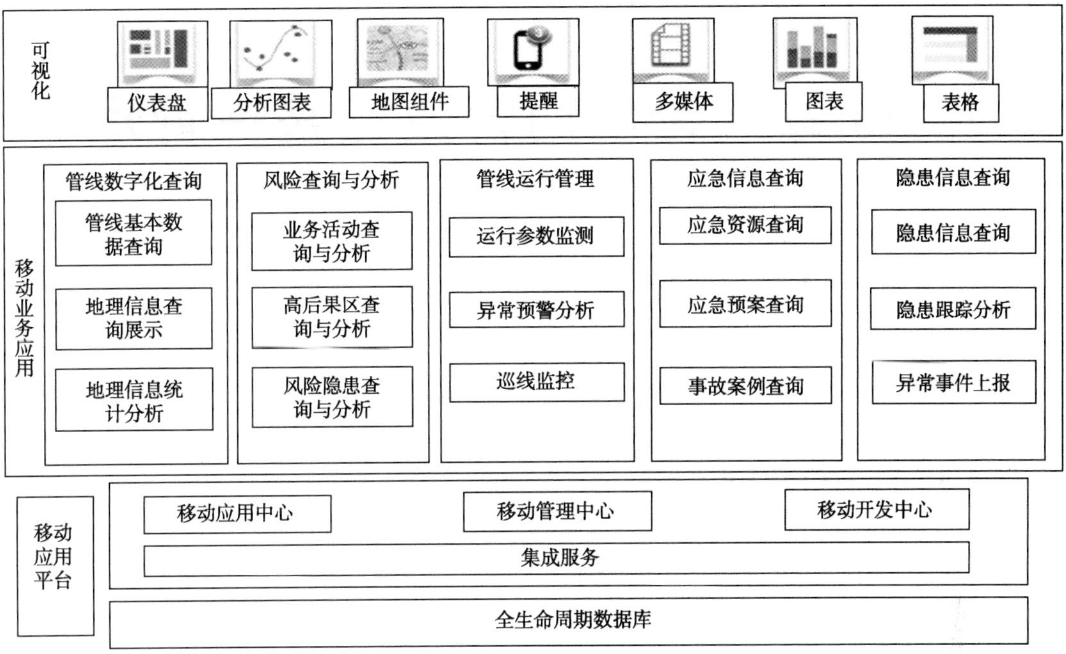

图 12-30　移动应用设计

12.3.8　发展趋势

（1）智能管网已成为管道信息技术领域的重要发展方向，是现代通信与信息技术、计算机网络技术、智能控制技术及行业相关先进技术汇集而成的针对油气管道应用的智能集合，最终实现远程和实时控制以及基于物联网的实时数据采集，未来必将与大数据建模分析、人工智能紧密结合在一起，为油气管道安全可靠、优化高效、环境友好服务。

（2）智能化管网的建设与发展，管网建设期数字化水平、运营期管道完整性管理的实施深度是基础，数据和分析模型的精准性是决定性因素，自适应控制与反馈是智能化管理的重要实现途径。

（3）智能管网系统的移动应用领域，是管道企业发展的主流方向，但要克服运行速度、数据保密性、预警报警机制设置等难题，移动应用的个性化设置、维护机制均需重点考虑。

（4）全生命周期的智能管网建设，要解决采集数据到应用数据的难题，重在创新与实践，管道行业大数据模型和应用，未来一定向云计算领域发展，最终将智能管网实践应用迁移到云上，使所有用户共享数据和模型。

（5）数字孪生的内涵也在不断提升，应用服务的智能化，使得数字孪生技术逐步引起学术界和工业界的重视，随着数字孪生生态系统的构建，需要建立数字孪生和物理模型，提高实时在线映射、数据信息的互联互通、模型的推理决策能力，提升油气站场的智慧化管理能力和水平。

（6）建议未来新建管道时，应考虑智能管网一体化平台建设，减少数据重复录入，避免应用系统的重复建设，加大数据应用范围。

第 13 章　建设期管道完整性管理

13.1　建设期管道风险管控

油气管道在设计、建设期内，会受到各种各样的威胁，除去可能遭受到的周围环境以及地质灾害带来的危害外，还会受到第三方的威胁，因此进行风险识别十分重要。

13.1.1　设计阶段的风险控制

设计阶段的风险一般包括计算、模型、后期核对分析造成的风险。设计理论造成的风险往往是因为理论基础薄弱造成的。在进行前期的规划过程中，方案的设计会受到后续建设不确定性所带来的影响。后期核对的风险因为具有极大的隐蔽性，很容易被忽略，造成很大的风险。

管道施工主要风险及防范措施(勘察设计)见表 13-1。

表 13-1　管道施工主要风险及防范措施(勘察设计)

序号	作业活动	主要工种	设备	主要风险描述	危害和影响	防范措施	风险等级
1	勘察测量	勘测钻工		在高原地区作业时缺氧	1. 头疼、窒息和肺炎 2. 人员伤害	1. 配备吸氧设备和药品 2. 选择身体条件适合的员工执行任务	一般
				在沙漠、戈壁、原始森林或林区行走、作业，通信设施不畅通、缺水	1. 造成人员迷路 2. 脱水死亡	1. 禁止单人进行野外作业，配备 GPS 定位系统和通信设备 2. 在通往营地的道路设置路标 3. 车辆内配备适量的食品、饮用水和应急药物	一般
				蛇、虫等有害生物叮咬	1. 人员中毒 2. 感染上疾病	1. 培训作业人员掌握相关知识，配备解毒和防蚊虫等药物 2. 工作人员穿长袖、长裤，戴防蚊面罩，衬衫下摆放在裤子内，将裤子下缘塞到袜子中，尽量减少暴露皮肤面积 3. 在有蛇虫出没的草地行走用木棍敲击地面以使蛇虫受惊逃走	一般

续表

序号	作业活动	主要工种	设备	主要风险描述	危害和影响	防范措施	风险等级
1	勘察测量	勘测钻工		野外作业遇到高温、暴风雨、高寒、沙尘暴极端恶劣天气	1. 高温天气致使员工身体暴晒、紫外线灼伤或中暑 2. 暴风雨易引发洪水和泥石流，造成员工围困、失踪及设备损坏 3. 高寒天气易造成员工围困、冻伤 4. 沙尘暴天气易造成员工迷路、受困	1. 指定专人负责每天晚上关注第二天的天气预报，避开恶劣天气作业；作业前应了解勘察沿线的大致地貌情况 2. 遇有高温天气时，合理调配作业时间，避免高温时段室外作业；增加休息次数，延长午休时间；购置遮阳帽、太阳镜和涂抹防晒霜等防护用品；配备如人丹、清凉油、万金油、风油精、十滴水、薄荷锭、藿香正气水等防暑药品 3. 遇到雷雨大风天气，停止露天活动和高空等户外危险作业，撤离可能发生山洪、滑坡、泥石流等灾害的危险地区 4. 冬季为作业人员配备防寒保暖服，钻工配备防水的防寒保暖服；配备取暖设施和防滑装备的交通工具，携带方向指示装置和应急食品。暴雪冰冻等极端天气应停止一切户外作业，户外作业突遇暴雪应立即转移到安全场所，并立即情况报告项目部或公司 5. 发生沙尘暴时，作业人员应聚集在牢固、没有下落物的背风处，采用蒙头、戴护目镜或者把头低到膝部的方式躲避，如果沙尘天气持续时间较长，应立即与项目部或公司取得联系，不要盲目行动	一般
				疫区作业，感染传染	人员伤害	1. 对当地传染病和地方病进行充分的了解，到疫区提前注射传染病疫苗、打预防针 2. 配备相应的防护用品和药品 3. 有条件的可以合理安排作业时间，避开传染病的高发期	一般
				野外食宿易生病	人员伤害	1. 野外营地应选择地面干燥、地势平坦、水源无污染背风场地 2. 带干净饮用水，不采、食野菜和野果；教育职工注意识别和防止接触有毒植物	一般

续表

序号	作业活动	主要工种	设备	主要风险描述	危害和影响	防范措施	风险等级
1	勘察测量	勘测钻工		社会治安不良遭偷盗等	1. 人员伤害 2. 财产损失	1. 入住安全可靠性好的旅店，关好门窗，晚上早归宿 2. 保管好个人贵重物品	一般
				野生动物攻击	人员受伤	1. 培训作业人员掌握相关知识，配备急救药品、有效的防护用品 2. 避免单独一人出行 3. 当遇到野兽时不要惊慌失措大声喊叫，可点火吓退野兽	一般
			标尺	测量器具与高压线接触导致触电	人员伤害	1. 电网密集地区测量作业，应避开变压器、高压输电线等危险区 2. 禁止使用金属标尺	一般
				在公路、铁路地段测量造成交通事故	人员伤害	1. 工作人员穿信号服 2. 设立警示标志并安排人员瞭望	较大
				在地形复杂以及山区测绘，人员踩空掉入山下	人员摔伤	1. 测量人员穿防滑胶鞋，做好个人防护 2. 在大于 30° 的陡坡或者垂直的悬崖峭壁上作业，使用保险绳、安全带	一般
				在河流区域进行测量，人员、设备落水	1. 人员受伤 2. 设备损坏	1. 租用性能可靠的船只，配备监护人员 2. 配备救生衣、救生圈等救生用具 3. 尽可能避开洪水季节；刮五级以上大风时，停止作业	一般
				雷电高发区作业，遭到雷击	1. 人员伤害 2. 设备损坏	1. 注意收听当地气象预报，雷雨天停止野外工作 2. 雷雨天在外关闭手机、对讲机等电器设备，禁止在孤立的大树或建筑物下避雨	一般
			钻机、船	钻探时碰到地下障碍物（如电缆、光缆、水、气、油管道等）	1. 电力、通信中断 2. 人员伤害 3. 损坏设备 4. 环境污染	1. 作业前会同有关部门进对作业区域地理环境进行调查了解，孔位一经确定，不得擅自改动 2. 选择孔位场地时，在不影响地质及工程设计的情况下，应尽可能地考虑道路交通、水源、居住及地势等因素，为钻探施工创造条件	较大

续表

序号	作业活动	主要工种	设备	主要风险描述	危害和影响	防范措施	风险等级
1	勘察测量	勘测钻工	钻机、船	在悬崖、陡坡地段修建钻场，遇到岩石崩落	1. 人员伤害 2. 设备损坏	1. 避开危岩崩落区，先清除上部浮石 2. 2m及以上高处作业，作业人员系安全带	较大
				钢丝绳破损断裂，造成高空坠物	人员伤害	1. 定期检查钢丝绳的完好程度 2. 在钢丝绳出现严重毛刺或有一股断头时，必须更换	一般
				水上钻探时人员落水	人员溺水	1. 到当地水文、气象和航运部门收集相关资料，做好施工计划和制定相应的措施 2. 船只配备铁锚、锚绳和锚链，保证平稳安全作业 3. 钻船平台两侧架设不低于1.2m的防护栏杆 4. 水深超过1.5m处进行水上钻探，配备救生衣、救生圈等防护用器 5. 尽可能避开洪水季节施工；刮五级以上大风时，停止作业	一般
				提升或下降钻具时突然变速，碰到作业人员	人员跌倒、碰伤	1. 试钻并与孔口和塔上（或操作扶摆管）人员密切配合，互相关照，并按发出的口令进行操作 2. 操作升降机时，要轻而稳，不得猛刹猛放，不得超负荷强拉，不得用手扶摸钻杆和钢丝绳 3. 孔口操作人员，必须站在钻具起落范围以外	一般
				搬运钻具，钻具倾倒	人员砸伤、割伤	多人抬动设备时，应有专人指挥，相互配合	一般
				垫叉未撤出时钻机突然转动，打伤操作人员	人员伤害	1. 操作人员密切配合，互相关照，并按发出的口令进行操作 2. 抽、插垫叉禁止手扶垫叉底面	一般
				未按时检查U形环、提篮、钻具、螺丝等造成高空坠物，砸伤人员、砸坏设备	1. 人员伤害 2. 设备损坏	1. 定期检查钻探设备和附属设备的安装位置是否正确、牢固，检查钻具丝扣并涂油保护 2. 钻具提出钻孔后，严禁悬空放置，将钻具落地依靠钻架或放倒，防止钻具下坠发生危险 3. 作业人员正确佩戴安全帽及其他劳动保护用品	一般

序号	作业活动	主要工种	设备	主要风险描述	危害和影响	防范措施	风险等级
1	勘察测量	勘测钻工	钻机、船	槽探坍塌，砸到人员	人员伤害	1. 槽壁应保持平整，及时清除松石 2. 槽口两侧 0.5m 内不得堆放土石和工具 3. 在松软易坍塌地层掘进探槽时，两壁进行支护 4. 在雨季或钻探施工期较长时，应采取打桩、砌墙等措施，防止易塌方部分塌陷	较大
				钻探对自然保护区、文物保护区、生态保护区的破坏	破坏原有植被、地面景观、文物	1. 选线时尽量避开自然保护区、文物保护区、生态保护区 2. 必须穿越时设置绕行警示牌，钻探时尽量减少对周围土壤、植被的破坏，及时恢复植被 3. 对发现的历史文物古迹要进行保护并及时上报给有关部门	一般
				多雷雨时期作业，遭到雷击	人员伤害	1. 注意收听当地气象预报 2. 在作业中注意观察天气变化，雷雨将来时，暂停工作并将钻架放到	一般
2	室内试验	试验检测	电子天平干燥箱蒸馏锅	电器设备漏电、短路等故障	1. 触电伤人 2. 火灾及设备损坏	1. 定期检查电源线、开关、电机以及设备，确认各部分完好 2. 严禁用导电器具洗扫电器和用湿布擦洗电器 3. 禁止将水洒在电器设备和线路上 4. 当电器动力设备超过允许温度时，立即停止运转	一般
				试验过程中蒸馏锅供水不足，引起火灾	1. 人员伤害 2. 设备设施损坏	1. 当蒸馏工作进行时，要有专人负责管理，不许随便离开 2. 用完后即关掉热源	一般
3	设计工作	设计		设计管道线路走向穿越文物保护区、水源、自然保护区、生态保护区等	破坏环境	设计时要考虑施工和运行管理时的国家文物保护、生态环境保护、自然保护、土地的最少占用	一般
				材料选材、设备选型不合理，造成能耗浪费和排放超标	破坏环境	1. 设计时要考虑环境的特殊性并选择环保节能的材料、设备 2. 优化各设备间距，减少管道的往返，减少材料使用 3. 加强设计审核工作	一般

续表

序号	作业活动	主要工种	设备	主要风险描述	危害和影响	防范措施	风险等级
3	设计工作	设计		配合现场进行施工时发生高空坠物、塌方、有限空间窒息、爆炸等	人员伤害	1. 对到现场的设计人员进行 HSE 培训，增强员工自我保护意识 2. 设计人员进入施工现场要正确穿戴安全防护用品 3. 在现场要留意现场安全标志牌、告示牌，熟悉现场安全通道 4. 要远离正在施工的机械，不得从起重臂下或吊物下通过 5. 在易燃、易爆场所严禁明火、吸烟，服从现场 HSE 监督员的安排	较大

13.1.2 施工阶段的风险控制

施工过程的风险主要是施工技术以及自然灾害带来的威胁。施工过程中出现的问题最多，也最为常见，施工过程中，由于管道在结构处强度比较低，容易出现问题。除此之外，施工过程中的风险还包括施工环境、施工单位、监管单位、设备材料质量等方面。

管道施工主要风险及防范措施(管道施工前作业)见表 13-2，管道施工主要风险及防范措施(管道施工过程作业)见表 13-3，管道施工主要风险及防范措施(通球与扫线作业)见表 13-4，管道施工主要风险及防范措施(清扫与干净作业)见表 13-5。

表 13-2 管道施工主要风险及防范措施(管道施工前作业)

序号	作业活动	主要工种	设备、设施、工器具	危害因素	危害和影响	防范措施	风险等级
1	测量放线	测量工、力工、驾驶员	车辆、全站仪等测量仪器	自然灾害：高低温天气、暴风雨、雷电、暴雪、沙尘暴、洪水泥石流	1. 高温天气致使员工身体暴晒、紫外线灼伤或中暑 2. 暴风雨易引发洪水和泥石流，造成员工围困、失踪及设备损坏 3. 雷电天气易发生雷击事件，造成人员伤害及设备损毁 4. 暴雪天气易造成员工围困、冻伤 5. 沙尘暴天气易造成员工迷路、受困	1. 机组管理人员和作业人员每天晚上关注第二天的天气预报，避开恶劣天气作业；作业前应了解施工沿线的大致地貌情况 2. 遇有高温天气时，机组应合理安排作业时间，尽量避免高温期间施工；夏季应带足饮用水，配备必要的防暑清凉药品 3. 放线时，作业人员应携带有效的通信工具，遇有突发事件，紧急呼救 4. 作业时，携带方向指示装置和应急食品，冬季作业时还应配备必要的防寒应急物资 5. 雷雨季节时，项目部应组织作业员工培训防雷知识；在沙漠区域作业时，项目部应组织作业人员培训沙漠危害避险措施 6. 雨季在河床或山区冲沟内施工时，应在上游处设置监护人员，便于突发洪水时的紧急通知；夜间停止作业时，应将设备停放至河堤或高地上	一般

续表

序号	作业活动	主要工种	设备、设施、工器具	危害因素	危害和影响	防范措施	风险等级
1	测量放线	测量工、力工、驾驶员	车辆、全站仪等测量仪器	野兽攻击	1. 人身伤害 2. 迷路	1. 项目部负责向当地环保部门咨询，落实本地常见的大型攻击型野兽，并向作业人员进行培训和交底 2. 培训内容必须包括当地的野兽危害、外伤初步救治、应急药品的使用 3. 配备相应的应急药品，包括外伤药、止血药等 4. 在茂密丛林、戈壁、沙漠等地形作业时，还应携带方向指示装置	一般
				有害生物	1. 中毒 2. 传染疾病	1. 项目部负责向当地防疫部门咨询，落实本地常见的有毒蚊蛇，并向作业人员进行培训和交底 2. 培训内容必须包括当地的虫蛇叮咬后的危害、应急药品的使用和心肺复苏等内容 3. 配备相应的应急药品，包括蛇药 4. 作业人员按规定穿戴个人防护用品 5. 在有血吸虫多发的地区，进入水泽施工人员配备专用防护用品	一般
				茂密丛林、戈壁、沙漠、沼泽、泥塘、水泽、褶皱地形等恶劣地形	1. 茂密丛林、戈壁、沙漠易造成迷路、受困 2. 沼泽、泥塘、水泽易造成人员淹溺，人员、设备淤陷受困 3. 褶皱地形易造成人员摔伤、腿脚扭伤、塌陷等	1. 项目部向作业人员进行外伤初步救治、应急药品的使用和心肺复苏等内容的培训；同时配备相应的应急药品 2. 放线时，作业人员应携带有效的通信工具，作业人员之间互留通讯方式；在沙漠或森林地带应携带GPS，随时与监控中心保持联系，遇有突发事件，紧急呼救 3. 作业前作业人员应了解施工沿线的大致地貌情况，地形恶劣时应观察好行走路线，不冒进，禁止在水塘或水泽地戏水 4. 在茂密丛林、戈壁、沙漠等地形作业时，还应携带方向指示装置和应急食品	一般
				路况差、交通条件复杂	1. 人员伤害 2. 车辆损失	1. 山区行车应聘用有山区驾驶经验的驾驶员从事车辆驾驶工作 2. 山区行车限速行驶 3. 加强车辆日常维护保养 4. 严格要求司机杜绝车辆带病上路 5. 杜绝疲劳驾驶和酒后驾驶 6. 司机严格遵守山区行车交通规定，严禁强超强会	一般

续表

序号	作业活动	主要工种	设备、设施、工器具	危害因素	危害和影响	防范措施	风险等级
1	测量放线	测量工、力工、驾驶员	车辆、全站仪等测量仪器	道路旁作业无警示标志，作业人员注意力不集中	1. 人员伤害 2. 车辆损失	1. 沿路或过路作业时，应设置明显的警示标志，并穿着醒目的服装 2. 严禁在路上嬉戏打闹 3. 设置监护、指挥人员	一般
				社会依托差	1. 事故后果扩大 2. 社会影响大	1. 作业前项目部向员工进行交底，交底内容包括施工地形、地貌、路况、社会依托、应急知识等 2. 配备必要的应急物资	一般
2	扫线（作业带清理）	指挥人员、操作手、配合力工	挖掘机、推土机、伐树工具	地形恶劣，坡度大；土质构成不稳固	1. 设备倾覆 2. 人员伤害	1. 进行作业带清理前，项目部组织技术人员、安全管理人员、测量放线人员对操作手进行交底 2. 需要进行降坡处理的陡坡，按照设计规定进行降坡处理；必要时，修筑设备施工平台进行作业 3. 在坡道上被迫熄火停车时，应拉紧手制动，下坡挂倒挡，上坡挂前挡，并将前后轮楔牢 4. 设置专人进行指挥、监护	较大
				设备操作手操作失误，违章操作	1. 设备倾覆 2. 机械伤害	1. 操作手必须持证上岗 2. 在使用新型号的设备、设施时，应对操作手进行重新培训，并考核合格后方可作业 3. 设备操作手启动设备前对周围环境进行观察并鸣笛示警	一般
				机械故障	1. 设备倾覆 2. 机械伤害	1. 加强设备的日常维护保养 2. 项目部定期组织对设备的使用情况、保养情况进行检查 3. 严禁非作业人员靠近正在作业的机械设备 4. 操作手发现机械故障后，必须及时告知维修人员进行修理，在仍然存在故障的时候，坚决拒绝进行操作	一般
				设备操作手不了解地下构筑物或其他地下设施	1. 破坏地下构筑物 2. 挖断地下光缆、管线	1. 进行作业带清理前，项目部组织技术人员、安全管理人员、测量放线人员对操作手进行交底 2. 指挥、监护人员发现遇有标志桩及其他明显标志时，及时告知操作手	较大
				架空线路下作业	1. 刮断架空线路 2. 人员触电	1. 架空线路下作业，必须设置监护、指挥人员，并配备指挥哨 2. 操作人员保持高度的注意力，听从指挥人员的指挥，任何停止指令都必须听从 3. 严格按照《施工现场临时用电安全技术规范》（JGJ 46）要求，与架空线路保持安全距离	较大

续表

序号	作业活动	主要工种	设备、设施、工器具	危害因素	危害和影响	防范措施	风险等级
2	扫线(作业带清理)	指挥人员、操作手、配合力工	挖掘机、推土机、伐树工具	在视线不好或特殊地形作业时，无人指挥或监护	1. 设备倾覆 2. 刮碰架空线路 3. 破坏地下设施 4. 碾压作业带外土地	1. 特殊地段作业，现场必须设置监护、指挥人员 2. 监护、指挥人员不得脱岗、睡岗	一般
				站位不当	机械伤害	1. 指挥、监护人员必须站在操作手观察视线良好的位置 2. 不能站在机械设备的旋转半径范围内 3. 设备操作手启动设备前对周围环境进行观察并鸣笛示警	一般
				作业带未按施工规范或图纸要求进行修正，作业带内树木或杂物未清理干净、存在突出的树桩等	1. 人员伤害 2. 设备损坏	1. 进行作业带清理前，技术人员按照施工图纸及规范要求向指挥人员和操作手进行交底 2. 清理作业带时，作业带表面应平整，满足施工机械安全作业要求，并彻底清除作业带内的树木、庄稼、植被等易燃物 3. 作业带阶段清理完后，项目部应组织相关部门和施工作业单位对作业带进行验收	一般
				雨季施工设备停置在低洼处	1. 洪水冲走 2. 损坏设备	1. 雨季夜间停止作业时，必须将设备停放至河堤或高地上	一般
3	人工开挖管沟	指挥人员、操作手、配合力工、爆破工	锹、镐	物体打击	人身伤害	人与人作业间距大于3m	
				塌方	人身伤害	1. 按设计要求放坡 2. 沟深超过5m要进行台阶式放坡 3. 堆土距离沟边距离至少1m	
				管线距离沟壁过近	1. 滚管 2. 伤人	1. 作业前，技术人员应按照规范对作业人员进行技术交底 2. 管沟开挖前，作业人员应复验管沟开挖中心线与已焊接完的管线的距离是否满足规范要求，如存在问题，必须及时告知项目部，在问题未得到解决前严禁进行开挖作业 3. 管线距离管沟至少1m	一般
				管沟一次成型不符合规范或技术要求进行返修	1. 设备距管沟过近管沟塌方，设备倾覆 2. 人员砸伤	1. 管沟开挖过程中，必须有专人进行监护；监护人员不得擅离职守 2. 监护人员必须监督操作手按管沟设计坡比开挖管沟，管沟开挖后不易长时间暴露 3. 深度超过5m的管沟返修时，按照规范要求采取阶梯形放坡 4. 管沟上方有凸出物或其他易脱落、易滚落的石块等，应在开挖前处理掉 5. 严禁人员和机械设备交叉作业	一般

续表

序号	作业活动	主要工种	设备、设施、工器具	危害因素	危害和影响	防范措施	风险等级
3	人工开挖管沟	指挥人员、操作手、配合力工、爆破工	锹、镐	土石方未按要求堆放	塌方、滚石	1. 作业前，项目部组织相关人员对作业人员进行作业交底 2. 将挖出的土石方堆放在与施工便道相反的一侧，土堆距管沟边缘的距离和堆积高度符合规范要求	一般
				石方段开挖滚石	1. 破坏环境 2. 超占用地 3. 滚石伤人	1. 设置作业区域警示标志 2. 在坡地堆土时，采取拦截土石方散落的措施 3. 操作手作业时严格控制开挖的进度，不冒进，遇土石方量堆放场地不足时，应停止作业，向主管报告	一般
	机械开挖管沟	指挥人员、操作手、配合力工、爆破工	挖掘机	坡度、宽度不能满足施工作业要求	1. 设备倾覆 2. 人员伤害	管沟开挖前，作业人员应复验作业带是否满足设计要求和作业需求，如存在问题，必须及时告知项目部，在问题未得到解决前严禁在存在问题地段进行开挖作业	一般
				设备操作手操作失误，违章操作	1. 机械设备倾覆 2. 机械受损 3. 机械伤人	1. 设备操作手必须持证上岗 2. 选择具有一定施工经验的操作手	一般
				作业人员不了解开挖地段的地下构筑物或其他地下设施	1. 破坏地下构筑物 2. 破坏地下光缆和地下管线	1. 管沟开挖前，必须办理相关作业许可 2. 项目部应对管沟开挖地段的地下设施如光缆、管线等进行交底 3. 机械开挖前先用人工开挖的方式找到地下光缆、管线等的具体位置 4. 机械开挖时与地下光缆、管线等保持3m以上的安全距离 5. 光缆、管线等两侧3m范围内采用人工挖沟方式，开挖前应征得其管理方的同意，并应在其监督下进行管沟开挖 6. 开挖过程中发现电缆、管线、文物或不能辨认的物品时，应立即停止施工，报告主管，采取措施后方可继续动土作业	较大
				机械设备故障	1. 机械设备损坏 2. 机械伤人 3. 污染环境	1. 加强设备的日常维护保养，并做好设备运转记录 2. 项目部定期组织对设备的使用情况、保养情况进行检查 3. 严禁非作业人员靠近正在作业的机械设备 4. 操作手发现机械故障后，必须及时告知维修人员进行修理，在仍然存在故障的时候，坚决拒绝进行操作 5. 给挖掘机加油时，应有防油落地措施	一般

续表

序号	作业活动	主要工种	设备、设施、工器具	危害因素	危害和影响	防范措施	风险等级
3	爆破开挖管沟	指挥人员、操作手、配合力工、爆破工	风镐、绝缘棒	架空线路下作业	1. 刮断架空线路 2. 人员触电 3. 机械伤人	1. 必须有专人进行监护 2. 操作人员保持高度的注意力，听从指挥人员的指挥，任何停止指令都必须听从 3. 挖掘机旋转半径范围内不得站立任何人员	一般
				石方段管沟爆破飞石	1. 飞石、冲击波伤人 2. 损坏管子、设备、房屋等	1. 严格执行国家现行的《爆破安全规程》(GB 6722)的有关规定 2. 严格履行安全技术交底程序 3. 爆破时严格控制药量，不得为抢进度擅自加大炸药量 4. 起爆前保证爆破影响区域全部被封闭，并设置专人核实所有无关人员已经撤离现场 5. 设专人在警示区域外进行告知警示，拦截非作业人员进入作业现场	一般
				静电	人员伤害	装药时穿戴防静电服，使用绝缘棒捣实	一般
				石方爆破作业时哑炮处理不当	爆炸伤人	1. 严格执行国家现行的《爆破安全规程》(GB 6722)的有关规定 2. 专人负责清理哑炮，确认无误后方可进入下道工序	较大
				爆破人员误操作	爆炸伤人	1. 严格执行国家现行的《爆破安全规程》(GB 6722)的有关规定 2. 录用分包商前，严格审查爆破分包商的资质、作业人员爆破资格证书和HSE作业文件 3. 采取新的爆破工艺时，必须重新取得相应的爆破资质后，方可作业	较大
				炸药丢失	造成严重的社会影响	1. 施工现场专门修筑分类存放炸药和雷管的房间，并专人看守、管理 2. 专人、专车领用爆破材料，杜绝人、药混装现象	较大
4	设备装、卸、运输	司机、操作手、起重工、司索工、力工	拖板车、吊车、封车带、撬棍等	爬行设备自行通过拖板车引桥爬行时无人指挥或监护	1. 爬行设备下滑、掉桥 2. 翻车设备损坏 3. 人员伤害	1. 设备操作手必须经验丰富，技能熟练，且持证上岗 2. 极端天气无可靠的安全保证措施，不得进行设备搬迁作业 3. 爬行设备通过拖板车引桥爬行时，必须有专人监护、指挥	一般
				引桥强度不够、损坏	1. 爬行设备掉桥、翻车致使设备损坏 2. 人员伤害	设备开上拖板车前，操作手先检查拖板车引桥外观状况，如发现引桥有局部腐蚀和裂痕，要报告机组长，经专业技术人员鉴定确认安全时方可使用	

续表

序号	作业活动	主要工种	设备、设施、工器具	危害因素	危害和影响	防范措施	风险等级
4	设备装、卸、运输	司机、操作手、起重工、司索工、力工	拖板车、吊车、封车带、撬棍等	吊具、索具、卡具有缺陷	吊物坠落、设备倾翻	1. 安装设备时，吊装作业使用的吊具、锁具必须符合要求 2. 作业前，作业人员必须对吊具、索具进行检查 3. 设备拆除、安装时，特种作业人员必须持证上岗	
				急转弯、紧急制动，设备未封车、掩挡	1. 设备损毁 2. 人员伤害	1. 拉运设备时，必须进行捆扎牢靠和掩挡；拉运设备负责人应对设备封车、掩挡情况进行检查 2. 吊管机装车前必须将起重臂拆下 3. 驾驶员应严格控制车速，转弯时限速，避免急刹车 4. 押运人员禁止乘坐被拉运的设备上 5. 长途拉运或路况复杂时，可派车进行跟送 6. 内部车辆可安装 GPS 监控系统进行限速跟踪	较大
				违章驾驶	1. 人员伤害 2. 设备损失	1. 内部车辆驾驶员必须经验丰富，技能熟练，且持“双证”上岗 2. 外雇车辆必须签订交通安全责任书，加强对外雇车辆司机的安全教育	一般
				车辆机械故障	1. 人员伤害 2. 设备损失	1. 拖板车驾驶员定期对车辆进行维护和保养，落实车辆“三检制”，即出车前检查、途中检查和回场后检查，不得开带病车辆 2. 项目部定期对机动车辆的车况和性能进行检查 3. 带车人应监督驾驶员出车前的车辆自检执行情况	一般
				驾驶员不熟悉路况	刮碰高压线路或其他构筑物，桥梁坍塌	1. 设备拉运前，应提前确定好拉运路线，组织有关人员对运输线路现场踏勘 2. 对驾驶员和押运员进行安全交底 3. 必要时制定并落实专项拉运方案 4. 要勘察与架空电力线路安全距离，桥、涵的限高、限宽及承重，弯道转弯半径等	一般
				驾驶员不熟悉作业带情况	1. 超占地碾压 2. 破坏地表	1. 提前选定好卸车位置，且卸车位置便于作业 2. 驾驶员应谨慎驾驶，避免碾压作业带以外的土壤等 3. 有专人指挥作业	一般

续表

序号	作业活动	主要工种	设备、设施、工器具	危害因素	危害和影响	防范措施	风险等级
4	设备装、卸、运输	司机、操作手、起重工、司索工、力工	拖板车、吊车、封车带、撬棍等	设备超限	1. 人员伤害 2. 设备损失	1. 设备拉运前，应提前确定好拉运路线，并了解沿线的道路交通状况，制定并落实设备拉运方案 2. 设备拉运时必须有专人负责，专人带车	较大
				吊臂的安装不正确，钢丝绳安装不正确，未安装限位器等	机械伤害	1. 设备的拆除、安装必须有专职的设备管理人员和维修人员进行统一指挥 2. 安装吊臂时，必须按照要求安装行程限位器；拆除吊臂时，应首先拆除限位器，避免限位器被挤压损坏 3. 设备安装后，操作人员对安装部位及协调部位进行复查，符合要求后，方可进行试操作	一般
				设备组装选择场地不当	1. 挂碰架空线路 2. 机械伤害 3. 人员伤害	1. 选择较宽阔的场地组装设备，避免空间狭小造成人员交叉作业带来隐患 2. 不得在斜坡处组装设备 3. 不得在架空线路下方组装设备	一般
				安装防风棚线路时带电作业	触电伤亡	1. 安装电气线路必须由持证电工进行作业 2. 无特殊原因时，严禁带电作业 3. 如必须进行带电作业时，必须由两名电工配合作业	一般
				大锤锤头松动、使用时戴手套或操作不当造成锤头或受击打物品飞出	人员伤害	1. 使用大锤前，应首先检查锤头与锤把的连接是否牢固 2. 两人配合进行作业时，把持受击打物品的人员，应位于大锤击打方向的侧面 3. 使用大锤击打作业时，严禁戴手套进行作业，其他人员严禁站立在击打方向的前、后方	一般
				螺栓或销轴连接部位未安装到位造成安装缺陷	1. 设备损坏 2. 设备试运、运行时设备零件飞出伤人	1. 设备安装必须有专职的设备管理人员和维修人员进行统一指挥 2. 设备安装后，操作人员对安装部位及协调部位进行复查，认为符合要求后，方可进行试操作	一般

续表

序号	作业活动	主要工种	设备、设施、工器具	危害因素	危害和影响	防范措施	风险等级
5	营地建设	营地管理员、全体员工	厨房设施、洗浴设施、娱乐设施、消防设施	重大危险源过近，或设置在自然灾害频发的地理位置	导致关联风险	1. 营地选址远离重大危险源 2. 营地不得设置在河床、冲沟、山顶、泥石流频发地段 3. 选择社会依托较好的地理位置 4. 充分了解当地的地方病，并针对地方病的防治方法购买必要的防护用品	一般
				燃煤中毒、失火	1. 人员伤害 2. 火灾	1. 保持通风 2. 夜间加强巡视 3. 配备灭火设施	一般
				危险化学品存放不当	火灾、爆炸、环境污染	1. 营地员工居住地禁止存放燃油、油漆、民爆物品等危险物品 2. 设置危险物品专门存放区，并配备消防器材，进行隔离、警示 3. 加强危险物品的管理，无关人员禁止进入危险物品存放区域	较大
				防洪防雷措施不到位	火灾、雷击、洪涝	做好营地的防洪防雷工作，疏通排水渠道，安装防雷装置	一般
				营地内维修作业	1. 火灾、机械伤害，人员受伤 2. 环境污染	1. 营区内维修作业划定专区进行，并做好隔离措施，无关人员禁止入内 2. 维修专区配置好消防器材，并保证在有效期内 3. 维修产生的工业垃圾等妥善处置，防止对环境造成污染	一般
				无水、电、暖等保障措施	1. 员工正常的生活无法保障易导致疾病频发 2. 员工情绪波动大	1. 营地建设必须满足水、电、暖的需求 2. 冬季取暖设施必须符合安全要求 3. 非自来水的饮用水必须经过防疫卫生部门检验合格 4. 电力线路的负荷必须满足用电要求	一般
				没有建立或健全营地管理办法	1. 因管理漏洞导致火灾、触电、食物中毒、疾病传染 2. 环境污染	1. 健全项目营地食堂、职工宿舍、环境卫生等管理制度，责任要落实到人 2. 项目部定期对施工队伍和承包商营地各项管理制度的落实情况进行检查，对不符合要求的责令整改 3. 在传染病爆发期，营地管理人员应每天关注当地传染病的发展情况，并采取相应的控制、隔离措施	一般

续表

序号	作业活动	主要工种	设备、设施、工器具	危害因素	危害和影响	防范措施	风险等级
5	营地建设	营地管理员、全体员工	厨房设施、洗浴设施、娱乐设施、消防设施	通道复杂	突发事件时不能有序地排险	1. 设置逃生路线，安装醒目的逃生标志 2. 建立健全应急组织机构，有应急联系电话 3. 组织员工应急逃生培训和演练	一般
				无消防设施	突发火情，不能及时进行扑救，导致火情的扩展	1. 按照防火要求配备相应的消防器材 2. 划分责任区，专人负责	较大
				电气线路老化、超负荷使用	1. 火灾，电器设施损坏 2. 触电事故，人员受伤	1. 营地选择后，应组织电工对营地的电气线路进行排查，对存在隐患的电气线路进行更换 2. 对用电的负荷进行测算，不能满足要求时应更换治理 3. 营地内的电气线路应统一进行布置，严禁私拉乱接 4. 职工宿舍管理制度应包含相关用电要求 5. 营地管理人员应定期对员工的用电情况进行检查，发现问题立即责令整改	一般
				食堂没有配置消毒设备、无单独的操作间	疾病交叉感染	1. 食堂炊事员应定期体检 2. 食堂设置独立的操作间，非工作人员禁止进入厨房 3. 必须配备满足消毒需求的合格消毒设施，并落实相关责任人	较大
				食堂无食品储存间和保温设备	食品腐败、食物中毒	1. 设置食品储存间，蔬菜存放符合要求 2. 指定专人管理，经常进行检查 3. 生熟食必须分开存放	一般
				采购的食品不符合卫生标准	食物中毒	1. 严格控制食品的采购来源，禁止采购病、死家禽肉和变质的食品 2. 肉类采购应从合法商贩处采购，且肉类有相应的卫生检疫标志	一般
				饮用水超标	影响员工身体健康，甚至导致地方病的发生	1. 非自来水的饮用水必须经过防疫卫生部门检验合格 2. 如果该地区因水质问题存在地方病，也应对自来水进行检验	一般
				无娱乐设施	1. 使员工精神不能得到有效地放松，疲劳感扩大 2. 情绪波动大，导致意外事件	1. 建立单位的企业文化，加强员工的团结向心凝聚力 2. 建设员工娱乐活动室，配备娱乐设施 3. 加强日常生活设施的建设，保障员工的日常生活条件，缓解员工的紧张和疲惫心态	一般

续表

序号	作业活动	主要工种	设备、设施、工器具	危害因素	危害和影响	防范措施	风险等级
5	营地建设	营地管理员、全体员工	厨房设施、洗浴设施、娱乐设施、消防设施	燃气式洗浴间不通风且设备设置在洗浴间	窒息和中毒	1. 燃气式洗浴设备禁止安装在洗浴间内 2. 洗浴间应通风良好	一般
				电气式洗浴设备未安装漏电保护器和未做接地	触电、人身伤亡	1. 加装漏电保护器 2. 安装接地	一般

表 13-3　管道施工主要风险及防范措施(管道施工过程作业)

序号	作业活动	主要工种	设备、设施、工器具	危害因素	危害和影响	防范措施	风险等级
1	管材装卸	吊车司机、起重工、司索工、力工	吊车、钢丝绳、吊带、吊杠	钢管摆动	人员伤害	1. 注意操作人员之间的相互配合 2. 人员与管子和设备保持安全距离 3. 起吊作业时应慢起、缓摆、轻放 4. 钢管管口两端系牵引绳 5. 作业区域禁止人员停留	较大
				钢管坠落	1. 人员伤害 2. 设备损坏 3. 管材损坏	1. 吊装前检查钢丝绳、卡具应安全、可靠 2. 捆索作业由专业人员进行 3. 合理控制起吊高度 4. 重物移动范围内不得站人	较大
				滚管	1. 人员伤害 2. 管材损坏	1. 禁止从底层抽管 2. 管垛底层两侧要掩牢 3. 堆管层数、高度要符合规范要求 4. 设置警示标识，禁止攀爬管垛	
				起重设备故障	1. 人员伤害 2. 设备损坏 3. 管材损坏	1. 定期进行设备维检修与保养 2. 起吊前先试吊	较大
				吊具、索具、卡具缺陷	1. 人员伤害 2. 设备损坏 3. 管材损坏	检查吊具、索具、卡具的磨损情况，超过规定标准，及时更换	较大
				脱钩	人员伤害	1. 防脱钩保险装置完好 2. 吊钩要卡牢管口两端 3. 司索指挥在起吊前进行检查	较大
				吊车支撑不平稳、不牢固	1. 人员伤害 2. 设备倾覆、损坏	1. 场地平整 2. 支腿满伸 3. 支点稳定	一般

续表

序号	作业活动	主要工种	设备、设施、工器具	危害因素	危害和影响	防范措施	风险等级
1	管材装卸	吊车司机、起重工、司索工、力工	吊车、钢丝绳、吊带、吊杠	与架空线路安全距离不够	1. 触电 2. 通信、供电中断	1. 合理选择起吊位置，避开架空线路 2. 操作手操作前进行观察 3. 现场设专人指挥，专人监护	一般
	管材运输	汽车司机	运输车辆	道路转弯半径不够	1. 翻车、人员伤害 2. 通行受阻	1. 对运管线路进行提前踏勘，不能满足要求的，修筑运管道路，碾压平整、土质坚硬 2. 特殊地段安排专人监护、指挥	较大
				山路、陡坡	1. 翻车、溜车 2. 滑管 3. 人员伤害 4. 制动失灵	1. 封车前检查绳、索具等封车用具 2. 封车后仔细检查封车是否牢固 3. 连续长下坡时对刹车片采取降温措施 4. 配备掩木、牵引绳等	较大
				恶劣天气（雨、雾、冰、雪、高温、低温、洪水、泥石流）	1. 交通事故 2. 人员伤害 3. 车辆损坏 4. 窜管、滚管	1. 收集气象信息，避免恶劣天气出车 2. 冰雪天运输采取防滑措施 3. 合理控制车速，不盲目驾驶 4. 保持通讯畅通，配备应急物品	一般
				车辆故障	1. 人员伤害 2. 交通事故	1. 检查车辆的制动、转向、防雾灯，确保车辆性能处于完好状态 2. 车辆执行“三检制”，严禁带病出车	
				管托、立柱、挡板强度不够	1. 钢管位移 2. 人员伤害 3. 车辆损坏 4. 交通肇事	1. 运前对管托、立柱、挡板进行检查，确保强度和高度满足要求 2. 途中对管托、立柱、挡板进行复查	较大
				捆绑不牢	1. 窜管、滚管 2. 人员伤害 3. 财产损失	1. 封车前认真检查绳、索具等封车用具 2. 封车后仔细检查封车是否牢固 3. 途中对捆绑情况进行复查	较大
	布管	起重工、操作手、力工	吊管机、吊带、钢丝绳、吊钩	滚管	1. 人员伤害 2. 管材损坏	1. 自上而下顺序取管，禁止从底层抽管 2. 采取有效掩牢措施 3. 距管沟大于1m	
				钢管摆动	人员伤害	1. 注意操作人员之间的相互配合 2. 人员与管子和设备保持安全距离 3. 起吊作业时应慢起、缓摆、轻放 4. 用牵引绳配合布管	较大 较大

序号	作业活动	主要工种	设备、设施、工器具	危害因素	危害和影响	防范措施	风险等级
1	布管	起重工、操作手、力工	吊管机、吊带、钢丝绳、吊钩	设备故障	1. 人员伤害 2. 设备损坏 3. 管材损坏	定期进行设备维检修与保养	较大
				吊带破损、钢丝绳滑绳、断裂	1. 人员伤害 2. 设备损坏 3. 管材损坏	定期检查吊带、绳索的磨损情况，超过规定标准，及时更换	较大
				脱钩	1. 人员伤害 2. 管材损坏	1. 机械操作手经常检查钢管吊绳和吊钩 2. 防脱钩保险装置完好	较大
				与架空线路安全距离不够	1. 触电 2. 通信、供电中断	1. 操作手操作前进行观察，与架空线路保持安全距离 2. 现场设专人指挥，专人监护	一般
				不良地形、地貌	1. 人员伤害 2. 设备倾覆、淤陷	1. 吊管机与管沟保持安全距离	重大
						2. 禁止布管配合人员倒行或在吊管机行驶方向正前方行走 3. 吊管机在坡陡地段应采取防滑措施 4. 在水网或沼泽地行走，采取防淤陷措施，保障设备行走安全	一般
2	组对焊接	管工、操作手、电焊工、气焊工、起重工	对口器、焊接车、砂轮机、加热器、氧乙炔器具、吊管机、电动钢丝刷	管口清理、清根除锈造成飞溅、粉尘	1. 人员伤害 2. 尘肺	1. 使用前检查砂轮片、钢丝刷，不应有缺陷 2. 配备防护面具、口罩 3. 砂轮机作业时，切线方向禁止站人	较大
				钢管移动、弹管碰撞人员	挤伤、碰伤、砸伤	1. 人体任何部位禁止位于两管口之间 2. 吊装前检查钢丝绳、卡具应安全、可靠 3. 管子支撑牢固 4. 不得强力组对	一般
				对口器滑落	1. 挤伤、碰伤、砸伤 2. 设备损坏	1. 对口时应有专人指挥 2. 任何人不应站在两管口之间 3. 内对口器行走时，应认真观察行走所到达的位置，做到准确控制停在管口处，防止内对口器滑落伤人 4. 装卸外对口器时，应注意配合，防止砸伤人员	一般
				管口预热中的明火、高温、气瓶泄漏	烧伤、烫伤、火灾、爆炸	1. 不要触摸加热后的管口、器具 2. 严禁用明火加热液化气罐 3. 加热时烤把不要对人，不用时放在烤把架上 4. 液化气胶管、减压阀无泄漏，连接牢固 5. 气瓶的搬运、保管和使用严格执行有关安全规程 6. 不准戴有油脂的手套操作气瓶，气瓶、阀门不准粘有油脂	一般

续表

序号	作业活动	主要工种	设备、设施、工器具	危害因素	危害和影响	防范措施	风险等级
2	组对焊接	管工、操作手、电焊工、气焊工、起重工	对口器、焊接车、砂轮机、加热器、氧乙炔器具、吊管机、电动钢丝刷	塌方（沟下组焊）	人员伤害	1. 按设计对管沟进行放坡 2. 设置防塌箱 3. 配备逃生梯 4. 安排专人监护	较大
				落物打击（沟下组焊）	人员伤害	1. 设专人进行监护 2. 清理边坡土、石块 3. 设备、工器具与沟边保持安全距离	一般
				吊带、钢丝绳破损、断裂 吊管机滑绳	1. 人员伤害 2. 设备损坏 3. 管材损坏	1. 定期检查绳索的磨损情况，超过规定标准，及时更换 2. 吊臂和管子下方禁止站人	一般
				电源线老化、破损，设备漏电，插座无防潮、防水措施	触电	1. 施工前对电源线、电动设备、焊钳等工器具进行检查 2. 配备漏电保护装置，接地、接零完好 3. 插座放置在支架上，禁止放置在潮湿地面上 4. 潮湿及易导电区域，手持电动工具操作人员应穿绝缘鞋 5. 焊工身体不得接触二次回路导电体 6. 焊工配备符合安全规定的个人防护用品，包括工作服、绝缘手套、鞋、垫板等 7. 设备的安装、维检修等由专业人员进行	较大
				沙尘暴、粉尘	肺、咽、角膜炎	1. 配备口罩，减少尘土吸入量 2. 设置避风场所，躲避风沙 3. 关注天气，依据天气情况组织施工	一般
				与架空线路安全距离不够	1. 触电 2. 通信、供电中断	1. 操作手操作前进行观察，与架空线路保持安全距离 2. 现场设专人指挥，专人监护	一般
				高温、低温	1. 人员中暑、冻伤 2. 设备损坏	1. 及时与当地气象部门联系，了解天气情况 2. 制定并落实夏季防暑、降温及冬季防冻措施 3. 配备必要的劳动防护用品和药品等	一般
				设备间安全间距不足	1. 人员伤害 2. 设备受损	1. 设备停放时，两台设备之间必须大于 1.2m，距离小于 1.2m 时设备间设置安全警示带并设置专人监护 2. 禁止人员在设备间停留 3. 设备移动，鸣笛警示，指派专人现场监护	较大

续表

序号	作业活动	主要工种	设备、设施、工器具	危害因素	危害和影响	防范措施	风险等级
2	组对焊接	管工、操作手、电焊工、气焊工、起重工	对口器、焊接车、砂轮机、加热器、氧乙炔器具、吊管机、电动钢丝刷	坡地	1. 人员伤害 2. 设备损坏	1. 作业前对设备进行检查，确保性能完好 2. 设备在坡地停放，必须加设掩木掩牢 3. 设备上坡时，设备后加挂掩木 4. 设备下坡时，要加设牵引链	较大
				洪水、泥石流	1. 漂管 2. 设备损坏 3. 人员淹溺	1. 及时了解当地气象信息变化，暴雨天气禁止作业，做好相应应急准备 2. 人员、设备撤离至安全地带	较大
				噪声	扰民、听力下降	1. 人口稠密区避免夜间施工 2. 操作人员配备耳塞	一般
				施工现场固体废弃物	污染环境	设置废弃物回收桶，统一回收后集中处理	一般
				焊接弧光、烟尘	伤害眼睛及皮肤、危害呼吸道等职业病	1. 隧道内作业保持通风除尘 2. 防风棚内作业设排风装置 3. 佩戴护目镜 4. 非焊接人员避免直视弧光	一般
				焊接作业区附近存在易燃物	火灾	1. 妥善处置火源周围的易燃物 2. 配备消防器材 3. 人员离开前确认无火灾隐患	一般
				钢管上行走	摔伤	1. 严禁在钢管上行走 2. 在横跨管道时，管道两侧要设置梯子，通过管道时要注意防滑以确保安全	一般
				坡地维修设备	设备下滑造成人员伤害、设备损坏	1. 坡地维修设备时，要修筑平台 2. 设备下要加设掩木 3. 现场专人进行监护	较大
3	防腐作业	防腐工、机械手	液化气瓶、烤把、空气压缩机、喷枪、牵引设备	喷砂除锈造成的飞溅和粉尘	1. 飞溅伤人 2. 呼吸道损伤	1. 配备防尘面具等专用劳保用品 2. 喷砂对面及射程内不得有人	一般
				底漆沾染皮肤，收缩套加热释放有毒气体	皮肤及呼吸道损伤	1. 配备手套、口罩等防护用品 2. 现场配备清洗液等应急物品 3. 操作人员合理站位	一般
				固体废弃物	环境污染	1. 在人口稠密地区施工时要设置围挡，回收废弃石英砂 2. 设置垃圾桶，分类收集施工废弃物	一般

续表

序号	作业活动	主要工种	设备、设施、工器具	危害因素	危害和影响	防范措施	风险等级
3	防腐作业	防腐工、机械手	液化气瓶、烤把、空气压缩机、喷枪、牵引设备	加热造成明火、高温，气瓶泄漏	烧伤、烫伤、火灾、爆炸	1. 不要触摸加热后的管口、器具 2. 严禁用明火加热液化气罐 3. 加热时烤把不要对人，不用时放在烤把架上 4. 液化气胶管、减压阀无泄漏，连接牢固 5. 气瓶的搬运、保管和使用严格执行有关安全规程 6. 不准戴有油脂的手套操作气瓶，气瓶、阀门不准粘有油脂	一般
				危险化学品、易燃品存放、使用不当	人员伤害、火灾、爆炸	1. 危险化学品、易燃物品单独分类存放、回收，并设置安全警示标志 2. 配备消防器材 3. 现场存放和使用易燃品时，周围10m内不得有明火	一般
4	下沟作业	起重工、机械手	吊管机、吊带	吊管机数量不足、吨位不够，吊篮、吊带破损，吊管机与管沟距离过近，吊管机作业配合不协调	吊管机倾翻、滚管、人员伤害	1. 下沟前检查设备完好性、吊具完好情况 2. 下沟作业开始，应先进行一次试吊，进一步确认吊钩、吊带、吊管机的安全 3. 做好警戒工作，防止无关人员进入施工现场 4. 按照施工方案配置吊管机台数 5. 吊管机行走时与管沟边缘保持1m以上距离 6. 旗语、信号统一，专人指挥	较大
				与架空线路安全距离不够	1. 触电 2. 通信、供电中断	1. 操作手操作前进行观察，与架空线路保持安全距离 2. 现场设专人指挥，专人监护	一般
				电火花检漏站位不当	人员伤害	边下沟边检漏时，补伤人员不应站在管线与管沟之间	一般
				司索工操作、站位不当	人员伤害	1. 下沟作业时，司索工应使用事先准备好的钩子钩挂吊带，不应钻到钢管下方抓拽吊带 2. 司索工摘挂好吊带后，及时撤到安全地带，严禁站在爬杆下或站在吊管机与管线之间	较大
				管沟塌方	1. 人员伤害 2. 设备损坏	1. 现场工作人员发现安全隐患时，立即发出停止作业信号 2. 管线下沟与清沟、验沟不应交叉作业 3. 当工作人员进入管沟内清理塌方时，应将管线锚固；当指挥人员确认管沟内清理塌方的工作人员全部撤离管沟后，方可继续下沟作业 4. 设备应与管沟保持1m以上安全距离	较大

续表

序号	作业活动	主要工种	设备、设施、工器具	危害因素	危害和影响	防范措施	风险等级
4	下沟作业	起重工、机械手	吊管机、吊带	管道与道路交叉	车辆损坏、行人伤害	1. 在交叉路口设置安全标志、隔离带，必要时安排专人监护 2. 机械操作手谨慎驾驶，随时进行瞭望 3. 下沟完毕后，及时回填，恢复交通	较大

表 13-4　管道施工主要风险及防范措施(通球与扫线作业)

序号	作业活动	主要工种	设备、设施、工器具	危害因素	危害和影响	防范措施	风险等级
1	设备入场吊装	起重工、起重司机、操作手	吊车、运输卡车	吊车支撑不平稳、不牢固	1. 人员伤害 2. 设备倾覆、损坏	1. 场地平整 2. 支腿满伸 3. 支点稳定	一般
				吊具、索具缺陷、坠落	1. 设备损坏 2. 人员伤害 3. 物体打击	1. 吊装前检查吊具吊索状态和规格 2. 起吊物上严禁站人 3. 吊臂下旋转半径内禁止人员停留、通过	较大
2	收发球筒焊接	参见表 13-3“组对焊接”部分					一般
3	发球作业	技术员、操作手、力工	挖掘机、发球筒、清管器	吊装不稳造成清管器滑落	人员受伤	清管器吊装时必须加锁扣防止脱落	一般
				发球操作坑塌方或沟边碎石滑落	人员伤害	1. 发球操作坑放坡 2. 清理沟边碎石或加防护网 3. 操作坑内发球时有专人监护	较大
				发球顶杠受力不稳弹开	人员伤害	1. 顶杠设置防滑脱安全措施 2. 设备顶球前，人员撤离顶杠两侧 3. 专人指挥发球作业	较大
				发球筒螺栓未满上，盲板弹飞	人员伤害	1. 满螺栓紧固发球筒盲板 2. 发球筒盲板正前方设置隔离区，严禁人员进入	较大
4	设备操作	操作手	空压机	空压机排气软管老化泄漏造成甩管	人员伤害	1. 定期检查空压机排气软管，有破损的必须更换 2. 设备运转时，排气软管需间隔加固或使用沙土袋压实	较大
				夜间作业照明不足	人员碰撞、伤亡	1. 夜间照明充足 2. 夜间作业 2 人以上进行 3. 设备之间保证安全距离	较大
				空压机噪音	听觉下降	1. 操作手佩戴耳塞 2. 合理安排倒班作业和休假	一般

续表

序号	作业活动	主要工种	设备、设施、工器具	危害因素	危害和影响	防范措施	风险等级
5	数据观察	技术员	发球筒、进气阀门、压力记录仪	跌落管沟	人员受伤	1. 发球操作坑设置安全护栏及安全通道 2. 夜间照明充足，2人以上进行作业	一般
6	清管器跟踪	巡线员、司机	跟踪仪、车辆	截断阀门未全部打开	设备损坏	1. 通球前检查确认线路阀室各阀门的开关状态 2. 通球过程中有专人进行线路巡视和清管器跟踪	一般
				疲劳驾驶	人员伤害	1. 清管器跟踪分组交替进行 2. 保证司机的休息时间	较大
7	油料供给	操作手	油罐车、空压机、临时油罐	燃油泄漏	1. 火灾 2. 环境污染	1. 油料区设置防火隔离区，配备充足灭火器 2. 油料存储和设备使用时防止泄漏，设置废油收集桶，统一处理	较大
8	收球作业	操作手、技术员、普工	收球筒、清管器	通球压力过大	人员伤害 清管器和盲板损坏	1. 接收清管器时收球筒盲板必须为关闭状态，并满螺栓紧固盲板 2. 收球筒前方设警戒隔离区，严禁人员靠近或进入 3. 注意观察压力表示值变化 4. 连接压力表等附件焊缝要检测合格	较大
				排气管震颤	1. 人员伤害 2. 管道损坏 3. 物体打击	1. 收球端裸露主管道不宜过长，防止排气时造成主管道强烈震颤或弹起 2. 如安装排气、排污引管，引管口径及壁厚需满足排放速度 3. 排气、排污引管进行间隔加固或压实，出口方向严禁向下 4. 排气、排污引管预制尽量减少弯头数量，降低气流排放阻力	较大
				开启盲板时，管内存有余压	清管器飞出伤人	1. 在开启收球筒盲板前，首先必须确认首端、末端压力为0，同时，必须开启首末端放空阀门，确认出口无气流后方可松盲板螺栓 2. 检测是否有余压时，必须通过开放的出口检测，防止部分仪表口有堵塞现场	较大
				操作坑塌方或沟边碎石滑落	人员伤害	1. 收球操作坑放坡 2. 清理沟边碎石或加防护网 3. 操作坑内发球时有专人监护	较大

续表

序号	作业活动	主要工种	设备、设施、工器具	危害因素	危害和影响	防范措施	风险等级
9	管道封堵	焊工、管工、吊车司机	移动电站、吊车	参见表 13-3“组对焊接”部分			

表 13-5　管道施工主要风险及防范措施(清扫与干燥作业)

序号	作业活动	主要工种	设备、设施、工器具	危害因素	危害和影响	防范措施	风险等级
1	清洗干燥设备入场	操作手起重工	空压机、干燥器、吊车	吊车支撑不平稳、不牢固	人员伤害 设备倾覆、损坏	1. 场地平整 2. 支腿满伸 3. 支点稳定	一般
				吊具、索具缺陷、坠落	1. 设备损坏 2. 人员伤害 3. 物体打击	1. 吊装前检查吊具吊索状态和规格 2. 起吊物上严禁站人 3. 吊臂下旋转半径内禁止人员停留、通过。	较大
2	收发球筒焊接	参见表 13-3“组对焊接”部分					
3	清管器清洗作业	技术员	收球筒、机械清管器	排放清洗产生的废水	土壤污染	1. 清洗产生的废水经过沉淀和过滤 2. 废水排放经过水质化验合格	一般
4	发泡沫球作业	操作手、技术员	空压机、干燥器、发球筒	吊装不稳造成清管器滑落	人员受伤	清管器吊装时必须加锁扣防止脱落	一般
				发球操作坑塌方或沟边碎石滑落	人员伤害	1. 发球操作坑放坡 2. 清理沟边碎石或加防护网 3. 操作坑内发球时有专人监护	较大
				发球顶杠受力不稳弹开	人员伤害	1. 顶杠设置防滑脱安全措施 2. 设备顶球前，人员撤离顶杠两侧 3. 专人指挥发球作业	较大
				发球筒螺栓未满上，盲板弹飞	人员伤害	1. 满螺栓紧固发球筒盲板 2. 发球筒盲板正前方设置隔离区，严禁人员进入	较大
5	设备操作	操作手	空压机、干燥器	空压机排气软管老化泄漏造成甩管	人员伤害	1. 定期检查空压机排气软管，有破损的必须更换 2. 设备运转时，排气软管需间隔加固或使用沙土袋压实	较大
				夜间作业照明不足	人员碰撞、伤亡	1. 夜间照明充足 2. 夜间作业 2 人以上进行 3. 设备之间保证安全距离	较大
				空压机噪音	听觉下降	1. 操作手佩戴耳塞 2. 合理安排倒班作业和休假	一般

续表

序号	作业活动	主要工种	设备、设施、工器具	危害因素	危害和影响	防范措施	风险等级
6	数据观察	技术员	发球筒、露点仪	跌落管沟	人员受伤	1. 发球操作坑设置安全护栏及安全通道 2. 夜间照明充足，2 人以上进行作业	一般
7	油料供给	操作手、加油员	油罐车、空压机、临时油罐	燃油泄漏	1. 火灾 2. 环境污染	1. 油料区设置防火隔离区，配备充足灭火器 2. 油料存储和设备使用时防止泄漏，设置废油收集桶，统一处理	较大
8	接收泡沫球作业	操作手、技术员、普工	收球筒、露点仪	泡沫球飞出收球筒造成物体打击	人员受伤	1. 接收单个泡沫球时关闭收球筒盲板，并满螺栓紧固 2. 收球现场允许的区域(如野外)，在连续接收泡沫球时可开口收球，收球筒设置钢丝绳网，绳网需保证接收泡沫球的强度 3. 收球筒前方设警界隔离区，严禁人员靠近 4. 收球时如焊接排污管，应根据排气量选择管径及壁厚 5. 排污管减少弯头数量，并设置加固桩或压实；出口处严禁向下设置弯头，防止飞管	一般
				操作坑塌方	人员伤害	1. 进入收球操作坑前检查有无塌方危险 2. 收球操作坑积水及时清理 3. 收球作业区设置警示标识，有专人监护	较大
9	氮气填充	技术员、操作手	液氮车(或制氮机)	氮气泄漏	窒息	1. 氮气填充时防止泄漏 2. 填充完成后，封闭填充孔(或上锁)	较大

13.2 管道设计与完整性管理

13.2.1 概述

“十五”以来，特别是近几年，我国油气管道业务发展迅速，如中石油先后建成西气东输一线、二线、三线、涩宁兰、兰成渝、西气东输、忠武线、陕京二线、陕京三线、冀宁联络线、西部成品油管线、淮武联络线、西部原油管线等长输油气管线(见图 13-1)，国际通道建成中缅、中俄油管道、中亚天然气、海上 LNG 等四大能源通道。

管道完整性管理是一个以管道安全、设施完整性、可靠性为目标并持续改进的系统管理体系，其内容涉及管道的设计、施工、运行、监控、维修、变更、质量控制的全过程，并贯穿管道整个生命周期，其中建设期作为风险削减的源头尤为重要。

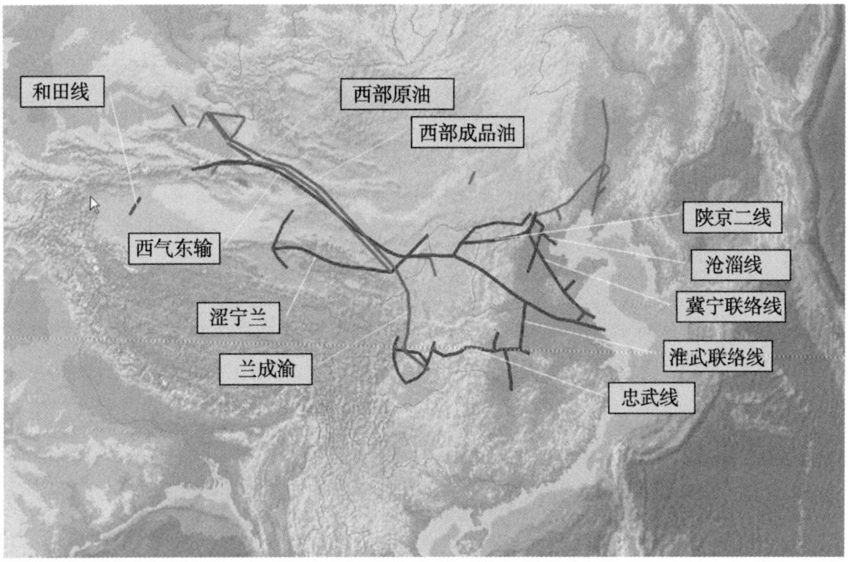

图 13-1　中石油主要油气管道分布示意图

管道设计阶段是完整性管理第一道防线。据统计，管道运行后的50%风险均可通过设计消除，管道设计阶段的质量是关乎管道全生命周期的重要因素。近年来，设计阶段出现错误或标准执行过低，如压缩机配管的壁厚、设计刚度过低，引起振动较大，产生配管开裂，设计阶段没有考虑排流措施，引起管道直流干扰腐蚀现象，这些问题时有发生，已经成为管道全生命周期的短板。如何修复这个短板，使短板变长，长板更长，这是本节要阐述的内容。

本节针对目前我国管道完整性管理建设期实施的困境，分析了完整性管理理论与实践结合脱节、难以推进的问题，重点分析了管道设计阶段完整性管理失效控制上存在的问题与对策，对设计中的新技术、新标准、新方法的使用进行了阐述，并以多个典型案例为例，提出了管道设计、建设阶段资产完整性保障技术措施和要求，从源头削减风险、避免失效，提出失效控制措施，提高完整性管理抗风险的能力和水平。

13.2.2　管道设计阶段完整性管理的问题与对策

国内现行管道设计、运行标准由于历史的原因无法满足天然气管道发展需要，也滞后于国际标准：一是天然气长输管道的设计、运行管理标准缺乏；二是现行标准落后于国际先进水平；三是部分标准原则性规定多，可操作性不强。

管道设计阶段完整性管理的问题具体包括远程控制、管道操作原则、管道警示带、站场区域阴极保护等问题。

标准的落后已成为我们与国际先进水平的主要差距。

1. 设计阶段数据管理问题(见图 13-2~图 13-5)

(1) 将管道 GPS 数据详细记录。

(2) 将沿线高后果区的统计的基础数据详细记录。

(3) 将水文、地质、地震、采空等数据详细记录。

(4) 将选线数据详细记录。

(5) 将其他数据详细记录。

图 13-2　三维站场数据管理

图 13-3　空间影像图

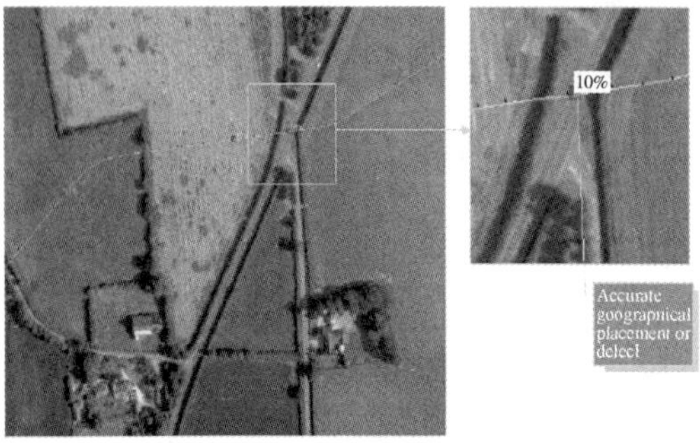

图 13-4　管道重要数据

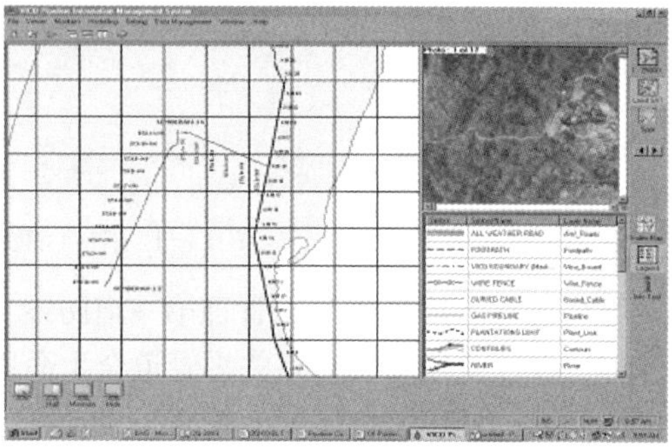

图 13-5　开展数据管理

2. “从设计上抓安全”方面存在差距

管道的设计、施工及采购等环节是安全生产的源头，在很大程度上决定了管道能否实现长治久安。目前我们在管道设计方面与国际先进水平存在较大差距。尤其是在一些涉及重大安全环保问题方面缺乏设计标准，例如：

（1）输气站场危险区域划分设计。

（2）SIL 安全分级设计和自动控制锁定、保护设计。

（3）站场工艺系统高低压分界保护设计。

（4）放空系统单向阀设置设计。

（5）输气站场防雷系统设计。

（6）压气站噪声控制和远程控制设计。

（7）天然气的应急排放问题设计。

（8）站场的区域阴极保护设计等。

3. 危险和可操作性分析（HAZOP）问题

国外管道在设计阶段通常要进行危险和可操作性分析（HAZOP）。危险和可操作性分析的主要目的是按照管道运行操作原则，全面分析识别各种工况、情况下存在的操作风险，评价具体设计是否满足要求，保证项目设计的本质安全。

国外的危险和可操作性分析有标准评价程序和科学的评价方法，采用先进的标准，由专业机构完成。与之相比，国内输气管道系统缺乏系统的设计安全评价。因此，需引进危险和可操作性分析的方法和标准，逐步对各站场进行危险和可操作性分析，以保证运行安全。

4. 管道保护问题

第三方破坏是影响管道安全运行的主要风险因素，而违反《管道保护条例》的行为是威胁管道安全的重要风险源。但由于违章占压等第三方破坏问题成因较复杂，涉及国家政策法规、企业与地方经济利益等多种因素，在清理过程中存在诸多问题。

在防范第三方破坏问题上，国外管道运营企业均按照法规要求，在干线管道上方铺设管道警示带。而国内标准只要求设置管道标志桩，尚无设置警示带的要求。且目前设置的管道标志桩仅是为管道企业自身管理需要，未按照警示第三方原则设置。根据实际运行经验，管道警示带的敷设能够对预防外界施工破坏管道起到很大作用（可参见 Q/SY JS0059《石油天然气管道警示带施工标准》）。

5. 站场防护问题

（1）站场放空管线设计应使用单向阀，防止空气回流到主管线。

（2）ESD 放空管线设计加装单向阀。

（3）温度计测温套管插入的设计长度过长，引起涡击振动。

（4）天然气压缩机要开展脉动分析，壁厚设计薄，刚度差。

6. 在设计时未考虑高后果区问题（见图 13-6 和图 13-7）

我国部分管道设计时没有考虑管道高后果区，管道的路由设计应绕避高后果区域。

（1）高后果区识别在选线时非常重要，国外管道公司在设计时要求尽量避开高后果区。

（2）提前考虑地区级别增加的影响，把地方规划的结果考虑在内，按照高级别地区提前设计。

图 13-6　管线穿过的某高后果区域

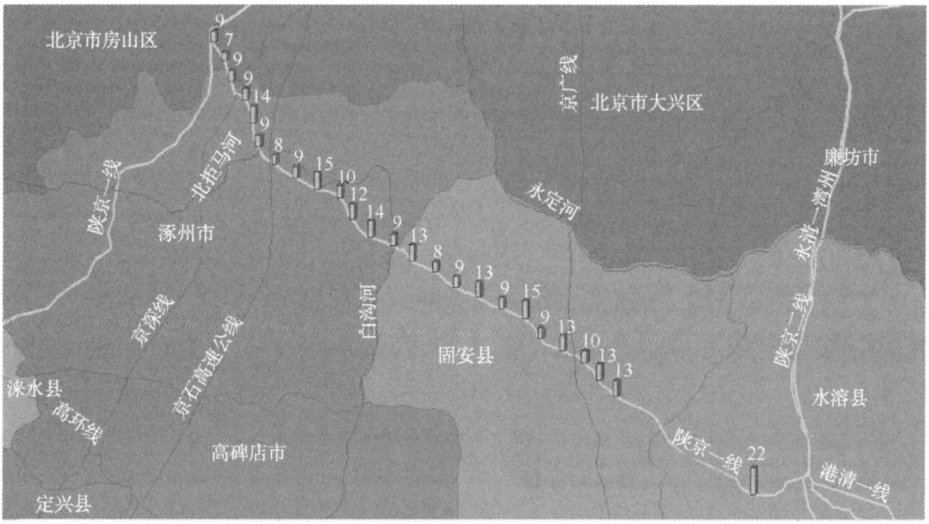

图 13-7　陕京管线高后果区域分布

(3) 考虑高后果区问题有利于日后维护管理，不必要再增加更多的成本费用。

(4) 在设计时可参照 Q/SY JS0052《天然气管道高后果区分析准则》。

7. 大应变设计问题

(1) 国内目前还未真正开展基于应变设计。

(2) 国外在永冻土地段和地质洪水灾害频发、地震活动地段开展了基于应变的设计。

(3) 应提前考虑大应变地段设计问题，这对于防灾、减灾意义重大。

8. 截断阀室设计问题

国内标准《输气管道设计规范》(GB 50251—2015)规定的截断阀室的最大间距范围过于局限(见表 13-6)。

表 13-6　国内外截断阀室间距范围标准对比

	一级地区	二级地区	三级地区	四级地区	备　注
国内	32km	24km	16km	8km	规定不大于该值
北美	不作要求	25km	15km	8km	25%调整

9. 新技术在管道设计中的应用

1) 管桥结构动态分析与设计

采用新技术对管桥结构进行分析与设计，如图 13-8 所示。

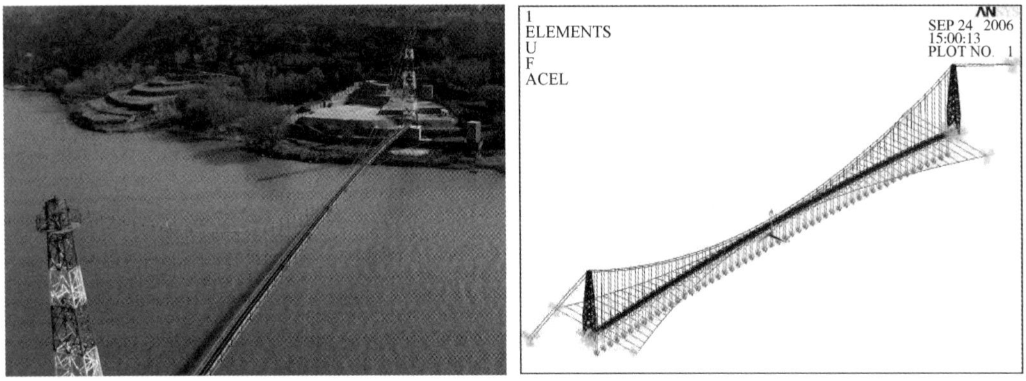

图 13-8　黄河管桥跨越

2) 管道内腐蚀监控 ICDA 设计

在站场和关键部位加装内腐蚀监测设备，实时监控内部腐蚀数据，如图 13-9 所示。

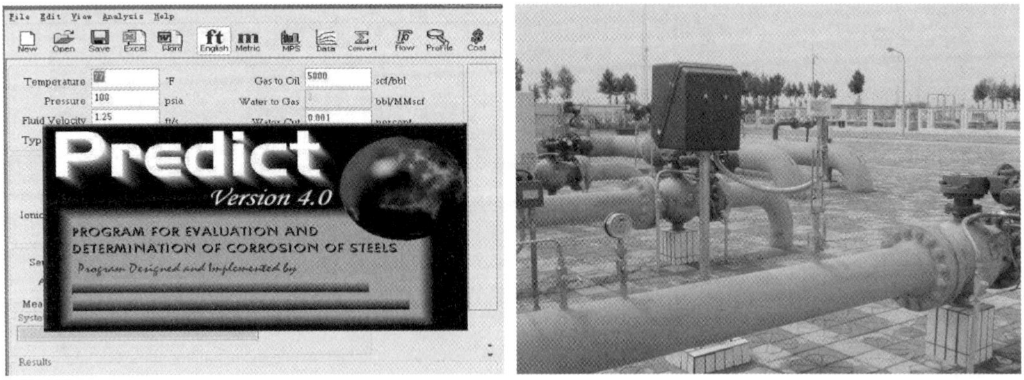

图 13-9　管道内腐蚀监控系统

3）管道泄漏监控设计

系统设计时增加泄漏监控系统，如图 13-10 所示。

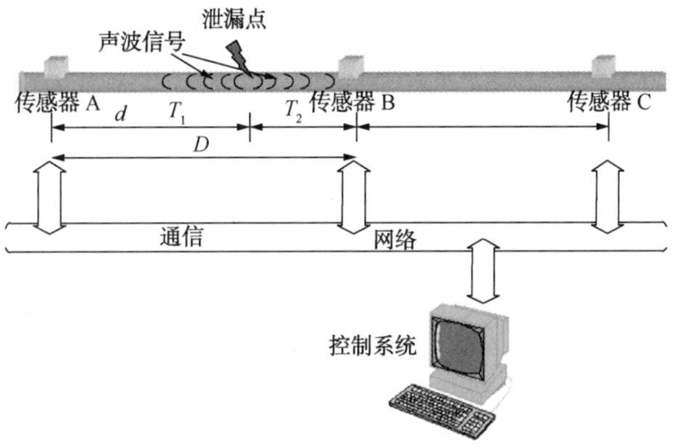

图 13-10　管道泄漏监控系统

4）管道预警技术

设计时增加安全预警系统，通过光纤感应方式，报警数据实时传入数据库，对管道的外部挖掘及时报警，如图 13-11 所示。

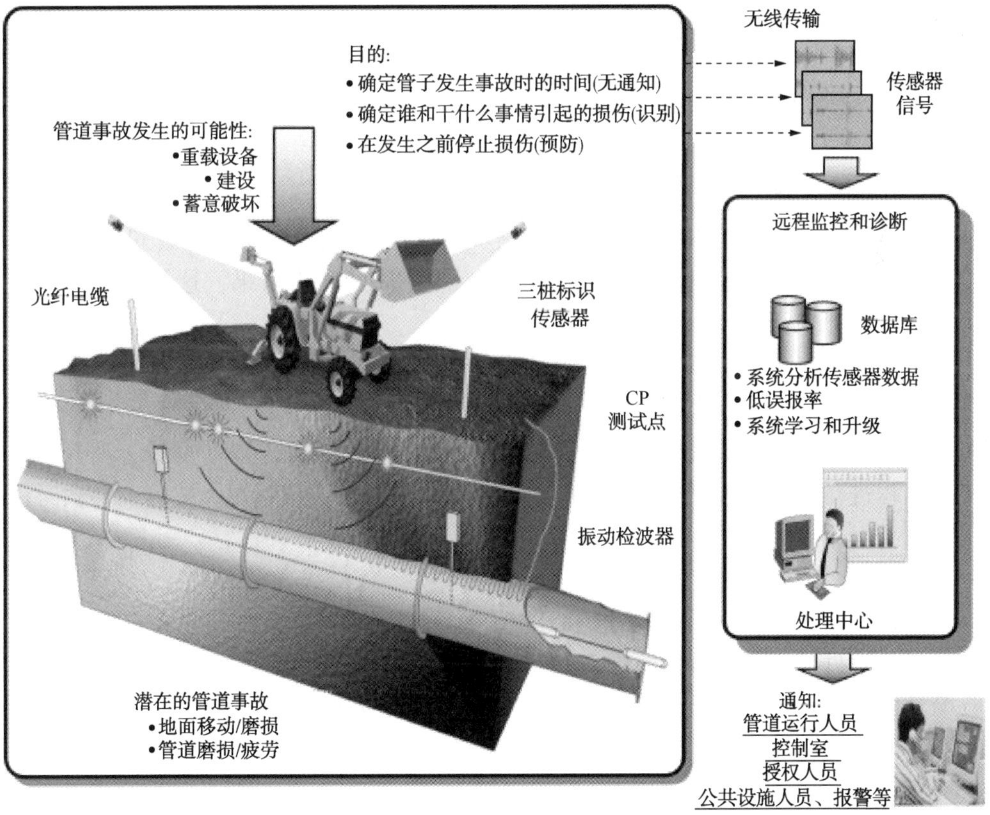

图 13-11　管道预警技术

13.2.3 案例分析

1. 站场可靠性设计

本案例为分输站计量偏差引起的可靠性设计问题。2006年3月8日某站专业人员一起调查自控专业尚存部分施工遗留问题时，打开了站内3403阀，致使流量计旁路走气，导致气量漏计事件。

1）过程分析(见图13-12)

工程师对3403阀阀位指示状态不正常的情况进行检查，由于故障点在阀杆套内部，需要将阀门打开一定的开度才能看到，工程师当时确认了6#计量支路出口阀3602处于关闭状态，错误地认为3403阀的开启与关闭不会影响正常计量(注：当时在用计量支路为3#、4#)，于是将3403阀至于半开状态。结果致使天然气未经超声流量计直接经过流量计旁路进入调压区，部分气量没有进行计量。

(a)分输站计量比对流程图

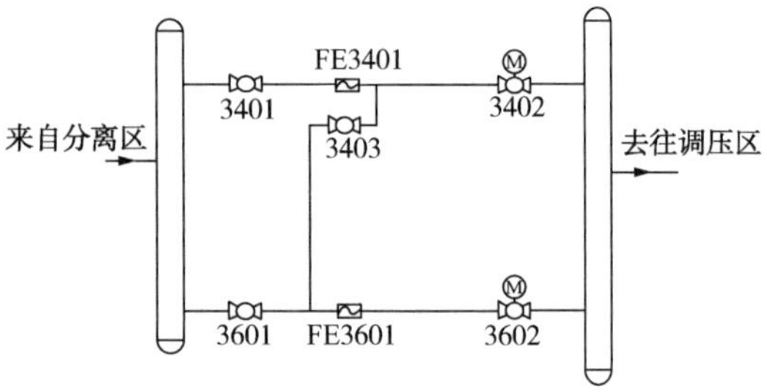

(b)分输站工艺流程图

图13-12 分输站流程

2）原因分析

从事实与结果来看，工程师对站内计量比对流程不清楚，特别是对计量比对流程的原则、功能和工艺流程掌握粗浅，没有认识到开启3403阀的严重后果，这是事件的直接和主要原因之一。

工程师安全生产存在麻痹思想，操作前没有深入进行风险识别和评价，对后果认识不足，认为够不上危险作业，未制定作业方案报批，也没有采取相应的风险控制措施；操作后值班员发现并汇报流量下降现象时，仅凭经验判断为气温回升用户减量所致，没有认真细致地对工艺流程进行排查，也没有进一步向调控中心确认下游用气情况，错过了补救时机，这是事件的另一个主要原因。

3）设备和设计方面问题

本次事件是由检查3403阀阀位指示不正确这一问题直接导致的，设备存在故障、完好率不能达标是事件的起因和直接原因之一。

现有比对流程设计时没有充分考虑误操作风险，未采取可靠性设计也是该事件的重要原因。

4）建议

设计时加装单向阀。

2. 阀室沉降问题

某管道公司，由于新建阀室发生沉降，导致TEG引压管与主管道连接的法兰漏气，造成全部阀室带压改造，如图 13-13 所示。

原因分析：

(1) 法兰连接到高压管道上不合理，需要使用焊接。

(2) 阀室没有整体地基抗沉降设计。

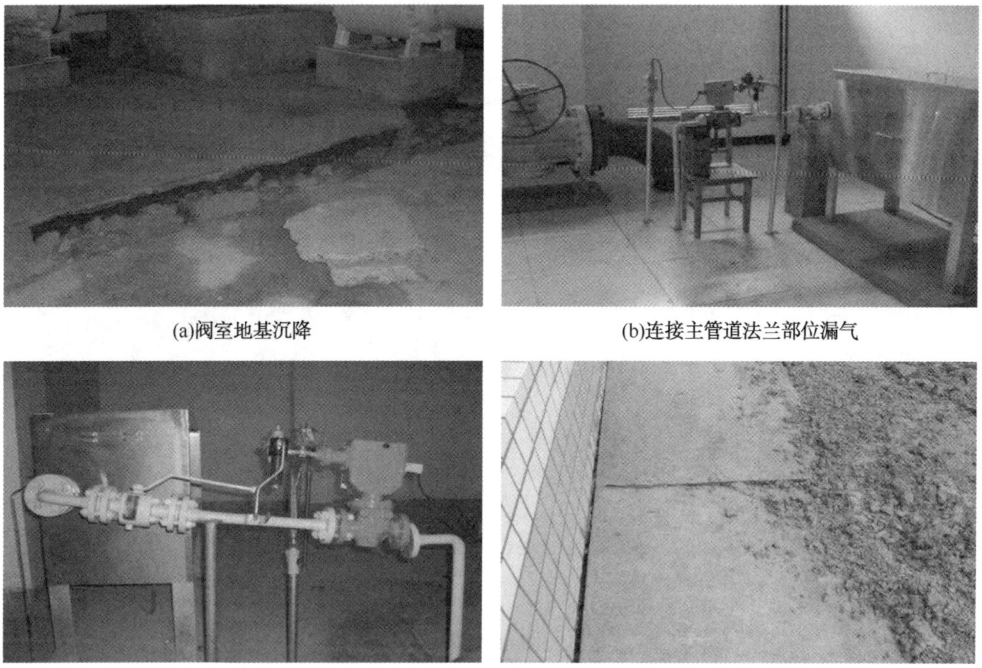

(a)阀室地基沉降　(b)连接主管道法兰部位漏气

(c)沉降导致部分管件损坏　(d)要考虑整体基础设计

图 13-13　沉降示意图

3. 压缩机站远程控制设计

Transco 公司的 BISHOP AUCKLAND 压气站(见图 13-14)有 2 台 GE-DRESS-LAND 燃气轮机压缩机，运行方式是一用一备，压缩机的启停控制由 Transco 国家天然气控制中心控制，应急定员为 3 人。该压缩机站自动远程启动，只有值班人员，负责安全保卫，不负责维修操作。

压缩机前后管道架空设计或管道坑涵设计，便于维修，如图 13-15 所示。

4. 压缩机系统配管和脉动

往复压缩机组持续振动，经分析问题，其出口管道支撑设计不合理是振动原因之一，如图 13-16 所示。

前后配管测试：

首先对压缩机放空管道进行测试，结果表明，其振动范围值是不可接受的，这是由于其本身具有弹性结构的特征，从压缩机振动的传递上分析，与洗涤罐安全阀连接点处具有多阶振动模态，不仅在压缩机运行过程中引起强烈的共振，而且振动值随着流量的增加而增大，例如 A 机组在 730 转时产生强烈的共振，共振点在放空管的垂直段。

进出口管道与放空管的支撑所起的作用是非常有限的，因为其所支撑管道的刚度远大于支撑的刚度。

(a)Transco压气站概况

(b)HSE噪声隔离设计

(c)压缩机冷却系统

图 13-14　BISHOP AUCKLAND 压气站

图 13-15　压缩机前后管道架空现场

图 13-16　支撑架现场

进出口管道壁厚相对较薄(国外一般为 19mm，国内现有的为 8.3mm)，并且这也是导致原始设计中机组安全阀连接放空短节失效的主要原因。

5. 分输站放空管设计

某分输站由于雷击，致使放空管内部起火。其原因是放空系统阀门密封内漏，天然气和空气在放空管内聚集，因接地不良，当雷击或与放空立管避雷针产生雷击感应放电火花后起火(见图 13-17)。

预防措施：设计要在放空系统加装单向阀，避免事故发生。

6. 线路标志统一

管道线路在设计时，应统一线路标志(见图 13-18)，以满足管道完整性管理的要求。

图 13-17　放空管雷击后起火

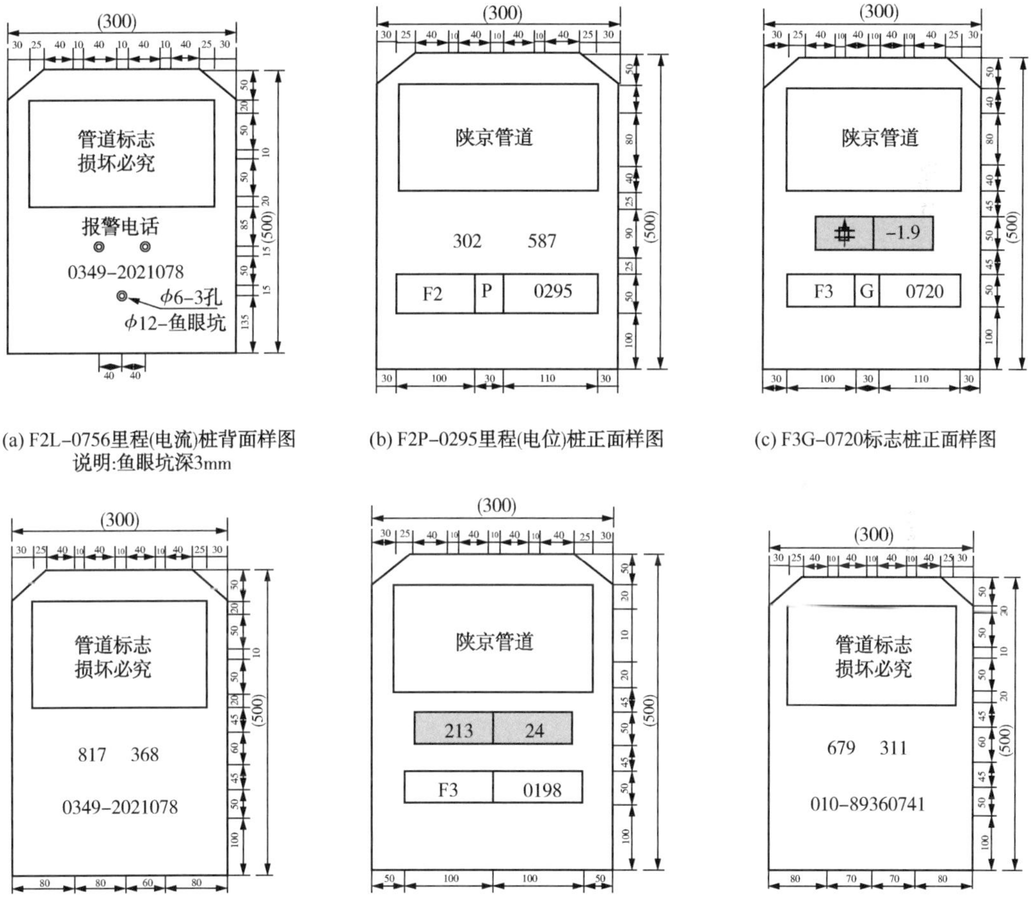

(a) F2L-0756里程(电流)桩背面样图
说明:鱼眼坑深3mm

(b) F2P-0295里程(电位)桩正面样图

(c) F3G-0720标志桩正面样图

(d) F3G-0720标志桩背面样图

(e) F3-0198转角桩正面样图

(f) F3-0198转角桩背面样图

图 13-18　线路标志桩(图中尺寸以毫米计)

7. 场站暗沟安全设计

某分输站发现站内地下自用气撬进气管线泄漏，天然气通过地下土壤渗透进入电缆沟，再扩散到与电缆沟相连的机柜间等值班区。

为此，对站场内的电缆沟、消防井、污水沟、雨水井等封闭或半封闭空间进行了检查及检测，如图 13-19 所示。

(a)

(b)

图 13-19　电缆沟内作业

预控措施：隐蔽空间需设计可燃气体探头。

8. 收发球筒的设计

收发球筒的设计应考虑能够收发检测器的需要，国内目前许多管道的收发球筒长度不满足这一要求。

按照目前的检测要求，收发球筒的直管段(阀门~变径)长度应至少大于3m，大径段(变径~球筒门)长度应大于4m，如图 13-20 所示。

(a)收球筒设计时直管段应加长

(b)正确设计

图 13-20　收发球筒

预控措施：收发球筒的设计应考虑能够收发检测器的需要。

9. 站场工艺管线抗振动设计

某分输站进站区工艺管线存在较大管线振动的问题，在 2005 年 12 月到 2006 年 3 月大气量运行期间和 2006 年 7 月至 9 月期间有不同程度的振动。

在天然气输送管道系统中，常常由于各种原因引起气体的不稳定流动，并由此诱发管道系统的振动。管道振动的机理是：动力机械对管道内的流体提供一定的激发，使管流处于脉动状态。脉动状态的流体遇到弯头、异径管、控制阀、盲板等管道元件，产生一定的随时间而变化的激振力，在这种激振力作用下管道和附属设备产生振动。

管道系统振动的原因主要有两方面，一是管道内气体对管道系统产生的振动力，即激发信号，如气流在压缩机进口和出口、三通、阀门、弯头等部位产生的振动力，清管器通过管桥时对它的作用等；另一方面是对激发信号的响应，其响应除了和激发信号的波形有关外，还和管道系统本身的特征，即系统的刚度、支撑、质量及其配置等情况有关。

预控措施：设计时尽量减少转角，复杂工艺管网设计需进行整体振动分析。

10. 汇管设计

某站汇管跨度太长达到18.5m(目前规范中对于1016汇管的最大允许跨度还没有标准)，存在安全隐患(见图13-21)。

(a)

(b)

图13-21　某汇管大跨度现场照片

1）原因分析

由于新建站场易发生地面沉降，如果地面发生沉降，在如此大的跨距下，汇管自重达23t，汇管和其连接的管道之间产生的作用应力非常大(见图13-22)，从而存在安全隐患。

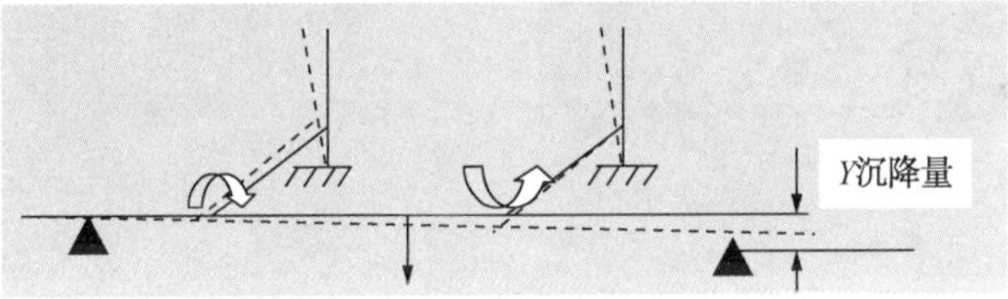

图13-22　汇管受力力学示意图

2）预控措施

设计在中间加支撑，同时工艺站场的汇管采取地面布置的方式(见图13-23)，避免了因积液和地下水对汇管的内外腐蚀，解决了汇管维修困难的问题。

图13-23　输气工艺站场汇管地面布置设计

11. 阀室设计

某阀室由于雷击引发爆炸着火(见图 13-24)。

1）事故原因

天然气管道阀室沉降→引压管变形→根部阀焊接缺陷裂纹扩展→天然气泄漏→雷击导致阀室火灾。

2）预控措施

(1) 阀室的地势应不低于周围环境。

(2) GOV 阀采用阀井结构，有利于阀门的保养与维护。

(3) 针对阀室排水内涝问题，考虑排水系统设计，并需有效解决。

(4) GOV 引压管避免安装在主干线上，宜安装在旁通线上。

(5) 阀井盖板宜采用网状钢结构。

(6) 与干线相连的各种管道，设计时应避免阀室的整体沉降对其影响，如 TEG 引压管等。

(7) 阀室的放空管及防雷接地应满足雷暴区要求。

12. 管道途经沟渠设计

某管道途经沟渠清淤，致使管道光缆中断，管材受损(见图 13-25)。

图 13-24　某阀室雷击引发爆炸着火

图 13-25　某管道途经沟渠清淤受损

1）原因分析

管道穿越沟渠时，设计上未做特殊防护，而是按照一般的管道经过平原地区设计，沟渠下部光缆埋深严重不足，有些部位甚至露出。

2）预控措施

沟渠设计要经过详细调研，准确确定沟渠的清淤深度，合理开展埋深设计，或增加防范措施。

13. 场站氧浓差腐蚀防护设计

某储气库群埋地管道严重腐蚀(见图 13-26)。检测发现井场高压 30MPa 注气管线严重腐蚀，储气库 A-D 机组压缩机出口严重腐蚀，且全部发生在入地点 400～500mm 的范围内，需要引起重视。

预控措施：

设计上要分析地区腐蚀性，考虑技术工况，如果存在高温场所，要从抗高温涂层选择、施工工艺控制等多个方面进行场站的管道失效控制设计。区域阴极保护设计非常重要。特别是针对滨海地区及腐蚀性地质地区，应选择合适的涂层，并注意管道入地端的防腐层施工设计。

14. 管线检测点开口与连接设计

在当前管道设计中，为增加站场功能、提高站内子系统(检测点、GOV 阀/燃料气系统取气等)的应用可靠性，经常在管道干线上增设许多开口，工艺连接口部分采用法兰和螺纹方式(见图 13-27)。若其中任何 1 个接口发生泄漏，都会直接引起管道的停输和大量的气体放空。

图 13-26　检测发现某储气库埋地管道的防腐层严重破损

图 13-27　和干线相连的 TEG 引气管

1）出现的类似问题

陕京管道投产后出现过多起 TEG 引气管法兰泄漏、取压管嘴泄漏、温度计套管泄漏、清管指示器泄漏等问题。为根除隐患，对其根部阀进行了封堵(见图 13-28)。

(a)　　(b)

图 13-28　引气管开口根部封堵

2）设计启示

在北美天然气管道设计标准中明确规定：与干线相连的任何阀门均应采用焊接的方式连接。针对该类问题的后期处理充分说明，设计标准的不细致，安全评价方法的不科学，不但影响管道正常生产运行，还会带来很大的安全风险。

3）预控措施

风险可以识别、可以防范，但风险是无法消除的，最好的方法是减少风险点。在新建项目中，对干线甚至站内开口数量作了大幅度的优化，对接口形式进行了严格的规定，最大限度地减少了干线开口。

15. 安全区域设计

某储气库经专业机构DNV的QRA评价，得出不同区域场所的安全风险，其中办公楼、工艺区、压缩机区处于不可接受区域(见图13-29和图13-30)。

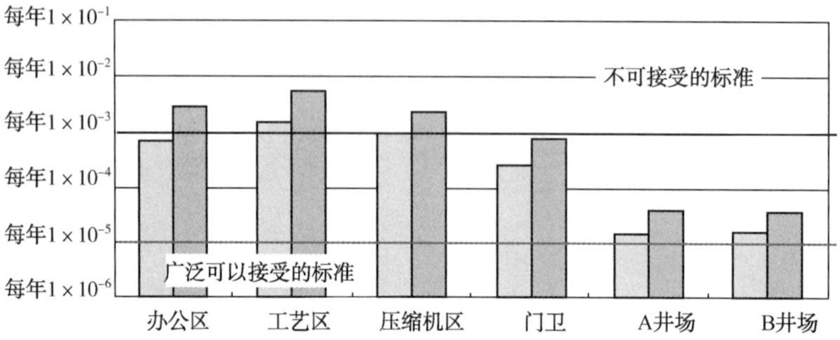

图13-29　井场等各区域风险值

预控措施：

结合储气库QRA分析结果(见图13-31)，天然气站场的实际爆炸影响范围远大于国内相关设计规范的安全距离要求，为最大限度地保护人员的安全，对储气库有人员活动的控制室和办公室进行搬迁，同时取消了新建管道项目站内生活区设置，站内仅保留部分运行值班人员。

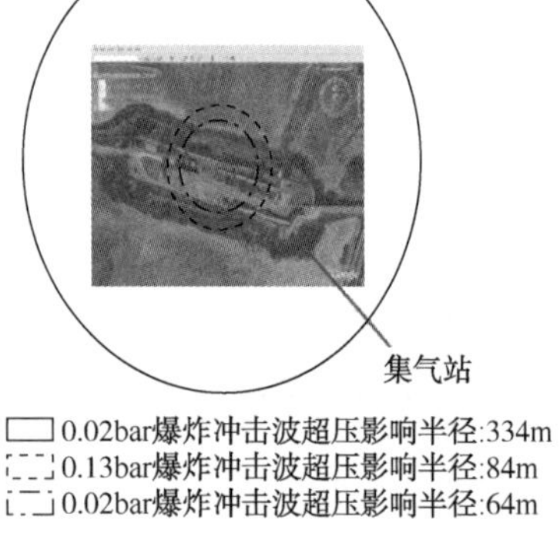

图13-30　事故安全区域

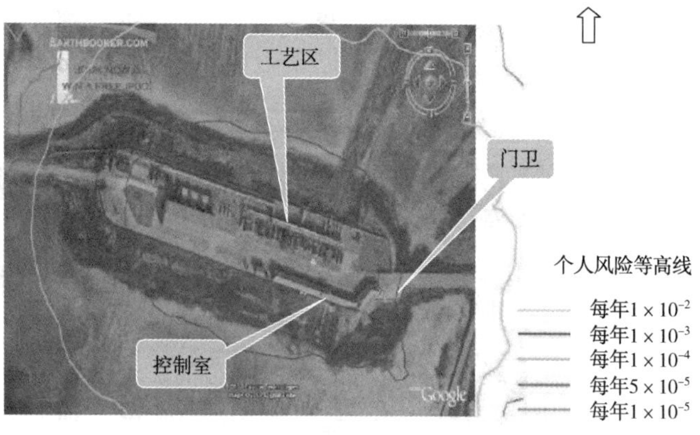

图13-31　大张坨集注站QRA分析

16. 放空系统设计

根据HAZOP分析结果，放空系统增加出口阀或单向阀，GOV阀阀腔压力安全放空和执行机构操作放空管线引至阀室外(见图13-32和图13-33)。新建项目对工艺阀门的控制状态、阀位、压力分界点进行明确标识。

图 13-32　超压放空和操作放空

图 13-33　放空立管

预控措施：

线路截断阀室气液联动阀阀腔压力安全放空和执行机构操作放空管线引至阀室外。放空管设计时，放空管高度应足够，紧急放空产生的噪声和光、热辐射应得到控制。消除天然气放空对当地居民家禽以及周围农作物产生的影响。

17. 站场区域阴极保护设计

针对埋地管道的腐蚀(见图 13-34)，陕京管道 2006 年开始着手实施区域阴极保护，目前已完成十余座站场区域阴极保护。新建管线站场区域阴极保护已纳入设计内容。

预控措施：

站内区域阴极保护维护运行时，考虑接地网和构件接地电流的流失，综合考虑接地网的腐蚀因素。

18. 地震断裂带设计

2010 年 5 月，陕京一线管道某阀室上游 90m 发生管道弯曲起皱的情况，位于地震断裂带区域，如图 13-35 所示，此处管道埋深为 80cm，管道材料为 X60，管径为 660mm，壁厚为 7. 14mm，管道起拱后地面被拱高 20cm，经割管焊接抢修后，恢复供气。

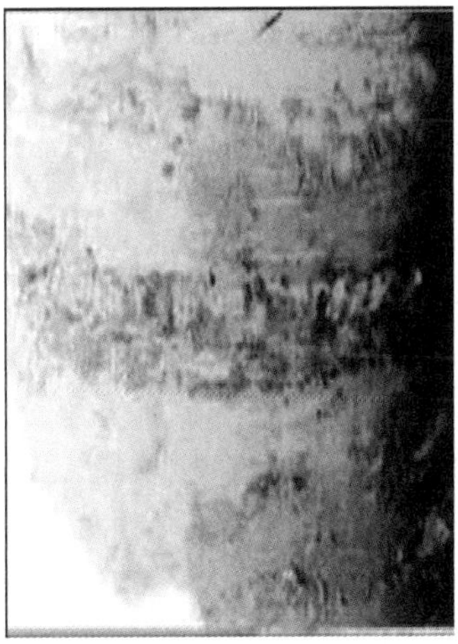

图 13-34　站内埋地管道腐蚀

图 13-35　地震断裂带

预控措施：

对管道穿越地震断裂带进行专题研究，采取增加管沟宽度、S 弯敷设、砂土回填等措施，同时在断裂带附近站场设灾害应变监测仪器，解决管道穿越断裂带难题，如图 13-36 所示。

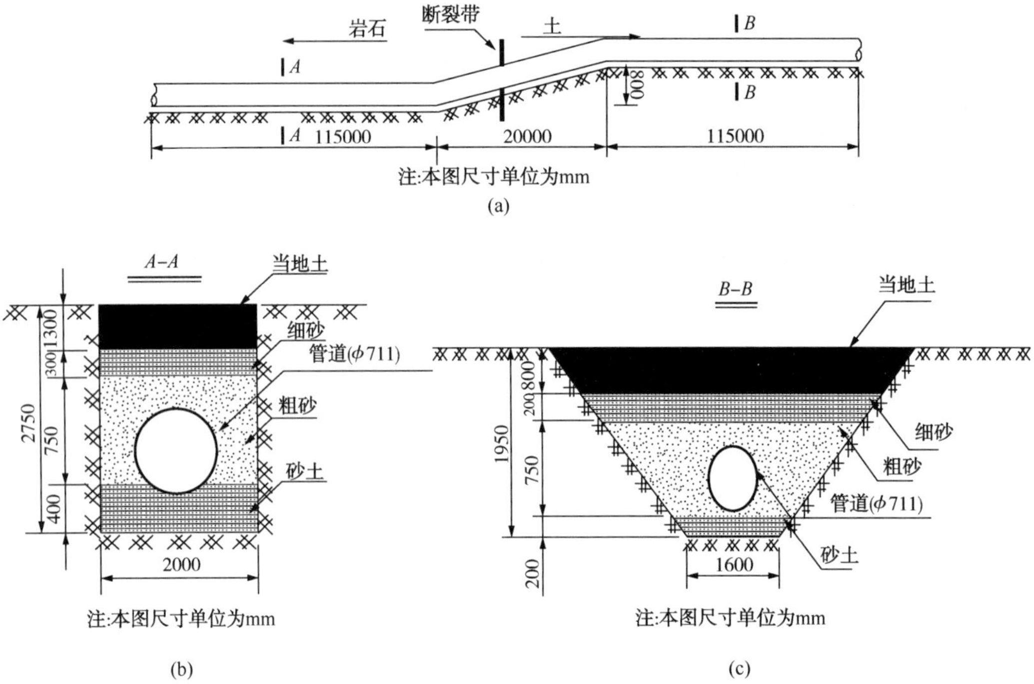

图 13-36　地震断裂带采用特殊断面的管沟设计

19. 站控室窗户正对工艺区的安全防控设计

目前大部分综合值班楼设计时，为了方便运行人员能够直接监视工艺区生产情况，采取了站控室窗户正对工艺区的方式(见图 13-37)。但是此种设计结构在发生事故时易对值班人员造成伤害，按照挪威船级社(DNV)量化风险评价方法，属于影响风险评级的不利因素。

预控措施：

站控室的门窗设计时应考虑站场工艺失效引起的冲击影响，优化布局。

图 13-37　站控室窗户正对工艺区

20. 压缩机厂房噪音控制设计

目前压缩机厂房考虑泄爆问题，厂房通常采用轻质钢结构，屋面采用复合夹芯彩板。压缩机组噪声大且持续，为满足环保要求，需采取消音降噪措施。复合夹芯彩板几乎没有隔音能力，为满足噪声控制指标，需相应增加降噪设施及费用。

设计启示：

实体墙造价低、隔音效果好，普通砖墙即可达到 40dB 以上的降噪能力。因此，在满足泄爆要求的前提下，压缩机厂房尽量多地采用实体墙是满足噪声标准、降低投资的适宜做法。此外还需借鉴国外经验，从防爆、操作及维护等各方面进行深入研究。

13.3　建设期管道完整性管理失效控制导则

为保证管道的安全运行，从源头控制管道风险，提前对管道失效的风险进行预控，使管道完整性管理向工程建设源头延伸，实现完整性管理范围全覆盖，参照 SY/T 6621《输气管道系统完整性管理规范》和 ASME B31. 8/GB 50251《输气管道工程设计规范》，对建设前期管道完整性管理失效控制进行阐述。

13.3.1　依据标准

(1) 中华人民共和国管道保护法

(2) 中华人民共和国安全生产法

(3) 中华人民共和国环境保护法

(4) 输气管道工程设计规范(GB 50251)

(5) 输气管道系统完整性管理规范(SY/T 6621)

(6) 建设项目竣工环境保护验收管理办法(国家环境保护总局令第 13 号，2002)

(7) 输油(气)钢质管道抗震设计规范(SY/T 4050)

(8) 油气长输管道工程施工及验收规范(CB 50369)

(9) 石油天然气管道跨越工程施工及验收规范(SY 0470)

(10) 输气管道工程设计导则(GJX/QHSE/ZY7. 02. 08)

(11) 输气管道工程线路阀室设计规定(CDP-G-GP-OP-006-2009B+)

(12) 输气管道安全仪表系统设计规定(CPE 西南分公司)

13.3.2　建设期管道完整性管理的原则

(1) 建设期管道完整性管理应贯穿于预可行性研究、可行性研究、初步设计、施工图设计、施工、投产试运的全过程；

(2) 应把完整性管理的理念、要求和循环要素作为管道建设各阶段优选、决策的依据；

(3) 风险评价应是建设期管道完整性管理的重要组成部分，风险识别和分析评价应有效执行；

(4) 应保证建设期管道数据的完整性；

(5) 根本任务是控制和预防运行后的管道系统失效；

(6) 应建立管道失效数据库，数据库内容包括失效的过程、后果、原因、整改措施、教训分享等，并具备查询、统计、分析功能，作为管道建设期完整性管理的重要依据；

（7）关注以往运行期管道出现的重大问题以及重复发生的失效问题，并进行有效的分析和论证，在设计阶段加以控制，提前落实防控措施；

（8）建设期各阶段削减和控制风险的各项措施得到落实。

13.3.3 失效控制内容

1. 预可行性研究阶段和可行性研究阶段

1）一般要求

（1）高后果区评价。应在水土保持方案报告、环境影响评价、地震安全性评估、安全性预评价、职业危害预评价、矿产压覆评价、地质灾害危险性评价等报告的基础上，识别出可能的威胁、地区安全等级和管道沿线的高后果区，开展高后果区评价，提出高后果区分析报告，确定管道路由走向，控制点位置及技术方案，提出路由优选报告。

（2）环境敏感区评价。根据安全、环境保护的要求，开展管道沿线环境调查，识别管道涉及的安全、环境敏感区，开展管道穿越安全、环境敏感区合规性分析，涉及环境敏感区的，应采取避绕措施，确实无法避绕的，及时办理有关许可程序，采取切实可行的强制措施，减少环境影响，此项结论作为优化完善项目选址、路由的重要依据。

（3）遵照《中华人民共和国安全生产法》的要求，详细论述和落实建设项目安全生产设施“三同时”的要求。

（4）遵照《建设项目环境保护管理条例》、《建设项目竣工环境保护验收管理办法》(国家环境保护总局令第13号，2002)，执行建设项目与环境保护设备同时设计、同时建设、同时投入使用的原则，详细论述和落实“三同时”的要求

（5）根据国家有关规定提出相关的审查性文件和资料，是新建管道完整性管理的重要基础数据和资料。

（6）信息技术应用于工程项目管理和建设期完整性数据管理。明确信息技术在管道建设中的应用，同时考虑信息系统的扩展性和实用性，应按规定开展信息专篇的详细编制，使用工程建设管理系统(PCM)进行项目管理和建设期完整性数据的管理。

（7）失效数据库的应用。应充分利用公司管道失效数据库中的失效数据，详细分析以往历史经验教训，详细分析类似管道在运行过程中的风险，在项目前期阶段规避类似风险。

2）预可行性研究阶段和可行性研究阶段–线路控制要素

（1）可研选线：

① 对拟选择的不同路由，进行潜在的风险因素进行辨识，不仅要考虑管道运营期的风险，还必须对设计、施工中可能存在的风险进行分析，找出因线路设计可能诱发的各种风险因素，并进行分类整理。

② 依据调研资料，重点针对各类风险因素开展数据采集、整合及分析工作，编制可研报告、国家规定的各项评估报告、初步设计方案等，还需要进行现场踏勘。

③ 根据资料开展初步风险评价工作，进行全线的风险识别、评价，确定潜在的风险点和安全隐患。

④可研阶段选线报批件应在最新版行政区域地图上标注出管道、站场的具体位置。

⑤ 线路路由选择应周密细致地进行评估，避免出现严重违反国家、省市沿线有关规定的路由，或者明显不考虑安全后果的路由选择方式，对可研通过有否定性的意见。

（2）复杂地段设计考虑基于应变设计。明确地震断裂带、黄土塬、冻土、山区河谷等复

杂地段的管道基于应变设计方式，按照高后果区和高风险地段的分布，每一段要有针对性地开展工作。

(3) 区域阴极保护和排流设计。明确管道阴极保护方式，包括区域阴极保护的设计原则、线路阴极保护杂散电流防护设计的原则，明确在选线、与其他设施并行时的阴极保护等级和方式。

(4) 明确阀室场站选择的距离要求，避绕地质灾害和人口经济发展地段。

(5) 管材和性能失效控制参数优选。明确管材、管件、管型的选择和方式，考虑长期服役后的时效和性能退化将影响使用，提出管材延性断裂的控制指标，以及管材失效与控制措施，提出直缝管和螺旋焊管的使用原则，输送介质对管材的影响分析等。

(6) 补口材料及工艺控制。提出涂层补口材料、工艺要求以及涂层失效的控制与防范措施。

(7) 研究泄漏监测、安全预警等技术应用方案。

(8) 地区等级未来变化的影响。针对沿线可能发生地区等级变化的地段，应考虑地方规划和地区发展的趋势，按地区未来等级开展各项工作。

3) 预可行性研究阶段和可行性研究阶段-场站控制要素

(1) 场站仪表安全系统(SIL)分级。明确场站自控仪表的风险评价(SIL)安全分级设计和自动控制锁定、保护设计方案。

(2) 考虑高低压分界点危害因素。明确站场工艺系统高低压分界保护设计方案。

(3) 雷电危害因素。应明确场站地区的雷暴区环境等级，提出所需要的防范要求和防范方案。

(4) 人因工程因素。明确场站设计、安装、控制操控等过程环节考虑人因工程的方法，要从工作环境、人机界面与改进、工作负荷和人员绩效、通信系统优化等方面进行设计和安装。

(5) 管道维抢修机制。明确管道和场站抢维修机制，包括定员、抢修半径、作业能力等。

2. 设计阶段

1) 初步设计阶段一般规定

(1) 落实预可研和可研阶段提出的关于管材、线路、场站等的管道各项失效预防及控制措施。

(2) 要落实七大风险评价报告中提出的控制措施，应对评估结果在设计文件中逐项落实。

(3) 从设计上落实管道建设项目安全生产“三同时”的要求。

(4) 从设计上落实建设项目环境保护“三同时”的要求。

(5) 设计标准选择。设计标准的选择应参照先进标准，结合自身特点选取设计标准和规范，不应选择最低标准作为设计标准。

(6) 失效数据库用于初步设计。初步设计前应收集类似管道的事故案例以及以往存在的设计缺陷，应充分利用管道失效数据库中的失效数据，详细分析以往历史经验教训和管道在运行过程中的风险，在设计过程中尽量规避类似风险。

(7) 初步设计的风险评价分析。根据可研阶段的初步风险评价结果分析，查找设计方案中的风险因素，并以此对方案进行调整、修订，最终形成优化的路由方案。

（8）数字化管道影像和地图。管道设计时，应收集遥感影像和数字地图，要求参见本标准附件 A

（9）采办质量因素。严格采办质量控制，明确材料性能和执行标准，确保材料、设备、工件质量合格。

（10）生产准备要求。提前落实生产准备人员，为生产运行创造良好条件，

（11）严格遵循相关数据采集办法和规范要求。初步设计阶段应充分考虑管道预可研、可研、初步设计、施工图设计、施工、投产试运各阶段的数据要求和规范，以及应该提交给运行管理者的数据，按《中国石油天然气管道分公司工程建设数据管理办法》执行。

（12）遵守当地法律法规。充分考虑是否与施工所在地的法律法规、规章制度、特殊规定发生冲突。大中型河流、公路、铁路的穿跨越位置是否满足当地主管部门和规划部门的要求。

（13）进一步落实运行调峰和应急措施，核实管道运行调峰及应急方案。

2）初步设计阶段–线路设计控制要素

（1）落实高后果区控制措施。初步设计阶段应符合预可行性研究和可行性研究阶段的批复文件要求，进一步识别出管道沿线高后果区段，应把高后果区分析结果作为线路走向优选的一项重要条件，尽量减少高后果区管段；对于无法通过设计规避的高后果区管段应根据实际情况和存在的危害，增加危害的监测、检测以及后果控制等的硬件性设计，及时提出运行维护建议、注意事项和应对措施等。

（2）落实高风险段控制措施。初步设计的审查过程应充分考虑高后果区段和高风险段的影响，采取切实可行的措施规避风险，风险规避不了的，则采取削减风险的措施。

（3）初步设计阶段应提出事故应急工况下的安全措施，包括应急措施、维抢修措施等。

（4）初步设计阶段应比选管道走向的路由，并根据线路阀室、大中型穿跨越等的具体情况，分别进行埋地管道设计、穿跨越工程设计、防腐蚀工程设计及附属工程设计。

（5）泄漏监测和预警技术应用。考虑第三方破坏预警和泄漏的风险，增加技防措施，考虑应用泄漏监测技术和安全预警技术。

（6）高后果区和高风险地段开展基于应变设计。对高后果区和高风险段要有针对性的设计，在地震断裂带、黄土塬、冻土、山区河谷等复杂地段，管材敷设设考虑基于应变设计的方法，在关键地段可采用基于应变的设计。

（7）风险源识别和削减。初步设计阶段应识别出运行过程中可能出现的风险源、可能发生事故的后果、事故的概率、采取的措施，考虑需要的安全投入成本。

（8）管道可检测性和可维护性设计。初步设计应考虑管道运行阶段的内检测和可维护问题，重点考虑收发球设施、场地空间、工艺流程、弯头管件的曲率半径等满足内检测要求，保证可检测性和可维护性。

（9）断裂失效控制设计。初步设计中给出管材、管型的选择方式，提出相应的管材延性断裂的失效与控制措施，明确焊接工艺以及直缝管、螺旋焊管的使用原则。

（10）补口和杂散电流排流设计。防腐方面，重点考虑穿跨越、隧道、钢套管的腐蚀防护问题，重视杂散电流的排流设计，选择适用性较强的补口材料，并提出施工质量、补口质量的控制性措施要点。

（11）线路风险评价的要求。线路设计阶段，要进行详细的风险评价，要提出山体隧道、大型河流穿越的地质勘察方案、设计方案。

（12）具体控制要点（包括但不局限于此）：

① 线路走向避开穿越居民区、文物保护区、矿藏开采区，线路尽可能取直，穿跨越尽可能少。

② 地震断裂带设计，采用特殊断面的管沟，考虑地区等级增大管道壁厚，考虑基于应变的设计。

③ 阀室位置和结构设计：

a. 阀室的地势应不低于周围环境；

b. 避开管道埋深易超深地段（沟渠或道路等附近）；

c. 明确线路施工设计要求；

d. 线路局部走向服从阀室选址；

e. 阀室放空管的高度应高于周围的建筑物，确定合适的高度；

f. GOV 阀采用阀井结构，有利于阀门的保养与维护；

g. 阀室排水内涝问题，考虑排水系统设计，并需有效解决；

h. GOV 引压管安装位置，应避免安装在主干线，宜安装在旁通线上；

i. 阀井盖板宜采用网状钢结构；

j. 与干线相连的各种管子，设计时应避免阀室的整体沉降对其影响。

④ 河流大开挖埋深设计。应与地方水利部门充分结合，河底开挖埋深的深度应大于清淤的深度要求。

⑤ 管道穿越沟渠设计。应考虑与当地农田水利灌溉、沟渠整治日常作业，采取增加埋深或采取管道外加套管设计、光缆防护设计等措施，避免伤及管道和光缆。

⑥ 人口密集区警示设计。考虑在人口经济活动密集区域设置安全警示带。

⑦ 管道上游水库泄洪设计。对于穿越河渠和在河道内铺设的管段，上游附近有水库的，应考虑提高防范等级，采取增加压重块的设计方法。

⑧ 安全预警设计。考虑第三方预警和泄漏的风险，采取安全防范措施，在设计时应考虑泄漏检测系统和安全预警系统，提高技防水平。

⑨ 防止重车碾压设计。针对二、三级乡村公路，可能出现车流量的增加，公路等级可能要发生变化，应按照在目前等级的基础上高一个等级设计管道穿越，套管防护，避免重车碾压。

⑩ 地质灾害防控设计。对地质灾害专项评价成果，线路设计时高度重视，对于每一处灾害型地质，需要做出灾害型地质的防范措施，要从监测、防范、绕避等进行设计配套。

⑪ 管道路由设计。管道路由尽量取平，取直，减少转角。但有时为了躲避障碍物不得不转角时，应尽可能减少水平转角。

⑫ 管道路由设计。管道路由选择时适当靠近公路，便于设备进场，便于社会依托。

⑬ 管道穿越河流走向设计。河流穿越应选择在河段平直、两岸开阔、河床稳定、水面较窄的地段。与其他施工方案进行经济、工期、质量等方面的对比。穿越设计应考虑该地段的历史水文资料。

⑭ 大开挖穿越应有稳管和水工保护措施。

⑮ 定向钻穿越设计。定向钻穿越应核查曲线的布置是否合理，入、出点选择是否适当，两岸有无足够的施工场地，定向钻穿越径向屈曲失稳应核算是否符合规范要求。

⑯ 水下隧道穿越的竖井设计应核查位置是否合适，是否满足当地水务部门和规划部门

的要求。

⑰ 隧道设计。山体隧道设计应核查进洞方向、洞口位置、衬砌形式选择是否合理，地质条件是否适合。

⑱ 穿越设计应核查对环境保护的影响，有无认真的论述和适宜的措施，是否与周围环境相协调。

⑲ 穿越设计。施工阶段穿越管道通过的地层设计应核查是否适宜此穿越方式，埋深是否符合规范要求。

⑳ 采空区设计。线路经宜绕避采空区，若管道绕避采空区困难，应进行专题研究，对采空区应调研采空区的采矿性质、所属单位、采空范围、采矿深度、矿产走向、分布范围、发展规划、保安矿柱的分布等情况。

㉑ 活动断裂带设计。管道通过活动断裂带时应按照管道抗震规范的方法进行变形校核，应适当加大壁厚；可选用应变能力强的钢管穿越断裂带；通过断裂带及其过渡带时，应避免使用弯管等管件，断裂带两侧的过渡段范围内的管道宜采用弹性敷设方式；在断裂带两侧过渡段，通过计算确定的范围内，管沟尺寸应适当放大，并采用非黏性松散的砂料进行管沟回填；管道与活动断裂带的交角应根据断裂带的特性确定，原则上不应使管道受压。

㉒ 补口设计。补口材料与直管段防腐层的剥离强度(附着力)应不低于《埋地钢质管道聚乙烯防腐层技术标准》(SY/T 0413)或《埋地钢质管道双层熔结环氧粉末外涂层技术规范》(Q/CNPC 38)中表3的要求，其结构与性能接近的材料优先选择，三层挤压聚乙烯防腐层应选用三层结构聚乙烯热收缩带/套补口，定向钻穿越应采用带牺牲套的聚乙烯热收缩套补口或定向钻穿越专用热收缩套。

3）初步设计阶段-场站设计要求

（1）初步设计应根据可研分析结果，考虑人因工程方法在控制室、工艺区的应用，在人员误操作风险较高区域，采用人因工程的设计方法。

（2）站场区域阴极保护、滨海地区防腐蚀设计。初步设计应考虑区域阴极保护的设计、线路干扰段阴极保护杂散电流防护排流设计，明确在选线、与其他设施并行时的阴极保护等级和方式。重点制定沿海、大港地区工艺管线的腐蚀控制措施，预防氧浓差腐蚀情况的发生。

（3）场站雷电防护设计。场站的初步设计要充分考虑沿线雷电区的雷暴等级，开展防雷接地、自控电气综合性设计。

（4）场站风险评价。初步设计时明确开展场站的危险和可操作性(HAZOP)分析、QRA分析，引入并采用科学的、可量化的设计评估方法，提高设计评估质量，减少人为因素，加深初步设计的内容和深度，使初步设计可以达到HAZOP分析的深度，提高设计质量，同时有效减少变更。

（5）场站安防设计。场站的安防系统，考虑振动电缆、微波预警、光纤预警等实用、可靠的安防技术。

（6）具体控制要点(包括但不局限于)：

① 站区选择设计：

a. 管道站区、储库区位置选择，应避开土崩、断层、滑坡、沼泽、流沙、泥石流或高地震烈度等不良地质上。

b. 严格遵循选站原则，以线路顺畅、工艺合理为前提，充分重视站场的防洪排涝、交通、地质以及供水、供电、通信和生活依托条件。

c. 合理确定站场标高，确保站内雨水排放通畅。

d. 站场内生活污水和雨水排放，设计时考虑达标排放、合规排放。

② 站区安全设计：

a. 重视站场运行控制的安全性，在细节设计上进行人员防护设计、环境保护设计、检测点的设置、安全系统设计、应急供气的安全性设计等。

b. 重视工艺区安全设计，要考虑输气站场爆炸危险区域划分、站场放空系统的安全设计、站场工艺系统高低压分界的安全保护需要识别和防范。

c. 工艺区与控制室窗户设计。采取有效设计措施解决站控室的玻璃窗户正对工艺区的安全问题，站场建筑在面向装置区一侧取消窗户和玻璃，按防爆墙设计，常规设计的窗户位置改为实体墙。

d. 定量风险评估(QRA)安全距离。针对天然气站场的实际爆炸影响范围远大于国内相关设计规范的安全距离的要求，按照 QRA 分析的结果，最大限度保护人员的安全，对控制室和办公室、站内生活区与工艺区的安全距离进行有效设置。

e. 场站安防技术的应用。设计时要综合考虑地区安防环境，采用振动电缆、微波、光纤等安防技术，选取适合的技术，防止外界入侵。

f. 消防设计。充分考虑消防设施和消防通道，采用安全距离法，即埋地管道与周围构筑物保持一定的距离，预留消防通道和防火门。

③ 阴极保护设计：

a. 站场区域阴极保护设计问题。参照美国腐蚀工程师协会 NACE 0169《地下或水下金属管线系统外腐蚀控制的推荐做法》标准，对站内埋地管线与干线埋地管线一样，施加区域阴极保护，杜绝阴极保护接地的铜包钢问题。

b. 压缩机出口温度过高的防腐设计。要充分考虑出口温度，在出口管道处采取抗高温、抗老化的防腐层。

c. 滨海地区氧浓差腐蚀控制设计。针对沿海地区的管道氧浓差腐蚀，在区域腐蚀调查研究的基础上，设计时考虑使用超常规涂料。

④ 控制系统设计：

a. 电缆沟可燃气监测。针对场站电缆沟窜气，考虑在电缆沟内埋设设计可燃气体探头，可有效监控电缆沟的可燃气体泄漏和窜气。

b. 将 ESD 阀设在距离工艺设备区 10m 之外，保证进出站 ESD 阀本身的安全，以便发生事故时紧急关断。

c. 站场综合值班室和线路截断阀室设计充分考虑防火(防爆)要求。

d. 站场雷击防护设计。按照场站防雷整体设计，以及信号屏蔽接地处理和等电位设计的要求，综合考虑戈兰、防爆挠性软管的选择，解决信号电缆的屏蔽层二端接地问题。

e. 站场安全仪表系统(SIS)设计问题。针对站场 SIS 系统安全等级，对典型站场开展安全控制完整性等级评估，要对系统中核心单元控制器部分设计按等级划分提高要求，要对系统中的检测、执行单元等部分的设计按等级进行过程控制，使 SIS 系统整体安全性、可靠性达到 IEC 61511 规定的安全等级要求。

f. 优化站场工艺，简化控制逻辑，提高重要阀门自动远控的可靠性和可用性。

g. 计量站设计压力/流量平衡控制，满足调控中心日指定控制需求。

h. 在各种不同的撬装设备管路中要有过压力保护装置，在排液、积液的液体封闭容器中安装自动液位检测装置。

i. 设计时应考虑实现远程启停空压机，实现压缩空气缓冲罐自动排液。

j. 自控系统出现问题时，能够通过手动保证线路正常运行。

k. 电气设计考虑站场负荷等级，设备选型选材与设备匹配的要求，漏电保护设计合理，场站的防雷和防静电的接地电阻符合要求。

l. 在阀室内部安装可燃气气体探头，对可燃气体进行有效监测。

m. 锅炉房、设备间、控制室、生活等灭火区域，注重火灾检测设备的设施，在覆盖不到同时又风险较大的区域，安装火灾检测和灭火装置。

⑤ 工艺系统设计：

a. 取压监测点及干线连接开口设计。针对管道取压检测点开口和连接方式，避免由于引压管法兰泄漏、取压管嘴泄漏、温度计套管泄漏、清管指示器泄漏的问题，在设计上减少与管道干线连接的开口，工艺连接口部分宜采用焊接，避免法兰和螺纹方式，在与干线相连的任何阀门均应采用焊接的方式连接，优化干线直连的开口数量，并对接口形式实施严格管控。

b. 放空系统设计。放空系统应适时增加出口阀或单向阀，GOV 阀阀腔压力安全放空和执行机构操作放空管线引至阀室外。对于放空系统，在立管和弯管入地接合部位，增加放空管前端阀门的密封性泄漏检测点，监测是否有天然气泄漏。

c. 放空点火火炬设计。在放空管可能出现逆流的地方或会发生压力突变的地方设计安装止回阀。应在放空火炬或任何有天然气排放处加装天然气的流量计量和遥测装置，设计闭路电视监视下火炬的远程遥控点火。

d. 放空管高度设计。综合考虑站场区域的放空环境，合理设计部控放空系统，综合考虑周边构筑物高度，选择合适高度，避免因放空管高度偏低、气压过低时形成闪爆区域。

e. 站旁通 GOV 阀开、关功能设计。增加站旁通 GOV 阀开、关功能，可根据站进、出口压差自动开启，实现站 ESD 紧急截断后，站旁通 GOV 阀自动开启，保证向下游连续供气。

f. 高低压分界点设计。新建项目对设计图纸中工艺阀门的控制状态和阀位要求进行明确标识，合理进行阀的压力、数量、密封形式选择及布置，对压力分界点进行逐一标识。

⑥ 压缩机系统设计：

a. 压缩机故障诊断系统配置。往复式和离心式压缩机组设计时，应在设计时加装压缩机故障诊断监测系统。

b. 压缩机配管刚度设计。往复式压缩机前后的配管设计，应考虑压缩机整体刚度的要求，合理确定进出口管道的壁厚，避免安装后，前后配管的刚度不满足要求，出现振动超标的问题。

3. 施工图设计阶段

（1）施工图设计要落实管道初步设计提出的各项失效控制措施，并将其在施工图中明确标识。

（2）施工图设计应满足今后完整性检测设施的要求。

（3）施工图设计应提出穿跨越、水工保护等特殊工序的施工要求，包括质量、尺寸、检测等。

（4）线路设计变应考虑对高后果区的再分析和模拟风险的再评价，并提出相应预案。

（5）施工图设计阶段的数据应及时录入 PCM 数据管理系统，安全措施、要求及预案也应及时存入数据管理系统。

（6）施工图设计阶段，建设单位或监理单位应组织施工交底，相关的纪要、记录、变更等应及时存入数据管理系统。

4. 施工阶段

（1）在施工阶段应对施工过程进行风险识别，识别出在施工过程中所采用的方法、设备对今后管道运行可能产生的风险或威胁，并提出相应预案。

（2）管道施工阶段严控母材和防腐层受损。管道施工阶段应重点考虑保证管道运输、吊装、下沟、组焊、填埋过程中的管道本体材料的完整性，保证防腐层的完整性，防止损伤发生。

（3）施工阶段应对施工过程中的环境保护提出要求。

（4）施工阶段应加强施工工序质量控制，搞好施工现场管理。

（5）施工阶段的变更应在遵守工程变更流程的基础上，考虑对今后运行安全的影响。

（6）施工阶段应合理安排打压试验，应制定合理的防护措施，保证员工和公众在试压期间的绝对安全，应详细分析打压试验风险，在高程起伏较大的地区制定控制措施。

（7）施工阶段应合理安排清管扫线、干燥方式，保证管道内部内涂层的安全，保证管道内部水露点在标准范围内。关注清管时间段的压力变化和卡堵，做好记录。

（8）冬季试压施工水要求。针对在冬季投运的设备设施，严格制定水试压方案，严防干燥后遗留水冻堵、损伤设备情况发生。

（9）管线运行管理人员进入岗位。

（10）竣工资料应及时、真实、有效填报，提交固定资产移交表。

5. 投产试运行阶段

（1）试运行阶段前应按要求对管道进行水露点检测、检漏，设备调整、校验、润滑、清洁及防腐后应满足投产要求。

（2）在试运投产阶段，密切关注已焊接管道可能出现的泄漏风险，重视试压与投产进气间隔时间段内的线路变化和第三方破坏风险，采取措施削减风险，如时间间隔过长，则采取第二次试压等措施。

（3）投产前应对所有重要阀门进行养护，按照公司阀门养护标准和管理规定进行。

（4）试运行阶段前应识别出试运行过程中可能出现的风险，并提出相应的预案。

（5）试运行阶段应编制事故维抢修应急预案。

（6）试运行阶段应对处于高后果区管段进行重点检查和监控，做好安全保护工作。

（7）在试运行阶段，投运单位应组建试运行投产保驾队伍，人员工种配备齐全，抢修机具配备整齐，随时待命。

（8）试运行应在安全可靠的前提下进行，不能超过厂家提供的设备正常运行工况。

（9）试运行应尽量减少对生态环境的影响，并提出相应的安全环境保护措施。

（10）采集压缩机投运数据。针对压缩机组投运，应采集投产试运 72 小时内的机组振动数据，包括机组前后配管、阀门、压缩机本体关键部件的数据。

（11）试运行应根据管道的实际情况，运行人员就位，按投运后管道维护的标准进行维护、巡线，并对运行人员开展相应的培训。

(12) 在试运行阶段，为了保证试运成功，及时组织预验收，重点检查单机、通信、电气、自控等系统的设备，确保所有设备具备投产条件。

(13) 建立完备的安全体系、人员组织和规章制度。

6. 数据管理

(1) 建设期管道数据管理参照《管道工程建设数据采集内容规定(试行)》要求执行。

(2) 数据录入由专人负责、专人核实、专人管理，并与竣工资料充分整合。

(3) 考虑项目管理 PCM 系统与运行系统的兼容性，并进行接口。

(4) 强化数据采取现场、数据填报和信息录入的培训。

(5) 数据管理使用的数据服务器硬件培植满足项目扩展的需求。

(6) 数据备份要定期开展。

(7) 竣工验收前，运行开始，建设单位将 PCM 数据库与竣工资料一并提交业主单位。

13.3.4　报告

建设期管道开展管道完整性管理失效控制在各重要环节和项目竣工验收中应至少提供以下报告：

(1) 在预可行性研究、可行性研究和设计阶段提交高后果区分析与路由优选报告、模拟风险评价报告。

(2) 在投产试运行阶段提交完整性评价报告，完整性评价报告总结投产阶段的总体情况，包括概况、资产的现状分析、风险识别与评价、提出的问题，解决的措施以及计划安排等。

第 14 章　国内外管道公司完整性管理案例

14.1　Enbridge 公司管道完整性实施案例

14.1.1　简介

Enbridge 公司被认为是管道安全和完整性行业的佼佼者。Enbridge 公司管理着 25000km 管道，179 个泵站，每天输送 220 万桶油品，如图 14-1 所示。2011 年专门设置了设施完整性管理部门，负责罐、站区管道的安全管理。

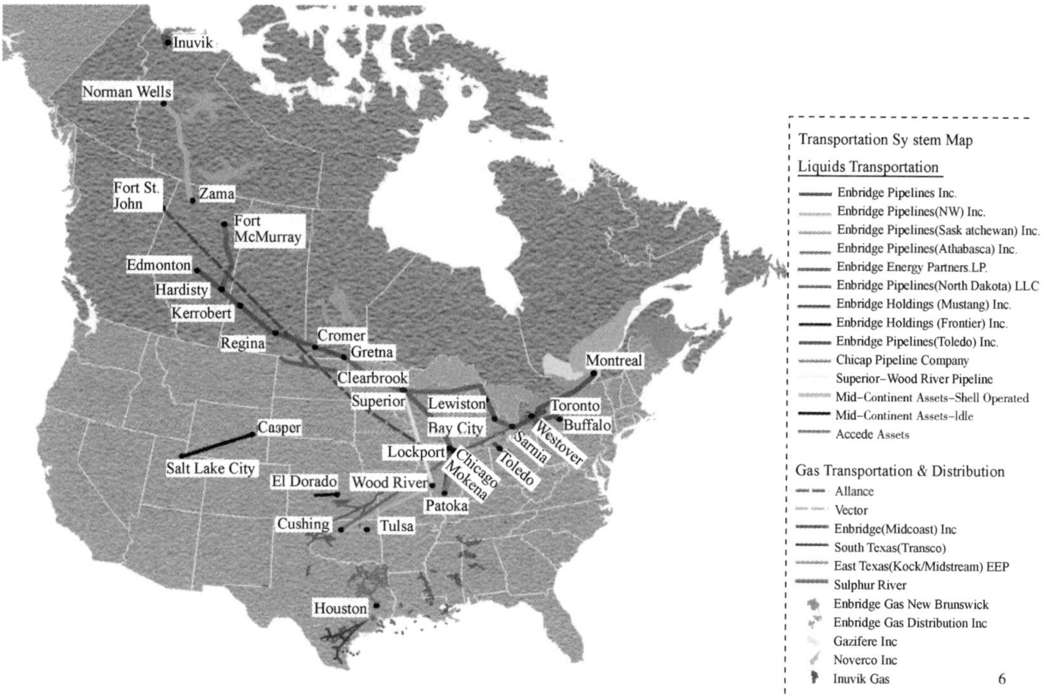

图 14-1　Enbridge 公司管道分布图

（1）完整性管理程序：内检测、开挖修复和内腐蚀控制。

（2）材料技术：焊接和修复程序、裂纹管理程序、凹坑管理程序。

（3）完整性分析：腐蚀增长评估、内检测间隔和内腐蚀控制程序。每年运行 100～200 个站间距的内检测，超过 10000km 检测，超过 1000 次清管，开挖 2000～4000 次。

（4）完整性部门只做管道完整性评估、失效分析、合规性管理、完整性管理方案与计划；完整性数据由 IT/GIS 部门管理。

（5）各地方分公司只有很少量的完整性工作。

14.1.2 标准法规方面

在加拿大，最主要的联邦法规是《陆上管道法规》(OPR-99)，适用于所有的输送碳氢化合物的非海上的跨省或者跨界管道。另外，每个省也有管道法规，适用于省内管道，如安大略省能源局。

管道完整性法规要求(NEB 国家能源局要求)，OPR-99 第 40 和 41 部分要求：

(1) 管道运营公司应该发展一套管道完整性管理程序。

(2) 如果发现超过 CSA Z662 所允许的缺陷，管道运营公司应当将细节用文件描述，包括它可能的原因以及减缓措施。

(3) 管道运营公司应准备好提交文件给董事会。

加拿大管道运营公司通常采用 CSA Z662—2011《油气管道系统》标准，涵盖了油气工业管道系统设计、建造、启动、操作和维护，包括海上和陆地管道、油库、泵压缩机站场、计量站，建立了基本要求和最低标准，紧密引用参考了 NEB 的 OPR-99 和其他的省级法规。其附录 Z662-Annex N-guidelines for Pipeline Integrity Management Programs，给出了完整性管理程序的指导。

NEB 与交通安全局共同负责管道失效事件调查，通过管道重大事件的调查，可根据结果调整法规。最近对应力腐蚀开裂的调查导致了管道完整性管理领域管道法规的新内容的增加。在北美，还有其他的一些与完整性相关的标准和法规，如 NACE、API、ASME、PRCI 和 ASTM。

Enbridge 公司努力参与各种标准、法规的制修订，努力在这方便获得先机，掌握主动。

14.1.3 体系与组织架构方面

Enbridge 公司很重视资产完整性管理，完整性管理的目标一方面是防止事故，保证安全，还有另外一个重要目的是维护资产完整，这就是每年做大量的检测和开挖的原因，着眼于管道资产能安全运行几十年。

Enbridge 公司的完整性部门内部通过合同雇佣工程公司(现场专业团队)完成现场工作，而 PI 部门主要是掌握各种工作标准和要求。工程公司通过合同协调利用各种社会专业队伍和设备等资源。

PIM 的各种核心程序和计划需定期进行评审。对于完整性的所有报告，管道完整性管理(PIM)部门均认真审核，进行 QA/QC 控制，确保品质。

Enbridge 公司的管道管理完全依靠管道完整性管理。完整性管理部门有 140 人从事完整性管理工作，其中 25 人从事设备完整性管理。最近几年完整性部门组织调整很大，按费用的多少来进行组织调整。2012 年投入费用 10 亿美元，2013 年运行内检测 187 次，开挖 4000 次/年。

Enbridge 公司将所有管道分为液体管道、气体管道和城市燃气管网三种类型进行管理。对每种类型管道，均设副总裁主管完整性管理。液体管道的完整性管理组织机构如图 14-2 所示。

14.1.4 数据管理方面

Enbridge 公司关注核心数据，当新建管道移交时，需移交以下数据：

(1) 竣工路线图；

(2) 环焊缝位置 GPS 坐标；

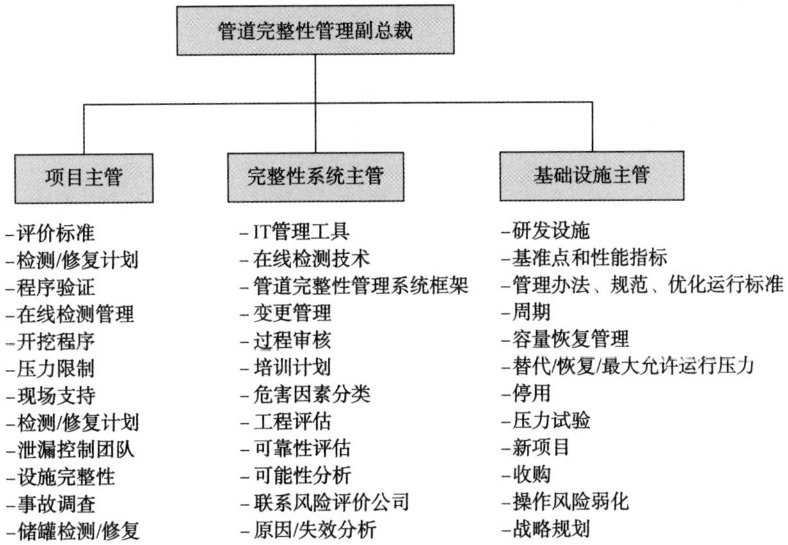

图 14-2　Enbridge 公司液体管道完整性管理组织机构图

(3) 管道信息、图层类型、环焊缝涂层类型、环焊缝;

(4) 所有打压失效报告、成功打压试验记录;

(5) 实际基础备忘录(设计总结报告);

(6) 建设期几何检测报告;

(7) 收发球筒图;

(8) 高后果区地图。

14.1.5　风险评价方面

Enbridge 公司在管道建设期间开始高后果区管理,完整性管理部门对高后果区管理具有重要贡献,但不单独从事该工作。Enbridge 公司有专门的高后果区管理计划,该计划与环境管理系统、IISE 管理系统、完整性管理系统并列,是公司整体管理方案的重要组成部分。

Enbridge 公司使用定性风险评价方法,每年都开展风险评价工作,风险评价机构是在运行(Operation)部门下的一个团队,大约有 20 人,同时雇佣专家参与。PIM 部门负责提供部分所需的数据。风险评价的一个用途是确定内检测的优先顺序。风险评价结果提交给管理层,作为决策参考。

Enbridge 公司的风险评价主要关注不同管线间的风险对比,从而确定管线的检测评价以及维修维护计划。Enbridge 公司的风险评价不用于识别具体的风险点和提出风险控制措施。管道公司风险评价目前侧重于同一条管线不同管段的风险对比。Enbridge 公司的风险评价以风险因素类型区分,一般在同一类型之内将各风险排序,而不同风险因素之间也很少进行横向比较。

管道可靠性部门正在开发可靠性评估方法,Enbridge 公司认为可靠性方法是未来的方向,但挑战和难度也很大。

14.1.6　内检测与评价方面

管道投产前完成几何检测,由工程部门负责。

由于输送介质等原因,Enbridge 公司的大多数管道较清洁,清管次数很少,一般清管

1~3次即可满足内检测要求。Enbridge 公司维护人员负责日常清管，购置清管球。在特殊情况下，使用过两个球同时清管。

Enbridge 公司在同一管道上运行不同类型的内检测器，以探测不同类型的缺陷。Enbridge 公司坚持自己完成内检测数据分析、验证这个核心工作，认为好的运营企业必须深入了解内检测数据。

Enbridge 公司的凹陷评价目前采用基于深度的评价方法，同时考虑与其他缺陷如裂纹、划伤、腐蚀、焊缝等交互作用。Enbridge 公司公司实施大量的现场评估以确定是否需要修复或者以何种方式修复。Enbridge 公司的腐蚀评价由检测承包商完成；环焊缝、直焊缝、裂纹等缺陷评价由 Enbridge 公司自己完成；如果遇到特殊问题，则咨询行业内的专家。必要时，开展各种测试(应力测试、弯曲测试)，并将评估结果与打压试验、*SMYS* 以及操作压力安全系数进行对比。

Enbridge 公司的每个内检测开挖都要进行 NDE 检测，与内检测数据进行比较、分析。NDE 一周内出具现场报告，与开挖单(Dig Package)进行比较。Enbridge 公司更信任 NDE 的检测数据，各种缺陷的评估最终以 NDE 的数据作为修复评估的依据。现场开挖后，进行 NDE 检测，再评估后确定是需要修复还是简单地重新防腐。

14.1.7 效能评价方面

1. 效能度量(行业对标)

(1) 各管段的管道条件；

(2) 设备检测；

(3) 设施管道系统检测；

(4) 检测有效性；

(5) 管道完整性关闭；

(6) 完整性内检测公里数；

(7) 基于内检测采取的完整性措施；

(8) 超过完整性标准的管道条件特征。

该度量方法旨在与各个不同的管道公司进行对比。近两年刚开始开展此项工作。

2. 公司完整性绩效评估

Enbridge 公司对管道完整性管理评价占总分的 15%，主要考虑以下 5 个方面：

(1) 有重要影响的站外管道泄漏次数；

(2) 有限影响的站外管道泄漏次数；

(3) 站内泄漏次数；

(4) 年度检测项目完成率；

(5) 年度修复计划完成率。

3. 部门完整性绩效评估

Enbridge 公司完整性管理部门负责对员工完整性管理的绩效进行评估，责任到人，关系到个人收入水平，具有 0、1、2 三个不同得分系数，可得到高于满分的分数。包括：

1) 基线指标

(1) 干线泄漏、开裂；

(2) 设施泄漏、开裂。

2）组织性能标准

（1）内检测计划项目的完成率；

（2）开挖范围过程的改善；

（3）最高风险设施的检测数量；

（4）满足能力限制的策略。

3）关注项目

（1）法规策略或者首要问题管理；

（2）内检测技术管理、与检测商关系。

4）创新

（1）可靠性框架；

（2）数据管理方案。

14.1.8 新建管道完整性管理

管道完整性人员参与到管道设计和建设工作环节。对新建管道项目，Enbridge 公司完整性管理（PIM）部门有 7 个人参与内部审查。在项目各个关键节点，PIM 部门要审查，也是 Enbridge 公司内部的审查，如果无 PIM 部门的签字，项目将不能进入下一阶段，7 人团队的主要工作是使新建项目满足 Enbridge 公司内部完整性管理的各项要求，着眼于提升管道运行期间的完整性，他们审查项目不仅仅是使管道达到各种法规和标准的最低要求，而且要从完整性管理角度提出更高的要求。目前公司已建立了内部审查程序，并不断完善。

14.2 Williams Gas 公司管道完整性实施案例

14.2.1 完整性管理方案

美国运输部管道安全办公室（OPS）于 2004 年出台规定，要求气体管道运营商为可能因失效影响高后果区的长输管道（埋地部分）制定完整性管理方案。此规定符合 2002 年颁布的管道安全促进法案。

运输部 OPS 规定气体长输管道所有者/运营商：

（1）实施综合的完整性管理计划；

（2）开展基线评价和周期性再评价以识别和评估管道潜在危害；

（3）修复在此过程中发现的重大缺陷；

（4）持续监控程序有效性以便进行修正。

运输部 OPS 要求管道运营商编制书面的完整性管理规划以明确每一段埋地管道的风险。应识别埋地管道上的人口稠密区，或位于“特定场所”（有人员移动不便、受限或难于疏散的场所，如医院、教堂、学校或监狱等）一定距离内的区域。该距离取决于管道直径和运行压力。

运输部 OPS 要求管道运营商编制、执行和遵守书面的完整性管理规划。该规划必须上传以备 OPS 检查。同时规划进一步要求对完整性管理规划涉及的人员进行适宜的培训。

Williams Gas 公司的气体管道（WGP）承诺安全可靠地运行其设施以保护公众、环境和员工。基于运输部 OPS 的要求，Williams Gas 公司已编制完整性管理方案，在其系统中加入完整性理念以符合 49 CFR 第 192 部分章节 O 的要求。

1. 方案范围

Williams Gas 公司完整性管理方案包含以下内容：

（1）识别新规定要求的所有埋地管道。

（2）实施 OPS 要求识别和开展的 14 项内容，包括：

① 识别所有埋地管道；

② 埋地管道基线评价计划；

③ 识别埋地管道潜在危害；

④ 直接评价计划；

⑤ 修复条件的物资准备；

⑥ 持续评估和评价的流程；

⑦ 保护埋地管道的预防和减缓措施；

⑧ 效能评估以评定完整性管理规划的有效性；

⑨ 记录保存；

⑩ 流程变更管理；

⑪ 质量保证流程；

⑫ 沟通计划；

⑬ 运营商将完整性管理规划提交国家权威部门的流程；

⑭ 确保每一项完整性评价以最低环境和安全风险的方式执行流程。

（3）编制基线评价计划，包括：

① 评价管段；

② 每一管段所选用的方法；

③ 评价方法的选择依据；

④ 带有优先级的评价时间表。

Williams Gas 公司综合使用四种评价方法。Williams Gas 公司会根据管段风险选择最适合的方法或方法组合，包括：

① 内检测——在线和检测器测试；

② 压力试验；

③ 直接评价——包括数据收集、间接检查、直接检查和后评价；

④ 其他有效技术。

（4）基线评价完成后，Williams Gas 公司就会编制持续的完整性评价和评估规划。

（5）Williams Gas 公司已开发持续改进和发展已有完整性管理规划框架的流程，包括规划是否有效的测试方法。

2. 危害识别情况

下述危害或威胁代表了 ASME B31.8S 所识别的 9 种相关的失效类型，包括：

① 外部腐蚀；

② 内部腐蚀；

③ 应力腐蚀开裂（SCC）；

④ 制造相关缺陷（与 ERW 已有缺陷相关的疲劳开裂）；

⑤ 管道设备；

⑥ 建设/装配；

⑦ 第三方机械损伤；

⑧ 天气或外力造成的地面移动/土壤流失；

⑨ 由于误操作不属于管段特性，因此只在 Williams Gas 公司的流程中强调，而不直接纳入风险排序。

考虑的后果包括：

① 社会影响(安全和用户中断)；

② 环境影响；

③ 用户影响；

④ 经济影响。

3. 完整性评估

Williams Gas 公司给出了管段评价的优先顺序，并符合 2002 年颁布的管道安全法案的规定(见表 14-1)。

表 14-1　管段评价时间安排

方　法	完成日期	50%埋地管道完成评价的日期
压力测试或内检测	12/17/2012（完成）	12/17/2007（完成）
直接评价	12/17/2009（完成）	12/17/2006（完成）

上述管段必须在基线评价后的 7 年内进行再评价，若经评估认为有必要，应立即进行再评价。

当识别到需要进行评价的新管段，Williams Gas 公司会在一年内将其纳入基线评价计划。任何新识别管段的基线评价必须在 10 年内完成(如果采用直接评价则需在 7 年内完成)。

4. 修复

Williams Gas 公司的完整性管理规划明确当评价过程中发现任何异常情况，都要立即采取处理和修复措施。所有可能降低管道完整性的情况都要进行处理。Williams Gas 公司将在实施完整性评价的 180 天内作出处理决定，除非需要立即修复(运行压力必须临时降低或管线停输直到 WGP 完成修复)。Williams Gas 公司将根据 ASME/ANSI B31. 8S 的安排完成修复。

14. 2. 2　管道建设期完整性管理

Williams Gas 公司的管道建设项目严格管理，采用分标段建设，选择高度专业化、合格的设计、施工队伍，每个标段由不同的人员组成，各司其职。建设期采取以下完整性管理措施。

1. 施工前充分调研，识别风险

在施工开始前，公司调查管线周边的环境，为防止管线施工过程中的意外损坏，将公共道路和农业排水项目定位和标记出来，标出管道的中心线和管道边界的外部通行权，与地主协商达成通行协议，识别可能存在的风险和隐患。

2. 采取环境保护措施，重点清理和分级

管道通过地方的植被需要清理。为最大限度地保护植被和环境，在开挖之前应采取临时的防控措施，确保施工安全。

3. 保证挖沟的深度和宽度

表土从工作区挖出，并储存在非农业区，使用挖土机开挖管沟，开挖出的土壤被暂时储存在管沟的非工作侧。充分按照图纸要求施工，保证土方量，遇到石方段时，采取爆破措施，并最终用细土垫层的方式进行沟底处理。

4. 布管和弹性敷设

管道布管沿着开挖管沟排列，当自然地貌显著变化或者管道路由变化方向时，采用机械弯管机将管道冷弯成设计的角度，铺设时，采取弹性辐射方式，不允许有对口斜接管道出现。

5. 焊接和管道涂层

完成布管和弯管后，将管段对齐，焊接在一起，并临时支起放在管沟边缘。组对过程中，不允许有强力组对。所有焊缝均进行目视检查和射线探测。一般来讲，在排管前进行了出厂防腐涂层的管道需要在焊接接头处进行防腐处理。在最终检查前，整个管道涂层是通过电子检查定位并修复任何涂层缺陷或空隙。

6. 下管和回填

用单臂吊管机将管道吊入管沟内。管沟回填采用推土机；管沟内不允许出现任何异物，避免损伤管道本体和涂层。

7. 试压和扫水干燥

回填后，管道应按照国家法规进行水压试验。试验使用的水要依照国际、国家或地方的相关法规进行处置，试压后扫水和干燥，达到水露点要求。

8. 地貌恢复

公司的政策是要清理并尽快恢复工作区。当管道回填和测试后，建设期内受影响地区应尽可能恢复成原来的状态。直到地区恢复到接近其原来的状态，恢复的措施应持续执行。

14.2.3 管道完整性管理

州际管道由美国管道安全运输办公室管理，其中包括范围应用广泛的建设和运营标准。Williams Gas 公司有自己的管道设计、材料规格、施工、维护和测试标准，通常高于州际标准。Williams Gas 公司有一个全面的管道完整性管理程序，不仅包含检测管道泄漏，而且包含如何防止泄漏的发生，如图 14-3 所示。

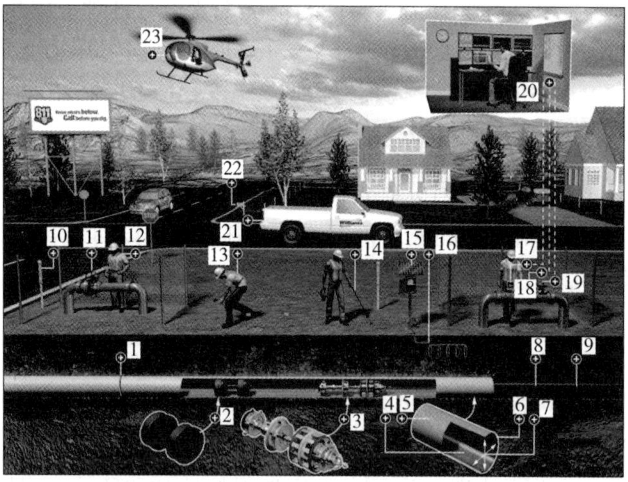

图 14-3 Williams Gas 公司管道安全管理系统图

图 14-3 中各序号表示的意义如下：

1. 焊缝 100%X 射线检测

所有的焊接管道经过 X 射线检测，以保证完整性。

2. 清管

定期发送清管器用来防止管道内腐蚀。

3. 在线检测

使用内检测设备，检测管内异常，识别管道钢壁厚度的轻微变化。

4. 高强钢

在管道生产制造厂，管道业主代表必须仔细检查管材以确保质量符合或超过联邦和行业标准。

5. 涂层情况

检查管道涂层破损情况，检查涂层在管道制造厂的涂敷工艺可靠性和抗剥离能力，防止土壤水分与金属材料接触。当定期管道开挖时，工作人员需检测管道及涂层是否被损伤或者材料是否被腐蚀。

6. 壁厚

在人口密集区域，采用强度更高、壁厚更厚的管材，以提高安全系数。

7. 压力试验

严格监督管子在工厂的压力试验情况。

8. 换管

在管道上发现问题后，及时进行替换。

9. 水压试验

按照规程，一旦管道埋入地下，在正式运营前，对其用超过其操作压力的水或惰性气体进行压力试验，来验证管道的承压能力。

10. 管道标识

根据联邦法律，地面管道标记是用来标识管道的通行权、使用权或所有权的，同时也标识一条或多条管道存在的公共权益。这些标识应包含管道运营商和紧急联系信息的名称，通常位于靠近公路、铁路、栅栏、水域通道、限制区域以及管道的三桩位置。

11. 截断阀

截断阀是在维修或在紧急事件时，用来阻止气体流动的阀门。

12. 阀门检测

每年对阀门进行检测，以确保紧急情况下阀门可用。

13. one call

Williams Gas 公司积极使用全国性的呼叫系统。当第三方施工方或工程乙方拨打 One Call 电话后，Williams Gas 公司会立即派人来到施工现场，采用涂料喷涂或放置标志的方式来标记管道位置，或者确认交底管线的准确位置。

14. 泄漏检测

每年至少进行一次泄漏检测。更加频繁的测试要根据管道本身特性和位置确定。

15. 阴极保护

管线一旦被埋入地面，Williams Gas 公司的操作员即安装阴极保护，阴极保护系统伴随着管道的电化学保护，主要是防止管道腐蚀。

16. 牺牲阳极

Williams Gas 公司针对不同的防腐方式，也采取牺牲阳极的方式，通过将管道连接另一个更容易腐蚀的牺牲金属作为阳极来保护管道。

17. 仪表测量体积

Williams Gas 公司通过气体体积的连续监测来确保气体流经管道，并将监测信息发给气体控制中心。监测设备能检测到气流中的微小变化，如果发现问题，调度员可以迅速启动紧急关断程序。

18. 温度传感器

Williams Gas 公司通过气体温度的连续监测来确保气体流经管道，并将监测信息发给气体控制中心。监测设备能检测到气流中的微小变化，如果发现问题，调度员可以迅速启动紧急关断程。

19. 压力传感器

Williams Gas 公司通过气体压力的连续监测来确保气体流经管道，并将监测信息发给气体控制中心。监测设备能检测到气流中的微小变化，如果发现问题，调度员可以迅速启动紧急关断程序。

20. 控制中心

Williams Gas 公司的资质员工一周 7 天 24 小时监测管道系统，如果发现问题，调度员可以迅速启动紧急关断程序。

21. 公众警戒

Williams Gas 公司区域管道维护代表对当地应急办公室、施工承包商、土地所有者和社区领导进行培训，告知他们管道操作和应急反应程序。

22. 日常巡检

Williams Gas 公司管道维修人员进行日常巡检，检查管线附近的施工活动，并保持管道及路由。人口稠密的地区检查和巡逻的频次更频繁。

23. 日常空中巡检

第三方损坏是管道事故的主要原因，为防止第三方损坏，Williams Gas 公司定期低空飞行的飞机巡检能够保持管线和邻近地区的安全。

14.3 TransCanada 公司管道完整性实施案例

TransCanada 公司也是完整性管理的佼佼者。公司的宗旨是保护公众安全和环境。通过全面实施管道完整性管理实现零事故、零伤害、零损伤的安全目标，并严格遵守行业规则，努力执行高于行业规则的做法。

TransCanada 公司尽可能地投入资源最大限度地保障管道系统的完整性和安全性。通过控制中心 24 小时监控管道系统的运行情况，一旦发生泄漏，有能力在几分钟内关断阀门，并隔离受影响的管段。具体包括如下工作。

1. 制定完整性管理计划

公司的管道完整性团队由各种专业知识丰富并在管道维护和检测部门工作的人员组成。该团队制定了管理方法、程序和方案，并针对具体管道完整性问题建立安全计划。每年的春季和夏季都基于从现场和团队建立的跟踪管段高风险的模型收集的数据制定随后的管道维护计划。

2. 采用基于风险的方法

每年 TransCanada 公司都对管道系统进行仔细的检查，并采用正式的基于风险的方法计算失效的风险。这种方法考虑很多的因素，确定了失效概率、潜在的后果以及用来识别高风险管节和评估风险的可容忍性。

TransCanada 公司基于风险的完整性管理计划包括了持续进行维护、检测和用来改进管道材料和工艺的科研投资。它们根据具体的数据信息来制定管道维护计划，并通过优先进行高风险管段的维护来优化完整性花费和降低暴露的风险。

3. 腐蚀(外部/内部)检测

目前检测和维护管理外部腐蚀的费用占公司腐蚀防护费用的50%，内部腐蚀失效占公司整体失效的25%。自1974年Alberta管道失效造成1人死亡后，公司随即自1975年开始进行检测，一直到现在，管道检测技术经历了翻天覆地的变化。公司已经认识到，由于之前的检测器精度较低，部分失效发生在经过检测的管道上。目前，检测器的检测精度仍在不断提高。

4. 内外检测优化维修

从1990年开始，TransCanada公司对大批大口径管道进行内检测，成为主要的风险减缓手段。公司每年约检测4000英里管道，检测时间间隔最短为3年(管道存在大量缺陷)，最长为10~15年。公司也存在口径仅为4~8in的小口径管道，这些管道由于无法安装收发球筒而不能进行内检测，可用地面ECDA评估的方式来控制外腐蚀风险。

5. 开挖

通常依据多次检测所得的腐蚀增长速率来计算缺陷的发展情况并确定其开挖时间，但是该方法具有保守性。随着开挖费用的不断升高和检测费用的不断降低，TransCanada公司选择尽量减少开挖并增加检测频率。在加拿大，公司每年开展200~300次开挖。

6. 管道保护

TransCanada公司采用外加电流的方式保护管道抵御外部腐蚀。对于内部腐蚀，公司也采用水压试验的方法来检测其完整性，该方法较为繁琐，需要将水注入管道，并加压至高于正常运行压力。

7. 应力腐蚀开裂(SCC)

SCC是TransCanada公司面临的最具挑战性的问题，至今没有像检测腐蚀缺陷那样精准的检测器可以应用于SCC的检测。公司有超过2500英里的管道可能存在SCC现象，公司依据其对于管道、土壤、地势及其他可能导致开裂的因素，开发了较为严密的维护措施。

8. 水压试验

水压试验是有效的SCC探测手段，截至目前，TransCanada公司已经开展了超过400次的水压试验。水压试验耗时耗力，操作复杂，获取水源和处理废水也是较大问题。目前水压试验是管理SCC风险最可靠的手段。公司从20世纪80年代开始开发内检测工具，但是对于裂纹，检测器的有效性受到技术本身的局限(因无法辨别裂纹和夹层)，目前公司的检测技术也在不断进步，正在使用超声检测替代水压试验。对于一些高程变化太大的管道，水压试验并不可行。

9. 电磁超声检测(EMAT)

该技术是针对SCC开发的新型检测技术，目前市场潜力很大，TransCanada公司已经用了13年的时间完成了技术改进，有较好的效果，但技术的完善仍需要5~10年的时间。

10. SCC 预防

TransCanada公司自1986年出现了首例SCC事故后开始了SCC管理。根据加拿大国家能源局运输安全局发布的要求和SCC管理指南，公司不断改进对于SCC的风险控制措施。

11. 地质灾害风险管理

地质条件不稳定是管道经常遇到的风险因素，例如滑坡。公司监控地质变化并开发管道与土体移动相互作用的经验模型，河流穿越处由于季节性冲刷造成的管道裸露会受到岩石移动的威胁，应加强埋深和整治。

12. 预防机械和第三方损伤

非授权的第三方管道上方开挖会给管道带来致命风险。机械和第三方损伤事故发生频率较低，目前公司正不断投入时间和资源来预防此类风险。该公司通过与市政府、承包商及其他利益相关者建立的综合宣传方案来管理机械和第三者的损伤，以确保管道的位置准确，并在开挖前打电话进行确认。公司还使用内检测，以寻找由于第三方活动导致的凹坑和划伤。通常，为防止可能危及管道的未经授权的挖掘事件，维修人员需要在管道的上方清楚地标记管道位置。

13. 空中巡检

空中巡检管道是看护管道免受机械和第三方损伤的重要方式。通常管道不会在第三方活动期间开裂，而是经过一段时间之后，所形成的划伤损伤发展成裂纹，最终导致泄漏或开裂。

14. 施工与制造

管道行业早期的故障往往归因于管道施工和制造的低标准，目前施工和制造技术已经大为改善。TransCanada 公司具有高质量的焊缝和严格的质量管理体系，对于所采购的管材以及制造的产品质量有严格的控制。

14.4 陕京管道完整性管理实践

14.4.1 管理模式的探索

陕京管道多年来一直致力于管道完整性管理，并且深刻认识到完整性管理是管道延寿管理的最佳途径，管道的管理与著名的“盆状曲线”(见图 14-4)一样，具有相似性。

管道安全就是管道的生命，一般在传统的管理模式下，管道建设投产初期和设计寿命终期失效概率较高，在运行期失效概率较低，管道在整个运行周期内的失效概率一般可以用图 11-4 表示。国际上通常采用完整性管理技术，使管道的失效概率在整个生命周期内是平稳变化的，延长了管道使用寿命，如图 14-5 所示。

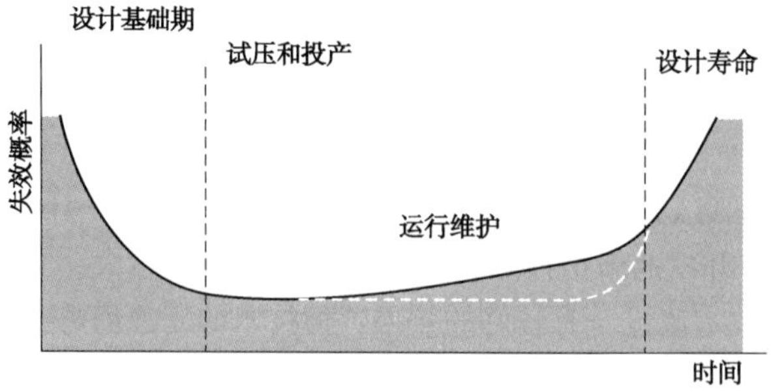

图 14-4　管道的失效概率

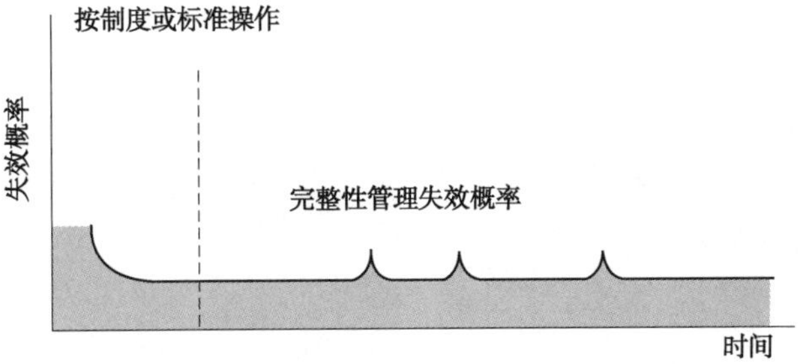

图 14-5　实施先进管理手段后的管道失效概率

为了实现管道生命周期的安全平稳运行这一目标，北京管道公司经历了不断地学习、实践、创新的过程。在投产初期，为了解决生产中出现的问题，请国内同行专家查找管理差距，随后，开展了国外技术对标、接轨工作，坚持“走出去，请进来”的思路，组织骨干人员到国外进行项目合作，学习先进的管理经验；2001 年与英国 Transco 公司以及加拿大 Enbridge 公司合作，Transco 和 Enbridge 专家针对公司生产管理进行差距分析，找出公司与国际同行业水平的差距，并提出建议措施；2004 年实施了调度培训国际认证，提高了公司调度控制管理水平；2003 年公司与加拿大 JHU 阀门维护公司合作，共同进行阀门维护技术的培训，取得了北美阀门维护认证，结出了丰硕的成果；提出以“建设国际一流管道公司”为目标，与国际管道技术和管理接轨。

陕京管道的完整性管理，包括以下五个方面的内容：

(1) 含缺陷(内部缺陷、外部缺陷)管道本体的完整性管理；

(2) 管道地质灾害及周边环境完整性管理；

(3) 防腐有效性完整性管理；

(4) 站场及设施完整性管理；

(5) 储气库井场及设施完整性管理。

北京管道公司从涉及管道运行的五个方面实施了管道完整性管理，具体技术与管理应用情况详细介绍如下。

14.4.2　管道内检测技术应用

标准分辨率设备相对于高分辨率和超高分辨率的设备只配备较少的漏磁传感器。每个传感器覆盖很大的检测范围，它只能给出它所探测区域漏磁的平均值。而更小更先进的霍尔传感器(用于高分辨率设备)能检测管壁上更小的区域并显示更加具体的信息。因而，高分辨率设备更加适合于检测不规则管道，相应高分辨率设备所需处理的数据量比较大，数据处理的过程也更为复杂。目前已完成 4100km 管道内检测，陕京一线已完成再检测评估，检测器如图 14-6 所示，发现的缺陷如图 14-7 所示。

图 14-6　使用的 MFL 漏磁检测器

陕京管道自 2004 年开始应用高清晰度检测器，并首次在国内储气库配套管线段实施，共进行了 278.1km 的内检测工作，这

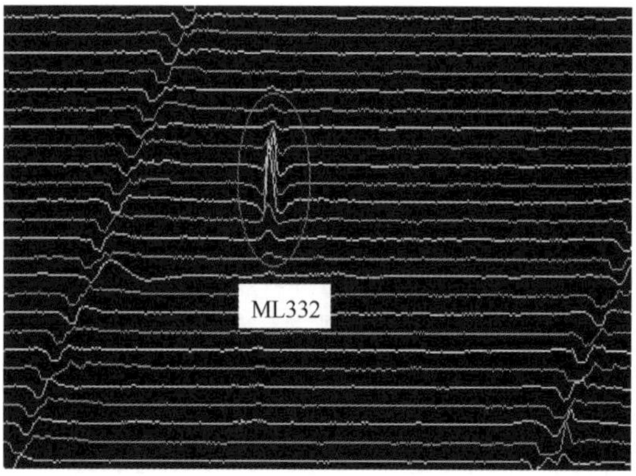

(a) 信号

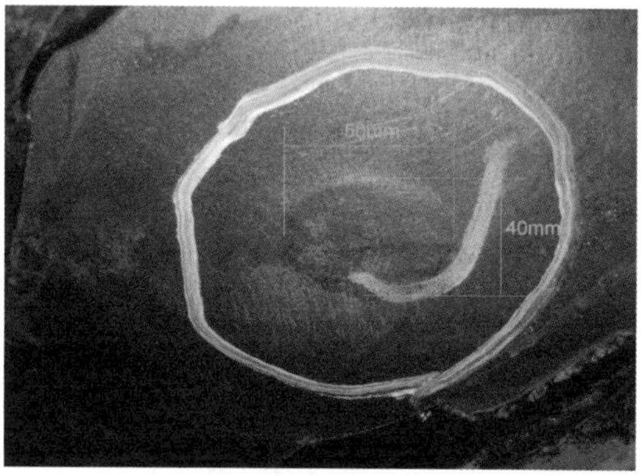

(b) 塑性凸起缺陷

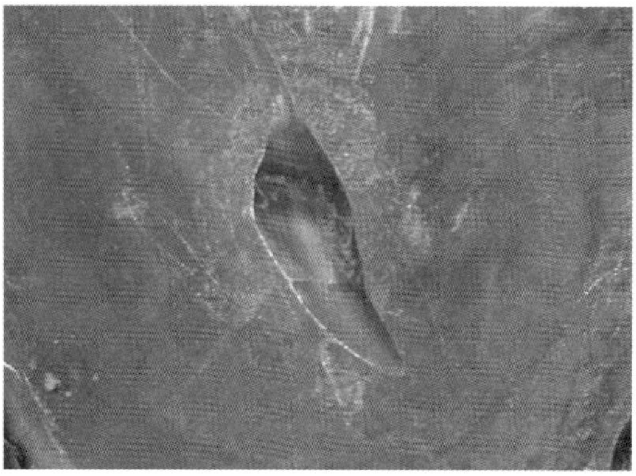

(c) 机械损伤

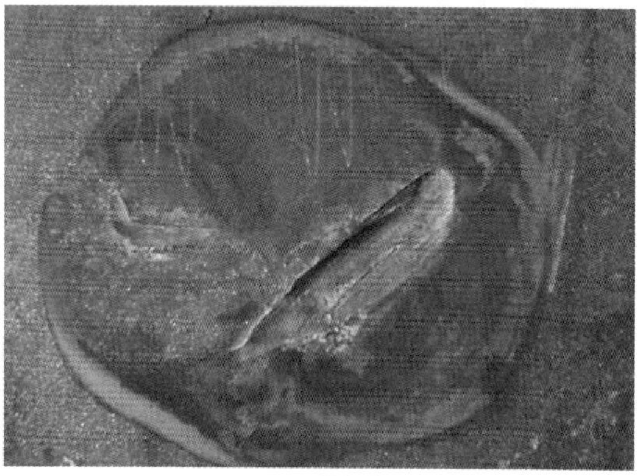

(d) 机械损伤

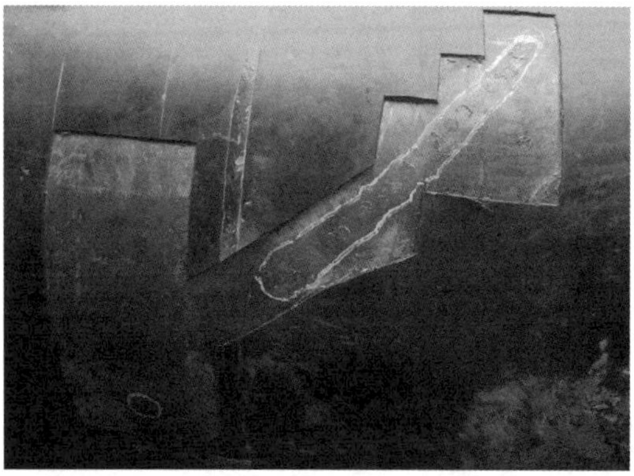

(e) 夹层缺陷

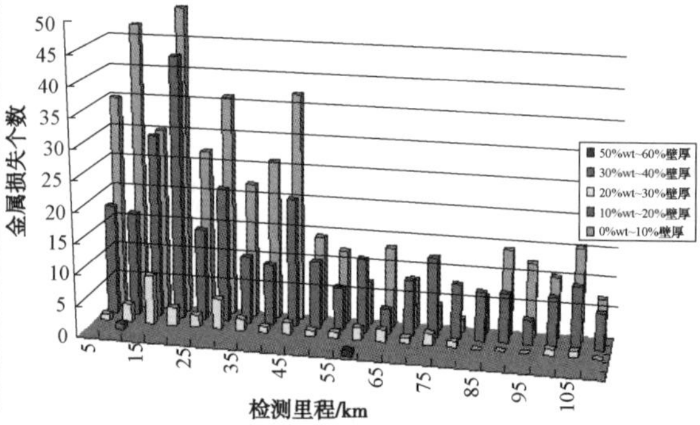

(f) 缺陷统计直方图

图 14-7 缺陷分布图

是首次使用高清晰度检测器与国外 PII 公司合作的项目，此项目共检测出 112 个大于 25%壁厚的缺陷，发现大量夹层缺陷，属于制管过程中的材料问题。

通过使用 CNPTC 检测器和 PII(GE)检测器，可以看出，高清晰度的检测器对夹层的检测较敏感，对于内部缺陷具有一定的检测可靠度。

14.4.3 站场超声导波检测技术与应用

超声导波技术是一种可以代表管道检测技术发展水平的检测系统，常用于快速检测难以进行内检测的管道内部和外部腐蚀及其他缺陷。在直径为大于或等于 2in 的管道中，超声导波管道检测系统使用轻型环状传感器发射超声导波，传播距离可达 100m，软件程序可分辨管道交叉部分反射波的变化，超声导波系统可对从传感器安装位置的全管体进行 100% 检测，导波系统发射扭转波和纵波，使用时只需清除很小区域便可完成对输气和输油管道的检测，而不用把管道全部挖开。

超声导波检测系统检测长距离管道的腐蚀或裂纹，系统的适用范围为：穿路套管；穿越围墙；直管段；各种支架下的管道检测；架空工程管道；防腐层下腐蚀检测(只需清除很小绝缘层)；低温工程管道；球形支架；护坡管线。

BHGC 在石景山站共检测出金属损失缺陷总计 65 处(见图 14-8)，其中金属壁厚损失量统计见表14-2。

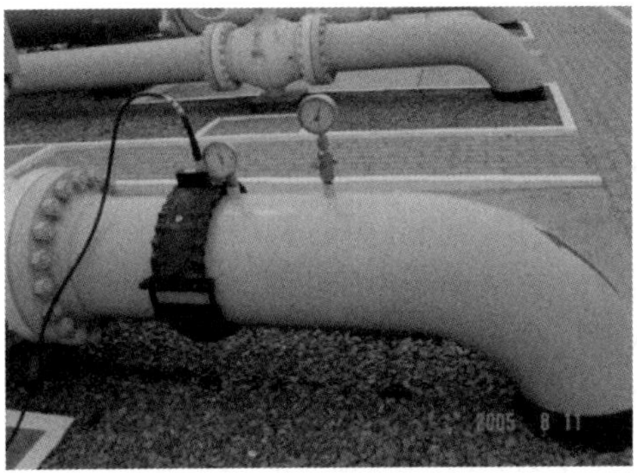

(a) 入地弯头

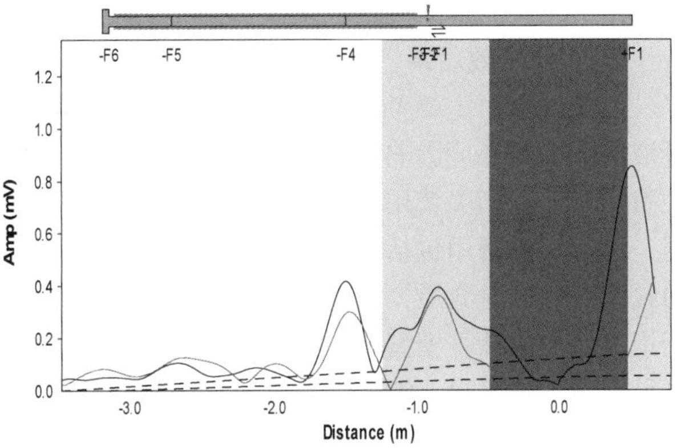

(b) 信号

(c) 埋地管道

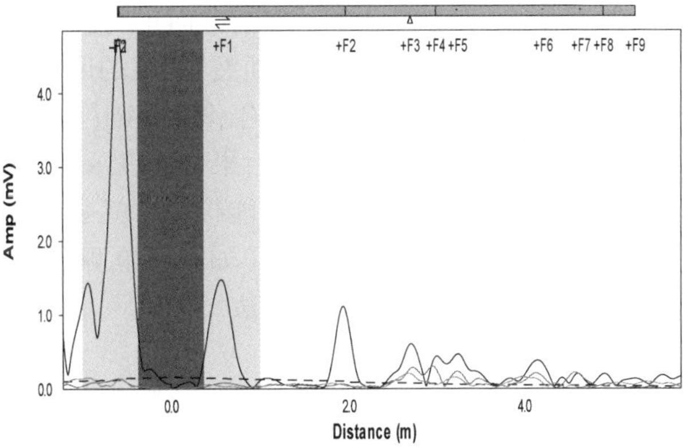

(d) 信号

图 14-8　检测位置与信号

表 14-2　金属损失缺陷

金属损失范围	5%~10%	10%~15%	15%~20%	20%~25%
数量	22	28	11	4

注：除未开挖的埋地缺陷外，其余缺陷均用超声波测厚仪进行了验证，确定了缺陷的具体位置和剩余壁厚。

14.4.4　定量风险评估技术与应用

1. 管线分段及参数

风险水平的计算是分段进行的，在每个段上管线参数保持一致，可通过改变一个或多个管线特征参数来形成一个新的管段。风险计算需要的参数包括管线名称、首站、末站、表征管线物理特性的参数(如管径、壁厚、服役年限以及钢管钢级等)、输送介质类型(天然气、石油或其他碳水化合物)、操作环境(如天气情况、土壤类型以及地形特征等)等。

2. 管线失效概率计算

失效概率计算时，考虑了三种失效模式，三种失效模式的区别与孔的尺寸有关。据此，三种失效模式可以通过当量孔尺寸的大小区分如下：

(1) 小泄漏　<20mm；

(2) 大泄漏　20mm~(80mm 或管径)；

(3) 断裂　>80mm 或 管径。

在分析失效原因时，主要考虑了内腐蚀、外腐蚀、外部撞击等因素对管线失效概率的影响。

3. 管线失效后果

后果模型中主要考虑了三个方面的因素：用来测量与安全相关后果的死亡人数；用来测量液体管线对环境影响的当量剩余泄漏体积；用来测量经济后果的总费用。总费用是商业相关费用和地点相关费用的总和，商业相关费用包括维修费用、服务中断费用和损伤介质费用，地点相关费用包括泄漏清理费用和财产损失费用。有效剩余泄漏体积是指失效泄漏的未回收部分的输送介质，需要根据泄漏地点的环境敏感性进行调整。死亡人数的计算模型和财产损失费用的计算模型一样，根据灾害强度模型和管线周围人口(财产)密度进行计算。灾害种类包括喷射火、池火、蒸气云火、蒸气云爆炸、有毒或能使人窒息的蒸气云等。

4. 风险计算

根据风险的定义，风险水平是失效率(每千米每年的失效次数)与失效结果(例如从金融方面失效需要的维护费用和从安全方面每次失效造成的伤亡人数)相乘得到的。把三种可能的失效模式(小泄漏、大泄漏及断裂)相关的风险分量加起来得到每种失效原因的风险水平。计算出的风险估计值以每千米每年作为基础(例如每千米每年金融风险相关的费用以及安全风险方面的伤亡人数)用适当的后果方式表示。风险评估的步骤与所评估的风险水平是否可以接受相关联，如果风险水平不能接受，就必须降低风险(通过整体维护行动)。这种情况下，制定一系列可供选择的方法(如在线检测或预防设备撞击措施)，并比较它们的费用效益比，来确定最佳的降低风险方法。

5. 定量风险评估结果

(1) 失效概率　陕京管线沿线失效概率的计算结果如图 14-9 所示，从图中可确定出管道发生失效概率较高的地段。

(2) 风险水平　陕京一线沿线各段风险水平的计算结果如图 14-10 所示，从图中可确定出高风险管段，可对其采取加强维护措施，从而确保陕京管线的安全。

14.4.5　管道完整性评价技术与应用

检测技术是管道完整性管理的基础，检测的目的在于发现管道存在的缺陷和存在的危害因素，完整性性评价的目的是定量分析检测数据中的缺陷，依据严格的理论判定缺陷对安全可靠性的影响，对缺陷裂纹的形成、扩展及构件的失效过程、后果等作出判断，评价技术是确定管道维护方案的科学依据。

1. 检测缺陷管道的安全评价

评价标准：检测出的体积型缺陷评价的方法主要通过理论与实验的方法确定下来，一般

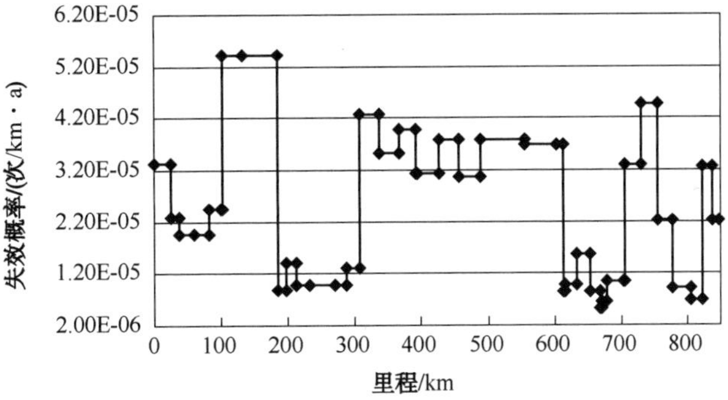

图 14-9 失效概率计算结果

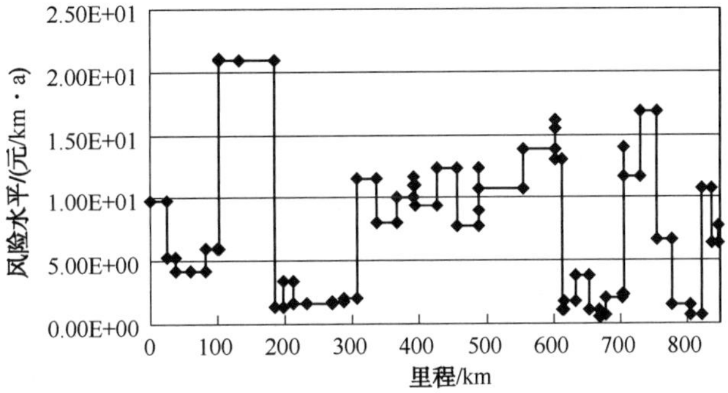

图 14-10 管道沿线各段风险水平的分布情况

都是采用实验手段获得的经验公式。体积型缺陷的评价标准很多，例如 ASME B31G、BS 7910、RSTRENGH、API 579 等，这些标准的适用范围各不相同，但评价的流程和评价结果可表示为图 14-11 和图 14-12。

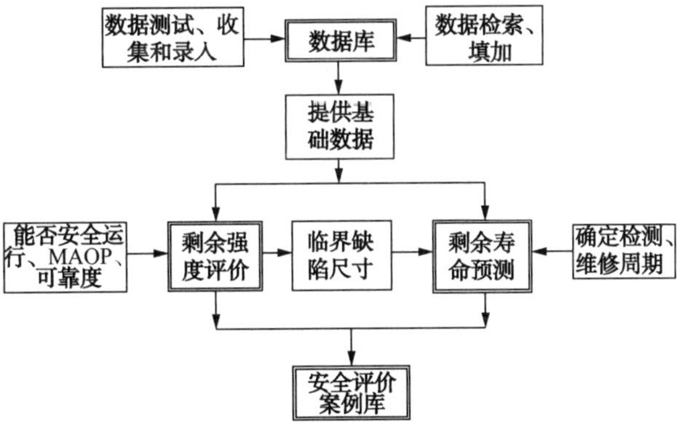

图 14-11 安全评价流程

2. 有限元评价

在评价过程中，除需要对比较严重的缺陷点按照标准进行一级和二级评价外，还要进行 ABQUS、ANSYS 有限元缺陷三级评价模拟，采用腐蚀缺陷金属损失的有限元模型，使用典型的固体二阶元，如 20 节点六面体元。通过将缺陷形状简化、金属损失黏结处网格划分稠密和网格优化的面积扩展，精确计算腐蚀点处应力。

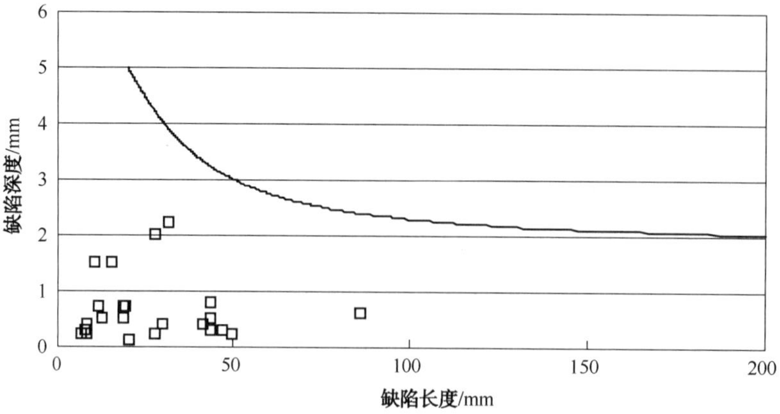

图 14-12　评价图表

3. 管道剩余寿命预测技术

管道剩余寿命预测是在管道剩余强度评价的基础上进行的，主要是预测管道的未来情况，因此前者难度远大于后者。在进行含腐蚀缺陷管道剩余寿命预测时，最主要的难点在腐蚀缺陷发展规律的确定上。

一种是利用人工神经网络预测模型，预测步骤为：①获得实际土壤的化学组成及理化性能指标；②将土壤组成等决定土壤腐蚀速率的因素作为网络的输入；③将相应管材的权值(由设计的正交试验获得)赋予网络对应连接单元；④运行人工神经网络预测模型，获得对应管材的土壤腐蚀速率；⑤基于管道剩余强度评价计算出管道的剩余寿命。

另一种是利用可靠性理论，腐蚀剩余寿命预测过程大体可由以下几个步骤组成：①建立管线腐蚀速率的概率分布模型，其方法是利用管道腐蚀检测数据和服役年限，通过统计分析，利用数学方法进行拟合，找出其概率分布规律；②通过剩余强度评价，确定出缺陷极限尺寸；③计算得出管道失效概率随时间变化的规律；④给定目标可靠度，确定管道剩余寿命，即检测周期。确定所对应失效概率，通过确定合适的可接受失效概率，就可以对管道的剩余寿命进行预测。

14.4.6　管道地质灾害评估技术与应用

对管道有影响的主要地质灾害有地质断层、地裂缝、山体崩塌、滑坡、泥石流、黄土湿陷、冲沟、地震、河流冲蚀、采空区等。

地质灾害安全评价是指对管道建设可能诱发、加剧地质灾害和管道建设项目本身可能遭受地质灾害危害程度的估量，包括以下几种评价方法。

1. 稳定性评价

将地质稳定性的等级分为三级(稳定性好、稳定性较差、稳定性差)，对滑坡、地面塌陷、地裂缝、地面沉降四种情况分别进行分析，每一种情况的地质稳定性级别有不同的判别条件。

2. 易损性评价

根据管道的布局特征，调查统计管道受灾数量，核算受灾管道价值，分析管道在遭受地质灾害危害时的破坏程度、价值损失率和附带的其他损失，进行地质灾害易损性评价，评价结果分为三级，即严重损坏、中等损坏和轻度损坏，其分级和赋值如下式：

$$P=\begin{cases}轻度损坏 & 0.0\sim0.2\\中度损坏 & 0.2\sim0.6\\严重损坏 & 0.6\sim1.0\end{cases}$$

3. 危险性评价

在地质灾害稳定性、易发性、易损性评价的基础上，利用两因子综合叠加分析，评价地质灾害的危险性，据此建立的地质灾害危险性评价数学模型为：

$$R_d = 100\sum_{i=1}^{n} W_i \cdot P$$

式中 R_d——评估单元危险性指数；

W_i——第 i 类灾害的稳定性指数；

P——受灾体易损性指数。

根据危险性指数 R_d 值，将危险性评估结果划分为三级，即危险性大、危险性中等和危险性小。

4. 地质灾害管道数值模拟安全评价

(1) 管道悬空稳定性有限元分析　对地质灾害、河流沟渠和地理裂纹导致的油气管道局部悬空进行模拟分析，该模型考虑了管道与岩土的共同工作以及自重载荷和接触面的摩擦，计算分悬空段管道上有覆盖土层和完全裸露两种情况，给出截面应力和位移分布，以及挠度、MISES 应力和轴向应力随埋深、跨度、壁厚、外径和内压等参数变化的数据和曲线。

(2) 地震导致岩层液化分析　采用快速拉格朗日元(FLAC)分析土层液化。

(3) 含弱面滑坡分析　应用土力学计算滑坡土壤对管道的冲击力。

(4) 岩石崩落模拟　采用颗粒流模型模拟岩石崩落过程，计算对管道的冲击力。

14.4.7 陕京管道 GIS 地理信息系统

随着 IT 技术的发展，地理信息系统目前已经发展为数字管道的载体，其功能不仅仅局限于地理信息与管道信息数据的结合，而逐渐形成具有分析决策功能的完整性管理平台。陕京管道 GIS 系统包括以下模块(包括但不局限于)：

(1) 数据信息管理系统模块；

(2) 应急管理系统模块；

(3) 管道完整性管理系统模块；

(4) 安全评价系统模块；

(5) 风险评价管理系统模块；

(6) 管道数据管理与评价智能化系统模块。

GIS 系统的建设目标是为管道完整性提供决策平台，长远目标是在实现系统数据自动采集、自动分析、自动处理的基础上引入专家智能系统，实现数字化管道自动评价、处理、决策的目的。具体包括：

(1) 数据自动采集录入子系统；

(2) 数据自动处理转换子系统；

(3) 数据自动分析智能化评价专家系统。

该系统的目的是实现信息化技术与应用管理技术充分接口，实现多功能的数据自动采集分析和管理，并将专家系统引入到 GIS 中。

14.4.8 修复技术

目前用于管道补强的几种常用的方法有堆焊、打补丁、打套筒、碳纤维补强、夹具注环氧等。BHGC 开发了碳纤维复合材料补强技术和夹具注环氧技术，在陕京一线、港清线及港清复线管道缺陷补强分别应用了碳纤维补强和夹具注环氧补强技术，修复金属损失缺陷 150 处(见图 14-13)。

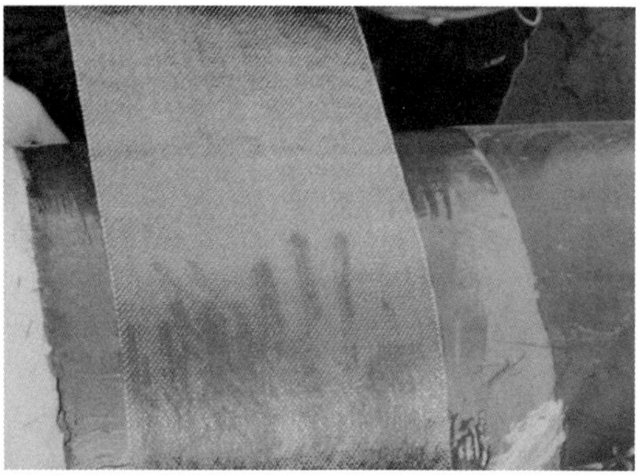

(a)

(b)

图 14-13 缺陷补强修复技术现场操作

14.4.9 管道内腐蚀监测技术

根据管道清管的粉尘情况，研发了内腐蚀监测系统，在沿线具有代表性的 10 处工艺点(站场)安装内腐蚀监测探头，每月监测管道内壁的腐蚀速率，通过近 2 年的监测，陕京干线全年平均金属损失壁厚减薄率为 8.4μm/a，低于 10μm/a 的国际腐蚀标准，同时确定了气量、压力、流速与腐蚀速率的关系，通过对内部腐蚀冲蚀、磨蚀的数据的分析，建立起一套科学的分析方法，大大提高了对管道内腐蚀及气质的监测能力，及时掌控了管道内部腐蚀风险(见图 14-14)。

图 14-14 管道内腐蚀监测系统

14.4.10 管道生产运行安全评价

管道生产运行安全评价是针对冬季、夏季大气量生产运行过程中的影响因素，为保证全年的安全运行，实施的一项综合性安全评价技术。管道生产运行的安全评价主要从影响生产的 13 个方面进行综合评价，分别为：①冬季运行压力、气量预测下，站场、干线管道承压能力；②站场关键部位壁厚测量、沉降；③管道外力重载的预防措施评价；④汛期管道抢险检验情况评价；⑤设备故障点安全评价和改进措施；⑥全线设备、压力容器检测结果评价；⑦内腐蚀、内部冲蚀监测；⑧阴极保护、外防腐层评价；⑨内检测数据评价分析；⑩自控、通讯、电气安全评价；⑪压缩机振动的问题分析和评价；⑫储气库站场采气工艺管道应力分析；⑬应急指挥、应急抢修方案评价。

该项工作从 2001 年开始，针对评价的结论，逐条落实，整改存在隐患，真正落实，有力地保证了安全生产。

14.4.11 站场工艺管道、设备监测与评价

定期对弯头、设备等关键部位的壁厚进行测量，建立管道壁厚监测数据库，定期进行评价分析和管理，并采用 ANSYS、ABQUS(见图 14-15)等软件进行计算，评价管道、工艺设备的冲刷、腐蚀的安全性。2002 年 4 月，根据壁厚监测的结果，发现某加气站的 80mm 弯头壁厚严重减薄，立即对其更换，为保证安全，对排污弯头采取定期的开挖调查监测，制定更换周期确保工艺管道安全的措施。

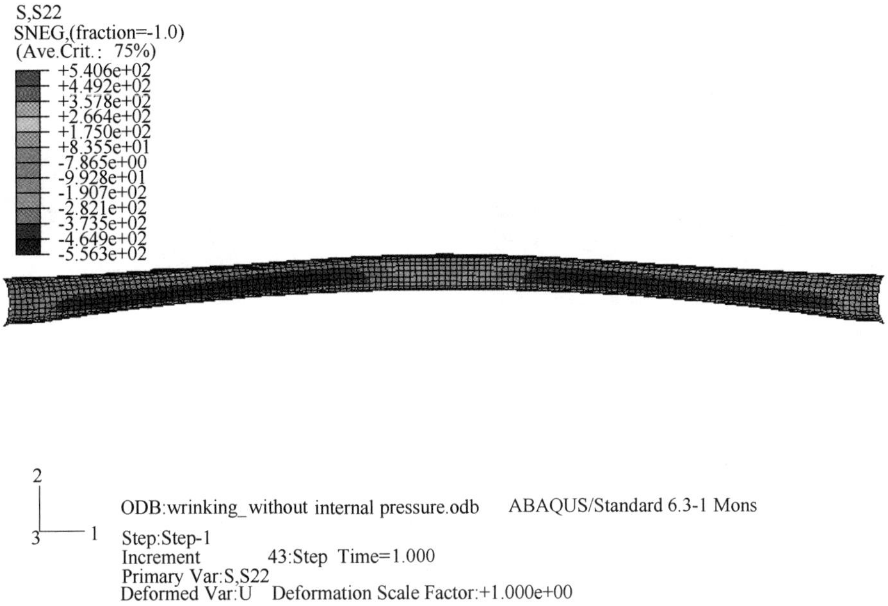

图 14-15 ABQUS 管道力学分析图

14.4.12 压缩机故障诊断技术

引进压缩机故障诊断技术(见图 14-16)。该技术可提高对机组的在线监测能力，可对压气站压缩机组的运行状态(如振动幅值、轴位移、机组运行工艺参数)进行连续监测、记录。一旦上述各运行参数发生异常，及时做出预报警，并可根据系统所采集的大量信息分析原因，防止设备突发事故的发生，大大提高了压气站运行的可靠性，为完整性管理打下了良好的基础。目前陕京管道压缩机平均故障停机率低于 0.3%，与国际同行业的水平相当。

14.4.13 储气库井场及设施完整性管理

实施储气库(见图 14-17)注采一体化管柱技术，保证注采井的安全。地下储气库是陕京输气管道的配套工程，实现用气调峰以及特殊情况下向京津地区的紧急供气。工程采用了国际先进的处理、控制工艺与设备，注气压缩机组采用了大功率高效燃气发动机驱动三级高压往复式压缩机，注采井采用井下安全阀、封隔器、伸缩短节、环空充填套管保护液，站场集中控制通过数字化通信系统与公司中央调度系统实现同步通信与控制。

储气库均采用了注采井管柱联作工艺，实现了生产与射孔管柱一次作业完成，缩短了完井时间，从而最大限度地保护了储层。另外，完井时选择了常规完井生产管柱，采用永久封隔器进行套管保护，避免套管承受高温高压状态，同时实现了无套压安全生产；油套环空注入环空保护液，保护套管和油管外壁免受腐蚀；管柱上配有测试用坐落短节，以满足测试作

业的要求；同时，管柱也配备伸缩短节，可以抵消“注气”“采气”应力交变，延长管柱免修期；使用气密封丝扣油管，保证管柱在高温高压状态下密封性能良好；产水井定期使用固体防腐棒，进行油管内壁的化学防腐；管柱上配有井下安全阀，可以满足安全的要求，同时对于大张坨储气库来说，还可以满足地面泄洪环区的需要，防止污染。所有的井场都安装有地面安全控制系统，对所有的注采井，均能实现就地和远程控制功能，保证了储气库注采井的安全。

图 14-16　压气站离心式压缩机

图 14-17　储气库井场

14.4.14　管道数字化技术

数字化管道是目前国内外管道公司实施战略化管理的重要手段，陕京管道专业完整性管理采用 IT 技术实现可视化、数字化的完整性管理，力求管理模式简单易行，完整性管理的内容只需通过 GIS、MAXIMO 等系统设置的管道本体、管道工艺、自控、通信等的建设信息、运行信息、设备信息，进行缺陷或故障的安全评价、风险评价，并结合管道的位置信息、图形信息、地理信息、设备参数、运行信息等进行有效的完整性评价，实现事故的提前预控。管道完整性管理最终要实现可视化、数字化的完整性管理，实现 IT 技术与先进管理模式相结合的发展目标。

第 15 章　管道完整性管理技术展望

我国油气管道已成为国家能源的“命脉”，管道干线数量总和已达到 13. 6 万公里，随着我国在役管道进入老龄期及新建管道规模加大，因管道系统完整性引发的事故占比达 50%左右，重特大事故一次可致数百人伤亡，直接损失可达近十亿元。管道完整性管理逐渐成为全球管道行业预防事故发生、实现事前预控的重要手段，以完整性为目标并持续改进的系统管理体系，逐渐贯穿管道运行的整个全生命周期。

中国油气管道完整性管理 20 年发展历程表明，我国管道完整性管理已形成了“三个一”的技术群，即一套技术体系、一套标准体系、一套系统支持平台，覆盖管道储运设施的线路、场站、储气库和系统平台等多个领域。线路完整性管理方面形成了本体安全保障、风险评估与控制、输送介质安全保障、抢维修及应急保障等技术群；场站完整性管理方面形成了站场工艺设施检测与评估、压缩机组诊断评估、定量风险评估、安全等级评估、设施完整性评价等技术群，储气库完整性管理方面形成了地下储气库风险控制、储气库建库及运行安全技术群；完整性系统平台形成了基于业务多源数据的管道应急决策 GIS 系统，智能管网已在中俄东线建成。

目前我国管道完整性管理发展仍然存在的若干问题，从 20 年的发展来看，管道完整性管理未来的发展趋势，是基于全生命周期智慧管网的完整性风险管控，这也是我国管道完整性管理未来的发展目标，技术发展方面涵盖智能化数据采集、风险精准识别、系统自适应反馈、高精度的完整性检测评价等，将是我国管道完整性技术发展的新方向。

15. 1　存在的问题

15. 1. 1　法律体系方面

《中华人民共和国石油天然气管道保护法》自颁布以来，城乡建设与管道建设同时处于大发展时期，各种矛盾尖锐复杂，给法律的实施带来诸多困难与挑战。近年来先后发生了青岛“11 · 22”原油管道泄漏爆炸、大连“6 · 30”原油管道泄漏爆燃、中卫“7 · 21”天然气管道泄漏爆燃、贵州晴隆“7 · 2”输气管道燃烧爆炸、贵州晴隆“6 · 10”输气管道泄漏爆燃、潍坊“3 · 20”输气管道焊口断裂爆燃等事故，造成生命财产的重大损失。另据统计，截至 2017 年底，中国共有管道高后果区 1.2×10^4处，平均每 10km 就有 1 处，高后果区的存在增大了管道安全与公共安全风险。

随着城乡建设发展，管道周边人口密度不断增大，人民群众生命财产安全受到了挑战。为此，应该在法律层面对管道规划、设计、建设等环节提出更为严格的要求，推行管道完整性管理，切实保证管道工程质量及其本质安全，同时在管道周边设定公共安全保护带与应急响应区，以便在处置突发事件时有缓冲地带和缓冲时间。

管理体制机制需要完善，管道安全与保护是一个有机的整体。当管道通过农村集体土地及他人取得使用权的国有土地而影响土地使用时，管道企业应当给予补偿，并通过建立管道地役权制度落实这一规定，以保障管道企业的用地权利及土地权利人的合法利益，化解矛盾冲突，改善企民关系。应急响应与监督管理需要加强，建立监督检查制度，加强执法队伍建设，定期对有关单位执法情况进行检查考核。

15.1.2 技术难题

（1）第三方防范技术　One Call 系统尚未建立，社会参与度低，打孔盗油及施工挖掘损坏仍以人防为主。预警预报技术尚无实质性突破，北斗卫星、遥感技术、无人机巡线技术仍处于局部应用与适用发展阶段，不能完全代替人工巡线。光纤第三方入侵技术仍存在误报率高、灵敏度低、光纤振动信号微弱等问题。基于大数据的第三方防范技术、基于视频的第三方影像识别技术尚处于研究阶段。

（2）高钢级管材焊缝安全问题　随着 X80 级及以上高钢级管道的大规模应用，以及在役老旧管道越来越接近失效高发期，环焊缝开裂成为管道失效的主要致因。中缅管道贵州晴隆“7·2”“6·10”管道事故一定程度证实了高钢级管道焊缝的安全运行存在技术与操作风险，需要研究复杂应力状态下高钢级管道焊缝容许的应力、应变极限状态，以及焊接的金相组织结构、焊接工艺热处理、焊缝最大失效抗力等多因素耦合的问题，建立焊缝内检测数据与无损检测射线图像的表征关系，诊断确定焊缝缺陷。

（3）老旧管道检测、环焊缝检测技术　中国油气长输管道已突破 13×10^4km，约 60%服役时间超过 20 年，进入事故多发期。老旧管道存在不同程度的腐蚀、裂纹、应力集中等缺陷，应力状态长期处于交变载荷环境，有的处于河谷地带及江河穿跨越等地段。目前高清内检测技术难以有效量化焊缝的体积型缺陷与裂纹型缺陷，受到诸多条件限制，环焊缝裂纹检测问题成为制约管道安全的世界性难题。

（4）油气管道泄漏监测技术　天然气管道泄漏监测方法较多，各有利弊。数据分析法依据 SCADA 系统采集的数据，以及管道温度、压力、流量等数据确定泄漏位置，其缺点是定位精度低、反应慢。次声原理法属于微弱信号范畴，加之环境噪声影响，对泄漏信号提取难度大，影响泄漏监测与定位，使得小泄漏的判断定位难度较大。负压波法要求较大的压力降，适用于大泄漏或突发泄漏。音波(声波)法因其波长短、频率高等自身特点，衰减速度较快，长距离很可能检测不到信号。

（5）油气管道灾害的预测预警问题　涉及管道沿线的自然灾害、地质灾害的预报预警，在我国管道安全事故中占比达到 50%以上，每年损失也最大，我国尚未有一套管道灾害的防控机制，缺乏高精尖的灾害预警技术，缺乏与地方国土资源部门、气象部门的联动，预报预警手段相对落后，遥感、卫星监控手段仍然没有使用，制约着灾害的防治与应急管控。

（6）管道大数据深度挖掘问题　管道系统大数据的形成处于起步阶段，应用案例相对较少，仅限于在管道风险分析、内检测等方面的初步探索，尚无实质性应用。如何提升模型的适用性与针对性，使之有效应用于管道运行管理及评估，将各环节产生的数据、信息等集成于一体，有待攻关。

（7）地区等级风险评价与管控问题　有些在管道建设期人口稀少的地区，现已变成人口稠密的市区中心地带。根据中国石油所属 22 个地区分公司的初步调查，地区等级升级点达到 9800 多处。越来越多的管道地区升级情况对在役管道的安全管理带来了更大的挑战，有必要采取合理的风险控制措施以应对由此产生的一系列问题。我国目前缺乏地区等级升级的风险评价标准与管控措施，政府、企业对地区升级管控均有顾虑，一旦标准出台，对企业风险管控目标的落实是一个挑战。

（8）智慧管道技术　智慧管道的突出特点是管道数据深度挖掘与智能化决策支持。目前智慧管道建设处于数据采集与存储阶段，数据孪生模型构建中实体模型和物理模型还未有效结合，物理模型构建的目标还不明确，与 GIS 系统、ERP 系统、管道生产管理系统等各系统之间仍然没有集成，智慧工地的数据管理以及未来应用还没有解决方案，站场的智慧化还没有达到要求，缺乏深度分析与决策支持应用，基于大数据的管道泄漏监测预警、灾害预警、腐蚀控制管理尚属空白，基于大数据的决策支持平台尚未建立，不能满足应用需求。

（9）站场完整性管理技术标准问题　主要问题是站场完整性管控手段、技术方法还不系统，尚不成熟，设备设施完整性的管控流程尚未建立，场站智能化与运行技术脱节，各类站场（石油库、储气库、压气站、泵站、CNG、LNG 等）的风险评价、完整性评价方法差异性较大，智慧站场平台建设的数据标准、技术标准仍然没有建立，制约了站场完整性管理的实施。

（10）公共服务技术　我国尚未建立国家统一的挖掘报警系统、管道安全特定施工作业申请与审批程序、管道地理信息系统，以及与之配套的施工挖掘信息查询统一呼叫电话，无法做到多举措联动预防因施工挖掘导致的管道事故。

15.2　发展展望

未来，中国管道完整性管理必将以管道本质安全及公共安全风险控制为核心，全面实现管网的高效运行与安全管控，保障能源供给。其发展目标是建立基于全生命周期的智慧管网的风险管控机制，全面实现系统智能化数据采集、风险因素精准识别、系统自适应反馈与控制、高精度的完整性检测评价等，最大限度降低失效概率，减少次生灾害发生。因此提出如下建议：

（1）在管道安全立法方面，持续加强对油气管道安全管理的研究，及时发现现行法律法规中随着社会发展产生的与管道安全管理实际情况不相匹配的问题，解决与油气管道安全管理相关的法律《中华人民共和国石油天然气管道保护法》《特种设备安全法》及新《安全生产法》之间相互矛盾的问题，目前这些法律尚缺乏配套标准与相关制度的支撑，并与现行的有关法律存在一定冲突，同时与石油石化行业长输油气管道相关技术标准的要求存在一定差异。有必要在完善管道技术支持体系的基础上，提高与管道安全相关的法律法规的适用性与执行力。

（2）在管道可靠性管控模式方面，可靠性管理是安全性的基础，也是防范风险的重要保证。结构的完整性是可靠性及安全性的重要基础，保证油气管道的结构完整性是保障其安全性的关键，辩证看待结构可靠性、安全性与完整性之间的关系，通过研究管道本体结构可靠性、管道失效数据库、基于大数据的管道风险智能评价等技术，建立管网运行可靠性的管控模式，以持续提高油气管道完整性管理水平。

（3）在管道内检测方面，开发基于超声波的管道裂纹检测技术与装备，用于检测管道的裂纹型或平面型缺陷，开发多通道压电超声激励、信号接收采集以及检测数据实时处理技术，形成缺陷量化方法。基于电磁原理，开发管道应力检测器，对管道运行的应力状态进行精准评价，应力评价误差为±30MPa。研制环向裂纹检测器，开发用于识别开口（宽度大于 0.25mm）与非开口（宽度小于 0.1mm）型轴向复杂缺陷的检测技术，解决高钢级环焊缝缺陷检测与精准评价问题。研制管道中心线应变 IMU 检测技术装备，通过多轮次检测管道位移与应变，实现 1/2500*D* 曲率的检测精度。开发多源数据融合的管道环焊缝裂纹复合检测器，集成管道超高清检测、应力检测、中心线检测技术为一体的组合技术，解决管道环焊缝检测难题。

（4）在高钢级管道完整性评价技术方面，研究高钢级、大口径、高压力管道长期服役安全性，以及焊缝、母材在内压及外部载荷条件下的抗应变能力及缺陷增长规律，提出在役管道环焊接头的强韧匹配以及应力/应变状态、韧性水平与缺陷不稳定扩展的关联关系，提出基于内检测的管道弯曲与环焊缝缺陷的信号识别、判定及量化方法，建立含腐蚀缺陷、划痕、凹陷及焊接缺陷的管道完整性评价与缺陷增长模型，提出管道缺陷维修准则，完善技术标准。

（5）在管道大数据决策支持方面，建立油气管道大数据中心将是破解材料、结构、失效等关键性难题的核心要素，基于多源数据分析技术，在海量数据中获取有用的知识并为管道生产提供决策服务，是未来的发展方向，也是解决制约油气管道建设质量、运行能耗、安全运营等关键性问题的有效措施。建立管道大数据管理架构，需要从 5 个方面开展研究：以管道内检测数据为中心线建立统一的基准；设定统一的数据存储模板，用于搭建关联数据库；实现管道建设数据、运营数据、内外检测数据、外部环境数据的全面采集；建立数据管理的基本标准与准则，用于开发数据平台；实现与运营业务相关的分析决策支持功能。

（6）在管道运行安全与杂散电流防护技术方面，随着“一带一路”的发展，跨国管道建设里程不断增加。由于管道途经地区的自然环境、地质条件、地形地貌与国内情况不完全一致，因此，管道建设将面临更大的设计、施工挑战，如在多年冻土区、石方无细土段的管道敷设等，但也在建设实践中形成了大落差输油管道工艺、并行管道、中外站场合建等一系列开创性设计，并确保管道的本质安全。应开展高压直流及复杂杂散电流干扰监测及防御技术研究，攻克高压直流强干扰、动态交直流杂散电流干扰监测及危害评价技术难题，提出动态交直流杂散电流与高压直流干扰危害评价准则，研发配套杂散电流监测与防御关键装置，形成高压直流强干扰及动态交直流杂散电流综合防御技术。

（7）在管道泄漏监测预警技术方面，油气管道泄漏监测与定位手段是多学科、多技术集成技术，通过结合使用多种泄漏监测方法，可以克服单一方法在应用中无法同时满足对灵敏度、定位准确度、实时监测报警等多项要求。此外，可以运用虚拟仪器技术，进行不同的测试模拟，形成不同的分析模块，建立以计算机技术为辅助的综合性监测系统，兼具测试、信号转换、数据分析、网络通信等功能，其中有效的滤波技术、信号提取、识别分析是重要内容。

（8）在长输油气管道及设施衍生灾害快速预警技术方面，研究管道灾害情况下重大危险源监测与识别技术，包括台风、洪水、雷电、地震等特殊灾种以及管道腐蚀、变形、泄漏等可能引起环境污染、爆炸、大尺度火灾等衍生灾害的危险源。开发管道危险源快速识别与衍生灾害快速预警系统，实现全天候实时监测与自动报警。实时监测自然灾害区、高后果区管道的应力、应变状态，包括应变监测、温度监测、位移监测、土压监测，及时进行应变报警、应力报警、位移报警，形成管道监测网，实现长输油气管道及设施危险源以及次生灾害的快速预警。

（9）在油气站场完整性管理标准体系建设方面，按照站场类型特点，分类构建完整性管理标准，重点突出数据采集与数据库、数字孪生体、风险管控、完整性评价、决策支持、风险削减等全生命周期管道完整性技术方法，通过云计算、大数据、物联网、移动网络、人工智能等现代计算机手段，实现站场设施的风险分级管控。

（10）在管道智能化应急防范技术方面，大幅提高应对管道突发事故的能力，采用现代信息技术手段，融入智能化应急理念，充分利用大数据、云平台、区块链、人工智能等前沿技术开展应急决策、应急装备研发应用以及应急救援，以达到减少人员伤亡及环境污染的目的。当前需要开展如下研究：海底管道输送介质泄漏扩散应急处置及回收技术，复杂山地油气管道应急抢险处置机制，以及针对不同应用对象的便携应急智能抢险装备。

（11）在智慧管网建设关键技术方面，基于目前数字化管道、智能管网技术进展，研究建立管道全生命周期数据标准，构建管道全生命周期数据库，开展智能化管道体系建设及智能管网平台设计，包括管道全生命周期资产管控、运行控制、决策支持 3 个方面。采用云平台、区块链等技术，构建基于多源数据的智能化管理平台，包括建设施工期管理、运行维护管理及大数据决策支持，整合全生命周期管道各类数据，实现生产运行控制与决策支持、应急决策支持、焊缝大数据风险分析、基于物联网的灾害监测预警、管道泄漏实时监测、远程设备维护培训、远程故障隐患可视化巡检、移动应用等功能，构建完善的数据孪生模型，确保物理模型与实体模型的在线仿真模拟应用，与各企业现有的 GIS 系统、ERP 系统、管道生产管理系统 PPS 等系统有机整合与集成，发挥智慧工地原始记录的数据可靠性，努力构建智慧站场、三维立体、运行仿真、智能巡检、智能自适应控制，确保远程控制的实现。

（12）未来管网在氢能输送完整性技术方面，亟待研究管网掺氢、输氢的完整性评价技术、安全预警预测技术等。氢气作为清洁性、战略性能源，全球均将氢能利用作为重要的发展方向，欧洲目前正在研究将现有天然气管网的掺氢混合率提高到 20%，可大大促进氢能利用水平，我国正在着手开展可行性论证并开展有关管材的研究工作。但目前我国在氢能利用的技术标准，如长输混氢管道设计、管网掺氢运行、安全性评价等方面标准缺失，在完整性和可靠性评价技术方面，现有钢制管道输氢的量化损伤模型、氢压理论模型、氢增塑性理论模型、氢降低键合力等理论模型仍需建立可行的实验方法长期验证。因此，探索复杂环境下氢压长期作用对管材的安全性影响，以及对设备设施，特别是增压大功率压缩机组长期影响是我国管网掺氢输送的关键性因素。

参 考 文 献

[1] 黄志潜．管道完整性及其管理．焊管，2004，27(3)：1-7.

[2] 黄维和，郑洪龙，吴忠良．管道完整性管理在中国应用10年回顾与展望．天然气工业，2013，33(12)：1-5.

[3] 黄维和．大型天然气管网系统可靠性．石油学报，2013，34(2)：401-404.

[4] 姚伟．以管道安全为中心，完整性管理为手段，开创管道管理新局面．中国石油管道技术与管理交流会论文集．北京，2004.

[5] 姚伟．油气管道安全管理的思考与探索．油气储运，2014，33(11)：1145-1151.

[6] 董绍华，王联伟，费凡，等．油气管道完整性管理体系．油气储运，2010，29(9)：641-647.

[7] SY/T 7974—2014 油气管道完整性管理实施指南．

[8] 董绍华，姚伟．陕京天然气管道完整性管理与实践．油气储运，2005，24(增刊)：8-13.

[9] 李鹤林．油气管道安全与完整性管理．石油科技论坛，2007(2)：10-25.

[10] 赵新伟，李鹤林，罗金恒，等．油气管道完整性管理技术及其进展．中国安全科学学报，2006，16(1)：129-135.

[11] 杨祖佩，王维斌．油气管道完整性管理体系研究进展．油气储运，2006，25(8)：7-11.

[12] 董绍华，杨祖佩．全球油气管道完整性技术与管理的最新进展—中国管道完整性管理的发展对策．油气储运，2007，26(2)：1-17.

[13] 董绍华，韩忠晨，张余．管道设计与完整性管理失效控制案例分析．CIPC 2013 中国国际管道会议论文集．廊坊，2013：252-259.

[14] Q/SY JS0116—2012 建设期管道完整性管理失效控制导则．

[15] Q/SY 1180.5—2009 建设期管道完整性管理导则．

[16] 姚伟．油气管道安全管理的思考与探索．油气储运，2014，33(11)：1145-1151.

[17] 董绍华，谭春波，周永涛，等．管道完整性管理标准体系建设与研究．第十二届石油工业标准化学术论坛论文集．南昌，2009：8-20.

[18] 董绍华，费凡，王联伟．管道完整性管理对标研究．第三届石油天然气管道安全国际会议论文集．北京，2009.

[19] 郑洪龙，许立伟，谷雨雷，等．管道完整性管理效能评价指标体系．油气储运，2012，31(1)：8-12，19.

[20] 吴志平，蒋宏业，李又绿，等．油气管道完整性管理效能评价技术研究．天然气工业，2013，33(12)：131-137.

[21] 王弢，帅健．管道完整性管理标准及其支持体系．天然气工业[J] 2006，26(11)：126-129.

[22] 董绍华．解读"油气输送管道完整性管理规范"．现代职业安全，2015(12)：62-64.

[23] 王冲，费凡，王彦军，等．我国管道检测与评估技术标准体系建设．油气管道安全，2014(专刊)：35-41，60.

[24] 董绍华，韩忠晨，杨毅，等．物联网技术在管道完整性管理中的应用．油气气储运，2012，31(12)：906-908，911.

[25] 董绍华．完整性管理与"4D空间"．中国石油企业，2013(5)：57-58.

[26] 董绍华．四维管理是管道完整性管理发展的必然趋势．天然气工业，2007，27(12)：147-151.

[27] 董绍华，安宇．基于大数据的管道系统数据分析模型及应用．油气储运，2015，34(10)：1027-1032.

[28] 冯庆善．基于大数据条件下的管道风险评估方法思考[J]．油气储运，2014，33(5)：457-461.

[29] 李向前．大数据平台的八大特征[EB/OL]. 2014-12-17[2012-09-12].

[30] 林现喜，李银喜，周信，等．大数据环境下管道内检测数据管理．油气储运，2015，34(4)：349-353.

[31] 董绍华，张河苇．基于大数据的全生命周期智能管网解决方案．油气储运，2017(1)：28~36.
[32] 杨玉锋，郑洪龙，余东亮，等．城市燃气输配管道完整性管 理[J]．油气储运，2013，32(8)：845-850.
[33] 陈利琼，李云云，党美娟，等．油气管道系统资产完整性的实现[J]．油气储运，2014，33(12)：1292-1296.
[34] 马彬，江枫，马旭卿，等．燃气管道完整性管理体系架构及标准体系[J]．煤气与热力，2019，41(10)：38-40.
[35] 冯庆善．管道完整性管理实践与思考[J]．油气储运，2014，33(3)：229-232.
[36] 周利剑，贾韶辉．管道完整性管理信息化研究进展与发展方 向[J]．油气储运，2014，33(6)：571-576.
[37] 贾韶辉，周利剑，郭磊，等．基于完整性数据库的管道应急信息化技术[J]．油气储运，2014，33(6)：582-587.
[38] 郭磊，许芳霞，周利剑，等．管道完整性系统数据集成与应 用[J]．油气储运，2014，33(6)：593-598.
[39] 李振宇，黄保龙，周利剑，等．油气管道站场完整性管理数据模型[J]．油气储运，2014，33(6)：599-603.
[40] 刘亮，韩文超，丁淑春，等．面向服务架构的管道完整性管理系统[J]．油气储运，2014，33(6)：604-608.
[41] 杨宝龙，刘晓元，周利剑，等．基于信息生态学理论的管道完整性管理系统[J]．油气储运，2014，33(6)：609-614.
[42] 关中原，高辉，贾秋菊．油气管道安全管理及相关技术现状[J]．油气储运，2015，34(5)：457-463.
[43] 王维斌．长输油气管道大数据管理架构及应用[J]．油气储运，2015，34(3)：229-232.
[44] 税碧垣，张栋，李莉，等．智慧管网主要特征与建设构想[J/OL]．油气储运：1-8[2020-01-9]. http://kns. cnki. net/kcms/detail/13. 1093. TE. 20200102. 1521. 006. html.
[45] 聂中文，黄晶，于永志，等．智慧管网的建设进展及存在的问题[J/OL]．油气储运：1-10. [2020-01-09]. http：//kns. cnki. net/kcms/detail/13. 1093. TE. 20191213. 1005. 002. html.
[46] 董绍华，等．基于大数据的管道系统数据分析模型．油气储运，2015，(34)10：1027-1032.
[47] 张圣柱，程玉峰，冯晓东，等．X80 管线钢性能特征及技术挑战[J]．油气储运，2019，38(5)：481-495.
[48] 付威，吕宇玲．油气管道在役焊接烧穿及氢致开裂预测[J]．热加工工艺，2018，47(23)：241-245.
[49] 甘丽君．X100 管线钢焊接接头在 H_2S 环境下氢致开裂及氢捕获行为研究[D]．武汉科技大学，2018.
[50] Circular Welded Carbon Steel Pipes and Tubes From the Republic of Turkey：Final Results of Countervailing Duty Administrative Review and Rescission of Countervailing Duty Administrative Review，in Part；Calendar Year 2017[J]. The Federal Register / FIND，2019，84(203).
[51] Certain Circular Welded Non-Alloy Steel Pipe From Taiwan：Preliminary Determination of No Shipments；2017-2018[J]. The Federal Register / FIND，2019，84(248).
[52] Circular Welded Carbon-Quality Steel Pipe From the Sultanate of Oman：Preliminary Results of Antidumping Duty Administrative Review；2017-2018[J]. The Federal Register / FIND，2019，84(245).
[53] Yao Xiao，Yi Han，En-lin Yu，Feng Liu，Da-long Li，Yu-qian Zhao. Formation of welding burrs on deep-sea oil pipe based on electromagnetic heating[J]. International Communications in Heat and Mass Transfer，2019，108.
[54] Ko Sang-Jin，An Jeong-Hun，Kim Yong-Sang，Kim Woo-Cheol，Kim Jung-Gu. Effects of Corrosion on Mechanical Properties of Welded Carbon Steel Pipe in District Heating Water. [J]. Materials (Basel，Switzerland)，2019，12(22).
[55] 张玉，马国印，任晖邦，等．基于有限元的管道焊缝裂纹干涉问题的研究[J/OL]．北京理工大学学

报：1-7[2020-01-09]. https：//doi. org/10. 15918/j. tbit1001-0645. 2018. 236.
[56] 沙胜义，项小强，伍晓勇，等．输油管道环焊缝超声波内检测信号识别[J]. 油气储运，2018，37(7)：757-761.
[57] 张足斌，王婷婷，焦震．含体积型缺陷管道的剩余强度分析[J]. 油气田地面工程，2019，38(10)：105-109，117.
[58] 王佳音，帅健，刘道乾，等．内压作用下含体积型缺陷弯管极限载荷研究[J]. 中国安全生产科学技术，2019，15(9)：158-163.
[59] 司成龙．腐蚀体积参数对 X80 钢级管道剩余强度影响的特性研究[D]. 安徽建筑大学，2018.
[60] 徐鹏飞．含体积型缺陷输气管道在滑坡作用下剩余强度评价技术研究[D]. 西南石油大学，2018.
[61] 全冬禹，王卫强，孙邵洋．管道体积型缺陷剩余强度评价方法误差分析[J]. 辽宁石油化工大学学报，2018，38(2)：52-56，65.
[62] 王联伟，张磊，董绍华，等．天然气管道的完整性(安全性)和适用性评价．第三届中国油气储运技术交流大会．成都，2012：926-928.
[63] 董绍华．管道完整性评估理论与应用．北京：石油工业出版社，2014.
[64] 李鹤林．油气管道失效控制技术．油气储运，2011，30(6)：401-410.
[65] 董绍华，吕英民．管道裂纹的随机有限元可靠性研究．油气储运，1999，18(10)：21-24.
[66] 董绍华，吕英民，陈忠辉．韧性硬化材料裂纹扩展分形研究．机械工程学报，2002，38(1)：47-50.
[67] 吉玲康，冯耀荣，庄传晶，等．螺旋缝埋弧焊弯管残余应力及使用安全性研究．石油机械，2001，29(1)：11-13.
[68] 董绍华，韩忠晨，刘刚．管道系统完整性评估技术进展及应用对策．油气储运，2014，33(2)：121.
[69] 姚伟．陕京输气管道采用国阮先进检测技术的重要性．油气储运，2002，21(10)：1-3.
[70] 王梦瑶，邱城，胡铁华，等．油气管道内检测器速度控制系统浅析．机电产品开发与创新，2013，26(3)：126-128.
[71] 郑洪龙，吕英民，董绍华．腐蚀管道评定方法研究—对 B31G 公式的分形修正．机械强度，2004，26(S1)：67~69.
[72] 刘刚，董绍华，付立武．Microcor 内腐蚀监测在陕京输气管道中的应用．油气储运，2008，27(1)：41-43.
[73] 王联伟，张雷，董绍华，等．管土接触作用下管道沉陷复杂应力分析．管土接触作用下管道沉陷复杂应力分析．油气储运，2013，32(11)：1179-1182.
[74] 周永涛，董绍华，王联伟．碾压管道的安全性测试与分析．第五届石油天然气管道安全国际会议，2012(专刊)：285-290.
[75] 涂明跃，葛艾天．陕京管道防腐蚀有效性管理实践．全面腐蚀控制，2009，23(11)：16-19.
[76] 涂明跃，葛艾天．陕京管道外腐蚀直接评价(ECDA)实践．腐蚀与防护，2007，28(7)：369-372.
[77] 王学力，陈昕，闫东，等．开挖验证结果验证内检测可靠性的研究．广东燃气，2010，11(4)：10-12.
[78] 帅健，单克．基于失效数据的油气管道定量风险评价方法[J]. 天然气工业，2018，38(9)：129-138.
[79] 曾宣慰．集输管道风险评估技术研究与应用[J]. 化工管理，2018(21)：153.
[80] 胡燕康．基于定量风险分析的城镇油气管道安全规划技术研究[D]. 华北科技学院，2018.
[81] 姚安林．论我国管道风险评价技术的发展战略[J]. 天然气工业，1999，9(4)：66-69.
[82] 黄维和．管道完整性维护决策系统．油气储运，2003 ，22(11)：1-4.
[83] 滕海鹏，胡军，郑茂盛，等．爆破对陕京天然气管线安全影响分析．油气管道安全，2013(专刊)：50-52，56.
[84] 安宇，董绍华，费凡，等．爆炸冲击波对跨越段架空管道的影响数值模拟分析．油气管道安全，2014(专刊)：56-60.

[85] 董绍华，韩忠晨．并行埋地敷设管道安全性评估技术研究．第三届全国油气储运科技、信息与标准技术交流大会论文集．乌鲁木齐，2013：250-261.
[86] 唐润婷，李鹏飞，苏华友．桥梁桩基爆破施工对邻近埋地天然气管线的影响．工程爆破，2011，17(1)：78-81.
[87] 董绍华，王东营，安宇，等．国外管道完整性管理审核技术与案例分析．油气管道安全，2014(增刊)：69-573.
[88] 董绍华．管线随机有限元的抗震可靠性研究．应用力学学报，2002，19(1)：55-58.
[89] 马卫锋，费凡，刘冬梅，等，赵新伟．基于模糊理论的在役管道内涂层寿命评价方法．天然气与石油，2012，30(6)：5-8.
[90] 董绍华，薛亚东．油气管道地质灾害完整性管理系统—监测、评估、治理．第三届石油天然气管道安全国际会议论文集．北京，2009.
[91] 谷志宇，董绍华，牛景弘，等．天然气管道泄漏后果影响区域的计算．油气储运，2013，32(1)：85-87.
[92] 林炜鹏，张来斌，梁伟，等．输气管道第三方破坏风险评价模型应用与防控措施研究．第二届中国管道完整性管理技术交流暨标准宣贯大会论文集．深圳，2011：359-365.
[93] 邢晓凯，张国忠，安家荣，等．海底双重保温管道传热特性研究．油气储运，2000，19(5)：31-34.
[94] 唐彦东，于汐，刘春平，等．天然气管道地震风险综合评估基本思路与框架．自然灾害学报，2009，18(3)：135-138.
[95] 郭存杰，郭磊，孟祥岩，等．陕京管道黄土高原边坡稳定计算与分析．第二届中国管道完整性管理技术交流暨标准宣贯大会论文集．深圳，2011：431-44.
[96] 郭存杰，张来斌，梁伟，等．陕京输气管道黄土峁岘水毁机理与防治措施．石油工程建设，2014(5)：31-34.
[97] 葛艾天，吴夏，叶光，等．基于数值天气预报的管道洪水风险预报应用研究．电子测试，2015(23)：48-51.
[98] Dong Shaohua etc. A pipeline fracture model of hydrogen induced crackingPetroleum Science，2006(3).
[99] 董绍华．油气管道氢损伤失效行为研究进展．油气储运，2000，19(4)：1-6.
[100] 董绍华，魏振红．在 HIC 环境下管道断裂模式与承压能力评价．油气储运，2005，24(增刊)：75-79.
[101] 董绍华．输气管线钢断裂行为研究．第三届石油天然气管道安全国际会议论文集．北京，2009.
[102] 董绍华，吕英民．氢致裂纹扩展的分形模型．中国腐蚀与防护学报，2001，21(2)：106-111.
[103] 董绍华，吕英民，李启楷．氢致裂纹扩展的分形模型．中国腐蚀与防护学报，2001，21(3)：188-192.
[104] 张伟，穆虹，董绍华．天然气长输管道冬季液态排污物的成因．油气储运，2006，25(5)：29-33.
[105] 董绍华，张对红．PE 管道在天然气工业中的应用与研究进展．油气储运，2000，19(7)：1-4.
[106] 王联伟，董绍华，路民旭．X60 钢管道腐蚀缺陷失效及修复分析．中国力学学会学术大会．郑州，2009.
[107] 路民旭，陈迎锋，董绍华，等．管道维修补强技术及其发展趋势．油气储运，2005，24(增刊)：129-139.
[108] 石蕾，郝建斌，郭正虹，等．美国油气管道维抢修应急响应程序[J]．油气储运，2010，29(12)：881-884.
[109] 李柯．天然气长输管道泄漏工况数值模拟[J]．油气储运，2014，33(1)：20-27.
[110] 毛小虎，郝永梅，邢志祥，等．城市天然气管道动态泄漏扩散特性模拟分析[J]．油气储运，2014，33(4)：374-379.

[111] 王志方，李熠辰，张玉良，等．天然气站场泄漏爆炸对站控室影响的模拟分析[J]．油气储运，2014，33(7)：740-743.
[112] 王琳，贺宝龙，潘旭海．LNG 泄漏在地面上蒸发速率的计算[J]．油气储运，2014，33(6)：648-652.
[113] 范开峰，王卫强，李亮，等．城市燃气管道稳态泄漏数值模拟[J]．油气储运，2013，32(8)：851-856.
[114] 戴联双，白楠，薛鸿丰，等．油品泄漏应急处理的受控燃烧[J]．油气储运，2013，32(11)：1191-1193，1205.
[115] 张仕民，梅旭涛，王国超，等．油气管道维抢修方法及技术进展[J]．油气储运，2014，33(11)：1180-1186.
[116] 臧泉龙，杨棕景，明学江，等．登陆管道突发事件智能化应急处置体系开发研究[J]．中国石油和化工标准与质量，2019，39(20)：94-96.
[117] 项卫东．浅海区域海底输气管道应急抢修技术研究[C]．中国燃气运营与安全研讨会(第十届)暨中国土木工程学会燃气分会 2019 年学术年会论文集(下册)．上海，2019：214-225.
[118] 沈乐，马修兵．复杂工况应急补水跨河段管道安装技术研究[J]．四川建筑，2019，39(2)：290-292.
[119] 陈国伟，许洁，卢昱帆．长输天然气管道应急管理技术分析[J]．科技经济导刊，2019，27(8)：64.
[120] 李振林，毕治强，刘刚，等．基于声发射的天然气管道球阀内漏检测．油气储运，2013，32(6)：647-650.
[121] 代光洪，韩忠晨，谢建平．PDS 异常工况分析与技术改进措施．油气储运，2010，29(5)：387-389.
[122] 赵宏振．长输管道天然气站场 HAZOP 分析实践．天然气与石油，2010，28(4)：1-4.
[123] 董绍华，费凡，魏振红，王彦军．超声导波技术及应用．油气储运，2005，24(增刊)：147-150.
[124] 安宇，董绍华，费凡．基于 ANSYS 对某压气站防喘阀管道沉降应力分析数值计算．第三届中国油气储运技术交流大会．成都，2012：720-725.
[125] 赵赏鑫．基于 ICA 和小波相结合的信号降噪技术研究．化学工程与装备，2011(5)：42-44.
[126] 么子云，郭海涛，段礼祥．建立离心压缩机故障诊断标准的新方法．石油矿场机械，2010，39(8)：65-68.
[127] 董绍华，安宇，周顺．陕京管道压缩机进出口管道安全评价与寿命预测研究．油气管道安全，2012(专刊)：277-280.
[128] 姚伟．我国油气储运标准化现状与发展对策．油气储运，2012，31(6)：1-5.
[129] 蒋方美，张鹏，张利亚．陕京输气管道系统优化运行分析．油气储运，2005，24(11)：17-18.
[130] 孟祥岩，郭存杰，郭磊．陕京输气管道榆林压气站量化风险评价．第二届中国管道完整性管理技术交流暨标准宣贯大会论文集．深圳，2011：512-516.
[131] 张海峰，李振林，姬忠礼，等．输气管道阀门内漏声发射多参数检测实验研究．北京石油化工学院学报，2013，21(3)：14-17.
[132] 徐铁军，张伟伟，吴中林．输气管道压气站余热的利用．油气储运，2012，31(12)：887-890.
[133] 董绍华，韩忠晨，费凡，等．输油气站场完整性管理与关键技术应用研究．天然气工业，2013，33(12)：117-123. .
[134] 张海峰，李振林，姬忠礼，等．天然气管道阀门内漏声发射信号特征研究．北京石油化工学院学报，2013，21(1)：20-24.
[135] 张海峰，李振林，姬忠礼，等．天然气管道阀门内漏声发射检测系统设计及试验研究．石油化工自动化，2013，49(6)：10-13.
[136] 王洪喜，孙盛，吴中林，等．西气东输站场放空天然气回收需求与工艺．油气储运，2012，31(5)：363-365.

[137] 郭存杰，毛仲强，刘绍东，等．小波降噪方法在电动机故障信号特征提取中的应用．科学技术与工程，2006，6(2)：189-191.
[138] 赵赏鑫，郭存杰，钱迪．压气站工程工期风险关键因素识别与评价．石油工程建设，2014，40(2)：84-88，89.
[139] 谷志宇，帅健，董绍华．应用 API 581 对输气站场进行定量风险评价．天然气工业，2006，26(5)：11i-114.
[140] 段礼祥，张来斌，梁伟．压缩机故障现代诊断理论、方法及应用．北京：科学出版社，2019.
[141] 魏中青，马波，么子云，等．运用小波包变换与能量算子的气阀故障特征提取．振动、测试与诊断，2011，31(1)：50-54.
[142] 赵赏鑫，杨树森，张旭东．R-R 燃气轮机组安装工期优化分析与应用．石油工程建设，2013，39(5)：22-24.
[143] 赵赏鑫，王俊业．多气源条件下离心压缩机的防喘振控制．油气储运，2009，28(2)：62-64.
[144] 卢文青，梁伟，张来斌，等．基于 FMEA-FEM 的往复式压缩机维护管理方法研究．振动与冲击，2014，33(S)：359-362.
[145] 郭存杰．基于包络解调法的压缩机气阀弹簧失效故障诊断技术．压缩机技术，2009(4)：24-26.
[146] 刘允刚，段礼祥，么子云．往复压缩机管线振动原因识别方法综述．压缩机技术，2010(3)：7-11.
[147] 闫贺，江志农，董秀娟．振动冲击监测在往复压缩机在线监测系统中的应用．压缩机技术，2010(4)：1-3，8.
[148] 魏东吼，董绍华，梁伟．地下储气库完整性管理体系及相关技术应用研究．油气储运，2015，34(2)：115-121.
[149] 李勇，王兆会，陈俊，等．储气库井油套环空的合理氮气柱长度．油气储运，2011，30(12)：923-926.
[150] 刘刚，毕治强，李原欣，等．储气库压力管道内腐蚀监测方法．中国特种设备安全，2013，29(6)：37-39.
[151] 董绍华，张余，周劲文，等．大港储气库群天然气泄漏检测技术应用研究．油气管道安全，2013(增刊)：67-72.
[152] 陶卫方，刘旭，王起京．地下储气库的损耗构成与变化规律．油气储运，2010，29(4)：258-259.
[153] 阳小平，王风田，陈俊．地下储气库井控作业危险性 HAZOP 分析技术．第三届石油天然气管道安全国际会议论文集．北京，2009.
[154] 阳小平，程林松，何学良．地下储气库注采井井筒压力动态预测方法研究．第五届石油天然气管道安全国际会议暨第五届天然气管道技术研讨会．北京，2012.
[155] 徐俊杰，王健，何学良，等．地下储气库注采井旧油管再利用评价分析．石油管材与仪器，2015，1(5)：37-41.
[156] 阳小平，程林松，何学良，等．地下储气库断层的完整性评价．油气储运，2013，32(6)：578-582.
[157] 阳小平，程林松，何学良，等．地下储气库多周期运行注采气能力预测方法．天然气工业，2013，33(4)：96-99.
[158] 阳小平，程林松，郑贤斌，等．孔隙型储层建设地下储气库库址优选．油气储运，2012，31(8)：581-584.
[159] 赵玉民，李勇，钟建华，等．我国地下储气库地质约束因素分析．应用基础与工程科学学报，2003，11(3)：274-282.
[160] 陶卫方，岳克敬，周武德，等．陕京输气管道配套储气库冬季调峰优化．油气储运，2010，29，(5)：321-323.
[161] 董绍华，葛艾天，周永涛，等．基于 3S 的管道巡检在陕京管道中的应用．中国油气管道安全运行与储存创新技术论坛．西宁，2010：122-124.

[162] 董绍华，周永涛，等．基于地理信息系统的管道完整性管理应用研究．中国油气管道安全运行与储存创新技术论坛．西宁，2010：125-128.
[163] 余海冲，袁泉，周利剑，等．面向管道完整性管理的巡检系统集成．CIPC 2013 中国国际管道会议．廊坊，2013：260-263.
[164] 周永涛，董绍华，董秦龙，等．基于完整性管理的应急决策支持系统．油气储运，2015，34(12)：1280-1283.
[165] 冯涛，赵伯涛，郭永涛，等．齿轮箱震动监测系统在天然气压缩机上的应用．中国化工贸易，2015(35)：249.
[166] 苏炤兴，段礼祥，么子云．离心压缩机在线故障诊断系统设计．风机技术，2010(5)：44-47.